普通高等教育土地资源管理专业“十三五”规划建设教材

土地经济学

第 2 版

黄贤金　张安录　主编

中国农业大学出版社
·北京·

内容简介

本书从土地经济学基础、土地资产经济分析、土地资源经济分析、土地经济制度与政策四个部分较为全面、系统地介绍了土地经济学的理论与方法。土地经济学基础部分主要阐述了土地经济学的研究对象、方法论以及土地资源的需求与供给，这是认知土地经济学的基石；土地资产经济分析部分主要介绍了地租理论、地价理论、土地市场以及土地资产管理，这是理解土地经济学理论的核心内容；土地资源经济分析部分主要介绍了土地资源价值理论、土地报酬规律、土地集约利用、土地持续利用、土地生态经济学以及土地用途转换的经济学分析等内容，这是分析土地资源问题的重要支撑；土地经济制度与政策部分主要介绍了土地产权、土地征收、土地政策、土地调控、土地金融、土地税收、土地督察、土地伦理等内容，这是土地经济学应用的主要领域。

图书在版编目(CIP)数据

土地经济学/黄贤金，张安录主编．—2版．—北京：中国农业大学出版社，2016.1

ISBN 978-7-5655-1432-6

Ⅰ.①土…　Ⅱ.①黄…②张…　Ⅲ.①土地经济学　Ⅳ.①F301

中国版本图书馆CIP数据核字(2015)第269330号

书　　名　土地经济学　第2版

作　　者　黄贤金　张安录　主编

策划编辑　孙　勇　　　**责任编辑**　冯雪梅

封面设计　郑　川　　　**责任校对**　王晓凤

出版发行　中国农业大学出版社

社　　址　北京市海淀区圆明园西路2号　　　**邮政编码**　100193

电　　话　发行部 010-62818525，8625　　　读者服务部 010-62732336

编辑部 010-62732617，2618　　　出　版　部 010-62733440

网　　址　http://www.cau.edu.cn/caup　　　**e-mail**　cbsszs @ cau.edu.cn

经　　销　新华书店

印　　刷　涿州市星河印刷有限公司

版　　次　2016年1月第2版　2016年1月第1次印刷

规　　格　787×1 092　16开本　28.25印张　700千字

定　　价　59.00元

主　　编　黄贤金　张安录

副 主 编　陈美球　王德起　陈志刚　杨钢桥　秦明周

参编人员　王　青（南京邮电大学）
王德起（首都经济贸易大学）
乔荣峰（华中农业大学）
何　格（四川农业大学）
闵　捷（天津工业大学）
张安录（华中农业大学）
罗　浩（中山大学）
周丙娟（江西农业大学）
陈志刚（南京大学）
陈美球（江西农业大学）
杨钢桥（华中农业大学）
陕永杰（山西师范大学）
胡伟艳（华中农业大学）
高进云（华中农业大学）
秦明周（河南大学）
郭　熙（江西农业大学）
黄贤金（南京大学）
蔡银莺（华中农业大学）

目　录

第一篇　土地经济学基础

第二篇　土地资产经济分析

第三篇 土地资源经济分析

第四篇　土地经济制度与政策

第一篇
土地经济学基础

第一章 绪论

土地经济学是首先由美国威斯康星大学教授 Richard T. Ely 在 1892 年美国进行的土地资产研讨会上提出来的，该次研讨会也成了土地经济学的最初尝试。而土地经济学作为一门独立的学科，其标志有两个，一是 1919 年美国在其农业部(USDA)中设置土地经济处，二是随着进行土地利用调查研究的积极开展和 1922 年 Richard T. Ely 的关于土地经济学的著作即《土地经济学大纲》的出版。到此时，一般认为土地经济学形成了该学科较完整的体系①。土地经济学学科的发展深受理论经济学、生产经济学、福利经济学、区位经济学、发展经济学、产权经济学、制度经济学等经济学科发展的影响，并逐步形成完善的学科理论与方法体系，其研究内容也因社会经济发展对土地资源的压力不断加重导致土地问题更为复杂多样而深化和拓宽。当前土地经济学已经成为土地学科体系中的基础学科，为土地资源管理实践提供了重要的理论与方法支撑。

第一节 土地的概念、特征与功能

一、土地的概念

土地资源供给了我们生活的空间，生产了我们赖以生存的物资，以及满足我们种种生活的需要②，对其的拥有或占用更是我们社会、个人的重要追求目标。但关于土地的概念，在不同的时期、不同的学科门类、不同的研究目的有不同的理解，也一直是学者们争论不休的焦点和难点，但同时它又是不少新兴学科的突破口与试金石。这是由土地本身的复杂多样性决定的，同时也是土地的内涵不断深化和拓展的结果。总结前人研究的成果，土地的概念归纳起来看主要有以下三类不同的观点：即平面观、立体观与综合观。

(一)土地的平面观

土地概念的平面观是从土地的横向跨幅即水平幅度着眼的，其界定的显著特征是由窄到宽。其不足之处则在于缺乏立体感，流于表面，无法展示土地概念的全面的、动态的整体

① 朱奉圭：《土地经济学》，权光男译，北京：法律出版社，1991：1

② 韩乾：《土地资源环境经济学(第三版)》，台湾：五南图书出版公司，2013：4

内容[①②]。

对于土地的平面观，主要有以下四种观点[③]：①土地即土壤。这是一种传统的看法。从农业生产角度看，土壤是指具有肥力，能够生长植物的疏松陆地表层：将土地视为土壤，最显著的特点是将水系排除在土地之外。不仅海洋水域不属于土地，甚至内陆的河流、湖泊、水库、塘等也都不是土地。②土地即陆地，这种观点认为，土地是地球上区别于海洋的部分，除包含第一种观点，还包括内陆的江、河、湖泊、水库、坑塘、滩涂等[④]；不仅包括具有肥力，能够生长作物的疏松土壤，还包括难以生长或不能生长作物的裸岩石砾、荒漠、冰川等"不毛之地"。③土地即地球表层[⑤]。这种观点认为，土地既包括陆地，也包括海洋。随着科技的进步和经济的发展，海洋日益发挥着陆地的作用。既然可将陆地水域包括在土地之内，海洋水域也应该可以包括在土地之内。④土地就是指自然，它包括一切自然生成的及其生成源泉的环境因素。例如，我国台湾《土地法》就明确"本法所称土地，谓水、陆及天然富源"。

(二)土地的立体观

土地概念的立体观是从土地概念的纵向跨幅即垂直幅度着眼的，其界定的显著特征是由上到下。其不足之处则在于对土地的上下延伸幅度的科学界限没有历史的概念，而且是否要划分为地上层、地表层与地下层三个层次也值得商榷，同时将土地的垂直幅度限制在生物圈内似乎也不尽情理。

对于土地的立体观，主要有以下四种观点[⑥]：①土地是一个垂直剖面，它所包括的范围向上或向下是无限的，以至包括地上和地下的每一样东西，从而认为土地是天上地下的一切自然物质和力量。②地壳底至大气屋顶[⑦]。这种观点认为：土地的地上部分包括整个大气层，地下部分包括整个地壳。就空中而言，整个大气的变化与生物圈的气象有直接或间接的联系。大气层以外属于外层空间，不属任何国家所有。从地下看，地壳是地表生物圈的承载者，地壳中蕴藏的矿物、能源、浅层地下水、深层地下水都是与人类休戚相关的资源。③土地的垂直剖面分三层：地上层、土地层与地表层，包括地貌、土壤、植被的全部，以及直接影响它的地表水、浅层地下水、表层岩石和作用于地表的其他条件。④生物圈的上下边界。这种观点认为：土地的边界即生物圈的边界，是指上至地球的大气层，下至地下存在着生物的圈层。这是从广义的人类生存及农业生产的环境和条件出发的一种认识。

(三)土地的综合观

土地概念的综合观是从土地的自然、经济、历史等综合的角度着眼的，其界定的要点是强调"综合"二字。其不足处则在于这些概念虽然进行了尝试，却并未能从其本质及人们的需要方面做出一个令人满意的答案：有的缺乏综合性，有的缺乏历史性，有的缺乏自然性，有

---

① 姜爱林：《论土地的概念与特征》，国土资源科技管理，2000，17(3)：10-15

② 刘胜华：《土地管理概论》，武汉：武汉大学出版社，2005

③ 陆红生、韩桐魁编著：《土地管理》，北京：农业出版社，1983：1

④ 林增杰、严星编著：《土地管理原理与方法》，北京：中国人民大学出版社，1986：2

⑤ 陆红生主编：《土地管理学总论》，北京：中国农业出版社，2002：2

⑥ 刘胜华：《土地管理概论》，武汉：武汉大学出版社，2005

⑦ 陈百明：《土地资源学概论》，北京：中国环境科学出版社，1996：3

的缺乏经济性等等。

对于土地的综合观，主要有以下三种观点：①土地的自然综合体观[①]。这种观点认为土地是指地球陆地表面(包括内陆水域和沿海滩涂)，是由土壤、气候、地貌、岩石、动植物和水文等因素组成的自然综合体，同时也包括人类过去和现在生产活动的成果。②土地的自然历史综合体观[②③]。这种观点认为，土地是地球陆地表面上的地貌、土壤、岩石、水文、气候和植被等要素在自然因素、经济因素、制度因素综合作用下形成的，具有特定结构和功能，并随时空作动态变化的自然历史综合体，同时也包括过去、现在人类活动成果。③土地的自然经济综合体观[④⑤⑥⑦]。土地是地球的陆地(包括内陆水域、海涂)表层范围内，由土壤、岩石、矿藏、水、气候、地质、地貌，以及人类活动对上述要素产生的种种结果所组成的自然——经济综合体。

从以上对土地概念不同观点的讨论与评价，可以得出这样的结论：①土地指地球表面的某一区域。②土地的内涵不仅包括三维空间，还包括人类过去、现在和将来活动对土地的影响。③可以从不同的角度对土地的内涵进行考察。可以从平面的角度、立体的角度、时间的角度，也可以从不同学科如自然的角度、经济的角度、社会的角度、法律的角度等。④土地不仅受自然因素的影响，还受经济、社会、时间因素的影响。⑤土地的概念在不断地发展，而且随着时间的推移和科学技术的发展，土地概念的广度和深度会不断拓展。

综上所述，土地是生产要素、资本、消费、自然、空间、财产等的统一体[⑧]，可将土地的概念表达为：土地是地球表面受自然要素(nature)、经济要素(economy)、社会要素(society)和时间要素(time)影响的四维空间综合体。其表达式为：$L=f(N,E,S,T)$。

(四)土地：资本与服务的统一

通过上述分析可以看出，作为资本，其是经济生产的要素，也是重要的资产；作为服务，其提供了生态、环境、景观的服务，作为资本是具有排他性，作为服务则有些具有非排他性。例如，作为农业生产的土地，其可以取得价值，其产权、收益具有排他性；但土地在农业利用过程中，对调节气候、改善环境、涵养地下水等方面的功能以及所体现的人文价值则具有非排他性。

正如英国经济学家马歇尔认为："土地是指自然为辅助人类而自由给予的陆、水、空气和光热等各种物质与能力[⑨]"，这是其所服务的服务；这种服务一旦可以为私人所垄断或赋予产权，就成为资本。

由此可见，土地是劳动对象、人工生态环境和最基本自然资源。这是因为人类出现后，人的生存、繁衍和人类社会发展使人与自然、人与土地结为不解之缘，作为自然物的土地是

---

① 马歇尔：《经济学原理》，北京：商务印书馆，1964：157

② 陈百明：《土地资源学概论》，北京：中国环境科学出版社，1996：4

③ 傅桦编：《土地学导论》，北京：中国环境科学出版社，1998：1

④ 曹振良、郝寿义、袁世明编著：《土地经济学概论》，天津：南开大学出版社，1989：6

⑤ 毕宝德主编：《土地经济学(第六版)》，北京：中国人民大学出版社，2010：3

⑥ 朱德举主编：《土地学导论》，北京：中国农业科技出版社，1995：3

⑦ 周诚主编：《土地经济学》，北京：农业出版社，1989：6

⑧ 韩乾编著：《土地资源经济学》，台中：沧海书局，2001：7-9

⑨ 张德粹：《土地经济学》，台北：正中书局，1981：1

逐渐由人类生存和发展的最基本生态环境要素转化为人的劳动对象和劳动资料，日益作为人类生活和生产活动的自然资源宝库，而成为一切生产资源和生产资料的源泉和依托；并使自然资源和生态环境要素的土地转变为人工自然资源和人工生态环境要素，而成为自然经济综合体①。

（五）土地与地产

纵观人类社会发展的历史，在原始社会的时期，没有私有财产、阶级和国家，虽然存在土地的占有，但由于地广人稀、生产力水平低下，土地可以被无限制地占有和自由利用，因此，不存在土地所有制关系，自然也就谈不上把土地作为资产的地产问题，土地所体现的只是其资源特性，即作为万物存在的基地和生育的源泉，并成为一切生产的元素和原动力，由于土地制度必然随着社会生产发展及社会生产方式和人地关系中人与人关系的变化而产生和发展，地产则必然也是社会经济发展、生产方式变革和人地关系演进的结果，并在不同的条件下，呈现出不同的形式和内容，即土地制度的历史性决定了地产的历史性②。

正如美国产权经济学家哈罗德·德姆塞茨（Harold Demsetz）所说，古代北美印第安人在共有土地上狩猎，猎物资源丰富时，是没有产权的，但由于资源稀缺而导致对每人狩猎范围的圈定，从而出现产权及产权制度③。诺斯-托马斯模型（North-Thomas Model）也阐述了这一问题，即认为产权出现的主要力量是人口压力。当植物与动物相对充裕时，对这些资源设置产权的成本超过了潜在的收益，于是自然资源被当作公共财产使用；当人口相对于稳定的资源数量增长时，人们之间的竞争趋于尖锐，公共财产导致了狩猎活动收益的减少，在某个边际上，固定的农业活动逐渐变得比狩猎活动更有吸引力，尽管农业在设立与实施产权上要付出成本。

最早的固定农业共同体是以对土地的排他性公有产权为基础。④ 地权及地权制度的产生，导致土地具有资产待征，因为地权让渡（如买卖、租赁、抵押等）是一种有代价的经济行为，即便是土地国有制社会，土地使用权的获得也必须是有偿的。在中国传统的计划经济时期，中国经济运行的资源配置机制是扭曲的，土地资产特征被人为抹杀是不符合经济理性和经济规律的，但即便是在这种条件下，地下土地交易也是客观存在的，尤其体现农村宅基地上。正如马克思所说："土地所有权是一切财富之最初源泉⑤。"

地产是实质财产的重要内容。《国际评价准则（International Valuation Standard，IVS）》中将财产界定为实质财产、动产、企业及财务利益。所谓实质财产，包含不动产所有权相关的所有权利、利益与效益，包括使用、占有、购入、出售、赠予、抛弃，或选择上述权利的作为或不作为，这种利益通常记录于所有权文件或租赁权契约等正式文件中⑥。

然而，需要指出的是，由于地权制度的产生，土地开始被作为资产时，对其的占有、使用是不规范的，即尚未法规化，人们之间所遵循非正式的制度安排，如口头契约或个人价值倾

---

① 刘书楷、曲福田主编：《土地经济学》，北京：中国农业出版社，2004：2

② 黄贤金：《农地价格论》，北京：中国农业出版社，1997：2-5

③ Harold Demsetz："Toward a Theory of Property Rights"，《American Economic Review57》1967，5(2)：347-359

④ 刘世锦，《关于产权的几个理论问题（上）》，转引自《经济社会制度比较》，1993(4)

⑤ 《马克思恩格斯全集》，第 18 卷，64

⑥ 梁仁旭，陈奉瑶编著：《不动产估价（第二版）》，台湾：巨流正大书城，2011：1

向，因此，法规制度不是地产存在的前提，而是地权制度规范化要求的客观结果，而地权及地权制度的产生则是土地成为资产的首要前提和核心内容。

二、土地的特征

1. 土地具有自然生产能力

土地具有原始性，先于人类社会而存在，是万物生存的基地，自身就具有自然生产能力。而且如果有人类生产技术的投入，则就能更为有效地充分利用光热条件，调节水分和营养，从而显著提高其生产潜力。当然，如果开发不合理，则将会造成土地自然生产能力的衰退乃至丧失。此外，土地所具有的承受能力，也是其自然特征的重要表现，例如土地对于基础设施、建筑等的承受性，是由土地的地质特性所决定的，也是土地自然生产能力的重要表现。

2. 土地具有综合性、复杂性特征

土地资源包括土壤、生物、岩石、水分、空气等，每种组成成分又包括不同的若干要素。例如，土壤就包括矿物质、有机质、空气和水四种要素。由于不同区域乃至地块的构成要素及成分结构的差异性，也造成了土地质量的差异性。同时，土地系统又由耕地、林地、牧草地、水域、工矿地、市地等子系统组成，每个子系统都是由植物、动物、微生物等生物成分和光照、土壤、空气、温度等非生物成分共同组成，借助于能量与物质流动转换而形成不可分割的有机整体[①]。即认为土地是地表的一个区域空间，其特点包括该区域垂直向上和向下的生物圈的全部稳定的或可预测的周期性属性，包括大气、土壤和下伏地质、生物圈、植物界和动物界的属性以及过去和现在的人类活动的结果[②]。

3. 土地位置的固定性和面积的有限性

土地位置具有固定性或不可移动性，因而具有明显的地域性特征，尤其是对于非农用地而言，地块性特征差异也很明显。此外土地面积具有有限性，主要表现是：大自然赋予人类的土地面积是有限的，而且土地面积的自然增减和人工增减，都是极其有限的；可利用的地上与地下空间是有限的；可利用的数量也是有限的[③]。

4. 土地资源的质量差异性

由于土地自身的条件（地址、地貌、土壤、植被、水文等）以及相应的气候条件的差异，因而造成土地的巨大自然差异性。这种差异性不仅存在于一个国家和一个地区的范围内，即使在一个基层单位内也同样存在着。随着生产力水平的提高和人类对土地利用范围的增大，这种差异性逐步扩大。土地的自然差异性是土地级差生产力的基础。土地的自然差异性，要求人们因地制宜地合理利用各类土地资源，确定土地利用地合理结构与方式，以取得土地利用最佳综合效益[④]。此外，现在人们日益赋予土地质量更为丰富的内涵，除了自然质量之外，还有经济质量（如区位、经济效益等），以及在人文、景观价值方面的“质量”等。

---

① 王万茂主编：《土地利用规划学》，北京：中国大地出版社，1998：4

② 包浩生、彭补拙等编著：《自然资源学导论》，南京：江苏教育出版社，1993：100

③ 周诚：《土地经济学原理》，北京：商务印书馆，2003：5

④ 毕宝德主编：《土地经济学（第六版）》，北京：中国人民大学出版社，2010

5.土地供给的稀缺性

土地供给的稀缺性，不仅表现在土地供给总量与土地的需求总量的矛盾上，还表现在由于土地位置固定性和质量差异性导致的某些地区和某种用途土地供给的特别稀缺上。土地供给可分为土地的自然供给和土地的经济供给。土地的自然供给是无弹性的，土地的经济供给是有弹性的。

6.土地利用方式的相对分散性及利用方向变更的困难性

由于土地位置的固定性和质量的差异性，只能因地制宜地利用土地，因而土地利用方式是分散的。土地利用方式的分散性因用途不同表现出一定的差异性。各类土地利用的分散程度，除了受到资源本身分散的特点决定外，还受到生产的规模型要求和集聚性等要求决定①。

土地有多种用途，但当土地一经投入某用途后，欲改变其利用方向，一般来说比较困难。当然，从理论上讲，土地的用途是可以改变的，但用途改变是有成本的，有时成本相当高昂。土地利用方向变更困难这一特点，要求人们在确定土地利用方向时，一定要进行科学规划，严格执行国家的土地用途管制制度。

7.土地资源的自然与经济社会的双重性

土地作为人类劳动的对象，经过人类长期的利用与改造，业已成为自然与人类的联合产品，如农业土地上增加了灌溉系统、梯田、堤坝等人类劳动的产物；非农业用地则增加了地下管网、地上建筑、道路等物质内容。此外，土地利用的人文社会特征也得到凸现；土地资源的经济稀缺性、价值特征、利用方式的多样性、报酬递减等社会经济特征也十分突出。因此，土地资源具有自然与社会经济的双重性。

8.土地的社会性

在土地利用过程中，形成各种各样的土地生产关系。土地生产关系是社会关系的重要组成部分，其他社会关系影响土地生产关系，土地生产关系也影响了其他社会关系；土地生产力作用于土地生产关系，土地生产关系也反作用于土地生产力。土地社会性更具体地表现在：土地资源及其权利的社会属性和社会功能，土地利用的社会组织制度，土地资源配置的社会方式和土地收益分配的社会影响机制等方面②。正是由于土地的社会性，任何国家都会以社会代表的身份，对全部土地的利用进行宏观的规划管理、监督和调控。

三、土地的功能

威廉·配第曾说过："劳动是财富之父，土地是财富之母"③。对于当今人类社会而言，土地具有多重功能，这就决定了土地资源具有功能多宜性的特征，从而也增强了土地利用方式对于人类社会发展要求的适应性。土地的功能更为主要地表现在：

1.承载功能

土地是一切自然物和人类社会活动的基地与空间。土地承载功能不仅受制于土地资源

---

① 王克强、王洪卫、刘红梅主编：《土地经济学》，上海：上海财经大学出版社，2005

② 吴次芳、吴丽主编：《土地社会学》，杭州：浙江人民出版社，2012：8

③ 《马克思恩格斯全集》，第23卷，北京：人民出版社，1972：57

的物理及地质特征，还受制于生态阈值、环境容量以及其他资源承载能力，因此，需要从人类活动方式以及土地自然特征、生态环境要素、其他资源配比等相关关系方面，综合评价土地资源的承载功能。

2. 生产功能

如前所述，土地资源具有自然生产能力，如果土地利用方式、技术手段能够有效地与土壤、水分、光照、生物、空气、地貌等要素优化配置，则更有利于土地自然生产能力的发挥。

3. 资源功能

人类社会经济活动所需要的大量非生物资源也都蕴藏于土地之中。没有这些资源，就没法满足人类社会经济发展对于生产设备以及各种物质产品的需求。可见，土地的资源负载功能也是人类发展的重要资源支撑。

4. 景观功能

景观就是地面上生态系统的镶嵌，是自然和文化生态系统载体的土地①。因此，土地就是景观。由于人们对于生态环境和舒适性的不断追求，通过挖掘和有效地改造，土地也创造出更多的景观效应。

5. 资产功能

土地具有储蓄银行的作用②，也就是土地资产增值的蓄水池③。土地的资产功能，使其成为最为重要的不动产投资对象，同时，也使其成为人类社会财富或家庭财产的重要组成部分。

6. 能源功能

由于化石能源日益紧张，生物能源开发加快，这不仅在一定程度上缓解了化石能源紧张的压力，而且也为人类社会寻找清洁的替代能源提供了一条路径。但在粮食安全受到威胁的情形下，过快的生物能源开发也将加大粮食安全的压力。

此外，土地还具有人文功能、社会功能等多重功能，尤其是随着科学技术的不断发展，土地资源及其产品对于人类社会的贡献也在被不断挖掘。

第二节　资源观发展与土地经济问题及其演变

土地经济学是以人地关系为研究对象的，而影响人地关系的决定性因素则是人类社会的资源观，人地关系的核心则是人与人之间的土地经济关系。因此，资源观是认识人地关系乃至人与人之间土地经济关系的基础。为此，这里从立足资源观分析人地关系的发展过程，并重点分析我国当前所面临的主要土地经济问题。

---

① R. Forman, M. Godron:《Landscape Ecology》, John Wile, 1986:3，转引自：王万茂主编：《土地利用规划学》，北京：中国大地出版社，1998:5

② Ely, R. T., E. W. Morehouse:《The Elements of Land Economics》, 1924，转引自滕维藻译：《土地经济学》，北京：商务印书馆，1982:29

③ 刘书楷、曲福田主编：《土地经济学》，北京：中国农业出版社，2004:6

一、资源观的历史回顾及展望

(一)人本位资源无限观

18 世纪蒸汽机的发明促使人类进入工业社会。19 世纪 90 年代,远距离输电的实验成功,为工业电气化奠定了基础,导致了近现代史上的第二次工业革命。20 世纪 40—50 年代,人类对资源的开发开始涉足太阳能、原子能、地热能、海洋能、风能与生物能等可再生资源领域,资源史上的一次次重大发现和突破,成为 20 世纪人类社会发展过程中一个又一个里程碑。20 世纪以来,矿物能源和动力机械的结合,使资源开发利用的深度、广度和速度达到了史无前例的地步。20 世纪初至 50—60 年代,人类对自然资源的认识具有明显的人本位特征:人类是自然的主人和占有者,自然界的一切必须服从于人类的利益和需求,人类对自然界拥有绝对的开发利用权。在这一时期,"资源取之不尽,用之不竭"的思想较为普遍,在无限的时空中,人是万物的尺度与主宰。这种藐视大自然的宏大气魄、积极进取的能动精神,对人类的文明发展确实起到了一定的进步作用。但由于当时科技水平的限制,直至 60 年代,资源的稀缺性,有价性、有限性、整体性和系统性,人类活动对资源、环境的影响以及最终对人类的危害,还没有真正为人类所认识。在中国"地大物博、资源丰富"思想统治着整个国家"人定胜天"、"人有多大胆,地有多大产"等以人为中心的资源无限观登峰造极。以人文主义思想为背景的现代人本位资源无限史观的实践是整个现代文明的基石,但也带来了今天人类面临的一系列以人口、资源、环境与发展关系为核心的全球性问题。

(二)"资源有限论"及其论战

20 世纪中期,西方发达国家由于战后经济迅速发展和工业化进程的加速,导致了对资源的大规模开发利用以及由此带来的一系列生态问题。人口、资源、环境与发展问题日益受到重视,资源观经历了由人本位资源无限史观到资源有限和资源保护的转变过程,特别是资源有限及其论战,为以资源可持续利用为核心的"可持续发展观"奠定了思想基础①。

全球经济高速增长带来的人口、资源、环境与发展问题,不仅受到科学家的关注,同样也受到政治家的重视。英国学者福格特(W. Voget)在《生存之路》中说"现代世界人口增长已超过土地和自然资源的负载力,人类面临灭顶之灾。"美国生物学家卡尔逊(K. Carson)1962 年的《寂静的春天》、鲍尔丁(K. B. Baulding)1966 年的《来自地球宇宙飞船的经济学》、埃里希 1968 年《人口爆炸》,阐述了人类活动与自然资源退化和环境污染之间的关系。中国学者马寅初早在 1957 年发表的《新人口论》就指出中国存在严峻的人口问题。1972 年发表的《增长的极限》被认为是"资源有限论"和悲观派的代表作。该报告认为"如果在世界人口、工业化、污染、粮食生产和资源消耗方面现在的趋势继续下去的话,地球上的增长极限有朝一日将在今后 100 年内发生"。梅多斯(D. H. Meadows)等从物质资源的世界贮存以及生物学和生态学等方面进一步讨论了极限的存在。《增长的极限》发表不久,阿姆斯特丹就出现

① 罗丽丽:《20 世纪资源观的历史回顾和展望》,经济师,2006(3):256-257

了《反对罗马俱乐部》的著作,1976 年美国赫德森研究所发表了《下一个 2000 年:关于美国和世界的远景描述》,逐条批驳了《增长的极限》。1981 年美国学者西蒙在《最后的资源》一书中也对罗马俱乐部的极限论提出了批评。但是反对派并未否认罗马俱乐部提出的"全球性问题"的重要性和深刻性,也未能改变人类对"资源有限性"的认同。事实上《增长的极限》和《没有极限的增长》都已向人类昭示:在一定时期内,由于种种因素的制约,可供人类利用的资源总是有限的。这种资源相对于人类利用的有限性正是资源"枯竭"与"危机"的根源,人类必须合理利用和保护资源,以实现资源的可持续利用。

(三)"可持续利用"的资源观

1972 年 6 月,联合国在斯德哥尔摩召开第一次"人类环境会议",发表了"人类环境宣言"。连同会前发表的《生存的蓝图》、《只有一个地球》和《增长的极限》,唤醒了人类从哲学和科学高度更加系统地认识人口、资源、环境与发展关系(PRED)问题。这是人们开始充分认识到土地利用的外部性成本。此后,1980 年 3 月世界自然保护联盟(IUCN)发表了《世界保护战略:可持续发展的生命资源保护》。1983 年 11 月世界环境与发展委员会(WCED)成立,并在 1987 年发表了《我们共同的未来》明确提出可持续发展的概念:既满足当代人的需要,又不对后代人满足其需要的能力构成危害的发展"。1992 年,联合国环境与发展大会(UNCED)通过了《21 世纪议程》,此后各国也先后制订了本国的《21 世纪议程》,中国于 1994 年 3 月通过《中国 21 世纪议程——中国 21 世纪人口、环境与发展白皮书》。从"人类环境宣言"到《21 世纪议程》,资源可持续利用的思想先后登上学术和政治舞台,以资源可持续利用为核心的全球可持续发展观,逐渐成为人类发展观的主流和主旋律。进入 21 世纪,人们还认识到了土地利用对于全球变暖的影响。

2004 年我国政府提出"坚持以人为本,全面、协调、可持续的发展观"。科学发展观是"坚持以人为本,树立全面、协调、可持续的发展观,促进经济社会和人的全面发展",按照"统筹城乡发展、统筹区域发展、统筹经济社会发展、统筹人与自然和谐发展、统筹国内发展和对外开放"的要求推进各项事业的改革和发展。实现经济社会的可持续发展,是树立和落实科学发展观的重要内涵。资源经济的可持续发展,就是要在发展经济的同时,充分考虑环境、资源和生态的承受能力,保持人与自然的和谐发展,实现自然资源的永续利用。

二、资源观与土地经济问题的关系与演变

(一)资源观与土地经济问题的相互关系

资源观直接影响着人们对土地资源的利用,尤其是在经济发展阶段、土地利用技术水平、人口数量与土地数量的配比关系等因素相同的情况下,资源观对土地经济问题有着决定性的作用。从土地利用决策的角度来看,土地利用决策可以分为三个部分:利用与否、利用什么和如何利用,这都与资源观有直接关系。例如,就围湖造田而言,是否需要围湖造田?是通过增加耕地面积来保障粮食供应,还是通过贸易方式来增加粮食供应,同时通过促进农业技术进步与推广,增强现有耕地的粮食生产能力?不同的决策方式,就可能导致对土地持续利用及其收益分配产生不同的影响。

(二)资源观与土地经济问题关系的变化

到目前为止，人类社会经历了原始社会、农业社会和工业社会几个阶段，在不同的阶段，占主导地位的资源观念不同，在原始社会由于对资源的认识极为有限，占主导地位的是听命自然的资源观念；在农业社会，人们对动植物资源的知识不断增加，并且发明了耕作技术，通过对土地的耕种以及动物的驯养可以维持稳定的食物来源，因此，农业土地资源具有决定性的意义；到了工业社会，人们对机械原理的掌握空前膨胀了自己的信心，认为自己能够征服自然，以资源征服者的心态利用资源。

在原始社会，由于掌握的知识较少，人类所能做到的只是依靠天然的恩赐存活，因此，资源的可控问题成为原始社会的主要土地经济问题，但这时的土地利用并没有威胁到土地资源的生态环境系统；在农业社会，通过利用动植物资源的生长规律解决了动植物资源的可控问题，经济来源在很大程度上依赖土地资源的数量，但是对土地利用不当使得土壤退化成为主要的资源问题；而在工业社会，能源主要是煤炭、石油等化石燃料，矿物成为工业生产的主要原料，工业社会通过工程手段改变了所使用原料的化学性状，在这个过程中不仅得到了所需要的产品还产生危害环境的副产品，工业社会对耗竭资源的大量使用很快导致了资源短缺等问题，同时也带来了土地退化、耕地减少、土地污染等一系列问题。从表 1-1 中可以了解不同资源观与土地经济问题之间的关系。

表 1-1 资源观念与土地经济问题关系演变

项目	历史阶段			
	原始社会	农业社会	工业社会	后工业时代
主导的资源观念	听命自然观	顺应和效法自然观	征服自然观	人与自然和谐观
利用的主要资源	土地以及自然动植物资源	农业土地资源和驯养的动物资源	农地非农化；可耗竭资源	土地、非耗竭资源
利用的主要能源	植物能源	植物能源、风能和水力	化石能源、水力	清洁能源、非耗竭能源
资源主要利用模式	采集、渔猎	农业模式	工业模式	先进制造业、现代服务业模式
主要土地经济问题	土地资源的可控问题；土地承载能力低，食物短缺	土地权益分配问题；土壤退化问题，导致耕地生产能力下降	土地权益分配问题；耕地减少，粮食安全；土地污染、生态破坏、全球变暖以及耗竭型资源短缺	土地公共权益保障问题；土地收益分配不公；土地资源破坏及生态环境修复；新能源开发等

三、土地经济问题

土地经济学理论与方法具有共性，但是不同国家或区域的土地经济问题具有个性，尤其是我国正处于工业化、城市化发展时期，土地经济问题具有其自身特征，如何依据土地经济学理论与方式，揭示我国土地经济问题的基本特征与发展规律，是当前乃至今后较长一段时期内需要关注的土地经济问题：

一是土地经济学科建设问题，如何将微观经济学、宏观经济学以及制度经济学、福利经济学等经济学成果，引入土地经济学领域，形成具有中国特色的土地经济学学科体系，是我国土地经济学学科建设重大问题。

二是如何揭示我国土地经济问题的基本特征与发展规律，包括土地供求关系、土地市场运行、土地收益分配关系等，都需要结合城市及农村土地经济问题的实际加以更加深入的分析与研究，并在此基础上充实和发展土地经济学理论体系。

三是如何揭示我国土地经济问题与经济社会发展阶段的关系，尤其是当前快速工业化、城市化发展时期的土地经济问题，从而从土地经济问题与经济社会发展互动性角度寻求解决我国土地经济问题的路径。

四是如何进行有效的土地制度与政策设计，包括土地产权制度、土地金融制度、土地税收制度以及土地利用规划的顶层设计等，推进土地经济问题的解决。

五是土地经济学研究方法体系的完善与发展。土地经济学方法论问题，关系到土地经济学学科自身如何建设与发展。当前不仅提倡问卷调查方法在土地经济问题研究中的广泛应用，还要不断地创造性引进新的方法论，从而不断地为科学认识、分析、揭示、解决土地经济问题提供方法支撑。

第三节　土地经济学的研究对象及产生与发展

一、土地经济学的研究对象

西方关于土地经济学研究对象的代表性界定主要有以下几个方面：①“土地经济学是研究因土地利用而引起的人与人关系的一门社会科学”[①]；②“土地经济学是研究人在利用土地时，尤其特别注意到人在其对自然资源的关系里所发生的人与人的关系”[②]；③“土地经济学的研究范围，简言之，就是人与地的经济关系”，并简称为人和土地的研究[③]；④“研究与土地有关的人与人间的经济关系”，并简称为土地与人的研究[④]等；⑤认为土地经济学作为一门社会科学，其研究范围包括物理性质、区位条件与财产性质等因素影响土地资源使用的社会行为[⑤]；⑥认为土地经济学是研究土地问题及引出的土地经济、土地制度和政策问题[⑥]。台湾土地经济学家韩乾先生认为，与一般经济学一样，土地经济学的目的也是在研究如何公平及有效率地配置与使用稀有资源，不过其着眼点系在于土地或不动产罢了。进而指出，土地经济学所牵涉的经济关系非常广泛，其可以应用于农、林生产，也可以应用于都市开发、不

---

① Ely R. T. , E. W. Morehouse:《The Elements of Land Economics》,1924.转引自滕维藻译:《土地经济学》,北京:商务印书馆,1982:17

② Ely R. T. , E. W. Morehouse:《The Elements of Land Economics》,1924.转引自滕维藻译:《土地经济学》,北京:商务印书馆,1982:17

③ Barlowe Raleigh:《Land Resource Economics》, Preatice-Hall, Inc. Englewood Cliff, N. J. . 1958, pp1

④ Barlowe Raleigh:《Land Resource Economics》, Preatice-Hall, Inc. Englewood Cliff, N. J. . 1986. pp3

⑤ Leonard A. Salter Jr:《The Content of Land Economics and Research Method Adapted to Its Needs》. Journal of Farm Economics. 1942. Feb. pp235

⑥ [日]野口悠纪雄:《土地经济学》,汪斌译,北京:商务印书馆,1997

动产交易、土地制度的制定、土地政策的形成等。它更可以应用于能源政策、水资源政策，污染防治以及环境保护等[1]。

中国大陆土地经济学家张丕介认为，土地经济学研究的对象是人与地的关系，具体言之，则为因人类经济行为而造成的人与地、人与人、地与地的关系[2]。张德粹也认为：土地经济学是研究人们利用土地时所应遵循的经济原理，亦研究利用土地而发生的人与人之间的经济关系，并且探求改善这些关系的原则和方法[3]。刘书楷则认为，土地经济学是以人地关系以及由此引起的人人关系为研究对象，并将土地视为一个经济要素，研究其综合利用和分配及其法制的经济问题的综合性经济学科。它是介于经济科学和资源科学之间的一门边缘学科或交叉学科，是理论与实践结合的应用经济学[4]。毕宝德将土地经济学定义为，"一门研究土地利用中人与地及人与人之间的经济关系的科学，是经济学的一个独立分支[5]"。周诚把土地经济学的对象表述为：土地利用中的生产力的组织和土地所有、使用、管理中的生产关系及其调节。土地经济学作为一门经济科学，以研究、阐述有关土地问题的经济规律作为自己的核心。它研究有关规律的生产和发挥作用的条件，发生作用的具体形式及其方针、政策、措施的关系等。它向人们提供经过过滤的各种客观情况，并在此基础上分析、归纳出有关的规律或阐述作为规律的表现形式的土地经济学的有关原理、原则、模式、方法论等[6]。

从以上论述中可以看出，土地经济学研究的核心问题在于以土地关系为基础的人与人之间的相互关系问题。其包括土地利用和土地财产两个方面，至于何者在土地经济学中更重要则视不同学者的理解和所处时代在哪方面的土地问题更为突出。据此可以认为，土地经济学的研究对象为研究土地与人和因其产生的人与人的经济关系的总和及其内在规律的一门科学。

二、土地经济学的产生与发展

从土地经济学的研究对象可以看出，土地经济问题即由人地关系所引起的人与人之间的关系问题，是土地学科的根本问题，同时也是土地学科的先导问题。这是因为，土地问题大致可以归为三类，即土地分配（产权）问题、土地利用（经济生产）问题和土地收益分享问题。而土地分配（产权）问题，又是这三个问题的前提。这可以从土地问题产生方面加以认识。

从土地问题的产生来看，在原始社会的时期，没有私有制、阶级和国家，虽然存在土地的占有，但由于地广人稀、生产力水平低下，土地可以被无限制地占有和自由利用，因此，也不存在土地问题。正如美国产权经济学家哈罗德. 德姆塞茨所说，古代北美印第安人在共有土地上狩猎，猎物资源丰富时，是没有产权的，但由于资源稀缺而导致对每人狩猎范围的圈定，从而出现产权及产权制度（Harold Demsetz，1967）。诺斯-托马斯模型（North-Thomas

① 韩乾主编：《土地资源经济学》，台湾：沧海书局，2001

② 张丕介：《土地经济学导论》，北京：中华书局，1944：1

③ 张德粹：《土地经济学》，国立编译馆出版，台北：正中书局印行，1979：13

④ 刘书楷、曲福田：《土地经济学（第二版）》，北京：中国农业出版社，2004：11

⑤ 毕宝德：《土地经济学（第六版）》，北京：中国人民大学出版社，2010：13

⑥ 周诚主编：《土地经济学》，北京：农业出版社，1989：18-19

Model)也阐述了这一问题，即认为产权出现的主要力量是人口压力。当植物与动物相对充裕时，对这些资源设置产权的成本超过了潜在的收益，于是自然资源被当作公共财产使用；当人口相对于稳定的资源数量增长时，人们之间的竞争趋于尖锐，公共财产导致了狩猎活动收益的减少，在某个边际上，固定的农业活动逐步变得比狩猎活动更有吸引力，尽管农业在设立与实施产权上要付出成本。最早的固定农业共同体是以对土地的排他性公有产权为基础（刘世锦，1993）。从土地产权制度产生与发展的历史来看，土地产权的出现，就意味着土地问题已经开始出现，由此也带来了土地利用问题以及土地收益分享问题。

从土地经济学学术研究与学科建设来看，土地经济学第一次成为大学教育的课程，是从 1892 年 Ricard T. Ely 在 University of Wisconsin 开授 Landed Property 讨论课时开始。正式成为单独研究领域则是于 1919 年美国在其农业部内设立土地经济司时开始的。20 世纪 20 年代有关乡村及都市的土地经济学与不动产经济学的基础开始逐步建立[①]。第一本有关土地经济学的教材则在 1922 年正式出版，并于 20 世纪 30 年代普及日本和中国。1930 年日本田嗣新郎所著《土地经济论》的中译本出版。同年，章植著的《土地经济学》问世，这是中国学者所著的第一本土地经济学教科书。作为土地经济学术研究的倡导者和组织者，萧铮于 1932 年邀集农业、财政、经济、法律等方面的专家，成立中国地政学会，研究土地经济问题。同年，萧铮在中央政治学校设立地政学院并任院长。1940 年地政学院停办，萧铮又创立私立中国地政研究所。1943 年中央政治学校设立地政学系。1946 年政治学校改为政治大学，仍保留地政学系，至 1949 年停办，1963 年又在台湾恢复[②]。1930—1949 年期间，大量的土地经济学术著作出版，为我国的土地经济学科的发展奠定了基础。1949 年 10 月至 1977 年，是土地经济学术研究和学科建设的基本停止阶段。1978 年召开的中共十一届三中全会带来土地经济学术研究和学科建设的复苏和繁荣。1981 年，在著名经济学家于光远的倡导下，成立了中国国土经济研究会，组织出版了《国土经济研究》(1982)和《国土经济学》(1986)。1983 年成立了北京、天津、上海等八城市房地产经济研究会。1986 年 6 月公布了《中华人民共和国土地管理法》，8 月成立了国家土地管理局，极大地推动了土地经济学术活动。1987 年 7 月，中国土地勘测规划院土地经济研究所成立并成为土地经济学术研究的主力军之一。同年中国土地学会土地经济分会成立，有力地推动了全国的土地经济学术研究活动。全国高等院校的土地管理院系、研究机构纷纷成立，如中国人民大学土地管理系(1988)、南京农业大学土地管理学院(1992)、东南土地管理学院(1995)、华中农业大学土地管理学院(1996)、北京农业大学土地资源与管理系(1999)等等，形成了包括大学专科、本科、硕士、博士的教育体系。同时，土地经济学术研究成果也硕果累累，基本形成了门类齐全、水平较高、基本可满足教学和实际工作需要的土地经济和相关学科的教材与参考书体系[③]。而土地科学中的另一门重要学科土地规划利用学，则始于苏联计划经济体制下的 1940 年问世《土地规划设计》一书[④]。其他土地学科的建设和发展则是此后随着土地问题的不断发展和日益复杂化，并与其学科融合交叉而逐步产生的。

---

① 韩乾编:《土地资源经济学》，台中:沧海书局，2001:5

② 苏志超:《土地经济学术之开创与发展》，台北:中国地政研究所，2000

③ 钟祥财:《中国土地思想史稿》，上海:上海社会科学出版社，1995

④ 刘书楷:《刘书楷文集(第 2 集)》，北京:学苑出版社，1999

从土地问题的产生与土地经济学的实践可以看出，土地经济学在土地学科体系中具有先导性①。尤其是当今社会正在步入市场化程度不断提高，土地利用投资日益国际化的态势下，土地经济学科的先导性作用亦更加突出。当然土地经济学的先导性发展，以及土地问题的分化，也促进了相关学科的产生，由此推进了土地学科体系的形成与发展。

三、土地经济学与相关学科的关系

土地经济学的形成与发展也得益于相关学科的基础与支撑，因此，土地经济学需要考虑与相关学科的关系（这里借鉴有关学者对房地产经济学与相关学科关系②的分析思路进行分析）：

一是微观及宏观经济学、制度经济学、行为经济学等为土地经济学研究提供了理论指导。土地经济学研究涉及微观经济主体、区域乃至国家层次经济社会发展等方面的内容，离不开价格理论、消费者行为理论、厂商行为理论及一般均衡理论以及国民收入理论、周期波动理论、经济增长理论等的支撑。同样，制度经济学为土地经济学提供了产权、交易费用、制度变迁等重要的分析工具，而且也为分析土地制度的外部性、土地用途管制等提供了方式支持。土地利用主体的行为分析也需要行为经济学的理论与方法。

二是资源经济学、环境经济学等为土地经济学提供了可借鉴的分析范式。土地资源是自然资源，具有垄断性，同时其具有资本与服务性质。作为资本，可以通过市场来实现其价值；作为服务，类似于生态、环境资源，不完全能通过市场方式实现，因此，资源经济学、环境经济学的分析思路为认知土地经济学提供了范式借鉴。

三是土地规划学、土地评价学、土地资源学、土地生态学等土地学科及农村经济学、城市经济学等为土地经济学的学科基础。土地学科体系业已形成，虽然土地经济学是基础性、先导性学科，但其他学科的发展也为土地经济学的深化提供进一步的支撑，例如，土地生态学的发展，促进了土地生态经济学产生与发展；此外，土地资源是农村经济、城市经济活动中的重要因素，因此，也是土地经济学的重要学科基础。

四是金融学、财税学等学科为土地经济学提供了专业知识。尤其是金融产品创新日益影响了土地经济活动，并业已深入到土地经济活动之中；土地出让金、土地税收等也是财税学关注的重要内容，其在土地经济学中也有重要的地位，因此，相关分析与研究都需要借鉴这些学科的理论与方法。

第四节　本书的内容体系

依据上述对于土地经济学的理论，结合土地经济学实践的相关内容，本书内容具体可分为土地经济学基础、土地资产经济分析、土地资源经济分析以及土地经济制度与政策四个部分。

---

① 刘书楷先生将土地经济学称为土地科学体系中的一门先行学科和先导学科。见刘书楷：《试论土地经济学科在土地科学学科体系中的地位及有关学科建设问题》，《不动产纵横》，1995(3)

② 参见高波、葛扬等编著：《现代房地产经济学导论》，南京：南京大学出版社，2007：6-8

一、土地经济学基础

包括导言、土地经济学方法论以及土地需求与供给分析三个部分。着重介绍土地的内涵与特征、土地经济学的学科特征以及土地经济学方法论，并从供求关系角度介绍土地供求的内涵及其分析方法。

二、土地资产经济分析

主要介绍地租、地价以及土地市场、土地资产管理等相关理论及主要内容，从而为从理论上更为全面了解土地资产特征和分析方法提供基础。

三、土地资源经济分析

侧重于介绍土地资源及其利用的相关经济问题，具体涉及土地资源价值、土地资源利用、土地集约利用、土地资源利用、土地保护与可持续利用、土地生态经济学、土地用途转换的经济学分析等内容。

四、土地经济制度与政策

着重介绍有关土地产权、土地政策、土地制度等相关内容，具体是：土地产权、土地政策的福利经济学分析、土地宏观调控、土地金融、土地税收、土地督察、土地伦理等。

复习思考题

1. 如何理解土地是服务与资本的统一？
2. 阐述土地的功能。
3. 分析土地经济学与相关学科的关系。

参考文献

[1] 曲福田. 土地经济学. 3 版 [M]. 北京：中国农业出版社，2011.
[2] 刘书楷，曲福田. 土地经济学. 2 版 [M]. 北京：中国农业出版社，2004.
[3] 周诚. 土地经济学原理 [M]. 北京：商务印书馆，2003.
[4] 毕宝德. 土地经济学. 6 版 [M]. 北京：中国人民大学出版社，2010.
[5] 高波，葛扬，等. 现代房地产经济学导论 [M]. 南京：南京大学出版社，2007.
[6] 黄贤金. 土地政策学 [M]. 北京：中国农业出版社，2014.
[7] 黄贤金，钟太洋，陈志刚，等. 土地经济学 [M]. 北京：科学出版社，2009.

第二章

土地经济学方法论

基于上一章对于土地内涵和土地经济学研究对象的认知，本章着重讨论土地经济学方法论。当然，这些方法论也是基于人文社会科学，尤其是经济学、土地科学等分析方法的基础，结合土地经济学具体问题的理解与应用。

第一节　土地经济学方法论的含义及层次

在具体探讨土地经济学的方法论之前，先来了解一下什么是方法论。有关方法论的定义有很多，国内、国外，大众、专业，不同的词典对此都有不同的定义。在《辞海》(1999)中关于方法论的解释是"①认识世界和改造世界的一般方法的学说或理论，同世界观是统一的，是思想方法、认识方法、工作方法等的理论基础。②某一专业的研究手段、方法的综合。[①]"在朗内斯(1983年)所编的《哲学词典》中将方法论定义为"对那些总是指导着科学探索的推理和实验原理及过程的一种系统分析和组织……，也称之为科学的方法。因而，方法论是作为每一门科学的特殊方法的一种总称。"[②]《韦伯斯特大学词典》(1977年)将方法论定义为"一门学科所使用的主要方法、规则和基本原理；……对特定领域中关于探索的原则与程序的一种分析。"[③]同样，《韦氏新世界美国英语词典》(1968年)将方法论定义为"方法的科学或方法的有序安排；特别是对于科学探索和哲学探索的推理原理应用有关的逻辑学分支；……任何特定科学中的方法体系。"[④]综合以上这些定义，"方法论"即是指从事某项学科研究活动的一般途径，而不是完成某个专门任务的具体细节和做法。具体的细节和做法是方法，而不是方法论。方法论提供设计、计划和实施该学科研究的原则，但不能指出该学科下某具体问题的解决之道，每一个研究专题都有自己的特殊性，需要在该学科方法论的指导下采取有针对性的方法和措施[⑤]。推而广之，所谓经济学方法论就是进行经济学研究的一般途径和原则，而土地经济学方法论就是指对土地经济学研究时所应遵循的一般途径和原则。

然而简简单单下一个定义，并不能指导具体的研究工作。在这里，土地经济学作为经济

① 辞海编辑委员会:《辞海》,上海:上海辞书出版社,1999

② Ethridge. DonE:《Research methodlolgy in applied Economics》, lown University press. 1995:24-25

③ Ethridge. DonE:《Research methodlolgy in applied Economics》, lown University press. 1995:24-25

④ Ethridge. DonE:《Research methodlolgy in applied Economics》, lown University press. 1995:24-25

⑤ 刘水林:"法学方法论研究",《法学研究》2001(3)

学这门大学科下的一门子学科，就需要参照经济学中对方法论层次的相关划分。在经济学学界，学者们对经济学方法论有不同的划分方法，有人(石士钧，1992)分为两个层次，也有人(黄少安，1995)分为三个层次[①]。根据土地经济学的具体情况，本书采用将经济学方法论分为三个层次的方法。

第一个层次是经济学的哲学基础或哲学意义上的方法论，是最高和最抽象层次的方法论，也就是基本方法论。它所讨论的是经济学的价值观、真理观、科学观。主要内容包括：对经济学研究对象的哲学思考或经济世界观；如何认识和判断经济学的科学性和真理性；如何看待经济活动主体；经济学和经济学家的价值标准，等等。人们通常所谓的经济学以自由主义、个人主义、逻辑实证主义、规范主义、实用主义等为基础，就是指经济学以上述哲学思潮或流派作为基本方法论。

第二个层次是经济学的思维原理和方法，或者说，是经济学家观察经验事实、从事理论研究、构建理论体系的方法。如：归纳与演绎、抽象与具体、逻辑与历史、定性与定量、实证与规范、动态与静态、宏观与微观、系统与局部等研究方法。

第三个层次是经济学的技术性方法，即为了使经济学理论精确化、趋于完善而对特定研究对象或理论所采用的具有技术性的具体方法。如：数学方法、心理分析方法、统计分析方法、边际分析方法、均衡分析方法、成本一收益分析方法等等。

对第三个层次的技术性方法的介绍见于各类经济学和计量学书籍，因此本书不加以赘述，下面主要介绍一下第一个层次中构成现代西方经济学哲学基础的几大哲学思潮：实证主义、规范主义、实用主义以及第二个层次中几个在土地经济学实际研究中具有重要意义的分析方法：定性分析与定量分析、实证分析与规范分析、动态分析与静态分析、宏观分析与微观分析以及系统分析。

第二节　实证主义、规范主义与实用主义

实证主义起源于自然科学，是早期自然科学赖以存在的哲学基础。作为一种哲学，它坚持只有通过观察(感觉)获得的知识才是可信赖的，最初的实证主义甚至怀疑推理和逻辑演绎在获得可靠知识上的有效性，即经验实证主义。不过，实证主义中真正对经济学界产生影响的是逻辑实证主义，所谓逻辑实证主义不光相信通过观察(感觉)获得的知识是可信赖的，对所获得的知识进行符合严格科学程序要求的推理和演绎所得到的结论也是科学的。逻辑实证主义在 20 世纪 50 年代以前，是经济学界中的一种重要哲学，凯恩斯、里昂惕夫、弗里德曼等名家都是它的忠实信奉者。目前国内经济学界所热衷的经济学实证与规范二分法中的实证经济学其哲学基础就是逻辑实证主义[②]。

作为一种从自然科学中衍生出来的哲学体系，实证主义强调实证性的知识，而不承认那种描述价值判断的知识是可靠的或科学的。举例来说，逻辑实证主义者愿意承认人们关于物质或环境的价值判断的有效性(民众认为房价上涨是不好的)，而不愿意承认价值判断本

① 黄少安："关于经济制度及其层次性分析"，《当代经济研究》，1995(2)

② 刘水林："法学方法论的哲学基础"，《西南民族大学学报(人文社科版)》，2004(4)

身的正确性（不管人们如何认为，房价上涨都是不好的），即实证主义承认人或社会对什么是好或坏的信念是可“测量”的，但他们不认为任何事物本来就是或可描述为好或坏的。即实证主义者认为好/坏或正确/错误的价值判断只存在于人们的意识中而不是客观存在的可描述的事实。又因为他们认为，只有能够体验的事物才应该引起科学的注意，而不能观察或测量的事物对于实证主义者来说是没有意义的，因此，实证主义者对有关价值判断的命题不甚关心。

然而，经济学毕竟不同于自然科学，在经济学领域，有许多无法用自然科学中常用的那种实验手段进行度量的有关于价值判断的命题，因此，20 世纪 50 年代之后，规范主义逐渐在经济学界内兴起。与实证主义相对，规范主义恰恰强调价值判断的客观存在性。即规范主义认为好和坏是可以体验的（如房价上涨是有害的），对好和坏这一内在价值的描述性知识是可能存在的，这种知识可以用来得出什么是正确和错误的或什么应该做和不应该做的规则。规范主义者认为，条件和状况可以是好的或坏的，但不能是正确的或错误的；而行为既可以是好的或坏的，也可以是正确的或错误的。因此，规范主义哲学在对策性经济研究和专题经济研究中要比在讲究严格论证的基础研究中更显重要，尤其是那些人们认为与价值判断有关的问题，如效率、福利、收入、生活标准、生活质量等。

另外，在规范主义的经济学研究中，并不涉及正确和错误的道德问题，这与什么是好和坏的问题或知识根本不同。经济选择可以、或许常常需要在几个“坏的”选择之间进行选择，既然这样，对一个“正确”选择的选择或许不只包括“好的”选择或结果（比如，宏观调控需要将房价的年上涨率控制在 20%之内还是 50%之内）。从道德意义上说，一种条件、状况或行为是正确的还是错误的也不是经济学所要考虑的问题。因而，当我们谈论与经济学和经济研究相关的规范主义哲学时，并没有包括和道德相关的那部分规范主义哲学，其目的就是为了避免个人判断的干扰，并将注意力集中于具有内在和外在价值的公共知识而不是个人知识上。

规范主义虽然解决了经济学中关于价值判断的有关命题，但它将自身与实证主义完全对立起来，这也造成一定时期内以实证主义为哲学基础的理论经济学和以规范主义为哲学基础的福利经济学等的对立。因此，实用主义应运而生。作为一种哲学的实用主义认为，对于描述性知识来说，重要的是它如何很好地对解决眼前的问题发挥作用。实用主义者是根据概念在解决现实问题中的实用性而不是它们自身来评价概念的，就是说，实用主义者的兴趣在于应用概念来解决问题。作为侧重于解决问题的一个部分，实用主义者将非价值性知识和价值性知识看作是互相依赖的并且不可分割。实用性（适合现实的问题）是判断经验命题的一个主要的实用主义标准。

实用主义哲学对经济思想和经济研究产生了深远影响，特别是对专题研究和对策研究，以及 20 世纪的各国经济政策研究产生了重大影响。也许最重要的影响表现在将注意力集中于非专业基础问题上，并将其作为开始研究探索的理由。然而，虽然作为一种哲学的实用主义已经对经济学产生了重大影响，但由于存在着其他两种主要哲学的影响，因而，它的作用也是不完全的和有选择的。

因为三种哲学思想在经济学领域的研究中都或多或少存在着一定的局限性，因此，在当代的经济学界，三种哲学思想早已互相渗透，很难说某一领域只被某一种哲学思想占据或某一位经济学家只是某一种哲学的信奉者，不过，相对而言，在基础理论研究和计量研究领域，实证主义还是起到主要作用，而经济对策领域则主要是规范主义和实用主义。就土地经济学而言，由于其理论基础来自于理论经济学，因此，在一些更能体现土地自身产业特点的应用性和对策性研究中，规范主义和实用主义的作用体现得更明显。

上述所讲的三种哲学思想只是土地经济学的哲学基础，是经济学方法论的第一个层次，它们不能被用来直接指导和开展研究工作，在具体的研究中，更常被提到的是第二层次的几种分析方法。因此，以下部分就来详细论述这些分析方法。

第三节　土地经济学分析方法

一、定性分析与定量分析

定性分析和定量分析是经济学研究中最常见的分析方法。所谓定性分析是指对事物的规定性的分析，着重研究事物的内在性质，而定量分析则是大事物的数量、比例及其变化趋势的分析。在土地经济领域内，存在着大量的未知物及未知数，这就要求我们一方面应通过定性分析从中找出事物的本质及其内在的必然联系，提示事物的发展规律；另一方面，在定性分析的基础上，进行定量分析，把握房地产经济活动运行规律及其变化动态，正确、全面认识土地经济关系。之前由于数学及计量能力的限制，国内的土地经济学界对定量分析的方法使用有限，但随着计算机技术的提高，信息、资料的不断积累和丰富，以及数学模型的广泛应用，对土地经济问题在定性分析的基础上进行定量分析，已显得越来越广泛。但是在作定量研究时要注意不能为定量分析而定量分析，准确地选择与研究目标有关的变量对定量研究结果的实践指导意义具有决定性的作用，切忌玩弄数字游戏。

二、宏观分析与微观分析

宏观分析与微观分析是土地经济学中常用的研究方法。所谓宏观分析，是指研究的出发点要立足于宏观整体性，即应从整个社会或国家、国民经济总体角度来进行的诸如土地投资政策与规划、房地产的发展定位及社会贡献等的分析。而微观分析则是从土地经济领域中的各利益主体及参与者的角度出发进行的诸如成本效益、投资决策、经营方式等的分析。一般地，微观分析是宏观分析的具体应用，宏观分析是微观分析的依据和前提，两者是相互影响、不可分割的。根据国民经济发展的要求，调整土地开发的发展规模与速度，有利于促进国民经济的发展；同样，在制订土地规划时，也要充分考虑社会、经济、生态环境的限制与要求，促进土地事业的良性发展。

以土地开发整理企业和房地产企业活动为代表的微观经济活动，涉及具体项目的选址、确定、可行性分析、决策、项目选址、土地权利的获取、开发、经营、管理等一系列活动内容，这些活动无不遵循客观的经济规律，且要随时根据特定的条件进行决策和调整，因此，对这些一般规律和特殊规律的研究和总结，对土地经济活动的研究有重要的指导意义。

三、静态分析与动态分析

静态分析与动态分析的研究方法，也是研究与学习土地经济学的一种重要方法。所谓静态分析，就是假定事物在某一时点上，处于不发展的状态下，研究它的性质，以及它与其他事物之间的关系。这种分析，对于把握事物的性质，以及一事物与它事物之间稳定的关系，是非常必要的。但是，任何事物始终是处于变化和发展过程中，所以，要能够真正把握事物的运动及变化规律。还必须从动态方面研究和考察事物。就房地产市场来说，在一定的情况下，或在某一时点，土地市场上的供求关系是一定的；如果根据土地市场现在的需求状况，确定土地未来的供给，就可能出问题。因为房地产生产有一个周期，当开发商把房地产品推向市场的时候，市场状况已经发生了变化。另外，国民经济发展周期对土地市场影响很大，不了解国民经济发展的周期性，就不能很好地把握土地市场的发展和运行的规律。所以在学习和研究土地经济学时，必须熟练地运用静态分析与动态分析的方法。

四、实证分析与规范分析

前面关于经济学哲学基础的那部分论述中，已经提到在经济学的研究中，关于逻辑实证主义和规范主义的讨论一直没有平息过，以它们为哲学基础的实证分析和规范分析也一直是经济学研究中两大重要且互相对立的分析手段，而对于土地经济学来讲，由于牵涉到一定的社会公义和宏观的房地产政策，这个问题就更值得探讨。所谓的实证分析是研究事情是“怎样的”，它注重事实的陈述及推论，只是阐明真相或因果关系，并不作任何主观的判断，与“规范”相对。它并没有试图设立一些标准来决定什么是好或什么是坏，什么应该做或什么不应该做。举例来说，如果我们所讨论的只是怎样的宏观调控政策能控制房价，而不是为什么要控制过高的房价，怎样的房价才是应该的时，这样的讨论是属于实证分析的范畴的。

相对的，所谓规范分析则是研究事情“应该是怎样”。它主要用于分析如何决定经济政策，并批判某种经济政策或措施的合理性或利弊得失的取舍问题。它注重价值的判断，设立了一个特定的目标，指出何为好，何为不好或应该如何好。譬如上例，当我们讨论的是为什么要对房价进行宏观调控，将房价控制在何种水平上为好时，这就属于规范分析的范畴。由此可见，规范分析的研究势必牵涉到社会一般人所持的伦理观念与价值标准。其结果，对实证分析得出的论点如果有歧义存在，往往可以付诸实证研究加以解决；对由规范分析得出的论点如有争辩，则无法付诸实证研究加以解决，因为这是仁者见仁，智者见智的问题，不同的人对某些问题往往会有显著不同的看法。

五、系统论的分析方法

土地经济体系的运行中涉及许多部门和关系。而所谓系统论与系统分析方法，就是把事物作为一个整体，着重分析整体与部分、部分与部分以及整体与外部环境之间的相互作用和相互联系，从而把握事物的内部联系和发展的规律。因此，在土地经济学的研究中，必须采取系统论的理论、系统分析方法进行研究才能把握土地经济运行和发展的整体规律。

在土地经济发展和运行中，首先涉及的就是土地问题。土地是自然资源，是不可再生的，因而是有限的。但是，随着人类经济社会的发展，对土地的需求越来越大，因此形成了人地的矛盾。土地又是生态环境的基础要素，承载着地球生命支持系统的各种因子。因此，土地利用状况，关系着和决定着人类社会能否可持续发展的问题，特别是城市土地的利用关系着城市可持续发展的问题。这就要求，必须把土地经济研究放到人口、资源、环境、经济、社会这个涉及可持续发展的大前提下进行研究。其次，土地经济体系的运行与国民经济各个方面、各个部门以及国民经济发展和运行的状况，特别是国民经济发展的周期性，有着极其密切的关系。只有根据系统理论与方法，正确地认识和处理土地经济与国民经济整体的发展和运行关系，才能理解土地经济发展规律。另外，土地经济本身也是一个巨大结构体系，只有根据系统论方法，才能弄清土地经济体系各部分之间的联系和土地经济体系运行的机理。

第四节　土地经济学研究过程

土地经济学是经济学的一个分支，因此，对土地经济问题的研究也应严格地遵循经济学研究的一般过程。

一、一般程序

经济学的研究是一个过程或几个过程，一般来讲，遵循以下的程序：

(1)问题的提出，以及有关问题背景的陈述；

(2)设定研究目标，包括一个最终目标以及一组有助于实现最终目标的子目标；

(3)文献评论，收集并浏览有关材料，包括其他学者对该特定问题研究的结果；

(4)找出相关的理论；

(5)根据相关理论及所研究问题的具体情况，提出假设模型；

(6)根据假设模型对经济活动进行判定或预测，得出结果；

(7)对结果进行解释和分析。

具体流程见图 2-1。

在经济学的研究过程中，问题的表述和理论模型的构建是整个研究过程中最为重要的两个步骤。因此，下面的介绍着重在这两个部分。

二、问题的表述

所谓问题的表述，就是将所要研究的问题用科学化、规范化的语言表达出来。一般来讲，在对经济学问题进行表述时，需要遵循以下五个原则：

(1)可研究的问题必须是充分界定的(有限的)，它要能在可用资源范围内提出。这些资

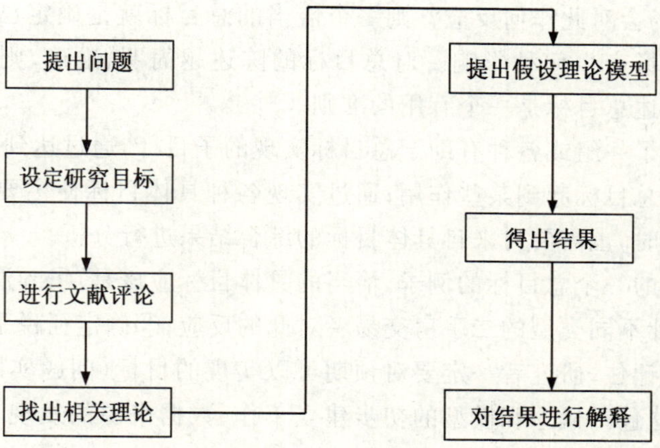

图 2-1　经济学研究流程图

源包括时间、研究的专业知识、数据、工具(如计算机运算能力)、人员和资金支持等,可研究问题的重要性在某种程度上总是依赖于可利用的资源。超出能力和研究资源范围的问题没有太大的研究意义。

(2)尽量以客观的(中性的)而不是主观的(辩护性的)的词汇来描述问题,避免"价值判断"的语言出现。虽然问题定义具有内在的规范性,但是研究者要训练自己使用明确的描述并克制个人的价值取向和偏好。研究者所选择使用的语言会对研究的中立性的实现产生影响。

(3)问题的表达必须充分,以使其他人能够理解。这既适用于一般问题陈述,也适用于具体问题陈述。

(4)研究者对问题的感觉可能来源于直觉层次,但它应该在逻辑层次上得到进一步开发,研究人员和其他人员只有以这种方式才能真正理解问题。如果对问题的描述没有在逻辑上发展到使其他人也能够领会的程度,则问题就还没有得到很好的定义。情感语言的运用不能为问题的解决提供帮助。

(5)研究可以始于一个研究目标,但问题的解释应该被扩展到能证明研究目标的合理性。如果研究目标不能被证明具有合理性,则表明要么研究者没有清楚地理解问题,要么不存在这个问题。

另外,在对研究问题进行表述时,还应根据读者群的情况注意相关背景知识的介绍。比如说,进行一项土地的市场结构研究,如果研究成果是直接面向非经济专业的普通读者群,那么对市场结构的相关类型就要进行介绍,如果研究成果是发表在某专业期刊上,那这些背景介绍就没有必要。

三、研究目标的设定

在研究中还应注意研究目标的设定。一般来讲,目标可分为一个最终目标以及一组有助于实现最终目标的子目标。总目标是研究的中心目标,它陈述研究的主要目的,总目标也应该直接来自于研究问题的陈述。例如,如果具体问题是,政府为遏止房产投机,对二手房交易进行征税，市场会对此作何反应？则一个恰当的总目标就是确定已有的税率已经或将会对二手房交易市场产生何种影响。对总目标的陈述越简明、准确，则目标陈述的作用越好。用一句话来陈述总目标是一个有用的准则。

具体目标构成了一组或各种有助于总目标实现的子目标，通过达到具体目标，使每一个具体目标都对实现总目标起到某些作用；通过实现各种具体目标使主要目标在总体上或部分上得以实现。有时，也需要对来自具体目标的综合结果进行分析。

继续上面所讲的一个总目标的例子，恰当的具体目标应该是：①弄清征税的具体规定以及适用情形；②估计不同类型的二手房交易者对此的反应；③确定征税是否能真正达到遏止房产投机的效果。记住，研究者一定要对预期可以实现的目标（问题实际上是可研究的）做充分的背景工作，这包括概念和模型的初步建立工作、数据来源的发现，以及与此问题有关的以前研究的知识。

四、文献综述与评论

文献综述与评论的主要目的是使研究者和读者了解以前的研究与当前正在进行的这个研究有何联系，包括了解以前研究的优点和不足。文献评论应主要围绕所研究的问题，但是，所引用和评论的文献也可能在其他方面，如问题、目标、概念框架和/或方法和程序与当前的研究相关联。因为了解以前的研究者所使用的方法，可以表明目前使用的研究方法或程序是可行还是不可行。此外，其他学者关于一个相似或相关问题的概念依据，可以作为当前研究的问题的概念的基础，或者，它可以为新概念的发展提供基础。

五、找出相关理论

在进行问题的研究之前，还需寻找出适合当前问题的相关理论，这样，才能以这些相关理论为基础，提出适用于某特定问题的假设模型。比如说，在对某地区房产价格周期进行研究时，就需要用到经济周期的理论；在分析某土地供给者的微观市场行为时，就需要用到供求关系分析理论，诸如此类等等。

六、提出理论模型

在找出相关理论后，就可以根据所研究的具体问题，提出假设的理论模型。经济学中的所谓理论模型，一般是指将所考虑的有关经济现象，或经济变量中的相互关系，以文字或符号系统的表示出来，使研究者能由某一步骤，必然地能推论到另一步骤，而将隐藏于各变量间的关系，明确地显示出来，完成一定的可予检定的命题。换言之，所谓理论体系，或曰理论模型，不过是一组待检定的命题而已。

构成一个完整的理论模型，必须具备下列要素。

首先，构成一个理论模型，必须先有前提，或基本假设。这项前提或基本假设，或者是无法进一步证明的由直觉或观察而得到的概念，或者是无须证明的客观事实，或者是其他理论模型检定的命题，在本理论模型中加以接受而作为前提。例如在投资理论中，假定投资者的动机是为了追求最大的利润，即是由直觉获得的概念；而假定某种项目的成本不变，即是一项可能的客观事实。

构成理论模型的第二个要素，亦即所要分析的经济变量。在任何一个理论模型中，有关的变量常很多，大体上可以将其分为两类，一类可以称之为内生变量，亦即这些变量的性质与变化，需要由本理论模型加以解释；另一类可以称之为外生变量，此类变量不需要由本模型加以解释，其性质或数值为既定现实，或已知数。当然本模型的外生变量，可能是另一个模型的内生变量。仍以投资理论为例，在投资分析中，投资者对各个项目可能的投资额即是内生变量，为了决定投资额，假定其他有关的数量不变，例如各种材料的价格、投资者的资本拥有量，即为外生变量。而此种外生变量可能是其他理论模型的内生变量，例如，每种材料的市场价格，即是该材料市场规律的理论模型内的内生变量。

构成理论模型的第三个要素，是表示变量之间相互关系的结构。变量本身不能表示任何意义，必须通过结构，才能表示其间的关联。任何一个理论模型中，表示结构的数目，常需与内生变量的数量相等，否则无从引出结论。这种结构所表示的，可能是经济主体的行为规范，例如投资理论中表示投资者决策的成本效益分析函数；也可能是某种技术性的函数关系，例如生产理论中的生产函数；或者是表示一种制度因素，例如投资与产权间的关系；或者仅是一定义或一恒等式；或为一均衡条件。例如市场规律中的供给量必须等于需求量，即是一均衡条件。

构成理论模型的第四个要素是推理过程。有结构所表示的仅是各变数间隐藏的关系，要将这些关系明白的表示出来，必须有待分析者的推理过程，将结构中隐而不显的相互关联，表示为具体的结论。推理过程是分析者的思维活动，是整个理论模型的灵魂，亦可以说没有推理过程即没有理论模型。在推理过程中必须应用一定的逻辑法则。逻辑法则的选择，视结构的形态而定，或用演绎法，或用归纳法，或用数字推论法，或用统计推论法。无论采用哪种方法，其主要的关键，在将结构中原已存在但隐而不显的关系，明白地表示出来，以作为本理论模型的结论。

构成理论模型的第五个要素，即是结论，此为理论模型的目的所在。此一言论，实际即是一待检验的命题，其是否能成立而被人接受，仍需进一步加以检定。凡是经检定而没有被证明是错误的，即没有被证伪，在没有新的更接近实际的理论能将其取代之前，此命题可以成立，而且可以作为其他理论模型的基础，进一步建立其他理论模型。

对结果的解释和分析因具体问题而各异，所以，本书在此就不多做介绍了。

复习思考题

1. 如何理解土地经济学研究过程？
2. 阐述土地经济学不同分析方法的分析范畴。

参 考 文 献

[1] 辞海编辑委员会. 辞海[M]. 上海：上海辞书出版社，1999.
[2] 唐·埃斯里奇. 应用经济学研究方法论[M]. 朱刚译. 北京：经济科学出版社，1998.

[3] 刘水林.法学方法论研究[J].法学研究,2001(3).

[4] 刘水林.法学方法论的哲学基础[J].西南民族大学学报(人文社会科学版),2004(4).

[5] 马克·布劳格.经济学方法论[M].石士钧译.北京,商务印书馆:1992.

[6] 黄少安.关于经济制度及其层次性的分析[J].当代经济研究,1995(2).

[7] 丁栋虹.不动产经济学[M].南京:南京大学出版社,1993.

[8] 韩乾.土地资源环境经济学[M],台北:五南图书出版公司,2013.

第三章 土地资源的需求与供给

无论是私有制、公有制还有混合所有制，专业、分工和交易都是基本要素。而供求关系及其特征则是决定交易的基础。土地供求关系则是人地关系最直接，也是最基本的表现形式。本章主要是在阐述土地需求与供给的产生、内涵及特征的基础上，分析两者之间的作用机理与相互关系，从而为更为准确地把握土地经济变化的态势提供分析基础。

第一节 土地资源的需求

土地资源是指在当前和可预见的将来技术经济条件下，能为人类所利用的土地①。土地资源是自然系统和社会经济系统运行的基本要素。因此，土地需求不仅在于满足人类本身生产和发展而利用土地进行各种生产和消费活动的需要，还要满足自然系统自身运行的物质需求，以及人类社会对于土地资源的生态需求和财产需求。因此，土地资源需求是自然系统和社会经济系统对于土地资源的物质支撑、生态维护、生产用途、消费活动、财产增值、国家(或民族)主权等需要的综合表现。从这里也可以看出，土地资源需求不完全等同于经济学上通常阐述的家庭或厂商在一定价格上所选择购买的物品或劳务的数量。决定土地资源需求的因素是多方面的，其中主要影响因素是人口密度、人们利用土地的知识和科学技术水平、土地质量、人们生活水平的高低、社会位置的变化以及社会经济法律制度等因素②。

一、土地资源需求的特征

土地资源需求是多种因素综合作用的结果，涉及人口数量、土地资源数量、土地资源的自然条件、土地资源的社会经济环境条件以及政治、体制等多方面因素。在不同的需求层次，土地资源需求的影响因素是不完全一样的。例如，就中国当前而言，在国家层次，则更多地考虑到粮食安全、生态安全、区域产业布局等土地资源需求要素；在区域层次，则更多地考虑到经济社会发展的用地需求、不同阶层或产业用地矛盾、区域土地资产经营等问题；在家庭层次，则更多地考虑土地产权保护、土地资产经营增值等问题。虽然不同层次对于土地资源需求表现出了差异性特征，但总体而言，土地资源需求具有下述特征：

① 王秋兵:《土地资源学》,北京:中国农业出版社,2003

② 李玲:《土地经济学》,北京:中国大地出版社,1999

1.土地资源需求的多元性

土地资源需求不仅满足了人类社会的需求，而且其首先是满足了自然系统对于土地资源作为物质支撑的需求，“万物土中生”，没有土地资源这一物质支撑，自然系统将不复存在，更谈不上人类社会经济系统运行了。而对于人类社会而言，当前土地资源的需求着重表现在：经济方面的生产、消费以及财产需求；生态方面的生态维护需求；以及国家或区域、民族政治中的主权需求等方面。

2.土地资源需求的阶段性

在人类社会经济发展的不同时期，人们对于土地资源需求的认识是不一样的。例如，从人与自然的相关关系而言，人类社会经历了崇拜自然、征服自然、协调自然三个阶段，只有在协调自然的现代社会，人们才正确地认识到了土地作为自然系统物质支撑要素的重要意义，而对此的认识，在崇拜自然的阶段，则是盲目的；在征服自然的阶段则是无知的。同时，从社会经济系统来看，土地资源需求也从强调生产、消费功能，而日益重视对于土地资源的生态需求和财产需求。

3.土地资源需求的主导性

虽然土地资源需求具有多元性的特征，但是就不同时期或者不同土地利用方式以及不同土地利用主体而言，其对于土地资源的需求有表现出了主导性的特征。一是在社会经济发展的不同阶段，土地资源需求表现出了不同的主导性特征，例如，在农业社会，农业用地表现出了主导性用途特征，而在工业化、城市化的社会，工业用地、城市用地需求增长迅速。二是不同利用方式的土地，其主导性特征不一样。例如，农业土地主要表现在对于农产品生产的需求；工业、商业、基础设施等用地主要表现在对于土地资源支撑功能的需求；住宅用地主要表现在对于住房消费以及不动产财产功能的需求；生态用地主要表现在对于土地资源生态功能的需求。三是不同类型土地利用主体也根据其生产、消费或财产经营目标，有不同的主导性需求。

4.土地资源需求的增长性

虽然土地利用的集约程度在不断提高，以及土地利用的成本也在不断增加，但是，随着社会经济以及自然系统的不断发展，对于土地资源的需求量在不断增加。例如，人口增长，就大大增加了对于农产品的需求，从而增加了对于农业用地尤其是耕地资源的需求；工业化、城市化发展，又增加了对于建设用地的需求；对于生态环境舒适性的需要，就增加了对于生态用地的需求。可见，从总体来看，土地资源的需求表现出了显著的增长性特征。

5.土地资源需求的派生性

土地需求是一种引致需求(derived demand)，有时也称为派生需求。这种需求是由于对土地产品的需求才会有对土地的需求。西方学者认为，对生产要素的需求不是直接需求，而是“间接”需求，这种生产要素的需求又叫“派生”需求或者“引致需求”。具体地说，产品市场上的需求和生产要素市场上的需求具有很不相同的性质。在产品市场上，需求来自消费者。消费者为了直接满足自己的吃、穿、住、行等需要而购买产品。因此，对产品的需求是所谓“直接”需求。与此不同，在生产要素市场上，需求不是来自消费者，而是来自厂商。厂商购买生产要素不是为了自己的直接需要，而是为了生产和出售产品以获得收益。更进一步来看，厂商通过购买生产要素进行生产并从中获得收益，部分地取决于消费者对其所生产的产品的需求。如果不存在消费者对产品的需求，则厂商就无法从生产和销售产品中获得收益，从而也不会去购买生产资料和生产产品。例如，如果没有人们对房屋的需求，房地产开发商就不会有对土地的需求。由此可见，厂商对生产要素的需求是从消费者对产品的直接需求中派生出来的。

6. 土地资源需求的替代性

资源间的相互配合关系，可以分为两类，一是资源间的互补性质，其是指生产某产品时，一种资源的投入量增加，另一种资源的投入量也必须增加才能使产品数量提高；仅仅是任何单个资源投入量的增加，不能促进产量的提高；二是资源间的互竞性质，即替代性质，其是指维持一定产品数量不变时，当某一种资源减少使用量，另一资源即应增加使用量，这说明两种资源之间存在相互替代的关系。对于土地资源而言，不可能存在完全互补和完全替代的情况，这是因为土地资源在一定程度上具有不可替代性，即当今任何社会经济和自然生态系统的活动都不可能完全离开土地的功能。因而土地资源属于不完全替代或变动边际替代资源。

图 3-1 中，等产量曲线不与纵横坐标相交，说明这是一种不能完全替代的生产行为，也就是不能考虑只用土地因素还是非土地因素，因为必须要土地因素（L）和非土地（NL）因素同时投入生产，才能产出产品。

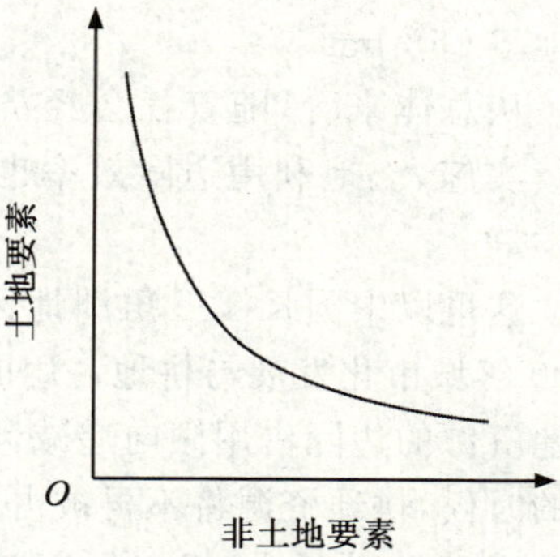

图 3-1 变动边际替代

资源之间的可替代性常用替代弹性（elasticity of substitution）表示，所谓替代弹性就是指当生产某一产量产品时，资源投入量的变动率之比，以 Es 表示：

$$Es = \Delta L \cdot NL / \Delta NL \cdot L$$

资源之间相互替代的能力用边际替代率（marginal rate of substitution）表示。所谓边际替代率就是指在产品数量不变的条件下，资源间投入量的增减比率，以 MRS 表示：

$$MRS = \Delta L / \Delta NL$$

而要实现最佳的资源组合，必须要使得资源边际替代率等于资源间的价格比率，即

$$\Delta L / \Delta NL = -P_L / P_{NL}$$

这说明，在土地资源占用成本上涨的情况，可以通过增加非土地资源，例如，资金、技术等方式实现土地资源集约利用，从而实现同样的生产目标。

二、土地资源需求的分析

由于土地资源对于社会经济发展以及自然系统运行的重要性，人们业已探索了多种方式进行土地资源需求分析。一是指标预测法，例如依据建设用地标准，测算城市建设用地需求量。二是趋势分析法，主要通过构建土地资源需求驱动力模型，分析并推测驱动要素变化所引起的土地资源需求量。三是目标引致法，即依据经济社会发展或生态保护目标，以及用地效率变化趋势，测算用地需求。例如，依据耕地保护目标，以及对单位耕地面积粮食生产能力的预测和粮食安全系数（区域粮食自给水平），测算耕地资源或基本农田保有面积需求

量。四是价格决定法，即依据土地资源价格变化情况，确定相应土地资源用途的需求数量，如地价提高，则适当控制用地数量。当然，涉及土地资源需求分析时，会探讨更为适用、有效的方法。例如，这里就分别从区域土地资源人口承载力(具体论述见本书第三章)、土地利用边际贡献率和生态保护等方面介绍有关土地资源需求分析方法：

1.土地利用边际贡献的建设用地需求分析

土地利用边际贡献率即为每增加一个单位的国民生产总值、粮食产量、工业增加值、财政收入、非农产值、城市化等经济指标需要占用的土地面积，据此可以把握在一定的产业结构或技术经济背景下土地利用边际贡献率的变化规律，从而更为科学的预测土地资源占用需求的数量边界。

对1996—2003年江苏省耕地减少量与GDP、工业增加值、财政收入、非农产值、城市化等数据进行计算，得出江苏省每增加1亿元的GDP需占用耕地15.58 hm^2，每增加1亿元的工业产值需要占用耕地30.94 hm^2，每增加1亿元的财政收入需占用耕地15.92 hm^2，每增加1亿元的非农产值需占用耕地25.2 hm^2，城市化率每提高1%需占用耕地5 158 hm^2。

从总体来看，随着社会经济的不断发展以及技术进步，尤其是土地宏观调控政策的持续实施，土地利用边际效率也不断提高，节地型的经济体系、城市化体系也将不断形成和发展。

这里以中国长江三角洲地区江苏省无锡市原锡山市为例进行分析，通过分析1980—2000年城市化发展与耕地占用的态势发现，随着该市社会经济的不断发展，城市化发展对耕地资源的边际占用倾向递减，则在不考虑其他因素的情况下，可以认为，当边际数值趋于零的时候，耕地资源将不再被占用，此时的耕地面积为耕地资源的城市化边界。这里以耕地面积为Y；Δ耕地/Δ城市化为X，构建数学模型如下：

$$Y = 43\,183.6 + 64.997\,9X - 0.065\,9X^2$$

方程的复相关系数$R=0.889$，证明方程拟合得比较好。当X为0时得到，耕地的城市化边界为$4.318\,36\times10^4$ hm^2。也就是说在不考虑其他因素变化的情况下，当耕地面积减少到$4.318\,36\times10^4$ hm^2之后，就不再随城市化率的增加而继续减少了。这一面积相当于2000年耕地面积的87.28%，相当于在2000年基础上再减少6 294.83 hm^2。

以年份为Y；Δ耕地/Δ城市化为X建立函数得到：

$$Y = 2\,013.48 - 0.157\,7X + 0.000\,3X^2 - 0.000\,000\,2X^3$$

方程的复相关系数$R=0.782$。可以得到城市化边际占用为0时的年份是2013—2014年间，也就是说只考虑城市化对耕地占用的情况下，在2013—2014年间耕地的净占用可能会停止，即区域城市化发展所导致的耕地减少与耕地面积增加(如旧城用地复垦为耕地等)将达到基本平衡。因此，可以大致地认为研究区域耕地面积的城市化边界值为$4.318\,3\times10^4$ hm^2左右，而耕地达到此边界值、不再因城市化水平提高而被占用的年份在2014年左右①。

① 周青、黄贤金、濮励杰：经济地理，快速城市化农村区域土地利用变化及驱动机制研究——以江苏省原锡山市为例，《资源科学》，2004(1)

2.基于生态学的 SIPS 分析方法

SIPS(surface input per service unit)即单位服务的土地占用①。其内涵在于测算提供一个单位服务所需要的土地资源数量。例如,德国人每人每年从饮料、果汁、甜酒中消耗掉了 21 kg 的橘子汁,每千克的橘子汁需要占用 25 kg 的环境物质,24 kg 的水(用于冲洗、稀释等),0.1 kg 的农业机械作业,并要经过从巴西到欧洲长达 12 000 km 的运输(欧洲 80%的橘子汁来自巴西),这意味着满足一个德国人对橘子汁的需求,需要用 24 m^2 种植橘子,则满足 400 多德国人对橘子汁的需求,占用的土地面积高达 15 万 hm^2,是德国东部可耕地总面积的 3 倍。

Ruhrgobiet 地区位于德国莱茵河地区,4 445 km^2 可用的土地面积中,17%用于居住用房和办公用房建设;几乎 1/3 的面积用于生产食品;超过 18%的面积被保留用来提供林产品;交通设施、高速公路、街道、停车场和车库占用了 10%的面积;2%的面积用于微型高尔夫球场、赛马球场和游乐园等娱乐设施。大约 1/3 被保护起来,大约 10%的土地是天然的或未受干扰的,包括森林、湿地等。

表 3-1　Ruhrgobiet 地区面积使用情况

土地用途	面积/km^2	比例/%	人均面积/(m^2/人)
住房	754	17	108
食品	1 330	30	192
种植	798	18	111
开采	45	1	7
生产	266	6	36
能源	11	0.25	2
废物处理	44	1	7
交通	443	10	65
休闲	89	2	11
自然	576	13	80
其他	77	2	12
合计	4 445	100	631

从表 3-1 中可以看出,该地区的每位居民只有 192 m^2 土地用于满足其营养需要。尽管德国的这部分地区不应当不加限制与本国其他部分分割开来进行研究,依然可以指出,这个地区的居民为了生产他们喂猪用的大豆,每人要占用其他国家 200 m^2 的土地,另外还要占用 150 m^2 用于种植他们饮用的咖啡,占用 82 m^2 用于生产他们消费的巧克力。总计每人占用的这种土地在德国境外达到 1 400 m^2,7 倍于 Ruhrgobiet 地区的可用土地。

① Friedrich Schmidt-Bleek:《人类需要多大的世界:MIPS——生态经济的有效尺度》,北京:清华大学出版社,2003:97-100

第二节　土地资源的供给

土地资源供给是指可以为社会经济系统和自然系统运行服务的土地资源数量，包括可以利用的土地和难以及不可直接利用的土地。可以利用的土地，可以直接服务于社会经济系统和自然系统；难以及不可直接利用的土地，其本身就是一种利用状况，有特别的生态功能，此外还有储备价值，而且有些土地在土地开发利用技术发展或社会经济发展后，也可以直接为社会经济系统运行提高土地供应。

一、土地资源供给的类型及特征

土地资源供应可以分为土地自然供应和土地经济供应。土地自然供应包括可以直接或间接服务于社会经济系统和自然系统的所有土地资源。从社会经济系统本身来看，土地自然供应则是指土地天生的可供人类利用的部分，也可以称之为土地的物理供应或实质供应[①]。土地经济供应则是指土地在自然供应及自然条件允许的范围内，在一定的时间和地区因用途收益与价格变化而形成的土地供应数量[②]。

（一）土地资源的自然供给

服务于社会经济系统的自然供应受到土地资源自然地理特征要素的影响，包括地形地貌、水系特征、降水、光照、土壤性状、地质条件、矿产分布、气候、植被等要素的影响。需要指出的是，土地资源自然供应也受到来自自然界的各种影响，而改变其性状特征，如剥蚀、风化、块体运动[③]等，都对土地资源的自然供应产生影响。总体来看，土地资源的自然供应主要有以下几个方面的特征：

1.地理位置的固定性

作为自然综合体的土地资源，其自然供应的一个重要特征就是空间位置的固定不变，并且总是与特定的自然条件相联系的。

2.供应数量的有限性

虽然人们通过土地整理、围海造田等方式，改变了土地利用状况，但是土地资源的数量却是不能任意扩大的。

3.土地质量的可塑性

自然供应的土地质量是可以通过合理利用的方式，加以改良的。当然，如果利用不当，或过度利用，则可能造成土地质量的下降。

4.土地用途的多宜性

土地资源可以适宜农业、能源、工业、城市、交通、水利、游憩、生态、科研等多种用途，不

---

① 毕宝德：《土地经济学》，北京：中国人民大学出版社，2010

② 曲福田：《土地经济学》，北京：中国农业出版社，2011

③ F. J. Monkhose：《自然地理学原理》，北京：高等教育出版社，1996

同用途之间具有一定的排斥性，而无论用于何种用途，都不能忽略土地资源的自然特征以及其自然条件。即便是在城市土地利用中，人们也开始重视城市土壤的保护与利用，以增强城市土地的生态功能，如蓄水等。

5.区域分布的差异性

从服务于社会经济系统的土地资源自然供应来看，其分布存在很大的差异性。例如，远东和欧洲25%以上的地球表面是可耕地，而大洋洲只有5.5%，拉丁美洲只有6.2%；同时，大洋洲54.8%是草原和牧场，而北美只有13.7%，远东只有15.3%；拉丁美洲46.4%是森林，而大洋洲只有10.2%[①]。

(二)土地资源的经济供给

影响土地资源经济供给的因素包括自然因素、经济因素、技术因素、制度因素[②]。这些因素更为通过土地价格更为直接地对土地资源经济供应量产生影响。与土地资源自然供应相比，土地资源经济供应具有以下特征：

1.自然供应的基础性

土地资源供应为土地经济供应提出了物质基础，虽然人们可以通过相应的资金、技术等投入，对自然供应的土地资源进行开发、整理，但是，土地资源自然供应的地理区位则是无法改变的，这也在很大程度上决定了土地资源经济供应的目的或用途。例如，全球土地中，仅有46%的土地有优良土壤覆盖；34%的土地有充足的降水；20%的陆地的温度、水分等条件适合于种植小麦，而其中的36%因崎岖不平而无法实现[③]。

2.经济杠杆的主导性

土地资源经济供应的数量受到土地经济杠杆(地价、地租、土地税费等)的影响。从图3-2可以看出，地价的提升，也可以带来土地经济供应数量的增加；相反，如果土地价格下降，则土地资源经济供应数量也将随之减少。

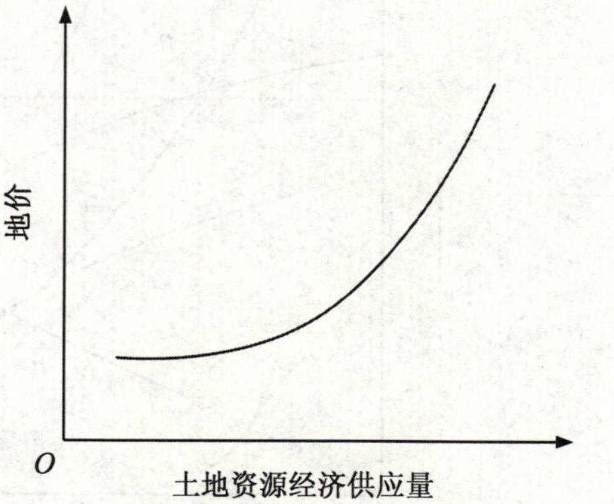

图3-2 地价与土地资源供应

3.不同用途的差异性

对于不同用途的土地资源而言，其土地资源经济供应驱动因素是不一样的。对于农业用地而言，其土地资源经济供应的驱动因素主要是由于农产品价格上涨，从而扩展了农业土地利用的技术限界，使得在原有利润限界[④]内不能利用的农业土地，由于农产品价格上涨，扩展了农业土地利用的利润限界，从而使得原来农业土地利用的技术限界也随之拓展。对于工业用地而言，是其用地扩张，是由于工业地价高于农业等用地价格，从而使得农业用地在利润驱使下转化为工业用地。

---

① 毕宝德:《土地经济学(第六版)》,北京:中国人民大学出版社,2010

② 周诚:《土地经济学原理》,北京:商务印书馆,2003

③ R.巴洛维:《土地资源经济学——不动产经济学》,北京:北京农业大学出版社,1989

④ 技术限界是指按当时技术水平来说，土地耕作所能够达到的限界；利润限界是指收益达到零值的限界(即边际土地——作者注)。参见:B·安德烈埃:《农业地理学:世界农业的构造地带与经营形式》,北京:科学出版社,1991

4.供应结构的合理性

供应结构的合理性主要表现在：一是区域间按照比较优势的理论进行土地用途的配置，从而不仅考虑到了自然适宜性，还考虑到了经济适宜性；二是区域内不仅仅是追求经济利益的最大化，由于存在粮食安全、生态安全以及其他不可预见的风险，还考虑到经济发展与耕地保护、生态保护之间的相互关系，以及不同代人之间的用地平衡；三是供应结构的合理性，是一个动态的变化过程，就区域社会经济发展以及自然生态保护而言，在社会经济发展的不同阶段，都对各类产业用地以及生态用地有不同的供应数量。

5.经济供应的高效性

就土地利用主体而言，土地资源经济供应是以追求土地资源利用效益最大化为目标的，而土地资源经济供应效益的最大化不仅取决于土地利用本身，还取决于与土地资源利用（D）相匹配的生产要素（劳动力——L）利用效益。依据埃奇沃思矩形①（图 3-3），可以导出土地资源与劳动力资源高效配置的轨迹（图 3-4），这时两种商品（R 和 C）生产投入的技术替代效率相等。

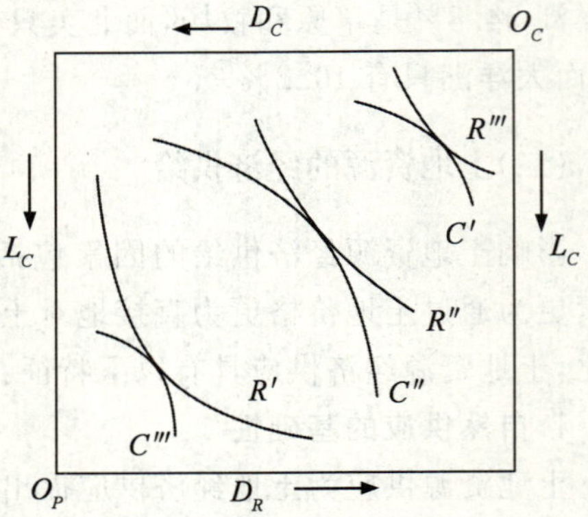

图 3-3　埃奇沃思矩形

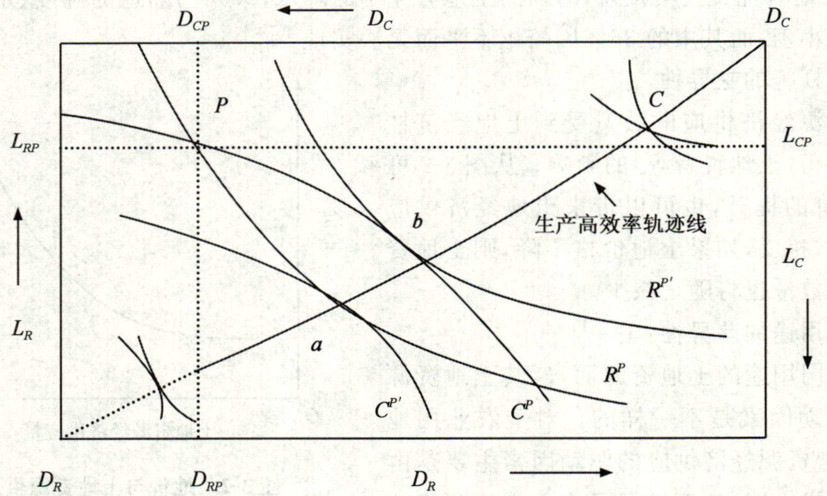

图 3-4　土地资源（D）与劳动力（L）资源高效配置的轨迹

二、土地资源供给的分析

虽然是需求决定供给，而供给对于需求也有引导作用。尤其是中国当前处于一个快速工业化、城市化发展时期，资本形态也处于外源性状况，为了吸引更多的投资，各地也开展了

① 史忠良、肖四如：《中国经济资源配置的理论与实践》，北京：中国财政经济出版社，1998

土地出让的竞争。因此，进行土地资源供应分析，不仅考虑土地资源需求，还要考虑土地资源供应的竞争，以及土地宏观调控背景下，政府或企业获得增量土地供应的可能。基于这些认识，这里主要从土地供应结构及开发供应潜力等方面进行土地资源供应分析。

(一)土地资源供应结构

就土地资源供应结构而言，无论是政府还是企业，乃至居民，都可能存在两种状况：一是备用土地，即"供应"给自己的土地。对政府而言，主要政府预留的征用土地或建设用地占用指标；对企业而言，则是征而不用、多征少用的闲置或准备用于投机用途的土地，以及预留房地产(其中包含了土地资源)；对于居民而言，则可能是土地资源，也可能是自用或待价而沽的不动产；对于农户而言，则可能是自用的农业用地或宅基地，等。二是市场供应，包括政府用于出让的土地资源，企业或居民及农户准备投向市场的土地资源或不动产等。无论是政府、企业、居民、农户等，都在考虑存量土地资源供应的时机，而在何时以何种方式出售存量土地资源，完全由土地资源作为资产的效率或效用水平，以及土地供应者对此的判断来决定。这里以地产商为例进行分析。假设地产商的资产分为地产与非地产两类，而地产又分为预留与市场供应两部分，且地产商的资产总效用为：

$$U=U(L;NL)$$

式中：L 为土地资产；NL 为非地产资产。

则，地产的资产效用曲线如图 3-5 所示，在 C 点，地产商的地产备留与土地市场供应处于最佳比例状态。由此可见，其他资产效用变动与地产市场供应变动是种内关联[①]。

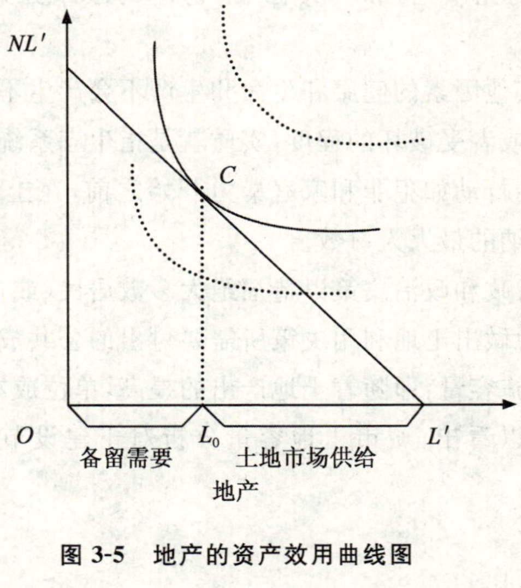

图 3-5　地产的资产效用曲线图

(二)城市土地容量分析

城市土地容量其实就是土地集约利用潜力，目前中国有关城市土地集约利用潜力的研

① 袁绪亚：《土地市场运行理论研究》，上海：复旦大学出版社，1996

究，主要是通过构建评价指标体系的方式来进行的，这对定量评价城市土地集约利用潜力是有意义的，但是，这一评估由于难以落实到空间上，从而影响了其可操作性。而且，特别重要的是不同城市以及同一城市处于不同的城市发展时期，其土地集约利用程度往往是不可以类比的，因此，要通过土地集约利用评价指标体系，将土地资源供应潜力测算出具体的面积与区位也是比较困难的。这里介绍通过城市土地容量测算[①]，来分析城市土地资源供应潜力的方法，这一方法对于建设用地分析都有借鉴意义。

$$\text{地块的开发容量} = \sum i\,[\text{可开发土地面积} \times \text{土地分摊面积}\ i \times \text{密度}\ i]$$

式中：i 表示不同土地利用的数量。

需要指出的是，与水桶或汽车不同，土地容量不是固定的。随着土地资源的耗竭，其满足人类需求的能力随着拥挤及其他外部性问题的出现而逐渐降低。技术进步而导致的容量提高与人口增长所导致的容量下降相抵消。技术进步（更高的建筑密度、更有效的公共服务系统、交通设施的改善以及环境问题的减缓）使得土地容量的扩大成为可能[②]。随着研究工作的不断推进，城市土地容量被赋予了更多的内容。

物理开发容量：主要包括可利用土地、密度（居住用地通过用单位土地面积定居的单元数，商业用地用容积率表示）以及土地使用混合度。

环境适应性[③]：主要包括决定哪种城市土地开发形式和密度能够与不同的土地形式最为适宜或最不适宜。其主要通过紧凑标准（物质属性与每个地点的完整性）、外在标准（物理属性和临近地区的完整性）和公共标准（物理属性和更大的公共社区的完整性）来表示。

生态容量：指在对其他因素的健康和生命和生产不会产生不可逆影响的前提下，生态系统的某一特定因素退化或者受破坏的程度，实质就是指生态系统不能恢复的临界值。

社会容量：指反社会行动如犯罪和家庭暴力开始之前，在土地利用方式、密度和地块大小既定的前提下所能容纳的最大人口数。

政治容量：指做出行政和政治决策以造福绝大多数居民（或损坏少数居民）的能力。

财政容量：指区域为做出土地利用决策所需要付出的公共成本能力。

固定资本和公用设施容量：即随着土地产出的提高，单位成本下降。

从上述指标分析可以看出，城市土地容量分析对于建设节地型和谐型城市具有重要意义。

---

① 见 John D Landis：城市土地容量特点描述—可选途径与方法，载 Gerrit J. Knaap：《土地市场监控与城市理性发展》，国土资源部信息中心译，北京：中国大地出版社，2003

② Hunber, Michael and Anne Vernez Moudon. 2000. Elements of a general framework from land supply and capacity monitoring. In Monitoring land supply with geographic information systems: Theory, practice, and parcel-based approaches, Anne Vernez Moudon and Michael Hubner, eds. New York, NY: John Wiey and Sons. pp44, 57

③ McHarg, Ian. 1969. Design with nature. New York, NY: Natural History Press. Steiner, Frederick. 2000. The living landscape. 2nd ed. New York, NY: McGraw-Hill. 见 John D Landis："城市土地容量特点描述—可选途径与方法"，载 Gerrit J. Knaap：《土地市场监控与城市理性发展》，国土资源部信息中心译，北京：中国大地出版社，2003

(三)基于当量值的城市土地开发容量分析

依据城市土地开发强度①,可以将城市土地开发容量区分为四种类型:一是土地最大开发强度 I_{max}(land use max intensity)是指满足国家规范规定的日照、采光、通风、消防等基本条件和相应的配套设施条件下,所能够达到的最大建设量(对于不符合生态标准的开发建设不应考虑);二是最小强度 I_{min}(land use least intensity),在社会平均的经济技术水平下,房地产开发商获得最基本利润的土地开发强度叫作土地开发最小强度;三是房地产开发商获得平均利润的土地开发强度叫作土地开发平均强度 I_{ave}(land use average intensity)。四是最佳强度 I_o(land use optimal intensity),随着现在人们生活水平的提高,人们不仅要求满足基本的日照、采光等卫生条件、配套设施等硬件设施条件,而且对环境条件、文化条件、管理水平等方面的要求也大大提高。这样使得土地的收益不是随着土地开发的绝对强度的增大而增大,而是超过了一个临界值(最佳强度 I_o)后将呈下降趋势(图 3-6)。

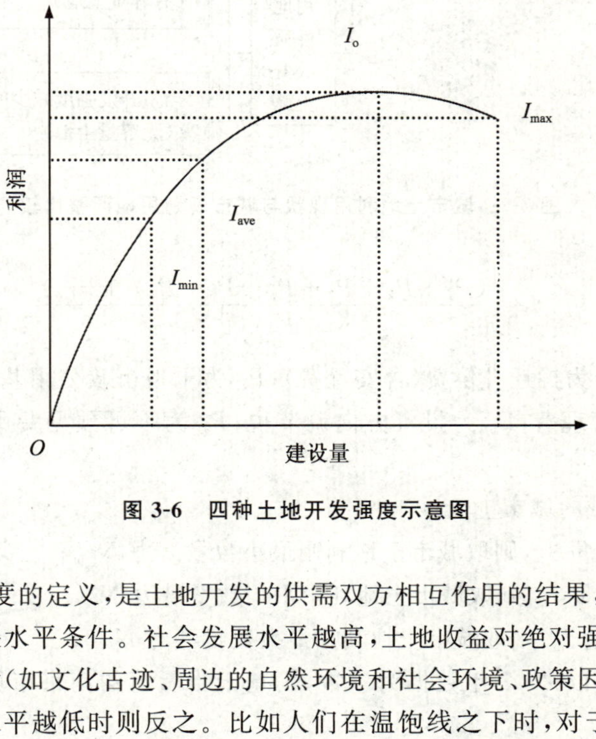

图 3-6　四种土地开发强度示意图

其实,这四个强度的定义,是土地开发的供需双方相互作用的结果,受经济规律支配,并符合相应的社会发展水平条件。社会发展水平越高,土地收益对绝对强度的依赖就越小,土地的一些非建设因素(如文化古迹、周边的自然环境和社会环境、政策因素等)会产生更大的效益。在社会发展水平越低时则反之。比如人们在温饱线之下时,对于居住的基本卫生条件的要求都不会很高,更不会考虑到在小区内是否需要一片绿地用以游憩的。

为了使得不同类型城市土地利用方式的土地容量分析结果具有可比性,研究者采用了当量分析的概念。由于住宅用地内部不同用地类型的产出效益的差异较小,且年度间差异不明显,所以可以用住宅用地的土地开发强度作为标准当量,将其他类型用地的土地开发强度根据其单位面积产出效益与住宅用地的比值来计算当量土地开发强度。同时有关测算与分析又是以城市规划为依据的,具体思路见图 3-7。

土地现状开发强度 I_n 的计算采用公式为:

① 本部分内容参见徐颖:《基于建筑当量的城市土地开发强度研究》,南京大学硕士学位论文,2003

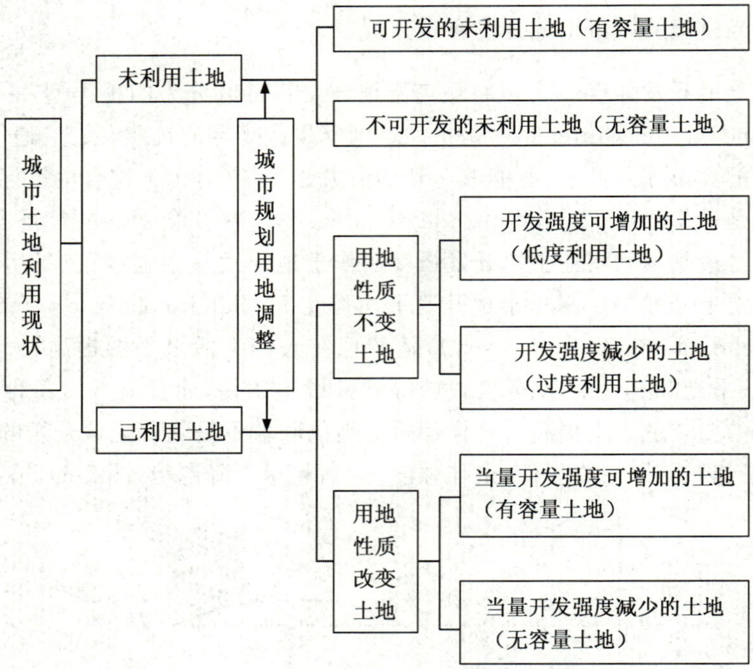

图 3-7　城市土地利用现状与城市规划用地调整比较

$$I_n=\frac{(P_1+P_2+P_3+P_5+P_6+P_7)(1+r_n)}{X_1-P_4(1+r_n)}$$

式中：P_1 为地价；P_2 为拆迁补偿费(含安置费)；P_3 为土地市政公用基础设施配套费；P_4 为建安费；P_5 为经营管理费；P_6 为投资方向调节税；P_7 为不可预见费用；r_n 为现状利润；X_1 为房价。

对整个研究区域的城市土地：

若当量 $I_{min}\neq$当量 I_n，则取城市土地利用最小数量潜力 N_{min}；

若当量 $I_{ave}\neq$当量 I_n，则取城市土地利用平均数量潜力 N_{ave}；

若当量 $I_o\neq$当量 I_n，则取城市土地利用最大数量潜力 N_{max}；

以南京市为例，以 2002 年数据为基数，则基于当量值的南京市城市土地利用综合潜力为①：

从表 3-2 中分析发现：南京市城市土地利用综合潜力空间分布不均。白下、秦淮两区由于现状土地开发强度大，未利用地少，所以综合潜力最低；建邺、鼓楼两区次之，鼓楼区由于区内有大量的大专院校和政府用地，属于不可增加强度的土地，所以综合潜力不高；玄武、下关两区中等，玄武区靠近主城中心区，未利用地很少，只能靠提高现状用地的开发强度挖掘土地利用潜力；下关和雨花两区距离中心区较远，目前现状土地开发强度偏低，具有一定的土地利用潜力，而且随着江宁区撤县并区，作为主城与江宁连接桥梁的雨花区土地利用的综合潜力也会随着土地开发强度的增加而提高；栖霞区因为包含大量山体等非生产建设用地，

① 黄贤金、范从来、蔡龙主编：《城市理性发展与经营机制创新》，南京：东南大学出版社，2004

所以土地利用潜力受到影响;浦口、大厂两区位于江北,现状土地开发强度低,未利用地多,土地利用的综合潜力较大,其中大厂区以工业用地为主,土地利用的潜力会受到土地用途的制约。

表 3-2　南京市城市土地利用综合潜力　　10^4 m^2

潜力类型	城市土地利用最小潜力	城市土地利用平均潜力	城市土地利用最大潜力
商业用地综合潜力	8 651.28	16 594.34	29 654.16
所占比例/%	58.96	60.53	66.96
住宅用地综合潜力	4 724.65	7 941.26	10 594.67
所占比例/%	32.2	28.97	23.92
工业用地综合潜力	1 296.57	2 879.19	4 036.6
所占比例/%	8.83	10.5	9.11
合计	14 672.5	27 414.79	44 285.43

第三节　土地资源的供求关系

土地供求关系共同决定了土地资源供求均衡时的数量和价格。而均衡数量和均衡价格只是理想状态下土地供求关系的体现,事实上,需求和供给就像跷跷板一样,总是在上下波动的,从而在土地市场发展或者社会经济发展的不同时期,对土地供求关系产生不同的影响。

一、土地资源供求关系及一般运动规律

从图 3-8 中可以看出,土地资源供求平衡即均衡时,土地资源需求曲线(D)与土地资源供给曲线(S)相交于 E 点,这时均衡数量为 Q,均衡价格为 E。这时,土地需求者获得了在价格 P 上符合其购买能力的土地资源数量 Q,土地供给者售出或租出了在价格 P 上愿意出售或出租的土地资源数量 Q。因此,此时,不论是土地资源需求者还是土地资源供给者都不再有改变土地资源交易数量和价格的动机,而在任何其他价格上就都存在改变土地资源交易数量和价格的驱动。

由于影响土地资源需求和供给的因素是多方面的,而且具有可变性。因此,事实上土地资源供求关系总是处于变动之中,主要是包括以下方面。

一是供给驱动型变动,即需求曲线没有发生变化,而由于土地资源供应增加或减少造成土地供应量发生变化,从而导致土地供给曲线发生变化,如图 3-8 中,由于土地资源宏观调控而导致土地供应数量减少,土地供给曲线由 S 变动至 S',则土地资源交易均衡数量将减至 Q_1,这是均衡价格为 P_1。

二是需求引致型变动,即供给曲线没有发生变化,而由于土地需求增加或减少而导致的新的土地供求均衡关系。例如,在图 3-8 中,在土地供应量不变,土地资源需求增加的情况

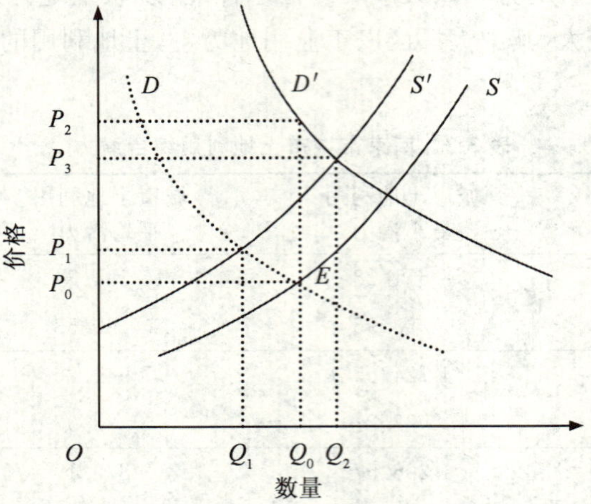

图 3-8　土地资源供求均衡

下，价格将由 P_0 提高到 P_2。

三是双重驱动型变动，当然这又与四种组合，即需求增加，供给减少；需求减少供给减少；需求增加，供给增加；需求减少，供给增加。而需求、供给增、减幅度不一，也将导致土地资源供求关系的变化产生差异性。如图 3-8 所示，土地资源需求与供给曲线都发生了变化，从而形成新的土地资源交易均衡数量(Q_2)与价格(P_3)。

从上述分析中还可以看出，土地供求关系具有复杂性，不仅是因为影响土地资源需求、供给的因素具有多样性、易变性，还因为土地资源需求和供给的主导因素是不完全一样的，需求更主要是受到价格要素的作用，而供给则更主要地受到上一轮土地供应量的影响，而且即便是同样的价格因素，其在土地资源需求与供给上的反映也是存在差异的。这是因为土地需求者和土地供给者所得到的净价格一般是不相同的。交易费用或得利，包括对土地需求者的财政补贴或优惠、交易税、登记费、中介费等，这些"交易楔子"强行介入土地资源实际需求和供给关系之间。因此，交易双方所依据的不完全是均衡价格。

二、土地资源供求关系：闲置、短缺与变异均衡

如前所述，不均衡是土地资源供求关系的主要形态，如图 3-9 所示，土地资源供求均衡时的均衡数量与价格分别为 Q_0 和 P_0，而在价格为 P_1 时，土地资源供应数量为 Q_4，而土地资源需求数量为 Q_1，则存在土地资源过度供应，土地资源过度供应数量为：Q_4-Q_1，这时价格将呈现下降态势，以使得土地资源需求与供给趋向均衡；而在价格为 P_2 时，土地资源需求数量为 Q_3，土地资源供应数量为 Q_2，存在过度需求，其数量为：Q_3-Q_2，这时价格将呈现上升态势，从而使得土地资源需求与供给逐步实现均衡。由此也可以判断，当土地价格上升时，表明求大于供；而当土地价格下降时，表明供大于求。

在土地市场信息不对称的情况下，不仅可以导致土地资源的闲置与短缺，还可能导致变异型均衡。例如，从图 3-10 可以看出，变异了的供给曲线(S')，其土地资源实际供应量与价格呈反比，即价格越高，供应量越少，这是因为大量的土地供应没有投入到实际开发之中，而

处于“炒地皮”之中。例如，据国土资源部调查，2004 年中国城镇房地产用地闲置或低效利用比例高达 36%，但是在地产市场上，实际投入房地产开发的用地没有相应地增加，房地产用地价格却在不断上涨。这主要是由于中间商“炒地皮”行为所致，从而在土地资源流通市场导致了所谓的供给变异型均衡。

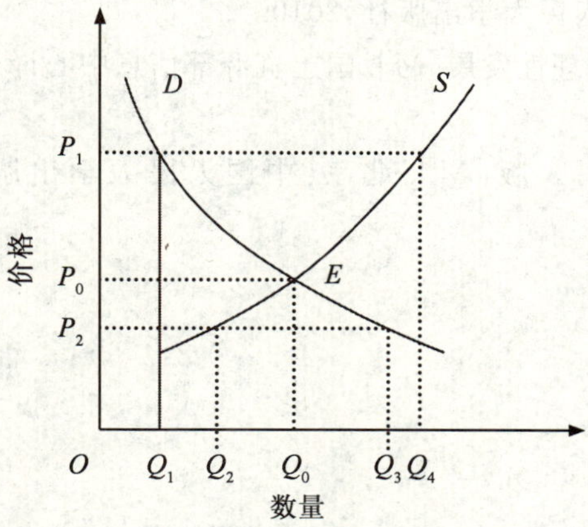

图 3-9　土地资源供求的不均衡

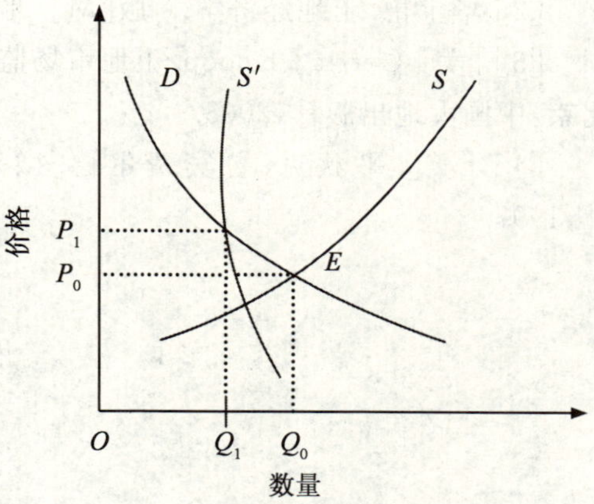

图 3-10　供给变异型均衡

此外，还存在需求变异型均衡，即土地价格下降，但土地资源需求没有相应地增加，反而缩小，从而进一步促进了地价的下跌。从图 3-11 可以看出，变异型需求曲线（D'）与价格成正比，即土地价格上升，土地资源需求量反而增加，而土地价格下降，土地资源需求量也呈现下降态势[①]。这种现象存在的原因主要在于：一是地产需求者的投资能力或收入水平太低，难以形成有效需求；二是地产市场产品结构欠合理，普通型居民住宅太少；或基础设施不配套及房地产产品质量有严重缺陷，服务功能较差；三是市场区位欠合理，不完全符合投资者或消费者的区位偏好与选择；四是传统住房制度下，人们过多地依赖计划分配住房或社会福利房；五是购买者希望市场见底，或者降低了投资者的增值预期等。

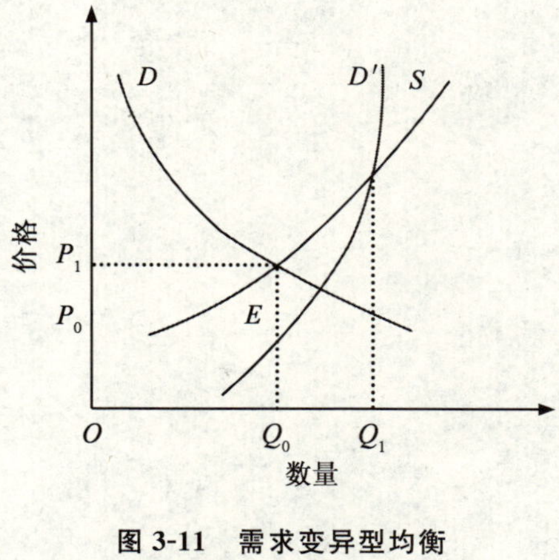

图 3-11　需求变异型均衡

复习思考题

1. 什么是土地资源的需求、供给，各有何特征？
2. 阐述土地资源的供求关系。

---

① 袁绪亚：《土地市场运行理论研究》，上海：复旦大学出版社，1999

参考文献

[1] 袁绪亚. 土地市场运行理论研究[M]. 上海:复旦大学出版社,1998.

[2] 毕宝德. 土地经济学. 6 版[M]. 北京:中国人民大学出版社,2010.

[3] [美] Gerrit J Knqqp. 土地市场监控与城市理性发展[M]. 国土资源部信息中心译. 北京:中国大地出版社,2003.

[4] [美] 平狄克,鲁宾费尔德. 微观经济学. 3 版[M]. 北京:中国人民大学出版社,1997.

第二篇

土地资产经济分析

第四章 地租理论

租(rent),源自拉丁文中的 reudita,意为报酬或产出。因此,地租是认知土地权益关系的基础。本章主要阐述地租的内涵及类型以及有关地租计算及其影响因素等方面的内容,为更为深刻地认知土地收益关系和地价理论提供基础。

第一节 地租理论概述

一、地租的内涵及形式

(一)地租的概念

一般而言,地租是直接生产者在生产中创造的剩余生产物被土地所有者占有的部分。它是土地所有权在经济上的实现形式,是社会生产关系的反映。

任何社会,只要存在着土地所有者和不占有土地的使用者,后者在土地利用中有剩余生产物被前者所占有,就有产生地租的经济基础。历史上,奴隶社会、封建社会、资本主义社会都存在地租。现今中国的社会主义社会也存在地租。当然,不同社会制度下的地租,其社会性质是不同的。

(二)地租的形式

1.前资本主义地租、资本主义地租和社会主义地租

按照社会生产关系划分,地租可以分为前资本主义地租、资本主义地租和社会主义地租三种类型。

(1)前资本主义地租。前资本主义地租包括奴隶制地租和封建制地租。奴隶制地租是奴隶主剥削奴隶和自由民的结果,它表现在优等土地上或易于利用的土地上进行生产的奴隶的较高劳动生产率,除了满足奴隶自身的最低需要外,还有剩余生产物被奴隶主占有;同时,也表现在小农经济(自由民)对奴隶主的各种形式的赋役中。奴隶制地租以劳役地租为基本形式。封建制地租反映的是地主剥削农民(农奴)的生产关系。在人身依附和超经济强制下,封建制地租包含了直接生产者(佃农)的全部剩余生产物。封建制地租在前期以实物地租为主,后期出现货币地租。前资本主义地租的共同特点:土地占有者与生产者直接对立;土地所有者占有直接生产者的全部剩余生产物,甚至部分必要生产物。

(2)资本主义地租。资本主义地租不再是占有直接生产者的全部剩余生产物,而仅是其中的超额利润部分,平均利润部分由产业资本家占有。因此,资本主义地租反映的是土地所有者通过产业资本家占有雇佣工人创造的一部分剩余价值的经济关系,即反映的是土地所有者和产业资本家共同剥削工人的经济关系。资本主义地租以货币地租为主要形式。

(3)社会主义地租。社会主义地租已经消灭了剥削的性质,是相对独立商品生产者和土地所有者与其他劳动者之间的经济利益关系。社会主义地租反映的是在国家、集体和个人三者利益一致的前提下,对土地收益的分配关系;同时也是国家用于调节社会生产与分配的经济杠杆。

2.劳役地租、实物地租和货币地租

按照地租的表现形式,地租可以分为劳役地租、实物地租和货币地租三种类型。

(1)劳役地租。劳役地租是最简单、最原始的地租形式,也是封建社会初期占主要地位的地租形式。在这种地租形式下,农民以一部分时间用自己所有的牲畜和农具在地主自营的土地上为地主进行无偿劳动,而其余一部分时间则在自营的土地上为自己劳动。这种地租的本质是农民的无酬剩余劳动。

(2)实物地租。随着生产力的发展,劳役地租逐渐为实物地租所代替。在实物地租形式下,地主把土地租给农民耕种,农民定期向地主缴纳一定数量的实物,如粮食、家禽以及其他农副产品。这种形式的地租,使生产者为自己的劳动和为地主的劳动在时间上和空间上不再明显分开;生产者已有了较大的活动余地,可以有更多的劳动时间,生产出归自己所有的产品。

(3)货币地租。劳役地租和实物地租都是在自然经济占统治地位条件下的地租形式。到了封建社会后期,随着商品经济的发展,实物地租逐渐为货币地租所取代。在货币地租形式下,农民要把剩余劳动产品卖出去,换回货币向地主交租。货币地租的出现是商品经济发展的结果。它使农民与地主之间的关系转化为单纯的契约关系,促进了资本主义的发展。

3.级差地租、绝对地租和垄断地租

从地租产生的条件来看,地租可分为级差地租、绝对地租和垄断地租。

(1)级差地租。级差地租是指优、中等土地产生的个别生产价格与劣等土地生产条件所决定的一般生产价格之间的差额。形成级差地租的条件有三种:土地肥沃程度的差别、土地位置的差别、在同一地块上连续投资产生的劳动生产率的差别。级差地租按其形成的条件和特点,又分为级差地租Ⅰ和级差地租Ⅱ。

(2)绝对地租。绝对地租是指由于土地私有权的存在,租种任何土地都必须缴纳的地租。其实体是农产品价值超过社会生产价格以上的那部分超额利润,即土地所有者凭借土地私有权的垄断所取得的地租。土地所有者对于他的土地,不论是优等地或劣等地,总要取得一定的地租,否则,他宁愿让土地长期闲置,也不肯让别人无偿使用。这种源于土地私有权垄断的地租,马克思称之为绝对地租。

(3)垄断地租。垄断地租是级差地租和绝对地租以外的一种特殊的资本主义地租形态。它是指在特别优越的土地条件下所生产的珍稀产品,按照高于它价值的垄断价格出售,获得超额利润;如果经营的土地是从土地所有者那里租来的,这种由垄断价格产生的超额利润便会转化为垄断地租。这种垄断价格是由购买者的购买欲望和支付能力决定的。

4.契约地租和经济地租

这是西方经济学回避地租所反映的社会经济关系的本质,把地租分为契约地租和经济地租。

(1)契约地租。契约地租又称商业地租,是指土地所有者将土地租给土地使用者,土地承租者与土地出租者签订租赁契约所确定的租金。

(2)经济地租。经济地租也称理论地租,是指土地总收益扣除总成本后的剩余部分,即利用土地所得超过成本的纯收入。

二、西方经济学的地租理论

马克思、恩格斯创立了科学的地租理论,但对地租问题的研究并非起始于马克思和恩格斯。早在马克思和恩格斯之前,西方古典经济学家对地租问题就进行了一定的研究。

(一)古典政治经济学的早期地租理论

人类进入资本主义时代以后,由于地租日益成为社会经济生活中的重要而普遍的现象,西方古典经济学家在资本主义制度发展的早期就开始对地租问题进行了研究。

早在17世纪后期,英国古典政治经济学创始人威廉·配第(W. Petty)就对地租理论做出了开拓性的贡献。他在名著《赋税论》中首次提出,地租是土地上生产的农作物所得的剩余收入,并指出,由于土壤肥沃程度和耕作技术水平的差异,以及产地距市场远近的不同,地租、地价因而也不同。威廉·配第为级差地租理论奠定了初步的基础。

法国重农学派的代表杜尔阁(A. R. J. Turgot)在1766年发表的《关于财富的形成和分配的考察》一书中指出,由于农业中存在着一种特殊的自然生产力,所以能使劳动者所生产出来的产品数量,扣除为自己再生产劳动力所必需的数量还有剩余,这是自然恩赐的"纯产品",也是土地对劳动者的赐予。这种"纯产品"是由农业劳动者用自己的劳动向土地取得的财富,但却为土地所有者占有,这就是地租。土地所有者所以能不劳而获地占有"纯产品"(地租),是由于他们拥有法律保护的土地私有权。杜尔阁初步揭示了地租与土地所有权的关系。

英国古典政治经济学创始人之一亚当·斯密(Adam Smith)在1776年出版的《国民财富的性质和原因的研究》(通常简称他《国富论》)中,把资本主义社会的居民分为:工人阶级、资本家阶级和地主阶级,他们对应着三种基本收入:工资、利润和地租。他认为,地租是因使用土地而支付给地主阶级的代价,其来源是工人的无偿劳动,是"一种垄断价格"。亚当·斯密已在实际上肯定了绝对地租的存在,只是没有明确提出绝对地租的概念。应当指出的是,亚当·斯密对地租理论虽有重要的贡献,但其地租观点有些是混乱并前后矛盾的。他一方面承认地租是劳动的产品,又说地租和利润不是依赖工人的劳动,而是由当作独立源泉由土地和资本产生。

英国古典政治经济学的杰出代表和理论完成者大卫·李嘉图(D. Ricardo)运用劳动价值论研究地租,对级差地租理论做出了突出的贡献。他在1817年发表的《政治经济学与赋税原理》一书中,集中地阐述了他的地租理论。他认为,土地的占有产生地租,地租是为使用土地而付给土地所有者的部分,是由劳动创造的。他提出地租产生的两个条件是:土地的有限性、土地肥沃程度及位置的差异。他认为,土地产品的价值是由劣等地的生产条件,即最大的劳动消耗决定的，因而优、中等地的产品价格，除补偿成本并获得利润外还有超额利润，因而形成级差地租。这实际上是级差地租Ⅰ，对级差地租Ⅱ，大卫·李嘉图也做了考察。他认为，随着对产品需要的增加，要不断扩种劣等土地，在“土地报酬递减规律”作用下，新投入耕种的劣等地的产品决定市场价格，原耕种的土地就必然出现级差地租。大卫·李嘉图尽管在级差地租理论上有重大贡献，但由于他未弄清产品价值和生产价格的差别以及土地所有权的垄断，因而他错误地否定绝对地租的存在。

英国经济学家詹姆斯·安德森(J. Anderson)最早研究了级差地租理论的基本特征，马克思称他为“现代地租理论的真正创始人”。安德森的级差地租理论主要包括三个方面：第一，他认为，同一的市场价格是形成地租的前提。第二，他发现了土地肥沃程度不同而形成的级差地租，即级差地租Ⅰ。他认为，等量资本投入肥力不同的各级土地，产量不等，但是它们的产品是按照同一的市场价格出售的。因此，耕种较肥沃的土地所得到的超额利润，必然超过劣等地所得利润，这种超过平均利润的超额利润，转化为级差地租。第三，他不仅分析了级差地租Ⅰ，还分析了级差地租Ⅱ。他指出：“可是，如果租地农场主直接靠他花费的资本和他的努力得到较大量的产品，那就不能指望他能够把产品中几乎同样大小的份额当作地租来支付；但是，如果土地肥力在一定时间内稳定在同样高的水平上，尽管这块土地本来是靠他自己的努力才提高了肥力，他将乐于支付上述数量的地租。”安德森地租理论的特点在于，他正确地把握了地租的性质。他指出：“不是地租决定土地产品的价格，而是土地产品的价格决定地租”①。尽管安德森对级差地租理论做出了开拓性的贡献，但由于其阶级局限性，他否认资本主义土地私有权垄断的存在，从而否定存在绝对地租。

屠能(J. H. von Thünen)是德国农业经济学家，农业区位理论的创始人。他对地租理论的贡献是：阐明了土地位置与地租的关系。他认为，某一种产品的产地价格常与产地至消费中心市场间的距离密切相关，即某种产品产地价格通常等于中心市场价格与产地至中心市场间运费的差额。这个运费实际上是区位地租。当然，屠能这种分析是一种完全的静态分析，实际上各种条件都在不断地变化，因而是相当复杂的。单纯的静态分析与实际生活往往是有很大差别的。然而，屠能对地租与土地位置关系的研究，对级差地租理论的形成还是具有开拓意义的。

(二)庸俗经济学的地租理论

19世纪初叶以后，在法国和英国，工人阶级已作为独立的政治力量登上历史舞台，工人阶级反对资产阶级的斗争日益尖锐，无产阶级和资产阶级的矛盾已上升为社会的主要矛盾。对资产阶级来说，已不需要对资本主义进行科学的探索，而只是需要进行辩护。于是，庸俗的政治经济学应运而生，并在西方经济学中日益占统治地位。

法国庸俗经济学的创始人萨伊(J. B. Say)认为，价值是由劳动、资本和土地三个要素“协同创造”的，因此每个要素都应得到相应的收入，即工人得工资，资本家得利润，土地所有者得地租。这种错误的价值论和分配论，是把资本主义的生产关系歪曲为物与物的关系，因而把雇佣劳动是价值的唯一源泉掩盖了，从而也就把资本主义地租的剥削本质掩盖了。

英国庸俗经济学的创始人马尔萨斯(T. R. Malthus)代表土地贵族的利益，否认地租是

① 毕宝德：《土地经济学(第六版)》，北京：中国人民大学出版社，2010

土地所有权垄断的结果，认为地租是“自然对人类的赐予”。他剽窃了安德森的级差地租理论，并将其改头换面，与他自己杜撰的反动人口论联系起来。他认为劣等地不能提供地租，因而他根本否认绝对地租的存在。

(三)现代西方经济学的地租理论

现代西方经济学的地租理论继承了庸俗经济学的地租观点，继续掩盖地租所反映的社会经济关系的本质，主要在影响地租量的因素及地租量的决定方面进行研究。同时也应看到，如果单就地租研究的方法来说，现代西方经济学地租理论的某些方面，对我们研究社会主义地租问题是具有一定的参考借鉴作用的。

萨缪尔森(P. A. Samuelson)是美国现代西方经济学的权威代表人物之一。他认为地租是为使用土地所付的代价。土地供给数量是固定的，因而地租量完全取决于土地需求者之间的竞争(图 4-1)。

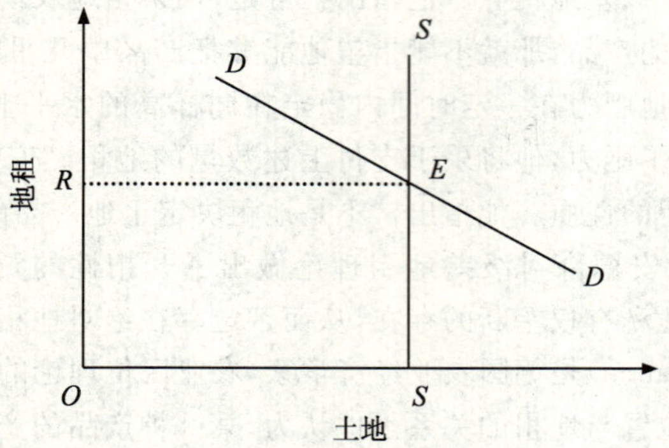

图 4-1　竞争状态下的地租决定

图 4-1 中：SS 代表数量固定的土地供给，DD 代表土地需求，DD 与 SS 相交于 E，OR 为一定需求下的地租量。

巴洛维(R. Barlowe)是美国现代土地经济学家，他在《土地资源经济学——不动产经济学》(1989)一书中说：“地租可以简单地看作是一种经济剩余，即总产值或总收益减去总要素成本或总成本之后余下的那一部分”。“各类土地上的地租额取决于产品价格水平和成本之间的关系”。见图 4-2。

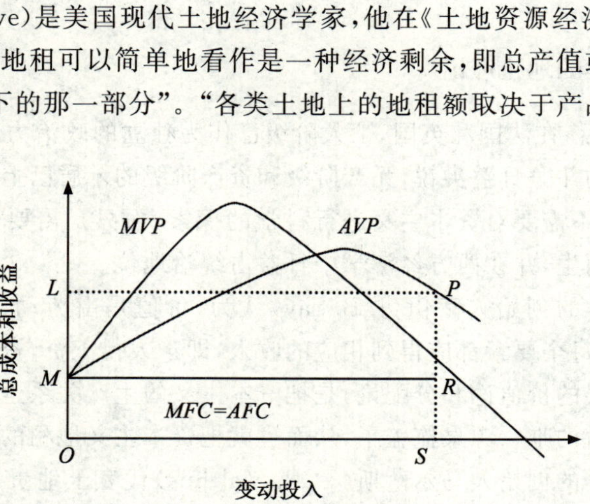

图 4-2　土地产值曲线和成本曲线图

图 4-2 中:长方形 *LOSP* 代表总产值,长方形 *MOSR* 代表投入总成本,长方形 *LMRP* 代表剩余或地租。

三、马克思主义地租理论的创立与发展

马克思主义地租理论科学地揭示了资本主义土地私有制及其地租的本质。马克思和恩格斯肯定了古典政治经济学派亚当·斯密和大卫·李嘉图等人关于地租理论的正确观点,并对其错误进行了批判。马克思主义地租理论就是在批判地继承和改造西方经济学早期地租理论的基础上创立起来的。马克思和恩格斯在如下几方面深刻地批判了西方经济学的早期地租观点,阐明了科学的地租理论。

(1)批判了西方经济学认为地租是"自然对人类的赐予"的错误观点,肯定了地租的本质是土地经济关系的体现。

(2)批判了西方经济学认为地租造成价格上涨的错误看法,指出产品价格昂贵不是地租的原因,相反,地租是产品价格昂贵的原因。

(3)批判了西方经济学认为级差地租产生于土地自然差异的错误观点,指出级差地租产生的根本原因是土地经营垄断,土地质量差异仅是产生级差地租的自然基础。

(4)批判了西方经济学否定绝对地租的错误观点,阐明了价值和生产价格的区别,明确指出产生绝对地租的根本原因是土地所有权的垄断。

今天我们应该怎样学习和研究克思主义地租理论呢?既然地租是土地所有权在经济上实现的形式,因此,地租的性质取决于土地所有权的性质。我们在学习和研究研究克思主义地租理论时,应注意以下几方面的区别。

(1)不同土地所有权形态下地租性质的区别。不同社会制度有不同的土地所有权形态,不同土地所有权形态决定地租的不同性质。封建社会制度有封建土地关系的土地所有权形态,决定了封建制地租的社会性质;资本主义社会制度有资本主义土地所有权形态及资本主义性质地租;等等。我们必须把不同社会性质的地租加以区别,才能把握不同土地所有权形态下地租的本质。

(2)土地资本利息与地租的区别。土地资本属于固定资本的范畴。为投入土地的资本以及作为生产工具的土地由此得到的改良而支付的利息,可能形成租地农场主支付给土地所有者的地租的一部分,但这种地租不构成真正的地租。真正的地租是为了使用土地本身而支付的,不管这种土地是处于自然状态,还是已被开垦。因此,土地资本的利息与真正的地租是不同的,我们必须加以区别。

(3)土地租金与地租的区别。租地农场主为使用土地及其附属物支付给土地所有者的全部代价表现为"地租"。这个"地租"实际上是"土地租金",真正的地租只是其中的一部分。尽管地租和土地租金有许多共同点:第一,两者都是由土地所有权的垄断决定的;第二,两者都是土地价格的决定因素。但两者还是有严格区别的。在土地租金中,除了真正的地租以外,还可能包括土地资本的利息,以及一部分平均利润和工资的扣除。

(4)地租与一般剩余产品的区别。地租的实体是剩余产品,但剩余产品并不就是地租。资本主义地租是剩余产品的一种特殊形式。在资本主义制度下,地租与一般剩余产品无论在质上还是量上都不能等同。在质上,资本主义地租是超额利润的转化形式;在量上资本主

义地租只是剩余产品的一部分，并不是其全部。

总之，只有从理论上严格区别上述几方面，才能真正把握不同土地所有权形态下地租的本质及其特征，正确学习和运用马克思主义的地租理论。

第二节 马克思主义地租理论的主要内容

一、级差地租

级差地租是由经营较优土地而获得的归土地所有者占有的那一部分超额利润。

(一)级差地租产生的条件与原因

土地自然条件的差异是级差地租形成的自然条件或自然基础。马克思分析的土地自然条件的差异主要体现在两个方面：土地自然肥力和地理位置的差异。土地自然条件的差异是形成土地生产力差异的自然基础，从而是形成级差地租的自然基础。

土地的有限性所引起的土地经营上的垄断是级差地租产生的原因。或者说，只有当土地自然条件的差异同对土地经营权的垄断结合在一起时，才能形成级差地租。

(二)级差地租的两种形态

按形成条件不同，级差地租可分为两种形态：级差地租第一形态（级差地租Ⅰ）和级差地租第二形态（级差地租Ⅱ）。

1.级差地租Ⅰ

级差地租Ⅰ是指投到相等面积、不同地块的等量资本，由于土地肥沃程度和位置不同，所产生的超额利润转化而成的地租。级差地租Ⅰ产生的两种情况：

(1)等量资本和劳动投在肥沃程度不同的土地上，就会产生不同的劳动生产率和农产品量，耕种优、中等地的劳动生产率和农产品量就高于劣等地。在农产品的社会生产价格是由劣等地的个别生产价格决定的条件下，出售优、中等地的农产品，就会出现一个高于平均利润以上的超额利润，农业资本家把它交给土地所有者，就成了级差地租Ⅰ(表 4-1)。

表 4-1 因地力差异而产生的级差地租Ⅰ的形成及地租量

土地等级	所耗资本/元	平均利润/元	产量/kg	个别生产价格/元		社会生产价格/元		级差地租Ⅰ/元
				全部产品	每千克产品	每千克产品	全部产品	
优等	100	20	300	120	0.40	0.6	180	60
中等	100	20	250	120	0.48	0.6	150	30
劣等	100	20	200	120	0.60	0.6	120	0

从表 4-1 可见，面积相同的优、中、劣三块土地，虽然投资水平相同（均为 100 元），但由于肥沃程度不同，其产量分别为 300 kg、250 kg 和 200 kg。均按 20%的平均利润率计算，其

单位产品的个别生产价格为 0.4 元、0.48 元和 0.6 元。在市场上如果以劣等地的个别生产价格(0.6 元)为社会生产价格，那么全部产品的社会生产价格就分别为 180 元、150 元和 120 元。由此，优等地和中等地就可以分别获得 60 元和 30 元的超额利润，转化为级差地租Ⅰ。

(2)土地位置差别也是形成级差地租Ⅰ的条件。由于不同地块距离市场、码头、车站的远近不同，交通运输条件不同，同量的农产品和农业生产资料所必需的运费也就不同。距离市场远或交通条件差的，所需运费就高；距离市场近或交通条件好的，所需运费就低。运费是农产品成本的一部分，运费不同，农产品的个别生产价格就不同。因此，在其他条件相同的情况下，经营土地位置较优的农场主，由于运费较低，其个别生产价格就低于社会生产价格，就能获得超额利润，从而转化为级差地租Ⅰ(表 4-2)。

表 4-2　因位置差异而产生的级差地租Ⅰ的形成及地租量

地块	距市场里程/km	生产资本投入/元	运输费用/元	资本总支出/元	平均利润(按 20%计)	个别生产价格/元	社会生产价格/元	级差地租Ⅰ/元
甲	10	100	5.0	105.0	21.0	126	132	6
乙	15	100	7.5	107.5	21.5	129	132	3
丙	20	100	10.0	110.0	22.0	132	132	0

从表 4-2 可见，甲、乙、丙三块土地，面积和肥沃程度相同，由于距市场远近不同，其运费分别为 5 元、7.5 元、10 元。按 20%的平均利润率计算，个别生产价格分别为 126 元、129 元和 132 元。在市场上按社会生产价格(距市场最远地块丙的个别生产价格)132 元出售，则甲、乙两块土地分别获级差地租 6 元和 3 元。

2.级差地租Ⅱ

在资本主义社会，随着人口的增加和经济文化的发展，农业用地被非农部门大量占用而日趋稀缺，而社会对农产品的需求却越来越多，推动农业日益采用集约化经营方式；同时，科技和工业的发展也为农业集约化经营提供了物质技术条件。实行集约化经营，就要在同一块土地上连续追加投资，每次投资的劳动生产率必然会有差异，只要高于劣等地的劳动生产率水平，就会产生超额利润。这种由于在同一块土地上各个连续投资劳动生产率的差异而产生的超额利润转化的地租，即为级差地租Ⅱ(表 4-3)。

表 4-3　级差地租Ⅱ的形成及地租量

土地等级	所耗资本/元	平均利润/元	产量/kg	个别生产价格/元		社会生产价格/元		级差地租Ⅱ/元
				全部产品	每千克产品	每千克产品	全部产品	
劣等地	100	20	200	120	0.60	0.6	120	0
优等地	100	20	300	120	0.40	0.6	180	60(Ⅰ)
在有等地上追加投资	100	20	350	120	0.34	0.6	210	90(Ⅱ)

由表 4-3 可见，在优等地上追加投资 100 元，由于新投资的劳动生产率提高，每千克产品的个别生产价格降为 0.34 元。如产品仍按社会生产价格(即劣等地个别生产价格)每千

克 0.6 元出售，全部产品可得 210 元收入，其中比劣等地全部产品价格 120 元多出的 90 元就是优等地追加投资所得的超额利润，它将转化为级差地租Ⅱ。

因此，追加投资所带来的超额利润是级差地租Ⅱ的实体。不论是优等地还是劣等地，只要追加投资所获得的较高劳动生产率形成超额利润，在资本主义土地私有制的条件下，最终都会转化为级差地租Ⅱ，落入土地所有者手中。但转化的时间和方式与级差地租不完全相同。地租额的高低是在土地出租时在租约中确定的。地租额一经确定后，在租约有效期间，由农业资本家连续追加投资所产生的超额利润，会全部落在农业资本家手里。但到租约期满时，土地可能产生的级差地租Ⅱ，在缔结新租约时，就会全部转归土地所有者占有。因此，农业资本家总是希望签订长期租约，土地所有者则力求签订短期租约，这就表现为农业资本家和土地所有者之间争夺超额利润的矛盾。这种矛盾使农业资本家在租约有效期间，为了获得较高产量，尽快获得投资效益，往往回避长期性投资，甚至不惜以各种手段拼命掠夺地力。

3.级差地租Ⅰ与级差地租Ⅱ的关系

级差地租Ⅰ与级差地租Ⅱ，虽各有不同的表现形式，但二者在实质上是一致的，它们都是由个别生产价格与社会生产价格之间的差额所产生的超额利润转化而成的。在两者的关系上，级差地租Ⅱ要以级差地租Ⅰ为前提和基础。

从历史上看，级差地租Ⅰ先于级差地租Ⅱ。在资本主义发展初期，还存在着大量未耕种的土地，农业劳动尚以手工操作为主，农业的发展主要靠扩大耕地面积，农业经营方式是粗放式的，与此相适应的地租形式是级差地租Ⅰ。随着资本主义的发展，城市和工业对农产品的需求日益增加，可耕地绝大部分已被开垦利用，加之农业科技日益发展，农业资本越来越集中，因而集约化经营方式普遍发展起来，与集约化经营方式相适应的地租形式就是级差地租Ⅱ。

从一定时期的运动来看，级差地租Ⅰ也是级差地Ⅱ的出发点。在级差地租Ⅰ与级差地Ⅱ并存的情况下，农产品的社会生产价格仍然由劣等地的农产品的个别生产价格来决定。这就是说，级差地租Ⅱ的形成，是以同一块土地连续投资的生产率高于劣等地的生产率为前提的。所以，不论从历史发展来看，还是从一定时期地租运动来看，级差地租Ⅰ都是级差地租Ⅱ的基础和出发点。

（三）最坏耕地的级差地租

如果单从级差地租Ⅰ的形态来看，最坏耕地是不产生级差地租的。但是，当社会对农产品需要增加实行集约经营，对土地连续追加投资的情况下，把级差地租Ⅰ和级差地租Ⅱ结合起来进行考察，就会发现两种级差地租互相交织的复杂情况，原属无级差地租的最坏耕地，实际上也存在级差地租。

最坏耕地也可能产生级差地租，具体有如下几种情况。

(1)当在较好的土地上追加投资，其劳动生产率降低到最坏土地以下时，而新追加投资所生产的产品又为社会所需要，其个别生产价格就代替了原来最坏土地上的个别生产价格而成为社会生产价格。这样，最坏土地上的个别生产价格低于新的社会生产价格的差额形成的超额利润就会转化为级差地租。

(2)由于社会对农产品需求增加，有更坏的土地投入耕作，其个别生产价格作为社会生产价格，因而原来最坏土地的个别生产价格低于这个新的社会生产价格，从而形成超额利润并转化为级差地租。

(3)在最坏耕地上追加投资，由于劳动生产率的不同而产生级差地租。这又有两种情况，一种是追加投资的劳动生产率提高了，另一种是追加投资的劳动生产率降低了。这两种情况都会使最坏耕地本身产生级差地租。下面仅以后一种情况为例，说明最坏耕地是怎样产生级差地租的(表 4-4)。

表 4-4 最坏耕地上的级差地租

土地	投入资本/元	平均利润/元	产量/kg	个别生产价格/元		社会生产价格/元		级差地租Ⅱ/元
				全部产品	单位产品	全部产品	单位产品	
最坏耕地	50	10	50	60	1.2	0.6	120	60
最坏耕地	追加 50	10	25	60	2.4	0.6	60	

从表 4-4 可见，在最坏耕地上，原投资 50 元，产量为 50 kg，追加投资 50 元，产量仅为 25 kg，劳动生产率降低了，追加投资的个别生产价格为 2.4 元。由于社会对农产品的需求增加，使这个劳动生产率降低了的个别生产价格成为社会生产价格。于是原投资 50 元，便能产生 60 元的级差地租Ⅱ。

二、绝对地租

由于土地所有权的垄断，不管租种任何等级的土地都必须缴纳的地租就是绝对地租。马克思指出，土地所有者出租的土地无论优劣都要收取地租，否则，就意味着土地所有权的废除，即使不是法律上的废除，也是事实上的废除。所以租用劣等地的农业资本家必须交纳地租。

(一)绝对地租产生的条件和原因

从对级差地租的分析看，租用劣等地的资本家只得到了平均利润，如果让他从平均利润中拿出一部分交纳地租，农业资本家就得不到平均利润，这是不行的。也就是说，绝对地租不是平均利润的一部分，而是农产品市场价格高于生产价格的余额。

农产品为什么可以不按生产价格而是按产品价格出卖呢？原因有二：

第一，农业资本有机构成低于工业资本有机构成，是绝对地租形成的条件。在相同的投资和相同剥削率的情况下，资本有机构成低的部门会比资本有机构成高的部门榨取到更多的剩余价值，从而使产品的价值高于生产价格。从社会生产的发展情况看，农业的资本有机构成一般低于工业，因而农产品的价值高于生产价格，使其按产品价值出售成为可能。

第二，土地所有权的垄断，是绝对地租形成的根本原因。工业中各生产部门之间的资本有机构成也有高低之分，资本有机构成低的生产部门也能创造出更多的剩余价值，但由于工业部门内部各生产部门之间的竞争和资本的自由转移，工业品只能按照平均的社会生产价格出售，使剩余价值平均化了，各资本家只能得到一个平均利润。而农业部门的情况则不同，土地是有限的，土地作为农业的主要生产资料，一旦被人占有后，别人就无法再去占有，土地所有者对土地所有权的垄断妨碍和排斥了其他部门的资本向农业生产部门的自由转移，从而阻碍了农业生产部门中的剩余价值参加利润的平均化过程，结果导致农产品的价格高于社会生产价格，而按照农产品的价值出售。这种价值大于社会生产价格的那部分超额利润，被土地所有者占有，就形成了绝对地租。

资本主义绝对地租的形成过程，详见表 4-5。

表 4-5　绝对地租的形成及地租量

生产部分		资本有机构成	剩余价值/元	商品价值/元	利润率/%	平均利润率/%	生产价格/元	绝对地租/元
工业	食品	70C＋30V	30	130	30	20	120	
	纺织	80C＋20V	20	120	20	20	120	
	机械	90C＋10V	10	110	10	20	120	
农业		60C＋40V	40	140	40	20	120	20

注：C 为物化资本，V 为人力资本。

从表 4-5 可见，在工业中尽管几个部门的资本有机构成、利润率和商品价值不同，但经过竞争和资本的流动形成了相同的平均利润率和生产价格，即 20％的平均利润率和 120 元的生产价格。而在农业部门中，由于资本有机构成低于工业部门，为 60C＋40V，其剩余价值为 40 元，商品价值为 140 元，比社会生产价格 120 元还多 20 元。若农产品按价值 140 元出售，农业资本家就能多得 20 元的超额利润，作为绝对地租转归土地所有者。

(二)现代资本主义农业绝对地租的来源

马克思在 19 世纪 60 年代，根据当时资本主义国家的现实情况和统计资料，正确地揭示了资本主义绝对地租的来源。他认为，由于农业资本有机构成低于工业，因而可以雇佣较多劳动力，从而获得较多剩余价值(超额利润)，即农产品价值高于社会生产价格的余额就是资本主义绝对地租的来源。

到了 20 世纪中叶以后，发达资本主义国家的农业逐步实现了机械化和现代化，工农业资本有机构成对比状况已经发生了变化。以美国为例，全国农场资产总额从 1940 年的 529 亿美元增加到 1977 年的 6 548 亿美元，增长 12 倍多；平均每个农场生产性资产从 1940 年的 6 158 美元增加到 1977 年的 251 648 美元，增长 34 倍多。农业资本投资达到平均每个劳动力为 12.1 万美元，而工业资本投资平均每个职工不足 10 万美元，最高的石油和煤炭工业也只有 11 万美元。农业需要 5～6 美元生产性资产才能带来 1 美元收入，而钢铁业每销售 1 美元产品只要 0.5 美元固定资产投资。这表明发达资本主义国家农业资本有机构成不仅不低于而且已经略高于工业资本有机构成。

很显然，现代资本主义国家农业绝对地租的来源，就不能还是来自农业资本有机构成低，因而能比工业雇佣更多劳动力而产生的农产品价值与生产价格的差额了。对于这种情况，马克思在当时就曾有所预见。他指出：随着技术的进步，当农业资本有机构成等于甚至高于工业资本有机构成时，绝对地租只能来自市场价格超过价值和生产价格的余额，简单地说，只能来自产品的垄断价格。

马克思在这里所说的垄断价格与构成垄断地租基础的"真正的垄断价格"不同。它不是由购买者的购买欲望与支付能力决定,而是由农产品的市场价格高于农产品的价值和生产价格的余额来决定的。这个"余额"与农业资本有机构成低于社会平均资本有机构成时农产品价值高于生产价格的余额不同,不再是由农业雇佣工人创造的一部分剩余价值,而是从农产品收购商手中转移来的,是通过其他物质生产部门创造的剩余价值的再分配而来的。

当然,从现代资本主义发展的实践来看,当农业处于危机时期,农产品生产相对过剩,价格大幅度下跌,农业绝对地租有一部分可能来自农业雇佣工人工资的扣除,或农业资本平均利润的扣除,还可能是殖民地国家农业工人创造的剩余价值的转移。

三、垄断地租

在资本主义制度下,除了级差地租和绝对地租两种基本地租形式之外,还存在着垄断地租。垄断地租是由产品的垄断价格带来的超额利润转化成的地租。某些土地具有特殊的自然条件,能够生产某些特别名贵又非常稀缺的产品。比如,法国 Cognac 地方的阳光充足,风调雨顺,土壤又特别适合葡萄的生长,所以该地生产的葡萄不但风味佳美,甜度很高,酿造出来的葡萄酒也醇香魅人,深受世人的喜爱,因此可以高出其生产价格甚至其价值的垄断价格出售。这里所说的垄断价格与由土地所有权垄断的存在使农产品按照超过生产价格的价值出售而形成的垄断价格不同,是由购买者的购买欲和支付能力决定的,而与一般生产价格或产品价值所决定的价格无关。这种垄断价格产生的超额利润,由于土地所有者拥有对这种具有特殊性质的土地的所有,因而转化为垄断地租,落入土地所有者手中。但也有研究认为,垄断地租实质是在特别有利条件下的级差地租①。因此,垄断地租不是独立的地租内涵。

四、矿山地租和建筑地段地租

在资本主义土地私有制以及土地所有权和使用权相分离的情况下,开采矿山和使用建筑地段同样也要缴纳地租。在农业中,土地本身直接参与农产品的形成,缴纳农业地租是为了获得土地这种生产要素。在采矿业中,矿山是物质财富的贮藏所,缴纳地租是为了取得采掘地下财富的权利。在建筑业中,土地是建筑的空间条件,缴纳建筑地段地租是为了获得建筑场所。

(一)矿山地租

马克思指出,经营矿山同使用农业土地一样,需要缴纳级差地租。而且形成矿山级差地租的条件,也同农业用地基本类似。各个矿山蕴藏丰度不同,开采条件不同,距离消费地点(即使用矿石的企业)远近和运输条件也不同。这一系列条件的差异,导致各个矿山开采的矿产品的个别生产价格也不同。但是,由于矿藏资源有限,好矿、富矿更有限,在资本主义制

① 黄贤金:《农地价格论》,北京:中国农业出版社,1997

度下，在采矿业中也必然存在着经营垄断。这就使矿产品的社会生产价格要由劣等生产条件的矿山的个别生产价格来决定。这样，经营优等和中等矿山的产业资本家可以获得经常性的超额利润，并把这些超额利润以级差地租的形式交给矿山所有者。

经营矿山同农业一样，也要缴纳绝对地租。形成矿山绝对地租的条件同农业一样，也是产品的价值高于它的生产价格。在采矿业中，由于不需要购买原料，因而资本有机构成通常低于社会平均资本构成，产品价值也就高于它的生产价格。按价值出售矿产品，就可以获得超过平均利润的余额，并以此作为绝对地租交给矿山所有者。

在采矿业中，某些稀有矿产品也是按照高额的垄断价格出售的。因而由垄断价格产生的超额利润，也会以垄断地租的形式落入矿山所有者手中。

(二)建筑地段地租

建筑地段地租，是工商业资本家和房地产业资本家为建造工厂、商店和居民住宅等使用土地而支付的地租。城市土地主要是用来建设工厂、商店和居民住宅等。因此可以说，建筑地段地租理论与城市地租理论基本上是同一的。建筑地段地租既包含级差地租，也包含绝对地租和垄断地租。

在农业中，土地肥沃程度对级差地租的数量起着决定性的作用。而在建筑业中，建筑地段主要作为建筑地基和空间来使用。因此，土地位置对级差地租量起着决定性的影响。这是建筑地段地租第一个明显的特点。一般来说，在离城市中心较远的地方或者农村附近，可以利用的建筑地段比较多，建筑地段级差地租在数量上同农业地租接近；而越是靠近城市繁华中心的地方，建筑地段级差地租就越高。土地所有者对建筑地段地租的产生处于被动地位，这是因为建筑地段地租的增加，主要是由于社会经济的发展和环境条件的改善而造成的。这是建筑地段地租第二个明显的特点。

在资本主义土地私有制条件下，由于土地私有权的存在，因此要使用建筑地段也必须支付绝对地租。这里的关键问题是建筑地段绝对地租的来源问题。马克思曾指出：工商企业因土地所有权的垄断而被拦截的绝对地租，也是剩余价值超过平均利润以上的余额。可见，城市建筑地段的绝对地租来源于企业提供的总剩余产品的一部分，是企业超额利润的转化形态。企业是用总剩余产品扣除绝对地租后的余额参与利润的平均化过程，每个企业在支付了绝对地租以后仍然获得了平均利润。这样，从全社会来看，总价格仍然等于总价值，并不违背价值规律。

某些建筑地段，由于所处位置的特殊性(如市中心最繁华地段)，其经营者的产品价格就具有垄断性并能带来垄断利润。因此，建筑地段也存在垄断地租。随着城市土地的日益稀缺，土地私有权的垄断性不断增强，因而垄断地租成为建筑地段地租的主体部分。这是建筑地段地租的第三个明显特点。

第三节　地租的影响因素

下面仅对级差地租、绝对地租的影响因素进行具体分析。

一、级差地租的影响因素

(一)级差地租Ⅰ的影响因素

等量资本投到面积相等的不同土地上,由于土地的肥力和位置不同,所产生的超额利润转化而成的地租,即为级差地租Ⅰ。它可分为两种情况:第一情况,由于土地肥沃程度的差异而产生的级差地租Ⅰ,简称地力级差地租Ⅰ;第二情况,由于土地位置的差异而产生的级差地租Ⅰ,简称位置级差地租Ⅰ。

1.地力级差地租Ⅰ的影响因素

由表4-1可以得到如下关系式:

$$DR_{劣}=SP_{劣}\cdot Q_{劣}-IP_{劣}\cdot Q_{劣} \tag{4-1}$$

$$DR_{中}=SP_{中}\cdot Q_{中}-IP_{中}\cdot Q_{中} \tag{4-2}$$

$$DR_{优}=SP_{优}\cdot Q_{优}-IP_{优}\cdot Q_{优} \tag{4-3}$$

$$DR=DR_{劣}+DR_{中}+DR_{优} \tag{4-4}$$

式中:$DR_{劣}$ 为劣等地的级差地租Ⅰ;$SP_{劣}$ 为劣等地单位产品的社会生产价格;$IP_{劣}$ 为劣等地单位产品的个别生产价格;$Q_{劣}$ 为劣等地产量;$DR_{中}$ 为中等地的级差地租Ⅰ;$SP_{中}$ 为中等地单位产品的社会生产价格;$IP_{中}$ 为中等地单位产品的个别生产价格;$Q_{中}$ 为中等地产量;$DR_{优}$ 为优等地的级差地租Ⅰ;$SP_{优}$ 为优等地单位产品的社会生产价格;$IP_{优}$ 为优等地单位产品的个别生产价格;$Q_{优}$ 为优等地产量;DR 为某区域总的地力级差地租Ⅰ。

在一般情况下,由于 $SP_{劣}=IP_{劣}$,所以 $DR_{劣}=0$;另外,还有 $SP_{优}=SP_{中}=SP_{劣}$。

分析以上四个关系式,即可得出影响地力级差地租Ⅰ的主要因素。

(1)自然条件。地力级差地租Ⅰ是由于土地肥沃程度的差异而产生的地租,所以自然条件是影响地力级差地租Ⅰ的主要因素之一。假如有甲乙两个地区,在地区甲,各等级土地之间的肥力差异程度较小;而在乙地区内,各等级土地之间的肥力差异程度较大。在其他条件相同的情况下,甲地区内各等级土地单位产品的个别生产价格的差异就小,乙地区内各等级土地单位产品的个别生产价格的差异就大,所以甲地区内各等级土地的级差地租Ⅰ小于乙地区内相应等级土地的级差地租Ⅰ,从而有甲地区的 DR 小于乙地区的 DR。

(2)农业生产技术。在其他条件不变的前提下,农业技术水平是影响农产品产量的重要因素。农业生产技术水平提高,农产品产量增加;反之,农业生产技术水平下降,农产品产量减少。如果农民只在中等地和优等地上使用新的农业生产技术,相对于劣等地而言,中等地和优等地的农产品产量就更高于劣等地的农产品产量,所以中等地和优等地的级差地租Ⅰ就增大。如果农民将新的农业生产技术平均用于各等级土地,根据报酬递减原理,优等地上农产品的增加量<中等地上农产品的增加量<劣等地上农产品的增加量,所以中等地和优等地的级差地租Ⅰ就会减少。

(3)人口因素。在人口因素不变的情况下,社会对农产品的需求一定,劣等地上不产生级差地租。当人口数量增加,社会对农产品的需求就会增加,原先已被利用的土地的产品不能满足需求,农民就会扩大土地耕种范围,将原先不便利用的肥力更差的荒地纳入耕种范围。这样，社会生产价格就等于更坏土地的个别生产价格，原先的劣等地就产生级差地租，原先的中等地和优等地的级差地租也会增加。

2.位置级差地租Ⅰ的影响因素

同样，由表4-2可以得到如下关系式：

$$DR_{丙}=SP_{丙}-(C+T_{丙})(1+I) \tag{4-5}$$

$$DR_{乙}=SP_{乙}-(C+T_{乙})(1+I) \tag{4-6}$$

$$DR_{甲}=SP_{甲}-(C+T_{甲})(1+I) \tag{4-7}$$

$$DR=DR_{丙}+DR_{乙}+DR_{甲} \tag{4-8}$$

式中：$DR_{丙}$ 为边缘土地丙的级差地租Ⅰ；$SP_{丙}$ 为边缘土地丙全部产品的社会生产价格；$T_{丙}$ 为边缘土地丙全部产品的运输费用；$DR_{乙}$ 为较远土地乙的级差地租Ⅰ；$SP_{乙}$ 为较远土地乙全部产品的社会生产价格；$T_{乙}$ 为较远土地乙全部产品的运输费用；$DR_{甲}$ 为较近土地甲的级差地租Ⅰ；$SP_{甲}$ 为较近土地甲全部产品的社会生产价格；$T_{甲}$ 为较近土地甲全部产品的运输费用；C 为生产资本投入，为常数；I 为平均利润率，为常数；DR 为某区域总的位置级差地租Ⅰ。

在一般情况下，由于 $SP_{丙}=(C+T_{丙})(1+I)$，所以 $DR_{丙}=0$；另外，$SP_{甲}=SP_{乙}=SP_{丙}$。

分析以上四个关系式，即可得出影响位置级差地租Ⅰ的主要因素。

(1)自然条件。位置级差地租Ⅰ是由于土地位置的差异而产生的地租，所以自然条件是影响位置级差地租Ⅰ的主要因素之一。假如有AB两个地区，A地区的地形起伏较大，各个位置上的运输费用差异较大；B地区的地形起伏较小，各个位置上的运输费用差异较小。在其他条件相同的情况下，A地区内各位置上的级差地租Ⅰ就大于B地区内各位置上的级差地租Ⅰ，从而有A地区的 DR 大于B地区的 DR。

(2)交通运输技术。在其他条件不变的前提下，交通运输技术水平是影响农产品运输费用的重要因素。交通运输技术水平提高，农产品运输费用减少；反之，交通运输技术水平下降，农产品运输费用增加。如果农民只改善较近和较远土地的交通运输条件，相对于边缘土地而言，较近和较远土地的农产品运输费用就更低于边缘土地的农产品运输费用，所以较近土地和较远土地的位置级差地租Ⅰ就增大。如果农民改善所有土地的交通运输条件，相对于改善之前，各个位置上农产品运输费用之间的差异就小，从这一角度来讲，较近土地和较远土地的位置级差地租Ⅰ就减少。

(3)人口因素。在人口因素不变的情况下，社会对农产品的需求一定，边缘土地上不产生位置级差地租。当人口数量增加，社会对农产品的需求就会增加，原先已被利用的土地的农产品不能满足需求，农民就会扩大土地耕种范围，将原先不便利用的位置更远的荒地纳入耕种范围。这样，社会生产价格就等于更远土地的个别生产价格，原先位于边缘土地就产生位置级差地租，原先处于较近和较远土地的位置级差地租也会增加。

(二)级差地租Ⅱ的影响因素

级差地租Ⅱ，是在同一块土地上各个连续投资劳动生产率的差异而产生的超额利润转化的地租。由表4-3可以得到如下关系式：

$$DR_{劣}=SP_{劣}\cdot Q_{劣}-IP_{劣}\cdot Q_{劣} \tag{4-9}$$

$$IDR_{优}=ISP_{优} \cdot IQ_{优}-IIP_{优} \cdot IQ_{优} \qquad (4\text{-}10)$$

式中：$IDR_{优}$ 为在优等地上追加投资得到的级差地租Ⅱ；$ISP_{优}$ 为在优等地上追加投资所得单位产品的社会生产价格；$IIP_{优}$ 为在优等地上追加投资所得单位产品的个别生产价格；$IQ_{优}$ 为在优等地上追加投资所得产品产量；其他符号同前。

一般而言，由于 $SP_{劣}=IP_{劣}$，所以 $DR_{劣}=0$；另外，$ISP_{优}=SP_{劣}$。

分析以上两个关系式，即可得出影响级差地租Ⅱ的主要因素。

(1)自然条件。级差地租Ⅱ的形成，是以同一块土地连续投资的生产率高于劣等地的生产率为前提的。所以，自然条件是影响级差地租Ⅱ的主要因素之一。假如有甲乙两个地区，在地区甲，各等级土地之间的肥力差异程度较小；而在乙地区内，各等级土地之间的肥力差异程度较大。在其他条件相同的情况下，乙地区优等地和中等地的级差地租Ⅱ大于甲地区优等地和中等地的级差地租Ⅱ。

(2)农业生产技术。在其他条件不变的前提下，农业技术水平是影响农产品产量的重要因素。农业生产技术水平提高，农产品产量增加；反之，农业生产技术水平下降，农产品产量减少。如果农民只在中等地和优等地上使用新的农业生产技术，相对于劣等地而言，中等地和优等地的农产品产量就更高于劣等地的农产品产量，所以中等地和优等地的级差地租Ⅱ就增大。如果农民将新的农业生产技术平均用于各等级土地，根据报酬递减原理，优等地上农产品的增加量＜中等地上农产品的增加量＜劣等地上农产品的增加量，所以中等地和优等地的级差地租Ⅱ就会减少。

(3)人口因素。在人口因素不变的情况下，社会对农产品的需求一定，劣等地上不产生级差地租。当人口数量增加，社会对农产品的需求就会增加，原先已被利用的土地的产品不能满足需求，农民就会扩大土地耕种范围，将原先不便利用的肥力更差的荒地纳入耕种范围。这样，社会生产价格就等于更坏土地的个别生产价格，原先的劣等地就产生级差地租，原先的中等地和优等地的级差地租也会增加。

(4)投资量。据前文分析可知，在最坏耕地上追加投资，由于劳动生产率的不同而产生级差地租。如果资金有限，在最坏耕地上的追加投资不能达到边际产量等于零时，最坏耕地上的级差地租Ⅱ尚未达到极大值；如果资金充足，在最坏耕地上的追加投资达到了边际产量等于零时，最坏耕地上的级差地租Ⅱ就达到极大值。

二、绝对地租的影响因素

影响资本主义绝对地租量的因素，主要包括以下几个方面：

(1)绝对地租量取决于农产品的价值与生产价格之间的差额及其实现程度。既然绝对地租的来源是农产品的价值与生产价格之间的差额所形成的超额利润，那么，这个差额的数量及其实现的程度，就直接决定着绝对地租的数量。农产品的价值超过生产价格的余额究竟实现多少，这要看农产品的市场供求状况。农产品供过于求，市场价格下降，这个余额就只能部分实现；农产品供不应求，市场价格上升，就可能使这个余额全部实现。

(2)绝对地租量取决于农业资本有机构成的相对水平。作为绝对地租实体的农产品价值与生产价格的差额，是以农业资本有机构成的相对水平为基础的。当社会平均资本构成不变，农业资本有机构成愈低，农产品价值与生产价格的差额就愈大，绝对地租就越大；反之，绝对地租就愈小。

(3)绝对地租量还取决于农业投资的总量。当农业资本有机构成相对水平和农产品市场价格不变，就面积相同的地块来说，投入的资本越多，提供的绝对地租也就越多，土地所有者获得的寄生性收入也就越多。

复习思考题

1. 简述地租的内涵及形式。
2. 简述级差地租及其影响因素。

参考文献

[1] 毕宝德. 土地经济学. 6 版[M]. 北京：中国人民大学出版社，2010.
[2] 殷章甫. 土地经济学[M]. 台北：五南图书出版公司，2005.
[3] 曲福田. 土地经济学. 3 版[M]. 北京：中国农业出版社，2011.
[4] 周诚. 土地经济学[M]. 北京：中国农业出版社，1989.
[5] 马克思，恩格斯. 马克思恩格斯全集(第 25 卷)[M]. 北京：人民出版社，1974.
[6] 黄贤金. 农地价格论[M]. 北京：中国农业出版社，1997.

第五章

地价理论

地价理论是地租理论的发展与应用，是认知土地财产价值的基础。本章在阐述土地价格内涵的基础上，阐述了土地价格的特征与类型，分析了土地价格的影响因素，并介绍了土地价格评估的主要方法。

第一节 土地价格的内涵

一、土地价格的概念

根据马克思的劳动价值论，价格是商品价值的货币表现，而商品价值是凝结在商品中的人类抽象劳动。自然土地不是人类劳动产品，不包含人类的抽象劳动。但是，土地能为人类永续提供产品和服务，即在一定的劳动条件下土地本身能够产生收益，谁垄断了土地，也就垄断了土地纯收益(地租)。土地的恒久性决定了土地的这种纯收益是一种恒久的收益流。随着土地权利的转移，这种收益流的归宿也发生转移。购买土地的权利，实际上就是购买一定时期的土地纯收益。未来土地纯收益的现值之和，就是土地价格。因此，地价实质上就是地租的资本化价值。

二、土地价格的内涵

土地具有资源和资本双重属性，所以土地价格就包含两部分价格，即土地资源价格和土地资本价格。

土地资源(即土地物质)，是指未经人类勘测、开发、利用过的土地，是自然历史的产物，是自然状态下的土地。土地资源具有稀缺性，这是土地价格存在的物质基础。同时土地所有制和商品经济的存在，是土地价格存在的经济基础。正是这种社会经济关系使得土地这种没有价值的东西可以在形式上具有价格。在这里，这种价格是虚幻的，这种价格不是土地本身的购买价格，而是土地所提供的地租的购买价格，即凭借土地资源所有权的垄断而获得的“真正的地租”的资本化。这就是马克思指出的：“资本化的地租表现为土地价格或土地价值”，“土地价格无非是出租土地的资本化的收入”[①]；亦即西方经济学家所说的土地纯收

① 马克思，恩格斯：《马克思恩格斯全集(第25卷)》，北京：人民出版社，1974

益——地租的资本化。

土地资本，是指在土地资源的基础上，经过人类进行勘测、开发和利用，凝结了人类的物化劳动和活劳动而创造的新的使用价值。我们现在所利用的土地，都是经过了人类长期的开发利用，凝结着人类劳动。马克思把这种固定在土地中的劳动称为土地资本，以土地资本价值决定的土地价格即为土地资本价格。土地资本属于固定资本范畴，其本身也与其他固定资本一样，会损耗和消失，能为土地所有者带来“利息”，严格说是租金的一部分。

第二节　土地价格的特征与类型

一、土地价格的特征

土地是一种特殊的商品，与一般商品价格相比，其价格具有如下特征。

(一)土地价格具有双源性

由于土地具有资源和资产的双重属性，土地价格自然也就包含土地资源价格和土地资产价格。这成为土地价格区别于其他商品价格构成的最主要特征。

(二)土地价格是土地的权益价格

土地能给人们提供恒久的产品和服务，这种产品和服务的获得是以土地权利的限定为基础的。因此，土地交易实质上是一种财产权利的交易，人们购买土地实际上是购买获得土地收益的权利。土地权利是一个权利束，包括土地所有权、土地使用权、土地租赁权和土地抵押权等。购买土地，获得某项土地权利，就可获得某种数量的土地收益。因而，也就必须为获得这项权利付出代价。

(三)土地价格不是土地价值的货币表现，不依生产成本定价

一般商品，都是人类劳动产品，具有价值，其交换价格是其价值的货币表现。同时，人们可以根据其生产成本确定其价格，因而比较客观。由于自然土地是一种自然物，不是人类劳动产品，没有价值，也就无所谓生产成本，所以土地价格不以土地价值或生产成本为依据。

(四)土地价格主要由土地需求决定

一般商品的市场供给和需求，共同决定该商品的市场价格。然而，土地却不同。在宏观上，土地的自然供给是不能改变的，土地的经济供给弹性也很小。因此，相对于土地需求来说，土地供给的变动总是很小的。这样，土地市场价格就主要由土地需求决定。当人口增加、经济发展对土地的需求日益增大时，土地价格就不断上涨；反之，当人口减少、经济衰落时，社会对土地的需求减少，土地价格就下跌。当然，从微观上来看，在某一个具体区域性市场上，土地的供给是可变的，特别是对某一购买商而言，在某一价格水平下，它可以在众多的土地供给中选择自己所需的土地。

(五)土地价格总体呈上升趋势

随着社会经济发展,人口增加,人地比率不断增大,社会对土地的需求日益扩大,从而使地租呈现不断上涨的趋势。其次,随着土地资源的合理利用与配置,其生产力得到提高,土地收益增加,使得土地价格不断增加;再次,随着社会经济的发展,高技术、高投资的产业日趋发达,工人的劳动总量在生产中的比重日趋缩小,从而使整个社会的资本有机构成提高,社会平均利润率下降,导致利息率呈下降的趋势。地租的上升和利息率的下降,决定了土地价格呈上升趋势。

(六)土地价格具有强烈的地域性

由于土地位置的固定性,土地无法像其他商品那样可以到处移动,因而使土地市场具有强烈的地域性。各地域市场之间,土地价格很难相互影响,不能形成统一的市场均衡价格。因此,土地价格一般是在地域性土地市场上根据其供求关系,形成各自的市场价格。

二、土地价格的类型

因土地交易的方式和条件的不同及土地管理的需要,土地价格表现为多种形式。多种土地价格形式构成了土地价格体系。地价体系中的每一种价格形式都有其独特的不可替代的作用。目前,中国地价体系主要包括以下几种价格形式:基准地价、标定地价、交易地价及其他价格形式。

(一)基准地价

1.基准地价的概念与特征

基准地价是指在一定的区域范围内,对现状利用条件下不同级别的土地或者土地条件相当的区域,按不同用途,分别评估的某一时点、一定年期的土地使用权区域平均价格。它包括城镇土地基准地价和农地基准地价。基准地价具有以下几方面的特征:

(1)基准地价是一种区域性的价格。基准地价总是以某一个区域为单位进行评估的,此区域就叫作基准地价的评估区域。所以,基准地价不是一种宗地价格,而是区域性的价格,它总是与一定的区域相联系的。基准地价的评估区域一般有级别、区片和区段三种形式,相应地,基准地价通常有三种表现形式:级别基准地价、区片基准地价和区段基准地价。

(2)基准地价是一种分用途的价格。在同一区域中,不同用途的土地,有不同的价格水平。所以,不同用途的土地,其基准地价也是不一样的。城镇基准地价通常包括三大类:即商业用地基准地价、住宅用地基准地价和工业用地基准地价;个别城镇根据其特殊情况,还包括其他用途的基准地价,如旅游用地基准地价。农地基准地价主要包括耕地基准地价、园地基准地价、林地基准地价、水域基准地价和荒草地基准地价。目前,一些地区所评估的农地基准地价主要是耕地基准地价。

(3)基准地价是一种平均价格。它反映的只是各区域各类用地的平均价格水平。在某一区域中,具体某一宗地的价格可能稍高于或稍低于此平均价格。所以,在基准地价的基础上建立基准地价修正系数体系,用以评估具体宗地的价格。

(4)基准地价是有限年期的价格。基准地价是土地使用权的价格,土地使用权是一种有时间限制的产权,所以说基准地价是有限年期的价格。就城镇而言,各用途基准地价的年期都以各用途的最高出让年期为准。就农地而言,一般取 30 年为农地基准地价的年期。

(5)基准地价具有时效性。基准地价反映的只是一定时期的地价标准,为了保持基准地价的现实性,每隔一定时期应对基准地价进行更新。

(6)基准地价是一种控制性的价格。基准地价是国家调控土地市场的一种价格,不是市场交易价格。市场上最终达成的价格,是以基准地价为依据,根据市场行情而确定的。

(7)基准地价与土地开发利用程度有关。土地开发利用程度对地价有影响,基准地价是一种平均意义上的地价,所以土地开发利用程度对基准地价也有影响。为了便于比较,基准地价必须设定开发利用程度。以城镇基准地价为例,由于各个城镇之间土地开发利用程度存在差异,所以应分别确定大城市、中等城市和小城市基准地价的开发利用程度。

2.基准地价的作用

基准地价的作用主要表现在以下几个方面:

(1)宏观控制土地市场的依据。基准地价反映了土地市场的地价水平和变动趋势,为政府制订土地市场管理措施提供依据。

(2)国家征收土地使用税的依据。根据国外经验,土地税都是从价征税。我国目前仍未达到这一步,土地使用税征收的税额偏低,不能充分体现土地收益的级差,不能达到利用土地使用税这一经济杠杆调节土地利用的目的。因此,科学、合理、公开的基准地价对合理征收土地使用税是非常重要的。

(3)调节土地利用。政府评估并公布基准地价,可以使投资者和土地使用者及时了解不同地段、不同用途的地价水平和变动趋势,从而根据自身需要和支付地租地价的能力调整土地利用方式,以促进土地有序流转,最终达到土地合理利用的目的。

(4)进一步评估宗地地价的基础。基准地价反映了某一区域内宗地的平均价格,该区域内各宗地的地价都围绕基准地价上下波动,因此根据宗地条件对基准地价进行修订,即可方便地得到具体宗地的价格。

(二)标定地价

标定地价是政府根据管理需要评估的具体宗地在公开市场和正常经营管理条件下某一期日的土地使用权价格。标定地价是宗地地价的一种,由政府组织或委托评估,并被政府认可作为土地市场管理的依据。标定地价与基准地价一样,由政府定期公布。

(三)交易地价

交易价格是指土地买卖双方按市场交易规则,在土地市场中实际成交的价格。它与基准地价和标定地价不同,是已经实现了的土地价格。交易地价的形式多样,在中国主要包括:国有土地使用权出让价格、转让价格和租赁价格等。

1.土地使用权出让价格

土地使用权出让价格是指国家将一定年期的土地使用权出让给土地使用者,土地使用者向国家支付的代价。土地使用权出让因出让方式不同,又分为拍卖地价、招标地价、挂牌地价和协议地价。

(1)招标、拍卖、挂牌价格。招标、拍卖和挂牌地价是指通过市场公开的招标、拍卖或者挂牌出让方式而成交的价格，具有市场竞争性，能体现土地的真实价值。2002 年 5 月，国土资源部发布《招标拍卖挂牌出让国有土地使用权规定》(自 2002 年 7 月 1 日起施行)。该规定第四条要求："商业、旅游、娱乐和商品住宅等各类经营性用地，必须以招标、拍卖或者挂牌方式出让。"2007 年 9 月，国土资源部又重新发布《招标拍卖挂牌出让国有建设用地使用权规定》(自 2007 年 11 月 1 日起施行)。该规定第四条要求："工业、商业、旅游、娱乐和商品住宅等经营性用地以及同一宗地有两个以上意向用地者的，应当以招标、拍卖或者挂牌方式出让。"

(2)协议价格。协议地价是通过政府出让方与土地受让方双方协商的方式确定的土地成交价格。由于这种方式没有充分的市场竞争，其价格不能完全反映土地的市场价值。

2.土地使用权转让价格

土地使用权转让价格是指土地使用者之间依市场规则转移土地使用权，受让者向转让者支付的代价。一般而言，由于转让市场中主体对客体的选择余地较大，交换较为自由，市场竞争更为充分，所以土地使用权转让价格是一种正常的市场价格。

3.土地使用权租赁价格

土地使用权租赁价格是土地所有者或土地使用者将土地以出租方式交与他人使用而获得的报酬。目前，中国的土地使用权租赁行为较为普遍，主要包括以下 3 种形式：第一，土地所有者(国家、农村集体经济组织)直接出租土地使用权；第二，土地使用者直接出租土地使用权；第三，土地使用者因房屋租赁而实现的土地使用权租赁。一般而言，租赁价格由租赁双方自主确定，所以是一种正常的市场价格。

(四)其他价格形式

其他价格形式主要有课税价格和抵押价格等形式。课税价格是专为国家或地方政府征收土地税收而确定的价格。这种价格可以是交易价格，也可以是评估价格和申报价格。目前，中国除土地增值税是以实际成交的土地价格增值为标的课税以外，还没有以地价为标的的课税税种。因此，还没有专用的课税价格。

抵押价格是土地作为信用担保而确定的价格。由于不动产投资一般数额巨大，或因对农地开发、市地改造等需要较长期的大数额贷款，银行为了减少自身风险，一般要求借款方以土地作为抵押，并对土地进行估价。估价的结果便是抵押价格，它一般要比交易价格低。

第三节　影响土地价格的因素

影响土地价格的因素很多，有些因素影响土地的供给与需求，有些因素影响土地收益与土地还原利率；有些因素对土地价格有正向的影响，有些因素对土地价格有负向的影响。土地价格就是这些因素综合作用的结果。这些因素可以分为以下三类。

一、一般因素

一般因素是指影响土地价格的一般的、普遍的、共同的因素，它对土地价格总体水平产生影响。这些因素主要包括政策制度因素、经济因素和社会因素。

(一)政策制度因素

影响土地价格的政策制度因素主要包括以下几个方面：

1.国家发展政策

如中国的特区政策和沿海城市的开放政策，使得各特区和开放城市的投资环境大为改善，从而吸引大量的国内外投资，致使对土地的需求扩大，土地价格上涨。特别是深圳，在列为特区之前，土地经济效益很低，其价格自然十分低廉；在列为特区之后，地价上升很快。1987年底最高价为每平方米600元，而1988年底最高价格达到每平方米4 716元。

2.土地制度

土地制度包括土地所有制和土地使用制度。土地制度决定土地市场的形态、土地供给及利用方式等，因而决定了土地价格。如实行土地私有制的美国和日本，其土地市场是较为完全的市场，土地的供给与需求由市场决定，土地价格自然也由市场决定。而实行土地国有制度的一些英联邦国家，土地批租是土地初始供给的一种重要方式，政府较容易地控制土地总供给，从而控制土地价格。我国实行的社会主义土地公有制，改革开放前土地一直实行土地无偿划拨使用制度，土地没有市场，没有价格。现在实行的“有偿、有限期、可流动”的使用制度，使得土地市场得以建立，但是一级市场仍为国家垄断，依然对地价产生影响。

3.土地利用计划与规划

农用地转用计划和城市土地利用计划，限制了土地交易数量和土地利用方向。市地交易受到城市规划的限制。城市规划决定了不同区位的土地用途及土地利用强度，土地因其用途和利用强度不同而具有不同的收益能力，因此具有不同的地价。同一宗土地，规划为商业用途，其地价水平一般高于居住用途；即使同一用途，规划容积率高的地块价格一般高于容积率低的地块价格。

4.地价政策

地价政策对地价趋势的影响非常大。一般地讲，高地价政策即政府放开对地价的管制，会促使地价上涨；低地价政策是政府采取各种手段抑制地价的上涨，从而导致地价水平的下跌或停滞。同时，地价管理政策也影响着不动产投资者的投资兴趣，从而对地价水平产生影响。当前我国对土地使用权出让实行最低限价政策，就是一种地价管控政策，它有效地遏制了土地出让中的低价行为。

5.财税体制

国家的财税体制不同，对土地的供给与需求影响也不同。在政府收入主要用于公共服务的财税体制下，政府对经济的影响能力有限，投资主要由市场引导私人投资，在正常情况下对土地需求会较为平稳。若政府收入主要用于经济性投资，政府通过财政对经济的干预程度较大，如我国当前的财政体制，地方政府为追求地方经济的发展而不断提高投资水平，从而增加土地的需求，引致地价上涨。在税收体制上，如果以土地为主体的土地增值税和财产保有税制度较健全，土地囤积和土地投机就会减少，地价就会较平稳；反之，则会出现异常波动。

(二)社会因素

影响土地价格的社会因素主要包括以下几个方面。

1.人口因素

人口是最主要的社会因素。人口因素对地价的影响,与人口密度、人口素质和家庭人口构成密切相关。人口密度增加,导致对土地的需求增加,土地价格上涨。人口素质通常与受教育程度和文化素养相关。这一因素通常对住宅用地价格的影响较大。人口素质高的住宅区通常社会秩序安定,环境优美,从而在心理上给人们形成良好的印象,间接地引起对该类住宅区的需求增加,促使地价上涨。由于传统生活方式改变及城市化的影响,家庭结构会越来越去向小型化。传统的三代、四代同堂的大家庭逐渐被以夫妻为中心的小家庭所替代。这种家庭人口构成的变化会使对住宅的需求相应增加,同时,对小面积套房和出租性住宅的需求也会增加,从而导致住宅用地的价格上涨,而且这种上涨的趋势越来越明显。

2.政治安定状况

政治安定状况是指国内政治局势的稳定情况。政局稳定,则不动产投资的运转渠道正常,风险小,资金可以在预期的期限内得到回收并取得利润,从而投资者的投资信心增强,带动地价上升。反之,地价则会下跌。

3.社会治安状况

社会治安状况指社会秩序的好坏。这一因素对地价的影响显而易见。无论是商业区还是住宅区,社会秩序良好,人们会感到安全,从而愿意投资、购物、居住,因此带动地价上升。

4.城镇化速度

在发展中国家,随着经济发展,城镇化速度往往会较高,城镇人口会在较短的时间内有较快的增长,这必然会在较短的时间内增加对建设用地的需求,从而提高城镇地价水平;反之,城镇化速度较低,对城镇土地需求较少,地价变化就会较为平缓。

(三)经济因素

1.经济增长速度

经济增长意味着国民生产总值和国民收入的增加,财政、金融景气,经济繁荣,就业机会增加,物价、工资处于有利于经济发展的状态,社会总投资增加,对土地的总需求不断扩大,致使土地价格上升。在二次大战前,美国爆发了20世纪最大的经济危机,百业萧条,土地价格也急剧降低。1925年为地价高峰,随后直线下降,1933年降至低谷,其水平比1894年还低。在1920—1930年,地价年增长率为2.1%,而在1930—1938年地价年增长率为-2.1%,尽管1933年后地价有所回升。而在二次大战后,美国经济迅猛发展,因而地价持续上升,其上升幅度比经济增长幅度还大,60年代达到6.9%。从各国经济发展与地价变动来看,地价变动趋势大体与经济循环趋势一致。

2.储蓄和投资水平

储蓄水平和投资水平是正相关的,即储蓄增长则投资也相应增长。这是经济学中的“储蓄、投资一致性”的原理。因此,分析储蓄和投资水平对地价的影响,就可以用分析储蓄水平对地价水平的影响来概括。资本积累要依赖于储蓄,而储蓄的多寡又由储蓄能力和储蓄意愿所决定。当储蓄能力愈大而且储蓄意愿愈高时,储蓄额越多,资本积累就越快。从资本积累的角度看,房地产价格比其他财产价格总量要高。因此,一般家庭购买不动产时,必须经历一段较长时间的储蓄。而储蓄率高者,有利于资本的积累,也才能提供足够的购屋准备款。所以,储蓄率水平的高低与家庭储蓄行为的循环过程与房地产市场的波动有密切的关系。一般地讲，一系列储蓄率高的时期往往是超额储蓄累积期；储蓄率在连续较高的情况下突然转为较低时，则是房地产热潮期，此时地价会飞涨。

3.居民收入水平与消费状况

居民收入和消费水平。随着居民收入的增加，人们在解决温饱问题之后，对消费水平会有新的要求，表现在住宅上则是对房屋的质量、面积的要求会更高。所以从收入水平和消费水平变化中看不动产市场时，会得出以下的结论：一是高收入的家庭将住宅专供居住用的比率较高；二是高收入的家庭使用新建房屋的比率较高；三是高收入者有较高的自有住宅比率，与之相应的是租房者中收入水平略低；四是家庭人均住宅建筑面积与其人均收入水平成正比。

上述的一般因素，通常是从宏观上对地区整体的地价水平产生全局性影响，在这些因素影响下，产生了地区与地区之间，乃至国家与国家之间地价水平的差异。而同一地区内不同区域、不同地块的地价差异，还要受到区域因素和个别因素的影响。因此，还需要进一步对区域因素和个别因素进行分析。

二、区域因素

区域因素是指对区域土地价格有总体影响、并能够反映区域特征的因素。这里的区域是一个均质区域概念，在这一区域内，土地的利用条件和利用方向大体一致。对区域地价水平产生影响的区域因素主要包括：繁华程度、基础和公用设施条件、环境质量、城市规划限制等。

1.繁华程度

繁华程度主要指商业服务业的规模等级及其对土地利用的影响程度。商业服务业的规模等级越高，土地利用的集聚效益越高；且土地效用随着与商服中心距离的增加，呈现递减的变化趋势。

2.基础和公用设施条件

基础和公用设施条件主要是指交通、供水、排水、供电、供气、供热和通讯等基础设施和学校、医院和公园等公用设施的状况。这些投资有的包含于土地之中，对地价产生直接影响；有的则通过影响区域周围的环境，间接影响土地价格。

3.环境质量

影响地价的环境质量是指自然环境、社会环境和人文环境，主要包括地质、地势、水文、风向、社会治安、居民素质、景观和污染程度等。

4.城市规划限制

城市规划对土地价格的影响，主要表现在城市规划对区域土地利用性质、用地结构、用地限制条件和区域交通管制等方面的影响，进而影响区域地价水平。

三、个别因素

个别因素是指能够反映宗地本身的特征、并对宗地价格产生影响的因素。影响宗地价格的个别因素主要包括宗地面积、位置、形状、临街深度、临街宽度、容积率、建筑密度、绿地率、肥力、地质、地势和宗地开发程度等。土地用途不同,各因素对地价的影响程度也不同。如宗地位置、临街深度和宽度对商业用地价格特别重要;地质条件和土地利用规划限制(容积率、建筑密度和绿地率等)对居住用地影响较大;土壤肥力对农地价格影响较大,而对建设用地价格则没有影响。

第四节　土地价格评估基础

一、土地估价的目的

所谓土地估价,是指专业人员按照一定的土地评估目的,遵循科学的土地估价原则、程序与方法,对土地市场价格的测定。《城镇土地估价规程》强调,"土地估价目的是为保证国家土地所有权在经济上的实现以及利用经济手段强化土地资产管理;促进土地使用制度改革,有偿出让、转让国有土地使用权,加强国家对土地市场的管理、促进正常交易;为全面、科学、合理地使用城镇土地提供依据"。具体说,土地估价的目的主要有以下几方面。

(一)土地估价有助于土地交易的顺利进行

随着经济的发展,土地交易日趋频繁,而土地经济价值却随着经济的发展而日益变化。由于土地市场具有很强的地域性,因而,在市场上不容易获得完整的价格资料。除专业经营公司之外,一般人很少具有土地交易方面的经验,有必要交易前对土地进行估价。只有经过专业人员搜集资料,分析评定,买卖双方才不至于有上当受骗的担心,交易自然迅捷。

(二)土地估价有助于企业投资决策

土地作为一种重要的生产要素,常常是企业决策的主要目标之一。根据替代原理,在资金一定的情况下,为了达到某一生产水平,土地投资的多少直接影响其他要素的投资。若地价昂贵,则可减少土地投资而增加资本、劳动投入;若地价低廉,则可增加土地投资而减少资本、劳动投入。另外,作为资金融通的手段,也必须对土地进行估价。

(三)土地估价有助于国家征地的顺利进行

随着社会经济的发展,城市用地及各种公共设施用地增多。如果在建设中国有土地不足,就需征用非国有土地。在中国是向农村集体征用城市建设用地,其征地补偿费的多少,必须参考土地估价来确定。否则,征地补偿费或高或低,必不公平。如低价征收则农民吃亏,引起农民不满,导致征地难;如高价征收,就会增加国家负担,妨碍城市建设。为解决这一问题,必须对土地进行科学估价。

(四)土地估价有助于体现税赋公平的原则

土地税是国家的基本税种之一,在发展中国家,土地税在国家财政收入中占有较大的比重。而土地税一般以土地收益或土地价格为依据而课征,只有在课征之前对土地进行科学估价,才能确定公平的税赋等级和税率。

(五)土地估价有助于土地市场管理

土地市场管理是土地管理的一项重要内容,而土地价格管理又是土地市场管理的核心。由于土地价格随市场因素波动较大,同时,波动幅度又比经济增长波动更大,因此,土地投机极易发生。为防止地价波动过大及土地投机行为,必须了解该地区的土地真实价值,把专业人员评估的有代表性的地块价格作为控制地价水平的依据。

二、土地估价的原则

土地价格是由其效用、相对稀缺性及有效需求三者相互作用、相互影响所形成的。而这些因素又经常处于变动之中,土地估价必须要对此做细致分析并正确判断其变动趋向,了解土地价格组成的各项因素及各因素之间的相互作用,才能做出正确的估价。因此,我们在探讨土地估价方法之前,首先要掌握土地估价的基本原则,以此为指南,认真分析影响土地价格的因素,灵活使用各种土地估价方法,对土地价格做出最准确的判断。

(一)公平原则

公平原则是指估价人员在土地估价中,应以公正的态度,在公开市场条件下求得一个公平合理的土地价格。土地估价是一种主观与客观相结合的艺术,估价人员的主观判断对估价结果影响较大。因而,估价人员必须公正清廉,认真客观地评估,决不能受任何私念的影响,偏袒一方。同时,为求得一个公平的价格,估价人员就必须了解市场上土地供需情况以及其他影响因素,提高估价专业水平,严格遵循土地估价程序。

(二)替代原则

根据经济替代原理,在同一公开市场上同质的商品应有相同的价格。根据市场规律,在同一商品市场中,价格相同效用大者需求大,效用相同价格低者需求大。一种商品的价格升高会引起另一种商品的需求增大,则称这两种商品是互为替代品。土地作为一种特殊商品也是如此。在同一供需圈,同一时期同一功能或类似功能的土地在相同土地利用条件下,其价格相近,即在同一区域或类似区域,同一用途土地彼此间形成竞争,价格相互影响,最后趋于一致。这一原则是市场比较法的理论基础,即在评估一宗地的价格时,可以在同一供需圈内,或同一区域内,调查取得近期发生的多宗同一用途的土地交易实例,通过对地价因素的比较修正,求得待估宗地的价格。

(三)预期收益原则

土地价格是土地未来收益的资本化。过去的土地收益不决定土地价格,但有助于帮助估价人员推测未来收益的变化趋势。遵循预期收益原则是指土地估价应以估价对象在正常利用下的未来客观有效的土地收益为基准。预测的未来收益必须是客观的、合理的,是在正常的市场状况、经营管理水平下的土地纯收益。这就要求估价人员必须了解过去的收益状况,认真分析土地市场的现状、发展趋势,以及政治经济形势、各项政策对土地市场的影响,准确预测未来土地利用的客观收益。

(四)最有效使用原则

最有效使用原则是指在一般情况下,土地估价应以估价对象的最有效利用为前提进行。土地的权利、用途和利用程度是多方面的。在不同的权利状态及不同的用途下,土地的价值不同;同一用途不同利用程度下土地价值也不同。只有当土地利用在当时当地处于最有效利用状态时,其土地价值才能达到最大。因此,土地估价应以土地的最有效利用为前提。但是,在现实中,土地的不合理利用和非最佳利用的案例很多,当待估宗地处于非最有效利用时,除个别行政性政策评估外,应以最有效利用为前提进行估价。

(五)供需原则

在市场经济条件下,一种商品的价格由该商品的市场需求和市场供给共同决定。土地作为一种特殊的商品,其供给和需求对其价格决定作用也很大。由于土地位置的固定性和市场的地域性,土地的供给与需求不同于一般商品的供需,它们带有强烈的地域特色。土地的自然供给是固定的、无弹性的,土地的经济供给因土地用途不同、地域不同和政策不同而有多种表现。因此在一般情况下,土地价格主要取决于需求方的竞争;同时,由于土地的经济供给在一定程度上是可变的,它对市场价格的影响也较大。另外,由于土地市场的不完全性,以及我国城镇土地一级市场由国家垄断,土地市场价格不可能完全由市场供需决定。在运用此估价原则时,一定要结合预期收益原则,并充分考虑一些非市场因素对土地价格的影响。

(六)报酬递减原则

经济学中的边际效益递减原则,是指增加各生产要素的单位投入量时,纯收益随之增加;但达到某一数值以后,如继续追加投资,其纯收益不再会与追加的投资成比例增加。土地投资同样遵循这一原则。在任何给定的条件下,土地、劳动力、资金、管理水平之间都存在着一定的最优组合,超过一定限度,每一要素的继续增加,其收益却不会相应成比例增加。这一原则说明成本的增加并不一定会使土地价格增加。

三、土地估价方法

土地估价的常用方法包括:市场比较法、收益还原法、成本逼近法、剩余法和基准地价系数修正法。

(一)市场比较法

1.市场比较法的基本原理

市场比较法是土地估价中最基本、最常用的估价方法之一,也是国际上通用的基本估价方法。市场比较法是将待估土地与具有替代性的且在近期市场上交易的类似土地进行比较,对类似土地的成交价格做适当修正,以此估算待估土地客观合理价格的方法。

市场比较法的理论依据是替代原理。根据经济学理论,在同一市场上,具有相同效用的商品,具有相同的市场价格,即具有完全的替代关系。在同一市场上,具有替代关系的两个以上商品会因为相互竞争而使其价格相互牵制而趋于一致。市场比较法就是通过对具有替代关系的类似土地的交易价格进行修正，以求得待估宗地价格。这里的“类似土地”是指比较实例土地所在区域的区域特性，以及影响地价的个别因素均与待估土地相同或相近的土地。这种方法主要用于土地市场发达、有充足的具有替代关系的土地交易实例的地区。

2.市场比较法的基本公式

市场比较法的基本公式如下：

$$P_{\mathrm{D}}=P_{\mathrm{B}}\times A\times B\times D\times E$$

式中：P_{D} 为待估宗地价格；P_{B} 为比较实例宗地价格；A 为市场交易情况修正系数，$A=\dfrac{\text{待估宗地交易情况指数}}{\text{比较实例宗地交易情况指数}}$；$B$ 为期日修正系数，$B=\dfrac{\text{待估宗地估价期日地价指数}}{\text{比较实例宗地交易日期地价指数}}$；$D$ 为区域因素修正系数，$D=\dfrac{\text{待估宗地区域因素条件指数}}{\text{比较实例宗地区域因素条件指数}}$；$E$ 为个别因素修正系数，$E=\dfrac{\text{待估宗地个别因素条件指数}}{\text{比较实例宗地个别因素条件指数}}$。

基本公式在具体运用中，可以表示为

$$P_{\mathrm{D}}=P_{\mathrm{B}}\times\frac{100}{(\ )}\times\frac{(\ )}{100}\times\frac{100}{(\ )}\times\frac{100}{(\ )}$$

上式中，第一个分式表示以正常买卖情况或待估宗地交易情况指数为100时，要确定比较实例的交易情况指数；第二个分式表示以比较实例成交时的价格指数为100时，要确定估价期日时的价格指数；第三、四个分式表示以待估宗地的区域因素、个别因素条件指数为100时，要确定比较实例的区域因素、个别因素条件指数。

3.市场比较法的估价步骤

(1)收集宗地交易实例；

(2)确定比较实例；

(3)建立价格可比基础；

(4)进行交易情况修正；

(5)进行估价期日修正；

(6)进行区域因素修正；

(7)进行个别因素修正；

(8)进行使用年期等修正；

(9)求取比准价格。

(二)收益还原法

1.收益还原法的基本原理

收益还原法是将待估土地未来正常年纯收益，以一定的土地还原利率，还原为一定量的资本，以此估算待估土地价格的方法。由于土地具有永续性因而人们可以期待未来的恒久性土地纯收益。当把未来若干年延续而不断取得的土地年纯收益以一定的还原利率折现为评估期日的价值时，它就表现为土地的价格。这就是收益还原法的基本原理。

由于土地收益往往是不同生产要素组合的结果，土地只是其中的要素之一，此外还有人类劳动、资本、管理和科技等因素。因此，土地纯收益是在土地收益中扣除非土地因素对土地收益的贡献量。这种土地纯收益是因使用土地而得到的，理应归土地所有者所有，所以它实质上就是地租。

收益还原法是以土地纯收益为前提的，因此，它仅适用于有收益的土地和建筑物或房地产价格的评估。

2.收益还原法的基本公式

根据收益还原法的原理，设 a_1、a_2、a_3、$\cdots a_n$ 分别为未来 n 年内的土地纯收益，r_1、r_2、r_3、$\cdots r_n$ 为未来相应年份的土地还原利率，P_1、P_2、P_3、$\cdots P_n$ 为相应年份的现值，则

第一年土地收益现值：$P_1=\dfrac{a_1}{(1+r_1)}$

第二年土地收益现值：$P_2=\dfrac{a_2}{(1+r_1)(1+r_2)}$

第三年土地收益现值：$P_3=\dfrac{a_3}{(1+r_1)(1+r_2)(1+r_3)}$

⋮

第 n 年土地收益现值：$P_n=\dfrac{a_n}{(1+r_1)(1+r_2)(1+r_3)\cdots(1+r_n)}$

那么，n 年的土地价格总和为

$$P=P_1+P_2+P_3+\cdots+P_n=\frac{a_1}{(1+r_1)}+\frac{a_2}{(1+r_1)(1+r_2)}+\cdots+\frac{a_n}{(1+r_1)(1+r_2)(1+r_3)\cdots(1+r_n)}$$

若 a_1、a_2、a_3、$\cdots a_n$ 在各年份均相等为 a，r_1、r_2、r_3、$\cdots r_n$ 均相等为 r，土地收益年限为 n，即可得到有限年期(n)的土地价格为

$$P=P_1+P_2+P_3+\cdots+P_n=\frac{a}{r}\left[1-\frac{1}{(1+r)^n}\right]$$

当土地还原率 r 不变且大于零时，土地使用年期无限(即 $n\to\infty$)，地价计算公式为：

$$P=\frac{a}{r}$$

3.收益还原法的估价步骤

(1)收集相关资料；

(2)测算年总收益；

(3)确定年总费用；

(4)计算土地纯收益；

(5)确定土地还原利率；

(6)选用适当的计算公式；

(7)求取收益价格。

(三)成本逼近法

1.成本逼近法的基本原理

成本逼近法是以开发土地所耗费的各项客观费用之和为主要依据，再加上一定的利润、

利息、应缴纳的税金和土地增值收益，来确定土地价格的方法。成本逼近法是从投资成本角度来考察土地的价值，但事实上，它难以准确反映土地的真实价值，因为土地价值的高低，主要取决于土地未来收益的大小，而不是取决于对这宗土地投资改造的费用大小。该方法一般适用于新开发土地、工业用地、既无收益又缺乏比较实例的公益性用地的价格评估。

2.成本逼近法的基本公式

成本法的基本公式：

$$P=E_a+E_d+T+R_1+R_2+R_3$$

式中：P 为土地价格；E_a 为土地取得费；E_d 为土地开发费；T 为税费；R_1 为利息；R_2 为利润；R_3 为土地增值收益。

3.成本逼近法的估价步骤

(1)收集相关资料；

(2)确定土地取得费；

(3)确定土地开发费；

(4)计算有关税费；

(5)计算利息；

(6)计算利润；

(7)计算土地增值收益；

(7)计算地价；

(8)对地价进行修正，确定估价结果。

(四)剩余法

1.剩余法的基本原理

剩余法又称假设开发法，是在预计开发完成后不动产正常交易价格的基础上，扣除预计的正常开发成本及有关费用、利息、利润和税收等，以价格余额来估算待估土地价格的方法。剩余法的理论依据与收益还原法基本相同，都是通过对未来剩余收益的计算来评估土地价格。收益还原法中的土地纯收益，是对土地收益的非土地因素的扣除；而剩余法则是直接从资本化后的价格中扣除非土地因素的贡献。

剩余法主要适用于有开发价值的土地估价，一般有以下几种类型：

(1)待开发的土地的估价；

(2)待拆迁改造的再开发房地产的估价；

(3)仅将土地或房地产整理成可供直接利用的土地或房地产的估价；

(4)现有新旧房地产中地价的单独评估。

2.剩余法的基本公式

剩余法的基本公式：

$$P=A-(B+C)$$

式中：P 为土地价格；A 为总开发价值或开发完成后的不动产总价值；B 为整个开发项目的开发成本；C 为开发商合理利润。

对于房地产开发项目，其具体公式：

$$P = A - C_B - C_P - R_1 - C_M - T - R_2$$

式中：P 为土地价格；A 为房屋预期总售价；C_B 为建筑费用；C_P 为专业费用；R_1 为利息；C_M 为销售费用；T 为税费；R_2 为开发商利润。

3.剩余法的估价步骤

(1)调查待估宗地的基本情况；

(2)确定待估宗地的最佳开发利用方式；

(3)估计开发建设周期和投资进度安排；

(4)估计开发完成后的不动产总价；

(5)估计建筑费、专业费、利息、税费、租售费用和开发商应得的利润等；

(6)确定待估宗地的价格。

(五)基准地价系数修正法

1.基准地价系数修正法的基本原理

基准地价系数修正法是利用基准地价评估或更新成果，在分析待估宗地价格影响因素的基础上，确定相应的修正系数，对同类用途同级(同区)土地的基准地价进行修正，从而求取待估宗地于估价时点的客观合理价格的方法。由于基准地价是某一级别或均质区域内分用途的土地使用权平均价格，在该级别或均质区域内该用地的其他宗地的价格都在基准地价上下波动。基准地价所对应的土地条件，是土地级别或均质区域内该类用途土地的一般条件。因此，通过待估宗地与级别或均质区域内同类用地一般条件的比较，对照因素修正系数表选取适宜的修正系数，对基准地价进行修正，即可得到待估宗地的价格。

2.基准地价系数修正法的基本公式

$$P = P_{lb} \times (1 \pm \sum K_i) \times K_j$$

式中：P 为土地价格；P_{lb} 为某一用途土地在某一土地级别上的基准地价；$\sum K_i$ 为宗地价格各项修正系数；K_j 为估价期日、容积率、土地使用年期等修正系数。

3.基准地价系数修正法的估价步骤

(1)收集有关基准地价资料；

(2)确定待估宗地所处级别(区域)的同类用途基准地价；

(3)分析待估宗地价格的影响因素，编制待估宗地价格影响因素条件说明表；

(4)依据待估宗地价格影响因素条件说明表和基准地价系数修正法，确定待估宗地价格修正系数；

(5)进行估价期日、容积率、土地使用年期等其他修正；

(6)计算并确定待估宗地价格。

复习思考题

1.简述土地价格的内涵及其特征。

2.简述土地价格的影响因素。

参考文献

[1] 毕宝德. 土地经济学. 6 版[M]. 北京：中国人民大学出版社，2010.
[2] 曲福田. 土地经济学[M]. 北京：中国农业出版社，2011.
[3] 胡存智. 土地估价理论与方法[M]. 北京：地质出版社，2000.
[4] 马克思，恩格斯. 马克思恩格斯全集(第 25 卷)[M]. 北京：人民出版社，1974.
[5] 艾建国，吴群. 不动产估价[M]. 北京：中国农业出版社，2002.
[6] 朱道林. 不动产估价[M]. 北京：中国农业大学出版社，2006.
[7] 梁仁旭，陈奉瑶. 不动产估价. 2 版[M]. 台湾：巨流大学城，2011.

第六章

土地市场

市场是当前中国社会经济发展的重要组成部分，而作为社会经济发展的基础要素，土地市场更是在其中占据着主导地位。尽管中国城市土地市场的发育和发展还只有短短二十多年的时间，但其对中国经济增长的影响却已显现。本章将在介绍土地市场基本理论的基础上，阐述中国土地市场发展的历程及其对经济增长的影响，并结合 2013 年中共十八届三中全会有关市场决定作用的改革要求，进一步提出未来中国土地市场发展的战略和目标。

第一节 土地市场的含义与基本特征

一、土地市场的含义

在不同的社会经济体制下，在不同的社会经济发展阶段，土地市场都有着特殊的内涵界定。这里将基于西方经济理论和马克思主义理论对土地市场的理解，结合我国政府与学术界的相关论述，提出我们对新时期我国土地市场含义的界定。

(一)西方经济理论对土地市场、土地要素的理解

在经典的西方经济理论中，市场被界定为一种制度或机制，通过这种制度或机制可以集合特定商品、服务以及资源的买方(需求方)和卖方(供给方)[①]。著名经济学家保罗・萨缪尔森在《经济学》教科书上也将市场定义为一种通过把买者和卖者汇集在一起交换商品的机制。从这一概念来看，土地市场显然是一种特定的商品市场。它是集合土地买卖双方的一种制度或机制。它能够通过"看不见的手"的作用，以相对较低的交易成本有效地调节供需各方的交易行为，使土地资源或资产达到有效配置。

不可否认的是，土地市场也是一种要素市场。众所周知，土地是最基本的生产要素。威廉・配第以 17 世纪的爽快方式阐发了"劳动是财富之父，土地是财富之母"的著名论断。此后，无论在 19 世纪法国经济学家萨伊的"三位一体"公式中，还是在一个多世纪之后英国经

---

① Campbell R. McConnell, Stanley L. Brue: "Economics: Principles, Problems, and Policies" (15 th ed.), McGraw-Hill Companies, 2002:40

济学家马歇尔的"四位一体"公式中,土地始终占据着重要的位置①。当然,这都是从物质概念的角度出发对土地要素的理解。在现代城市经济与区域经济学中,土地要素也被赋予了空间的内涵。在农业上,土地不仅提供了一定的土壤物质,还提供了生产空间;在城市中,土地空间就是一切。以空间为基本属性的土地,一般来说是"不能够生产的"生产要素,即本质上具有生产要素特征的同时,又具有"不消耗"性②。可见,无论是在农业生产中,还是在城市发展中,土地作为一项基本要素都是其他商品和要素所不可替代的。

总之,在西方经济理论看来,土地市场就是一种优化配置土地资源或资产的制度或机制。它不仅要像其他商品市场一样实现土地在不同利益主体间的合理分配,而且还要做好土地这种生产要素在不同主体和区间的优化配置。

(二)基于马克思主义理论的土地市场概念

马克思是西方第一个将制度引入经济研究领域的人,按照马克思的有关理论,土地是天然存在的生产资料,它只形成使用价值,不形成交换价值。但是,由于"土地所有者垄断土地,就有可能以地租名义取得剩余价值中的一部分"。正是这个资本化的地租"表现为土地价格,因此,土地也像任何其他交易品一样可以出售"。而"要出售一件东西,唯一需要的是它可以被独占,而且可以让渡"③,所以在资本主义商品经济条件下,土地虽然不是劳动产品,没有交换价值,但也是可以交易、有价格的"特殊商品"。在社会主义条件下,土地作为生产要素,也应在某种程度上受市场机制运行规律的支配。

马克思主义理论中所讲的市场是一种广义的概念范畴,是商品交易关系的总和,指的是人们之间的商品交易关系的整体。据此,土地市场便可以理解为土地这种特殊商品在流通过程中发生的经济关系的总和④。土地市场既有一般商品市场所规定的经济含义,又因土地作为特殊的商品,而使土地市场具有特殊性。土地市场的主体是土地供需双方,即土地买卖双方或土地租让、受让双方;土地交易的客体并非土地本身,而是土地产权,包括土地所有权、土地使用权、土地租赁权或土地抵押权等等。由于土地位置是永久固定的,土地并不能像一般商品那样流通,但在土地市场机制运行过程中,通过土地产权的流转,可以实现土地资源的有效配置和土地资产的合理流动,以及确定适当的土地价格。总之,在马克思主义理论来看,所谓土地市场就是土地产权流动中所发生的土地供求双方关系以及整个土地产权交易领域。只要存在土地产权交易关系,就必然存在土地市场⑤。

(三)我国政府和学术界对土地市场含义的论述

在长期的计划经济体制下,我国的土地资源配置都是靠政府的力量完成的。改革开放后,特别是在20世纪80年代初实行土地有偿使用制度改革以来,市场机制逐步在土地资源配置中发挥其应有的作用。1987年党的十三次全国代表大会《沿着有中国特色的社会主义道路前进》的报告中就已指出:"社会主义市场体系,不仅包括消费品和生产资料等商品市

---

① 杨重光、吴次芳:《中国土地使用制度改革十年》,北京:中国大地出版社,1996

② 山田浩之:《城市经济学》,大连:东北财经大学出版社,1991

③ 《马克思恩格斯全集》第25卷第714、874页

④ 周诚:《土地经济学原理》,北京:商务印书馆,2003:283

⑤ 曲福田:《土地经济学》,北京:中国农业出版社,2011:318-322

场，而且应当包括资金、劳务、技术、信息和房地产等生产要素市场；单一的商品市场不可能很好发挥市场机制的作用。"这里讲的房地产市场就是土地市场和房产市场的统称；1993年党的十四大正式将发展土地市场作为培育市场体系的重点；十四届三中全会《中共中央关于建立社会主义市场经济体制若干问题的决定》进一步提出"国家垄断城镇土地一级市场。实行土地使用权有偿有限期出让制度，对商业性用地使用权的出让，要改变协议批租方式，实行招标、拍卖。同时加强土地二级市场的管理，建立正常的土地使用权价格的市场形成机制。"尽管我国政府在发展土地市场方面不遗余力，但是政府迄今并未对土地市场有过确切的含义界定。相关的解释仅仅局限于对土地市场结构和内容的描述。这一点可以从相关人士编纂的《中国改革全书(1978—1991)土地制度改革卷》中看出。他们认为："中国的土地市场内涵包括两个方面：一是集体土地所有权和使用权的转移；二是国有土地使用权的转移。集体土地所有权的转移反映的就是国家的征地行为，若国家按市场价格(理论上的合理价格)支付给集体征地费，那这也可以被认为是土地市场的一部分。但通常意义上所说的土地市场多数是指土地使用权的转移，即承租人向土地所有者(国家或集体)缴纳地租即买得承租期内的土地使用权的关系①。"

以上只是我国政府对土地市场含义的现实界定和一般解释。从已有的研究来看，国内不少学者还进一步从理论上探讨了我国土地市场的内涵和外延。周诚教授认为："土地市场是人们进行土地商品交易所形成的相互关系，它由主体和客体所构成。主体是指从事土地资产交易的各种相关人员或单位，客体是指交易的对象，包括土地或土地权利"②。王霞等提出："土地市场就是土地这种特殊商品在流通过程中发生的经济关系的总和。在这个定义中，土地供需双方是市场的主体，交换的目的物(土地)是客体，主体之间的种种利益关系构成了市场。③"还有学者是基于广义和狭义两个方面来理解土地市场的。他们认为广义的土地市场是指土地这种特殊商品在流通过程中发生的经济关系的总和；狭义的土地市场则是指土地资源或资产交易的场所④，刘书楷就综合了这一广义和狭义的概念，指出："土地市场是土地产权流动中所发生的土地供求双方关系以及整个土地产权交易领域。只要存在土地产权交易关系，就必然存在土地市场"⑤。这一定义与马克思主义理论的界定是基本一致的。郑志晓则是从西方经济理论的视角出发，认为："其他商品一样，土地价格是土地市场的中心。人们进入土地市场，无非是以一个合适的价格售出或购买土地。如果价格不合适，商品交换行为就不能发生。这样，人们为了寻找到一个双方都能够接受的价格以使交易成功，而须展开一系列活动。因此，土地市场也可以说是土地买卖双方为确定土地交换价格而进行的一切活动或安排。⑥"对此，毕宝德等也有过类似的阐述⑦，而且他们还从内涵角度将土地市场区分为集体所有权、使用权市场，以及国家所有权市场两大类。

---

① 马克伟：《中国改革全书(1978—1991)土地制度改革卷》，大连：大连出版社，1992：61

② 周诚：《土地经济学原理》，北京：商务印书馆，2003：284

③ 王霞、尤建新：《城市土地经济学》，上海：复旦大学出版社，2004

④ 罗玉华：《武汉市土地市场的规范化研究》，华中农业大学研究生学位论文，2003

⑤ 曲福田：《土地经济学》，北京：中国农业出版社，2011

⑥ 郑志晓：《百卷本经济全书——土地经济》，北京：人民出版社，1993

⑦ 毕宝德：《土地经济学(第六版)》，北京：中国人民大学出版社，2010年。

(四)对新时期土地市场含义的界定

综上所述,无论是西方经济理论还是马克思主义理论,无论是我国政府还是学术界。他们各自对土地市场的理解虽然都不尽相同,但总体来看都是对西方经济理论和马克思主义理论概念界定的延伸,基本都是从商品交易的经济关系角度给出的解释。这也是一个较为宏观的概念,几乎涵盖了土地市场内涵、外延等各个方面的内容。

社会在发展,理论也在不断深化。《中共中央关于完善社会主义市场经济体制若干问题的决定》提出要完善社会主义市场经济体系,大力发展包括土地在内的要素市场,充分发挥市场在优化配置资源中的作用。“土生万物”,土地是一切最终产品产生的源头,因而土地市场无疑是整个市场体系中的基础性环节。2013 年底党的十八届三中全会通过的《中共中央关于全面深化改革若干重大问题的决定》进一步提出要建设统一开放、竞争有序的市场体系,使市场在资源配置中起决定性作用;其中还特别强调了要建立城乡统一的建设用地市场,在符合规划和用途管制前提下,允许农村集体经营性建设用地出让、租赁、入股,实行与国有土地同等入市、同权同价,并要求缩小征地范围,扩大国有土地有偿使用范围,完善土地租赁、转让、抵押二级市场等。随着我国社会主义市场经济体制的深入发展,我们对土地市场的理解也要与时俱进,开拓新的认知。

过去,无论是借鉴西方经济理论,还是基于马克思主义理论的视角,我们对土地市场的认识都较为笼统且缺乏条理。如今,随着我国社会主义市场经济建设的深化,我们更多地应该对新时期的土地市场有一全面深刻的认识。确切地,可以从以下三个方面展开:首先,从土地市场的本质来看,它是一种土地配置利用的调控制度和机制,无论是土地交易的价格机制,还是相关的税收、金融和政府管制制度等都是土地市场不可分割的组成部分;其次,从土地市场的范围来看,它涵盖了土地交易过程的所有主体、客体以及它们各自间的关系;再次,从土地市场的功能来看,它是一种资源配置手段,无论是实物形态的交易场所,还是虚拟的买卖市场,都是专门用来调节土地资源或资产在不同主体之间的利用的。

二、土地市场的基本特征

土地市场作为市场体系的基本组成部分,除了具有一般市场的基本特征外,还具有其他一些特色的性质。通过分析总结土地市场的基本特征,有利于我们更好地理解土地市场运行的轨迹及其在市场经济体系中地位。

(一)异质性

一般的商品,如机械设备、电子仪器、日用工业品等,都是由工业部门按统一的标准、规格成批量地生产出来的。因而可以在市场上成批量地进行交易。而在土地市场上,由于土地的自然异质性和空间区位的差异性,任何土地交易都只能是个别估价、个别成交①。

① 毕宝德:《中国地产市场研究》,北京:中国人民大学出版社,1994

(二)引致性

正如前面所提到的,土地是整个经济发展不可或缺的生产要素。因此,土地市场对经济发展具有明显的引致性。一方面,土地市场的运行能对经济发展产生直接明显的影响,因为土地投资规模的扩大,能够带动相关行业的发展,增加就业机会,促进经济增长;另一方面,土地市场的运行会影响劳动市场、资金市场等其他要素市场。如果土地市场能保持协调运行,则可对其他要素市场产生正面效应,从而推动经济健康发展。反之,如果土地市场运行不协调,如土地投资过度,则不仅会推动物价上涨,而且由于挤占过多的建设资金,使一些重点建设项目资金不足,加剧能源、交通等基础设施的"瓶颈"制约和经济增长中的结构性矛盾,造成企业与企业之间、行业与行业之间发展不平衡,经济难以协调运行和健康发展①。

(三)区域性

由于土地的不同质和位置的固定性,使土地市场基本上是一个地方性市场,具有强烈的地域性特点。其他商品由于具有流动性,受市场的供求关系和价格水平的调节,地域性很小,各地价格水平也相差不大。而土地在各地域性市场中,供给需求状况均不相同,其价格也难以相互比较,土地交易一般在各自市场里进行。

(四)权利主导性

土地位置的固定性也使得土地不能像其他商品一样可以以实物流动的形式完成交易。所以,在土地市场中交易的只能是土地的权利。这种权利不仅包括土地所有权,还有土地的使用权、租赁权等等。它们不仅可以一起在市场上流动,也可以在不同的市场主体间交易配置。但无论以何种形式交易都必须以产权登记为依据,权利的界定只有在法律的保护下才是有效的。

(五)不完全性

根据市场经济理论,只有完全的市场才能实现资源的最优配置。然而,土地市场并不是完全的。土地市场的不完全性是相对一般商品市场而言的。一般商品的交易所有权和使用权是同步转移的,一次交易永久使用。在我国,城市土地属于国家所有,农村耕地主要属于集体所有。为了维护土地公有制、城市土地所有权严禁买卖.集体土地所有权只允许向国家转移,从而严格限制了土地所有权的交换行为。在土地市场上实际交易的主要是一定期限的土地使用权,这就决定了土地市场具有不完全性②。

(六)专业性

由于土地产权内容复杂,使土地交易方式、程序和内容远比其他商品市场复杂,导致土地市场的交易一般都有中介机构(经纪人)参与,提供技术咨询、价格评估、地籍测量、

① 杨重光、吴次芳:《中国土地使用制度改革十年》,北京:中国大地出版社,1996

② 李铃:《土地经济学》,北京:中国大地出版社,2002

业务代理、法律仲裁等项服务。没有土地中介机构(经纪人)的参与,土地交易很难顺畅地进行。土地中介服务作为土地交易的一种"润滑剂",现在已成为土地业不可缺少的重要组成部分[①]。

第二节　土地市场的基本结构与模式

一、土地市场的基本结构

土地市场涉及市场主体、客体以及相关利益群体之间的各种经济关系,其运行的基础、规则和调节等需要相关的制度保障。这些制度的有效与否直接关系到土地市场能否正常运行。

(一)产权制度

产权是财产权的简称,是以财产为客体的各种权利和这些权利的总和,不仅包括财产所有权,而且包括所有权的各种权能,如占有权、使用权、出借权、转让权、用尽权、消费权和其他与财产有关的权利(《牛津法律大词典》)。巴泽尔(Barzel, Y.)也有类似的定义,即产权是对财产进行利用、收益以及转让的权利[②]。也就是说产权的基本内容包括行动团体对资源的使用权与转让权,以及收入的享用权[③]。完整的产权应该是对财产拥有排他的使用权、收入的独享权和自由的转让权,否则就是残缺的产权。在上述组成产权的各项权利中,所有权是基础,其他权能都是所有权的实现,且可以按一定的条件进行分割。所有权与所有权权能的统一或者分离,以及各项权能的不同组合,形成了不同的产权结构。因此,作为一种特殊的财富,土地的产权也可以概括为对土地的所有权,以及构成土地所有权权能的诸如占有权、使用权、收益权、处分权、租赁权、抵押权、继承权等等。这些权利的不同组合同样构成了不同的土地产权结构。

当然,以上只是从产权自身构成的角度所做的理解。就市场经济中的产权而言,从其所具有的功能角度来理解更为全面。阿尔奇安(Armen A. Alchian)在为《新帕尔格雷夫经济学大词典》所撰写的"产权"词条中就曾指出:产权是一种通过社会强制而实现的对某种经济物品的多种用途进行选择的权利[④]。可见,从经济功能的角度看,产权并不是一般的物质实体,也不完全是法律意义上的权利界定,而是指人们对物的使用所引起的相互认可的行为关系。它用来界定人们在经济活动中如何受益,如何受损,以及他们之间如何进行补偿的规则[⑤]。因而,德姆赛茨(Demsetz, H.)也将产权界定为一种社会工具,其重要性就在于事实

---

① 赵月望:《我国城市土地使用制度与土地市场研究》,西北农林科技大学硕士学位论文,2002

② Barzel, Y.: "Economic Analysis of Property Rights", Cambridge: Cambridge University Press, 1989

③ Steven N. S. Cheung: "The Structure of a Contract and the Theory of a Non-Exclusive Resource", Journal of Law and Economics, April 1969, Vol. 12

④ 约翰·伊特韦尔等编:《新帕尔格雷夫经济学大词典(第三卷)》,北京:经济科学出版社,1996:1101

⑤ 科斯等:《财产权利与制度变迁——产权学派与新制度经济学派译文集》,上海:上海三联书店,上海人民出版社,1994

上它们能帮助一个人形成他与其他人进行交易时的合理预期①。

在土地市场形成和发展过程中，土地产权同样也具有上述功能：首先，土地产权明晰是土地市场主体确立的财产基础，而确立市场主体是土地市场发育的首要环节；其次，土地产权明晰是达成交换的前提条件，而土地市场交易的实质就是权益的互换；再次，土地产权结构与土地市场结构之间存在着密切联系，不同的土地产权结构对应着不同的市场结构；最后，有效的土地产权制度是土地市场机制充分发挥作用的必要条件，产权明确界定有利于减少土地市场的交易费用，构建一个有效的产权制度才能形成和维护市场经济秩序②。可见，在土地市场的运行中，产权制度是基础，它不仅决定着土地市场的主体和客体，还影响着土地市场的结构和交易秩序。

(二)交易制度

交易制度决定了土地市场交易的规则，是土地市场运行的指挥棒。它也直接决定了土地市场运行的程序、形式以及效果等。

一项交易制度无论多么复杂，都必须包含以下三个基本要素：一是交易的主体，即从事交易的人(包括个人、企业或政府等)；二是交易的客体，即用于交易的对象或标的物；三是交易的行为，也就是交易主体之间发生的实质性的交易活动。就土地交易制度而言，它也是由上述三个要素组成的。从交易的主体来看，有个人、集体、工商企业、银行、政府、国家，等等。这些交易主体，在交易活动中又可扮演着不同的角色，如卖方、买方、中间人(经纪人)、律师、融资者。从交易的客体来看，有独立的土地，有土地与其上建筑物结合在一起的"房地"产等，这些客体又可细分为所有权、使用权、租赁权、发展权、地上权、地下权等等。从交易的行为来看，有买卖、租赁、抵押、入股、典当、互易(物物交换)、赠予、继承、借用、代理、委托管理等③。

当然，由于受到不同社会经济制度的影响，不同国家或地区的土地交易制度也是存在差异的。例如，在中国香港，土地所有权均属于政府，政府只向私人出售有限期的土地使用权，从而民间的土地交易，也最多只是在这有限期内的土地使用权的交易。而美国和日本的土地交易制度则是一种比较充分的交易制度，不仅土地使用权可以交易，而且土地所有权也能够买卖。此外，有的地方对土地买卖交易还设有诸多限制与管理措施，而有些国家则倾向于自由的土地交易制度。

(三)税收制度

税收是最重要的经济调控手段，它具有强制性、固定性、无偿性的特点。土地税则是指以土地为课税对象的赋税，凡直接对土地(包含地下矿藏)及土地上的附着物课征的赋税，均可称为土地税。概况地，土地税主要包括对土地保有、土地转让以及土地继承和赠予的课税等土地市场中的税收制度，不仅是国家或政府财政收入的一个重要来源，而且还对土地市场、土地的需求与供给有着极大的影响。一方面土地课税可以促进土地的有效利用，加快了

① Demsetz, H.: "Towards a Theory of Property Rights", American Economic Review, May 1967, Vol. 57

② 程民选:《产权与市场》,成都:西南财经大学出版社,1996

③ 柴强:《各国(地区)土地制度与政策》,北京:北京经济学院出版社,1993

闲置土地的流转，增加了土地市场的有效供给；另一方面通过调节土地级差收益，能够抑制土地垄断的投机，促进土地收益的公平分配。

对土地课税不是可有可无，也不是越多越好。在土地资源的开发利用中应该设置哪些税，各种税的税率如何确定，课征时机如何选择，应由谁来负担，以及各种税转嫁的可能性，课税成本等，均是建立和完善土地税收制度时所必须考虑的最基本的问题。无论如何，土地税收制度的构建必须与整个土地市场配合协调，这样不仅有利于解决土地的优化配置问题，还能协调利益的分配，做到追求效率的同时也兼顾公平。存在的土地问题，有利于促进土地合理利用，而且要做到公平负担。

(四)金融制度

金融，简而言之就是资金的融通，它是调节货币流通和使用的经济工具。金融不仅具有筹措资金的功能，还能帮助市场主体规避风险，调节其生产消费行为等。土地金融则是利用各种可能的方法和工具为土地开发利用筹集、融通、清算资金，提供相应服务的所有金融活动，包括土地抵押贷款、土地信托、土地保险、土地证券等。

土地金融的意义在于启动、活跃土地市场，促进土地市场的建立和发展；促进国家土地政策的贯彻和实施，还可以为土地开发、改良筹措资金，促进国民经济的发展[①]。在市场经济条件下，土地市场和金融市场之间存在着相互促进、共同发展的密切关系，土地市场需要金融保障，金融市场需要土地市场。众所周知，土地开发利用需要大量资金，而且由于建设周期长、资金周转慢，一般的市场主体很难靠自由资金而不通过金融市场的融资来满足开发的需要。这就说明，土地市场的发展产生了对金融的需要，金融制度能够为土地的开发利用筹集到必需的资金，保障土地市场的有序运行。当然，而从另一角度来看，土地的开发投资规模也并非越大越好，当土地市场出现过热局面时，国家通过相关的土地金融措施来调控土地市场的发展要远比计划管制手段有效。

(五)政府管制

为了避免土地市场失灵可能带来的不利影响，保护土地投资者权益以及交易双方的利益，解决市场纠纷，抑制土地投机、引导土地市场健康发展等，在土地市场的发展过程中也有必要构建完善相应的政府管制制度，加强对土地市场的调控能力。在土地市场运行中，影响较大的政府管制措施可以概况为以下三个方面：

一是市场交易行为管制。主要包括对土地市场交易的审批和监督管理等。如规定对一些不利的或投机性的土地买卖实施限制性措施，加强交易审批和监督等。还有诸如日本的土地交易许可制、土地交易申报制、土地交易事前确认制和土地交易监视区制度等等。

二是土地用途与分区管制。土地市场交易会涉及不同类型的用地，通过对不同用途土地的数量和地域分布进行管制可以避免市场供需的无序化，强化土地的功能与地区分工，优化土地开发利用的整体效益。

三是土地规划控制制度。规划是国家为了科学配置和合理利用土地所采取的一个综合性管理措施，它具有前瞻性和强制性。规划不仅能很好地控制各类用地的数量及其区位选

---

① 陈凤华:《中国土地市场》,北京:中国政法大学出版社,1994

择，而且还能以此影响和调节土地市场的供求关系和交易行为。

二、土地市场的一般模式

市场模式一般是指有关商品交换活动的各个要素及其相互作用、相互制约的经济体系。具体说就是市场主体、客体的结构及运行规则、市场信号和调控体系的总和。结合前面对土地市场基本概念、特征、作用和结构等方面的理解，土地市场的一般模式也可以概括为土地交易活动的构成要素及其相互作用、相互制约的经济关系，亦即土地市场主体、客体及其运行规则、市场信号与调控体系的总和[①]。具体可以图 6-1 表示。

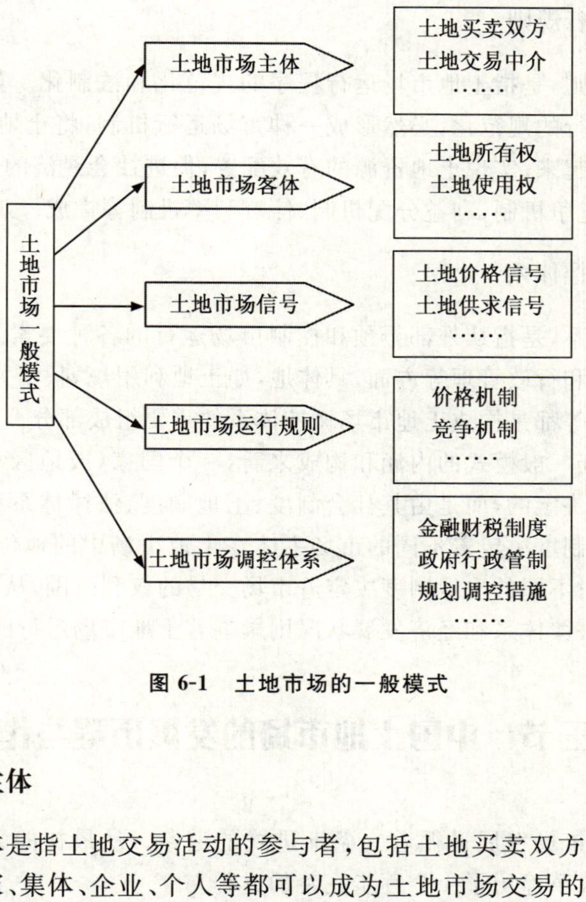

图 6-1　土地市场的一般模式

(一)土地市场主体

土地市场的主体是指土地交易活动的参与者，包括土地买卖双方、土地交易中介(经纪人)等。一般地，国家、集体、企业、个人等都可以成为土地市场交易的主体。而根据各主体在市场中的地位和影响程度，土地市场也可以区分为不同的运行模式。如完全竞争的土地市场、垄断型的土地市场和垄断竞争型的土地市场。

(二)土地市场客体

土地市场客体是指土地交易的对象，即土地不同层次的权益，包括土地所有权、使用权、租赁权、抵押权等。在不同的土地产权制度下，根据不同的土地权利交易范围，土地市场也

① 毕宝德:《中国地产市场研究》，北京：中国人民大学出版社，1998

可以划分为不同的类型,如土地所有权市场、土地使用权市场和土地租赁市场等,这些类型的土地市场综合起来也就构成了土地市场的结构和层次。

(三)土地市场信号

土地市场信号,即土地市场运行中产生的各种信息,主要包括价格信号、供求信号、利率信号、工资信号等。土地信号的变化,反映着土地市场运行的状况;而不同的土地信号产生机制也源自不同的土地市场运行模式。在完善的市场条件下,能够产生有效的价格信号和供求信号,而在市场失灵的情况下,土地市场的价格信号和供求信号等都会发生偏差。

(四)土地市场运行规则

土地市场运行规则,是指土地市场运行程序的规范化和法制化。如土地市场的交易方式、交易程序等,其运行的规范化,必然形成一种市场运行机制,将土地市场的主体、客体与市场信号有机地结合起来,实现土地资源的有效配置,促进社会经济的发展。土地市场的运行机制由价格机制、竞争机制、利益分配机制、信贷利率机制等构成。

(五)土地市场调控体系

土地市场调控体系,是指从外部干预和控制市场运行的各种要素及其相互关系。主要包括规划、法律、经济和行政管理等方面,具体地,如土地利用规划、相关法律法规、市场交易管理和政府服务监管等都是构成土地市场调控体系的重要组成部分。

显然,从土地市场一般模式的内涵和构成来看,一个国家(或地区)的土地市场模式,不是由人们的主观意志决定的,而是由其社会制度、土地制度、法律体系和经济发展状况共同决定的。不同的社会制度决定着不同的市场主体在土地市场中的地位和影响,从而产生了不同的土地市场特征;不同的土地制度决定着市场交易的权利范围,从而形成了不同的土地市场类型;而不同的法律体系和经济发展状况则影响着土地市场运行的秩序和效果。

第三节　中国土地市场的发展历程与作用

中国的城市土地市场发展遵循着一条渐进式的道路。从最初的无偿使用→收取使用费→土地有偿出让,改革经历了一个逐步完善的过程。

一、土地市场的发展历程

(一)改革前的城市土地产权制度:计划配置、无偿使用

解放以前,中国土地实行私有制。城市土地在国土面积中所占的比重很小,分别由政府官僚、封建地主、民族工商业者、个体劳动者、城市居民和外国人所有。新中国成立初期,国家通过没收、赎买、国家经租、公私合营、建设征用等方式逐步将外国人、封建地主、国民党政府、私营工商企业和部分农村非国有土地收归国有，并最终以立宪的方式宣布全部城市土地归国家所有[①]。经过这一国有化的过程，城市土地产权制度发生了根本性的转变，最终形成了单一的国家所有的城市土地产权制度。

在这一国家所有的产权制度下，中国的城市土地全部由各级政府使用、配置和管理。政府可以无偿使用城市的任何土地，也可以行政划拨的方式将土地使用权分配给其他单位或个人，但城市土地使用的监督和管理权都归于各级政府。概括地说，这一时期城市土地产权制度的最大特点是计划配置、无偿使用。任何单位和个人都是在国家统一的计划安排下获得一定的土地使用权，这种使用权不仅免费的，也是无限期的。显然，这种土地使用权的计划分配模式是不能实现土地资产的优化配置的，而土地的无偿使用更是背离了土地资产的商品属性，也将难以保障城市土地的高效利用。因此，城市土地产权制度的改革势在必行。

(二)改革的萌发阶段(1980—1986)：土地使用收费

为适应改革开放的要求，1979 年 7 月第五届全国人民代表大会第二次会议通过了《中华人民共和国中外合资经营企业法》，1980 年 10 月，国务院颁布《关于中外合营企业建设用地的暂行规定》，对中外合营企业用地计收场地使用费做出了明确规定，这表明国家已一改过去城市土地无偿使用的规定，开始对城市土地征收使用费。因此，上述政策规定的出台可以看作是中国城市土地使用制度改革的先兆。

1982 年，五届全国人大五次会议通过《中华人民共和国宪法》，规定城市土地属于国家所有，任何组织或者个人不得侵占、买卖、出租或者以其他形式非法转让国有土地，在法律上明确了城市土地的国有制。根据马克思的地租理论，土地的国家所有权也要求在经济上有所实现，否则就不是国家土地所有权。因此，1982 年，深圳经济特区在国内首先开始按年度向不同等级土地的使用者收取不同标准的土地使用费。深圳的做法不仅考虑到城市基础设施的投资和维护费用的补偿问题，而且考虑到城市国有土地所有权在经济上的实现问题，所以这种费用的实质是城市地租[②]。

1983 年，在原国家城市建设环境保护部和辽宁省人民政府支持下，抚顺市城乡规划局制定了《抚顺征收土地使用费暂行办法》。作为全国城市土地使用收费的试点城市，抚顺市从 1984 年起首先开始向包括国内企业和个人在内的土地使用者全面征收土地使用费，行政及公益事业单位等用地则免收[③]。

深圳和抚顺市向土地使用者收取土地使用费，迈出了中国城市土地产权制度改革的第一步。随后，广州、上海、重庆等城市也先后征收土地使用费。据统计，1986 年，试点城市征收土地使用费 2 600 多万元。到 1988 年初，全国已有 100 多个城市开征了城市土地使用费[④]。这项改革逐步理顺了作为土地所有者的国家和土地使用者在城市土地上的权属关系，促进了城市土地的合理高效利用。

---

① 曹建海：《中国城市土地高效利用研究》，北京：经济管理出版社，2002

② 赵贺：《中国城市土地利用机制研究》，北京：经济管理出版社，2004：98

③ 艾建国：《中国城市土地制度经济问题研究》，武汉：华中师范大学出版社，2001：123

④ 赵贺：《中国城市土地利用机制研究》，北京：经济管理出版社，2004：99

(三)改革的发展阶段(1987—1991):土地有偿出让

城市土地使用费的收取虽然为地方政府开辟了新的财源,加大了地方政府对城市建设的财政支出。但这始终没有改变城市土地划拨配置的性质。而且由于土地收费较低[①],在经济高速发展的城市地区,这项费用的收取并不能弥补城市建设资金的严重短缺。例如,深圳市政府为了改善投资环境,投入大量资金用于基础设施建设。截至1987年底,共投资13亿多元,而同期累计收取的土地使用费仅为5 250万元,平均每年1 000万左右,还不足以支付投资中6.7亿元贷款的利息[②]。

因此,为了更好地实现城市土地使用权的真正价值,1987年下半年,深圳特区在全国率先进行土地使用权出让的试点。以替代了过去单纯划拨土地的计划配置模式。1987年9月,深圳市政府分别以协议和招标方式出让了两幅试点土地的使用权。土地用途分别为建造单身职工宿舍和商品住宅,使用年限均为50年,地价分别为200元/m^2和368元/m^2,总地价分别为106.42万元和1 705.88万元,政府还要求受让者负责完成一定数量的附属建筑和公益配套建筑,并提供少量公益用地。1987年12月,深圳一幅面积为8 588 m^2、土地使用权年限为50年的商品住宅用地使用权公开拍卖,在激烈的竞争下,最后以总价525万元成交,单价611.32元/m^2。实践结果表明,土地使用权出让的直接收益是非常明显的:三幅总面积约6 hm^2 土地的出让收入,就大致相当于深圳当年收取的全部土地使用费的1.29倍[③]。

深圳城市土地使用权出让试点的成功不仅产生了显著的带动效应,也加快了相关政策法规修改的步伐。1988年以后,福州海口、广州、厦门、上海等城市也相继进行这方面的试点。表6-1所列的就是这一阶段中国城市土地批租的总体情况。

表6-1 1987—1991年中国城市土地批租情况

项 目	年份				
	1987	1988	1989	1990	1991
年出让地块总数(幅)	5	118	127	482	339
年出让总面积(hm^2)	15.73	389.08	625.22	948.2	521.77
年出让金总额(亿元)	0.351 5	4.162 4	4.471 9	10.52	5.194 2

资料来源:艾建国.中国城市土地制度经济问题研究.武汉:华中师范大学出版社,2001。

1988年4月12日第七届人大第一次会议删去了《宪法》第十条第四款中不得出租土地的规定,修改为:"土地使用权可以依照法律的规定转让。"从此,确认了城市土地有偿流转的法律依据。1989年9月,国务院颁发了《中华人民共和国城镇土地使用税暂行条例》,以征收土地使用税为有偿使用的实现形式代替了土地使用费。1990年5月19日,国务院颁发了《中华人民共和国城镇国有土地使用权出让和转让暂行条例》,对土地使用权出让、转让、出租、抵押、中止等问题做了明确规定,为土地市场的发育提供了法律条件。

---

① 抚顺市收取的土地使用费中,最高的市中心区商业用地年收费只有0.6元/m^2,最低的边缘地区个人居住地年收费只有0.2元/m^2,每年约可征得1 500万元。(王育琨:"土地有偿使用:地租的收集和分享",《中国土地科学》1992(6))

② 运迎霞、蒋峻涛:《综述改革开放中的我国房地产市场》,《城市》1998(4)

③ 艾建国:《中国城市土地制度经济问题研究》,武汉:华中师范大学出版社,2001:126

这一阶段，各地在城市土地使用制度改革上的共同之处是：在国家保留土地所有权的前提下，通过拍卖、招标、协议等方式将土地使用权以一定价格、年限和用途出让给使用者。出让后的土地可以转让、出租、抵押。其特点是：运用了经济规律，引进了市场机制，改变了土地使用权单纯依靠行政划拨方式的做法，开始向行政划拨与有偿出让方式并重的方向转化①。至此，中国的城市土地不再是国家计划和福利政策支配的资源，而是作为一种资产逐步成为社会主义市场经济体制建设中的一项重要的生产要素和商品。

（四）改革的深化阶段（1992—1998）：出让形式多样化

1992年，邓小平南方讲话和中国共产党十四大确立了社会主义市场经济体制的改革目标，中国经济体制改革步伐大大加快。特别是党的十四届三中全会的召开大大加速了土地使用制度改革和土地市场培育的进程。

党的十四届三中全会决定把土地使用制度的改革作为整个经济体制改革的重要组成部分，并且明确规定了规范和发展土地市场的内容和要求。通过市场配置土地的范围不断扩大，实行土地使用权有偿、有限期出让已扩展到全国各地。据统计，到1992年4月全国仅有17个省区开展土地出让试点工作。到1993年，全国共出让国有土地使用权4.4万宗，总面积达7.9万 hm^2，收取土地出让金1 231亿元人民币。1991—1993年，广东省以出让方式供应的土地已占建设用地的50%以上，江苏省昆山市占80%以上②。

当然，随着社会主义市场经济体制改革的不断深入，城市土地使用权的有偿出让并未仅仅停止于招标、协议和拍卖等基本形式。1994年，部分城市开始尝试土地使用权出让的"年租制"，湖北襄樊、河南许昌以及山东青岛等率先试行年租制的地方都取得了一定的成效。截至1997年底，全国试行年租制的地区已达860个③。

1996年，《股份有限公司土地使用权暂行规定》的出台允许将一定期限的国有土地使用权作价入股，由新设企业持有并用于转让、出租、抵押。此后的1998年，国家土地管理局又在《国有企业改革中划拨土地使用权管理暂行规定》中，进一步肯定和明确了在国有企业中逐步实行年租制。同年，国务院又颁布了《土地管理法实施条例》，首次从法规的角度明确规定国家可以以出租方式向用地者有偿提供土地。另外，根据国有企业改制的要求，政府改革了城市土地资产运营与管理体制，加强了土地利用的宏观管理、总体控制和总量调控，逐步理顺了政府与企业、企业与企业之间的土地利益关系，并允许原划拨性质的土地可以在补地价以后进行转让④。这样，中国的城市土地使用制度改革从有偿使用的单一出让方式开始转向多种方式。

（五）持续的创新阶段（1998年以来）：市场化的深入

城市土地使用权有偿出让的全面推开以及出让方式的日益多样化大大刺激了全国的房地产发展。一轮又一轮的房地产开发高潮给土地资源的保护带来了巨大的压力。因此，在

---

① 马克伟：《中国改革全书（1978—1991）土地制度改革卷》，大连：大连出版社，1992

② 毕宝德：《土地经济学》（第六版），北京：中国人民大学出版社，2010

③ 艾建国：《中国城市土地制度经济问题研究》，武汉：华中师范大学出版社，2001：134

④ 赵贺：《中国城市土地利用机制研究》，北京：经济管理出版社，2004：100

经历了1997年的土地管制后,《新土地管理法》在1998年下半年正式出台。1998年的新法不仅在耕地保护方面提出了世界上最严格的管制制度,而且更为城市土地使用的市场化改革注入了新的动力。

1998年修订的《土地管理法》规定建设单位使用国家的土地,应当以出让等有偿方式取得。此后的1999年,国土资源部下发了《关于进一步推行招标拍卖出让国有土地使用权的通知》,严格限定了行政划拨供地和协议出让土地的范围,并限定了协议出让土地使用权的最低价格。2001年,国土资源部又下发了《关于建立土地有形市场促进土地使用权规范交易的通知》,要求各地结合本地区实际,加快建立土地有形市场。2001年5月,国务院下发了《关于加强国有土地资产管理的通知》,针对土地资产市场配置比例不高、隐形交易严重、土地收益流失等问题,提出了严格控制建设用地供给总量、大力推行国有土地使用权招标、拍卖、加强地价管理、规范土地审批的行政行为等要求。2002年4月,国土资源部通过了《招标拍卖挂牌出让国有土地使用权的规定》,要求经营性用地必须以招标、拍卖或者挂牌方式出让。随后,2003年6月国土资源部又通过了《协议出让国有土地使用权规定》,对国有土地使用权协议出让适用范围以及出让底价做了严格限制①。2005年4月国务院下发了《关于2005年深化经济体制改革的意见》,提出经营性用地要全面推行招标、拍卖、挂牌出让制度,非经营性用地要建立公开供地机制。2008年党的十七届三中全会和2013年党的十八届三中全会更是多次强调要不断完善土地市场体系,逐步建立城乡统一的建设用地市场。这些都大大加速了城市土地出让的市场化进程。

与上述的改革进程相适应,政府逐步退出了对土地使用权的计划配置。在城市土地使用权配置日益市场化的过程中,政府已开始通过运用宏观调控手段或相关的经济政策来调节城市土地的合理配置和高效利用。这一阶段,各地城市土地收购储备制度的兴起以及国家对土地市场的几次整顿和调整都充分体现出政府作为宏观调控者的身份在城市土地使用权市场中的作用。

二、土地市场在经济增长中的作用

正如前面所提到的,土地市场最基本的作用就是有效配置土地资源的利用。但是对于我国这样一个正由计划经济向社会主义市场经济转型的发展中国家而言,土地市场的构建还将在经济体制转型、产业结构优化和经济利益分配等多个方面对经济增长产生影响。

(一)现代市场经济形成的基础

现代市场经济的基本内容就是发挥市场在社会资源配置中的主导作用。因此现代市场经济体系不仅仅是指一般意义上的消费品和生产资料等商品市场,还应该包括土地、资金和劳务等要素市场。其中,土地市场又是各种商品市场和要素市场的基础。众所周知,土地是人类进行生产活动所必要的物质条件和自然基础。任何商品都蕴含着土地的投入,而其他生产要素,如劳动和资本,都必须与土地结合起来才能生产出产品。在整个人类社会的发展过程中,土地都扮演着重要的角色,做出了巨大的贡献。可见,缺乏了土地市场,其他商品市

① 赵贺:《中国城市土地利用机制研究》,北京:经济管理出版社,2004:102

场和要素市场都是不完整的，都是残缺的市场。不仅如此，由于土地的不可再生性，土地市场也是不可替代的。因此，在发展现代市场经济的同时，必须建立土地市场，否则必然使其他商品和要素的市场化配置也发生偏差，从而影响整个市场经济体系的有序运行。

（二）提高土地资源配置效率

从经济学的角度来说，资源的优化配置是保证有效率的经济发展的前提条件，所有的经济活动包括直接的生产过程、经济调节与控制活动，实际上都是围绕资源的优化配置展开的。而实现资源的优化配置又是一切市场机制的最基本功能，市场可以通过其价格机制提供的信息激励生产者，同时调节资源在不同利益主体之间的分配，以实现资源的最优利用。土地市场显然也具有这样的优化配置功能。一方面，土地市场可以促使土地经营者提高经营水平。土地市场交易遵循价高者得的原则，而出价高的往往是土地经营效益好的企业或个人，因此通过土地市场的交易可以促使土地经营者不断寻求更科学的管理方法，促使土地生产力的持续提高。另一方面，土地市场可以调节劳动、资金、科学技术与土地的配合比例。土地作为生产要素行使资源或承载功能，从来不是单一的，必然涉及与其他生产要素的组合，只有建立土地市场、劳动力市场、技术市场、资金市场等生产要素市场体系，才能靠市场规律，来优化各项要素的配合比例，使各项资源都获得最高效益。

（三）优化产业结构，实现宏观调控

从一些发达国家的经验来看，土地市场的宏观调控作用，并不亚于税收、价格等经济政策手段。众所周知，合理的产业结构对经济的持续快速发展有着重要的作用。土地市场的发展可以为产业结构的调整提供了有力的杠杆，并以此来影响国民经济的运行。目前，在我国产业结构发展不尽合理的情况下，通过建立土地市场，发挥土地市场的调控机能，可以较为有效地发挥杠杆作用，促进对不合理的产业结构的调整。确切地说，政府可以通过立法、规划和指令性手段对土地市场进行干预，通过提高或降低某类用地的价格、租金和流通数量，扶持或限制不同产业的发展。例如，政府为了促进材料工业、能源工业的发展，可以降低其用地的出让价格，以提高其生产利润，扩大再生产。若要压缩和控制传统制造业和高档住宅的建设，则可以提高该类用地的出让价格，以减少开发商的经营利润，限制其发展。

（四）产生和传导土地供求信息

土地市场运行所遵循的基本准则是价格机制：在单个土地市场上，土地供给随价格上涨而增加，随价格下跌而减少；土地需求随价格下跌而增加，随价格上涨而减少。可见，在土地市场条件下，通过价格机制的作用，土地市场可以产生和传导土地的供求信息。一方面，在有限土地供给的条件下，土地市场可以按照各类土地的紧迫性和重要程度来确定土地使用方向、组合方式及数量结构，提高土地的集约度；另一方面，土地市场还可以刺激土地经济供给的增长，开发后备土地资源，调节土地用途等，使土地需求得到最大程度的满足。

（五）评价和发现土地价格

过去，土地的价格往往被看作是价值的货币表现形式，因此，在评估土地价格时一般都采用精巧的计算方法来估测获得。这种情况下评价得到的土地价格往往会带有评估人的主

观判断。从前面的分析中可以看到，在土地市场上通过价格机制可以传导土地供求信息，而与此相应，土地供求状况的变化也可以反映出土地的真实价格。因此，有了土地市场，通过土地市场中供求双方交易协商获得的土地价格信息相对更为客观、真实。

(六)合理分配经济利益

土地收益的分配，不仅涉及土地所有者和经营者的经济利益，也涉及国家、单位(企业)和个人等各方主体的利益。可见，这是一个十分复杂而敏感的问题。在社会主义市场经济体制下，如果仍按过去计划经济的手段来分配相关的经济利益，将很难协调好各方的利益关系，甚至会加剧各利益主体之间的矛盾。发展土地市场的一个重要作用就是要运用市场手段来分配土地收益，即通过土地市场形成的地租、地价、利率和国家税收的标准，在土地所有者、经营者、使用者之间，在国家、单位(企业)和个人之间分配土地收益。因此，通过土地市场调控地租、地价和利率水平和税收标准，就可以实现正确调节各方土地收益分配关系，促进土地合理有效地利用①。

第四节　中国土地市场建设的战略与目标选择

根据前面对中国土地市场建设面临的新形势所做的深入分析，不难得知：随着中国经济的高速增长和对外开放的深入，建设用地的需求将日益扩大；与此同时，出于粮食安全和生态保护的战略考虑，土地供给则将受到明显制约；面对土地市场供需矛盾的加剧，土地市场结构与运行机制也面临着做出相应的调整与转变。这部分将基于土地市场的基本理论与中国的发展实际，提出中国土地市场建设的战略与目标选择。

一、土地市场建设的战略：一个长远的目标

根据前面的分析，土地市场的建设不可避免地将涉及经济、社会和环境等各个方面。鉴于此，从整个社会的发展目标出发，中国土地市场的建设应实现以下战略目标：以科学发展观为指导，优化土地资源配置，保障经济又好又快发展对土地资源的需求；协调土地权益关系，合理保护土地产权主体利益；服务土地宏观调控，控制建设用地规模过快增长；为中国经济社会可持续发展提供土地资源保障。

从科学发展观的核心思想出发，上述土地市场建设的战略目标也可以细化为以下三个方面(图 6-2)。

首先是通过提供经济发展必需的土地，以保障经济的高速、持续发展。土地是支撑经济发展的重要因素，特别是在当前中国促进经济社会又快又好发展的战略指导下，确保土地在经济发展中的贡献，是土地市场建设急需解决的关键问题。这主要是由于，一方面土地市场的发展能够满足经济增长对新增用地的需求；另一方面，土地市场的发展也可以使土地资产价值得以显化，从而通过市场机制的作用优化经济结构，促进经济发展。

① 毕宝德:《中国地产市场研究》，北京：中国人民大学出版社，1994

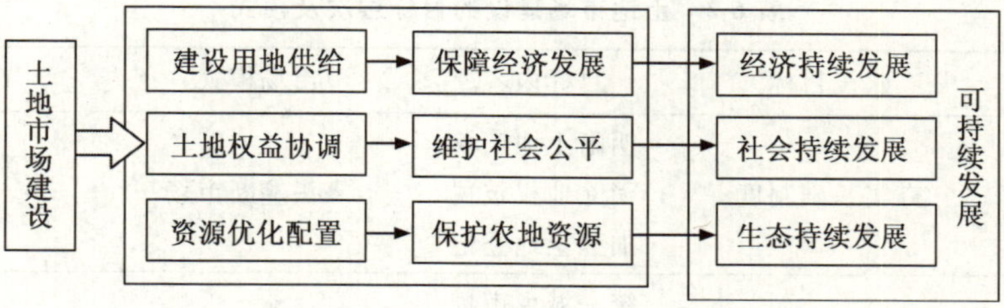

图 6-2　中国土地市场建设的战略目标

其次是通过协调与土地有关的权益关系，以维护社会的公平和持续发展。构建和谐社会、缩小工农差别、城乡差别、地区差别，实现城乡统筹发展和区域协调发展是中国社会主义市场经济发展的重要目标。为了实现这一目标，如何建设公平、公正和透明的土地市场，实现土地资源的优化配置，合理调整土地收益分配关系，促进工农、城乡和各地区共同繁荣和富裕同样是中国土地市场建设的目的。

再次是通过优化土地资源配置，以保护农地资源和实现生态的持续发展。土地尤其是农地不仅担负着人类的生存安全，也为我们提供着必需的环境依靠，因此土地市场的建设在满足社会经济发展的同时，也要能起到保护农地资源和生态安全的功能，以实现资源环境的持续发展。特别是在工业化和城市化快速发展阶段，土地市场的发展要协调好经济发展与耕地保护之间的关系，实现土地利用方式从粗放型向集约型转变，从而既满足工业化、城市化进程加快而不断增加的土地需求，又有效地保护好珍贵的耕地资源，是中国土地市场建设的第三个重要目的。

二、土地市场建设的具体目标与模式：市场建设层次论

前面对于中国土地市场建设战略目标的阐述更多的是基于实现整个社会经济可持续发展这一高度展开的。应该说，这也可以看作是指导今后中国土地市场发展的指针和纲领。而对于要建设成怎样一个土地市场，以及如何来建设土地市场等具体问题而言，还需要进一步明确土地市场建设的具体目标和模式。总体来看，中国土地市场建设的具体目标是：适应社会主义市场经济和经济全球化发展要求，在进一步完善土地市场运行的基本制度、交易规则和保障措施等的基础上；充分发挥市场配置土地资源的基础性作用，使反映市场供求状况和资源稀缺程度的价格机制能够充分发挥作用；同时优化政府在土地市场运行中的职能，逐步形成一个以交易规则完善、土地调控有效、权益关系明晰的垄断竞争土地市场。

众所周知，中国的改革依循的是一条渐进式的道路，而作为整个社会经济改革的重要组成部分，土地市场的建设也不可能一蹴而就。从中国土地市场发展的现状到上述土地市场建设总目标的实现，势必要经历一个漫长的过程。这不仅与中国土地市场的发展趋势和演进规律密切相关，同时还涉及整个社会经济改革的方方面面。具体地，在土地市场的这一长期建设和发展过程中，随着市场运行状况的改变以及社会经济环境的不同，中国土地市场建设的目标可以划分为以下三个层次，而且在不同层次建设目标的引导下，土地市场的建设模式也不尽相同，并表现出显著的特征差异(表 6-2)：

表 6-2　土地市场建设的目标层次及模式

土地市场建设	建设目标	目标内容	市场模式	市场特征
第一层次	夯实基础制度	明晰土地产权 消除地权歧视 加强土地登记	寡头垄断市场	政府主导、 市场化程度低
第二层次	完善交易规则	统一城乡市场 明确交易规则 公平分配利益	寡头垄断市场	政府主导、 市场化程度高
第三层次	优化政府职能	促进信息公开 政府科学调控 服务监管市场 鼓励公众参与	垄断竞争市场	市场主导、 政府有限参与

(一)第一层次:土地市场建设的目标是夯实基础制度

任何一个国家(或地区)的土地市场要实现持续、高效发展都离不开良好的基础制度作为支撑。这里的基础制度包括土地产权制度和土地登记制度等。中国的土地市场建设要想应对国民经济的长期高效发展,首要任务就是要巩固和加强土地市场运行的基础制度。否则,脱离了坚实的基础制度作为支撑来建设土地市场终将是舍本逐末,得不偿失的。具体地,这一层次土地市场建设的目标可以细化为以下三个方面:

(1)明晰土地产权。即在维护土地公有制的前提下。建立归属清晰、权责明确、保护严格、流转顺畅的现代土地产权制度。按照现代产权理论,完整、有效的产权制度必须具备以下要素:一是产权主体明确界定,这是最基本的要素;二是产权的排他性,排他性程度越低,产权的残缺程度越大;三是产权可以自由转让,这是产权制度有效性的重要体现;四是交易成本低,这也是衡量产权制度有效性的重要标志;五是产权的交易规范能否法制化。

(2)消除地权歧视。即适时修改相关法律制度,赋予集体土地使用权和国有土地使用权在土地市场上以平等的法律地位,打破国有土地对建设用地的垄断,为集体土地使用权进入土地一级市场创造合法的制度基础,允许按照土地利用规划为建设用地的集体土地的使用权直接进入土地的一级市场进行流通①。

(3)完善土地登记。土地登记制度又称土地权属登记,完善土地登记的目标主要在于:一是通过土地登记制度明确土地产权,以防止土地产权交易中的权属不清引发的土地市场混乱问题;二是通过土地登记制度较少交易成本,提高土地市场交易的效率;三是维护土地权利人的利益,即通过建立土地登记制度,就可以使土地产权人以比较低的成本保护自己的权利,有效抑制对土地产权进行侵犯的行为②。

在上述土地市场建设目标的引导下,中国土地市场的发展将呈现为一种寡头垄断市场模式,其特征主要表现为政府仍将主导土地市场(主要是土地一级市场)的运行,且土地市场

① 刘小玲:《制度变迁中的城乡土地市场发育研究》,广州:中山大学出版社,2005:204

② 孟星:《城市土地的政府管制研究》,上海:复旦大学出版社,2005:74

化水平总体较低。确切地说，在这一市场模式下，政府和少数地产企业控制着绝大部分土地市场的供给，它们具有很高的土地市场份额。这是一种介于完全竞争和完全垄断之间、以垄断因素为主同时又具有竞争因素的土地市场模式。

(二)第二层次：土地市场建设的目标是完善交易规则

在土地市场运行的基础制度得以巩固和加强后，要充分发挥土地市场的作用就必须构建一整套与上述基础制度相适应的交易规则，这也是土地市场运行的核心。当然，由于各国(或地区)土地市场运行的基本制度存在一定的差异，加上造成中国土地市场运行缺陷的症结不同，交易规则的完善也应当更具针对性。具体地，这一层次土地市场建设的目标可以细化为以下三个方面：

(1)统一城乡市场。完善交易规则的首要任务在于统一交易规则。公平是市场经济有效运行的前提，交易规则的不公平不可避免地会导致部分市场交易主体利益受损，从而致使市场配置土地资源的低效甚至无效。针对中国当前城乡二元土地市场引致的交易规则不公平。现在，我们有必要在构建和谐社会的引导，打破城乡壁垒，将国有土地市场和农民集体建设用地市场予以统一：首先，明确集体土地权属主体，消除对集体土地的歧视。这也是上一层次土地市场建设的目标任务；其次，建立城乡统一的地价体系。尤其是要协调城市地价体系和集体土地地价体系，以为城乡土地市场运行提供合理、统一的价值尺度；再次，深化征地制度改革。要严格界定和区分征地范围，对于“公益性用地”征收必须进行适当的补偿，而对于“商业性用地”征收应依据市场价格进行充分补偿。

(2)明确交易规则。一是要规范土地使用权交易行为，降低交易费用；二是要从尊重产权主体权益的角度明确政府征收、征用土地的相关规定和程序；三是要对政府建设用地的供应和收回等规则加以完善；四是要明确土地使用者转让、出租、抵押、交换、赠予的规则；五是要深化土地制度改革，加强廉政建设，建立公开、公平、公正的土地市场等。

(3)公平分配利益。主要是充分发挥土地市场的收益分配功能，理顺土地价、税、费关系，合理分配土地收益，维护社会公平与公正。土地价税费改革，除了必须做到价税费三者改革联动，还必须相关体制制度与之综合配套实施，方能达到消除收费失控现象，建立调节土地使用的价税费的健全体系的目的。确切地，一是要加快土地价格形成机制的市场化进程和扩大地价调节的覆盖面，以提高市场机制在土地资源配置中的作用；二是要杜绝土地乱收费问题；三是要完善现行土地税制体系，从土地税制总体上进行综合研究，并与土地方面的“费改税”改革结合起来，综合设计改革方案，以达到预期目的。

在上述土地市场建设目标的引导下，中国土地市场的发展仍将呈现为一种寡头垄断市场模式。有所不同的是，其特征主要表现为政府主导土地市场(主要是土地一级市场)的运行，但土地市场化水平总体较高。确切地说，在这一市场模式下，虽然政府和少数地产企业仍是大部分土地市场供给的控制者，但由于受到国家有关土地市场交易规则的严格约束，土地市场的价格形成机制将更趋合理。

(三)第三层次：土地市场建设的目标是优化政府职能

基础制度的夯实，交易规则的完善虽然可以大大提升市场机制在土地市场运行中的巨大作用，但其仍有可能会由于土地市场本身的失灵以及来自政府的阻碍和约束而难以实现目标。因此，在前面两个层次土地市场建设目标完成的基础上，有必要从优化政府职能的角度来保障和促进土地市场的良好运行。具体地，这一层次土地市场建设的目标可以细化为以下四个方面：

(1)促进信息公开。政府作为土地市场的管理者，应建立信息传导的渠道和平台，促进信息公开，提高交易机会，降低交易成本。对于信息公开要注重以下几个方面：一是要加强土地市场中信息技术的支撑，利用信息技术从时间和空间上全面反映土地信息，提高土地信息资料的可获得性。同时推进土地市场各环节的电子政务建设，形成功能全面、覆盖全局、安全稳定的电子政务系统；二是要加快土地市场信息化机制的建设，制定科学有效的信息化管理机制，提高土地市场信息化管理水平；三是要建立土地市场信息动态监测系统，定期搜集和公布土地信息，实现土地供需双方市场信息的沟通，从而为土地信息公开化提供了一个信息平台。

(2)政府科学调控。中国目前正处于经济社会转型期，政府在纠正"市场失灵"的同时，不可避免地会在一定程度上造成"政府失灵"。如果让"失灵的政府"去干预市场，必然导致失灵的市场进一步失灵。因此，明确政府调控土地市场的范围和程序，使政府能够对土地市场的变化有灵敏的反应，保证适时、适度的调控，防止过度干预，从而避免"政府失灵"就显得尤为重要。确切地：一是要转变政府职能，使政府的管理和调控范围更符合土地市场发展的需求；二是要基于土地市场的各类有用信息系统分析和调控土地市场，这不仅可以避免政府调控行为的失真，也能够提高土地市场调控的灵敏度；三是要完善地方政府绩效评价的制度框架。特别是把土地市场运行绩效纳入地方政府的考核体系，以此来遏制地方政府非理性干预的冲动，并逐步形成一个对政府调控行为的监督和促进机制。

(3)服务监管市场。中国土地市场秩序混乱，一个很重要的原因是没有建立相应的市场秩序规则，未加强政府对土地市场的服务和监管。因此，从服务市场的角度来看，政府一要定期发布土地信息，建立有形的土地市场；二要确定土地交易规则，按照合法、公开、公平、竞争有序的土地交易规则，做到依法供地和用地、公开交易、合理分配收益；三要完善土地中介服务体系。就监管市场的角度而言，政府一要强化执法力度，不给违法分子以任何可乘之机；二要加强行政审批监督，对于审批过程监管要严把行政审批关，批后要严格监管用地单位和个人是否按规定使用土地，防止土地资源的浪费和低效使用，防止土地投机行为的发生；三要协调各部门的综合监管，特别是要与工商、税收、司法、规划和城建等部分相互配合，相互合作。

(4)鼓励公众参与。在现实的土地市场中，有时市场和行政手段都会失效，那么就要引入公众参与来克服土地市场失灵的现象，重新实现资源的优化配置。公众是土地市场的主体和参与者，土地市场的交易活动影响着公众的利益。因此，在土地市场中要引入公众参与机制，积极听取公众的意见，让公众参与到土地市场的全过程中来，有效地实现政府、土地所有者和土地使用者之间的均衡，促进土地资源的优化配置。当然，政府在鼓励公众参与的过程中还要做好以下一些工作：一是赋予公众参与的法律地位，特别是要鼓励公众对政府行为的监督；二是及时、准确地公布土地市场信息；三是强化公众参与的司法保障，尤其是在提供公众参与平台的同时保障公众的知情权和上诉权。

在上述土地市场建设目标的引导下，中国土地市场的发展将呈现为一种垄断竞争市场模式，其主要特征表现为市场机制主导土地资源的配置，政府有限参与土地市场的运行。确切地说，政府只是土地市场供应的主体之一，与其他供应主体处于平等地位，服从统一的市场规则；市场主体能够获取充分的信息，合理预期市场，做出交易决策，实现交易目标。此外，政府管理土地市场主要职能是提供公共产品，调控土地市场，维护社会公正，打击违法交易。在这种市场模式下，土地市场主体的行为受两重约束：一要受宏观计划的指导和控制，二要受上述交易规则的约束，它介于完全竞争和完全垄断之间，且偏向完全竞争。这样一来，生产经营者能依据利润最大化原则，对土地供求做出灵敏的反应；市场机制能充分发挥作用；政府也可从社会整体目标出发，运用宏观调节系统来调控土地市场运行，使市场机制运行的自发性与宏观调控的计划性相结合，使土地市场经济运行具有较长时期的稳定性，避免完全市场调节产生的失控和资源利用浪费，确保土地市场的有序性和目的性①。

土地市场建设的上述三个层次由低到高，是中国土地市场建设必须要经历的一个演进过程。当然，这一发展过程的每一个层次之间并不具有绝对的独立性和先后性。也就是说，在不同的发展阶段，土地市场建设的目标和模式之间可能会出现一定程度的重叠或错位。事实上，在中国土地市场改革和完善的实践过程中，我们也不难发现经常有一些属于第二、第三层次的市场建设目标会与第一层次的建设目标同步发展，甚至是提前发展。但是，从土地市场建设的长期发展过程来看，这只是一种短期的、局部的现象，而且更多地只是为了应对突发的土地市场运行问题。从长远来看，中国的土地市场总体上还是应该遵循上述三个层次目标进行建设，特别是在社会经济的不同发展阶段，土地市场建设的主导目标应合乎上述层次演进的规律，以最终实现土地市场持续高效发展的长远目的。

复习思考题

1. 阐述土地市场的含义。
2. 分析我国土地市场发展历程。
3. 分析土地市场在经济增长中的作用。

参考文献

[1] 毕宝德. 中国地产市场研究[M]. 北京：中国人民大学出版社，1998.

[2] 周寅康. 房地产估价[M]. 南京：东南大学出版社，2004.

[3] 黄贤金. 土地政策学[M]. 北京：中国农业出版社，2007.

[4] 孟星. 城市土地的政府管制研究[M]. 上海：复旦大学出版社，2005.

[5] 刘小玲. 制度变迁中的城乡土地市场发育研究[M]. 广州：中山大学出版社，2005.

[6] 濮励杰，黄贤金，周寅康，等. 城市土地供应与房地产市场运行研究[M]. 北京：科学出版社，2008.

① 刘小玲：《制度变迁中的城乡土地市场发育研究》，广州：中山大学出版社，2005：196

第七章

土地资产管理

土地资产管理是政府、社会或家庭、个人经济活动的重要内容。尤其是我国作为土地公有制国家，土地资产管理更是我国各级政府以及集体的重要内容。为此，本章阐述了土地资产管理的概念与特征，介绍了土地资产管理的基本原则，以及土地资产管理的主要内容。

第一节　土地资产管理的概念与特征

一、土地资产的概念

（一）资产的定义

要弄清土地资产的概念，首先必须从资产（assets）的概念谈起。按《辞海》的解释，所谓资产：其一是资产即财产；其二是会计用语中“负债”的对称，是资金运用的同义语，在资本主义社会中，指有关单位所拥有的各种财产和债权。[①]《经济学新词典》把资产解释为资本机能形态，如存款债权、商品材料、制品、半制品及生产设备等金额。[②]《现代经济辞典》解释：“资产是由企业或个人拥有并具有价值的有形的财产或无形的权利。”并认为“资产之所以对物主有用，或者是由于它是未来事业的源泉，或者是由于它可用于取得未来的利益。”[③]《国际资产评估准则》第3款指出：“资产是指投资者所拥有或由投资者控制的资源，可以合理预计未来可获取的经济利益。”1993年7月财政部颁布的《企业会计准则》中则定义：“资产是企业拥有或控制的能以货币计量的经济资源，包括各种财产、债权和其他权利。”西方国家普遍认为：“资产是某一特定主体由于过去的交易或事项获得或控制的可预期的未来经济利益。”国内学者（如罗生宝先生）则认为：“资产一般是指依法归属特定主体所有，并能由其自主支配使用乃至于能为之带来收益的财产”。[④]

综合上述观点，可以看出：狭义的资产是某一时点或某一特定时期，某特定主体拥有和支配的投入经济运营并可以带来增值的财产；而广义的资产则是指动态观念上的自然、社会

---

① 《辞海》，上海：上海辞书出版社，1979：3279

② 《经济学新辞典》，北京：经济管理出版社，1989：399

③ 《现代经济辞典》，北京：经济管理出版社，1988：27

④ 罗生宝等：《资产评估原理与实务》，北京：龙门书局，1994

和经济意义上的财产。对于宏观管理者来说，广义的资产比狭义的资产更加重要。

（二）土地资产的含义

关于何谓土地资产，张月蓉研究员认为："土地资产是指具有社会属性的土地，即作为财产的土地"，[①]秦海荣研究员则撰文提出："土地资产是土地财产的一部分，是土地财产的一种特定的运用方式，具体而言，所谓关系明确的、未被开发利用的土地或土地所有者自己不是为获利而使用的土地，可不称其为资产而是财产；在权属不发生变化的前提下，土地所有者为获利而投入经济运行的土地方应成为土地资产。"[②]我国著名土地经济学家刘书楷先生则指出："所谓土地资产（landed estate），是国家、社会、企事业单位或个人占用的土地资源作为其财产的权利"，并进一步解释："之所以称其为土地资产，是由于取得此种资产时是按成本计价的，即在取得土地资源时必须从实际成本支付货币计价。在商品经济和现代产权条件下，土地资产亦应是资本的物的表现"。[③]

归纳上述著名学者关于土地资产的含义，体现了土地资产的"资本观"，并具有明显的科学性：一是因为资本是在运动中能够自行增值的价值，经营性用地恰恰具有这一特性；二是资本主义市场经济条件下资本具有的物质属性、价值属性、制度属性，处于经营状态下的土地也完全具备；三是当代著名主流经济学家大多都把资本概念外延化，例如罗宾逊认为"资本在现实中是指存在于一定时点上的所有资本品总和"，萨缪尔森认为"资本一词通常被用来表示一般资本品"，舒尔茨更是把人也看成了资本——人力资本，从而扩大了资本的范畴。按照现代可持续发展观念，社会总资本包括自然资本、人工资本、人力资本三个构成部分，也印证了土地（特别是城市土地）资本观的正确性。事实上，把土地资产视为资本，更有利于提高土地资产配置及运行效率。

基于土地资产的"资本观"并结合我国土地资产管理的实践，可对土地资产概念做出进一步理解：①某特定主体和范围内的土地财产与土地资产同以某特定位置的土地资源为物质前提；②土地财产仅反映土地占有关系，而土地资产则同时还反映土地利用关系；③土地财产着重表现土地上的各种权力，而土地资产还同时表现出土地的有关利益；④土地财产表达的各种关系是相对静止的，土地资产表达的各种关系则是恒久运动的；⑤土地财产偏好于体现土地上的社会关系，土地资产则侧重于体现土地上的经济关系；⑥土地资产不仅是"权利"这项无形资产，而且还是土地"物"的有形资产，是两者的统一。

需要特别指出的是，国内部分学者对于土地资产的研究是立足于资源性资产（或称资源化资产、资源资产）的角度定义资源性资产：是具有明确的所有权且在一定的技术经济条件下能够给所有者带来效益的稀缺自然资源[④]；是一种多态、多用途、多属性的资产，它在人们现有的认识和科技水平条件下，其开发利用能带来一定经济价值的资源[⑤]是国家、企业或个人拥有的，具有市场价值或潜在价值的，以自然资源形式存在的有形资产[⑥]；

---

① 张月蓉：《土地资产收益流失与管理》，北京：中国农业科技出版社，1993

② 《土地市场与土地资源优化配置（论文集）》，北京：中国农业科技出版社，1994：210

③ 曲福田：《土地经济学》，北京：中国农业出版社，2011

④ 姜文来、杨瑞珍：《资源资产论》，北京：科学出版社，2003

⑤ 钱阔、陈绍智：《自然资源资产化管理》，北京：经济管理出版社，1996

⑥ 谷树忠："资源资产"，载：孙鸿烈：《中国资源科学百科全书》，北京：中国大百科全书出版社，2000

是同自然资源密切相关的一个概念，是资源价值在财产关系上的表现，是人类资产关系的重要组成部分[①]。资源（主要是自然资源）转化为资产的基本条件：一是具有稀缺性，二是可供开发利用，三是能够产生效益，四是具有明确产权。只有四个条件同时具备的资源才能成为资源资产[②]。

综合资源性资产特征，可以看出：①在形成过程上，资源性资产主要是由天然形成的，现在逐步演变为劳动参与和自然形成相结合；②在价值构成方面，资源性资产有使用价值、价值和生态价值；③在资源性资产折旧方面，一些资源性资产使用后无法补偿，另一些通过技术、价值等途径补偿；④在资产的核算方面，资源性资产的核算历史较短，在国民账户中还没有地位，在一定程度上可操作性差，但目前资源性资产核算的理论逐渐成熟；⑤在市场化方面，资源性资产交易的市场化程度极低，变现能力较弱；⑥在资源性资产的使用上，资源性资产所包含内容多，用途广泛，使用过程中涉及面较广，涉及的目标较多，但使用过程中必须顾及生态、环境等多方面因素；⑦在整体效益方面，资源性资产同时具备经济效益、社会效益和生态效益；⑧在社会公益性方面，资源性资产的公益性强，很多资源性资产都具有公共产品的特征。

由此看来，资源性资产在质体内涵上是一个比自然资源小得多的概念，同时又是一个比土地资产更大的概念，其除了包括土地资产外，还包括矿产资源、水资源、森林资源等，而这些资源基本是可耗竭与不可再生资源，它们更多的功能体现是在生态环境方面的，特别注重的是保护而不是大力主张开发，与可持续发展观念有着更为密切的关系，因此其资产属性相对较弱。

二、土地资产的特征

以财产状态出现的土地就是土地资产，土地资产是商品化的土地和土地资本。它通常以价值量来表示。土地资产是土地资源利用中土地这种物质的自然、社会和经济特性的集合，我们通常谈起土地资产的特性也即土地作为资产或资本的特性，主要是指其建立在土地自然特性基础上的社会经济特性。

（一）经济供给的稀缺性和土地资产的增值性

源于土地自然供给有限性的土地经济供给是稀缺，这一方面是因为在特定时期内利用土地的水平是有限的，一些条件比较恶劣的土地是难以利用的；另一方面是因为人类各项经济活动都离不开土地，而各项事业都会随着社会经济的发展而不断发展，由此便导致各项用途的土地相对不足，这是研究土地经济问题的前提和基础，也是“十分珍惜和合理利用每寸土地，切实保护耕地”基本国策的理论依据。土地资产具有比一般性资产更明显的增值性，据日本不动产研究所的调查资料，日本城市街区土地平均地价，在 1980 年 3 月至 1988 年 9 月，上涨了 59.2%，东京等六大都市竟上涨了 179.9%，而同期土木结构建筑物造价全国平

① 李金昌等：《资源经济新论》，重庆：重庆大学出版社，1995

② 薛平：《资源论》，北京：科学出版社，2004

均上涨幅度仅15.9%，其他结构建筑物造价上涨幅度更小；[①]我国土地出让价以1988年为基期至1994年地价上升至187%；[②]中国香港自1984—1993年9年间广厦价格指数上涨了321.8%、住宅价格上涨了352.7%，除去建筑造价平均年增长率为8%外，工业厂房用地和住宅用地价格年增长分别为35.7%和39.2%；[③]美国1970—1980年10年间，独户住宅建设土地费用增长了248%，平均每年增长24.8%。[④] 所有这些资料都反映了土地资产具有较强的增值性。

土地资产之所以能够较大幅度的增值，除了较少土地投机的因素外，这主要是因为：①土地的自然特性表明了土地是一种耐用物品，不像一般物品那样存在折旧；②土地可以吸纳投入土地的沉积资本，使本身的可用性或使用价值提高；③随着社会经济的发展和人民生活水平的提高，使得土地经济供给与人们对土地日益增长的需求之间的矛盾益发加剧；④随着科学技术水平的不断提高，人们对土地利用强度加大，使得土地利用效率不断提高。正是由于这种增值性，使得投资者对土地进行置业投资趋之若鹜，一般殷富的居民由于土地不存在折旧、不怕偷窃以及其可以将通货膨胀内在化等原因，也把购置不动产作为保值储蓄的手段。

（二）有形地产利用的区位性和用途变更的困难性

由于土地的自然物质基础存在异质性、空间固定性或不动性，再加上人类空间社会经济活动的非均质性，使得土地在利用中具有较强的区位性。在区位条件较好的地段，人们经济活动取得的收益比较高，从而该地段土地便表现出比较高的经济价值，如在城市中心地段，人类经济活动密度极大，成了地域经济活动的结节点，在这里各区位条件，如交通便捷程度、商服繁华程度、人口密度等都比较好，土地经济价值也比较高，进而土地交易时价格也高。例如上海市出让的地价中，一级地段综合用地最高地价高达8 388美元/m^2；反之，区位条件较差的地段，经济价值也较低，如上海市八级地段工业用地土地出让最低价仅12美元/ m^2，同是一个城市的土地后者与前者相差600倍。

土地利用的区位性要求人们安排土地利用时，要充分考虑各具体地段的区位特点，因地制宜，合理配置，做到优地优用。不同的区位适用于不同的用途，由于自然构成物质的结构性、土地位置的空间固定性，一种土地利用方式一旦确立，便难以变更尤其是农业用地变为非农业建设用地后，再转变为农业用地是十分困难的，就是非农业用地不同用途之间的相互变更也不是十分容易，这种变更往往会给土地利用者带来较大的经济损失。这一特性要求人们在确定土地用途时一定要仔细论证、审慎而行。

（三）永续利用性和适度集约性

土地资源是可更新资源或是耐用资源，只要人类根据土地的自然特点合理地加以利用，土地的生产能力或使用价值不仅不会耗损，反而会不断改善和提高，为人类提供更多的产品

① 转引自：高向军等：《地产经营与管理》，北京：中国大百科全书出版社，1993：10

② 王先进等：《中国地价》，北京：中国物价出版社，1995：30

③ 《房地产导报》（香港），1993(3)

④ 《中国房地产》，1992(5)

或经济收益，更好地服务于人类。但土地作为一项经济资源或者一个生产要素，在生产活动中其与其他要素的配比有一个限度，并不是其他要素的投入量越多、土地的产出越多，越能为人类谋求更大的利益，如果超过土地利用的阈值或土地的受容力，土地的产出能力或效用会随着其他要素投入数量的增加而降低，最终使土地利用的经济效益下降。

（四）整体利用的结构性和经济、社会、生态效益的兼容性

从宏观管理者的角度来看，一个地区乃至整个国家的取缔资产具体表现为各种不同用途的用地类型的空间布局，即土地利用从一个较大范围内来看，呈现一种整体结构，它一方面体现该区域各类用地所占的比例，另一方面则反映了各类不同用地的相对空间位置，这种结构决定了本区域的产业结构，从而决定了该区域社会经济发展的特色。

按照系统论原理，结构决定功能，一个既符合本地区土地资源条件，又符合区域社会经济发展战略的用地结构是该区域社会经济健康、快速、稳定和持续发展的前提。土地利用合理与否的衡量标准，不仅是产生的经济效益，而且还包括社会效益和生态效益，并且从土地利用整体上来说，土地利用的三个效益并不相悖，而是相辅相成，互为前提或条件的，即三者是统一的、兼容的。只注重社会效益、生态效益而忽视了经济效益，显然不是我们发展中国家的土地利用目标；而仅注重经济效益，而忽视了社会效益和生态效益，最终经济效益也会丧失。

（五）兼具生产资料和消费资料以及固定资产和流动资产的二重性

土地具有用途的多宜性，从大的方面来说，土地既可用于生产又可用于生活，即土地既是生产资料又是消费资料。对于不动产开发商，土地是一项重要的生产资料或经济要素；对不动产使用者来讲，则土地又是消费资料，其中生产性用不动产、土地是生产消费资料，而住宅或娱乐性用不动产则是个人消费，土地资产不仅作为载体承载着社会再生产，而且以要素的身份参与社会再生产的全过程。

换句话说，生产与消费的矛盾运动体现于土地资产中。正是由于土地资产这种生产资料和消费资料的二重性，才决定了其固定资产和流动资产的统一，对于不动产（至少包括地产）开发经营者来说，他一次性出售该不动产，实现了其价值，则进入其流动资产范畴，而对置业者而言则其属于固定资产范畴[①]；如果他逐年出租其不动产，因为对其来讲，与房产相连的地产的价值是随房屋的出租逐步转移并且收回的，因此这项地产属于固定资产，而对承租者而言，他租用不动产是为一定的经济目的而支付的租金，是其生产经营中的成本，所以体现这一年使用期的不动产（地产）是其流动资产。

（六）土地利用的社会性和产权交易的法律性

土地利用的社会性有两层含义：其一，土地利用者利用自己的土地不仅仅是其个人的事情，因为土地利用存在外部性问题，如一地块种植的作物可能会影响相邻地块的作物生长、工业用地在生产过程中可能会给相邻地块的使用者造成污染等，并且土地分割越细，产生外部不经济的可能性越大，外部性问题越多，管理成本越高。因此，土地利用是社会性的利用，

① 王万茂：《房地产经济学》，南京：东南大学出版社，1994

需要宏观管理者或调控者通过土地关系调整，适度规模经营等手段，将土地利用的外部性问题内部化，减少外部性问题引起的冲突。其二，土地利用是公共偏好性的，某甲可以利用某块土地，某乙或丙等也可以利用该块土地，只不过是土地利用者必须合法地取得土地使用权，使用土地的权利是可以流转的，当某使用者不能合理地利用土地取得最大效益时，社会应该让土地使用权移向能够最佳的土地利用者。

但是，各种权利的设置及流转的规模是受社会保障体系保护的，一个人想获得土地的某项权利，他必须为此而公平地支付价款，否则他就不能获得土地进行使用，这样才能保证土地交易的顺利进行和土地资源的优化配置，这种国家强制性和规范性就是土地产权交易的法律性，据此特征，国家或社会为了保证土地资源的合理利用，就必须对土地产权设定严密的法律法规并予以保护和约束。

(七)土地资产的巨额性和可核算性

土地资产不像其他资产一样，数额可以较小，就微观生产或经营单位而言，多数企业清产核资的结果表明，一般单位的土地资产份额占其全部资产的30%～60%。我国地价之王深圳市的某地块，土地单价高达7万元/m^2，如以100 m^2 为一独立使用单位，则该块地价值高达700万元人民币。而从国家整体而言，土地资产价值数额之巨令人惊叹：据估算我国城镇国有土地价值高达25万亿元人民币(2003年估算)，约四倍于其他国有资产。

早在1990年一年全国市县开展的土地使用权出让试点，在全部国有土地使用权出让占整个土地供应总量比例仅为1%左右的情况下，就收取土地出让金19.5亿元人民币。2003年全国收取土地出让金达5 421.31亿元。根据1961—1984年的统计资料，香港政府卖地收入平均占财政收入的17.7%，而每年出租土地的收入占当年财政收入的比值高达10%～20%，有的年份则高达37%。[①] 日本1987年地价是当年国民生产总值的4.8倍，国民收入的5.6倍，土地资产占其各类国民资产总值的1/2以上。美国土地约为其总财富价值的26.8%。我国农村集体土地中仅耕地一项就估计高达2万亿元人民币。近年来我国土地出让金收入平均约达5 000亿元人民币。

因此，如何管理好如此巨额的土地资产，提高土地资产的运营效益，将直接关系到我国社会主义现代化建设大业的兴衰成败。在传统计划经济体制下，土地仅被作为资源而没有被作为资产，土地以无偿划拨的形式分配给各土地使用单位，没有土地的计量核算概念，这不仅使国家丧失了土地资产的收益，而且造成用地单位的不平等条件、造成土地资产运营的低效率乃至土地资源的浪费。同时，用地单位也未能将自己占用的土地资产纳入核算体系，从而使其对自己企业的经营状况难以较好的显示。

进行土地资产核算，首先要以不同所有制和主要用地类型为单位查清全国的土地，因为土地是资源性资产，不能像其他资产那样仅靠报表汇总的形式，而应该视不同情况采取科学的方法进行评估得出。其次，政府应根据社会经济发展计划、根据土地市场需求的变化制定土地供应计划，将土地有偿使用收益纳入国民经济和财政预算。用地单位则将其经营土地的收入和支出纳入该核算体系之中。

---

① 高向军等:《地产经营与管理》,北京:中国大百科全书出版社,1993:12

(八)土地资产配置的基础性与运行的规制性

土地是人类生产和生活的基本条件,是所有经济和社会活动的基本空间,是其他各类要素有机配置的载体和基本框架,土地本身也是最悠久、最终的生产力,没有土地也就没有人类社会,及至社会发展到当今高度文明的社会形态,土地愈发成为制约社会经济可持续发展的“瓶颈”因素。土地一直是生产关系的最重要客体,土地问题主要表现为土地关系问题,一直是人类社会发展的根本问题,历史上各种战争大多以争夺土地为起因。正因为此,土地是各国基本法律(如宪法、物权法等),所必须界定的客体,围绕土地(主要是相关权利)制定的相关法规和规章也通常是最多的。

(九)土地资产的储蓄性与融资性

如前所述,土地本身就具有资本的特点,投资于土地(或者某项权利)某种程度上就相当于将资金存入银行,抽取资金将其变现即可,并且往往还可以获得增值。土地资产的融资性,即利用土地资产的收益性,凭抵押权或股权进行间接或直接的融资。例如,北京土地储备中心刚成立时,中国建设银行就同市政府签订了 50 亿元贷款额度;1986 年 8 月 13 日专门成立的香港特别行政区政府土地基金信托,其主要任务是为未来特区政府管理土地基金,并促使它保值增值,至 2000 年,香港特区政府的土地基金已达到 3 000 多亿港元;杭州市土地储备中心 2001 年获得银行贷款 35.65 亿元,当年还款就达 15.4 亿元。近年来,资本市场和土地市场的发育,还催生了土地信托等新的金融产品,如 2004 年 9 月 1 日,武汉市土地收购储备中心委托中信信托投资公司,设立中信实业银行武汉分行承办发行了该市第一支土地信托产品,1 个月内募集资金 2 亿元。

(十)土地资产的社会保障性与政府调控的“闸门”性

土地是人类得以安身立命和持续健康发展的基本条件,住房是大多数市民的最基本和最重要的资产,商品住宅中 30%～50%的市场价值来自于土地。更重要的是农民不仅需要住宅安身,而且同时将土地作为劳动对象和劳动工具,因此土地资产变成为其生存和发展的最基本的保障品。据不完全统计,我国农村有 3 000 万人处在绝对贫困线以下,年人均收入不足 500 元;有近 1 亿 60 岁以上的老年人,其中在院供养的五保人员 60 万人,分散供养的有 300 万人;约有 5 000 万残疾人,其中有 70%的残疾人需康复治疗,有 30 多万未入学适龄残疾儿童需要就读(劳动和社会保障部,2006)。中国农民本身就是一个庞大的弱势群体,在这个弱势群体中又有一群更为困难的人群急需社会保障的保护。

据民政部提供的数字,到 2000 年底全国农村人口中有 300 多万人得到最低生活保障,保障金额 7.3 亿元(含实物折款),已保对象 319.2 万人,仅占农业人口的 0.36%,占应保人数的 12.28%,还有大批农民处在社保的真空地带,可见在我国农村规范的社会保障几乎不存在。目前,我国的农村社会保障实为一种非正式的社会保障——即以土地为核心的农民自我保障。

这种保障有两种形式:一是直接传统意义上的保障,即将土地分割为许多小块,分别由各家各户农民耕种,用生产的产品满足农民的基本生活之需;二是间接意义上的与使用权流转相联系的保障,也即农民依据自己的土地承包权或经营权得到用以保障基本生活的相应收益。据统计资料显示,2002 年农户年总收入中,家庭经营收入占 65.7%,外出劳务收入占 26.5%,而家庭经营收入主要来自于土地经营。近年来,特别是 2004 年国务院 11 号文发布以来,为了抑制房地产价格过快增长和局部地区投资过热,保证房地产市场持续健康发展,实现土地集约利用,切实保护好耕地,中央决定采取最严格的土地管理制度,把好土地市场供应这一“闸门”,使之成为政府发挥宏观调控功能的有效手段。

第二节　土地资产管理的必要性和基本原则

一、土地资产管理的必要性

在市场经济条件下,国家作为土地所有者,不仅具有土地资源的法定所有权,而且可以通过土地资产的保值增值,使土地所有权在经济上得以充分实现。实现土地资产管理是社会主义市场经济发展的需要,是巩固社会主义公有制的一个重要组成部分,也是合理开发、利用和保护土地资源,深化土地制度改革和建立新型土地管理体制的有效途径。近几年的土地使用制度改革实践,使各级地方政府和用地单位已认识到土地资产价值的重要性,土地资产保值增值的作用和意义也日益受到各方面的重视。我国现行的国有土地资产体制中缺乏应有的产权约束机制,加上国有土地的收益归属问题,“卖地机制”在一定程度上还存在,导致一些地方政府竞相低价卖地,造成了国有土地资产大量流失,同时也造成城市土地的粗放利用,大量占用耕地的恶性循环。

我国土地资产使用上仍存在一些问题,主要表现为以下几方面。

(一)土地产权关系模糊

城市土地的行政划拨,导致土地所有权不明确的法人代表,实质上从国有演变为单位、部门所有,从而造成了城市土地使用与管理的混乱。

目前,我国大量的行政划拨土地的产权关系仍旧是模糊不清的,并且土地产权体系也不完善。主要表现为:

首先,国有土地产权主体尚不明确。国有土地产权的实施在很大程度上表现为政府部门或地方政府拥有全权的土地出让权,国有土地在中央政府和地方政府之间缺乏明确的划分和界定,土地国有制名不副实。由于没有法律明确界定中央和地方政府在各自土地资产上的具体的责、权、利,围绕土地所发生的各种权利关系如地上权、抵押权、收益权、租赁权等也缺乏科学界定,从而形成了各级政府在土地交易过程中为确保各自利益采取各种手段,或人为地加大交易成本,或过分压低地价,或少缴土地出让费等,从而给国家造成极大的损失,在一定程度上助长了城市土地市场的混乱。

其次,现行土地立法侧重于行政管理,对土地权利设定的规定较少,法定的土地权利内容粗糙;在供地环节上“重审批轻权利设定”,即使法定的土地权利也难以落实到具体的宗地和权利人,土地权利难以细化,无法适应市场经济下多层次、多种类的用地权利需要。

再次,产权制度滞后助长了灰市交易。土地灰市交易实际是土地现有产权结构和新产权结构之间的差距扩大所导致的违反现行契约的行为。面对灰市交易泛滥,政府不得不花费资源来保护现行契约，即每隔一定时间进行例行的非法用地大清查，但效果堪忧，费用高昂。造成这种现象的根源在于产权制度滞后，只有改革现行的产权制度才能遏制灰市交易量的日益扩大。

最后，土地使用者的权限不明，产权残缺度较高。由于没有明确的合约形式来界定其使用期限，是否有转让权等，这使一些遵纪守法的土地使用者不能按市场规律行使其应有的权利，但对于一些善于钻营而取得某种保护的土地使用者，却可能通过转让或变相转让无偿划拨得来的土地使用权而获得巨额利润。

土地使用权产权主体错位、行为不规范是城市土地市场现存的突出问题。我国城市土地市场主体行为不规范包括两个方面：一是土地使用权的出让主体行为不规范，出让主体滥用权力，随意性大；二是受让主体行为不规范，土地投机盛行。国有土地所有权属于国家，委托给政府管理，政府可以制定供地计划，实行宏观调控，但不能用行政行为代替经济行为。而现实生活中，政府尤其是地方政府却成了实质上的土地所有者，直接参与市场交易，拥有全权的土地出让使用权。

这个制度性缺陷给地方政府领导人出于自身利益和狭隘的地区利益任意支配土地提供了温床。土地市场交易作为经济行为应构建经济性的产权主体，市场经济要求参与市场交易活动的买卖双方主体必须能够灵敏地对市场信号做出反应，并根据市场信号的变化调整自身的短期和长期行为。土地市场主体由政府承担，行政领导人审批，行政权力转化为经济权力，在一定程度上滋生了"违规批地、暗箱操作、权钱交易"等腐败现象。土地市场的不规范必然制约土地市场的进一步发展。

(二)土地资产流失严重

城市土地的无偿、无限期使用，客观上刺激了占而不用、多占少用、用地效益不高的用地行为，使城市走上不合理外延扩张、恶性膨胀的道路。

据统计资料显示，我国城市土地有4%～5%处于闲置状态，约有40%处于低效利用状态。2002年，经济发达国家城市建设用地人均82.4 m^2，发展中国家人均接近83.3 m^2，对我国31个特大城市的分析表明，人均建设用地已接近100 m^2。我国城镇人均城市建设用地已达130多 m^2，平均已超过国家定额的50%以上，建设用地的浪费现象非常严重。

在企业改制过程中，对企业土地资产存量处置不当，这是造成国有土地资源浪费与土地资产流失的重要方面。在我国，由于各种配套措施不健全，从各地进行现代企业制度试点的实际情况看，产生了一系列土地资产流失现象：第一，进行股份制改造的企业在资产评估时，故意压低土地资产的评估价格，人为降低国有土地资产价值，从而相对地扩大其他资产的份额和比例，使国家既得的土地资产收益进入用地单位或个人手中，有些用地单位甚至在核定企业资产时根本就不考虑土地资产。第二，在进行合并、分立等产权转移过程中国有土地资产流失。由于在企业改组过程中，无论是分立还是合并，都涉及国有土地资产处置问题，而有关方面的管理尚未规范化，以致一些企业在合并、分立过程中对国有土地资产往往是无偿或低价转移，土地无偿转移使用和价值无形流失的现象十分普遍。第三，在企业破产过程中，土地资产在没有按规定办理土地使用权转移手续和交纳出让金的情况下，用地单位或一些行政管理部门就将企业土地资产进行处置转移，收益归企业或企业的债权单位所有，使国家对这部分土地资产的收益无法收回。

另外,在企业产权交易过程中,出现的产权交易不规范在一定程度上也会造成土地资产的大量流失。由于在现行以“块块为主”的土地管理体制以及地方政府作为土地市场主体受利益驱动等因素的作用下,土地市场发育畸形,从中国产权交易市场的发展实践看,在权属审核、资产评估、处置管理、土地资产分配等方面已建立的管理规章制度还亟待完善,每年在产权市场交易过程中都存在着国有土地资产大量流失的现象。据有关部门的不完全统计,每年由于产权交易市场不规范所造成的国有土地资产流失量至少在50亿～100亿元。

(三)土地配置不尽合理

国有土地分配不以价值规律为依据,而是按照国家指令性计划划拨,使城市土地的配置不尽合理。主要表现在:工业用地、行政用地所占比例过大;商业、服务业等第三产业用地所占比例过小,公共设施用地偏低,道路、广场、绿地用地严重不足,土地利用整体效益不高。非经营性单位多占地、占好地;土地创造的价值收益率明显小于发达国家,土地的生产潜力被人为地禁锢在“高墙大院”内。

正是由于我国目前土地资产利用过程中仍然存在着上述一系列的问题,这些问题的存在很大程度上造成了我国土地资产的流失,阻碍了土地资产配置的合理化,因此,在我国加强对土地资产的管理具有十分重要的意义。

二、土地资产管理的基本原则

(一)统一政策和分级管理的原则

我国土地实行公有制,根据有关法律“我国城市市区的土地属于全民所有制国家所有。农村和城市郊区的土地,除法律规定的属于国家所有的以外,属于集体所有;宅基地和自留地、自留山,属于集体所有。”[①]首先对于国有土地,国家兼具所有者和社会管理者的身份,中央人民政府代表国家对全国城镇土地资产进行管理;其次,对于集体土地法律虽然规定属于村或乡(镇)农民集体所有,由村农业生产合作社等农业集体经济组织或者村民委员会经营、管理,但集体经济是整个国民经济的一个组成部分,国家作为国家国民经济的宏观管理者,仍负有统一管理农村集体土地的责任;再次,随着工业化和城市化进程的不断加快,国家荒地资源的不断垦发,现实的两种土地所有制形式一直是处于动态变化过程之中,这也提出了全国城乡土地统一管理的客观要求。

因此,中央人民政府赋予国家土地管理局以“统一管理全国城乡土地”的职能。由于土地这种资源性资产具有固定性或不动性,它又提出了属地管理的要求,即各行政辖区内土地资产由地方人民政府进行管理。国家土地管理局由于其机构和人员数量的限制,其管理职能难以落实到某个具体区域或某个具体地块,因此,其管理职能只能靠统一的法规和政令来落实。具体的管理任务只有靠省(自治区或直辖市)、市(地)、县(市区)及乡(镇)各级地方政府逐级具体承担。

---

① 参见:《中华人民共和国土地管理法》第二章第六条

(二)价格管理和实物管理相结合的原则

土地是一种商品,与其他商品一样,也具有二重性,即存在着实物形态和价值形态。对于土地资产所有者来说,主要是进行价值管理,因为在土地两权分离的现实中,注重价值管理一方面可以防止政府对土地经营使用者自主权的过分干预,另一方面也可以促使土地资产合理流转和合理利用,提高其使用效率。

以价值管理为主并不排除具体的实物管理,首先所有者对其拥有的土地资产的使用价值表示关心,即他必须了解自己地产效用的各种构成和影响因素,采取一些具体措施以保证其资产价值的不断提高或至少不致使之下降,并最终保证其所有权在经济上的实现,其次作为集体土地资产所有者和社会事物管理者身份于一身的政府,还必须关心特定区域土地要素的合理供给,以便适应地区产业结构和经济结构,发挥区域优势,促进当地经济发展。

因此对土地资产进行管理必须坚持实物管理与价值管理相结合的原则。实物管理是价值管理的基础,价值管理是"物尽其用,地尽其力"的必要手段。

(三)责权分明和突出效益的原则

对土地资产的管理必须依靠一定的管理机构,通过一定的组织形式来落实,并且要严格规定各个管理者或者机构权责范围。

管理也是一种生产力,因此管理的组织实施存在着一个投入产出问题,即效益问题。管理权限过于分散,且权利和责任又不明确界定,势必存在大量外部性问题,如具体职能部门或机构的相互推诿,或者越权管理等,从而降低了管理效率,进而降低了管理对象的使用效率,并且扭曲了土地资产产权关系,导致资产收益流失。因此确定一个管理体制,必须以是否能提高管理效率为准则。使管理主体的责权利高度明晰,减少不同管理主体之间的摩擦,降低交易成本,提高管理效率。

管理的责权的另一个含义,就是不同等级权限的管理机构之间要实行管理目标责任制,制定奖惩办法,硬化各级管理机构的责任约束,以保证管理机构整体的高效运营。

(四)规范化和动态化管理的原则

土地资产管理是土地利用动态全过程的管理,其占有、分配、交易、使用等各个环节分别涉及不同的利益主体,呈现不同的特点,要保证土地资产的高效运营,提高管理工作的效率,就必须根据土地资产运营各个环节的具体情况而制定出切实可行的法规,使整个土地资产管理工作做到有章可循,有法可依,从而使管理行为规范化,避免管理人员在管理活动中的随意性。

第三节　土地资产管理的主要内容

一、土地资产产权与产籍管理

"土地问题的核心是产权问题,土地产权始终是历代统治者和劳动人民共同关心的问题。国家通过土地登记确认土地产权、强化土地管理,明确土地产权关系,维护土地所有者和使用者的合法权益。"因此，土地产权与产籍管理构成了土地资产管理的一项关键性基础内容。

(一)完善地产产权界定和登记制度

地产产权界定与登记是政府(国家)管理土地资产的法律手段，要求政府(国家)从立法、执法等各有关环节对地产产权界定与登记制度加以确立和完善。

1.建立和完善地产产权界定与登记的法律体系

鉴于我国目前关于地产产权界定与登记法律规定不足和立法主义模糊的现实，以及市场经济体制的日臻完善对清晰界定产权的客观要求，我国关于地产(不动产)产权界定与登记的立法思想源于产权登记要件主义，即要以地产各种权利登记的公示方法为土地权利变动的成立要件，或者说采用实质主义登记，即地产(不动产)权利的设立、转移、变更和废止的法律行为非经登记不得生效的立法体制。这首先要求在未来出台的《土地法》中列具"依照土地法律所做的土地登记，有绝对的效力"等条款，或颁布专门的《不动产登记法》，就地产产权法律界定和确认(登记)有关问题做出规定。同时，修改现行《民法》，增设条款："不动产物权(不仅指土地，尚包括房屋及其附属物)以法律行为而取得、设定或变更的，非经登记则不得处分这些权利。"

2.法律明确界分各产权主体边界

我国的两种土地所有制形式为我国社会主义建设做出过巨大贡献，从根本上改变这种格局没有必要。但农村集体土地所有权主体需要明确为村集体经济组织，使原来的"三级所有"格局得以统一；乡镇直属企业和公益事业占有的土地明确为国有；乡镇行政或经济组织租用的村集体土地，其所有权仍归村集体经济组织；农民长期承包经营的村集体土地，农民享有土地使用权。

从国际经验来看，大多数国家国有土地的产权都有明确的划分，在美国和加拿大等联邦制国家，一般都不存在抽象的国有土地概念，而是直接划属于中央(联邦)、州(省)和市县(郡)各级政府所有，如美国和加拿大属于联邦政府的土地分别为32%和41%，属于地方政府的比例则分别达7%和48%；英国公共部门所有的土地占15.4%，其中2.6%属中央政府、11%属于地方政府。不论名义上的规定如何，上述国有地产的产权都在各级政府之间做了明确的划分。

根据钟甫宁教授和沈守愚教授深入研究后提出的建议：从我国当前实际出发，跨行政区域的大片自然资源、科研院所和院校用地，中央各主管部门所属企业用地，应由中央人民政府直接行使所有权；省属机关、团体、企业及其管领下土地及不宜于划归地方政府行使土地产权的土地等由省级政府代表国家行使其所有权；市县除分属以上范围外的国有土地，原则上可以授权市县政府代表国家行使所有权，其中正在由中央或省属单位使用的部门，特别是那些要害部门使用的部分，也可以划归中央或省政府代表国家行使所有权，市县政府是否有权行使国有土地所有权，由省级人民政府依授权法决定。同时还建议："也可以像英国那样，一方面肯定国家对国有土地的最终所有权，另一方面又在各级政府之间划分永业权(或称保有权)，同时像保护所有权那样保护国有土地的永业权(保有权)"。①

① 沈守愚、钟甫宁："国有土地产权中央与地方分享刍议"，《中国土地科学》，1996(3)

3.科学界定土地使用权的内涵和性质

国家现有法律、法规规定的可合法进入市场的土地使用权是我国公有制条件下一种新型的财产权，它不同于传统民法意义上的地上权。其主要表现在：

首先是土地所有权人在建立土地使用权后，自己保留权利范围的不同；其次是土地使用者所拥有的权能不同，即土地使用权包含更多的更广泛的权能，如较之于地上权至少多了较大程度上的处分权等；第三是二者所受的约束不同，地上权人的权能主要受民法体系的法律和当事人之间的契约约束，而土地使用的权能还要受到一定的行政约束，即必须符合土地出让(批租)合同中的土地使用规则，否则，将受到罚款或罚没等处罚；第四是期限届满后的法律后果不同，地上权期限届满后，地上权人可以取回其工作物及附属物，所有权人欲取得支出须支付相应补偿，而土地使用权期限届满后，原本因使用土地所拥有的地上附着物(如房屋等)的所有权将随之丧失，相应地归属于土地所有者(国家)。

由此可以看出，这种新型的土地财产权，在某种程度上已经相当于土地所有权，有的人称为“准所有权”[①]。我国通过出让方式确立的土地使用权具有物权的性质，根据传统民法理论“物权法定、债权约定”的原则，在《民法》中应写明这一“物权”，规定其性质和功能范围。

4.建立与国际惯例接轨的、统一的不动产界定与登记机构

改变现行的地产产权行政管理部门登记为地方司法机构登记，建立登记与司法系统的直接联系。例如德国，不动产物权登记的争议直接进入诉讼程序，当事人在此程序中可以不经起诉而直接向上级法院直接上诉。

借鉴国际经验，我国的地产产权登记机构可以在一些地区土地管理部门与地方法院(县、区级)联合成立的土地巡回法庭的基础上，成立不动产登记局(或科)，归属地方法院，同级土地管理部门负责提供技术咨询和指导。这一机构的设立，可以将地产产权和房产产权登记统一纳入不动产登记系统，同时与地产管理体制建设结合起来，从整体上进行考虑。

(二)地产产籍管理

产籍是产权管理的工具，它反映着产权运动的全过程，它是国家对产权实施保护的依据。地产产籍管理是指地产管理部门对土地产权信息的收集、整理、存档、更新等环节的一系列工作，它是地产管理的基础性工作。

城镇地产产籍管理是从地籍调查和测量、登记确认、统计核算、定级估价到分档存储的“一条龙”管理，其中地籍调查、测量和定级估价是技术性基础环节，产权的登记确认是核心内容。因此，地产产籍管理是围绕着土地产权登记而开展的疏通地产信息流的一系列活动。

第一，登记前充分开拓地产信息源，从土地管理部门或其他相关部门了解土地权属性质、产权状况、宗地位置、用途类型、等级价值、面积形状等信息，为产权登记做好准备，

① 日本土地法学会理事长，早稻田大学教授筱壕昭次在1994年5月22日由建设部举办的中日土地法学术交流侍上提出的观点：第一，土地使用权有“强的”权(物权 sachenrecht)和“弱的”权(债权 schuldrecht)、“强的”土地使用权也可称为“准所有权”，因为它和所有权相同，可用抵押权、典当权的形式作为银行贷款的担保，在市场上吸引资金；与此相反，“弱的”土地使用权，几乎没有担保价值，在法律上，随着解约土地使用权即行消灭；第二，土地使用权的“强”与“弱”，决定土地使用价格的高低，对建筑物买卖价格物高低也有影响；第三，在日本，实际上“强的”土地使用权几乎不存在，因为在签订契约时，土地所有者都选择“弱的”土地使用权(利用权)。

并督促产权登记;管理机构则要巡回检查和监察以及进行必要的抽查,以保证基础信息的质量。

第二,登记中申请者持使用土地许可证,以及有关协议、契约、权属证明材料,向登记机构申请登记;登记机构受理申请时,对有关报送材料进行初审。

第三,登记外业进行产权情况调查,核实土地使用者(产权主体)、地籍号、用途、等级和价值等;实地进行地籍测绘,对界址点、权属线以及其他地籍要素平面位置进行勘丈,修测地籍图。

第四,登记内业进行面积计算、地价评估、填表报批、绘地籍图和宗地图,填登记卡、归户卡、土地证或更改,颁发土地证;产籍管理专职人员则需填写土地统计台账,按照报表制度填写土地统计报表。

第五,登记后产籍资料立卷归档,分类存管,并输入微机,使用国家统一软件程序,更新地产产籍信息,以便提供用户使用。整个运作过程机制如图 7-1 所示。

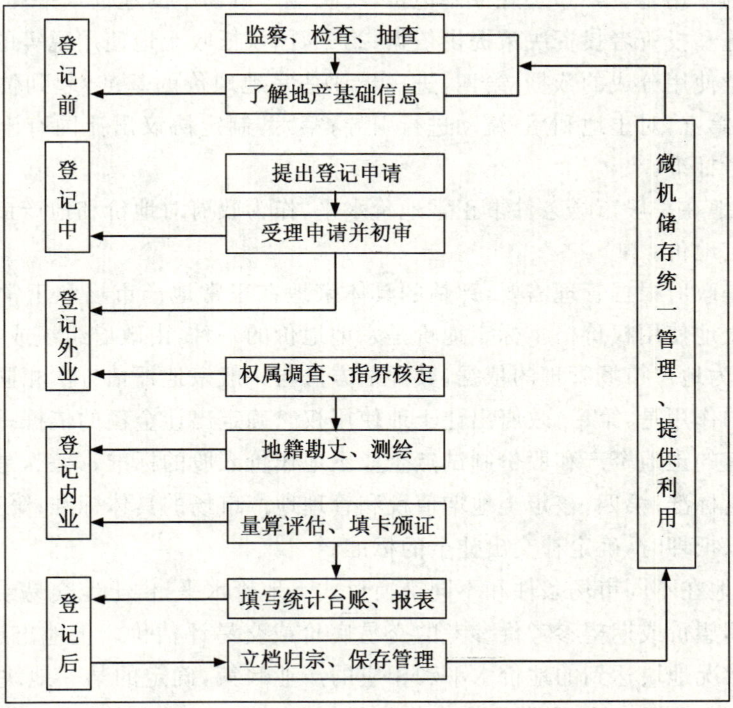

图 7-1　我国城市地产产权管理机制(运作程序)框图

二、土地资产价值管理与收益分配

(一)我国土地资产价值管理

1.我国的地价体系

在我国,各级政府土地管理部门既要作为国有土地的产权代表,代表国家出让和收回土地使用权，行使国家土地所有权的权力；又要作为政府部门，代表国家对地产市场中的交易行为进行宏观调控和微观管理。为满足上述职能，政府管理部门既要了解每宗地产市场交易地价，还需要了解市场地价水平和正常情况下的宗地价格；而从地产投资者和使用者来看，同样既需要了解某一地区的市场状况和地价水平，也需要了解将投资或已经拥有的宗地价格。因此，我国的地价体系不仅要与我国的土地管理制度、土地使用权出让、转让制度等相配套，而且也要满足政府、地产投资者、开发者、使用者等对地价的宏观和微观管理与作用等多方面、多层次的需要。

(1)反映城镇整体地价水平，作为政府对地价实行宏观管理和控制标准的基准地价。我国的基准地价是政府对城镇各级土地或均质地域及其商业、住宅、工业等土地利用类型分别评估的土地使用权平均价格，是分用途的土地使用权区域平均价格，对应的使用年期为各用途土地的法定最高出让年期，由政府组织或委托评估，评估结果须经政府认可。基准地价是目前区域平均地价的最常见形式。

基准地价的作用是：第一，宏观控制地价，反映地产市场中的地价水平和变动趋势，为政府制定管理措施和投资者投资决策提供依据；第二，国家征收土地使用税等的依据；第三，中央参与土地有偿使用分成的依据；第四，进一步评估宗地地价的基准，起到估算基值和修订初始值的作用；第五，对土地利用、流动进行引导；第六，制定协议出让国有土地使用权最低价的依据和参考标准。

(2)反映宗地在一般市场条件下正常地价水平，作为政府对地价和地产市场进行具体管理的依据的标定地价。

标定地价是政府根据管理需要，评估的具体宗地在正常地产市场和正常经营管理条件下某一期日的土地使用权价格。标定地价是宗地地价的一种，由政府组织或委托评估，并被政府所认可，作为地产市场管理的依据，其评估方法与一般宗地评估方法相同。

标定地价的作用是：第一，政府出让土地使用权时确定出让金额的依据；第二，清产核资中核定单位占有的土地资产和股份制试点企业土地作价入股的标准；第三，是否行使土地优先购买权的衡量标准；第四，核定土地增值税和管理地产市场的具体标准；第五，划拨土地使用权转让、出租、抵押时，确定补交出让金的标准。

(3)反映宗地在不同市场条件和不同交换形式下地价水平，供土地交易或交换各方作为交易最低价或期望价或期望参考价参考的交易底价或交易评估价。土地出让底价，是政府根据正常市场状况地块达到的地价水平和相应的产业政策，确定的某一地块出让时的最低控制价格标准。在我国，政府垄断了土地供给量，其出让土地的价格，将对整个市场的地价产生重要影响。因此，出让底价要根据标定地价或基准地价，兼顾当前利益和长远利益的综合确定。

(4)反映具体宗地在地产交易或交换等活动中现实价格，由土地交易双方认可并据此支付地价款的成交价格。成交价格是土地使用权转移双方，按照一定的法律程序，在地产市场中实际达成的交易价格。交易价格，一是具体宗地一定使用年期的现实交易价格；二是交易双方收支价款的标准；三是通过协议、招标、拍卖、市场流通而实现，反映市场供求、政策因素、经济形势、地价政策、交易双方心理等各要素综合作用于某一宗地在某一时刻的价格。

(5)由以上四种类型的地价衍生和派生的供抵押贷款、土地税收、资产估算、土地出让等方面使用的地价。

我国目前的地产价格体系及其相互关系分别如图 7-2 所示。

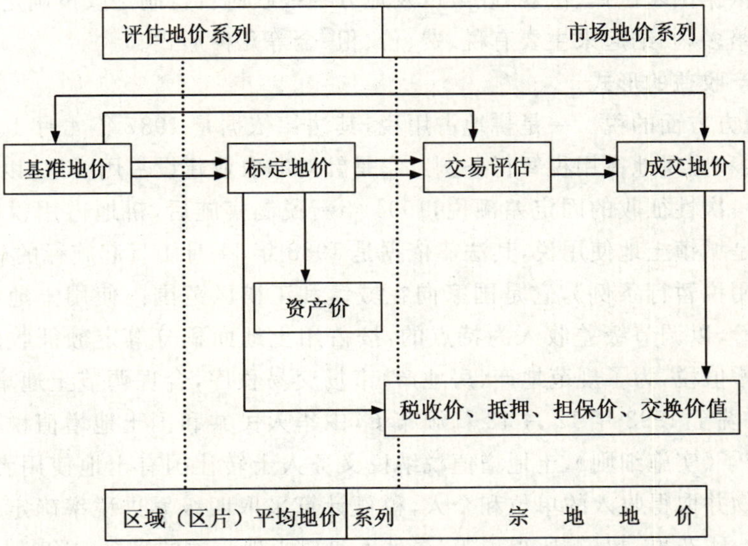

图 7-2　我国土地价格及其管理体系示意框图

（参见林增杰，1996）

2.地产市场及地价评估

市场机制是土地资产配置的基本形式，土地价格是土地市场运行的核心。土地市场管理是土地资产管理的一项重要内容（在此不赘述），而土地价格管理则是土地市场管理的核心。土地价格（主要是城市土地价格）管理的一项基础性工作就是土地价格评估。土地价格评估的方法体系及其机制如图 7-3 所示。

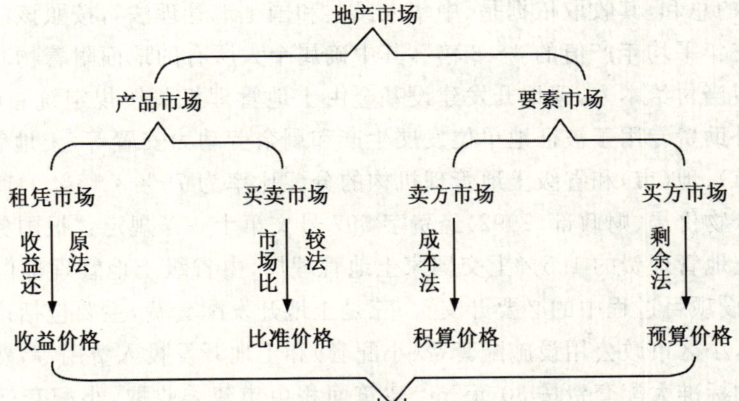

图 7-3　地产评估价格与土地实现价格

(二)我国土地资产收益分配

我国目前依据国家法律、法规、政策以及地方各级政府自行制定政策确定的土地收益的形式可谓名目繁多,归纳起来主要有税、费、价、租、金等几种形式。

1.土地资产收益的形式

(1)关于地方方面的税。一是耕地占用税,其法律依据是1987年4月1日起开始实行的《中华人民共和国耕地占用税暂行条例》,它是针对非农业建设占用耕地,以县为单位按人均占地等情况一次性征收的固定差额税,1994年新税制实施后,耕地占用税收入全部留归地方财政。二是城镇土地使用税,其法律依据是1988年11月1日起施行的《中华人民共和国城镇土地使用税暂行条例》,它是国家向在城镇和工矿区范围内使用土地的单位和个人(三次企业除外),以调节级差收入为特点的,按占用土地面积分等定额征收的一种资源税类。三是土地增值税,为了规范地产(房地产)市场交易秩序,合理调节土地增值收益,维护国家权益,国务院于1993年12月13日颁布了《中华人民共和国土地增值税暂行条例》,并于1994年颁布了《实施细则》,土地增值税纳税义务人士转让国有土地使用者产权、地上建筑物及其附着物并取得收入的单位和个人,税额计算采取四级累进税率确定。第四是其他税种,如营业税、印花税、契税、所得税等,虽然不是对土地收益的直接扣除,但间接地影响了土地收益分配格局。

(2)关于地产方面的"费"。一是土地使用费,我国现行的土地使用费主要是指对外资企业使用土地所收的场地使用费,1980年国务院颁布的《中外合营企业建设用地暂行规定》明确规定:"中外合营企业用地,不论新征用土地,还是利用原来企业场地,都应计收场地使用费",土地使用费按年收取,其标准由各地根据具体的经济发展水平与政策取向来制定,如上海市区对商业(含金融、综合等)一级地段收费130元/(m^2·年),九级地段则仅82元/(m^2·年)。二是征地费,是国家根据社会经济发展需要征用农村集体土地所制服的补偿费用,主要包括土地补偿、安置补助费、青苗补偿费、地面附着物补偿费、菜地开发建设基金和按比率缴纳的土地管理费等的总和,其收取依据是《中华人民共和国土地管理法》,按照该法律规定的征地费标准是"前三年平均年产值的3~6倍",其中确属个人所有的地面附着物和承包土地上的青苗补偿费,应当付给本人,菜地开发建设基金由土地管理机关按规定统一收取,按计划专款专用,其他补助费专用于被征地单位发展生产和剩余劳动力安置等,土地管理费按2%~4%收取,县(市)、地(市)和省级土地管理机构的分配比率为75%:15%:10%,(山东省规定)。按照国家物价局、财政部(1992)经费字597号文第十一条规定:"报国务院审批的建设项目用地,其征地管理费的1.5%上交国家土地管理局,由省级土地管理部门代收、代交,主要用于审批建设项目过程中的必要开支"。三是土地开发配套费,主要包括市政公用设施配套费(大配套),小区市政公用设施配套费(小配套)和土地开发投入费用等,费用标准各地不一,如成都市的标准大配套费按80元/m^2 建筑面积由市建委收取,小配套标准18万元/亩(1亩=666.7 m^2)由市开发办收取,土地开发费3万元/亩由市统征办计收(这是统一开发经营情况下的收取办法)。四是土地出让的业务费,根据《国有土地使用权有偿使用收入若干财政问题的暂行规定》,"经财政部门核定,土地管理部门可以从其代收的土地出让金中提取土地出让业务费,提取比例不得超过土地出让金的2%"。第五是土地登记费,国家土地管理局等1990年颁发的《关于土地登记收费及其管理办法》规定土地权属调查,地籍测绘、登记发证的标准，原则上按宗地由县(市)人民政府土地管理部门收取，土地登记费95%留县(市)土地管理部门使用，3%以上缴省级土地管理部门，3%上缴国家土地管理局。其他费用各地规定不一。

(3)关于地产方面的"金"。主要包括土地出让金、土地收益金、滞纳金、保证金(押金)等。土地出让金是指各级政府土地管理部门将土地使用权出让给土地使用者，按规定向受让人收取的土地出让的全部价款(指土地出让的交易总额)；土地收益金，是指土地使用者将其所使用的土地使用权转让或出租(含连同地面建筑物一同转让)给第三者时，就其转让土地交易额按规定比例向财政部门缴纳的价款，或租金收入中按比例向财政部门缴纳的价款；保证金是受让或承租者为保证承诺和履行其约定行为而颁发支付的担保金额，按照1992年底颁布的《关于国有土地使用权有偿使用收入征收管理的暂行办法》，土地使用权出让金由土地管理部门代收代缴；土地收益金(或土地增值费)由房地产管理部门代收代缴。"土地出让金总额的5%应上交中央财政，土地转让交易额和土地租赁地租收入的5%应作为上交中央财政的土地收益金或土地增值费；对连同地面建筑一同转让的土地使用权，应根据房产评估价格，经财政部门核定，在交易总额中扣除合理的住房价款，其余额的5%作为土地收益金或土地增值费上交中央财政。地方财政收取的土地出让金和土地收益金(或土地增值费)比例，由省、自治区、直辖市和各计划单列市财政部门在核定合理的土地开发成本和住房价款的基础上，自行确定。"

(4)关于地产方面"租"与"价"。虽然我国至目前法律文本没有直接使用地租这一术语，但法律已规范了土地使用权出租这一行为，那么这一行为所带来的收入则可以称为"地租"，在事实上，在目前不少的城市土地开发场合，政府在出让或划拨建设用地时，往往要求土地开发公司无偿或低偿提供一些市政公共配套设施，为住宅小区配套商业网点等，这实质上是一种实物地租。"地价"按照目前我国的法律规范是指土地使用权价格，土地价格它既包括国家处置土地使用权的出让(或批租)价格，实质上是一定年期的地租的贴现值和；也包括土地使用者之间转让土地使用权的转让价格；同时还包括作为其他各项经济活动参考依据的各种评估价格。除了上述反映土地资产权益价值的税、费、金、租、价外，还有其他各地不一的费用，如农村中的各种摊派等。

2.土地资产收益分配制度

根据土地资产管理的公平与效率目标要求，权与利的高度一致是达到这一目标的一个重要手段，公平合理的土地资产收益分配体系及其机制不仅取决于高效运行的土地产权制度，而且反作用于土地产权制度运行，并最终影响土地经济资源配置效率，二者之间的关系如图7-4所示。

图7-4　土地收益分配与土地资源配置

在土地资产收益分配的关系中涉及三类主体，即国家、集体和个人。其中，国家身兼国有土地所有者和社会管理者的双重职能，并且还具有具体落实这些职能的中央和地方各级政府，以及以不同身份参与土地资产运营的各有关部门；集体不仅表现为我国公有制体制要素之一的农村集体，而且还包括由利益一致的个人所组成的共同体，如国有企业等；个人则包括自然人及私有企业法人等。土地收益的内容则包括：具有强制性、无偿发生和固定性特征的税，市场交易公平性的租(价)和费。因此，我国土地收益分配制度至少应由以下几个关系规范组成。

(1)国家与集体的关系。我国《宪法》、《民法》和《土地管理法》等法律明确规定了农村集体土地所有权，也就是说农村集体土地所有权主体与国有土地所有权主体是平等的关系。按照土地所有权法权意义和经济意义相统一的原则，受法律保障的农村集体土地所有权在经济上应得到体现。客观上也存在这样一种现实：国家建设征用农村集体土地所支付的征地费在农村集体或者部分农民组成的小团体的“讨价还价”之下，需支付高出《土地管理法》规定的“前三年平均年产值的3～6倍”的若干倍，如苏州、济南等市的征地补偿费已达13～16万元/亩、南京市有的则高达19～20万元/亩；国有企业(尤其是矿产开发企业、军队、铁路等)占用的国有土地，在搬迁或废弃后，转让给当地农村集体。这种现实表明农村集体土地产权主体具有保全其权益的强烈愿望，这当然符合市场经济条件下的社会经济规律。然而，现实生活中政府每年大量征用农村集体土地后，进行出让获取巨额级差收益(据有关资料，农业用地转为非农业建设用地，其收益比例为1∶10)，这无疑是侵犯了农村集体土地产权主体的合法权益，损害了社会公平。而缺乏权益规范约束的国家地方基层政府低偿征来的土地则大量闲置抛荒(据有关资料统计，大量的各类开发区土地闲置率高达20%～40%)，同时也不利于土地经济资源的有效配置。由此可以得出结论：我国现行的农地征用制度，由于一方的得益建立于另一方的损失基础上，显然没有达到帕累托标准；而国家和农村集体之间土地所有权的“公平”转移，因为符合农村集体的利益和国家制度环境，从而具有其社会基础，肯定是帕累托改进的一个方向。

不仅如此，市场经济体制也为土地所有权这种“公平”流转创造了契机。英国经济学家米香提出：所有权的最初分配状态会影响资源配置的效率，因为不同制度条件下，不同的所有权状态会导致不同的效率状态。然而，土地所有权长期固化或僵化会影响土地资源的有效配置。正是因为如此，国家立足于宏观社会经济发展的角度，享用在农村集体土地使用权之上的具有强制性的所用权，使一定范围内的农地转为宏观角度上的更优利用，但这种征用权的强制性不能超越市场经济机制。国家征用权不是对其他产权主体随意实施的无偿或低偿的权力。现行农村集体土地的低偿征用制度无疑是“征地难”的症结之所在。因为它违背了市场经济规律，侵犯了农村集体产权收益。根据新制度经济学的理论，国家除了是一个政治实体以外，它还是一个“经济人”，在市场经济条件下，它与其他产权主体的地位是平等的，其所持有的土地所有权较之于农村集体土地所有权没有特惠。西方发达的市场经济国家，如美国、德国(包括亚洲的日本)在行使其征用权时都是根据市场价值来“购买”被征用者的土地所有权，有时甚至在公平的评估价值之上予以上浮，以示其对所有权主体的额外补偿，从而充分体现了“公平”。诚然，在某些特殊情况下，如遇到内乱或外敌入侵等需要征用其他产权主体的土地，或涉及国民经济命脉而需大量动迁征用时，如我国的三峡工程，国家征用权的强制性可以充分体现。但在目前，我国社会经济稳定、健康、持续发展的情况下，政府根据城市化、工业化发展的需要征用农村集体土地投入国有土地使用权市场，应该以科学公正的地价评估为依据进行征购，而不是强制性的运用征用权低偿收归国有，也就是说农地变为国家的非农建设用地的“级差收益”应还之于农，而不应该进入国库，这也同时回答了一些人鉴于目前“征地难”的现实提出的将征地补偿费由现行规定的“前三年平均年产量的3～6倍”提高至20～40倍的建议仍不是规范之操作。

反过来，对于废弃的矿区、军区以及铁路等占地的国有土地所有权，国家为了鼓励农民发展农业这个基础产业，完全可以将之无偿或微偿转化为农村集体土地所有权。

这样，便可以得出我国两个土地所有权主体之间权与利的相应关系（图7-5）：

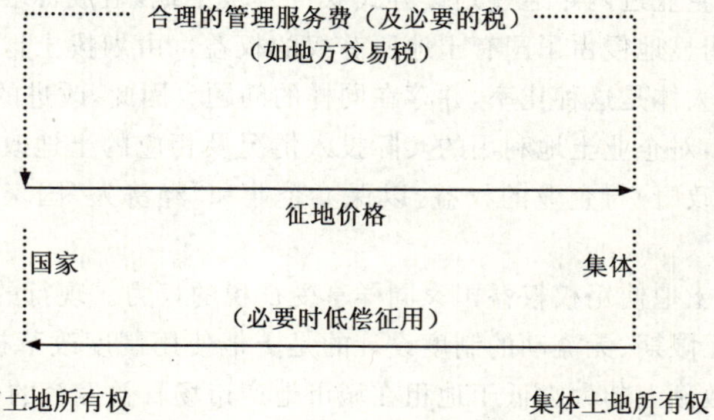

图7-5　农地征用（购）中产权与价值运行

国家分享土地收益所依靠的是其政治权力，即征税。现行征收的农业税，不大符合我国的实际情况。首先现行的农业税明显具有地租的性质。既是地租，就应该是土地所有者让出土地使用权所换得的收益，这份收益由国家来征收显然是越俎代庖；况且现行法律已基本明确村集体经济组织的农村集体土地所有权主体地位，村不是政府的一级组织（否则就不存在两种所有制形式了），所以国家应取消农业税，还其地租本来面目，将这部分收益让与农村集体经济组织，由于发展和壮大农村集体经济，同时，国家对其征收所得税，来实现国家的政治权力。耕地占有税在船头划拨制下因其税率太低而对非农建设占耕地的约束力太弱，而在“五统一”的“单轨”体制下，政府自己对自己的行为纳税实在没有意义，况且它又是一个地方税种。按现行法律规定的耕地占有税为农业发展专用款的性质以及许多地方正在双轨并单轨的实际，征收耕地占有税，还不如在征购农地时划出或另加一份款项作为农业发展基金以取而代之更具组织效率。为了落实“耕地保护”的基本国策，借鉴台湾的经验课征空地税或荒芜税收这一杠杆调节土地收益分配，可以考虑在农村土地市场较为发达的前提下，设立土地财产税，依价征收土地交易等流转税，以及防止土地过分集中为目的的个人所得税。

但是，国家对农村集体土地正常经营的课税应符合优先发展农业、强化农业基础地位的宏观政策目标。因为在我国工业发展的原始积累时期，农业曾做出了巨大的贡献。有关资料表明，在新中国成立初期，工业原始投入的大约30％来自农业，在工农业剪刀差不断扩大的今天，国家凭税收等手段，给农业土地利用和经营以优惠也在情理之中。

(2)国家与（国有）企业的关系。传统体制下，政府（国家的代表）与国有企业是“父子”关系，土地作为一项生产要素由国家投入企业，企业运营中上缴国家利税部分包括了一大部分地租，企业的税后留利中仍有一部分是地租，由企业团体分享。在“拨改贷”和“利改税”的体制改革之后，原国有企业摆脱了与政府的“父子”关系，成了相对独立的经济实体，但其所有土地仍属划拨土地的性质，作为国有土地所有者的国家（政府）获得地租收入，理由是充分的，但是由于企业的多年经营和对土地的物质投入，使得土地功能得以改善，或者说较之于原始投入土地要素时土地资本价值得以提高，理论上这部分增值应由国家和企业二者酌情分享。但现有法规(《划拨土地使用权管理办法》)要求企业在转让划拨国有土地使用权时要以不低于转让收益40%的份额向国家补交出让金，这一比例的确定缺少科学依据，也过于划一，因为不同经营年限的企业，或不同经营对象的企业，其对土地增值的贡献份额是迥然不同的。假如一个企业近两年通过划拨方式获得一块土地，盖成标准厂房，以市价出售，按40%补交出让金，明显地侵占了国有土地所有权的权益。由划拨土地使用权转让的收益分配推及租赁也应该大体是这种比率，并存在同样的问题。因此，改进的方法应该是政府管理部门组织有关力量，对企业土地利用的实际投入情况及相应的土地改良结果给以科学的评价，合理界分国家(政府)与企业的权益，以保障企业和“经济人”国家关于土地收益的公平实现。

对于城镇国有土地使用权权益国家同样享受征税的权力。现行的城镇国有土地使用税是针对土地无偿、无限期、无流动的制度设计的是土地使用制度改革初期的产物，它明显带有租的性质，但从数额上却大大低于地租在城市地产市场日益发育的今天，国家征收该项税种已失去实际意义，因此，可考虑将其改为土地使用调节税，由国家根据各城市建设实际情况，制定调整幅度，由城市政府结合产业结构调整，具体制定税额或税率，以期构成对土地粗放利用的一种约束。

刚出台的土地增值税是为了规范土地，房地产市场交易，合理调节土地增值收益，维护国家权益为目的的一个税种。根据马克思主义土地经济学原理，土地增值可以分为土地物质增值和土地资本价值增值；土地物质价格表现为“真正的地租”资本化；土地资本价格表现为土地资本价格或具有土地改良资本的利润性质的准地租(quasi rent)。按当前我国国有土地状况，土地物质价值表现为初始投入进地产市场的地产价值；土地资本价值增值则可分为土地使用者改良增值和国家及他人改良增值。土地使用者改良增值从量上约等于土地使用者投资改良成本极其合理利润扣除改良物质折旧值之余额，显然这部分增值收益从量上约等于土地使用者。其他原因诸如城市人口增加、社会经济发展，外部效益集聚等造成的增值，国家理应将其以税赋形式纳归国库，以供社会公共福利事业发展之用，但这种税赋又不能以100%的税率予以全部征收，这主要因为：第一，该部分增值额在实际确定中难以十分精确，土地使用者改良投入形成的增值效益很难与非土地使用者改良投入的增值收益明确界定，或精确界分的成本太高，100%的税率课税容易打击土地使用者积极性；第二，土地使用者的改良投入本身可以对周围土地产生不可估量的溢出效应，国家对此应予以鼓励，表现在课税上应适度从轻；第三，如果按100%税率对该部分予以课税，则土地使用者在利用土地时，从土地上获得的年收益只要稍大于其在土地上的年支出与改良投资应得利润之和，他便不会转让其土地使用权，从而阻滞了土地使用权合理流转，并最终影响了土地的配置效率。

按照投资经济学一般理论，企业应取得其对土地追加投资的增值收益，作为对土地追加投资的补偿，以便使城市土地的简单再生产得以继续进行。但依据马克思地租原理，这种追加投资带来的土地收益相当于级差地租Ⅱ，在租约期内为土地使用者“截获”享有，租约期届满，土地所有者(国家)收回改良后收益能力提高的土地，重新调整租金后再行批租，调高的部分应是原租约期内土地所有者应分的年土地收益递增之和，以保证国家终极收益权的实现。对批租期内的土地使用权转让课以增值税，宜采取累进税率的形式。具体操作上，鉴于土地增值收益的初级部分，如 40%～60%由于种种诱因难以确切辨认，宜采取低税率；而对增值收益的高级部分，这种情况存在的可能性很小，故宜采用高税率。

(3)中央地方与地方政府之间的关系。我国现行体制，中央政府(国务院)受全国人民代表大会委托统一管理国家的日常事务，负有管理、组织和调节全国经济活动的义务和责任。中央政府对国民经济的调节是通过所属的横向和纵向的组织机构来完成的，横向机构是组成中央政府的中央各部门，纵向机构是中央下属的各级政府组织。省级政府作为中央管理地方事务而设置的地方各级政府的最高层次，在我国历史上历来就是一级最重要的管理层次。省级政府利用中央赋予的资源(政策型资源如行政权力和经济决策权等，价值型资源如国有土地等)独立地行使社会管理者职责。我国现行法律法规赋予省级出让及有关审批权限事实上承认了城镇国有土地中央"委托所有"或"分级所有"。省级以下政府，中心城市(鉴于我国市辖县的普遍性可以这样认为)的主要功能是商品流通，因此，城市土地资产在运营中吸纳资本量的多少便很大程度上取决于其流通功能的强弱。

在现代商品经济社会，由于城市拥有发展工商业等所必须具备的基础条件，并且发展什么类型的工商企业，那些企业增值快，对于资本所有者来说其选择比较的余地可谓充分，这位土地资本的积聚和增值提供了各种机会。也就是说国家将以土地所有者身份以较大权重让与中心城市政府，使其以城市土地所有者和城市社会管理者的身份真正关心城市地产经营的高效率和保值增值。而中央通过收取土地财产税与市政府分享增值税等形式享受其权益。这样不仅有利于将城市经济运行纳入良性循环，而且也培肥了税源、保障了国家收益。县城经济的主体是农业和生产力水平相对较低的工业，相对而言其管辖土地(包括国有土地和农村集体土地)价值量较低，运营效率也较低，其关于地产运营的收益主要是农业经营所得税和乡镇企业所得税(两种所得税税率分别设立)的主要部分。中央和省级政府关于国有土地资产收益分成比例的确定，可以依据以下几个方面：第一，中央与省级政府管理权限的吻合；第二，与实践证明成功了的分税制相吻合；第三，中央与省级政府财政社会再生产投入比例相吻合。

(4)农村集体与农户的关系。农村集体经济组织是农村集体土地的所有者，它理应享受地租收益。这部分收益主要是指绝对地租，其量的决定应以周围荒山、荒地的拍卖价格为依据，再加上其开发至边际净收益为零时的生产力水平所需投入资本之和，乘以现行利息率，其次是级差地租Ⅰ部分，对于集体参与这部分的收益分配份额，应按照自实行联产承包责任制以来，集体对于农村公共道路、水利设施等土地改良设施的实际投入比例决定。级差地租Ⅱ则为了鼓励农民集约经营而全部归农户享有。

收益分配关系虽然较易明确，然而我国目前农村集体土地产权主体缺位，即没有明确的法人，则是我国农村经济中一个致命的问题。我国现在的集体所有制是一大二公的人民公社化的结果，新中国的土地改革按照"平均地权"的思想将土地所有权分给农户。新中国成立以后，政府鼓励农户走合作化的道路，经过互助组、合作社直至人民公社的过程形成现在的所有制形式。也就是新中国成立以后不久，政府就做出了建立农村合作经济的政策选择，只不过是没有得以正确运行而已。目前有些改革试点继续采取这种合作经济体制的模式，将土地这个主要生产要素作为农村集体经济组织的资本金投入，按弧亩或人均赋予农民以股权参与合作制经济的土地资产运行收益分配，使得农村有形地产保持不变的情况下仅靠股权的改变实现土地生产要素的流转与重组，农户获得其无形地产的收益即股价或股息。当土地权属性性质发生变化，即由农村集体土地变为国有土地时，农户以获得股权价格的形式参与征购价格的分配应是比较合理的。

在我国一些地区，“分田到户”以后，农村集体经济已十分脆弱，基层政府以农户耕作土地为由而硬性规定农民承担过多的社会义务是欠妥的。“征地费”交与事实上直接受乡（镇）政府领导的村民委员会，而其又不能真正将“征地费”分发于农民或真正用于补偿和安置，极大地侵犯了农民的合法权益，致使农民怨声载道。有关资料表明：广东农民上访的36%、四川的40%，山东的30%是由于土地被征用而没有得到适当的安置和补偿，这严重地侵犯了农户土地资产权益，并最终影响了社会的安定。

(5)土地资产权益人与投资者和中介人的关系。土地资产运营离不开投资，土地开发(交易或一般利于)等经济活动的效果包括了投资者的资本收益，如果开发经营者是银行借入资本，那他至少要支付给银行贷款的利息，如果资本投入者是其他经济实体，那么他也要分享其预期的利润，同时也须计算其自有资本的机会成本(如储蓄利息)。

参与运营的中介人(如经纪人等)应该于地产经营的收益中获取与管理和咨询等中介服务相对等的费用。当然这是在市场规则下以国家有关政策和规定为依据实现的，体现“优质优价”的原则，而不带有任何强制性。

综合上述土地权益关系的论述，可得出我国土地收益分配制度及其运行机制框架(图7-6)。

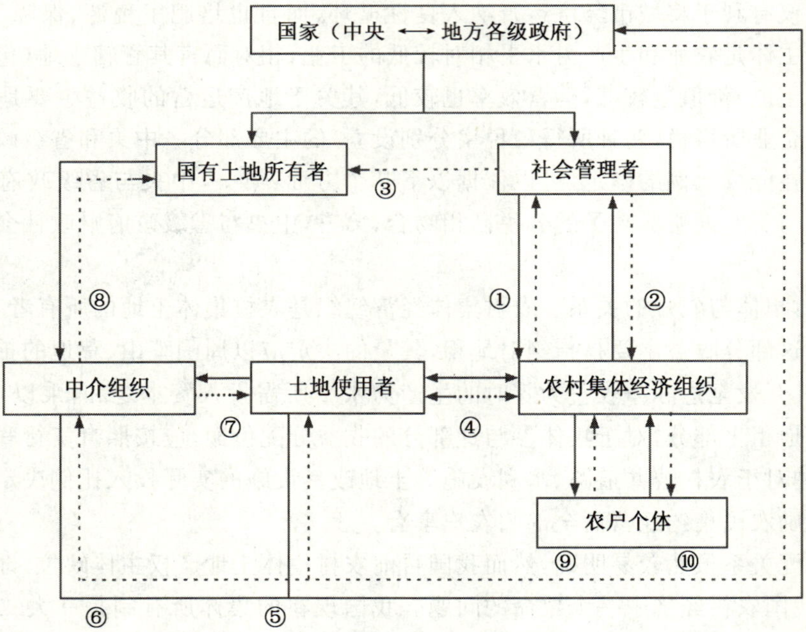

图 7-6 我国土地收益分配制度及运作机制框架

←------ 利润流向(或分解)　　←······ 权力(利)或服务流向

①农地征用(购)环节　　⑤、⑥征税(费)环节

②农地征税(费)环节　　⑦、⑧服务费环节

③土地所有权转移　　⑨农地使用权收回环节

④土地产交易(租赁)环节　　⑩农户农地使用(经营)环节

三、企业国有土地资产管理

企业是我国社会主义市场经济体系中的一个极其重要的主体，是土地资产的最主要持有者，地产在国有企业资产总量占有较大的比重（一般认为占 30%～60%）。因此，如何在企业改制过程中，明确界定和晰分土地资产产权、理顺产权关系，构成科学管理土地资产的十分关键的环节。

（一）企业改制中的土地产权及其管理

企业组织是利用土地创造价值的最主要主体，不同的企业组织形式及运行模式，其土地资产的产权内涵及运营状况也有很大差异。传统的企业制度下，企业与政府是“子与父”的关系，政府无偿或低偿划拨国有土地给企业使用，企业拥有的是划拨土地使用权，这种使用权在传统体制下与土地所有权没有真正分离。然而，企业改制将改革原来那种企业与政府间的“父子”关系，使企业真正成为市场经济中的“自主经营、自负盈亏”的实体，其原所拥有的划拨土地使用权也由原来的自物权性质而变化为他物权性质，这一变化可以理解为土地所有者对其土地使用权的处置。

企业改制过程中，土地使用权的变更情况主要有以下几种：①改制企业土地使用权的出让；②改制企业土地使用权的再转让，其中包括：出让土地使用权转让、入股土地使用权转让、国家出租土地使用权的转让等；③企业合并，包括吸收兼并和新设合并；④企业分设；⑤企业破产；⑥企业用地交换；⑦土地使用权出租和抵押，等等。

这一系列变更中的土地使用权的确立，皆以产权变更为准。因此，出让、入股土地使用权可以转让、出租、抵押；企业合并一般情况下应视同土地使用权转让；企业分立引起宗地分割的，须经土地管理部门批准并重新评估和确认地价；企业破产中涉及的划拨土地使用权国家可以收回、涉及的出让土地使用权可以进行招标或拍卖等处置；企业合并一般情况下应视同土地使用权转让；企业之间交换用地则可视为相互转让土地使用权。

另外，土地使用权变更时还可能涉及的一种特殊形式——土地使用权消灭，必须相应地办理丧失或注销登记，它主要因土地使用权出让期满、土地使用权入股期满、土地使用权国家出租期满、土地使用权被依法没收或收回等引起。

企业改革制中政府确认和处置企业国有土地使用权一方面有助于理顺土地产权关系，防止土地资产流失；另一方面有利于促进土地产权合理流转和重组，建立土地产权市场、盘活城市存量土地资产。因此，作为企业改制过程中的基础性工作，“清产核资”中的国有土地资产（土地使用权权益）的核查显得十分重要。

（二）股份制企业地产管理

规范的公司制度，能够有效地实现出资者所有权与企业法人财产权的分离，有利于政企分开、经营机制转换、企业摆脱对行政机关的依赖、国家解除对企业承担的无限责任，也有利于筹集资金、分散风险，这一组织形式完全适用于国有企业、特别是大中型国有企业的改造，是国有企业改制、建设现代企业制度的一个重要方向。因此企业股份制改制以及股份制企业中的地产管理便成了我国土地资产管理的一项重要内容。

关于股份制企业改制过程中的土地使用权的有关管理问题，国家土地管理局和国家经济体制改革委员会于1994年联合颁布的《股份有限公司土地使用权管理暂行规定》第三条规定："改建或新建公司使用的国有土地使用权必须评估。地价评估结果经县级或市级人民政府土地管理部门初审后，按本规定第六条规定的审批权限报批确认。"其中，"由国务院授权部门批准设立的公司，其地价评估结果，向国家土地管理局申请确认；由省级人民政府批准设立的公司，其地价评估结果，向省级人民政府土地管理部门申请确认。"并同时规定："办理地价评估，必须依法进行土地使用权登记，取得《国有土地使用证》"，并且地产评估后，土地使用权处置方案可由拟改建或新设公司的土地使用权持有者拟定，审批权限与地价评估确认权限相同。股份有限公司可以以出让方式获得土地使用权，该土地使用权可以转让、出租或作价入股。"土地使用权折股及土地使用权出让金、租金数额的确定，均应以经审查确认的土地评估结果为基础"。"国家以国有土地使用权作价入股的，其土地使用权作价折算的股本不得低于审核确认的土地使用权作价总额除以股票的溢价倍数；土地使用权作价入股占国有资产总股本的比例也不得低于土地使用权作价总额占进入股份制企业的国有资产总额的比例。"根据这个规定，企业在进行股份制改造中关于国有土地资产管理应该说是具有较强的可操作性。但是，由于企业自身的原因或者在企业股份化过程中管理的缺失或不到位，致使企业股份制改造过程中土地产权管理仍存在难以绕开的难点和各种各样的问题。

第一，国有企业普遍负债沉重，支付能力差。有关资料表明，2000年和2004年国有企业资产负债率分别为61.2%和59.2%，自2000—2004年这5年国有企业的资产负债率分别为61.2%、59.4%、58.7%、59.1%和59.2%；大量的企业陷入高负债经营，企业利息负担沉重，财力状况恶化，不仅使企业正常的生产经营难以为继，而且国家所有者权益受到不断侵蚀，这已成为深化企业改革，搞活国有经济的严重障碍。在这种情况下，如果国家采取出让的方式将土地使用权处置给企业，而让其一次交付出让金，显然是十分困难的。

第二，国有土地资产产权价值一次性显化，会给现有经济秩序造成较大的冲击。据有关人士测算，我国城镇用地价值高达25万亿元，土地资产显化后将占企业总资产相当大的比例。如果以出让或出租方式处置土地使用权，企业势必会将出让金或租金纳入企业生产和经营成本，相应地必然是物价飞涨，如再加上工资制度和社会保障制度等配套改革不能较好地进行，将会引起剧烈的通货膨胀；如果国家以土地使用权作价入股，将大大降低资金利率，影响企业收益和招股集资，而在现实操作中往往采取的大幅度折价入股，则会造成国有土地资产的直接流失，如上海金山石化经土地资产评估，其所使用的土地总价值为19.94亿元，而实际作价入股的只有5亿元(仅1/4左右)。

第三，企业股份化过程中，存在着产权主体和边界界定、参股比例和期限等技术上的难点，如在股份化过程中，是否应该将企业占有的全部国有土地资产纳入有偿使用轨道，改制企业国有土地使用权主体和法人代表由谁来充当，国有土地使用权价值定位标准是什么，土地使用权权益如何在国家和企业之间进行分配，国家以国有土地使用权作价入股的比例和期限如何确定等都是十分棘手的问题。

第四，企业股份化过程中，操作不规范、管理力度不够，有关部门的协作配合不默契等，造成了股份化过程中各种问题的产生。例如，清产核资中，有些地区国有资产管理部门没有与土地管理部门密切合作，地产评估结果不能反映土地的潜在收益能力，或评估结果的确认随意性比较大，而使地产价值难以合理显化；还有相当一部分改制企业对土地使用权没有依法处置，或者没有订相应的契约或合同并进行公证或登记，从而使土地使用权没有较好地确立；有些地区地方政府对中央和地方企业实行差别政策，致使中央企业用地地价水平高于地方企业用地，导致不公平竞争；有些地区有法不依、执法不严，如有些违反《公司法》《企业转换经营机制条例》《股份有限公司土地使用权管理暂行规定》的现象没有得到及时制止和纠正，使得股份制企业土地资产管理缺乏强有力的监督机制。

解决这些难点和问题的主要对策包括：①股份制企业国有土地资产产权应由政府依法明确，并由政府土地管理部门依法登记界定、组织评估和最终确定。②政府管理国有企业及其资产的有关部门，如土地管理部门、财政部门、国有资产管理部门、体改委及企业主管部门等要通力合作、密切配合、共同服务于国有企业股份制改造。③鉴于改制企业承受能力的限制，可以考虑在不减免土地出让金的前提下，将股份制企业向政府应交纳的土地使用权出让金实行“一次签约定，分年支付清”的办法，既可以保证股份制企业国有土地资产的保值增值，又能够缓解股份制企业组建之时的资金压力，形成了“国有土地资产保值产值→企业活力增强”的良性循环机制。④以土地使用权出租处置方式的股份制企业改造，可以考虑国家地租征收机构，使其成为土地管理部门的一个事业单位，并与整个土地管理体制相适应。⑤国家以土地使用权作价入股的形式，股份的确定要考虑企业成立以来其对土地价值的贡献程度，确定一个合理的折扣比例，其折扣掉的部分（优惠部分）算作国家为支持企业股份制改造的投资。

当然，这要视不同地区的不同情况制定不同的方法。关于土地股入股年限，需要将其与股份公司的经营年限、土地出让法定年限以及国有土地资产增值保值目标结合起来综合考虑。这样一方面可以与厂长、经理的任期目标责任制相吻合，使企业经营有一个合理的预期；另一方面，适当缩短入股期限，以便到期调整股金价位，有利于国有土地资产的增值保值、防止国有土地资产流失。关于土地股金的持股人问题，可以考虑促使民间成立托管机构，使其作为股份制企业土地资产的股东，国家仍然需要与之建立一种经济关系，即国家向其出让国有土地，并签订契约，国家承认其土地使用权，并以土地使用权作为股份企业的资产。

（三）破产企业土地资产管理

市场经济体制的建立给企业带来了生机和活力，但其优胜劣汰的竞争机制不可避免地会促使一些企业倒闭破产，因此，破产企业的土地资产管理问题也就日显重要。

根据有关部门的调查分析，目前破产企业土地资产处置方式主要有三种：①土地使用权收回重新出让、职工有偿安置；②促使兼并、整体接受、土地过户，即破产企业清算小组委托具有法定资格的评估机构对企业资产（含土地使用权）进行评估、确定底价、广泛寻求整体接受方、土地价值实际上已按安置费的标准“显化”至职工，土地按企业兼并政策直接过户土地使用权的性质一般不变，这种方式职工安置较好，接收方动用资金较少，实践中被广泛采用；③企业重组、土地分割，企业依法破产后，一部分职工自愿组织起来，成立新的经济实体，经营部分厂房，由于这部分职工用“量化”至个人的安置费购买土地、厂房，因此，土地按比例分割后过户给新组建的企业。破产企业依法取得的临时用地和非法占有的土地应依法或依约归还；没有确认产权和有权属纠纷的地产应按权源原始文件，进行产权确认、理顺产权关系后，再依法进行处置。

破产企业地产管理的一个重要环节就是土地资产的清算，根据重庆市国土地局调查，发现有下列一些问题：①在清算组成立前（破产宣告15日内才成立清算组）申请破产的企业土地资产管理存在真空现象，例如，重庆针织厂破产时就出现了将其土地使用权转移给所属集体企业的情况，而对该集体企业的财产处理时又没有纳入破产清算范围；②清算组的组成由哪个行政区域和哪个级别土地管理部门或者是由那些有关部门参与；③清算的前期工作即土地清查由谁来负责，若由清算组负责，则难以开展，因为土地使用合法性问题、土地使用权获得方式、使用的年限、面积、权属界限、用途等都是土地行政管理内容，视为一般资产很难理清；④土地既是资源，又是资产，另外还有划拨与出让、预期收益与现实收益之分，究竟哪些土地资产权利作为破产财产清算以及如何分别处理等。

针对这些问题，根据破产企业资产清算工作的一般做法，以及现阶段我国土地管理部门的职能，破产企业土地资产清算的操作要至少包括以下方面。①清查这一前期工作中的土地权属认定、类型划分等应是土地管理部门的行政行为；②破产企业作为土地资产清算的范围应由土地管理部门提出处理意见，再由清算组认定；③破产财产认定后，纳入财产清算范围的土地资产由清算组进行处理，不纳入财产清算范围的，则由土地管理部门处理；④清算中破产企业未进行初始登记、权属有纠纷以及发生土地权属转移的，清算组只能以民事主体身份提出申请，土地管理部门以行政管理者的身份依法进行行政处理；⑤清算时，发现破产企业隐匿、分割、合并土地使用权或其他形式非法处理土地使用权的，应由清算组申请法院追回，而破产程序终结之日起一年内被查处的，则要由土地管理部门或者申请法院追回。

复习思考题

1. 阐述土地资产的内涵及特征。
2. 分析土地资产管理的主要内容。

参考文献

[1] 朱奉圭. 土地经济学[M]. 北京：法律出版社，1991.
[2] 曲福田. 土地经济学[M]. 北京：中国农业出版社，2011.
[3] 周诚. 土地经济学原理[M]. 北京：商务印书馆，2003.
[4] 王德起，等. 土地资产管理学[M]. 济南：山东友谊出版社，1999.
[5] 卢新海. 城市土地管理与经营[M]. 北京：科学出版社，2006.
[6] 王德起，等. 土地资产管理论[M]. 北京：首都经济贸易大学出版社，2008.
[7] 黄贤金，钟太洋，陈志刚. 土地经济学[M]. 北京：科学出版社，2009.

第三篇

土地资源经济分析

第八章

土地资源价值理论

土地资源价值是认知土地经济特性的基础。社会或个人对于土地的占有，在于对土地现实或未来价值的追求。但价值既有同于价格，也有别于价格，总体来看，更深刻于价格，其还包括非经济的价值内涵。为此，本章主要是分析了土地价值及其构成，并阐述了土地价格评估方法以及典型案例。

第一节　土地资源价值及其构成

一、土地资源价值的争论

在我国，关于土地资源价值的问题，20 世纪 80—90 年代在国内学术界展开一场激烈的争论，形成土地无价值论、土地全价值论和土地价值二元论 3 种不同的土地价值观。学者们虽均以劳动价值理论作为分析前提和理论基础，但却形成土地无价和土地有价两种截然相反的观点。①持土地无价值观点的学者认为，“无论什么土地都是自然物，不是也不可能是劳动生产物，因而没有价值”，其理论基础直接来源于马克思著作中的相关论述：“自然资源是天然形成的，其中没有人类劳动的凝结，所以是没有价值的”，“没有进入市场交易的自然资源没有价值”。该观点认为，土地是人类生活和生产或从事其他活动的自然载体，是人类改造自然必备的、最基本的劳动资料，这种自然形体非人类劳动的产物，没有价值。②土地全价值论则认为，“土地凝结人类的长期劳动，就其整体而言，都是有价值的”，指出自从地球有了人类以来，就对土地进行了长期的各种不同的改造与开发，从而使土地凝结了人类巨大的各种不同性质的劳动，这是土地价值的直接来源。即使从来没有凝结过人类劳动的一部分土地，仍然具有价值，因为它包含有从邻近土地上积累的社会劳动所辐射或者转移过来的价值量。此类辐射或转移，就构成土地价值的间接来源。因此，土地作为整体都是有价值的。③土地价值二元论的观点是：“土地由土地物质和土地资本构成的，前者是无价值的而后者是有价值的”，认同土地二元价值论的学者有周诚[①]、李百冠[②]、刘书楷[③④]等，他们认为

① 周诚：《土地经济学原理》，北京：商务印书馆，2003

② 李百冠：“土地物质、土地资本与土地价值关系探究”，《不动产纵横》1997(2)

③ 刘书楷：“马克思劳动价值观与西方非劳动价值观土地价值与价格理论”，《中国土地科学》1995(6)

④ 刘书楷：“论当前我国土地价值与价格研究涉及的基础理论概念问题”，《不动产纵横》1997(2)

马克思从未否定不是劳动产品的东西不可以有价格，相反曾明确地指出："……价格毕竟可能完全不是价值的表现……一种东西尽管没有价值，但能在形式上有一个价格，在这里，价格的表现是虚幻的"。因此，认为土地有价值。

经过十多年的争议，随着社会经济的发展以及人口、资源、环境问题的突出，以及人类对于自然资源功能效用的认识发生深刻的变化，最终土地资源有价的事实胜于雄辩，基本结束土地资源有价、无价的长期争论，认同土地资源有价值。

二、土地资源价值的理论基础

1.劳动价值论

劳动价值理论是从商品交换关系中抽象而来的，核心在于强调劳动创造价值，认为价值取决于物品中所凝结的社会必要劳动量。但传统的经济价值观中，将劳动价值论加以绝对化和极端化，认为土地是大自然的恩赐，非人类劳动的产物，没有价值。然而，马克思也是赞同古典经济学家威廉·配第的观点："劳动是财富之父，土地是财富之母"，认为土地是财富之源。土地资源除了确保人类的粮食安全，满足生存需要之外，亦提供生态保育、净化空气、涵养水源、美化环境等非使用价值。从资源环境角度而言，土地作为一个人工—自然复合系统，受人类活动的不断作用，事实上已经凝结着人类的劳动。诸如，农地保护是人类为使农地的数量及质量达到满足生存需求的标准和要求，付出一定量的劳动来从事农地生态环境的维护和建设。因此看来，土地的生态环境是能够满足人类需要的，具有使用价值。且由于要达到这种使用价值，人类耗费一定的劳动。按照马克思关于价值是"无差别人类劳动的单纯凝结"的理论，土地的自然生成的服务功能也应该是有价值的。但是，虽然从凝结人类劳动的角度，劳动价值理论能够解释部分农地非市场价值的存在，但要完整地解释土地非市场价值则需要进一步结合西方经济学的效用价值理论。

2.效用价值论

西方对资源价值研究的根本思想和理论源于"资源稀缺论"和"效用价值论"，认为效用是价值的源泉，价值取决于效用和稀缺两因素，前者决定价值的内容，后者决定价值的大小。效用价值理论从物品满足人的欲望能力或人对物品效用的主观心理评价的角度来解释价值及其形成过程。该理论认为，一切生产无非都是创造"效用"的过程，人们获得效用却不一定非要通过生产，效用不但可以通过大自然的赐予获得，而且人们的主观感觉也是效用的一个源泉。只要某种欲望或需要得到满足，人们就相应获得某种效用。在效用价值理论初期，许多经济学家把经济学定义为："研究如何最有效地利用稀缺的资源来满足人类的愿望"。

三、土地资源价值构成

一定程度上，土地资源具有公共物品的属性，存在正的外部性，能够提供资源基础功能、废物降解功能、环境舒适功能、维护生物多样性、开敞空间、文化教育和公众健康等诸多功能。土地利用不仅给生产者本身带来直接的经济效益，而且作为公共物品给所有的社会成员带来生态效益或间接的社会效益。例如，农地对农户的效用主要体现在资源的生产和养育功能上，其价值表现为土地上最适宜种植的农作物所带来的地租量的现值；而其他方面的效用主要是外溢、利他的，所有的社会成员无须通过市场交易、无须付出费用或任何劳动均可享有。因此，农地资源的真实价值不仅包括能够用市场价格反映的部分，而且应涵盖目前无法通过市场价格反应的外溢部分。其中，将土地资源当前能够用市场价格反映的部分归为土地资源的市场价值，无法通过市场价格实现的外溢部分为土地资源的非市场价值（图8-1）。土地市场价值是土地资源目前的使用价值，包括直接的经济产出价值和土地提供游憩功能、景观功能、社会保障等间接的使用价值，即传统价值理论中所指的价值部分，包括土地的直接经济产出价值和间接使用价值。直接使用价值指土地资源可直接用于生产过程和消费的经济价值，例如食物生产等。间接使用价值是由于环境或土地资源所具有的调节功能、载体功能和信息功能而形成潜在价值。土地非市场价值游离于市场之外，无法有效地通过市场交易机制实现而又客观存在的价值部分，及远期使用价值—选择价值（option value）、土地的馈赠价值（bequest value）和存在价值（existence value）。其中，选择价值是指人们虽然现在不使用土地资源的某项效益或功能，但是未来可能会需要使用，于是为了确保未来要用时能够随时可用，消费者现在所愿意提前支付的代价；存在价值也称内在价值，是人们为确保土地资源的各项服务功能能够继续长时间存在所愿意支付的价值；馈赠价值是一种“持续发展”的理念，是人们基于代际公平，为子孙后代将来能够继续利用农地资源所愿意支付一定的代价来保护资源，避免资源被过度的利用和滥用。

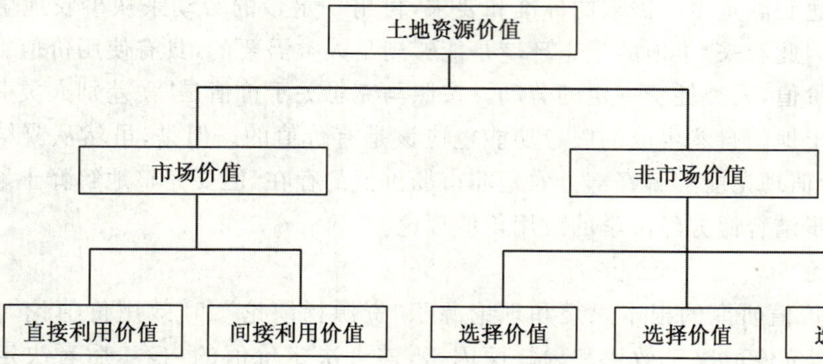

图 8-1　土地资源价值构成

第二节　土地资源价值评估

一、土地资源价值认识的意义

1.全面认识土地资源价值，有利于促进土地资源的持续利用和集约经营

土地是自然资源的重要组成部分，由于传统自然资源价值观念的束缚，“资源无价，无偿使用”的思想一直占据优势，长期的资源无价、资源产品低价的政策激励了对资源的大规模、掠夺式地开采利用，对土地资源尤甚。这不仅促使我国的人地关系更趋紧张，而且造成土地资源的巨大浪费。因此，对土地资源价值进行核算，有利于实行土地资产化管理，以保障土

地资源的可持续利用。

2.为完善土地分等定级估价规程，制定土地保护政策和土地制度的创新提供理论依据

农用地分等定级与估价项目是新一轮国土资源大调查工程中一项十分重要的工作内容，农用地分等定级估价的成果可以为我国土地资源管理中的农业土地资源潜力分析、编制土地利用总体规划、耕地占补平衡、土地开发整理、征地制度改革等众多领域提供科学的数据依据，这些成果数据将成为我国国土资源管理乃至整个国民经济发展研究领域宝贵的基础数据。然而，目前的土地分等定级估价主要考虑的是土地的经济产出，考虑的分等、定级和估价的因子主要是社会经济要素，因此评估出的土地价值仅仅是农地总价值的一部分，即农地的市场价值或使用价值(use value or market value)，而遗漏了农地的非市场价值(non-market value or non-use value)，即所谓的存在价值(exist value)和馈赠价值(bequest value)和选择价值(option value)。若忽视土地客观存在这部分价值，必然会低估土地经营和土地保护的效益，而以此为依据制定的土地制度改革和其他相关政策也会发生扭曲，最终导致政策失灵。西方效用价值理论和环境价值理论的发展推动农地价值理论的提升，自然资源由无价向有价的实质性突破也逐渐改变传统经济学对土地价值仅停留在狭义经济产出价值上的认识，土地非市场价值研究引起相关学者的关注。据 Navrud 对 Broker 及 Stoll 地区农地保护在水资源质量改善上的非市场价值评估表明，农地非市场价值占总价值的 63%；三菱综合研究所对日本全国水田的非市场价值研究表明，日本水田的非市场价值达 12 兆日元，是水田经济产出价值的 4 倍。

3.为土地生态补偿提供理论依据

土地利用活动是一项具有明显地区外部性的公共行为。然而，一方面，我国现行的土地保护制度目前多是作为行政任务执行，土地保护给社会带来的粮食安全、环境保护等绝大部分效益被周边地区乃至全社会共享，而保护的成本却由行为者承担，保护者或保护地区未得到相应的补偿，存在“搭便车”和“政策失效”的问题，缺乏应有的激励机制或作用。另一方面，现代农业允许农民大量投入以保持恒定的高收获量，以化肥、农药的大量投入为特征，追求短期的高产、增收的效益，漠视土地地力和生态环境的维护，不仅造成了土地退化，还带来了农药污染、化肥污染等环境污染问题。为此，对农地保护效益，尤其是农地非市场价值的评估，可以为农地保护补偿提供科学的理论依据，诸如为水源地及相关保护区农地使用受限的损失补偿提供依据。自 20 世纪人们认识到公共物品和外部性问题是造成生态和环境问题的原因，以及政府直接管制在解决这一问题的低效率以来，世界各国均采用了各种不同的经济手段试图解决外部性问题。其中，生态补偿就是这样一项重要的、较有成效的经济刺激手段。生态补偿以消除由于损耗或保育生态环境这种公共物品而带来的外部性，即外部成本的内部化，从而达到保护生态环境的目的。例如，法国早在 1960 年就通过一项法律，授权自然区域和敏感性区域征收一种部门费，收取的费用与公众的捐助一起作为土地管理的费用。在全世界范围内，根据 1992 年里约联合国环境与发展大会提出的可持续发展的公平原则，发达国家每年拿出 GDP 的 0.7%补偿给发展中国家，以帮助发展中国家摆脱贫困，保护生态。为此，尝试建立土地保护的生态补偿机制，规范人类活动的性质和干扰程度，限制土地的过度开发，补偿和恢复土地景观的生态功能，对于合理规划土地利用，优化土地景观格局，改善地区的环境质量具有重要的作用。

二、土地价值评估方法

(一)土地资源市场价值估算方法

土地市场价值评估常用的方法有市场比较法、收益还原法、数学模型法、成本法等。但由于我国农地市场发育不完善,交易资料严重缺乏,且农地经济价值的高低主要由收益能力决定,因此收益还原法是当前土地市场价值评估的首选方法。

1.收益还原法

收益还原法是土地价值评估最常用的方法,是以适当的土地还原率将待估土地未来各期正常的年纯收益折成现值的方法。以土地经济产出水平作为价值决定因素,以土地收益价格为理论依据。该理论认为,土地价格是土地收益,即地租的资本化,土地价格的高低取决于土地收益的大小。收益还原法的关键是确定土地在未来年期的收益及还原率,基本公式为:

$$V_0=\sum_{t=0}^{T}\frac{A}{(1+r)^t}$$

式中:V_0 为土地资源的净现值;r 为土地资源的报酬率(折现率);A 为预计年净收益;t 为土地资源的收益期限。

2.成本逼近法

成本逼近法是以开发土地所耗费的各项费用总和为依据,再加上一定的利润、利息、应缴纳的税金和土地增值收益来推算土地价格的估价方法。该方法适用新开发土地的价值评估,特别适用于土地市场不发育,土地成交实例不多,无法利用市场比较法等方法进行估价时采用。土地经济价值主要取决于其生产及收益能力,而非耗费的成本,具体应用时受到一定限制。

3.评分估价法

评分估价法认为土地生产能力是由一系列因素决定的,通过对因素状况进行评价,并在建立因素分值与农地价格之间关系的基础上,可推算农地价格。该方法适用于所有农地价格评估,特别适用于成片农地的价格评估。但因素的量化及界定较难,且受评分的主观因素影响,人为干扰较大,适用前提要求必须先确定农地单位分值价格。联合国粮农组织 1971 年提出土壤生产力指数模型用于评价土地质量。它考虑了土壤的九个要素和特性,根据每一要素的特征给出从 0～100 的数值,所有要素特征值的乘积便是土壤生产力指数,模型如下:

$$IP=H\times D\times P\times T\times \overset{N}{\underset{S}{or}}\times O\times A\times M$$

式中:IP 为土壤生产力指数;H 为土壤水分;D 为排水状况;P 为有效土层厚度;T 为土壤结构或构造;N 为盐基饱和度;S 为可溶盐含量;O 为有机质含量;A 为黏土矿物特性;M 为矿物质储量。

4.土壤潜力估价法

是以农地作物产出水平为价值决定因素的评估方法。土壤生产力并非以货币化收益表达，而是以某一作物产量多少作为衡量标准。作为评价土壤质量的指标，主要强调土壤在可行的技术水平下的生产能力，既指出土地利用中的问题，又强调解决措施。土壤潜力估价结果以土壤潜力指数(soil potential index，*SPI*)表示，即

$$SPI = P - (CM - CL)$$

式中：P 为以地区标准为基数的产量所对应的指数；CM 为克服或减少障碍因素所采取措施费用的指数；CL 为障碍因素的持续负效应。

土壤潜力指数反映土壤在一定管理水平下的净收益能力，它可以表示为绝对数形式，也可以依据地区标准，表示为以百分数为基准的相对值，根据 *SPI* 排列各土壤制图单元。1978 年美国农业部将土壤潜力估价列入国家土壤手册，用来判断某地区土壤对特定农作物的相对质量。至今，德国、美国等发达国家都将土壤潜力法作为农地保护区内使用价值评估的主要方法，但该方法在国内运用较少。

(二)土地资源非市场价值估算方法

非市场价值不存在直接的交易市场，难以用市场价格衡量，只有通过替代评估技术来衡量。非市场价值评估技术具有代表性的有条件价值评估法(contingent value method，CVM)、旅游成本法(travel cost method，TCV)和享乐定价法(hedonic price method，HPM)。

1. 条件价值评估法(contingent value method，CVM)

条件价值评估法(contingent value method，CVM)是一种利用效用最大化原理，采用问卷调查，通过模拟市场来揭示消费者对环境物品和服务的偏好，并推导消费者的支付意愿，从而最终得到公共物品非市场价值的一种研究方法。CVM 通常随机选择部分家庭或居民作为调查样本，以问卷调查形式向受访居民询问一系列的假设问题，诱导受访居民陈述其对资源环境或非市场财物的偏好及评价，引出受访居民对某项环境改善效益的支付意愿(willingness to pay，WTP)或者对环境质量损失的受偿意愿(willingness to accept，WTA)。然后，通过计算受访居民的平均支付或受偿意愿，并把样本扩展到研究区域整体，用平均支付或受偿意愿乘以受益群体，估算环境改善或损失所能带来的经济效益或损失。通常结合其他相关信息进行计划项目的成本效益分析，论证计划项目的可行性。

1947 年，资源经济学家 Criacy-Wantrup 最早提出 CVM 的基本思想，认为通过调查可了解人们对公共物品的支付意愿，从而衡量自然资源的价值。1963 年 David 首次将 CVM 应用到实践，评估缅因州林地宿营、狩猎的娱乐价值。随后 Randall、Ives 和 Eastmand 进一步阐释 CVM 的理论优点和特性，从此该方法逐渐地被广泛应用于自然资源的休憩娱乐、狩猎和美学效益的经济价值评估，成为 20 世纪后半叶资源环境经济学领域的主要理论改进之一。经过半个世纪的发展，CVM 已成为评价非市场环境物品价值最常用、最有效的分析工具。条件价值评估法在环境资源的价值评估中应用相当广泛和普遍，适合于各个领域的环境资源研究。例如，生物保护区的保育价值评估、水质改善的经济效益、野生濒临灭绝动物的保育价值、国家公园的经济效益、热带雨林的保存效益、农业景观价值、湿地保育价值、废弃物回收效益，以及图书馆、剧院、博物馆等公共文化场所的价值评估等。CVM 的应用领域几乎能够涵盖所有可替代公共物品的效益评估。

(1)条件价值评估法的引导技术。向受访居民详细地描述评估环境物品的质量、数量变动状况，提供准确、充足和现实的信息，是条件价值评估法中受访居民对所提出的一系列假设问题做出估价的基础。同时，应当选择适当的支付工具以引导 WTP 或 WTA。可能的支付工具包括收入税、财产税、公用事业费、门票费以及向信托基金支付。

调查受访居民的支付意愿或授受意愿的方法包括面对面调查、电话调查和邮寄信函等方式。面对面调查虽然费用最高，但在解释说明假想市场、陈述被评价物品和服务、回答受访居民的疑虑等方面具有明显优势，因此是最重要和最常用的调查方式。1993 年 NOAA 委托两位诺贝尔奖获得者 Arrow 和 Solow 负责的“蓝带小组”就 CVM 问卷设计与研究提出的原则里，建议采用面对面的调查形式，而不是邮寄或电话调查的形式。

条件价值评估法的询价方式，在实际操作层面上目前已经发展出较常用的开放式出价法、封闭式出价法、支付价值卡、反复式出价法(或逐步出价法)及准逐步竞价法等五种方法，各种方法各有优缺点，见表 8-1。

表 8-1　条件价值评估法的询价方式及优缺点

询价方式	优点	缺点
开放式出价法	1.调查过程简单，容易回答，节省调查时间 2.按受访者的基本知识提供愿意付费的实际价格	1.受访者可能会因缺乏评价标准拒绝回答或出现抗议性样本 2.容易产生策略性偏差或信息偏差
封闭式出价法	1.减轻受访者回答问题的压力，具有易答、省时的特性 2.出价方式接近消费者一般的交易方式，较能引导出受访者心里的真实反应 3.避免起始点偏差，并且把策略性偏差降至最低 4.不需要通过“价值函数”来估算非市场财物的价值	1.需要使用复杂的统计模型分析，并且实证模型不具有理性行为的理论根据 2.会产生策略性偏差，且估算结果的准确性受到二分选择模型的影响 3.估算的 WTP 或 WTA 只能反映出 WTP 或 WTA 的下限值 4.需要适度修正衡量效益的指标
支付价值卡法	1.改善开放式出价无反应及抗议性样本过多的缺点 2.解决逐步竞价法的起始偏差 3.可以使受访居民有参考的依据，便于事后的统计工作	1.价格排序以及水准点的位置不同可能造成偏差 2.受访居民将容易受限于支付卡，无法反映出准确的愿付价格，仅是近似值
反复式出价法(逐步竞价法)	1.有较大的概率得到受访居民最大的 WTP，衡量较为准确 2.调查员提供较多关于假设性市场的信息，可以避免信息偏差和策略性偏差 3.受访居民有较大的选择余地	1.时间成本过高 2.容易产生起始点偏差 3.调查员必须要经过较严格的训练，以确保出价的合理 4.不能采用电话或信函的调查形式
准逐步竞价法	1.解决开放式拒付样本过高的情况 2.改善封闭式出价法的偏差和“截断效果”的缺点 3.有利于实证工作，节省受访居民填答的时间	也有逐步竞价法的部分缺点

①开放式(open-ended)出价法。在不给予受访居民相关价格信息的情况下,直接询问受访居民的 WTP 或 WTA。这种方法的优点是过程简单、易于回答,但可能会因为受访居民内心缺乏评价标准而出现拒答或抗拒性样本。另开放式出价法节省时间,但如果受访居民对调查的假设市场或研究主题缺乏认识,则不容易获得可靠的资料;而且因为调查员没有向受访居民提供任何与假设性市场相关的信息,受访居民可能会缺乏参考产生信息偏差和策略性偏差。

②封闭性(close-ended)出价法。可以分为单界二分选择法(single-bounded dichotomous choice method)和双界二分选择法(double-bounded dichotomous choice method)。单界二分选择法由 Bishop 和 Heberlein 所提出①。在单界二分选择法情况下,受访居民只需要对随机提供的单一参考价格表示同意或不同意便可,这种方法适合采用邮寄问卷或电话调查的形式。双界二分选择法必须询问受访居民二次是否愿意支付或接受某个金额,即把受访居民第一次回答的支付或接受意向作为第二次询问的调整时的参考依据,当受访居民第一次回答愿意时,则调高金额再次询问;如果第一次回答不愿意时,则调低金额再询问。这种方法类似两回合的逐步竞价法,也比单界二分选择法精确。

③支付价值卡法(payment card)。支付价值卡法由 Mitchell 和 Carson② 提出,目的在于继承开放式出价法的优点,并改善抗拒样本过多的缺点,应用时先向受访居民提供一系列的参考价格供选择。该方法的优点在于向受访者提供一系列参考价格,容易理解和参与,询价过程简单。但支付价值卡法虽可将价值限定在某一范围内,使受访居民不至于渺茫而无法填写,也可能因此左右受访居民最终选定的价格。而且,价格排序和位置安排不同亦可能会造成一定程度的偏差。此外,还存在一些受访者会选择支付卡的第一个和最后一个选项的情况,存在边缘投标值处理问题,因此需要事先对边缘标值的处理做预先考虑。

④反复式出价法或逐步竞价法(iterative bidding/bidding game)。反复式出价法是从某一起始价格开始询问受访居民,如果同意则逐渐调高价格,反之则降低价格。反复几次,直至受访居民不愿意变更金额为止。该方法的优点是得到受访居民最大的 WTP 或最小的 WTA 的概率较高,衡量较为准确,而且在反复过程中能使受访居民完全考虑环境物品的真正价值。其次,调查员在采用逐步竞价法时能提供较多关于假想市场的信息,使逐步竞价法更接近于真实的交易市场,因此能够避免信息偏差和策略性偏差。这种方法在出价过程中虽然具有提示功能,但也可能因调查员起叫价格的高低影响受访居民的愿付价格。此外,调查时间较长,受访居民需要有足够的耐心,容易产生起始点偏差,以及出现受访居民可能受到下一个逼近值的压力反而给出不正确的回答。

⑤准逐步竞价法。该方法是双界二分选择法的改进,融合双界二分选择法和开放式出价法两种方法的特性,二次对受访居民询价后,由受访居民填写最高的 WTP。可避免开放式出价法造成拒答率过高的情况,以及单界二分选择法偏差过高和双界二分选择法产生“截

---

① Bishop, Richard C., Thomas A. Heberlein:“Measuring values of extra-market goods: are indirect measures biased? Amer. J. Agri. Econ., 1979(5): 926-930

② Mitchell RC, Carson RT. Using Surveys to Value Public Goods: The Contingent Valuation Method. Washington DC: Resource for the Future, 1989: 85-102

断效果”的缺点，有节省受访居民填答时间和利于实证工作进行的优点。

(2)条件价值评估法的可能偏差。条件价值评估法的最大不足，也是最容易让人质疑的是所引导出来的受访居民的偏好意愿是构建在假想的市场状况下，而不是真实的状况下所得到的反应。因此，调查结果可能会受到许多方面偏差的影响。归纳起来，影响条件价值评估法研究结果准确性的可能偏差主要有：假想偏差、策略性偏差、起始点偏差、支付工具偏差、信息偏差、调查员偏差等。

①假想偏差。一些研究证实 CVM 的评估结果通常高估资源真实的经济价值。这在很大程度上是因为受访者在假想市场上的陈述意愿明显高出其真实的支付价格，即受访者假想意愿与实际转移支付之间的偏差导致。由于条件价值评估法是要使受访居民在假想的市场环境下对非市场财物进行估价，受访居民基于这种假想环境中所表示的偏好，不一定会和实际市场情况下的决策相同，通常将此类因调查的假想性质和真实结果所出现的偏差归为假想偏差。为此，通过调查技巧或相关方法尽可能地规避或减缓假想偏差，成为 CVM 方法探讨的一部分重要内容。一些研究人员认为通过廉价磋商(cheaptalk)可以有效地减缓假想偏差或通过“态度—行为”复合模型检验受访者对假想市场中商品的态度与其真实市场行为间存在的相关关系，进一步检验受访者的答案能否反映其真实的意愿。此外，实际运用时还可以通过预调查、设计图文并茂的问卷、采用匿名调查等方式增加受访居民对假想市场的了解，尽量使受访居民的回答与真实情况的差距缩小。

②策略性偏差。受访居民通常会认为调查结果将作为政府制定政策的参考依据，为了维护自身的利益，会刻意不显示出真实的偏好，在投标时故意说高(over-pledging)或者说低(free-riding)支付意愿，从而导致策略性偏差的产生。因此，问卷设计时尽量将问题的真实性和政策的关联区分开，向受访居民说明调查行为与政策制定无关，减少策略性偏差的产生；或在对调查结果进行分析前，剔除边缘投标(outlying bids)(超过收入 5%～10%的投标)来得到核心投标值。

③起始点偏差。起始点偏差通常发生在逐步竞价法中。由于竞价法需要调查员先提出一个建议的愿付价格，当受访者对所估价的环境资源不熟悉或缺乏耐心时，投标起点会影响到受访居民的最终出价。通过预调查确定投标格式的起点值和数值间隔或使用竞价法以外的其他询价方法，如支付价值卡法等方法，可以避免起始点偏差的产生。

④支付工具偏差。受访居民的 WTP 或 WTA 大小与支付方式有关，不同的支付方式可能会产生不同的结果。Randall、Hoehn 和 Brookshire① 认为所谓的支付工具偏差并不存在，重点在于如何选择受访居民习惯且容易接受的支付工具。因此，在问卷设计时要选择受访居民最容易接受的支付工具。

⑤信息偏差。CVM 作为一种主观的评价方法，取决于受访者对评估物品的熟悉程度及其认知意识。因此，问卷或调查过程中所提供的信息的数量、质量和顺序会直接影响到受访居民的理解和回答，当对假想市场、评估物品和其他相关问题所提供的信息不足时会导致

① Randall A, Hoehn JP, Brookshire DS. Contingent valuation surveys for evaluation environment assets. Natural Resources, 1983, 23(6): 35-48

受访居民难以给出适当的意愿。Blomquist 和 Whitehead①、Hoehn 和 Randall② 认为当受访者对 CVM 评估物不熟悉时所提供的支付意愿较熟悉者的偏好相比缺乏准确性。可在预调查测试问卷质量的基础上，对问卷内容加以修正，尽可能地向受访居民提供正确、充足的信息，降低偏差。

⑥调查员偏差。因调查员的调查技巧和态度、对问卷内容的熟悉程度和对受访居民有暗示或误导所产生的偏差。可以通过加强调查员的培训或提高问卷的结构性来降低调查员本身所造成的偏差。

2.旅游成本法(travel cost method，TCM)

TCM 用旅行费用作为替代物来衡量人们对旅游景点或户外娱乐场所的评价，在环境资源的游憩价值评估中应用广泛。TCM 可追溯至 1949 年，Hotelling 提出使用旅行成本作为价格的替代变量对户外娱乐场所的需求行为进行经济分析。随后 TCM 的理论体系得到 Wood 和 Trice③、Clawson 和 Knetsch④ 的进一步拓展。目前，旅游成本法已普遍被应用到国家公园、湿地、自然保护等户外旅游景点的效益评估中。TCM 应用到评估农业景观的游憩价值在国外也有多年历史并被广泛应用。国外一些学者针对农地提供景观舒适性及开敞空间的多重功能进行实证研究，应用 TCM 估算农地带给当地居民及观光游客的难以通过市场配置的游憩效益，在我国，受限于传统价值理论的引导及农地游憩市场的发展，此方面的研究较少。随着我国休闲农业、观光农业的蓬勃兴起，今后应用 TCM 评估农业景观地的游憩价值将会有广阔的前景。

旅行成本法将旅行成本作为参观户外娱乐场所的价格的近似，由此推导出参观和参观成本之间的统计关系，并以此替代需求曲线(surrogate demand curve)，通过对曲线下方面的积分可以测出每个参观者的消费者剩余，从而实现对环境的评价。以单一景点旅行成本模型为例，假设消费者对景点的需求是旅行费用和其他变量的函数：

$$V=F(p,Z)$$

式中：V 为消费者的旅游次数；p 为旅行成本；Z 为人口的一系列社会经济特征，数据为横截面资料，即 i 个消费者的资料，$i=1,\cdots,m$。

F 以下的面积为消费者 i 的支付意愿，即该景点对消费者 i 的价值：

$$CS_i=\int_{p_0}^{\infty}F(p,Z)\mathrm{d}p$$

其中，CS_i 为游客 i 的消费者剩余。

而景点的价值则可以视为所有单个消费者消费剩余的累加：

---

① Blomquist G. G., J. C. Whitehead: "Resource quality information and validity of willingness to pay in contingent valuation", Resource and Energy Economics, 1998, 20(2): 179-196

② Hoehn, J. P., A. Randall: "The effect of resource quality information on resource injury perceptions and contingent values", Resource and Energy Economics, 2002, 24(2): 13-33

③ Trice AH, Wood SE: "Measurement of recreation benefits." Land Economics, 1958, 34(2): 195-207

④ Clawson M, Knetsch JL: "Economics of Outdoor Recreation", Washington DC: Resource for Future. 1966

$$Value = \sum_{i=1}^{n} CS_i$$

在实际应用及发展过程中，TCM逐渐形成区域旅游成本法(zonal travel cost method, ZTCM)和个人旅行成本法(individual travel cost method, ITCM)两种基本模型。这两种模型的理论前提相同，操作方法不同。其中，ZTCM是最早发展起来的TCM模型，是1966年Clawson和Knetsch所建立的第一个TCM模型。ZTCM根据游客的客源地划定出游区域，假设同区域的游客偏好相同，旅行费用相等，在区域汇总数据的基础上建立出游区域的旅游率与各区域到旅游目的地的平均旅行成本、社会经济特征向量及替代旅游地等特征向量的函数关系。并以此替代需求曲线(surrogate demand curve)，通过对曲线下方面的积分测出每个参观者的消费者剩余，从而实现对环境的评价。而ITCM作为对ZTCM的改进，是在20世纪70年代由Brown和Nawas①、Gum和Martin②发展起来的一种新的TCM模型。该模型通过分析个体或家庭样本在特定时期(通常一年)对某景点观光旅行的次数、需求行为和旅游成本，从而估算出消费者剩余。将两种基本模型进行比较，一方面ZTCM将游客按区域划分，假设同客源地游客旅行费用相同，适合评估客源地较多、旅游市场成熟的知名景区，但应用于评估观光游客相对集中、客源地划分不显著的城郊休闲农业则存在明显缺陷；另一方面，在确定需求影响因子时，ZTCM通常将决定区域旅游需求的社会经济特征等数据进行聚合和平均，致使大量真实的调查样本信息浪费和丢失。而ITCM比ZTCM具有更多的优点：一是更多地考虑数据的内在变化，而不是依靠对区域数据的聚合，统计上更有效率；二是应用较少的调查数据便可推导出旅行需求函数。

3.特征价值法(hedonic price method, HPM)

特征价值法起源于Lancaster③和Rosen④提出的特征价值理论。该理论认为，商品的价值是商品内在一系列特征(characteristic)与属性(attribute)的价值总和。不同的消费者对产品属性的需求不相同，因此会依据个人需要与欲望，给予各种产品属性不同的重要性程度评价。Lancaster提出产品本身对消费者并不会产生直接效用，而是由消费产品的各种特征来获得效用的满足⑤。因此，需要了解消费者对特征属性不一的差异性产品(differentiated products)的特征或属性的评价时，取代传统消费理论以产品为对象的分析，特征价格理论以产品特征为研究对象，直接分析消费者对不同商品特征组合的选择，丰富了消费者选择理论的内涵。

(1)特征消费理论。1966年Lancaster提出所谓"特征消费理论(hedonic consumption theory)"，认为消费者购买商品时，并不只在乎商品数量的多少，而是由于商品本身具有消费者所需要的特征或属性，消费者能够从这些商品特征或属性中得到满足。在所有可能的

---

① Brown WG, Nawas F:"Impact of Aggregation on the Estimation of Outdoor Recreation Demand Functions", American Journal of Agricultural Economics, 1973, 55(2): 246-249

② Gum RL, Martin WE:"Problems and Solution in Estimating the Demand for and Valuation of Rural Outdoor Recreation", American Journal of Agricultural Economics, 1975, 57(4): 558-566

③ Lancaster K.J.:"A new approach to consumer theory", Journal of Political Economy, 1996, 74(2): 132-157

④ Rosen S.:"Hedonistic prices and implicit markets: product differentiation in pure competition", Journal of Political Economy, 1974, 82(1): 34-55

⑤ Lancaster K.J.:"A new approach to consumer theory", Journal of Political Economy, 1996, 74(2): 132-157

特征集合中消费者有自己的偏好顺序，并且在预算约束条件下以追求最大效用的特征组合，品质较好的产品，生产者会制定较高的价格，消费者的愿付价值也会比较高。而效用与商品需求之间的关系是间接的，商品仅是消费者获取所需要特征的工具。因此，将消费者对商品的需要视为引申需要。

Lancaster 理论可扩充为 n 种商品和 m 种特征的一般情形，模型所需要的假设条件包括：①不同商品所包含的特征成分并不相同；②同一种商品所包含的特征成分相同；③消费者从商品的特征属性中得到效用，而不是从商品本身获得。通常也把上述假设条件称为消费技术关系，表示商品投入量与特征产出量之间的关联，用公式表示为

$$Z_i = \sum_{j=1}^{n} V_{ij} Q_j, i = 1,2,\cdots,m, j = 1,2,\cdots,n$$

式中：Z_i 代表消费 n 种商品所得到第 i 种特征的总量；V_{ij} 代表每一单位 j 商品中所包含的第 i 种特征的数量；Q_j 代表消费第 j 种商品的数量。消费者所享用的各种商品特征的数量与商品的消费相关，因此即使消费者对不同商品的偏好并不完全相同，但对同一种商品的特征数量却是相同的，在此商品和特征之间存在线性关系和累加性。此外，消费者在追求效用最大的同时，其消费选择受消费者收入的限制需要满足一定的预算约束限制，因此，消费者的最佳消费选择模型表示为：

$$\mathrm{Max} U = U(Z_1, Z_2, \cdots, Z_m)$$

$$\mathrm{s.t} Z_i = \sum_{j=1}^{n} V_{ij} Q_j$$

$$Y = \sum_{j=1}^{n} P_j Q_j \quad Q_j \geqslant 0, j = 1,2,\cdots,n$$

式中：Z_i 代表消费 n 种商品后所得到的第 i 种特征的数量；V_{ij} 代表每一单位 j 商品中所含第 i 种特征的数理；Q_j 代表消费第 j 种商品的数量；P_j 代表第 j 种商品的价格；Y 代表消费者收入。

上述模型表示消费者在商品价格已知、既定的收入约束和消费技术的限制下，如何选择最佳的消费组合 $Q_1^*, Q_2^*, \cdots, Q_n^*$，达到消费效用最大化。

(2)特征价格理论。市场经济条件下，商品价格随着商品特征属性的改变而变动的趋势日益明显，Ladd 和 Suvannunt 于 1976 年在特征价格理论领域内建立消费商品特征模型(consumer goods characteristic model，CGCM)①。他们把商品看成是各种特征属性的集合，不同商品拥有不同种类、不同数量及不同性质的特征属性。CGCM 模型认为商品是因为有效用才有需求，而效用又取决于商品的特征，消费者所获取的效用取决于其所购买的商品特征总量。CGCM 模型与 Lancaster 模型最大的差异在于，CGCM 模型并不主观认定消费技术为线性，且特征的边际效用没有为负的假设，效用水平除由特征总量决定外，还受到商品分配的影响。该模型比 Lancaster 模型更为完整，证明了两个假设条件：①任何一种消费品，消费者支付的价格既等于产品特征的边际货币价值总和，又等于产品的特征价格。即

① Ladd G.，and V. Suvannunt："A model of consumer goods characteristics"，American Journal of Agricultural Economics，1976，58(3)：504-510

每一特征属性的边际货币价值等于消费每一单位商品所获得的特征数量与特征的隐含价格的乘积。②消费者的消费需求受到商品特征数量的影响，对商品的需求是收入、商品价格和商品特征的函数。

假设农地可以自由交易，价格由市场供需决定，即农地的购买价格完全取决销售者和购买者的出价与要价。土地需求者的效用函数具有可分割性，将农地的特征属性简单地归结为区位特征、形状特征、规模特征、使用限制特征、肥力特征、环境特征等，即农地的价值取决于土地所处的区位、形状是否规整、面积大小、是否位于基本农田保护区或是否可以转用等限制条件，以及土地的肥力和环境品质特征。将农地的特征价格变量放入模型中，可用特征价格函数表示为：

$$U_{\text{land}} = U(Q_1, Q_2, \cdots, Q_n)$$
$$Z_i = Z_i(location_{ij}, shape_{ij}, size_{ij}, limit_{ij}, fertility_{ij}, environment_{ij})$$

上述公式中，$Q_1, Q_2, \cdots, Q_n$ 表示农地购买者对农地的效用来自 n 块土地，每一个 Z_i 是 Q_j 与 V_{ij} 的函数。*Location* 为农地的区位特征，如距离道路的远近、与其他农田是否相邻等；*shape* 为农地的形状特征，如土地的形状是否规整、地形坡度等；*size* 为土地的规模特征，即土地是否集中连片，面积大小；*limit* 为土地的使用限制特征，如是否位于基本农田保护区或是否位于城市规划区，使用用途是否受到限制等；*fertility* 为农地的肥力特征，即土地的土壤肥力状况，包括耕作层厚度、有机质含量、水土流失状况、盐碱化程度等；*environment* 为农地的环境品质特征，也就是欲评估非市场物品特征，比如空气清新度、水污染程度、噪声污染程度。根据 Rosen 提出的分析框架，假设市场处于均衡状态，而且存在一条连续的特征价值曲线。当市场达到均衡状态时，供给者的边际支付意愿与供给者的边际所得相等。市场均衡状态就是在供求双方追求效用最大化的行为作用下形成的[①]。

假设个人效用函数为严格的凹性(strictly concave)，个人(厂商)的预算限制条件为：

$$Y_{\text{land}} = \sum_{j=1}^{n} P_j Q_j$$

在个人追求效用最大化的作用下，通过 Lagrangian 函数，求解方程组。可得如下结果：

$$L = U_{\text{land}}(Z) + \lambda\left(Y_{\text{land}} - \sum_{j=1}^{n} P_j Q_j\right)$$

由一阶必要条件，$\frac{\partial L}{\partial Q_j} = 0, \frac{\partial L}{\partial U} = 0$，可得：

$$\frac{\partial L}{\partial Q_j} = \sum_{i=1}^{m}\left(\frac{\partial U_{\text{land}}}{\partial Z_i}\right)\left(\frac{\partial Z_i}{\partial Q_j}\right) - \lambda P_j = 0$$

所以 $P_j = \frac{1}{\lambda}\sum_{i=1}^{m}\left(\frac{\partial U_{\text{land}}}{\partial Z_i}\right)\left(\frac{\partial Z_i}{\partial Q_j}\right)$

---

① Rosen S.："Hedonistic prices and implicit markets: product differentiation in pure competition", Journal of Political Economy, 1974, 82(1): 34-55

由于 $\lambda=\dfrac{\partial U_{\text{land}}}{\partial Y_{\text{land}}}$ 为农地支出的边际效用，故可以将上式改为

$$P_j=\sum_{i=1}^{m}\left(\frac{\partial Z_i}{\partial Q_j}\right)\left[\left(\frac{\partial U_{\text{land}}}{\partial Z_i}\right)\Big/\left(\frac{\partial U_{\text{land}}}{\partial Y_{\text{land}}}\right)\right]$$

式中：$\dfrac{\partial Z_i}{\partial Q_j}$ 为不同的农地 Q_j 一单位所含有特征 Z_i 的数量，$\dfrac{\partial U_{\text{land}}}{\partial Z_i}$ 表示农地特征属性 Z_i 的边际效用，$\dfrac{\partial U_{\text{land}}}{\partial Y_{\text{land}}}$ 表示农地支出的边际效用。两者的比值 $\left(\dfrac{\partial U_{\text{land}}}{\partial Z_i}\right)\Big/\left(\dfrac{\partial U_{\text{land}}}{\partial Y_{\text{land}}}\right)$ 表示农地支出与第 i 种特征的边际替代率，该比值表示维护在满足程度不变的状态下，增加一单位 Z_i 的消费所愿意放弃的农地支出水平。农地支出和第 i 种特征之间的边际替代率亦是第 i 种特征的边际隐含价格，可以得到：

$$P_j=\sum_{i=1}^{m}\left(\frac{\partial Z_i}{\partial Q_j}\right)\left(\frac{\partial Y_{\text{land}}}{\partial Z_i}\right)=\sum_{i=1}^{m}V_{ij}\left(\frac{\partial Y_{\text{land}}}{\partial Z_i}\right)$$

上式为第 j 块农地的特征价格方程式，此方程表示第 j 块农地的价格是其所有特征数量与该特征的边际隐含价格的乘积总和。由于 $\dfrac{\partial Y_{\text{land}}}{\partial Z_i}$ 不受常数限制，且假设所有消费者彼此有相同的效用，则农地的市场价格可以表示为农地所含各种特征的函数：

$$\begin{aligned}P_j=P_j(&location_{1j},\cdots,location_{xj},shape_{1j},\cdots,shape_{yj},size_{1j},\cdots,size_{zj},limit_{1j},\cdots,\\&limit_{aj},fertility_{1j},\cdots,fertility_{bj},environment_{1j},\cdots,environment_{cj},\\&pl_x,ps_y,ps_z,pl_a,pf_b,pen_c)\end{aligned}$$

式中：P_j 代表第 j 块农地的市场价格；$location_{xj}$ 代表第 j 块农地第 x 种区位特征；$shape_{yj}$ 代表第 j 块农地第 y 种形状特征；$size_{zj}$ 代表第 j 块农地第 z 种规模特征；$limit_{aj}$ 代表第 j 块农地的第 a 种使用限制约束；$fertility_{bj}$ 代表第 j 块农地第 b 种肥力特征；$environment_{cj}$ 代表第 j 块农地的第 c 种环境特征。pl_x 代表第 x 种农地区位特征的特征价格；ps_y 代表第 y 种形状特征的特征价格；ps_z 代表第 z 种规模特征的特征价格；pl_a 代表第 a 种使用限制特征的特征价格；pf_b 代表第 b 种肥力特征的特征价格；pen_c 代表第 c 种农地环境品质特征的特征价格。

在 HP 方程已知的情况下，对某一特征的偏微分就可以得出不同特征的边际价值。即其他特征保持不变的条件下，某一特征改变后消费者的支付意愿。

(3)特征价值法的研究进展。20 世纪 60 年代，Griliches 作为早期的贡献者之一，推动特征价值理论的发展①。但特征价值法的概念至少要追溯到 Court。1939 年，Andrew Court 用“享乐(hedonic)”价格技术分析汽车属性特征与其价格之间的关系，虽然当时特征价格理论尚不完整，但 Andrew Court 在特征价值法的实证运用上的贡献和影响较大。此后，特征价格具体的相关理论一直到 1952 年由 Houthakker 提出，他认为影响消费者的消费行为不仅和商品的数量有关，商品的品质和特征也是消费者决策的重要因素，并提出了不

① Griliches Z.："The demand for fertilizer：an econometric reinterpretation of a technical change"，Journal of Farm Economics，1958，40(2)：591-606

同于传统消费理论用商品数量衡量消费者效用满足程度的方法，探讨消费者的行为。70年代，在新消费理论的基础上，为了解决供求双方效用极大化的问题，Rosen在完全竞争市场的假设条件下，以消费者效用最大化和生产者利润最大化为目标，以均衡市场为分析前提，构建了异质商品的特征价格方程，使特征价值法逐步发展成为一种比较成熟完善的理论[①]。根据这一理论，可以运用经济学的方法把商品特征的隐含价格分离出来，分析不同商品特征的供求关系。在国外，特征价值理论的应用范围相当广泛，包括农产品、加工食品、汽车、土地、岛屿、牧场、房地产、工资、空气品质、网络服务等的价值评估。国内由于土地市场发育不完善，交易资料不足，对HPM主要是方法介绍。近年来，也有少数学者将HP运用于房地产价值评估和地价指数的编制，但仍属初步探索性的应用。今后，可在市场机制较为健全、资料较为丰富的城市生地、熟地的交易评估中作探索性研究，揭示土地属性特征与交易价格之间的内在关系。

第三节　土地资源价值评估案例

一、武汉市农地资源价值估算[②]

农地作为人类赖以生存和发展的物质基础，提供粮食、蔬菜、木材等实物型产品，以及开敞空间、景观、文化服务等非实物型生态服务，为人类带来巨大的社会福利。然而，农地比较利益低下，保护型农地的经济价值较小，非市场价值（如提供的环境舒适价值、生物多样性维护及公众健康等价值）较高；农业用地机会成本较高、经济报酬较低，风险较大；工商业用地及娱乐用地经济价值较高。农地和城市用地之间巨大的经济产出差异往往加剧农地城市流转的速度，单纯依靠市场机制的作用难以达到土地资源配置的帕累托最优状态。据三菱综合研究所的研究表明，日本水田的非市场价值达12兆日元，是水田经济产出价值的4倍；曾伟君和李欣恩对中国台湾地区水稻田的粮食安全及景观价值的研究表明，台湾民众每年对水稻田的愿付价值达73.1亿元，是2003年台湾稻米产值的25.8%[③]。相关研究证实非市场价值是农地价值构成中无法忽略的重要组成，若忽视农地客观存在这部分价值，必然会低估农地经营和农地保护的效益，而以此为依据制定的农地制度改革和其他相关政策也会发生扭曲，最终导致政策失灵。在此情况，科学、合理地评估农地价值，尤其是农地的非市场价值，形成完整的资源成本核算体系，一方面能够弥补市场机制作用不足给农地城市流转决策带来的影响，提高农地的比较效益，缓解我国土地流失的形势。另一方面，目前我国的土地分等定级估价主要考虑的是土地的经济产出，考虑分等、定级和估价的因子主要是社会经济要素，因此评估出的土地的价值仅仅是土地的市场价值(market value)，遗漏了土地的非市

① Rosen S.: "Hedonistic prices and implicit markets: product differentiation in pure competition", Journal of Political Economy, 1974, 82(1): 34-55

② 蔡银莺、张安录："武汉市农地资源价值估算"，《生态学杂志》2007(3)

③ 曾伟君、李欣恩："台湾水稻田之粮食安全及景观价值"，《农业经济半年刊》，2005(2)

场价值(non-market value)。评估较为完整的农地价值,可以修订和完善我国当前的农地分等定级成果,实行开发和保护并举的农业生产方针,为确定农地城市流转的生态损失、补偿机制等提供理论与实践依据。武汉市作为我国的大都市,中部地区的经济中心,在全国同类城市中具有典型及代表性,对其农地资源价值的估算为协调经济发展和农地保护的现实矛盾、探寻两者的均衡提供重要的决策依据。

1.武汉市农地资源概况

武汉市位于江汉平原东部,长江中游与长江、汉水交汇处,东经113°41′—115°05′,北纬29°58′—31°22′。全市现有农用地580 167.96 hm^2,占土地面积的67.86%。武汉市属鄂东南丘陵经江汉平原东缘向大别山南麓低山丘陵的过渡地区,境内中间低平,南北垄岗、丘陵环抱,北部低山耸立,形成以耕地、水域和林地为主的农地利用格局。2003年全市耕地377 558.75 hm^2,占农用地的65.08%。其中,灌浇水田和旱地占耕地面积的85.12%,望天田、水浇地和菜地仅占14.88%。园地面积12 726.21 hm^2,占农用地的2.19%,以果园面积最大、分布最广,占75.87%。林地面积76 405.30 hm^2,占农用地的13.17%,主要分布在黄陂区和江夏区。养殖水面、坑塘水面、田坎、农田水利用地等其他农用地106 592.73 hm^2,其中养殖水面和坑塘水面64 603.13 hm^2,占60.61%。

2.武汉市农地资源市场价值估算

(1)农地年纯收益计算。入户随机抽样调查郑店、流芳、纸坊、横店、滠口、玉贤、奓山、径河农场、新沟农场等九个乡镇及农场的202户农民,详细了解受访农户的人口、土地面积、种植结构、生产投入、农业税费、产值、补贴等经济资料。经整理,武汉市受访农户2004年农业生产经营情况见表8-2。其中,单位农地的生产成本(包括农药、化肥、种子等直接生产资料的投入)、产值、补贴和纯收入为调查数据,人工成本参照《湖北省农村统计年鉴2005》种植业产品单位用工标准求取。此外,武汉市从2004年开始取消农业税费,为此税费一项为零。受访农户水田以种植中稻为主,2004年政府对中稻的粮食直接补贴225元/hm^2。

表8-2　武汉市2004年不同类型农地年纯收益情况　　元/hm^2

农地类型		生产成本	人工成本	税费	产值	补贴	纯收入
水田	均值	3 737.25	2 719.65	0	10 860.00	225	4 628.10
	标准差	2 131.50	—	0	3 362.55	0	2 756.70
旱地	均值	1 935.90	2 631.22	0	8 112.60	0	3 545.48
	标准差	1 479.29	—	0	4 380.58	0	3 295.40
菜地	均值	10 320	5 839.74	0	39 150	0	22 990.26
	标准差	4 984.38	—	0	19 163.12	0	15 300.07
园地	均值	9 281.25	4 857.00	0	34 125.00	0	19 986.75
	标准差	4 725.45	—	0	11 073.60	0	12 359.10
水域	均值	16 306.05	4 560.00	0	32 954.55	0	12 088.50
	标准差	7 923.75	—	0	13 578.15	0	7 063.50

(2)农地资源市场价值估算。统计分析表明,单位农地的纯收入呈正态分布的基本态势。根据正态分布区间估计,当 δ^2 已知时,均值 μ 的双侧 $1-\alpha$ 置信区间为:

$$\bar{X}-t_{1-0.5\alpha}\frac{S^*}{\sqrt{n}}, \bar{X}+t_{1-0.5\alpha}\frac{S^*}{\sqrt{n}}$$

式中:$\bar{X}$ 为农地纯收益均值,S^* 为样本标准差,n 为样本数量。

$$\text{农地市场价值}=\frac{\text{农地纯收益均值}\pm t_{1-0.5\alpha}\frac{S^*}{\sqrt{n}}}{\text{还原率}}$$

按收益还原法的基本公式及上述调查数据,武汉市不同类型农地的经济价值估算结果如表 8-3 所示。

表 8-3　武汉市农地市场价值估算结果　　元/ hm^2

		水田	旱地	菜地	园地	水域
平均纯收益		4 628.10	3 545.48	22 990.26	19 986.75	12 088.50
$t_{1-0.5\alpha}\frac{S^*}{\sqrt{n}}$		407.27	680.84	9 483.08	6 718.48	2 410.01
还原率/%		2.25				
农地市场价值	最低价	187 592	127 317	600 319	589 701	430 155
	平均价	205 693	157 577	1 021 789	888 300	537 267
	最高价	223 794	187 836	1 443 260	1 186 899	644 378

注:土地还原率按我国商业银行 2005 年一年期银行定期存款利率 2.25%计算。

3.武汉市农地资源非市场价值估算

(1)受访居民参与农地保护的情况分析。运用 CVM 评估农地非市场价值的基本思路在于:通过问卷调查引导受访居民进入假想市场环境,询问其保存农地所愿意支付的价格(Willingness to Pay,WTP),揭示消费者对农地的偏好程度及支付意愿,并把样本扩展到研究区域整体,用平均支付意愿乘以研究区域的家庭户数,估算出农地环境改善所能带来的经济效益。问卷调查根据武汉市农地资源分布,城郊区选择农地分布较多且类型不同的江夏、蔡甸、黄陂及园地集中的东西湖进行随机抽样,样本数量及分布按比例抽取,总样本 210 份;主城区根据汉口、汉阳、武昌三镇的市民家庭户数,结合调查群体的性别、年龄、文化程度、职业类型等特征随机抽取,样本 210 份。采用面对面的调查方式,问卷的回收率很高,排除一些有明显错误的问卷(如前后矛盾、胡乱回答、信息严重残缺等),回收有效问卷 408 份,占样本的 97.14%。其中,回收农民有效问卷 202 份,占样本的 96.19%;市民有效问卷 206 份,占 98.10%。有效样本中有 336 户(农民 175 户,市民 161 户)家庭对保存农地有支付意愿,占 82.30%;不愿意为保护农地捐钱、出力的家庭有 72 份,占 17.65%。调查居民参与农地保护的支付意愿,采取支付价值卡(Payment Card)的询价方式,卡内的价格区间及排序按预调查的统计均值和方差加以确定。结合当地实际,受访居民可以选择捐赠货币的形式参与农地保护，也可选择义务劳动的方式参与。其中，农村劳动力相对富余、经济收入较低，85.14%的农户普遍选择义务劳动方式保护农地；而有支付意愿的市民家庭中有55.28%选择捐钱方式参与农地保护。

为此，在进行价值处理时，需要将居民以义务劳动方式参与农地保护的支付意愿按其同期的机会工资折成货币价值。调查时同时询问了受访居民的日均工资水平，武汉市农民日均工资31.53元，市民工资40.83元/天。另为降低策略性偏差，保证数据的真实、可靠性，根据支付意愿不得大于个人收入的原则，在数据处理过程中剔除边缘投标，将年均支付意愿大于家庭年收入10%以上的数据作异常样本剔除。

(2)受访居民对各类型农地保护的最高支付意愿分析。按上述数据处理标准，对调查数据进行了统计分析，武汉市受访农民和市民家庭对不同类型农地的保护偏好及最高支付意愿如表8-4、表8-5所示。调查表明，农户愿意保护水田的有145户，占71.78%；对旱地、林地、水域和园地的支付率分别为48.51%、29.21%、45.05%和9.9%。市民家庭愿意参与耕地、园地、林地、水域用地保护的人数分别为157人、157人、160人、158人。从受访居民参与农地保护的情况分析，农户当前普遍愿意保存自家经营的水田和旱地，保护公共水域、林地和园地的参与率则相对较低；从愿付数额比较，农民对经济产值较高的园地和水域用地的平均支付意愿高于其他类型农地的支付意愿。而市民普遍对当前流失速度最快且与生活联系最直接、最紧密的耕地资源的支付意愿最高。

表8-4 武汉受访农户对农地保护支付意愿的统计结果 元/(户·年)

农地类型		支付率/%	平均支付意愿	标准差	最小值	最大值
耕地	水田	71.78	199.48	128.15	3	409.61
	旱地	48.51	187.28	136.11	3	409.61
园地		9.90	330.70	188.31	78.12	1 000
林地		29.21	222.15	147.83	8	409.61
水域		45.05	238.72	155.43	3	1 000

表8-5 武汉受访市民对农地保护支付意愿的统计结果 元/(户·年)

农地类型	支付率/%	平均支付意愿	标准差	最小值	最大值
耕地	76.21	228.31	210.52	3	1 000
园地	76.21	211.94	196.89	3	530.14
林地	77.67	216.55	193.48	3	530.14
水域	76.70	211.78	199.40	3	530.14

(3)武汉市农地非市场价值估算。武汉市现有农村居民1 026 855户，城市居民1 272 274户。以上述受访居民家庭对农地资源非市场价值的支付率和户均最高支付意愿为参考，乘以武汉市当前居民家庭户数，便可估算出全市居民对不同类型农地非市场价值的保护意愿。武汉市农地非市场价值估算结果如表8-6所示。

表 8-6 武汉市居民对各类农地非市场价值的支付意愿(WTP)

农地类型	支付意愿总价值/万元	面积/hm²	单位支付意愿价值/(元/hm²)	非市场价值/(元/hm²)
耕地	46 169.07	377 558.80	1 222.83	54 348
园地	23 911.55	12 726.21	18 789.22	835 076
林地	28 062.20	76 405.30	3 672.81	163 236
水域	31 709.36	158 023.20	2 006.63	89 183
小计	129 852.20	624 713.40	2 078.59	92 382

注:还原率同前为 2.25%。

估算表明,从受访居民保护农地的支付意愿出发,全市各类型农地资源中,园地的非市场价值最高,其次是林地,水域及耕地的非市场价值较低。单位农地非市场价值的高低与资源禀赋显著相关,资源越丰富的农地类型,非市场价值愈低;反之,越稀缺的资源,非市场价值愈高。全市居民对农地资源的年均保护意愿达 129 852.20 万元,相当于 2004 年武汉市农业增加值的 12.61%。

4.武汉市农地资源总价值

综合农地市场价值和非市场价值的估算单价,可以评估出全市现有不同类型农地资源的总价值(表 8-7)。全市农地资源的非市场价值现值达 577.12 亿元,是农地资源价值构成中无法忽略的重要组成。其中,武汉市现有耕地资源价值达 1 056.98 亿元,相当于 2004 年全市生产总值 1 956 亿元的 54%,目前无法通过市场价格体现的非市场价值有 205.19 亿元,占耕地资源价值构成的 19.41%。园地、水域用地的非市场价值在资源价值的比例份额分别达 48.45%和 14.23%。单位园地和水域资源的整体价值分别是耕地价值的 6.16 倍和 2.24 倍。

表 8-7 武汉市不同类型农地价值估算结果

农地类型	面积/hm²	市场价值		非市场价值		总价值	
		单价/(元/hm²)	总价值/亿元	单价/(元/hm²)	总价值/亿元	单价/(元/hm²)	总价值/亿元
水田	220 199.43	205 693	452.93	54 348	119.67	260 041	572.61
旱地	139 900.21	157 577	220.45	54 348	76.03	211 925	296.48
菜地	17 459.11	1 021 789	178.40	54 348	9.49	1 076 137	187.88
耕地小计	377 558.75	225 601	851.78	54 348	205.19	279 950	1 056.98
园地	12 726.21	888 300	113.05	835 076	106.27	1 723 376	219.32
林地	76 405.3	—	—	163 236	124.72	—	—
水域	158 023.18	537 267	849.01	89 183	140.93	626 450	989.94
合计	624 713.44	—	—	92 382	577.12	—	—

二、休闲农地景观资源的游憩价值估算[①]

都市农业作为城郊型和劳动资本双密集型的产业，兼具为城市社会提供食物安全、劳动就业、生态保障、开敞空间、休闲游憩和环境教育等多重功能，是城市人群亲近大自然的一种重要途径[②]。其将传统农业与旅游业相结合，利用农田景观、自然生态及环境资源，结合农业生产、农村文化及农家生活等人文景观，为人们提供休闲、娱乐、游憩、文化教育等多重功能。尤其，伴随着体验经济的兴起，城市开敞空间和景观资源的稀缺，城郊休闲农业观光、旅游效益愈加显著，并成为新的经济增长点。采取实地问卷调查的方式，应用旅游成本法中的区域旅游成本法（zonal travel cost method，ZTCM）和个人旅游成本法（individual travel cost method，ITCM）两种基本模型对城郊农地景观的游憩效益进行估算。农地景观游憩价值的货币化计量，较为科学合理地揭示出农地景观给消费者带来的社会福利，有效地解决农地生态补偿机制构建的一个技术难题，为确定农地生态补偿标准，规范人类活动的性质和干扰程度，优化农地景观格局，促进和引导都市休闲农业的可持续利用具有重要的意义。

1.研究案例

休闲农业具有娱乐、旅游观光、教育和创新功能，是城市居民放松身心、休闲度假及农业体验的主要去处。武汉市自2001年启动农业观光旅游以来，目前已有休闲农舍、休闲山庄、农业旅游点、生态旅游点、特色美食街五种类型的农业观光休闲景点和经营户713个，直接转移农村劳动力9 800多人，2006年1～9月实现旅游综合收入6.7亿元[③]。在此，我们选择乡村休闲游市场发展较成熟、经营特色鲜明的石榴红休闲农场作为研究案例。石榴红休闲农场位于慈惠农场鸦渡大队，东邻京珠高速公路汉江大桥段，西与新沟农场杨柳青接壤，南临汉江，与蔡甸区隔河相望。下辖老鸦咀、渡口等自然村，人口1 749人，蔬菜基地面积151.03 hm^2。过去曾是偏远、贫困的自然村落，2005年打造生态农业和休闲旅游，年均观光游客达18 000人次。农场开辟有13 hm^2的蔬菜采摘区和3 hm^2的菜地认领区，集农业认养、蔬果采摘、休闲垂钓、农事劳作、农家食宿为一体，供游客休闲度假。5～7月乡村休闲游旺季，农场的旅游收入达到30多万元/月，接待游客最多的村民月收入8 000元，村民平均每户月增收1 000多元。据调查，一般的菜地年均净收益在22 990.26元/hm^2，石榴红休闲农场转型后蔬菜地年净收益在60 000元/hm^2，单位用地效益净增1.6倍。从传统的种植业生产单位转型为以休闲度假、农事体验、农业观光为主的农业园区，石榴红农场休闲农地能够通过市场价格显现的单位土地效益倍增，但带给消费者更多的仍是目前无法在市场配置的景观效益及福利。

2.问卷设计与抽样调查

（1）问卷设计。此次调查，根据信息的需求，分别设计农场类和游客类两套问卷。其中，针对游客的正式问卷由以下几部分内容组成：①游客的社会经济特征。包括观光样本游客

① 蔡银莺、张安录："城郊休闲农业景观地游憩价值估算——以武汉市石榴红农场为例"，《中国土地科学》，2007(5)

② 尼科·巴克等：《增长的城市，增长的食物——都市农业之政策议题》，北京：商务印书馆，2005

③ 长江日报："因地制宜尊重民意，乡村休闲游将评'星'"，2006年11月23日，http://zx.cjn.cn/whyw/zxdt/200611/t240763.htm

的性别、年龄、文化、职业、出行方式、出游动机、是否多目的地旅游、观光次数等。②游客在休闲农场的基本费用。详细调查样本游客的出发地、通勤距离、通勤时间、游玩时间、游玩活动、交通费用、餐饮住宿费用、农业体验开支、购买土特产品的花销情况等。③游客对休闲生态农场的评价程度。调查游客对休闲农场的农田景观、空气质量、农家餐饮、垂钓环境、科普教育、服务质量、活动安排、农场特色等方面环境资源及服务品质的满意程度。农场类问卷的内容主要包括两部分:①休闲农场的基本情况。包括农场转型时间、企业性质、经营模式、经营特色、土地面积、转型前后容纳的劳动力人数、固定资产投资、投资收益等基本情况。②休闲农场的经营效益。了解休闲农场观光游客的客源地、经营季节、经营范围、经营状况、经营特色、转型前后的经营绩效等经济效益情况。

(2)抽样调查。农场类问卷面访石榴红农场的经理及书记,填写问卷 1 份,了解石榴红农场的基本情况和经营效益。游客抽样调查是此次调查的重点,受访游客的样本数量按 Scheaffer 抽样公式确定,公式为

$$N^{*}=\frac{N}{(N-1)\delta^{2}+1}$$

式中:N^{*} 为抽样样本数,N 为年观光游客数,δ 为抽样误差。设定抽样误差 0.07,石榴红农场年均游客总量在 18 000 人次,经过计算游客调查的抽样份数在 200 份左右。2006 年国庆“黄金”周期间,我们对石榴红农场的游客进行面对面的随机抽查,获取有效问卷 182 份。

3.结果分析

(1)游客的基本特征。

①性别和年龄结构。受访游客中女性占 44.75%,男性占 55.25%。38.67%的游客年龄在 31～40 岁,其中女性游客在该年龄段的占 43.21%,远高于男性游客的比例;41～50 岁及 20～30 岁年龄段仅次,分别有 17.68%和 16.02%的游客。女性游客中 40 岁以下年龄段所占比例在 77.77%,明显高于男性游客在该年龄段的比例(51%);男性游客年龄段在 41 岁以上的占 49%,其中 41～50 岁年龄组的游客占总量的 24%,显著高于女性在该年龄段的比例。可见,年轻女性对休闲农业的消费偏好高于普通人群,尤其 31～40 岁年龄组女性对休闲农业的消费结构最高;男性游客市场中以中年人为主,该比例高于女性。年轻知识女性和中年男性对休闲农业的消费较高。

②文化和职业结构。游客中本科以上学历的占 48%,专科学历的占 17%,初中和高中学历的分别只有 12%和 23%;游客的职业构成中,公务员、教师、医生、技术人员、个体工商户、所占比例较大,其中公务员占游客的 16.57%(图 8-2)。调查表明,目前农业观光、休闲的以高学历、具有稳定职业和较高收入来源的游客为主。

③收入结构。16.02%的游客家庭月收入在 2 000 元以下,41.99%的游客家庭月收入在 2 000～4 000 元,26.52%的家庭月收入在 4 000～6 000 元,家庭月收入 6 000 元以上的游客有 11.6%。调查表明,休闲农场的游客以中高收入阶层为主。

④出游动机。95.59%的游客到城郊休闲农场游玩的纯粹为了休闲度假、舒缓紧张的城市生活、欣赏农业景观、体验农村生活、接近自然,4.41%的游客是为了陪同亲友、聚会、健康疗养等目的。其中,农业采摘、农业观光、带孩子体验农村生活是女性游客的最主要活动选择,男性游客以垂钓、农家餐饮、休闲度假为主。

⑤出游方式。受访游客中,68%是自驾车出行,22%搭乘公共汽车,3%租车,有 2%和 3%是步行和骑自行车来的,单位组织及跟随旅游团的分别仅占 1%。同行人数 2～3 人的

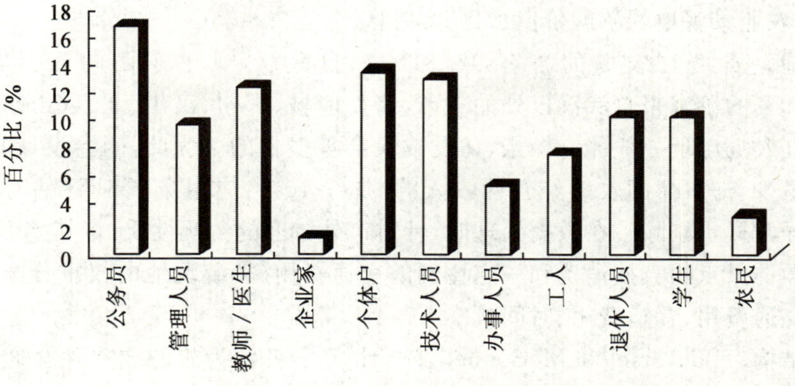

图 8-2　石榴红农场游客的职业结构

游客占 33.89%,4～6 人的占 35%,7～9 人占 16.67%,10 人及以上的占 14.44%。调查表明,休闲农场的游客多以家人及亲友结伴同行,休闲度假及农业体验,聚会及单位组织活动的也有部分。

⑥满意程度。调查表明(表 8-8),52.75%的游客对石榴红农场的整体感觉表示满意,30.77%表示一般满意。其中,对农场的田园风光、空气质量及生态景观满意度较高,对农庄的活动安排、科普教育、住宿设施及服务价格多数游客表示感受不深,未做评价。游客的重返意愿也一定程度反映其对农业景观的满意程度,调查中有 59.12%的游客表示会带着家人及朋友再次来游玩,17.68%的游客表示不会再来,23.20%的游客表示不清楚是否会再来。

表 8-8　游客对石榴红农场农业景观的满意程度评价　　%

项目	非常满意(=5)	满意(=4)	一般(=3)	不满意(=2)	非常不满意(=1)	未填(=0)
整体感觉	10.44	52.75	30.77	3.30	0.00	2.75
田园风光	26.92	43.96	20.33	3.30	0.55	4.95
空气质量	47.25	38.46	6.59	1.10	0.00	6.59
生态景观	19.23	38.46	29.12	4.40	0.00	8.79
农家餐饮	7.14	21.98	28.02	4.40	0.00	38.46
垂钓环境	6.04	24.18	32.97	3.30	0.55	32.97
住宿设施	3.85	9.34	27.47	6.04	0.00	53.30
科普教育	3.30	7.69	26.37	5.49	0.00	57.14
服务态度	7.14	24.73	23.63	8.24	2.20	34.07
服务价格	6.59	19.78	26.92	6.59	0.00	40.11
农庄特色	11.54	19.78	32.42	4.95	0.55	30.77
活动安排	1.10	4.40	23.63	14.84	2.20	53.85

(2)休闲农业景观地的游憩价值 ZTCM 估算。

①客源地。石榴红农场的游客 92.31%来自武汉,其中东西湖区游客占总量的 23.63%,7.69%的游客来自武汉以外的省市,诸如应城、鄂州、汉川、北京、山东等地。市外游客到石榴红农场游玩一般伴有探亲、访友或聚会等多目的。为此,问卷设计时,考虑到这部分客流量虽少,却占休闲农场经营性收入的 5%～10%,应用 ZTCM 评估时没有将这部分样本作为异常样本剔除。在数据处理时,针对市外游客的游玩性质,将其整个行程的旅行费用扣除在顺访景点的直接消费和一定比例的交通费用(按游玩地的权重分配),得到其在休闲农场的交通费用、食宿费用、时间成本。

②费用结构。Bockstael 和 McConnell、Smith 等学者认为旅游成本除交通成本和门票外,还包括在游憩地的食宿开支、购物、时间成本及使用游乐设施的支出等。石榴红休闲农场的进入价格为零,附近居民有的步行或骑自行车过来游玩 1～2 h,旅游费用极低。一般游客的旅游费用主要包括交通费用、餐饮食宿费用、农业体验开支和时间机会成本四项。其中,考虑到休闲农场的游客为中高水平者,为此区别多数研究人员以区域平均费用作为计量基础,在此以游客的交费费用、餐饮食宿费用、农业体验开支、时间成本按游客的实际开支的均值作为计算基础,其中时间机会成本按游客月实际收入的 1/3 赋值。石榴红农场游客的平均旅游费用 76.54 元/人,以餐饮食宿费用和时间机会成本为主,分别占旅游费用的 38.71%和 33.64%,农业体验开支和时间成本分别占 13.94%和 13.71%,表明石榴红农场在观光产业、农业生产体验方面的消费项目开发仍需进一步加强。

③旅游费用的影响因素。分析表明(表 8-9),石榴红游客旅游费用的高低主要取决通勤距离、游玩时间收入水平、性别的影响。其中,交通费用和时间机会成本是游客旅游费用的重要组成,因此通勤距离、游玩时间、小时工资对旅游费用有显著的正向影响,男性游客的整体花销及消费偏好明显高于女性。

表 8-9　旅游费用的影响因素

解释变量	回归系数	标准误	F 值	显著性
截距	−33.009 56	5.892 29	31.38	<0.000 1***
通勤距离	0.499 27	0.018 60	720.43	<0.000 1***
游玩时间	10.984 23	0.489 84	502.83	<0.000 1***
小时工资	2.585 70	0.338 48	58.36	<0.000 1***
性别	−9.703 11	5.253 09	3.41	0.066 4*

注:*** 表示在 $\alpha=1\%$下显著,** 表示在 $\alpha=5\%$下显著,* 表示在 $\alpha=10\%$下显著。

④回归模型。各地出游率与旅行费用的关系见图 8-3。可以看出,旅游费用和地区的旅游率呈负相关关系,旅行费用越高的区域,出游率越低。以出游率(VZ)为因变量,旅行费用(TC)为自变量,拟合的回归方程为:$VZ=146.003\ 6-58.875\ 7\log(TC)$。方程的决定系数 $R^2=0.234\ 9$,$F=4.91$,显著性水平$=0.041\ 5$。

⑤游憩需求曲线。根据拟合公式,计算不断追加旅行费用时各地的出游率及出游人次。所有小区的出游人次和就是与追加旅行费用相对应的总出游人次。随着追加旅行费用越来

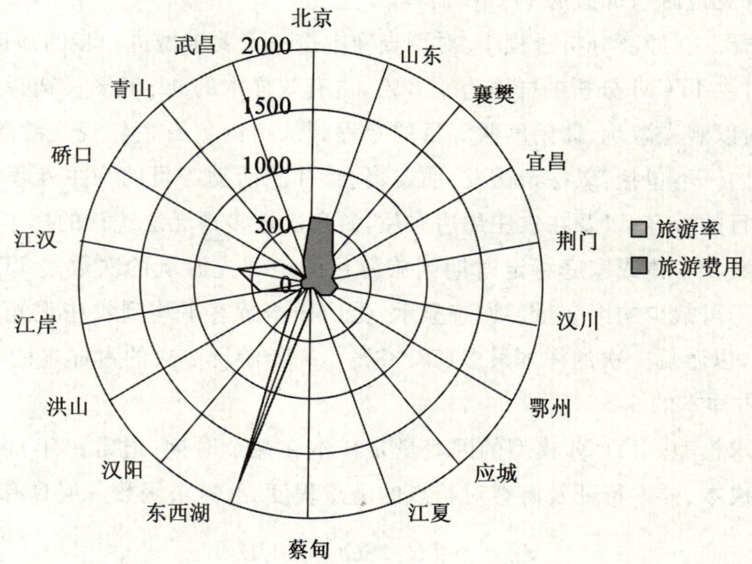

图 8-3　石榴红农场旅游费用与旅游率关系

越高，出游率将越来越低，总出游人次越来越少，旅行费用增加大到一定数目时，总旅行人次降低为 0。根据这个系列对应数据组，拟合石榴红农场客流量与追加旅行费用的函数关系曲线，计算总消费者剩余。

根据这个系列对应数据组，拟合石榴红农场客流量与追加旅行费用的函数关系曲线（图 8-4），计算总消费者剩余。

$$TCS = \int_0^{40\ 000} 4\ 141.70 - 0.143\ 9x\mathrm{d}x = 50\ 579\ 904\ (\text{元})$$

石榴红农场 2006 年总消费者剩余在 5 057.99 万元，人均消费者剩余（consumer surplus，CS）2 809.99 元，约为游客平均旅行费用的 36.71 倍；休闲农场单位用地年均游憩价值 334 905 元/hm^2，是单位土地经营性收入 60 000 元的 5.58 倍。

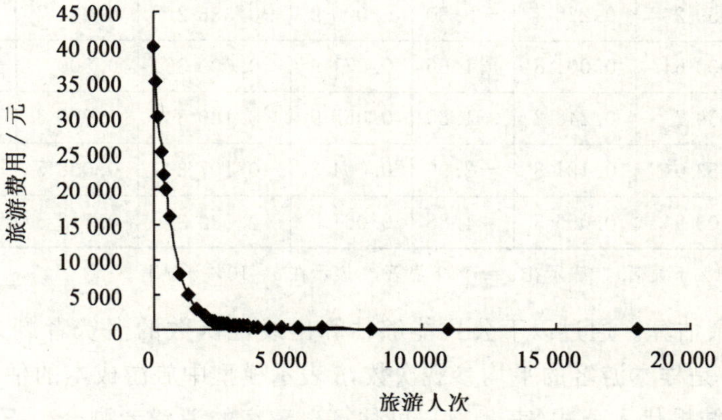

图 8-4　石榴红农场游憩需求曲线

(3)农业景观地游憩价值的 ITCM 估算。

①样本选择。在经济分析过程中,对调查样本按一定要求做进一步的筛选,剔除部分样本,最终选择可供 ITCM 分析的样本有 168 份,占有效样本的 92.31%。选择用于 ITCM 分析的样本包括:以观光游玩、休闲度假等目的专程到从市内到石榴红观光游玩的游客,游玩时间在一天之内。不包括:以探亲访友、朋友聚会、社团活动等目的为主专程从市外及省外过来游玩的多目的游客;以及在农庄周边居住,游玩次数多得无法统计的样本。

②游玩次数。个体或家庭特定时期到旅游目的地观光游玩的次数是 ITCM 衡量环境资源游憩价值不可缺少的因变量。调查显示,受访样本游客平均到农庄观光游玩的次数在 5.577 4 次/年,以游玩 1 次的样本最多(77.38%),一年游玩 2 次的占样本的 13.10%,游玩 3 次以上的只占样本的 9.52%。

③游憩需求模型。ITCM 模型的因变量是样本在某个时期(通常一年)内的旅游次数,自变量是旅行成本、样本特征及游客对景点的满意程度等,需求函数一般具有如下形式:

$$V_{ij}=f(TC_{ij},SOC_{ij},SUB_{ij})$$

式中:V_{ij} 表示特定时期个体 i 到旅游地 j 的次数;TC_{ij} 表示个体 i 到旅游地 j 旅游一次的费用,包括交通费用、餐饮食宿费用、农业体验开支和时间成本等;SOC_{ij} 表示 j 地样本游客 i 的社会经济特征;SUB_{ij} 表示个体 i 旅游替代品的特点。将样本数据在 SAS 统计软件上进行回归分析,影响游客旅行次数的决定因素见表 8-10。游客到石榴红农场观光游玩的次数受通勤时间、旅游费用、经济收入、性别和文化程度因素的显著影响,离休闲农场通勤时间越长、游玩费用越高的游客年游玩次数越少;男性游客的游玩次数高于女性游客,经济收入越高的游客游玩次数越高;但与游客的教育程度呈负相关关系,原因可能在于文化程度越高的游客休闲时间越少,其替代的旅游地越多有关。

表 8-10　ITCM 的旅游需求结果

变量	线性				半对数			
	参数估计	标准误	*F* 值	显著性	参数估计	标准误	*F* 值	显著性
截距项	3.455 4***	0.543 0	6.36	<0.000 1	0.896 9***	0.171 9	5.22	<0.000 1
通勤时间	−0.859 2***	0.226 4	−3.80	0.000 2	−0.336 2***	0.071 7	−4.69	<.000 1
旅游费用	−0.000 64*	0.001 8	−1.66	0.071 9	−0.000 36*	0.000 6	−1.87	0.052 2
性别	0.459 7*	0.248 2	1.85	0.065 9	0.160 6**	0.078 6	2.04	0.042 7
教育程度	−0.353 0***	0.121 8	−2.90	0.004 3	−0.107 3***	0.038 5	−2.78	0.006 0
个人月收入	0.103 9*	0.055 3	1.88	0.061 8	0.030 8*	0.017 5	1.76	0.080 5

注:*** 表示在 $\alpha=1\%$ 下显著,** 表示在 $\alpha=5\%$ 下显著,* 表示在 $\alpha=10\%$ 下显著。

④消费者剩余估算。通过以下公式能够估算出线性函数的消费者剩余,式中的 CS 表示消费者剩余,q_0 是样本游客的平均参观次数,β 表示模型中旅游成本的估算系数。将表 8-10 中模型拟合的结果代入公式(表 8-11),可估算出游客的消费者剩余。石榴红农场年均接待观光游客 18 000 人次,按此估算石榴红休闲农场年均总消费者剩余(TCS)在 3 480.28 万~

7 821.72 万元。

表 8-11　ITCM 线性和半对数旅游需求函数估算出的游憩价值

需求函数	计算公式	人均消费者剩余/(元/人)	总消费者剩余/10^4 元
线性函数	$CS=-\frac{q_0^2}{2\beta_1}$	$CS=-\frac{1.577\,4^2}{2\times(-0.000\,64)}=1\,933.49$	$TCS=3\,480.28$
半对数函数	$CS=-\frac{q_0}{\beta_1}$	$CS=-\frac{1.577\,4}{0.000\,36}=4\,345.50$	$TCS=7\,821.72$

复习思考题

1. 阐述土地资源价值内涵及其构成。
2. 分析土地价值评估方法及其适用范畴。

参考文献

[1] 马歇尔. 经济学原理[M]. 北京:人民日报出版社,2009.
[2] 雷利·巴洛维. 土地资源经济学——不动产经济学[M]. 1978.
[3] 蔡运龙. 自然资源学原理[M]. 北京:科学出版社,2007.
[4] 黄贤金. 资源经济学[M]. 南京:南京大学出版社,2010.
[5]周诚. 土地经济学原理[M]. 北京:商务印书馆,2003.
[6] 彭补拙,濮励杰,等. 资源学导论[M]. 南京:东南大学出版社,2014.
[7] 姜文来,杨瑞珍. 资源资产论[M]. 北京:科学出版社,2003.
[8] 孙昌金,陈晓倩. 中国森林生态效益补偿基金(机制)政策剖析[A]. 生态环境效益补偿政策与国际经验研讨会论文集[C]. 北京:中国林业出版社,2002,28-32.

第九章 土地资源利用概论

土地资源利用是实现土地价值的基础。当然，不同空间尺度的土地资源利用，有不同的价值追求或目标选择。本章主要介绍土地资源利用的目标与基本原则，并阐述了土地资源利用的主要影响因素。

第一节 土地资源利用及其目标

土地资源利用是一个综合性问题，是为了实现最大生态经济效益，在特定的时期和地区条件下，通过一系列合理组织、协调人地关系及人与资源、环境关系的活动，而对土地资源进行开发、利用、治理、保护及管理的动态过程。

人类利用土地的目的，无外乎是从土地利用过程中获得物质产品和服务（效用），来满足自己的生存和发展需要。前者主要包括生产资料和生活资料，即由土地上生长的植物通过光合作用，把土壤中的各种营养成分合成为有机物（食物产品），或者从土地中（上）获得动物产品、矿藏、工业原料和动力等；后者主要是指土地为人类提供生产、生活的场所、空间等。

人类利用土地的目标按其最终发挥的作用又可分为：经济目标、生态目标和社会目标。

(1)所谓土地利用的经济目标，是指最大限度地满足社会物质生产和生活对土地的需求。中国是社会主义国家，要建立市场经济体制，通过市场经济机制，促进土地的合理布局，实现土地供给与需求的平衡。

(2)保护土地利用的良好生态系统，这不仅仅是中国土地利用要注意的目标，也是全人类共同关注的重大问题。保护土地利用的生态系统，首先就是保护耕地，保护一切土地资源。耕地锐减、土地资源遭受污染破坏，已成为中国经济发展的重要制约因素。因此，在中国，保护耕地、保护一切土地资源，保护土地利用生态系统，并提高其功能，不仅具有巨大的现实意义，同时也是造福子孙后代的伟大事业。

(3)土地利用的社会效益，也是现代人生活所要求的一个重要目标。好的环境，能使人们身体健康，而且生活具有乐趣，包括美丽的自然景观、新鲜的空气、清洁的环境、赏心悦目的家园、融洽的人文环境。现代都市人生活节奏加快，希望有一个良好的生活环境，消除疲劳，恢复精力。城市的文化生活比农村丰富，但城市的空气和环境往往不及农村。在工业化初期，人们为了享受都市文明，纷纷涌进城市。而在城市居住一段时间后，发现他们为此失掉了农村的新鲜空气、优雅而安静的环境以及和谐的人际关系，并受到环境污染的威胁，因而又开始逐渐重返农村居住。这种情况在一些工业发达国家已经出现。

土地资源利用的三个方面目标常常是相互冲突的：经济增长总是面临着环境污染和生态破坏的困境，从而产生发展的矛盾；环境保护与社会公平目标之间又存在资源在不同地区和不同代际之间的土地资源配置及利用的矛盾；经济发展所带来的土地增值收益往往会产生分配不均，从而产生资产矛盾。土地利用及管理就需要避免或解决上述矛盾，使三者实现均衡。三目标均衡机制如图 9-1 所示。

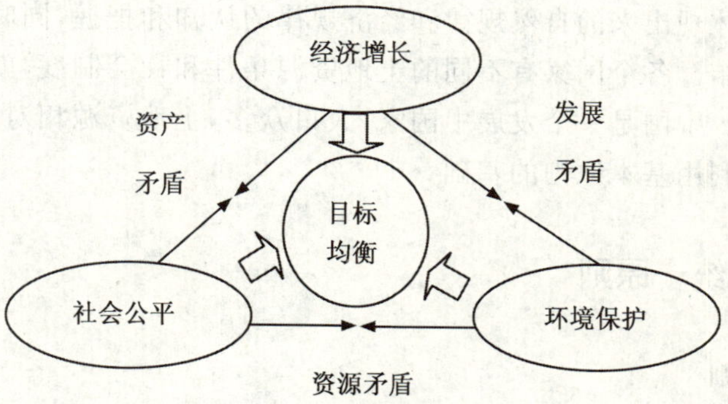

图 9-1　土地资源利用的目标冲突与协调

参照梁湖清(2003)

土地资源利用的目标，可简单地解释为土地资源利用应达到何种目的，它不仅要明确，而且要具体和可行。对于个人来说，土地资源利用的目标是利润最大，而土地资源利用的社会目标则是"①财富的生产与分配的平衡；②自然资源的保护；③增加有赖于土地利用的生活乐趣"。[①] 土地资源利用的个人目标和社会目标难免有些矛盾，但这些矛盾可以通过国家的限制或控制措施予以解决，使个人和社会目标趋于一致，即：

个人⇆社会→
- 产业用地(商服、工、农等)→ 利润最大化
- 住宅用地(高、中、低档住宅)→ 效用最大化
- 设施用地(市政设施、社会设施等)→ 福利最大化

所以，城市土地资源利用的最终目标是既要不断适应产业及现代化、社会化的发展进程，又要不断适应居民素质的提高，按不同城市性质和不同用地条件而形成的一个整体优化的结构。如果城市土地资源利用现状达不到上述目标时，不能以牺牲产业的发展或牺牲居民素质的提高来迁就城市土地资源利用现状，而只能是寻找改善、改进利用现状的新途径，使之更好地为最终目标服务。

为了实现这个目标，国家要采取规划这项法律和行政措施来协调个人与社会目标的矛盾。详细的规划落实到具体地块，对其用途、容积率、建筑面积、绿地面积及绿化率、建筑形式和色彩、建筑后退红线距离、出入口位置、建筑最大限高或平均层数等，都需做出明确的规定。总体规划是城市建设和发展的战略部署，它必须能使城市建设适应未来发展的要求；能够提供城市社会愈益完善的发展条件和享受条件，要使城市土地已有效用、效益能够不断发展、扩大，推进良性循环；并且使城市用地与城市周围小城镇和近远郊，乃至更大范围区域的发展相协调。合理规划方案的制定必须充分依据城市土地资源利用的有关法律和原理。

---

① T·伊利：《土地经济学原理》，北京：商务印书馆，1982 年，第 251 页

第二节　土地资源利用的基本原则

土地资源利用的基本原则就是人们在土地利用过程中所需依据并坚持的准则，它既是人们对土地利用中体现出来的自然规律和经济规律的认知和把握，同时也是对土地利用实践经验的概括和总结。各个国家有不同的土地资源条件和社会制度，就会有不同的土地资源利用的基本原则。中国是一个发展中国家，人口众多，土地资源相对不足，中国的基本国情是决定土地资源利用基本原则的基础。

一、"三效益"统一原则

1. 经济效益原则

经济效益原则，即土地利用必须以提高土地资源利用效率为基本目标。这一原则要求人们的土地利用行为必须在充分认识和遵循土地利用的自然规律和土地经济规律的基础上，尽量规范土地经济行为，灵活运用市场机制对资源配置的基础性功能，使土地资源的利用达到一种有效率的状态。

这一原则主要是体现了生产和土地利用的目的，也符合土地利用的一般经济规律。在现阶段，发展生产的目的是满足人们不断增长的物质和文化需要。这里的关键是要不断提高生产的社会经济效益，创造出更多更好更适销对路的物质财富和精神财富。土地利用作为生产的重要或主要组成不分，当然也不例外。人们对土地开发利用的直接目的，是获取自身生存和发展的物质条件和文化娱乐场所。同样，这里的关键问题是提高土地利用效益，包括经济效益、社会效益和生态环境效益。后两者实际都与经济效益有关，社会效益是整体和全局的经济效益，生态环境效益可以说是久远的土地利用经济利益。按能够取得的形式还可分为土地利用优劣经济效益和投入产出经济效益，前者又可看作是比较经济效益，即同一块土地由于不同的用途有不同的效果。正因为经济效益原则体现了土地利用的目的，符合一般经济规律的要求，所以它是土地利用的基本出发点和首要原则。

2. 社会效益原则

土地利用过程不仅要致力于达到土地经济的有效率状态，而且还应该注重其社会性目标的实现。比如，土地利用行为要有助于维护已经确立的土地产权制度，特别是土地所有制，即维护代表该国或地区通知阶级利益的土地所有制及由此产生的制度化的土地经济关系，同时，土地资源的配置和利用方向要尽力满足社会各领域，特别是非营利性的、带有社会保障的公益事业对土地的需求等。

3. 生态效益原则

土地的开发利用必须做到利用和养护有机结合，培养资源战略观念，尽力防止人们由于对土地资源的耗竭性利用而破坏生态环境的平衡，影响土地经济的可持续发展。生态效益原则是一个战略性的原则，这一原则所要达到的目标是人类对土地的利用行为要有助于土地自然生态的良性演化，即人类的土地经济行为和土地生态行为达到和谐，这是人类开发利用土地乃至其他一切自然资源的最高境界。必须注意的是，生态效益原则要求经济效益目标、社会效益目标的实现不能以牺牲土地生态环境质量为代价。因为，从长期角度来看，只有生态效益目标得到保证，经济目标和社会目标才可以持续的、均衡地、高质量地得以实现。

二、多规融合、专业化利用与综合利用原则

这一原则是针对各个用地部门之间的相互关系的。它包括相互紧密联系的两个方面。其一是“统筹兼顾”，即从宏观、中观、微观方面，土地资源利用都要兼顾国民经济各个部门、人民生活的各个方面的需要而进行全面安排。

土壤是由地质大循环和生物小循环共同作用而形成的。土壤在其漫长的形成过程中，形成其独特的功能，并养育了最适合它自己的动植物，如果让这些动植物改变其生存环境，那么其生物产量和经济蝉联会很低。而人类的农业生产活动，正是通过这些动植物来获得食物的，要想获得高产，就应该遵循因地制宜的原则，而不能“想种什么就种什么”，这就是土地专业化的道理。专业化生产还要求适当的“集中连片”，以便于进行专业化管理和专业指导。

需要指出的是，由于土地资源具有多宜性，因此，需要注重耕地利用与城市建设、工业发展、生态保护等之间的相互关系。因此，多规融合或多规合一理念的提出，为协调各类空间在土地利用方面的冲突提供了新的思路。

三、因地制宜、保护优先的原则

土地作为一种自然资源或生产资料由于受自然条件和经济条件的影响，各地的土地有明显的差异，从而有各种不同的用途。有的宜农，有的宜林，有的宜牧，有的宜发展工矿业，有的宜发展旅游事业等。因地制宜就是根据土地的不同特点，安排相应的用途，获最佳效益。

“保护优先”要求在全国范围内，在土地资源总量的分配中，通常应当优先满足农业生产、生态环境的需要，尤其是其中食品生产和生态红线用地的需要，以免农产品依赖进口为主而造成极大被动，同时也为生态脆弱区保护提供制度支撑。土地综合利用的优势具体表现：①可是现可持续发展的目标，对城市土地利用进行综合控制与引导，将城市布局结构与区域土地利用的自然生态规划相结合，有利于环境综合效益的发挥。②城市建设用地增长方式可由“粗放型”向“集约型”发展，土地开发由开发增量型变为盘活存量型，在城市边界向外扩张的同时，更注重建成区土地的合理利用。③对非城市建设用地进行严格控制，保护性利用部分土地，为市民提供多样化的休闲空间和设施，并使城市生态良性循环。综合开发原则，既符合土地利用的基本目的，同时也符合土地具有多种用途的自然特性。

四、利用和整治相结合的原则

这一原则是针对土地利用中的当前与长远关系而提出的，是解决当前用地与长远用地之间矛盾问题的。土地是一种可以永续利用，持续为人类提供财富的自然资源，前提条件是在合理利用的同时，采取必要的整治保养措施，保持土地的生态平衡，只有做到用地和养地相结合，才有可能实现土地资源的可持续利用。

要协调人地关系，改善生态环境，可以有两条途径：第一，增加向土地的投入；第二，改善人类开发利用土地的方法和措施。具体说来主要包括以下内容：①土地的利用和改造相结合。改造主要是指对已遭受严重破坏的土地资源，如通过植树、种草改造沙漠，用灌溉的方法改良盐碱地等。②土地利用与培养地力相结合。主要是增加投入，提高土壤的经济肥力。这些措施主要包括在黏土中掺沙，增施有机肥料、休耕或免耕以保护土壤的团粒结构等。③土地利用与保护相结合。如轮作有助于恢复地力；植树种草可防止水土流失；严格控制农药的种类和用量，正确处理工业"三废"物，可防止农业环境进一步遭到污染。④土地利用与复垦相结合。

可见，坚持把利用和整治结合起来是土地利用的一条重要原则，它有利于不断提高土地利用的社会经济效益和生态环境效益。"开发、利用与政治保护相结合"、"不断开发、不断优化"之类的提法，完全可以包容于此原则之中。

五、政府与市场配置相结合的原则

有偿使用是社会主义初级阶段土地利用最重要的一条原则。由于仍然存在土地所有权，并要求以地租的形式在经济上得到实现；同时，目前土地仍具有商品属性，种种土地经济关系需要按照商品原则采取价格形式来实现，因此土地要有偿使用，只有这样才有可能促使用户节约用地，注意综合开发利用，保养土地，提高土地利用效果。同时也只有这样，上述其他各项基本原则才有可能真正得到贯彻。

对于上述各项原则，我国过去并没有很好地坚持，尤其是最重要的有偿使用原则被完全否定了，实行无偿使用，从而造成大量土地浪费，生态平衡被破坏，整个土地利用效果差。因此，如何结合我国当前实际情况，坚持土地有偿使用原则，是目前需要这种解决的问题。它对改革传统的土地管理体制，更科学更合理利用土地都具有重大意义。

第三节　影响土地资源利用的主要因素

影响土地资源利用的因素从总体上可分为自然因素、经济因素、技术因素和制度因素四大方面。

一、自然因素

自然因素是指自然土地本身的物质构成状况，包括位置、质地、地形、地貌、地势、生物、水文、矿藏、景观等，它们是构成特定地区土地资源的基本物质要素，是最基本的"立地"因素，是劳动作用于土地从而创造价值的"对象"要素，因此也是决定土地资源质量的最基本的物质条件。

这些要素不同的空间组合对土地资源利用具有深远的影响：首先，它在很大程度上决定土地的可利用性，既在其他条件为既定时可利用性的大小，主要取决于土地所在位置及其基础条件，若土地所处位置偏僻又为沼泽、沙漠、冻土、裸岩、冰川等，则可利用性必然很差；反之，若处于可及性强之地，且承载力强、土质优良，必然早已为人们所争相利用。其次，决定土地的最适宜用途，如一般平坦而肥沃的土地，最适合于农作物种植。再次，土地的自然条件本身，对于土地利用的技术效益、经济效益、生态效益等都会产生巨大的影响。

1.地貌条件对土地利用的影响

地貌条件是土地资源最基本的形成要素之一。我国地形复杂多样，按地貌形态特征可分为山地、高原、丘陵、盆地、平原等多种类型，其中山地、丘陵和高原面积分布最广，占国土面积的70%左右，盆地和平原面积仅占国土面积的30%左右。这种地形特征，对我国土地资源类型、质量和空间分布，以及开发利用方向产生了重大影响。一方面，受大地貌的控制，我国土地资源类型呈现出多样化的特征，垂直带谱异常复杂和丰富，非地带性特征也十分突出，为土地资源的多样化利用提供了自然背景条件；另一方面，由于山地、丘陵和高原区的土地资源受海拔和坡度的影响，土层浅薄、气温低、生长期短，土地的粮食生产能力低下，可资利用的土地资源，特别是耕地资源少且零散，若利用不当，极易导致水土流失和资源破坏。同时，山地分布区地形复杂，交通运输不便，水利化与机械化困难，从而影响了山地区土地资源综合开发利用的效益和水平。

2.土壤条件对土地利用的影响

土壤是构成土地的最主要要素，是土地资源不可分割的组成部分，其物理和化学特征在很大程度上决定了土地资源的类型和生产潜力的高低。我们地域广阔，自然条件复杂多样，农业开发历史悠久（人类定向培植产生人工土壤），土壤类型众多。根据全国第二次土地普查成果，全国共有62个土壤，229个亚类以及千余个土属和土种，从总体上可分为三大群系，即东部湿润、半湿润森林土壤群系，西北干旱、半干旱草原荒漠土地群系和青藏高原高寒土壤群系。我国土壤类型的多样性决定了土地资源类型的多样性。土壤厚度、酸碱度、有机质、质地的土体构型是土地资源适宜性的主要决定因素，其不同组合决定了不同区域土地资源的适宜性差异。因此，必须充分考虑土壤的基本特征，因地制宜、适土种植，既能生产高效优质农产品，又能保护土壤生态质量，才能实现土地资源优化及可持续利用。

3.气候条件对土地利用的影响

土地资源的形成和演变受制于区域的太阳辐射、日照、气温和降水等气候因素，气候条件对土地资源的形成、分布和开发利用影响显著。我国国土经纬度延伸较广，地形海拔高低悬殊，光热资源和水分状况的空间差异显著。东部季风气候区气候适宜，土地资源开发利用的限制性因素较少、土地生产潜力高，土地的开发利用较高，土地垦殖率（决定耕地比例）和土地利用效率也较高，是我国最重要的农业生产取得经济发展带；西部干旱气候区气候干旱、风沙大，是我国沙漠、戈壁的主要分布区，但其光热资源丰富，畜牧业及农业发达。同时，气候变化对土地资源的形成与演变有重要的作用，有时往往起着决定性的作用。研究表明，尽管全球增温可以有助于某些作物向北方扩种，但增温所导致的蒸发、风蚀，干旱及风沙现象严重，导致该地区土地质量退化，土地生产力下降。

4.水文地质条件对土地利用的影响

水文地质条件是土地资源的一个重要构成要素，其作为土地资源类型演变的区域性因素，对土地资源类型、数量、质量和分布有重要的影响。一方面，土地资源的基本物质组成（矿物质）和特性在一定程度上取决于区域的地质条件和类型；另一方面，区域水文条件的差异，可能引起土地资源类型发育和演变方向的改变，如滨海盐碱土和沼泽土的形成和演变都与区域的水文地质条件有密切的关系。同时也正是因为水文地质条件对土地资源类型的形成与演变的作用，才形成了丰富多样的非地带性土地资源类型。我国地质构造复杂，地表水分布和地下水文地质条件的区域性差异巨大。一是地表水时空分布极不均匀，北方水资源贫乏，南方水资源较丰富，南北差异悬殊，这种水资源分布不均的特点，是使我国北方和西北许多地区出现资源型缺水的根本原因；二是地下水文地质条件区域性差异显著，在东部半干旱、半湿润平原地区，地下水位较浅。地下水矿化度较高，容易发生次生盐渍化，而在西南地区，特别是云贵高原地区，石灰岩广泛分布，喀斯特地貌发育，地下水资源丰富，但提取比较困难，工程型缺水成为制约该区农业发展的主要因素；三是使资源与耕地资源的分布也不匹配，我国北方耕地资源面积占全国的 3/5，而水资源总量仅占全国的 1/5，我国的耕地后备资源主要分布在西北和东北地区，必须注意水土资源优化配置的前期研究。

我国地表水资源分布也不均衡，长江流域及以南地区耕地仅占全国的 35%，而水资源占有量却高达 81%；长江流域以北地区耕地虽占全国的 65%，水资源却仅为全国的 19%，极易造成洪涝或干旱。2004 年我国因洪涝和干旱造成的直接经济损失 975 亿元，全年全国农作物受灾面积 3 710.6 万 hm^2，其中，绝收 436 万 hm^2。2004 年，全年总用水量 5 500 亿 m^3，比 2003 年增长 3.4%，其中农业用水增长 3.8%。全国人均用水量为 423 m^3，增长 3.0%，而人均水资源 2 040 m^3，比 2003 年下降 4.2%，目前，全国仅灌区每年就缺水 300 亿 m^3 左右。水资源匮乏及与土地资源不匹配。

5.植被条件对土地利用的影响

植被是土地资源主要构成要素之一，植被类型和生物量对土地资源的形成和演变以及开发利用起着重要作用。首先，植被作为生态系统的一个重要组成部分，其类型和性质在一定程度上决定着土地资源的肥力和理化特征；其次，植被对于涵养水源、保持水土具有重要的作用，同时对于保持土壤结构，防止土地沙化也具有重要的意义。我国地域辽阔，气候多样，植被类型及其分布表现出多种多样的特点。从东南向西北，依次有森林、草原、荒漠三个几本植被地带的更迭。东南半壁是森林分布区，依次出现针叶林、落叶阔叶林、常绿阔叶林、热带季雨林；西北地区是温带草原分布区，也是欧亚大陆温带草原的重要组成部分，自东向西随干旱程度的递增，依次出现森林草原(或草甸草原)、典型草原(或干草原)和荒漠草原；内陆深处，极端干旱的地区则为荒漠的分布区，内蒙古、新疆和青藏的草原，为我国三大牧区。青藏高原植被分布于同纬度的低海拔地区显著不同，主要以耐高寒的植被为主，形成了独特的高原自然景观。与此同时，我国具有几千年的农业发展历史，在长期的发展过程中，历代先民不断将野生植物培育成栽培作物。据统计，目前全国 1 200 种栽培作物中，有 200 多种起源于中国。自然植被带的农作物种植带，与地形、地貌和气候一起形成具有不同特点的土地景观和土地资源类型。

二、经济因素

经济因素对土地利用的影响，主要表现在三个方面：一是经济发展对土地数量、质量方面的要求会逐步提高，从而促进人们进一步挖掘土地潜力；二是经济条件的改善为进一步充分而合理地利用土地创造条件；三是人们对提高土地利用的经济收益和经济效益的追求，必然会导致土地利用的改善。

社会经济的发展为扩大和加深土地利用创造了现实的物质条件。土地利用可以创造物质财富，但土地开发利用本身又需要一定的物质基础。经济发展了，国家物质基础雄厚了，就可以投入更多的物力和财力，在土地利用开发方面向广度和深度发展。土地利用随工业化和城市化而变化的规律如图 9-2。

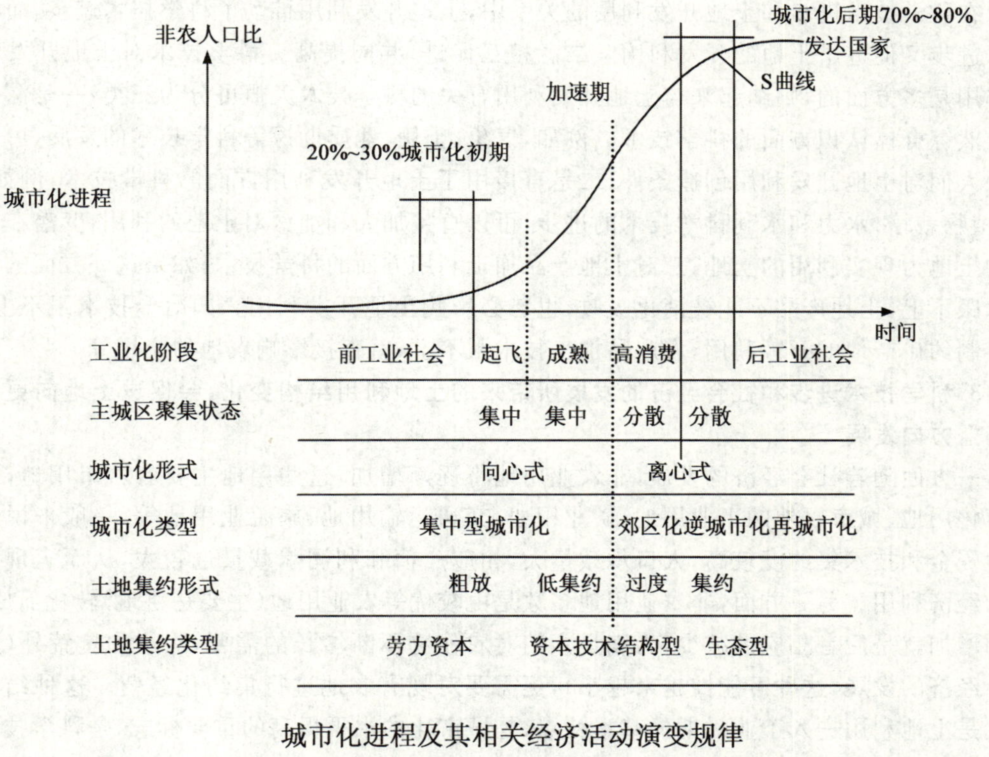

图 9-2　工业化和城市化进程中土地利用方式变化规律

（参见何芳，2004）

三、技术因素

人们对土地的开发利用要直接受到经济技术条件的制约。随着科技的进步，不毛之地变为绿洲，低产田变为高产田，高层大厦不断在城市中耸立；等等，即科技进步会大大提高土地利用的广度和深度。一方面是科学技术进步和社会经济的发展，对土地利用提出了更高的要求，同时也为扩大和加深土地开发利用提供了条件。人们对土地的利用从最初始的采拾时期发展到今天的大工业时期，每前进一步都是在一定经济技术条件下实现的，是科学技术进步和社会经济发展的结果。另一方面，人们对土地的利用不论是向广度还是深度发展，又都不能脱离一定时期科学技术水平和社会经济状况，就是说土地开发利用的发展又要受到一定的经济技术条件的制约限制。

1. 科技进步和经济发展对土地开发的利用提出了更高的要求

第一，社会经济的发展，生产规模的扩大，人们物质文化水平的提高，要求通过扩大或加深对土地的利用，从"土地"获得更多的轻纺工业原料，从地下获得更多的矿产资源；第二，通过扩大和加深对土地的利用，提供更多的粮食、肉类等食品；第三，直接要求扩大建筑、交通运输用地和生活娱乐用地等。这样就促进人们向土地利用的广度和深度进军，以满足扩大的土地需求。

2.科技进步为扩大和加深土地的利用创造了条件

在科学技术进步和土地开发利用的关系中，土地开发利用推动了科学技术进步，而科学技术进步又促进了土地的开发利用。二者相互促进，共同提高。科学技术对土地开发利用的作用是多方面的，归纳起来与土地开发利用有关的科学技术大概可分为三类：一是深化土地自然综合体认识方面的科学技术。例如，气象、土壤、地质勘探等科学技术的发展，可以为加深人们对土地开发利用创造条件；二是直接用于土地开发利用方面的科学技术，例如，采掘、植物栽培，水力和水利科学技术的进步，可以直接加大和加深对土地的利用，变潜在的可用的土地为现实利用的土地；三对土地产品加工利用方面的科学技术，如果这一方面的科学技术跟不上，土地产品不能被消化吸收，也势必影响土地开发利用。如冶金技术跟不上，就直接制约矿产地的开饭利用，农产品加工技术跟不上，就直接影响农地的应用等。

3.科学技术进步和社会经济的发展所带来的土地利用结构变化，会促进土地向更高经济利益方向发展

一方面随着社会经济的发展，非农业用地将逐渐增加，这些用地主要有城市用地，包括城市化用地、城市以外的工业用地、矿业用地、交通运输用地、旅游业用地等，一般来说这些用地资金和技术集约度较高，人口承载量大，相应产值和利润承载量也较大，从而表现为较高的经济利用。另一方面，非农业用地多数是由较优等农业用地（主要是耕地）转化而成，前者的增加就是后者相应的减少，为满足人们对农作物不断增长的需要，除增加垦荒外（随着社会经济的发展，这种可能性越来越小），更需要对现有农地进行集约化经营。这种结构的变化是土地利用进入工业时期的基本特点，是城市化的水平提高的重要标志，是科学技术进步和社会经济发展的必然结果，是不以人们的意志为转移的，现在的问题是要使这种结构变化科学合理，防止耕地的浪费。

这里所说的科学合理，主要包括三方面：第一，确确实实是经济发展的需要；第二，严格控制和掌握非农业用地标准；第三，要考虑我国的国情，维持最低的耕地保证率，即农业用地转化为非农业用地只能在保证人均拥有最低耕的数量的限度内进行。

四、社会因素

影响土地利用的社会因素主要包括人口、制度、文化习俗等方面。

(一)人口因素

在人口经济学、人口地理学等学科的研究中常常提到的人口密度就是指每平方公里土地上人口分布的数量；而土地经济学研究中常提到的人地比例则是指人均土地占有量，二者反映的均是土地与人口之间的数量关系。由此可见，人口与土地之间的密切关系是经济学研究中的一个十分重要的问题。从土地经济学观点出发，人口及其与土地之间的数量关系更为重要。土地作为一种自然物，早在人类出现之前就已经存在。然而，只有在人类出现以后且随着人口的增长，才产生了人类对土地的需求和土地的供给之间的矛盾，进而产生了土地产权如何界定以及土地如何合理利用的问题。从经济发展的历史来看，人口始终是影响土地利用的一个至关重要的因素。

(二)制度因素

“制度”包括正式制度和非正式制度。前者包括以宪法、法律、法规、政策等形式所规定的、关于土地利用行为的直接、间接强制性规范；后者则是指直接、间接约束人们土地利用行为的观念。例如，就前者而言，“无形之手”受“有形之手”的制约而形成的市场制度，引导和制约着土地的合理利用；就后者而言，节约土地、惜土如金、浪费土地可耻等观念若深入人心，必然会有效地约束滥用、浪费土地的不良行为。若两种制度因素都处于积极状态且能密切配合，必将最有效地保障和促进土地的合理利用。

从土地利用来看，主要的制度因素包括家庭、教育、政府、法律、风俗习惯与宗教几个方面。

(1)家庭。家庭是社会组成的基本单元，也是拥有和规划利用资源以增进家庭成员福利的基本单位。土地乃至房地产，不仅给家庭带来安全与幸福，也代表个人的成就、财富与社会地位。另一方面，家庭在追求自我满足的过程中，也会造成土地资源的退化与破坏。因此，家庭对土地利用乃至对整个经济体系具有重要的影响。

(2)教育。作为现代生活的重要制度因素，教育一方面增强我们获得较高收入的能力，另一方面可以使我们获得土地资源的知识，使我们懂得如何开发利用土地以及采用先进的管理办法。当然，如果不树立对土地资源可持续利用的意识，通过接受教育而获取的知识与技术，有可能使我们增强了破坏土地资源或掠夺式经营土地的能力。

(3)政治制度。政府及其作用无处无时不在，特别是经济制度，更是运转在政府的基础上。政府与政治制度对土地利用的影响由来已久，十分显著，而且是多方面的，其中两点是重要的：

第一，政府的政策与管制。政府及其政策或管制措施，影响着人们对土地资源的所有与使用方式。如土地税可以使土地更加集约地利用；征收权的行使，可以在所有人不愿出售土地的情形下，取得公众所需要的土地。早期的耕者有其田、平均地权政策和现在的农地承包政策、农地用途管制等，对土地资源在不同群体、不同部门之间的配置及配置效率产生了重要乃至决定性的影响。

第二，政府的组织体制。政府组织以及在各阶层之间的权力分配，在各个国家、各个时代都不一样，对土地利用的影响也有所不同，如古代多半是君主集权，近代多半是在宪法或法律之下组成各阶层政府，即法治政府。即使在法治国家中，有的是非常集权，如荷兰；一些则是极端的地方分权，如美国历史上的南大联邦(1778—1789 年)，另一些是均权制度的政府体制，即政府的权力在中央(联邦)政府与省(州)之间进行较为均等地分配。

各级政府权力分配不同，其对土地资源使用的影响也不一样。在美国，联邦政府的权力是州所让授的，而且受限于宪法规定，州政府则保留其原有权力，郡、市、乡镇乃至村及其他分区单位的权力也是由州所授予的。在美国，大多数影响土地所有与土地使用的权力都留在州政府手里，但州政府通过授权法案，使地方政府的权力包括征收土地财产税、土地利用分区规划、警察权等。

(4)法律。法律通常被视为约束公民与政府的一套规则，法律是对土地利用影响最为直接和广泛的制度因素。作为正式制度的主要类型,法律有三种来源:①成文的法律、规则与行政命令;②行之有效且已确立并获得国家法律认可的风俗习惯;③法院的判例与解释,影响土地利用与权利的法律无计其数,其中,最主要的是宪法对财产权的保障。而其他各层次各领域的法律规定也会影响到土地财富的分配与再分配、土地契约的履行、损害的赔偿等。

(5)风俗习惯。作为非正式的制度、风俗与习惯和法律一样,同样是人们所认可的行为规范,有些可能是法律的前身。然而,风俗习惯在形成和执行程度两方面都有别于正式的法律制度。风俗习惯对于土地利用的影响也是多方面的,如人们对食物的偏好影响着农地利用结构;对住宅的不同偏好影响着市地商地产的开发;而不动产的遗赠、租赁等更是明显地受制于风俗习惯。

(6)宗教及文化。尽管宗教是主要关系到精神领域的制度因素,但对我们包括土地利用在内的经济生活影响甚大:一是宗教团体本身拥有土地或不动产,并从土地上获益;二是宗教信仰对土地利用的态度与行为直接产生影响。如一些部落禁忌决定了特定区域土地利用方向或方式;中国人的风水观对土地开发的位置与利用方式;中国人的风水观对土地开发的位置与利用方式选择影响甚广。而西方宗教中善良管理人的观念,也利于倡导人善待地球上的万物,从而成为现代土地资源可持续利用的思想来源之一。

复习思考题

1. 土地资源利用的基本原则有哪些?
2. 分析影响土地资源利用的主要因素。

参考文献

[1] 周诚.土地经济学原理[M].北京:商务印书馆,2003.

[2] 国土资源部信息中心.中国国土资源可持续发展研究报告(2005)[M].北京:地质出版社,2006.

[3] 姜志德.中国土地资源可持续利用战略研究[M].北京,中国农业出版社,2004.

[4] 王万茂.土地资源管理学[M].北京:中国农业出版社,2002.

[5] 毕宝德.土地经济学[M].北京,中国人民大学出版社,2001.

[6] 黄贤金,张安录.土地经济学[M].北京:中国农业大学出版社,2008.

第十章

土地报酬规律与土地集约利用

土地集约利用是协调耕地保护与城乡建设用地冲突的重要路径，而土地报酬规律则是科学开展土地集约利用的理论基础。本章在介绍土地报酬规律的基础上，阐述了土地集约利用的内涵与特征，以及土地集约利用的评价等有关内容。

第一节　土地报酬规律

一、土地报酬规律思想的发展历史

（一）土地报酬规律的早期描述

“土地报酬递减规律”的提出由来已久，首先提出的是18世纪法国重农学派的杜尔阁。他对此规律描述的含义是：“如将农作物种子投入肥美但未经丝毫劳力付出的土壤中，一定是全部损失的；如果添加一个劳力，收获就会提高；付出第二个、第三个劳力不是简单地使产品产量增加一倍或两倍，可能增至四五倍，这样，产品产量增加的比例会大于投资增加的比例，直到产量增加与投资增加的比例达到它所能达到的最大限度时为止。超过这一点，如果我们继续增加投资，产品产量也会增加，但增加得较少，而且总是越来越少，直到土地的肥力被耗尽，耕作技术也不会再使土地生产能力提高时，投资的增加就不会使产品产量有任何提高了”。不过，杜尔阁没有把这些表述的内容明确定义为什么规律。

同期，英国农场主安德森在1777年发表的《谷物法性质的研究》中，认为对土地追加劳动和资本可使土地肥力不断递增。他说：“在合理的经营制度下，土地的生产率可以无限制地逐年提高，最后一直达到我们现在还难以设想的程度。”[①]但又认为，在一定的科学技术条件下，这种提高是有限的，从而引证土地肥力会递减，一定量的土地能供养的人口是有限的。安德森也没有明确提出这是什么规律，但他首先注意到了科学技术因素的影响作用。

根据研究认为首次正式提出“土地报酬递减规律”的是英国威斯特（E. WESt）。他在1815年所写的《资本用于土地》一书中说：“劣等土地之所以必须日渐耕垦，就在于‘土地报酬递减律’之故。”他认为，农业中投入土地的每一份资本增量所带来的收益增量与投入资本之比，是越来越少。

---

① 马克思：《剩余价值理论（第2卷）》，北京：人民出版社，1975年，第158页

英国经济学家马尔萨斯则用此规律来论证其反科学的人口论，古典经济学家大卫·李嘉图 1817 年在其《政治经济学及赋税原理》一书中，把土地报酬递减当成产生地租的原因。

（二）土地报酬规律的发展和完善

上面提到的早期西方经济学者把报酬递减规律只是局限在农业范围内，再加上当时的实验手段和认识手段有限，对"土地报酬递减规律"的认识是比较片面的。19 世纪初叶以后，随着其他领域科学技术的迅猛发展，为全面认识这一规律提供了实验上、数学上、经济学上的条件。及至 20 世纪中叶，一些科学家、数学家和经济学家已从五个方面进一步丰富和完善了"土地报酬递减规律"思想。

(1)西尼尔(N. W. Senior)在 1836 年给这个规律的内涵添加了"农业生产技术保持不变"这一重要条件。这一条件可以说是"土地报酬递减规律"得以成立的最基本条件。因为从长期来看，农业生产技术不断发展提高，土地报酬会不断增加。

(2)美国经济学家克拉克(J. B. Clark)引入了"若干生产要素投入量保持不变"作为报酬递减律发生作用的前提条件。但是他涉及的报酬变动过程，只限于递减而未及递增的过程及其变化的临界点。

(3)研究报酬的领域，从农业生产部门回到了农业生产单位。最先从农业生产单位来研究土地报酬递减律的是配第和杜尔阁，后来，斯密、马尔萨斯和威斯特都是从部门生产的角度来研究报酬或肥力递减规律的。到 19 世纪末，坎南(E. Cannan)挖掘出杜尔阁的报酬递减规律思想。克拉克和马歇尔(A. Marshall)引进生产函数后，这才又把生产单位视作研究报酬变化的基点。

(4)把报酬作为不变生产要素的生产率(如单位面积产量)，演变成可变生产要素的生产率。在相当长的时间里，人们说到报酬递增或递减时，都是指总产量或者单位面积产量而言。当时，研究者们还没有意识到研究可变生产要素的生产率的重要意义。后来，布赖克(J. D. Black)在他的《生产经济学导论》一书中，提出了总产量曲线、平均产量曲线、特别是边际产量曲线的概念和图解，突出了变动要素生产率曲线，使报酬运动曲线趋于完整，为合理配置资源提供了理论依据。

(5)把"报酬递减规律"从农业领域推广到一般生产领域。美国经济学家克拉克在他 1900 年出版的《财富的分配》一书中说："这个规律是无所不包的，整个经济生活都受到它的支配。在古典著作中对于所谓农业报酬的研究，给我们指出了有关这个规律的一个狭小部分……这个原则有广泛应用的范围。"①现代西方经济学已把"土地报酬递减规律"扩大到一切生产事业和消费活动的几乎无所不包的领域，而统称为"报酬(收益)递减规律"。

二、土地报酬规律含义的界定

报酬的一般含义是指由于使用或投入一定的物质或精神的东西之后，支付或得到的物质或精神上的东西称为报酬。那么土地报酬通俗的含义指的就是对土地进行一定的投入(劳动、肥料、资金、技术等)所得到的回报、效益。

① 克拉克：《财富的分配》，北京：商务印书馆，1959 年，第 157 页

在一定时期内，土地利用的科学技术水平相对来说是稳定的，当对一定面积的土地连续追加劳动和资金时，起初，追加部分所得的报酬逐渐增多，在投入的劳动和资金超过一定的界限时，追加部分所得的报酬则逐渐减少，从而使土地总报酬的增加也呈递减趋势，这就是现代所说的"土地报酬递减规律"。

三、土地报酬规律的定量分析

土地报酬可区分为总报酬、平均报酬和边际报酬三种形式。

总报酬（TPP）指的是一定数量的生产资源（如肥料、劳动、资金等）投入土地后，所得的总产品量或总效益。

平均报酬（APP）是指所获得产品量与生产资源投入量之比值，它表示平均每单位生产资源所生产出来的产品量。用公式表示为

$$平均报酬(APP)=Y/X$$

式中：Y 为总产品量；X 为生产资源投入量。

边际报酬（MPP）指每增加一单位变动资源投入量所产生的产量变化的数量。用公式表示为

$$边际报酬(MPP)=\Delta Y/\Delta X$$

式中：ΔY 为总产品量的增量；ΔX 为变动资源投入量的增量。

生产弹性 $EPP=\dfrac{MPP}{APP}=\dfrac{\Delta Y}{\Delta X}\cdot\dfrac{x}{y}$　　或 $EPP=\dfrac{\mathrm{d}y}{\mathrm{d}x}\cdot\dfrac{x}{y}$

它表示报酬的变化强弱及变化方向。

总报酬、平均报酬、边际报酬的变化用图形表示，见图 10-1。

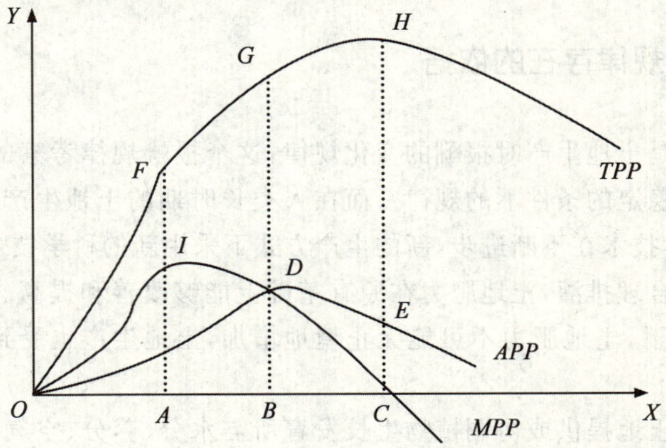

图 10-1　土地投入产出阶段分析

从图 10-1 所表示的内容可以看出总报酬、平均报酬、边际报酬之间的关系：

(1)总报酬和边际报酬的关系。

$MPP>0$，TPP 增加；

$MPP=0$，TPP 最大；

$MPP<0$，TPP 减少。

(2)平均报酬与边际报酬关系。

$MPP>APP$，APP 增加；

$MPP=APP$，APP 最大；

$MPP<APP$，APP 减少。

从图 10-1 所表示的土地投入产出阶段如下：

(1)当生产要素 X 在从零增加至 A 点这段区域内，边际报酬递增，且增加的速度越来越快；总报酬也递增，且增加的速度越来越快；平均报酬递增。当投入量增到 A 点时边际报酬达到最高点 I，总报酬达到拐点 F，平均报酬未达到最高点。所以，在这一区域内，如果有需要提高平均报酬或总报酬，可以不断加大变量资源的投入。

(2)当投入的生产要素从 A 点继续增加至 B 点这段区域内，边际报酬递减；总报酬还是递增，不过递增的速度越来越慢；平均报酬递增。当投入量增到 B 点时，平均报酬与边际报酬相等，两曲线相交于 D 点，平均报酬达到最高点 D 点；总报酬未达到最高点。所以，在这一区域内，如果有需要提高平均报酬或总报酬，可以以不断加大变量资源的投入。如果想让平均报酬最大化，则可以投入到 B 点，即平均报酬与边际报酬相等时。

(3)当投入量从 B 点继续增加至 C 点这段区域内，边际报酬递减，平均报酬递减，但总报酬递增。当投入量增至 C 点时，边际报酬减至零，而总报酬达到最高点 H，平均报酬未达到最低点。所以，在这一区域内，如果有需要提高产品的总产量，可以不断加大变量资源的投入，直到投入到 C 点，总报酬达到最大化。

(4)在一定时期土地生产科技水平稳定情况下，超过 C 点以后，再追加投资，边际报酬可能为零，也可能为负数；总报酬的绝对数可能不变，也可能减少，但二者都不可能再增加。平均报酬不断递减。所以，在一定时期土地生产科技水平稳定情况下，投入量都不应超过 C 点。

四、土地报酬规律存在的依据

土地报酬规律是土地生产时报酬的变化规律，这个报酬规律考察的是一定时期内土地生产科学技术相对稳定的条件下的规律。而在人类长时期的土地生产发展过程中，生产方式在不断变革，科学技术在不断进步，新的生产方式下采用新的科学技术，改良土地、改进耕作制度，合理耕作、合理排灌，土地肥力在原有基础上能够改善和提高。而在一定的经济状况和生产技术条件下，土地肥力不可能无止境地增加，土地生产也受到土地本身的肥力的限制。

土地肥力是指土地提供或协调植物生长发育所需水分、养分、空气、光能和热量的潜在能力。进行农业生产的土地必须具有一定的肥力，有土地肥力农作物才能生长。

土地肥力包括自然肥力和人工肥力。自然肥力指土地天然形成的土地肥力，不是人类生产活动产生的。比如人类未经耕作开发的处女地上，由自然形成的土地肥力。主要的基础是天然形成的土壤化学结构，土壤厚度，土壤中的水的含量等。

人工肥力指在自然形成的土地肥力上，经过人类的生产活动形成的肥力，比如施肥，修建排灌系统，轮作，土地整理等而形成的土地肥力。决定人工肥力的因素主要是土地生产方面的农业科技水平，农业机械，生产制度等。

自然肥力是人工肥力形成的基础，人工肥力是在自然肥力上的生产劳动产生的，两者结合在一起，综合形成了土地的经济肥力。在进行生产时，土地的经济肥力并不一定能得到充分的利用，或能得到植物的吸收利用。利用土地肥力的状况主要受以下方面的影响：

1.土地生产科学技术的发展情况

随着人类历史的发展，农业生产的技术也越来越先进，人类对土地自然肥力的认识也越来越科学，利用自然肥力也就越来越充分。自然肥力能被利用到什么程度，与种植什么作物，即用途有关。因为，不同作物对土壤养分的需求（即吸收能力）也不相同。比如认识到特定的土壤更适合耕种某一农作物，则不会误种为其他作物，从而更好地吸收土壤中的营养元素。同样，不断提高的土地生产力让人们更大规模地将劳力，资本投入土地，提高了土地的人工肥力。比如现在为了提高耕作的效率进行的土地整理，大规模农业机械的利用等。

2.土地利用的生产关系，社会制度环境，土地利用方式等

土地的生产活动是在一定的社会生产关系下进行的，必然会受到当时的社会制度的影响。符合社会发展的生产关系促进土地肥力的利用，反之则是阻碍了。例如我国根据当时的生产力水平进行的农村耕地家庭承包责任制度就促进了农民提高土地肥力的积极性，土地生产率得到了大幅度的提高。

从上述对土地肥力的说明可以看到，在一定的时期内，土地生产技术相对稳定，土地肥力的潜力相对稳定，在不断追加投入时，一开始追加的投入能发挥作用，能利用土地肥力，土地报酬递增。达到一定界限后，土地肥力的潜力达到极限或因为技术限制肥力利用不了，再追加的投入产生的报酬开始递减或产生副作用。所以，土地报酬递减现象的存在和土地本身的土地肥力利用状况是有很大关系的。

另外，国内外很多的农作物生产实验也从现实上证明了实物产品的报酬递减规律的客观存在。所以只有分析清楚了土地的报酬递减规律，才能更好地利用土地才产生想要的报酬效果，才能更好地提高土地的经济效益、社会效益、生态效益。

第二节　土地集约利用的内涵

土地利用是指人类通过一定的行为，以土地为劳动对象，利用土地的特征，来满足自身需要的过程。人类利用土地随着历史的发展，每个阶段各有不同。人类对土地的早期利用，采用的是粗放经营方式，现在随着人口的增加，土地的稀缺，对土地生产的产品需求越来越大，人类只能改变经营方式，也就是在有限的土地上加大投入，生产更多的产品，即采用集约经营。

一、土地粗放经营

土地粗放经营是指在技术水平较低的条件下，在一定面积土地上投入较少的生产资料和劳动，进行粗耕粗作，广种薄收，主要靠扩大农田面积来增加农产品量及收入的经营方式。这种经营方式存在的背景主要是当时生产水平相对较低，土地稀缺程度也更低些，人口相对来说少些。粗放经营是一种只追求数量，忽视质量，强调外延扩散，牺牲效率的落后经营管理方式。

二、土地集约利用的含义

土地集约利用的概念最早来自于李嘉图等古典经济学家在地租理论中对农业用地的研究。他认为农地集约利用是指在一定面积土地上，集中投入较多的生产资料和活劳动、使用先进的技术和管理方法，以求在较小面积土地上获取高额收入的一种农业经营方式。其基本含义是指增加土地投入，获得土地最高报酬。马克思曾这样界定："在经济学上，所谓耕地集约化，无非是指资本集中在同一片土地上，而不是分散在若干毗连的土地"。由于受土地利用报酬递减规律的影响，土地利用集约的程度不能无限制地提高，当对土地投入的资本、技术和劳动力达到经济报酬递减点时，此时土地边际效益等于边际产出，这一临界点就是土地利用集约边界，这时的土地利用为理论上的集约利用，没有达到集约边界的土地利用为理论上的粗放利用。

土地集约利用，即土地集约经营，是指在一定土地面积上投入较多的生产资料和劳动，以提高土地收益的经营方式。比如在农业生产时应用先进农业技术装备和技术措施，进行精耕细作，从而提高土地生产率来增加农产品产量和收入；在城市建设时，由于土地价值昂贵，利用现在建高层建筑的先进技术，加大单位面积土地的资本投入，使用少量的土地建设更多的建筑面积。

土地集约利用是在土地合理利用的前提下，通过增加尚未充分利用的存量土地的投入、转变利用方式和空间布局，通过改善经营管理，充分发挥土地使用潜力，兼顾当前利益和长远目标，不断提高土地的使用效率和利用效益，使土地的经济效益、社会效益和生态效益协调统一，促进城乡土地利用结构优化和功能提升的动态过程与状态。

集约利用是相对于粗放利用而言的，一个是较多投入，一个是较少，离开它的相对方式，都无法给人们以明确的解释。过去称为集约利用的方式，随着社会的发展，到现在技术，资本投入又增多了，如果还是按以前那种所谓的集约利用，实际上就变成了粗放利用了。也就是说土地资源集约利用判别标准是随着社会、经济、技术水平和人类的认知水平发生变化。

三、土地资源集约利用的理论基础

(一)土地资源利用追求综合效益最大化

从资源利用角度来看，土地资源利用是土地资源自然生态利用与经济社会利用的有机耦合。因各种自然过程和人类活动产生的物质、能量、价值和信息流动使得土地自然生态利用和经济社会利用相互依存、制约和渗透。土地资源利用属于典型的效益驱动型，而且这种效益并非单一目标指向，而是涵盖资源、生态、经济和社会等方面的综合效益。其中，资源效益是就土地资源数量有限性和功能不易替代性而言，要求人类对其利用应坚持"物尽其用，用尽其利"，节约利用土地资源，减少和杜绝浪费现象，以更好实现有限土地资源对人类经济社会发展需求的满足，实现其资源价值。人类利用土地资源的目标应该是追求综合效益最大化，既能最大限度满足当前经济社会发展需求，又不浪费现状资源或者对后续利用造成难以弥补的负面影响。

（二）土地资源集约利用的客观规律性

土地资源集约利用隶属于生产领域的"集约经营"，是对既往一味依赖增加土地数量投入的外延扩张型发展模式的一种积极变通。根据经济学的生产理论，所谓生产就是利用生产要素将投入转换为产出的过程，而生产要素的数量及其组合与其所能生产的产量之间存在类似于某种函数的关系（生产函数）。人们对土地资源的各种利用行为其实也是生产活动，在此过程中，土地、劳动和资本是必不可少的生产要素，产品则是相应的物质产品或精神享受。一般把土地作为固定要素，而把劳动、资本等其他要素作为可变要素，生产过程就是将一定数量的劳动和资本等可变要素合乎比例地投入到固定要素——土地当中，以期以最小的成本获得最大的收益。由于产出与投入数量及其组合间存在特定关系，因而，当我们面临土地资源匮乏而又希望获得同样或更好产出效果时，可以在一定程度上通过增加其他可变要素投入数量、改变组合结构来弥补土地要素数量的不足——这正是土地资源集约利用的出发点和立足处。

（三）从粗放到集约是土地资源利用的必然选择

在经济社会发展过程中，由于主要生产要素如资本、劳动力和土地紧缺状况的相互变化，土地资源利用存在着从粗放向集约转变的一般过程。以资本和土地为例，从经济效益角度来考察，随着产业结构的逐步演进，资本和土地的相对价格不断变化，土地资源利用集约程度呈现比较清晰的发展规律：在经济起步时期和工业化初期，由于资本短缺，土地资源利用者倾向于以土地替代资本，土地资源利用呈现出比较粗放的态势；进入经济大发展阶段或工业化中期后，资本短缺问题逐步得到缓解，但土地供应渠道已不像之前那样畅通，尽管在此时期建设用地呈现快速增长趋势，但土地供需形势变化开始促使土地资源利用方式从粗放型向集约型转变；进入经济繁荣期或工业化后期后，资本已经相当充裕但土地稀缺问题加剧，在资本与土地边际费用的考虑之下，土地资源利用者倾向于以资本替代土地，土地资源利用集约程度进一步提高；进入经济稳定发展的后工业化时期后，由于服务业成为主导产业，而服务业对区位条件的苛刻要求通常会选址土地价格较高但人口密集的都市区，从经济效益角度而言土地资源利用变得更加集约。

（四）土地资源集约利用应符合土地报酬递减规律

土地报酬递减规律为合理进行土地集约利用，选择土地利用的集约度提供了重要的理论依据与现实途径。在集约度达到最佳点之前，增加的投入会引起报酬递增，如果已经达到最佳点，就不应该再增加投入，否则会引起报酬递减。在现实土地生产活动中，应该把所有生产投入纳入考虑范围，按照土地报酬递减规律，求得这些投入的最适量，找到最佳的集约度。

根据"土地报酬递减规律"，土地资源利用收益呈现一个从递增到递减的明显变化趋势。如果从总产出、平均产出和边际产出角度进行考察，土地资源利用集约化程度也存在从不集约到集约再到过度集约的变化过程，并可划分出以下三个阶段：在第一阶段，每增加一单位可变要素投入,都能使产出急剧增加,边际产出在递增到一定程度后逐渐转为递减,但并不影响每一单位可变要素投入的平均产出继续递增,总产出也一直处在递增态势。由于这一阶段所投可变要素在数量上并未与土地达到协调一致,土地生产潜力没有被充分发掘出来,土地资源利用处于粗放状态。在第二阶段,随着单位可变要素投入的边际产出继续递减,可变要素的边际产出开始小于平均产出,边际产出和平均产出均随变量资源投入的增加而下降,但仍为正值,直至边际产出为零。在这一阶段里,就集约利用而言,只要总产出增加,就不必担心边际产出和平均产出的递减,一旦总产出达到最高点,可变要素投入也就达到了最集约状态。在第三阶段,可变要素的边际产出变为负值,平均产出继续递减,总产出也开始趋于下降。在这一阶段里,可变要素投入的增加,不仅导致边际产出的负增长和平均产出的进一步递减,而且导致总产出递减。反映在投入产出效果上,早已无利可图,就集约利用程度而言,出现了过度集约现象。

四、土地利用集约度与土地集约利用的类型

所谓土地利用集约度,就是指单位面积土地上所投资本和劳动的数量。所投资本和劳动越多,集约度越高;反之则越低。集约度直接反映了土地利用的水平。

目前,我国学术界对土地集约利用按集约内容的分类还存在着不同的意见:一种意见是,根据马克思主义关于土地集约利用是“资本”在同一块土地上的集中的理论,认为土地集约利用只能分为劳动集约和资金集约两种,而土地利用科学技术,必须通过劳动集约或资金集约才能实施,离开一定的物质基础,科学技术不可能在土地利用中很好地运用,因此不存在技术集约方式;另一种意见认为劳动集约和资金集约离开了采用先进的科学技术不能单独发展,不会很好地发挥增产作用,现代技术迅猛发展,先进科学技术在土地利用上大量采用,科学技术在土地利用中已占重要位置,形成了许多技术密集型的土地利用,土地增产在很大程度上靠科学技术,在土地集约利用中研究技术集约问题已是当务之急,因此土地集约利用可划分为劳动集约、资金集约和技术集约。

根据投入生产要素的密集程度不同,土地集约利用可以区分为以下三种形式:

1.劳动集约利用

指在单位面积土地上投入较多的劳动去获得较多的产量和收入的方式。这比较适合中国农业剩余劳动力较多而资本、土地相对来说较少的国情,它可以通过加大劳动投入获得更多收益。具体可以实行精耕细作,提高复种指数和土地利用率,也可以兴修农田水利,改良土壤,提高土地质量,改善土地利用条件。

2.资金集约利用

指通过在单位面积土地上投入较多的生产资料代替劳动,或是较少的劳动力拥有较多的生产资料,进行高度现代化的生产。它通常适合在经济比较发达,农业投资较为宽裕,农业劳动力工资水平较高的条件下采用。

3.技术集约利用

指在单位面积土地上采用较多先进的科学技术来获取产品的增加,提高土地生产率。技术集约型又分为基础技术集约、应用技术集约和管理技术集约等。基础技术集约既包括农业基础技术如遗传育种、生物工程等投入的增加,也包括对农民进行的技术知识和理论培

训等智力投资活动的增加。应用技术集约则是采用更先进的实用技术，如综合防治病虫害，节水灌溉等技术投入增加。管理技术集约是采用更先进的经营管理制度和方法，坚强经济管理，节约成本支出，获得更高的纯收益。一般来说，这是一种投资较少，而经济效益较高的方式。

从人类利用土地的历史发展角度来看，早期生产技术水平较低，生产的物质条件较差，采取劳动集约比较适合；随着生产技术越来越先进，经济越来越发达，采取技术集约与资金集约比较适合。当然这些都是相对的，如果为了获得相同的收益，劳动力的成本较低，就采用劳动集约型；反之，如果技术、资金投入的成本较低，就采用技术集约型、资金集约型。

还有一部分人认为土地集约利用按土地集约利用方式的分类分为平面型集约利用、立体型集约利用、时间紧凑型集约利用、价值附加型集约利用和综合型集约利用。

平面型土地集约利用是指在同一利用空间上，对土地投入更多的物化劳动和活劳动，以此来提高土地生产率。立体型土地集约利用是将农业生产活动向空中发展，在同一面积的土地上同时利用几个处于不同空间的生产项目，从而多层次地增加土地投入和产出。此种集约利用主要是利用不同农业生产项目在空间利用上的层次性差别，通过提高空间利用率来提高土地投入和产出水平。时间紧凑型集约利用是通过优化安排在同一土地上的不同时间的生产项目的衔接时间，使前后茬衔接紧凑，安排更多茬次来增加土地投入和产出。价值附加型土地集约利用对土地产品进行进一步的加工、转化，在土地产品中追加更多的劳动投入，实现土地产出的价值增殖。综合型土地集约是指综合采取上述措施，即追加每一利用层次的生产项目的劳动投入和产品产出，同时又增加利用层次的优化前后茬生产项目的衔接时间，使其更紧凑，另外还对各种农产品沿食物链及物质、能量、价值循环方向增加饲养、加工等环节，增加产值。

另外，从土地利用的类型的角度来看，土地有农业用地和城市用地，相应的土地集约利用称为农业用地集约利用和城市用地集约利用。

五、土地集约利用的影响因素

影响土地集约利用的因素较多。首先，土地集约利用必然受到土地本身自然属性的影响，不能超过土地自然生态属性的极限；其次，也受到当时土地利用的社会、技术等环境的影响，归纳起来主要有以下几个方面：

1.社会对土地产品的需要程度

如果社会对土地生产的产品需要不能得到满足，意味着人口相对产品来说比较多，土地稀缺，产品的价格会不断提高，而土地面积相对来说不变，生产者在固定面积土地上加大劳动投入或资金投入仍有利可图，那么他们肯定会加大投入，即提高土地利用集约度。事实也证明社会对产品的需求与土地集约利用水平呈现正相关。

2.科学技术发展水平和投入的能力

如果有提高土地集约利用的现实需求，而劳动价格又比较高时，只能采用技术集约利用。这个前提就是要具备相应的科学技术发展水平和经济实力。否则，没有这个技术，想提高集约水平也提高不了。

3.土地本身的质量、位置条件和交通状况

土地的质量是有差异的，一般来说肥沃的土地把投入转化为收益的能力更强。也就是说土地集约利用受到土地转化力的影响。所谓转化力，是指在一定技术经济条件就是指在一定技术经济条件下，土地对人类给予的各种投入的承受能力和产出能力。如果土地的转化力达不到集约利用的要求，强制性的增加单位面积土地上的技术、劳动投入，其产量不会得到提高，还有可能下降。

4.根据利用的类型，通常城市土地利用集约度高，农用地次之，牧地最低

农用地的集约度低于城市用地的集约度，主要是由于土地利用的方式，目的不一样，农用地是用土地的肥力来种植农作物从而收获农产品；而城市用地主要是利用土地的承载功能，在城市土地上建设房屋，相对来说，建设房屋时单位土地面积上的投入远远高于农用地上的投入，尤其在人口密度很高的发达城市建设高层建筑时集约度的差距更大，因此城市用地的集约度一般高于农用地的集约度。

总的来说，土地集约利用水平是由所有影响因素互相作用的结果，而有时候某一因素又会起着比平时更大的作用，比如粮食紧缺时会让贫瘠的土地集约利用，而当粮食很充分时会让肥沃的土地处于开发或利用不充分的状态，甚至抛荒。

第三节　不同类型土地的集约利用

从土地利用类型的角度来看，土地有农业用地和城市用地，相应的土地集约利用称为农业用地集约利用和城市用地集约利用。

一、农用地集约利用

(一)农用地集约利用的内涵

土地集约利用，是指在一定土地面积上投入较多的生产资料和劳动，以提高土地收益的经营方式。针对农业土地集约利用也就是农业土地集约经营，即在一定面积的土地上，集中投入较多的农业生产资料和劳动，使用先进的农业技术和管理方法，以求在较小的农业用地面积上获得高额产量的农产品和收入的一种土地经营方式。

农用地集约利用按生产要素投入的构成不同，可以分为劳动密集型土地集约利用、资金密集型土地集约利用和技术密集型土地集约利用。劳动密集型土地集约利用就是以多投入劳动来提高土地生产率，使有限的土地发挥最大的效力。例如我国由于人多地少，我国农业普遍实施的就是精耕细作的方法，这种方法就属于劳动密集型土地集约利用。资金密集型土地集约利用就是多投入资金来进行生产经营，以达到土地集约利用。例如现在我国有些地区实行机械化耕作，多投入化肥、农用机械，发展大棚农业等，这些都属于资金密集型土地集约利用。所谓技术密集型土地集约利用无非是提高生产经营活动的科技含量，来达到增加收益节约土地的目的。例如现在的高科技农业园利用现代先进科学技术进行种植和经营，使用的就是这种经营方式。

农用地集约利用的内涵还可以从以下三方面进一步认识。

1.农用地集约利用是一个相对的概念

人类对农用地的利用方式仅有3种:粗放利用、集约利用和过度利用。这三者都是相对而言的,集约利用是相对于粗放利用而言,过度利用又是相对于集约利用而言,每一种农用地利用方式,离开它的相对方式,都无法给人们以明确的解释。所以农用地集约利用和粗放利用是一对互为解释的相对概念,农用地粗放利用可以称为农用地利用不集约或低度集约。

2.农用地集约利用是一个动态的概念

虽然农用地集约利用和粗放利用是一对互为解释的相对概念,但它们的内涵是在不断变化的。过去的农用地利用方式在当时可能被称为集约利用,但现在可能被视为一种农用地的粗放利用,同样,现在的农用地集约利用沿用到将来,也会成为一种粗放利用。农用地利用集约化程度越来越高,农用地集约利用总是不断出现新的内涵,而其原内涵就会纳入农用地粗放利用的内涵,从而使农用地集约利用和粗放利用的界限不断上升,农用地粗放利用的内涵扩大。这种变化是与人们对土地和自然认识的发展、人们利用土地科学技术的进步密切相关的。

3.农用地集约利用是一个可持续利用的概念

农用地集约利用不应简单地局限于经济投入和产出效益提高,还应综合体现社会效益、环境效益,是在追求经济效益的同时,实现经济效益、社会效益、生态环境效益有机统一的可持续利用。农用地集约利用和生态环境之间的关系应是双向的,互为反馈的。一方面,土地集约利用不当可能会产生一些环境问题。例如,在盲目不合理地向农田使用大量化肥的情况下,不仅会造成巨大的经济损失,而且还会因为肥料随水淋失或气态挥发而污染水体和大气环境。另一方面,在农用地集约利用过程中,农用地集约利用也在为了自身的需要而努力改善环境,如抗洪排涝,灌溉农田,修筑梯田,施肥养地,改良土壤,提高地力等。在人类的干预下,农用地集约利用和土地可持续利用有可能是分离的,也有可能是同步的,分离则两败俱伤,既不能持续,也不能集约;同步则两者相辅相成螺旋上升。人类的正确干预促进集约和持续同步,错误干预促使集约和持续分离。因此,农用地集约利用应是在人类正确干预下的可持续的农用地利用方式。

(二)农用地集约利用的必然性

农业土地的集约利用是一个历史产物,它不是现在才有,而是社会经济发展到一定阶段的产物,是农业经营的世界性趋势。在早期,一方面有大量可供开垦的土地,人均占有农业用地的数量多;另一方面生产力水平较低,资金积累少,而且科学技术落后,限制了在一定面积土地上投资和劳动的增加,也就只能采取粗放经营的方式。随着社会的发展,人口越来越多,需求不断加大,要在有限的土地面积上得到满足,就只有靠不断增加对土地的投入,即集约经营来实现。现代发达的科学技术和更加雄厚的资本积累给集约经营提供了现实条件。

我国耕地人均数量少,高质量的耕地少、可开发的后备资源少的实情,生态退耕、耕地日趋减少的现实特点,灾害毁地,耕地撂荒、退化、污染问题的严重态势均迫使我们清醒地认识到未来人地矛盾的尖锐性。另一方面是各种非农用占地在急剧增加,能够用来生产农产品的农业生产用地日益减少。在这种形势下,原来的粗放利用土地的方式已不再适应,在更少的土地上投入更多的劳动、资金与技术,提高土地生产率,用更少的土地生产出更多的农产品，即集约利用农用地已成为社会经济发展的客观要求。在人多地少的现实面前，唯有不断增加单位农业用地面积的资金、技术的投入，走农用地集约利用的道路方能解决十几亿泱泱大国的吃饭问题。

(三)农用地集约利用存在的问题

随着社会的发展，我国农用地利用的社会、技术环境不断变化，农业用地利用的方式不断更新，集约度不断提高，但也存在不少问题，主要包括以下几方面。

1.大量土地被圈占，耕地数量急剧减少

据有关资料统计，我国耕地以每年700万亩的数量锐减。引起耕地数量减少的原因主要有五个方面：一是村庄占地扩大，空心村严重。随着农民收入水平的提高，人们攀比盖房风气越来越浓，由于新建住房的成本低于拆旧房建新房的成本，导致农村居民点周围耕地被大量新房侵占。二是窑业失控，盲目取土。各种个人、乡镇砖瓦厂破坏了大量优质耕地。尤其农民个人办的小窑厂破坏耕地现象更为严重。三是建坟占地严重。农村盛行的仍然是土葬，每个村都存在死人与活人争地的现象，并且问题严重。每个村民都知道这样做会使耕地越来越少，可是大家仍然坚持土葬。而有些富裕地区土葬开始攀比，占用耕地更多。四是乡镇企业、个人企业随意建厂盖房，圈占土地。由于农村土地出让费比较低，很多农村小工厂大量圈占地理位置优越的耕地。很多被圈占的土地多于自己实际的需要，圈地的目的不仅是为了工厂经营，还追求土地升值。五是政府占地超速。乡镇各政府机构圈占土地严重。许多乡镇政府机构大量圈占土地，员工在圈占的土地上种粮种菜。这些乡镇政府机构圈占的土地远远大于自己实际所需。

2.农业用地粗放经营，耕地质量下降严重

农民过多地使用化肥，基本不使用土肥，造成了土地肥力衰竭。人们长期重用轻养，重产出轻投入，重化肥轻有机肥，进行掠夺式农业经营，造成耕地氮、磷、钾等元素比例严重失调，耕地质量日益下降。现在大部分耕地，如果不使用化肥，产量将大幅度下降。为保持同样的产量，每年使用的化肥、农药在递增。

耕地被污染。城市工业大量排放“三废”，乡镇工业污染也呈越演越烈之势；农业生产大量使用化肥、农药和塑料膜。这些都造成大量耕地被污染。水土流失。由于农村土地经常调整，土地为自己承包，不是自己所有，农民根本不关心对土地的养护，导致土地流失严重。其实如果农民认真养护土地，土地流失没有这么严重。开发地头不用交税，而且还可以增加产量。

现在许多农民把地头、斜坡开发，人为加剧水土流失。不少地区存在土地被撂荒的现象。由于租种国家土地成本太高，很多有其他收入来源的农民选择土地撂荒。从去年国家取消农业税后，这种现象已经基本消失，但是种地的经济利润还是非常小。

3.土地产权模糊

市场经济要求产权必须清晰，但是我国农村土地的产权问题一直是“剪不断，理还乱”。由于农村土地产权不清，造成了很多问题。农村土地所有权主体对来自政府方面的侵权行为难以进行有效的制约，对农户在使用土地过程中的机会主义行为也难以给予约束和监督。就土地使用权来说，土地承包期的不稳定和责任田的频繁调整影响了农民进行土地投资、集约利用土地的积极性，导致农民对土地使用的短期行为。就土地收益权而言，目前我国农村的地税制度，既有明税，又有暗税，其中暗税的随意性很大，往往夹杂着对农民的乱摊派、乱收费，严重侵害农民的利益，极大地削弱了对农业生产的激励作用。就土地处置权来说，虽然法律上规定，农村土地使用权可以转让、转包，但由于各种客观原因，实际土地流转的难度不小，目前发生土地流转的土地还很少。

(四)农用地集约利用的具体措施

我国农用地的集约利用水平近年来得到了很大提高，但还落后于国际平均水平，提高农用地的集约度还有很大的潜力可挖。对单位农用地面积加大技术、资金、劳动等投入的具体措施有：

1.加大资金投入，对耕地进行改良优化，建设农业生长基础设施

比如兴修和维护排灌工程设施，大力开展土地整理。通过土地整理，把零星闲散的土地，形状不规则的耕地整理成更好作业的土地。改良土壤，提高土壤肥力。

2.提高农业技术装备水平，广泛应用现代农业科学技术，提高生产效率

投入更多资金购置农业机器设备，普遍采用良种，增加有机肥料数量，提高肥料质量，用污染少的生态型农药或生物技术防治病虫害和杂草等。

3.扩大复种面积，提高复种指数，禁止闲置、荒芜、破坏耕地

在同一块耕地上，一年内种植和收获一次以上的种植方式叫复种。

4.搞好经营管理，提高农业整体素质

对农业产业结构进行宏观管理，以需求为导向，合理设置生产结构。改革与完善土地制度，调动农民积极性。建立农产品市场，提高农业把握市场的能力，降低经营风险。

二、城市土地集约利用

(一)城市土地集约利用的内涵

城市土地集约利用的概念是从农业土地集约利用借鉴而来，城市土地资源集约利用原指在城市土地上增加相关投入，以期获得土地的最高报酬，一般用单位面积土地上的资本和劳动投入量来衡量土地与资本、劳动的结合程度。但随着城市土地资源利用实践的不断深入和有关研究的逐步深化，城市土地资源集约利用的内涵和外延也在不断深入和拓广。

国外没有以土地集约利用为对象的专题研究，但国外学者在城市规划学、经济学和地理学等学科研究中，几乎都将土地资源集约利用作为土地利用的重要内容。国内学者对城市土地资源集约利用研究从未停止，对其概念的界定也越来越清晰。马克伟认为，城市土地集约经营是通过对单位面积土地多投放活劳动和物化劳动，来提高土地资源利用率，增加建筑物层数，以期提高土地的经济功能和负荷能力；国内的学者毕保德认为，城市土地集约经营旨在获得单位土地面积最大收益；许树辉认为，城镇土地资源集约利用是指不断增加资金、技术和劳动力等投入，达到既促使城镇土地资源利用结构合理化、最优化，又能最大程度提高城镇土地使用效率、经济效益和土地可持续发展；陶志红等将城市土地资源集约利用界定为，以合理布局、优化用地结构和可持续发展思想为依据，通过增加存量土地投入、改善经营管理等，提高土地使用效率和经济效益；罗鸿铭认为，城市土地资源利用的集约化是指生产要素和非生产要素在城市土地上的集中投入与节约利用，城市土地资源利用的集约化要求城市空间的外向扩张与腹地环境负荷相一致，重视城市存量土地的开发利用；章其祥等人认为，城市土地资源集约利用的重点应放在建成区现有土地的再开发和挖潜改造上，走内涵发展道路；龚义等人认为，城市土地资源集约利用是在特定时段中、特定区域内的一个动态的、相对的概念；郑新奇则进一步指出，城市土地资源集约利用是在特定时段、待定区域的一个动态、相对的概念，意指现期和可以预见的未来条件下，在满足城市发展适度规模、使城市获得最大规模效益和集聚效益基础上，以城市合理布局、优化用地结构和可持续发展为前提，通过增加存量土地投入、改善经营管理等途径，来不断提高城市土地的使用效率，并取得更高的经济、社会和生态环境效益。①

综合相关学者观点，可以认为，城市土地资源集约利用是一个动态概念，意指当前和可以预见条件下，在满足城市发展适度规模、使城市获得最大规模效益和集聚效益基础上，以城市合理布局、优化用地结构和可持续发展为前提，通过适度增加存量土地投入、改善经营管理等途径，不断提高城市土地资源利用效率，以期取得更高的综合效益。

(二)城市土地集约利用存在的问题

我国目前正步入城市化加速发展时期，加快推进城市化进程，是我们的必然选择。在加快城市化的同时，我们应认识到我国城市土地利用方式还比较粗放，集约化程度低，占用耕地过多，主要存在以下方面的问题。

1.城市用地规模过度膨胀，浪费现象严重

在我国城市土地利用中，建设用地粗放利用十分普遍，许多城市注重外延扩张，不考虑实际的需求，重复建设，盲目设立各类工业园区、开发区。各开发区普遍存在“开而不发”、“先圈地，后立项”等土地闲置现象。一些城市形成了“摊大饼”式的发展模式，盲目追求城市规模的扩大，忽略城市的土地利用效率和单位面积土地的产出率，造成土地资源的大量浪费。

2.城市用地结构和布局不合理，土地利用效率低

合理的城市用地结构和空间布局有利于发挥城市土地资源的生产潜力和区位效益及聚集经济效果，从而达到城市土地利用的综合效益最优化。由于历史原因，我国城市土地利用结构长期处于不合理的状态，表现为工业用地比重偏大，城市住宅、交通、环境绿化和第三产业用地比重过低。另外，城市用地空间布局不合理，“优地”没有得到优用。行政办公和工业用地占据城市的黄金地段，以致城市商务中心(CBD)不明显，土地产出率低，造成土地价值得不到充分利用。我国土地产出率与国外同类城市相比较低。

3.城市之间发展缺乏区域总体规划，难以产生集聚效应

我国城市化进程中，各城市过分强调了自身功能的完善与发展，而忽视了与周边地区的功能互补。国外研究表明，相近城市间的距离大于100 km，通过城市间的协作，可达到集聚效应的最大化。而在我国，常常是两个甚至几个城市连在一起，却各自为政，自成体系，产业结构趋同，基础设施重复建设，城市集聚效应无法达到最优。

---

① 郑新奇、王筱明、王爱萍等：“城市宗地集约利用潜力评价方法研究——以济南市城区为例”，《资源科学》，2005，27(6)：71-75

4.城市土地利用的方向失控

城市土地利用的方向失控，主要表现在房地产开发中，高档宾馆、酒店、大型商场、人造景点、高尔夫球场等设施的开发过热，而城市居民迫切需要的经济适用房的开发建设不足，与之相配套的绿地、体育场地、停车场等公共设施的建设更显得不足，造成土地利用结构新的不平衡。城市土地利用存在着超强度开发的倾向，表现为高容积率、高密度地进行开发，不仅城市整体效益不高，而造成基础设施不堪重负和严重的环境问题。

5.土地市场机制不健全，土地配置不合理

我国现行体制下实行的是国家对土地一级市场的垄断。根据我国现行法律规定，土地使用权的出让，由地方政府负责，这就决定土地的出让市场有区域性。由于土地市场具有不完全的市场属性，虽然不同区域间的土地供给从宏观上看是统一的，但从微观上看，激烈的市场竞争和地方自身利益会使一些地方政府为追求自身利益而不惜采取一切正当或不正当的手段招商引资。由于土地一级市场国家垄断，政府既充当运动员又充当裁判员，这为地方保护甚至腐败现象提供了基础。原因在于土地市场机制不健全，市场没有真正起到合理配置土地资源的作用，必然严重影响城市土地资源的利用效率，影响城市土地资源的集约利用。

(三)城市土地集约利用的具体措施

随着经济的发展，我国城市在规模和数量上都得以迅速增长，而农业用地则急剧减少，城市土地粗放利用问题日益突出。因此，城市土地必须走集约利用的道。影响城镇土地集约利用的因素包括自然地理与环境、城市区域空间发展、城市经济模式、城市人口与规模、土地使用制度与市场，还包括土地利用结构和布局的优化等。那么可以在这些因素方面下力提高城市土地的集约利用，具体措施有以下几方面内容。

1.提高土地利用率

控制城市增量建设用地，盘活存量建设用地，挖掘旧城区土地利用潜力，做好旧城区改造建设，清查和充分利用闲置土地。我国城市人均用地比国家定额的指标还高出50%，这说明城市内部存量土地还有着巨大的挖掘潜力。实施旧城改造，对城市建成区内的低层、低密度旧房屋地段进行重点改造，完善配套设施，改善居民居住环境，以提高建筑容积率和居住人口密度。对城市建成区内的闲置、废弃地，应及时由政府收回进行储备或另行安排使用，对濒临破产或资不抵债的企业，应结合企业改革、改组，实行企业兼并、联合、转让等形式，盘活土地资产，充分挖掘城市用地潜力，发挥存量土地资产效益，走城市用地内涵式挖潜的发展道路。

2.科学合理地利用好城市空间，提高城市土地产出水平

一是严格控制城市中心区的规划和建设。在城市中心区不能过度开发住宅而应重点发展金融、商贸、旅游业等新兴第三产业和高新技术产业，以拓展中心城市功能，改善城市环境，提高城市的品位和地价，避免造成存量国有土地资产的浪费。二是充分发挥城市立体效应，提高土地容积率。城市化还可通过提高容积率，在有限的用地面积上增加更多的城市活动空间来提高土地的相对供给能力。目前，我国施工技术水平低，建筑设计落后，建筑物容积率低，导致土地使用效率低下。因此，我国的大部分城市都有提高容积率的较大空间。积极发挥城市立体效应，适当提高容积率将是今后城市化加速发展过程中的必然选择。一是

充分利用城市地上空间，主要是通过建造高层建筑物，特别是临街、城市中心区位、繁华地段的高层建筑物来实现城市公用设施、工业用地、绿化的立体化。二是充分利用地下空间，开发地下停车场、地下交通网、地铁、地下公路隧道、地下步行系统和地下街道、地下商业窗口及综合服务设施等来提高土地容积率，其在节约能源和资源等方面明显优于地上空间开发，前景乐观。

3.对土地利用结构和布局的进行优化，实行土地置换，提高土地利用效益

比如很多处于市中心区的工业用地可以置换到郊区，还有一些非经营性用地如处于市中心的一些教育用地可以搬到郊区教育区，留下的这些市中心土地可以集约投资为商业用地、房地产等。也可以采取一些其他综合的措施，比如通过制定更加科学的土地利用总体规划，科学确定城市用地控制规模，制定合理的用地标准；积极推进土地市场化进程，提高土地资源市场配置率，营造用地者集约和合理利用土地的自我约束机制，以提高城市土地集约利用。

第四节　土地集约利用评价

土地评价的历史已经有两千多年。在20世纪30年代以前，英国、俄国、德国曾出现了为土地征税而发展起来的土地评价，其中典型的是美国1933年提出的“斯托利指数分等”(STR)和康奈尔评价系统(Cornell system)、法国财政部1934年颁布的《农地评价条例》和德国20世纪30年代提出的土地指数分等。美国20世纪30年代提出的土地利用潜力系统(LCS)经完善于1961年提出了第一个较全面的土地评价系统；自20世纪50年代以来，许多国家积极开展土地评价及土地利用规划，为了使各国的土地评价在某种形式上得以标准化，1972年联合国粮农组织(FAO)在荷兰瓦格宁根召开了讨论土地评价的国际专家会议，在此基础上提出了土地适宜性评价分类系统，1976年FAO正式公布了《土地评价纲要》。这是世界上土地评价研究广泛开展并趋向成熟的重要标志。

土地评价的对象最初仅限于农业用地，近几年来，土地评价研究有了更广泛深入的发展，不仅限于农业用地，在城镇、工业区、旅游区、开发区等均已涉及。随着可持续发展研究的深入，国际上有关土地利用方面的研究，也都与可持续发展联系起来，众多可持续发展评价的方法也逐渐应用于土地持续利用评价，但均没有形成为大家普遍接受的指标体系和评价方法。综合研究模型是深入了解土地持续利用变化过程、机理和环境影响的重要手段，长期以来，研究者在不同领域构造了大量综合研究模型，典型的模型有IMAGEI模型、CLUE模型、IMPEL模型、日本的LU/GEC-1模型等。特别是随着土地持续利用研究的深入和遥感(RS)、地理信息系统(GIS)的广泛应用，为定量和多种方法的综合提供了可能。

同时，遥感(RS)、地理信息系统(GIS)等作为重要的技术基础，为土地调查、监测、预警、辅助决策、跟踪反馈和动态管理等多功能信息系统的建立提供了十分有效的手段。通过全方位应用数字国土、虚拟现实等信息技术，势必增进国土规划、城市规划等工作的效率，从而也为促进土地集约利用提供了重要技术保障。

一、农用地集约利用评价

(一)农用地集约利用评价指标选取的原则

农用地节约集约利用是一个多元化的复杂的系统概念,评价指标涉及的影响因素众多,要选取一定个数的评价指标建立评价体系就必须对相关因素进行甄别选择。在这个过程中,需要注意遵循一定的原则:

1.系统性和全面性

农用地节约集约评价体系是一个完整的评价系统,在选取指标时应按照系统论的观点,系统、全面地选取指标,使指标体系形成一个相互联系、完整开放、稳定的系统。同时,选取的指标应全面从社会、经济、生态等各个角度反映出土地的节约集约程度。

2.稳定性和动态性

评价指标应具有一定的稳定性。此外,指标要具有动态性,不但可以进行现时评价,更可以预测土地节约集约利用在未来的发展趋势。

3.相关性和独立性

相关性是用来说明两个变量因子之间的相关程度的概念。在选取指标时,要尽量选取与目标相关性好的指标。评价指标与目标之间应具有很好的相关性,但是各个指标之间却应相互独立,具有一定的独立性。

4.社会经济可行性和生态环境可持续性

指标应具有在实际的社会经济活动中的切实可行性。农用地不同于建设用地,它更加注重土地的自然属性,评价指标应反映土地的自然属性和生态环境可持续性。

5.定量化和定性化

评价指标应尽量以定量化指标为主,以便于进行科学计算,减少无谓的人为因素的干扰,必要时也要对难以定量化的指标进行定性分析,以增强评价指标实际应用的可操作性。

6.因地制宜原则

选取指标时要注意因地制宜原则。我国幅员辽阔,土地利用类型多样,不同地区影响节约集约利用的因素也不尽相同,在评价指标体系建立的实际过程中,要根据不同区域的实际情况,实事求是地选取评价指标。

(二)农用地集约利用评价指标的选取

评价指标体系的建立可从资源环境、经济、社会因子出发,以集约为核心,从分析影响土地集约利用的主要因素入手,使评价指标体系可以全面反映农用地集约化现状水平、制约程度、未来发展趋势,从而使指标体系客观准确地反映农用地集约利用状况。具体主要包括以下几方面:

1.集约利用程度

土地利用强度具体指标有农业用地率、土地垦殖率、复种指数、人均耕地;土地投入程度具体指标有地均资金投入、地均劳力投入、单位耕地化肥施用量;土地利用效率具体指标有农民人均收入、单位农用地第一产业值、单位耕地面积产值。

2.集约利用约束程度

生态环境具体指标有森林覆盖率、水土保持率、土壤 pH;后备资源具体指标有中地产田面积、未利用地面积。

选取好了各指标,还需根据一定的标准制定指标打分的标准值,参考值。另外就是根据各指标的重要性确定指标的权重,确定权重的方法有 AHP 法、主成分分析法、Delphi 法、灰色关联度法等。最后根据各指标的分值和权重计算农用地集约利用的水平,分析存在的原因并提供建议。

二、耕地集约利用评价

在农用地的评价体系里面,耕地的集约评价是最为重要的,这在我国的土地资源现状下是解决人地矛盾的理性选择、是农村和农地制度改革的必然要求、是适应现代农业发展的客观需要,在此我们将详细叙述。

耕地集约利用是指依靠科技进步和现代化管理,通过不断增加单位耕地面积的资金、技术和劳动力等的投入,提高产品质量,达到既能促使耕地利用结构的合理化、最配置,又能最大限度地提高耕地的使用效率和经济效益,实现土地的永续发展。依赖科技进步和现代化的管理,不断增加耕地单位面积的资金、技术和劳动力等的投入是耕地集约利用的客观需求和重要手段,耕地的合理利用及永续发展是耕地集约利用的前提和必要条件,土地使用效率、经济效益的最大满足是耕地集约利用的追求目标。

在新形势下耕地集约利用又有了新的含义,即根据生态农业的内涵和要求,与之相适应的耕地利用方式必然要有新的内容。因此与生态农业相适应的新形势下耕地集约利用,不仅要强调单位耕地生产要素投入强度的观点,同时还注重投入要素的利用程度和产出效果。

(一)耕地集约利用评价指标体系构建

耕地集约利用评价指标体系,根据耕地集约利用内涵的界定,在进行耕地集约利用水平评价时,不仅要关注耕地的投入状况,还应注意耕地利用中投入要素的利用程度、产出情况及耕地利用方式;不仅要关注耕地利用的经济效益,还要重视其生态效益、社会效益。根据上述原则,采用理论分析、经验借鉴和专家咨询相结合的方法构建以"耕地集约利用水平"为评价目标,从投入强度、利用程度、产出效果 3 个方面筛选评价指标,并根据影响作用不同,对产出效果方面的评价指标进行分类为经济、社会、生态 3 个方面的耕地集约利用评价指标体系(表 10-1)。

设 δ 为农业科技年均进步率,由一定时期种植业统计数据对种植业总生产函数回归分析可得:

$$Y=CK^{\alpha}L^{\beta}M^{\gamma}e^{\delta t}$$

式中:Y 为种植业总产值,K、L、M 分别为与 Y 相对应的投入要素即物质费用、劳动力及耕地面积,C 为常数项,t 为时间变量,α、β、γ 分别为物质费用、劳动力、耕地面积弹性系数。耕地自然生产潜力为单位面积。土地每年所获得的最大可能产量,又为光温水生产潜力。

表 10-1　耕地集约利用评价水平指标体系

目标	指标	表达式	单位
投入强度	基础设施投入指数	基础设施总投入/耕地总面积	10^4 元/hm^2
	劳力投入指数	种植业就业人数/耕地总面积	人/hm^2
	资金投入指数	种植业投入资金总额/耕地总面积	10^4 元/hm^2
	电力投入指数	种植业投入农用电量/耕地总面积	kW/(hm^2·h)
	化肥投入指数	种植业投入化肥总量/耕地总面积	t/hm^2
	科技投入指数	种植业科技服务人数/耕地总面积	人/hm^2
	机械力投入指数	种植业投入机械动力/耕地总面积	10^4 kW/hm^2
利用程度	复种指数	农作物总播种面积/耕地总面积	%
	灌溉指数	有效灌溉面积/耕地总面积	%
	耕种指数	1－(弃耕面积/耕地总面积)	%
	科技贡献率	$2/3\times(\delta/\eta)^{*}$	%
	机械化率	机械耕播面积/耕地总面积	%
	潜力实现度	粮食单产/耕地自然生产潜力**	%
经济指标	粮食单产	粮食总产/耕地总面积	kg/hm^2
	劳均产粮	粮食总产/种植业就业人数	kg/人
	地均产值	种植业总产值/耕地总面积	10^4 元/hm^2
	产投比例	种植业总产值/生产投入资金总额	%
	劳均产值	种植业总产/种植业就业人数	10^4 元/人
社会指标	人均产粮	粮食总产量/区域人日总数	kg/人
	人均产值	种植业总产值/区域人日总数	10^4 元/人
	安全系数	人均实际粮食占有量/400 kg	%
	稳产指数	(1－粮食单产变异系数)×100%	%
	耕地平衡指数	年末耕地总面积/年初耕地总面积	%
生态指标	退化治理指数	实际治理面积/耕地退化面积	%
	复垦指数	实际复垦面积/应复垦面积	%
	化肥利用率	实际使用量/作物需要量	%
	有机肥比例	有机肥使用量/肥料总量	%
	粮食安全指数	1－有害物质残留量超标粮食/粮食总产量	%

注：* 为农业进步率，** 为光温水生产潜力。

(二)耕地集约利用综合评价

1.评价指标权重确定的方法选择

层次分析法(AHP)是常见评价指标权重计算方法，但该法在采用专家咨询时易产生循环而不满足传递性公理，导致标准不易把握并可能丢失部分信息。鉴于信息论中信息熵表示系统有序程度，一个系统有序程度越高则信息熵越小，反之亦然，因此，可根据各项指标值差异程度，利用信息熵计算各指标权重，为综合评价提供依据，更客观更科学。

2. 熵值法的基本原理

假设在耕地集约利用评估中有个指标，m 个评估年份，这样形成一个评估的原始数据矩阵 $\boldsymbol{X}=(X_{xi})n\times m$，对于某项指标 X_i，若指标值 X_{xi} 之间的差距越大，则说明该指标在耕地集约利用的综合评价中所起到的作用也就越大；如果某项指标的值全部相等，则该指标在综合评价中不起作用。在信息论中，用函数 $H(x)$：

$$H(x)=-\sum g(x_i)\ln(x_i)\ (x_i=1,\infty)$$

来度量系统无序程度，$H(x)$ 称为信息熵。信息熵与信息两者绝对值相等，符号相反。若某项指标值变异程度越大，信息熵越少，该指标的权重则越大；反之亦然。所以基于各项指标值在 m 评估年份中的变异程度，以信息熵作为计算手段，来计算各个指标的权重，从而计算单位面积耕地的集约利用度。

3. 熵值法的具体计算步骤

第一，为了使各项指标数据具有可比性，须将原始数据无量纲化，并在[0,1]区间内表示。采用评价指标实际值与目标值作比较的方法对评价指标进行标准化。$P_i=x_i/y_i$；式中，P_i 为标准化后所得值，为评价指标实际值，y_i 为评价指标目标值，$i=1,2,\cdots,n$ 评价指标标准化过程中遵循以下设定：①目标值根据实际情况分别以全国平均定额值、规划值（如 2010 年）或理想值设定；②"投入强度"方面如果指标标准化结果>1，按照"过犹不及"原则取其倒数，而其他方面指标的标准化结果如果>1 则令其等于 1。

第二，计算第 i 项指标熵值：

$$H(x_i)=-k\sum P_i\ln P_i;\ i=1,2,\cdots,n$$

为计算方便，上式取自然对数，其中调节系数 $k=1/\ln n>0$。

第三，计算指标的差异系数(h_i)。第 i 项参评指标差异系数定义为：

$$h_i=1-H(x_i)$$

第四，确定参评指数权重系数：

$$d_i=h_i\sum h_i\quad(i=1,2,\cdots,n)$$

（三）综合评价模型构建

根据前面指标值标准化和权重的计算，利用综合指标模型评价区域耕地集约利用水平，公式为：$Y_i=\sum d_ip_i$。耕地集约利用综合状况取值范围为 $Y_i\in[0,1]$，当 $Y=0$ 时耕地的集约利用处于最不成熟状态，即集约利用水平最低；当 $Y=1$ 时，则耕地集约利用水平最高，处于理想状态。并且可以根据综合评价值比较不同区域耕地。

三、城市用地集约利用评价

随着城市的发展和城市问题的出现，城市土地集约利用逐渐成为人们关注的重点。自

2000年以来国土资源部组织有关专家开始了针对城市土地集约利用内涵的研究。城市土地集约利用的概念是从农业土地集约利用引申而来的，由于城市土地利用的特殊性，其内涵远比农业土地集约利用丰富和复杂，更多学者从我国实际情况出发，从不同角度和不同范围对城市土地集约利用进行了概念解释和界定。随着城市土地利用实践的深入和研究的深化，城市土地集约利用的内涵和外延不断扩大(图10-2)。需要说明的是，虽然对城市土地集约利用有不同的理解，但都有一个共同点，就是认为土地集约利用就是增加在土地上的投入以获得更多产出的土地开发经营方式。目前还有另外一类观点，强调在研究城市土地集约利用时，还要考虑土地利用结构和布局的优化问题。

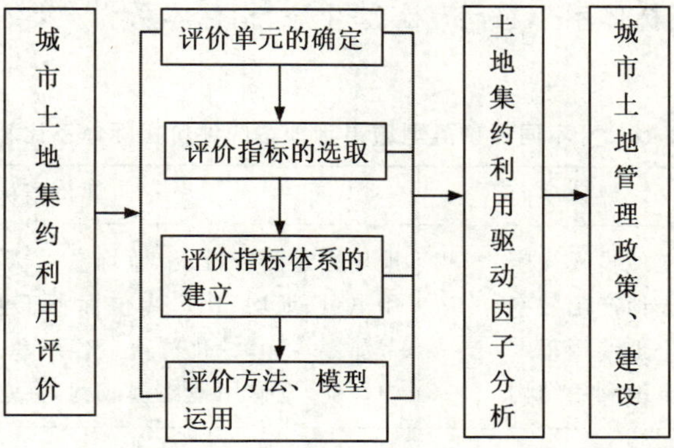

图10-2　城市土地集约利用评价研究框架图

(一)城市用地集约利用评价意义

城市土地集约利用评价的基本目的是改变城市建设用地粗放的现状，促进城市土地的高效利用，促进城市由外延扩展向外延扩展与内涵挖潜相结合的方向发展，促进城市土地资源的优化配置和合理利用。开展城市土地集约利用评价，还具有以下目的和意义：

(1)对城市土地集约利用状况做出判定，回答城市土地利用是处于相对集约状态、粗放状态还是过渡状态的问题。

(2)发掘城市土地集约利用的潜力，推动城市土地在城市不断发展中形成合理的集约度。

(3)为城市总体规划和土地利用总体规划的修编提供科学依据，土地利用规划和城市规划的用地结构、用地需求数量以及城市扩展也应适应土地集约利用的发展趋势。

(4)为政府制定有关城市土地集约利用的政策法规提供依据，进一步加强政府与土地管理部门对城市土地市场管理以及城市土地利用的宏观调控作用，建立科学、合理的用地管理决策系统。

(二)城市用地集约利用评价指标体系的确立

指标的选取方法有多种，一般根据选取原则来确定。其中，理论分析法和专家咨询法的应用较为普遍。理论分析法是评价者根据自身的认识水平在对评价对象或其相关概念、内涵理解的基础上，选择评价指标；专家咨询法则根据专家意见选择指标。这两种指标选取方法均带有一定的主观性。可以采用相对客观性强的数学方法进行指标的选取，如运用主成分分析法来选择指标，使之既可以很好地反映土地集约利用情况，又可以剔除一些相关性较大的指标。指标值的获取方法主要有三种：一是实地测量计算的结果，二是现状资料的分析，三是问卷调查统计。由于在指标选取原则中考虑到可操作性，目前，大部分的指标值是通过城市统计年鉴、土地年鉴等现状资料分析和实地测量计算获得，一些少数的抽象指标则需要通过发放问卷，进行抽样调查的统计方法来确定。

对城市土地集约利用内涵和目标的认识，国内学者尚未达成共识，导致城市土地集约利用评价指标体系构建的依据和标准不一，构建的指标体系也不尽相同。根据评价指标内容不同：主要有“投入-产出”指标体系，如有研究分别从宏观、中观、微观三个空间层次构建城市土地集约利用评价指标体系①，“经济-社会-生态”指标体系②，“集约-高效-协调”指标体系等(表 10-2)。

表 10-2　不同评价类型城市土地集约评价指标体系比较

评价类型	评价层面	评价指标
“投入-产出”(IO)指标体系	土地投入强度 土地产出效率 土地使用程度 土地利用结构	地均固定资产投资，地均从业人数，人均道路面积，人均用电量、地均 GDP、单位面积工业产值，单位面积社会消费品零售额，绿化覆盖率容积率、建筑密度，Ⅰ、Ⅱ级地价中下业，仓储用地比重，工业用地比重，商服用地比重
“经济-社会-生态”(ESE)指标体系	经济指标 社会指标 生态指标	地均 GDP，地均固定资产投资，单位土地利税额，容积率，建筑密度，土地闲置率，Ⅰ、Ⅱ级地价中工业、仓储用地比重、人口密度，人均居住面积，人均道路、广场面积，人口用地增长弹性系数绿化率，人均绿地面积，污水处理率率，单位面积“三废”排放量
“集约-高效-协调”(IEH) 指标体系	集约化 高效化地均 GDP 协调化	土地利用率，房屋空置率，建筑密度，容积率，地下仓库面积比，工业比重，商业服务业比重，人均公共设施建筑面积，绿化率，单位面积“三废”排放量

(三)评价方法与模型的应用

城市土地集约利用目标具有多元性，影响因素众多。多因素综合评价法较为常用，其中指标权重的确定较为关键③④。权重的确定方法有两种：主观赋权法和客观赋权法。主观赋权法主要有专家打分法(Delphi 法)和层次分析法(AHP 法)，主观性较强。模糊综合评价就是运用模糊变换原理和最大隶属度原则，考虑与被评价事物相关的多目标、多层次的各个因素，对其所做的综合评判它是根据评价对象的具体情况和评价所定的具体目标，通过评判指标的取值，排序，再评价择优的过程；是一种以模糊推理为主，定性与定量相结合、精确与

① 龚义、吴小平、欧阳安蛟：“城市土地集约利用内涵界定及评价指标体系设计”，《浙江国土资源》，2002(1)：46-50
查志强：“城市土地集约利用潜力评价指标体系的构建”，《浙江统计》，2002(4)：9-11

② 贺燕、李华：“城市土地集约利用研究”，《伊犁师范学院学报》，2005(3)：107-109

③ 郑新奇、王莜明、王爱萍等：“城市宗地集约利用潜力评价方法研究——以济南市城区为例”，《资源科学》，2005，27(6)：71-75

④ 章牧：“城市土地集约利用宏观评价的设计与实现”，《广西师范学院学报(自然科学版)》，2003，20(S)：111-116

非精确相统一的分析评价方法。由于这种方法在极限条件法是根据评价目的和评价对象设计评价指标体系,将各个指标标准划分为不同等级,并将各个指标的实际值和评价标准进行对照,确定评价对象所属等级。此外,主成分分析法、对比分析法、理想值修正模型等方法在城市土地集约利用评价中得到应用。不同的评价方法有不同的优缺点,评价过程中具体选择哪种方法,应结合实际情况而定(表 10-3)。

表 10-3　城市土地集约利用不同评价方法比较

评价方法	主要特点	应用程度
多因素综合评价法	简单直观,反映全面,指标权重难以确定	广泛
模糊综合评价法	定性定量相结合,可比性、分辨性较强,信息易失去	较广泛
极限条件法	评价客观,评价标准难以确定	较广泛
GS、RS 技术	结果准确,快捷先进,技术操作较困难	较少

我国十分重视城市土地集约利用评价。当前我国或有关地方政府业已建立了从建设用地、产业用地、开发区到城市的土地集约利用评价体系,乃至形成了相应的技术规程。但城市土地集约利用评价理论与防范还需要不断完善和发展,评价成果如何更有效地服务于城市土地集约利用实践还需要探索有效的机制。

复习思考题

1. 分析土地报酬规律。
2. 阐述土地集约利用的内涵。

参考文献

[1] 马克思. 剩余价值理论(第二册)[M]. 北京:人民出版社,1975.

[2] [美]克拉克. 财富的分配[M]. 北京:商务印书馆,1959:157.

[3] 曲福田. 土地经济学[M]. 北京:中国农业出版社,2011.

[4] 毕宝德. 土地经济学. 6 版[M]. 北京:中国人民大学出版社,2010.

[5] 黄贤金,钟太洋,陈志刚. 土地经济学[M]. 北京:科学出版社,2009.

[6] 姚丽,陈志刚,赵小风等. 新型工业化下土地集约利用研究[M]. 北京;科学出版社,2013.

[7] 赵小风. 等. 基于分层视角的工业用地集约利用机理研究[M]. 北京:科学出版社,2013.

第十一章

土地资源分区利用

土地资源的区域性决定了土地资源分区利用的重要性。本章介绍了区域分工理论及其在土地资源利用中的应用,分析了影响土地利用的空间关系,阐述了土地利用的功能区划分,为区域土地可持续利用提供了决策参考。

第一节　区域分工理论与土地资源利用

一、区域及区域分工

(一)区域的含义

按照美国著名区域经济学家胡佛的定义:“区域是基于描述、分析、管理、计划或制定政策等目的而作为一个应用性整体加以考虑的一片地区”①。按照我国的实践,区域是指便于组织、计划、协调、控制经济活动而从整体上加以考虑的一定的空间范围,它具有组织区域内经济活动和区外经济联系的能力,常由一个或多个中心城市、一定数量的中小城市以及广大乡村腹地所组成。从空间结构的角度看,区域包括经济中心、经济腹地及其相互联系。区域作为有内聚力的地区,具有空间的同质性,经济联系的密切性、协调运转的整体性、相互交叉的渗透性。

根据地域均质性原则,区域的土地利用可以从整体上划分为城市区域、农村区域以及城乡结合部的混合区域(简称城郊区域)。城市区域中土地利用方式主要是将土地作为场所、基地或空间,可以很大程度上垂直利用,对区位高度敏感,地价杠杆的调控作用十分明显;农村区域的土地主要用于农业用途,主要是在土地自然生产力和人工生产力的基础上,进行农业生产获得农产品,相对于城市土地利用,农业土地利用主要是平面利用,即主要利用土壤层及其上有限的空间,光、温、水、气、热等气候条件对土地利用起着极其重要的作用,区位条件及土地价格对土地利用的影响程度相对较小;城郊区域的土地利用则兼具城市区域和纯农区二者的特征,即同时存在大量的非农建设用地和农业用地,近年来我国城市化和工业化速度加快,在经济发达地区,特别是城市密集区域,动态发展着的城市郊区,对我国经济和社会发生着重要的影响,也成为城乡区域统筹发展的重点区域和示范区域。像城市、农村、城

① E. M. Hoover:“An introduction to regional economics”,New York:Knopf,1971

郊这些具有明显地域特质的地域可以成为功能特征区域。随着社会经济的发展，它们也发生着动态变化，如图 11-1 所示。

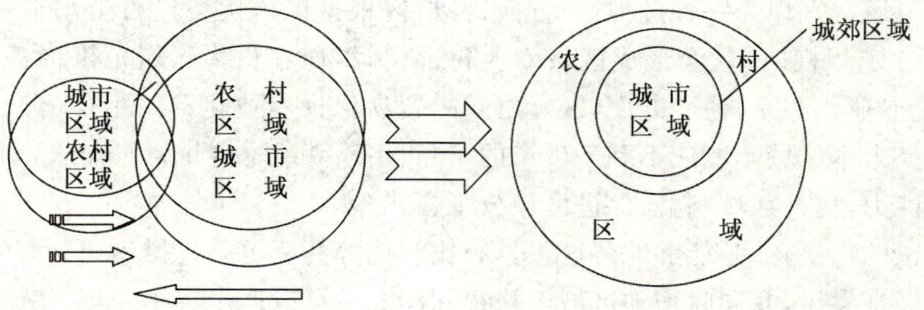

图 11-1　特征区域示意图(概念图)

区域的客观实在性决定了它具有明显的空间特征，任何经济及社会活动都要落实到某特定的地域空间。从小至均质性社区街道这种具体的、微观角度的地域功能单元，大到世界经济一体化背景下的全球地域，区域的含义呈现出“色谱”特征。任何经济和社会活动都离不开某一特定的空间，“空间”不仅自己本身是一个生产力要素(如土地)，而且是其他生产要素有机组合的载体，同时也是政府宏观调控或管理经济运行的基本空间，如图 11-2 所示。这里的功能特征区域可以进一步细化为更具体的区域，如中心商务区、某产业聚集区或某住宅区，它是由一系列相同或相似利用方式的宗地(或地块)利用的集合，这类区域土地的开发对应于成片开发；而一系列功能特征区域有机构成的更大且更复杂的区域，则形成一个综合区域，如一个县城的建成区，甚者全县域。

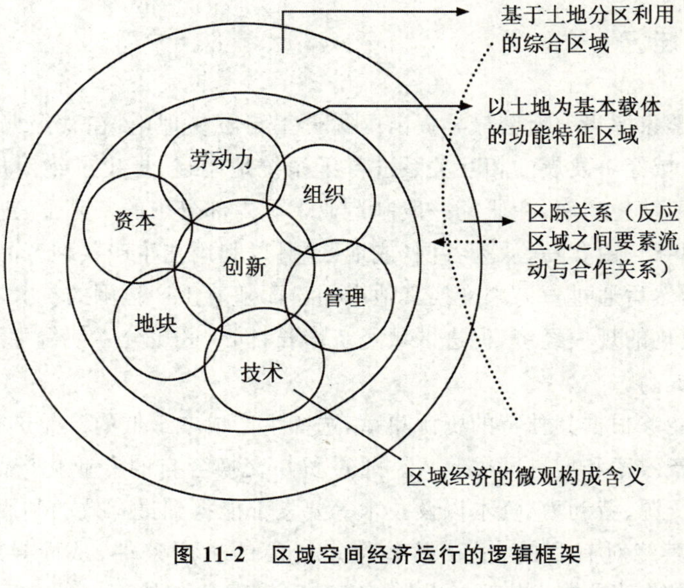

图 11-2　区域空间经济运行的逻辑框架

(二)区域分工

区域分工亦称劳动地域分工或地理分工，是指社会分工在经济地理空间上的表现形式。从单个区域角度来看，区域分工的表现形式是区域生产专门化，即各地区专门生产某类或某种产品，甚至产品的某个部分或生产的每个环节，从而发挥其特殊优势。区域分工是在生产力“趋优分布”规律下，受经济利益驱动经济活动主体自觉选择的结果。

区域分工通常表现为一种过程：一方面，各地区根据本地优势进行劳动地域分工，当这种分工达到一定规模时，就会形成区域专业化部门，继而在更大区域范围内甚至全球范围内，形成一个专业化体系；另一方面，区际之间的贸易保证专业化部门生产的产品价值的实现并同时交换来本区域不能或不利于生产的产品，用以满足本区域自身需求，如此可以扩大区域的生产能力，提升区域利益，促进区域分工模式。

区域分工的结果：一是能够使各区域具有比较优势的资源条件得到充分有效的利用，从而促进区域经济发展，并同时增加区域经济福利。二是可以产生规模经济、集聚经济以及范围经济：规模经济（economy of scale）一般是指随着生产能力的扩大，单位成本下降的趋势；范围经济（economy of scope）通常是指企业在同时经营多种事业时所产生的一种效果；集聚经济（economy of agglomerations）则是一种通过规模经济和范围经济的获得来提高效率和降低成本的系统力量，它是由于把生产按某种规模集聚在同一地点进行，因而给生产和销售方面带来的利益或造成的节约，因此它不仅是一种外部规模经济，而且还是一种外部范围经济，或者说集聚经济是由集聚规模经济（外部规模经济）和集聚范围经济（外部范围经济）共同作用而形成的一种复合经济，集聚实质上是工业企业在空间集中分布的一种生产力布局形式，城市经济的本质特征就在于它的空间集聚性。三是有利于获得外部性经济利益，这是因为：①区域分工可以带来整体功能效应；②具有相对优势的区域，可以通过区位因素在空间经济活动中所产生的乘数效应，带动周边区域相关活动的发展；③合理的区域分工有助于生产要素的区际流动，特别是促进技术创新及其区域间的传播。

二、绝对优势理论

古典政治经济学家亚当·斯密最早提出国际分工与贸易理论，在其经典著作《国富论》中，对国际贸易与区域经济发展的相互关系进行了系统地阐述，提出了绝对成本优势理论。认为分工可以增进劳动生产率，在研究一般制造业工厂内部分工的基础上，进而分析了国家之间的分工，同时倡导自由贸易，认为各国（或地区）可以利用在生产某种产品上的绝对优势来进行专业化生产，然后通过贸易来交换其他产品。而随着生产范围的扩大，区域分工会进一步加强，形成专业化的规模经济，促进区域经济增长；同时区域分工使得生产成品多样化，有利于社会福利的提高。

各国或地区都能够根据其独特的资源禀赋，选择生产成本最低的产品进行专业化生产，这能够显著提高生产效率和增进国民收入。通过贸易交换各自的专业化产品，则能使各个国家或地区的自然资源、劳动力、资本以及技术等要素都能得到最有效的利用。

每个地区都有其绝对有利的、适于某些特定产品的生产条件，从而导致了生产成本的绝对低廉，这就是绝对成本优势理论，或称绝对优势理论。然而，世上任何事物都不会是绝对的，一个国家或地区的生产条件也是如此，同时该理论无法解决无任何绝对优势可言的区域如何参与分工并从中获利的问题。因此，这一理论在应用上存在很大的局限性。

三、比较优势理论

大卫·李嘉图在其代表作《政治经济学及赋税原理》中提出了比较成本贸易理论(后人称为"比较优势贸易理论")。该理论认为,国际贸易的基础是生产技术的相对差别(而非绝对差别),以及由此产生的相对成本的差别。每个国家都应根据"两利相权取其重,两弊相权取其轻"的原则,集中生产并出口其具有"比较优势"的产品,进口其具有"比较劣势"的产品。比较优势贸易理论在更普遍的基础上解释了贸易产生的基础和贸易利得,大大发展了绝对优势贸易理论。

比较优势理论建立在严格的理论前提下:

(1)两个国家、两种产品或两种要素;

(2)国家之家存在某种特征差异;

(3)各国的比较利益是静态不变的,不存在规模经济;

(4)自由贸易是在完全竞争的市场结构下进行的,以物物交换为形式;

(5)生产要素在一国国内可以自由流动,在两国间则不能流动;

(6)不存在技术进步,资本积累和经济发展。

比较优势说的许多假设过于苛刻,不符合经济现实。由于完全自由竞争的假设、生产资料在国内自由流动和在国际完全不能自由流动的假设、资源充分利用和充分就业的假设都不符合经济现实。因此在这种严格条件下论证和理论很难作为世界各国对外贸易的指导原则,这样比较优势说的普遍适用性就值得怀疑。

随着发达国家或地区劳动成本的不断上升,一些劳动密集型(如纺织业)开始向欠发达国家或地区转移,资源耗费多、环境污染或破坏严重的产业也开始向欠发达国家或地区转移,区域比较优势呈现比较明显的动态化特征。

四、各种用地布局的一般要求

土地分区利用(zoning)也称土地区位利用:是根据土地的区位特点,对土地在空间上进行科学布局并合理利用的过程。其基本理论依据是区位论、地域分工理论;其主要应用是土地利用区划和规划,土地用途管制等。

用地布局和用地分布是相互联系而又有区别的两个概念。用地分布是指已经形成的土地利用的空间形式,是以实现的东西,可称作土地利用现状;用地布局是指土地利用的再分布,是计划和规划中的设想。土地利用现状是以往各阶段土地利用规划、规划实行的结果,是今后进行新的土地布局将反作用于既成的土地利用状况。用地布局要同时回答用地是怎样及为何如此分布以及如何再分布的问题,其依据和趋势是什么,即不能停留在既成分布状况的静态描述上,而要动态地分析用地分布的过程。

(一)土地利用地域分工的原则

土地利用地域分工是土地利用专业化的基本表现,必须坚持以下原则:

(1)绝对有利的地域分工原则:适用那些生态适宜范围狭小的农作物;

(2)相对有利的地域分工原则:适用那些生态适宜性较强的农作物;

(3)优势最大与劣势最小的地域分工原则:对经营者和社会都会带来最佳效益和利益;

(4)特种土地特殊利用的地域分工原则:具有特定的独占利用价值,而不宜改作其他用途。

(二)各种用地布局的要点

1.能够满足经济合理的要求

土地利用是一种社会经济现象,因此用地布局不仅要考虑到经济效益,而且要考虑到社会效益。我国幅员辽阔,各地自然和社会经济条件差别很大,资源蕴藏优劣多寡不一,原有土地利用状况和经济与技术基础各异,投资效果差异悬殊。因此,用地布局时应紧密结构生产布局,成人并自觉运用地区经济发展不平衡的客观经济规律,集中国家有限的财力物力,优先利用和开发那些投资效果高、投资见效快的地区,优先保证重点生产部门和种类的用地要求。

同时,由于各地区现有经济发展和科学技术水平的不同以及各地区生产诸要素的不同需求比例和价格比例而最终影响到不同地区同种产品的生产费用的区间差异。所以在用地布局应到充分利用地区分工的绝对利益和比较利益,根据各地区的不同条件,趋利避害,扬长避短,确定特定地区基本建设的投资方向,因地制宜地选择各种用地的位置。

根据用地单位(或企业)的指向性选择最优区位是解决胜地布局问题的一条原则。所谓指向是指某种因素对某种用地单位(或企业)具有特殊的吸引力,使之相应的吸引到某个区位。因此,用地布局的重要任务之一,就是尽可能缩短个生产要素之间、生产与消费之间的空间间隔,以取得劳动的节约。

鉴于各生产要素(自然要素和社会经济要素)的地区分布不均衡,往往某种生产的适宜区不一定就是主要产品消费区。同样,消费区的需求也不一定是这一区域范围内都适于生产的。为了组织生产,必须应用多种方法把分散在不同地区的基本生产要素集中、组织起来;产品生产出来后,还要通过相应的渠道和组织送到不同地区不同消费者手中,才能保证再生产各个环节得以周而复始地持续下去。上述劳动消耗量的大小,直接取决于用地布局(企业的选址)是否合理。布局合理能多方面减少劳动损耗,因此其本身就可以获得经济效益,这就是所谓布局效益。

在布局非农业生产用地时,要正确处理好非农业生产用地与农业生产用地之间的关系;基本建设用地要不占或少占耕地;要节约土地(尤其耕地);要注意改造利用为基本建设工程所压废或挖废的土地,把土地施工和平地造田结合起来;要正确处理好农、林、牧、副、渔业用地的关系和各种作物用地之间关系,以保证农、林、牧、副、渔并举和全面发展,不断提高土地利用的经济效益。

2.能够贯彻因地制宜的原则

用地布局应当遵循因地制宜原则,把各种用地安排在适合该种用途的地段上。农业生产是一个特殊的土地利用过程,农作物要从土壤中吸收养料和水分并接受阳光照射、进行光合作用才能提供产品。不同地区的地形、土壤、气候等要素差异较大,因此,农业生产活动要适合土地性质,即遵循一条客观规律——“适地规律”,这就要求合理布局农业生产用地时,根据适地规律的要求和不同土地的性质,做到因地制宜、适地利用,只有因地利用,才能发挥土地生产的最大潜力。

适地规律是农业生产的客观规律，也是农业生产用地布局时应遵循的重要原则。只有因地制宜种植农作物和树木，饲养不同畜禽和鱼虾，合理布局相应的用地，才可能获得高额丰产，只有按照适地规律办事，才能发挥当地的优势，扬长避短，以较少的耗费获得更多的产品，取得最大的经济效益。

为了在用地布局时遵循因地制宜的原则，要做好两项基础工作：一是要进行包括土壤普查在内的土地资源调查，查清土地数量和质量的家底，对土地适应性进行自然经济综合评价；二是要清楚地了解规划区域适合的农作物和树木，适宜饲养的畜禽和余下的生长条件。

3.能够兼顾各用地之间的联系

居民点和农用地之间的联系极为密切，必须讲集约化水平较高的农用地（如果园、蔬菜地等），运输量大，花工多的作物（水稻、棉花等）用地配置在居民点附近；青绿饲料基地配置在畜牧场附近；工、副业原料基地配置在居民点和工、副业生产中心附近。

4.能够为田间作业创造良好的土地利用条件

必须充分发挥农机具的使用效率，农用地配置要为此创造良好的土地条件，以减少机具的空行长度和空行率，降低生产费用。随着农业机械化的逐步实现，这项条件再配置农用地时愈加显示出其重要性。

为了满足这项要求，在配置用地时，必须保证各种农用地地段有规整的外形，集中连片，以减少拖拉机的空行率和油料消耗，降低机械作业成本，提高机械效率；保证及时完成条件的各项作业，以满足农作物生长的需要。在创造机械作业所要求的土地条件而开展大规模农业基本建设、平整土地的同时，应把机械化程度较高的作物配置在有利于机械作业的地段上。

此外，配置农用地时，要为其内部规划设计创造良好的条件，还要考虑土地利用现状，并注意充分利用原有的生产设备和建筑物，以减少基本建设费用。

综合上述各项要求，具体配置时，对于土地特性要求较高的用地予以优先配置，然后再依次配置其他各种农用地。

第二节　影响土地利用的空间关系

一、空间的含义及构成

所谓空间，是由一定点位向三维延伸而形成的一个客观实在，是社会经济活动得以开展的基本场所。它是由物质空间、经济空间以及社会空间所构成的一个系统（图 11-3）。物质空间是描述三维尺度量化表述，是不以人的意志为转移客观实在，人们为了满足生存和发展的需要就要对其进行开发及使用，并且必须由道路提供通达性；经济空间人的经济活动在物质空间上的表现结果，经济空间提供生产、市场以及运输等功能；社会空间则提供人群的安居及社会联系，并通过交通扩大这种联系，这种空间表现为一种意向，或称意向空间，一般是指由于周围环境对居民的影响而使居民产生的对其直接或间接的经验认识空间，是居民头脑中的主观环境空间，它是人的大脑通过想象可以回忆起来的城市印象①。三者相互联系、互为前提，共同构成一个空间概念。

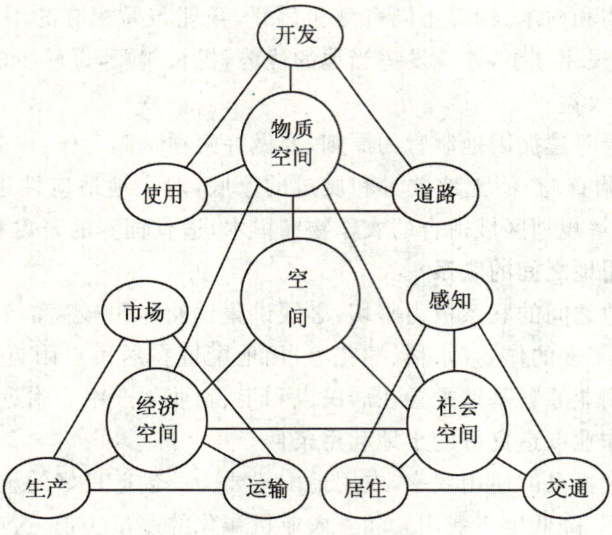

图 11-3　空间体系与土地利用

资料来源：柴彦威：《城市空间》，北京：科学出版社，2000 年

城市是第二、三产业集中分布的地域。人们从事各种产业活动和生活活动的空间扩展范围，即形成了形形色色的城市空间。城市空间是城市一切社会、经济要素的物质载体，也是物质规划关注的最终成果。

人类活动的结果，是形成了"点—线—面—网"的空间格局。从一个大的综合地域来说："点"概念下的区域是指城市功能区（大城市）；"线"概念下的区域是重要交通线路所表达的交通区位；"面"概念下的区域是指综合区域、农村及城郊地区、大城市地域；"网"概念下的区域是由一系列城市特征区域结成的城市网络体系。

二、主要的区位理论

区位（德国 standort，英文 location）是一个综合概念，它不同于自然状态下的位置，它是指自然界各种地理要素和人类社会经济活动之间的相互联系和相互作用在空间位置上的反应，是各影响因素不同的有机组合在空间位置上的体现。土地分区利用就是利用土地的区位特点，对土地在空间上进行科学布局并合理利用的过程。区位理论是指导土地利用的基本理论。

（一）农业区位理论

德国学者的杜能于 1826 年完成的《孤立国同农业和国民经济的关系》（简称《孤立国》）提出了农业区位理论，标志着区位理论的诞生。杜能农业区位理论是当时德国社会经济背

① 凯文·林奇：《城市意象》，北京：华夏出版社，2001

景下的产物,目的在于探索农业生产方式的地域配置原则。

杜能考查问题的方法是"孤立的方法",将影响农业区位的纷纭复杂的种种条件简化,只考察一个要素(即市场距离)的作用。其假设条件是

(1)肥沃的平原上只有一个城市;

(2)不存在可用于航运的河流与运河,马车是唯一的交通工具;

(3)土质条件一样,任何地点都可以耕作;

(4)距城市 80 km(50 英里)之外是荒野,与其他地区隔绝;

(5)人工产品供应仅来源于中央城市,而城市的食物供给则仅来源于周围平原;

(6)矿山和食盐都在城市附近。

杜能农业区位论的重要内容,在《孤立国同农业和国民经济的关系》第一卷中提出,后来增加了水运等条件修正(图 11-4)。

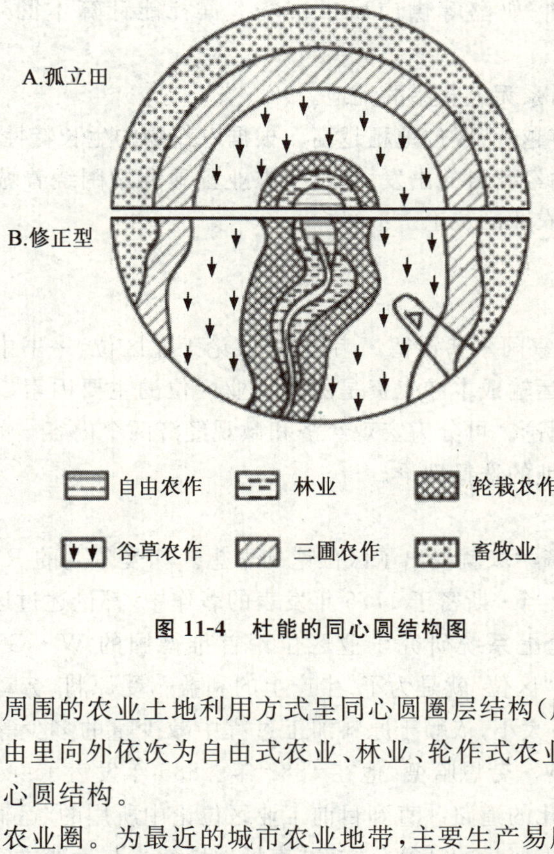

图 11-4　杜能的同心圆结构图

杜能认为,城市周围的农业土地利用方式呈同心圆圈层结构(后称杜能圈)。

以城市为中心,由里向外依次为自由式农业、林业、轮作式农业、谷草式农业、三圃式农业、畜牧业这样的同心圆结构。

第一圈:自由式农业圈。为最近的城市农业地带,主要生产易腐难运的产品,如蔬菜、鲜奶。由于运输工具为马车,速度慢,且又缺乏冷藏技术,因此需要新鲜时消费的蔬菜,不便运输的果品(如草莓等),以及易腐产品(如鲜奶等)等就在距城市最近处生产,形成自由式农业圈。本圈大小由城市人口规模所决定的消费量大小而决定。

第二圈:林业圈。供给城市用的薪材、建筑用材、木炭等,由于重量和体积均较大,从经济角度必须在城市近处(第二圈)种植。

第三圈:轮作式农业圈。没有休闲地,在所有耕地上种植农作物,以谷物(麦类)和饲料作物(马铃薯、豌豆等)的轮作为主要特色。杜能提出每一块地的六区轮作,第一区为马铃

薯，第二区为大麦，第三区为苜蓿，第四区为黑麦，第五区为豌豆，第六区为黑麦。其中耕地的 50%种植谷物。

第四圈：谷草式农业圈。为谷物(麦类)、牧草、休耕轮作地带。杜能提出每一块地的七区轮作。同第三圈不同的是总有一区为休闲地，七区轮作为第一区黑麦，第二区大麦，第三区燕麦，第四区、五区、六区为牧草，而第七区为荒芜休闲地。全耕地的 43%为谷物种植面积。

第五圈：三圃式农业圈。此圈是距城市最远的谷作农业圈，也是最粗放的谷作农业圈。三圃式农业将农家近处的每一块地分为三区，第一区黑麦，第二区大麦，第三区休闲，三区轮作，即为三圃式轮作制度。远离农家的地方则作为永久牧场。本农业圈内全部耕地中仅有 24%为谷物种植面积。

第六圈：畜牧业圈。此圈是杜能圈的最外圈，生产谷麦作物仅用于自给，而生产牧草用于养畜，以畜产品如黄油、奶酪等供应城市市场。据杜能计算本圈层位于距城市 51～80 km 处。

此圈之外，地租为零，系无人利用的荒地。

杜能认为距中心城市越近，区位地租越高。根据农作物的生长特性和农产品的特性，并从最低成本获最大利润的经营目的出发，得出了农业土地利用围绕着城市中心市场呈环带状分布的理想化模式，即农业区位论。

(二)工业区位论

1909 年，德国经济学家阿尔弗雷德・韦伯在其《论工业区位》一书中首次系统地论述了工业区位理论。他认为，运输成本和工资是决定工业区位的主要因素。工业区位论是研究工业布局和厂址位置的理论。可分为宏观经济和微观经济两个内容。前者指一个地区或国家的工业布局；后者指厂址的选择理论。

1.起源和发展

18 世纪一些古典经济学家就提出了区位论的思想。如爱尔兰的 R・坎特龙于 1755 年发表的著作中和英国的亚当・斯密于 1776 年发表的著作中，都论述过运费、距离、原料等对工业区位的影响。从理论上系统研究工业区位论首推德国的 W・G・F・罗舍尔，他于 1868 年发表的论文，提出“区位”就是为了“生产上的利益”，受原料、劳动力、资本的制约；原料地对区位发生的牵引力大小，依赖于原料加工过程中减少量的多少等等。用数学方法论证工业区位的是德国的 W・劳恩哈德，他在 1882 年、1885 年发表了一系列著作，给区位论开拓了一条精密化、计量化的道路。直到目前工业区位论中所用的“运输吨公里最小地点的区位决定公式”、“市场总需要量的计算公式”、“市场地域大小与运费之间关系的公式”等，都是劳恩哈德设计的。

创建现代工业区位理论基础的是德国经济学家 A・韦伯，他于 1909 年发表《工业区位论》一书，为工业区位理论建立了完整的理论体系，并提出了严密的研究方法。但是韦伯的工业区位论是抽象的、孤立因素分析的静态区位论。1924 年，美国经济学家弗兰克・弗特尔提出“贸易边界区位理论”。他认为，贸易区的边界是被该区产品的单位生产成本和单位运输成本之和决定的。1924 年，瑞典经济学家俄林在其《贸易理论》和 1933 年的《区际贸易和国际贸易》等书中开始讨论整个工业布局问题。从 20 世纪 40 年代末开始，美国学者胡佛·伊萨德提出了工业区位的多种成本因素综合分析的理论。这些理论探讨的中心问题是如何以最低成本和最大利润的原则选择厂址，因此，它属于工业区位理论的微观领域。第二次世界大战后，从宏观经济角度研究工业区位的理论逐渐发展，这种理论着重从全国范围的国民生产总值和国民收入的增长率，资本形成特征和投资率、失业率和通货膨胀等的地区差异，以及环境经济、生态平衡等方面进行研究。从德国经济学家 A·廖什 1940 年发表《经济的空间秩序》开始，发展为多因素的对比研究，形成各种学派的动态区位论。著名的代表者有运输费用学派的 E·M·胡佛、市场学派的廖什和区域科学学派的 W·伊萨德、行为学派的 A·R·普雷德等。

2. 韦伯的工业区位论(Weber's industrial location theory)

韦伯 1909 年发表的《工业区位理论：区位的纯粹理论》，提出了工业区位论的最基本理论。以后他又于 1914 年发表《工业区位理论：区位的一般理论及资本主义的理论》，对工业区位问题和资本主义国家人口集聚进行了综合分析。

韦伯理论的中心思想，就是区位因子决定生产场所，将企业吸引到生产费用最小、节约费用最大的地点。韦伯将区位因子分成适用于所有工业部门的一般区位因子和只适用于某些特定工业的特殊区位因子，如湿度对纺织工业、易腐性对食品工业。经过反复推导，确定 3 个一般区位因子：运费、劳动费、集聚和分散。他将这一过程分为 3 个阶段：第 1 阶段，假定工业生产引向最有利的运费地点，就是由运费的第一个地方区位因子勾画出各地区基础工业的区位网络(基本格局)。第 2 阶段，第二地方区位因子劳动费对这一网络首先产生修改作用，使工业有可能由运费最低点引向劳动费最低点。第 3 阶段，单一的力(凝集力或分散力)形成的集聚或分散因子修改基本网络，有可能使工业从运费最低点趋向集中(分散)于其他地点。

(1)运输区位法则。假定铁路是唯一的运输手段，以吨公里之大小计算运费。已知甲方为消费地，乙方为原料(包括燃料)产地，未知的生产地丙方必须位于从生产—销售全过程看吨公里数最小的地点。吨公里数量小地点在什么地方，是根据运费确定区位的核心问题。韦伯研究了原料指数(即原料重量与制品单位重量之比)与运费的关系，指数越小，运费越低。从而得出运输区位法则的一般规律：原料指数＞1 时，生产地多设于原料产地；原料指数＜1 时，生产地多设于消费区；原料指数近似为 1 时，生产地设于原料地或消费地皆可。几乎完全根据原料指数确定工业区位。

(2)劳动区位法则。某地由于劳动费低廉，将生产区位从运费最低地点吸引到劳动费用最低的地点。工业的劳动费是指进行特定生产过程中，单位制品中工资的数量。

(3)集聚(分散)区位法则。分散和集聚是相反方向的吸引力，将工厂从运费最小点引向集聚地区或分散地区。如果集聚(分散)获得的利益大于工业企业从运输费用最小点迁出而增加的运费额，企业可以进行集聚或分散移动。具体推算方法也可利用等费线理论。

韦伯的理论至今仍为区域科学和工业布局的基本理论，但在实际应用中有很大局限性。

3. 廖什的经济区位论

他的《经济的空间秩序》(英译名为《区位经济学》)是动态区位论的代表作，对工业区位论的发展有很大影响。他对在假设的某些条件下取得的结论，用多种现实因素校正，从而提出动态模式，并以垄断代替韦伯的自由竞争，以最大利润代替最低成本。

首先，他认为，企业势力消涨取决于其六边形的市场圈的扩大和发展(见中心地学说)。

其次，他认为商品都有一个最大的销售半径，由于排出（分散）和吸入（吸引）两种力量的不断作用，市场圈产生扩张和收缩的变化。

随着销售圈距离加大，运费增加，价格上升，销售量也逐渐减少。为此他创造了需求圆锥体理论，圆锥尖为最远点销售量，而底座为最近距离的销售量。廖什特别重视市场区对工业布局的关系，研究了不同等级的市场圈所辖消费地数量和最大供应距离等问题。开辟了从消费地研究工业布局理论的新途径。

4.伊萨德的区位科学理论

伊萨德从20世纪50年代起对工业区位论提出了大量的新观点，主张从“空间经济论”出发研究区位论，利用比较成本分析和投入产出分析等综合分析方法进行工业区位分析，把工业区位论作为“区域科学”的核心。他指出影响工业发展和布局的条件很多，它们的作用不同，而且在不同区域中的作用的变化很大。此外，其中有些因素是互相依存的，并且是可相互取代的。例如资本因素与劳动因素之间的关系，当资本家建立特定规模的工厂时，在工资高、技术条件好、资金来源充裕、利率低的地区，可以采用最先进的自动化设备，虽然投资多，但可节省劳动费用；而在劳动力充足、工资低廉、资金来源困难的地区，则可采用不很先进的技术，节约投资。伊萨德的最大贡献是把工业区位理论与社会实践相结合起来，注意地方的特点，发挥地区的优势，建立地区性的最佳生产部门，把工业区位论作为地区开发规划的基本理论。

5.行为学派的工业区位论

20世纪70年代开始，工业区位论的研究中心是对行为因素的研究，重视信息因素对工业区位决策的影响。行为地理和感应地理的发展，把区位论的理论水平向前推进了一步。1967年，普雷德在《行为与区位》中强调区位研究利用信息论，使之接近行为论。在70年代把工业区位论与行为科学相结合的有G·克鲁梅。他提倡区位的决策，即感应-行为的决策，论述了行为科学与工业区位论的关系。他认为，过去区位论研究多侧重于“外部区位因素”（运费、劳动费、市场利益、建筑用地和工厂用地的可能性、地方税、工业气候等等），而忽视“内部区位因素”（个人决策和爱好、事务所的合并、兄弟企业扩张等）。他强调研究区位与个人行为的空间问题，从时间与空间的连续体角度研究个人与行为的关系，并指出人类可能的行为空间要受财政、技术、制度和生物学的制约。工业区位理论是工业地理学的最基本理论。

6.现代工业区位论的特点

现代工业区位论的特点是：

(1)是区域规划和城市规划的理论基础；

(2)工业区位论的建立，使工业布局的研究从个别企业布局转向研究工业地域综合设计；

(3)在发展过程中不断吸收其他科学理论；

(4)不断以新的科学方法和手段武装自己，如以数量方法解释问题，以电子计算机处理资料，以遥感技术作为新的研究手段等。

(三)中心地理论

中心地理论又称“中心地学说”，是近代区位论的核心部分，是研究城市空间组织和布局、探索最优化城镇体系的一种城市区位理论。产生于20世纪30年代初西欧工业化和城市化迅速发展时期。1933 年，最早由德国地理学家克里斯塔勒（Walter Christaller）通过抽象演绎的方法，探讨了一定区域内城镇等级、规模、数量、职能间关系及其空间结构的规律性，并采用六边形图式对城镇等级与规模关系加以概括。

中心地体系包括：

(1)中心地的数目；

(2)互补区域(即中心地所服务的地区)的数目；

(3)互补区域的半径；

(4)互补区域的面积；

(5)提供中心财货种类及其数量；

(6)中心地的标准人口数；

(7)互补区域的标准人口数等。

中心地理论模式将随人口数、生活习惯、技术等的改变而变化；同时也随人口分布、人口密度的不同，或中心财货价格的差异而表现互补区域大小的不同。中心地体系可分别根据市场、交通和行政最优原则而形成。中心地有等级、层次之分，一个较大的中心地市场区总是包含 3 个比它低一级的市场区，每个较高级的中心地概括了低级中心地的所有职能，并将南德中心地分为七级。克氏认为，空间中的事物从中心向外扩散，区域的中心点或区域核心就是城镇。一个国家或地区的城市体系如按规模大小分级，城市（镇）等级越高，数量越少；等级越低，则数量越多。该理论是克里斯塔勒通过对德国南部城市和中心聚落的大量调查研究后提出的，他发现一定区域内的中心地在职能、规模和空间形态分布上具有一定规律性，中心地空间分布形态会受市场、交通和行政三个原则的影响而形成不同的系统。由于理论以许多假设条件为前提，实际又不可能达到，城镇体系布局就不可能完全依照理论，城镇的规模、数量、距离、比例也不可能是严格的、机械的数学关系。但区域内的中心地具有不同的等级、规模和职能，等级越高，规模越大，数量越少，职能越复杂，这一普遍规律是可以作为城镇体系布局原则的，即城镇规模愈大，吸引的距离愈远，其服务范围也愈广，规模大的城镇在数量上少于规模小的城镇。

1940 年德国学者廖什（A. Lösch）论证并发展了中心地理论，提出生产区位经济景观。他将克氏的地域框架扩大应用于产业的市场区位方面（面区位），克服了以点、线区位为主要内容的工业区位论在商品经济迅速发展背景下的局限性。廖什提出的经济景观可以有规律地扩大，即按三角形工业、聚落、城市分布、六边形市场区等，构成一国（地区）的经济景观系统：①工商业集聚形成大城市，大城市形成后交通线起了重要作用；②距离城市愈远，经济活动愈分散，直到不受城市中心影响，即符合于距离衰减法则；③由于交通的影响，引起穷富区差别，包括城乡、工农业地区的差异。该理论的局限性主要有：其性质是静止的，没有考虑城市体系的历史发展过程和未来发展趋势；它忽视了那些并非同一个小系统成分的第二级或更低级中心地间，以及同一个小系统中同级居民点间横向职能（功能）联系。另外，其假设的城镇空间分布及其他条件也都脱离现实。

(四)城市地域结构理论

城市地域结构理论（或城市形态理论）实质上是杜能农业区位论在市地利用上的反映。

因为城市是劳动地域分工中的一个枢纽点，城市形态就是因其土地利用的内在差异而构成的一种地域结构。不同的城市具有不同的形态，但它又符合于一定的规律，即城市一般表现为市中心、市区和郊区的地域结构，各功能分区尽管千差万别。但普遍遵循经济活动的距离衰减规律，其中，市中心区域是城市及至区域人流、物流、信息流集结之中心，是经济活动密度最大的区域，因此也可以称之为结节点，一般用做商务中心（CBD），该地段反映出的土地收益也最大，租金也高，随着距离市中心距离增大，租金也将降低。为此温格（Venger）教授设计了一个数学模型：

$$P_jQ_j = t \cdot d - t \cdot d_j$$

式中：P_j 为 j 区位单位用地租金；Q_j 为 j 区位土地数量；t 为单位距离的交通费；d 为用地到市中心的距离。

美国教授阿朗索（W. Alonso）将该种模式用于分析城市不同用地的空间合理分布问题，得出理论模式，如图 11-5 所示。在距离市中心 1 单位距离内，a 用途支付地租能力强，将获得该区位的土地使用，b 用途可落实于 1～3 距离单位，c 用途只能在 3 单位距离之外。

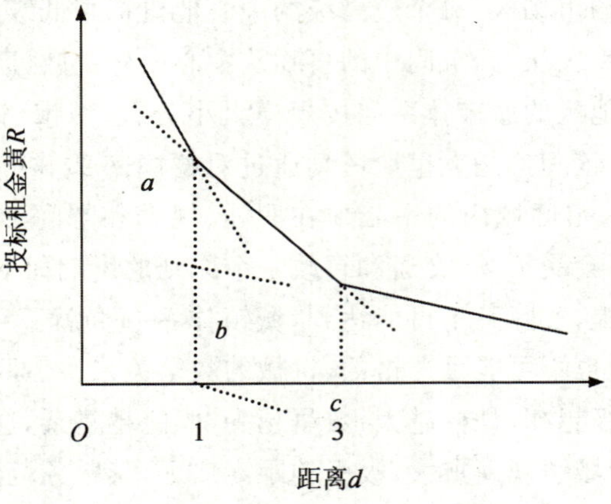

图 11-5　阿朗索竞标租金模型

由于城市地理条件的限制，以及城市社会经济的发展，城市内部结构还可能形成扇形模式和多中心模式等，但都基本上符合距离衰减规律。

总之，区位理论是关于人类活动，特别是经济活动在地理空间优化组织的科学，是指导生产力布局的资本理论，也是指导土地合理利用的基本原理之一。

三、城市空间结构典型模式

（一）同心圆模式（the concentric zone model）

美国城市地理学家 E·伯吉斯（E. W. Burgess）1952 年分析了芝加哥城市土地利用结构后，提出城市空间布局及土地利用的同心圆模式。他认为，由于低收入的社会阶层不断向外扩展，迫使高收入的社会阶层向更外围的地区迁移，形成了城市内部自内向外的同心圆状地带移行的空间演替过程。形成了城市各功能用地以中心区为核心，由内向外呈环带状分布的同心圆带结构模式：最中心是中心商业区（CBD）；其次是过渡带，即子宫新商业区与住宅区的过渡区域，包括轻工业、批发业、旧有住宅、仓储等；第三环带是低级住宅带，主要提供收入较低的蓝领工人居住；第四环带是中高级住宅带；第五环带通勤带，保证内部功能区之间及其与外部的联系。同心圆空间结构模式如图 11-6 所示。

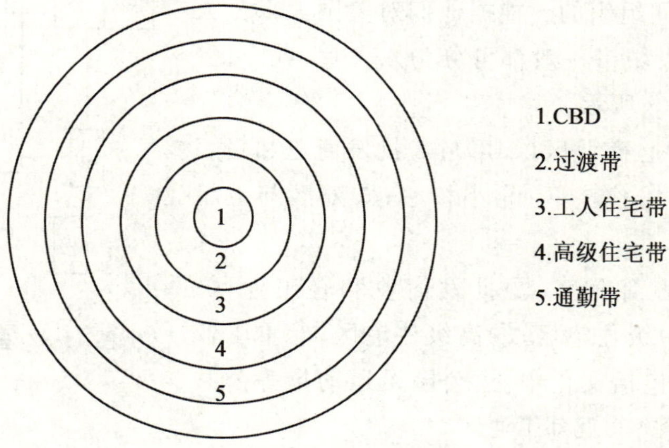

图 11-6　同心圆模式示意图

(二)扇形模式(the sector model)

美国城市经济学者霍伊特(H. Hoyt)于 1939 年通过对 64 个中小城市以及纽约、芝加哥、底特律等特大城市进行分析，发现了一些规律，即：各类城市用地趋向于沿主要交通线路，由市中心向市郊呈扇形发展，社会——经济特征相类似的家庭集聚在同一扇形地带上，轻工业和批发商业对运输线路的易达性最为敏感，所以其用地逐步形成一个从市中心向外放射出去的扇形（或楔形）区，而且不是一个平滑的扇形。扇形模式图 11-7 所示。

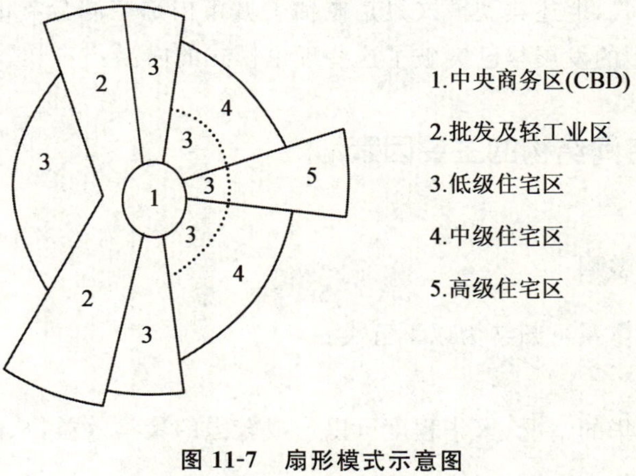

图 11-7　扇形模式示意图

(三)多核心模式(the multiple nuclei model)

该模式最早于1933年由美国学者麦肯奇(R. D. Makenzie)首次提出。十余年之后,1954年美国地理学者哈里斯(C. D. Harris)和乌尔曼(E. L. Ullman)进行了明确,其在《城市的本性》中提出了一种城市内部地域空间结构模式,城市土地利用是围绕着若干核心进行空间组织的。根据他们对美国大部分大城市的研究,发现大城市一般都可分为六大片、九个区。多核心模式如图11-8所示。

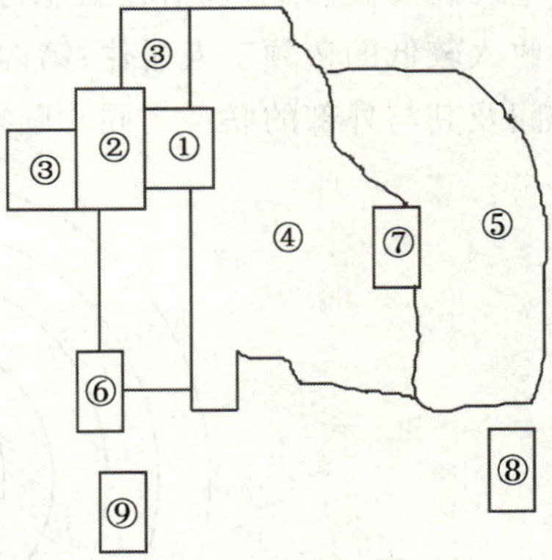

图11-8 多核心模式示意图

六大片是:①中心商业区(CBD);②批发商业和轻工业区;③重工业区;④住宅区;⑤小核心;⑥郊区与卫星城镇。

九个区:①中心商业区;②批发商业和轻工业区;③低级住宅区;④中级住宅区;⑤高级住宅区;⑥重工业区;⑦外围商务区(包括文化中心、公园及运动场等公共设施);⑧近郊住宅区;⑨近郊工业区。

多核心模式比单纯的同心圆结合显得更复杂但更接近实际,考虑到了城市地域发展的多元结构,但仍然基于地租地价理论,支付租金能力高的产业位于城市中心部位。

该模式的理论对各核心之间的职能讨论的较少,没有分析不同核心之间的等级差别和在城市总体发展中的地位。

(四)其他模式

上述三种模式的变种,如:同心圆—扇形模式是同心圆加扇形的土地利用综合模式三元结合模式:是同心圆、扇形和多核心理论综合的产物,也称为折中式土地利用模式;三地带模式类似同心圆理论,将城市土地由市中心向外依次划分为中央地带、中间地带和外缘地带。

近年来国内外开展了大量的城市实证研究,结果表明:城市内部空间结构具有多种社会属性及其空间分布模式,上述典型模式只是概括了城市内部空间分异的部分特征。加之现代城市向大型、超大型的发展早已突破了这些理论模式的内涵。

四、影响城市空间结构的主要因素

(一)区位因素的影响

区位因素按内容体系可归纳为以下五类:

1. 繁华程度

主要反映商服繁华的情况,繁华程度可以形成较强的聚集效益,从而提高该区域内土地的利用效益。

2. 交通条件

主要包括道路通达度、交通便捷度、对外交通便利度、路网密度等因素，这些因素可以相对地改变土地的空间位置，从而提高其利用价值。

3. 基础设施

主要包括生活设施完善度(如供排水、供电、供气、供热和电讯设施等)和公共设施完善度(如学校、粮店、煤店、菜场、邮局、医院和银行等)两个因素，它们对土地的投资效益和生产效益有极大的影响。

4. 环境条件

一般表示为自然条件优越度、环境质量优劣度、绿地覆盖率及文体设施影响度等因素，这些因素对住宅用地有更大的影响。

5. 人口状况

通常以人口密度、劳动力素质等因素来反映，它们对土地利用效率有更大的影响。

这些不同的组合形式，造成了城市土地质量的差异，而这不同质量的土地在利用上将具有不同的产出效益，这些差异形成的地租就是区位地租。

(二)政府行为对城市空间结构的影响

政府对城市空间结构最直接的影响要属贯穿了政府意图的：政府主导制定一个时期之内的区域及城市建设发展的战略、方针与政策，同时通过城市规划和城市土地利用规划来加以具体贯彻落实。

例如，北京市 2004 年最新的城市总体规划中，明确提出“两轴—两带—多中心”的城市空间新格局。

“两轴”是指南北传统中轴线和长安街延长线，是北京市城市文化的精髓所在，沿途全面实现保护与发展，从空间布局上体现首都政治、文化、经济职能的发挥。“两带”之“东部发展带”，北起怀柔、密云，重点发展顺义、通州、亦庄，东南指向廊坊、天津，与区域发展的大方向相一致，应主要承接新时期的人口产业需求；“西部生态区”与北京的西部山区相联系，既是北京的生态屏障，又联系了延庆、昌平、沙河、门头沟、良乡、黄村等，应实现以生态保护为前提的调整改造，各级城镇主要发展高新技术、高教员区等环保型产业，为北京建成最适宜人类居住的城市奠定基础。

“多中心”是指在市区范围内建设不同的功能区，分别承担不同的城市功能，以提高城市的服务效率和分散交通压力，如 CBD、奥运公园、中关村等多个综合服务区的设定，在市域范围内的“两带”上建设若干新城，以吸纳城市新的产业和人口，以及分流中心区的功能。为实现这一目标，北京将调整城市空间发展战略，有机疏散旧城，适当转移市域，重新整合村镇，协调区域发展，构筑以城市为中心与副中心相结合、市区与多个新城相联系的新的城市形态。

这个空间规划，将摆脱北京过去那种同心圆式的由中心城区向周边圈层扩散的“摊大饼”的城市空间发展模式，从而使北京的社会经济发展进入一个新的空间里面。北京市空间利用结构布局如图 11-9 所示。

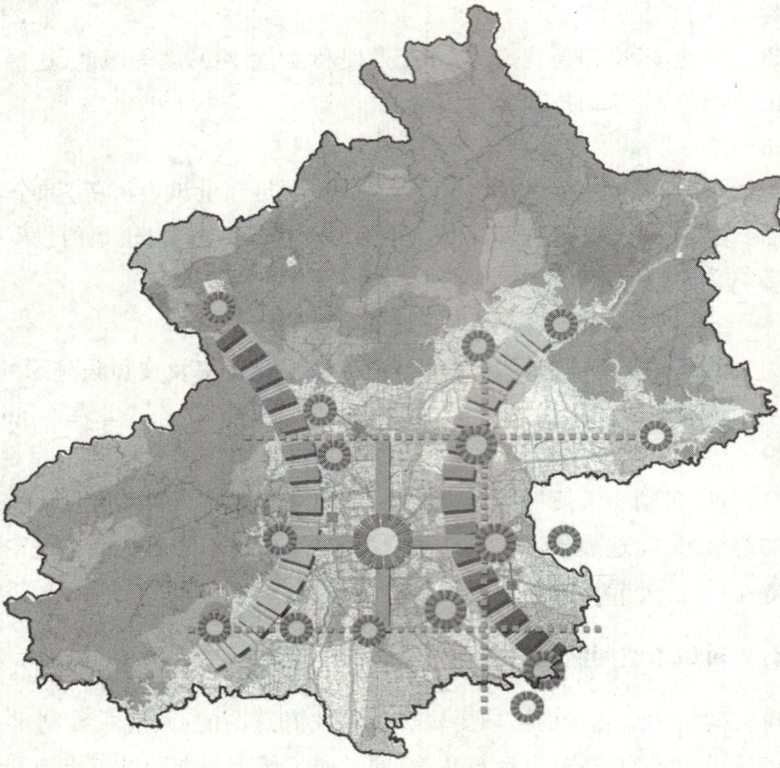

图 11-9 北京市空间利用结构布局示意图

(三)土地价格对城市空间结构的影响

城市空间具有多层次多方面的价值。这些价值的综合表现形态为价格。在完全市场竞争条件下,假定城市空间单元功能性质完全由市场竞争所决定,那么,城市空间单元的价值就体现为城市空间单元的竞标价格。在不存在市场竞争以及城市空间功能性质不由市场竞争决定的情况下,城市空间单元的价值便等于城市意愿交付价格。

土地价格直接关系到城市各组成要素的空间区位分布及组合规律。在市场经济条件下,由于不同的预算约束,各个土地使用者对于同一区位单位面积土地的投入和产出的经济评估是不一致的,并且,随着与城市中心的距离递增(意味着区位易达性的递减),各种土地使用者的效益递减速率(边际效益的变化)也是不相同的。土地使用者通过土地成本和区位成本(克服空间距离的交通成本)之间的权衡,付租能力最高的使用者因其竞争力强而获得市中心的土地,付租能力次之即斜率次大的取得市中心区外围的土地,依此类推,直到城市边缘为止。

(四)社会结构、人文类型对城市空间结构的影响

城市空间结构的演变,既呈现出物质生产统一性所决定的一系列共同性特征,更表现出由于社会结构以及人文类型的多样性所塑造的相异性特征。这一点可以在世界不同的洲际区域中不同的种族制度、宗教信仰、社会结构和人文类型背景下,充分显现出的各具特色、差异明显的城市空间结构中得以证实。

1999 年由麻省理工学院出版了具有里程碑意义的名著《空间经济学：城市、区域与国际贸易》，它是三位国际著名经济学大家的合作结晶：日本京都大学的藤田昌久、美国普林斯顿大学的保罗·克鲁格曼和英国伦敦政治经济学院的安东尼·J·维纳伯尔斯。

在这以后，众多同类著作纷纷问世，其中 2002 年由英国剑桥大学出版的“经济学前沿理论”书系中就包括两本：《集聚经济学》和《地理经济学导论》。2003 年美国普林斯顿大学又出版了《经济地理与公共政策》。最近几年来，它已成为我国经济学界的一个热门。事实上，在当代经济全球化和区域经济一体化的背景下，经济活动的空间区位对经济发展和国际经济关系的重要作用在过去的十年中已经引起人们的高度重视，从而也赋予了空间经济学崭新的生命力。

城市空间经济研究经济空间的经济现象和规律，研究生产要素的空间布局和经济活动的空间区位。经济空间主要包括两个方面：单元空间和营运空间。

五、城市用地区域演化

生产的发展开始出现剩余，交换频度和规模扩大，并出现了专门的商人，交易场所逐渐形成并固定。为了经商方便，商人便在市场区内定居下来；市场规模的扩大又吸引附近一些手工业者为节约运输费用，也到市场区内选址落户。工商业在特定地域的集聚，构成初具规模的居住、工业、商业区混合区，形成城市的雏形，进一步的发展使中心商业区周围形成了混合居住区。当聚集达到一定程度时，一些富裕的原居民为了有一个更好的居住环境，从混合居住区陆续迁出，形成独立的居住区。随着工业的进一步发展，工厂主为了寻求发展空间也从混合区内分离至近郊，从而形成独立的近郊工业区。至此，城市内各业用地分化基本形成各自的区域范围，中心商业区职能开始凸显。伴随着近郊工业区和居住区的进一步发展，城市聚集和密度进一步加大，出现了分担中心商业区部分职能的副城市中心；同时，靠近中心区域的土地因食用价值较高，工业业主为了降低成本，再加上政府为了保护环境，迫使工业进一步向远郊扩散，同类和相关的工业集聚，形成独立的郊区工业区。城市空间(用地)演化的过程如图 11-10 所示。

埃里克森将城市空间结构的扩散划分为以下三个阶段：

(1)外溢：专业化阶段。城市的各种功能向周围地区外溢，形成专业化的结构特征，如单功能的工业区、住宅区等。扩散作用主要发生在城市附近地区，以轴向扩散为主，对市中心的依赖性强。

(2)分散：多样化阶段。城市边缘地区迅速膨胀，除人口和工业的扩散外，由于小汽车发展，商业和城市的各项基础设施向外延伸十分突出，在轴向扩散的同时，进入圈层扩散阶段，城市边缘的功能结构日益多样化，地区独立性增强。

(3)填充：多核化阶段。城市的各项要素和功能的扩散仍然迅猛，但反映在空间分布上则以内部填充为主，地域扩展进入静止稳定阶段。在伸展轴和环形通道之间存在大片为快速增长时期忽略而未开发的土地得到进一步发展。同时在再开发过程中，一些具有特殊优势的区位点会吸引更多的人口和产业活动，形成城市边缘的次一级中心，使空间结构出现多核化现象。

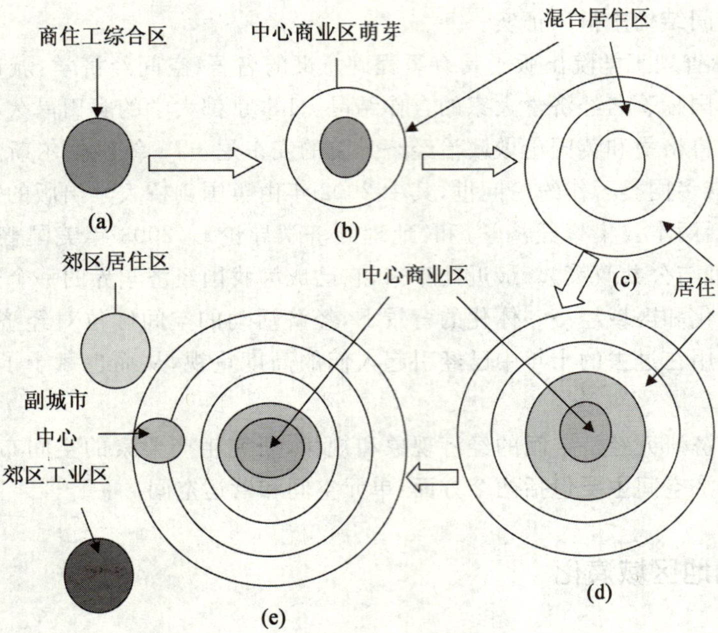

图 11-10　城市地域空间分化演变过程

资料来源:毕宝德.土地经济学.北京:中国人民大学出版社,2001 年

整个周期的运动完全取决于中心城市社会,经济发展及能量的集聚与扩散。

第三节　土地利用的功能区划分

土地利用功能分区,是在分析行政区域内不同地区的功能定位、发展方位、发展现状和发展潜力以及资源环境承载能力的基础上,根据区域发展和土地用途管制的要求,将本行政区域划分为若干个功能区片。在此基础上提出调控指标和措施,有针对性地制定管理政策,实行差别化管理。土地利用区划,是指在土地利用现状调查及土地资源调查的基础上,进行全国及省(区)级的土地利用分区的划分并编制相应的分区图与文字资料,乃是土地利用现状调查的主要任务和科研成果之一,是土地利用的基本研究方法。我国《土地管理法》第 21 条规定:县级和乡(镇)级土地利用总统规划都要划分“土地利用区”。目前,我国土地利用区可以划分为土地利用综合分区、土地利用功能分区、土地用途分区。为了充分发挥各地的土地资源优势,密切结合区域特点,因地制宜地提供科学规划,合理利用开发土地,必须以区域为基本单元,进行土地利用区划工作。

一、土地开发利用功能分区的必要性和目的

(一)土地开发利用功能分区的必要性和意义

土地资源分布的区域特点决定了对土地资源的利用及开发问题进行分析时,必须注重

其区域性。不同地区区位优势不同，气候、地形、水文、植被等自然状况也有差异，其人口、资源、环境、经济、社会问题不同，传统土地开发利用方式和程度往往有所差异，土地利用类型、利用格局、利用方式、利用方向、开发潜力等既不相同，又呈现规律性的地域分异。所以为了充分发挥各地土地资源优势，密切结合区域特点，提供因地制宜的科学规划，合理利用开发土地，必须以区域为基本单元，对土地利用功能区进行划分。土地利用功能区划分是对土地利用的合理布局、实行地区用途管制制度的重要手段和基本依据。

土地作为一个生态经济系统，要使其生态环境良好、经济发展、社会稳定，实现可持续利用，合理安排土地利用方式、确保土地利用结构合理化，这是关键的环节。合理、协调的土地利用方式有利于提高土地生产力，使资源开发与环境保护协调一致、协同运行，实现土地的可持续利用。土地利用结构的合理化就是指在区域内部各用地部门在相互联系、相互协作的基础上形成合理的用地比例与用地规模。区域土地利用结构不合理，必然造成区域发展中各种机能失调，降低土地利用的整体效能，阻碍社会、经济的发展以及生态环境的改善。据测算，如果城市工业布局合理，可节省城市用地10%～20%，降低现部门用地成本10%～20%；或者在不增加城市用地的情况下，工业生产总量和利润增加10%～20%。实现土地利用结构的合理化，就应在适应自然规律的基础上，根据一定区域土地所能提供的利用适宜性，结合经济和社会发展需要，确定土地利用生态环境和功能基本一致的区域，即进行土地开发利用功能区划分。其目的就是为了协调各类土地利用结构之间的关系，限制不适当的土地利用方式，做到因地制宜、地尽其用，解决人们利用土地的眼前利益与长远利益的矛盾，以达到人地关系的真正和谐，取得经济效益、社会效益和生态效益的协调统一，实现土地资源的可持续利用。

土地开发利用功能区划分是土地利用总体规划的重要内容之一。土地利用总体规划是建立在地域基础上的综合性工作，必须要联系规划地区的多方面特点，在划分土地利用区的基础上进行。因此，根据不同区域的特点，因地制宜，确定不同的土地利用区发展方向和途径，可以有效地利用土地资源，处理好整体与局部的关系，发挥区域优势，促进区域经济的发展。

进行土地利用功能区划分具有重要的作用和意义。表现在以下几个方面。

1.土地利用功能区划分有利于合理开发利用当地土地资源，促进农业生产的发展

在当今人口与土地间矛盾日益尖锐的情况下，如何因地制宜地合理开发利用和保护好有限的土地资源，成为我国现代化建设的重要课题，也是土地利用区划的中心内容之一。当前，我国国民经济调整的一项重要内容和任务是实现农业生产结构的合理化，而一定的农业生产结构或经济结构，在客观上均有与之相适应的用地结构(即土地利用结构)，从某种意义上讲，用地结构就是农业生产结构或经济结构在土地上的具体落实和最终体现。因此，土地利用区划可以视为区划地区的农业发展规划在土地上的具体落实。不仅如此，它同时也可以说是制定区域农业发展规划的必不可少的重要依据。只不过土地利用区划是从土地资源和土地利用规律的角度出发，去探求区域农业发展模式，并论证区域农业发展规划是否合理。

2.土地利用区划是综合农业区划的重要基础

农业生产是在一定的土地之上进行的。土地资源数量的多少和质量的高低对于农业生产有着特殊的重要性，尤其像我国这样一个农业大国，这种重要性更显突出。因此，土地利用区划也主要是为农业服务的，它作为农业区划体系的一项重要内容，是进行综合农业区划的重要基础和依据。土地利用区划作为从空间上合理开发利用土地资源的一项战略措施，对于农业区划来说是必不可少的一项重要内容，可为正确地制定综合农业区划方案、因地制宜地进行农业生产布局、合理地建立区域农业生产结构提供科学依据。

3.土地利用区划是认识土地利用区发展变化历史规律和土地利用区域分异规律的科学手段

土地利用区作为一种客观的物质实体，有其自身的发展过程。通过土地利用区划，可以了解不同阶段土地利用区的面貌和特征，了解形成土地利用区特征的原因。尽管通常所进行的土地利用区划属于土地合理利用区划(即远景区划)，但它是在土地资源评价与土地利用现状分析的基础上进行的，对所划分出的各个土地利用区必然进行利用现状的分析和合理利用的研究，因而通过区划，可以了解土地利用区的目前利用状况以及由此向未来合理利用方向和结构转变的特征；另一方面，土地利用活动在地理上的分布是有规律的。

人类的土地利用活动必须具备一定的内部和外部条件，即土地资源条件和人类自身因素，土地利用就是这两种因素长期共同作用的结果。不同的土地利用区，土地的各个组成因素(自然因素)不同，土地的固有特征(适宜性、限制性以及生产力)不同，人类因素(社会、经济、技术因素)也不同，因而在区与区之间就会产生差异。通过土地利用区划，将区与区之间的差异如实地反映出来，从而可以为了解土地利用地域分异规律提供具体依据。

(二)土地利用功能分区的目的

土地利用功能区划分的目的在于科学、合理地开发利用土地。即在查清土地资源、土地开发利用现状及社会经济条件的基础上，对土地利用的共性及差异性进行科学综合的研究，揭示区域性差异的客观规律；阐明区域的自然条件，社会经济条件，土地资源优势，土地利用属性、结构、现状、特点、经验及问题，土地开发利用方向、潜力、途径和措施；完成土地利用总体规划和分区划分，指导全国及区域土地开发利用的宏观决策；为制定全国综合自然区划、土地资源区划、综合农业区划和大农业生产发展规划提供重要的科学依据；增进土地利用的经济效益、社会效益和生态效益，促进国民经济的平衡发展与生态系统的良性循环。

区(县)域土地资源可持续利用发展主要是从生态环境和经济效益两方面考虑，从整体上寻求最佳的土地空间利用和类型数量结构。土地利用功能分区通过对区域自然资源、社会经济条件尤其是土地利用状况进行分析，找出土地利用的特征及存在的问题，从而对功能区土地利用提出调控指标，特别是耕地、基本农田、城镇、基础设施用地调控指标和措施，形成分区管制、指标控制、政策调控3方面相结合的措施，防止区域重复建设所造成的浪费。如：对优化开发地区，要研究提出建设用地指标控制方案；对基本农田保护重点区域，要研究提出耕地、基本农田等主要指导性意见，并提出在农田水利和生态建设、中低产田改造、土地整理、种粮农民补贴、对粮食主产区县乡财政转移支付等方面予以重点扶持。

二、土地开发利用功能区划分的基本原则

土地开发利用功能区划分，必须客观体现土地利用的现势性(利用格局与现状)、适宜性(利用方式与特点)、预见性(利用方向与潜力)，坚持分区原则与土地科学利用的高度统一

性。在进行土地开发利用功能区划分时，要考虑以下基本原则：

(一)土地利用自然条件与社会经济条件相似性的原则

只有当土地利用中自然、社会、经济创造“共生现象”时，人类才能在土地资源利用过程中获取最佳利益。人类生产活动和社会经济条件，对土地利用起导向性作用，是开发利用土地资源的动力，尤其是与土地利用程度、效益、方向紧密相关的社会经济实力、经济结构、生产能力、科技水平以及人口构成等社会经济条件的相似性，这是土地利用功能区划分时必须遵循的基本原则和依据。

(二)土地利用适宜性与发展方向及合理开发利用途径的相对一致性原则

土地利用是否合理，一方面反映了土地开发利用现状的适宜性程度；另一方面预见了发展方向及开发利用途径的科学性。土地利用功能区划分的原则必须兼顾二者之间的一致性，才能充分发挥土地开发利用的资源潜力优势与最有效的实施途径、措施。

(三)保持乡级行政区界与地域相对完整性的原则

我国土地管理的行政管辖权限，是以乡级为基层单位，以县级为本体；土地利用现状调查数据，也是以乡级为统计单元。为了便于地方行政管理，实施土地利用规划及开发利用措施，要充分考虑资料使用的实用性和可行性，建议在全国土地利用分区界线的基础上，要尽量保持县(市)级行政区界的完整性，至少应保持乡界的完整性；而在省(区)级土地利用分区的划分，应保持乡级行政区界的完整性。土地开发利用功能区划分既要体现地理分布规律和区域差异，又要确保地域连片、相对完整的空间连续性。

(四)要考虑对土地利用起制约作用的自然条件地域差异性的原则

不同的地理位置，因受各种大气环流系统的控制，以及地貌地形、地势所引起的垂直分异结果，产生了土壤——生物——气候的地带性规律与土被分异规律和区域差异性，这些方面成为制约土地利用的主导因素，在很大程度上可以影响土地利用方式、类型、格局、程度和方向。因此，在进行土地开发利用功能区划分时要考虑自然条件差异性这一原则。

(五)坚持土地开发利用功能区划分的长远性和全局观念的原则

在制订分区规划方案时，规划工作者心中必须对所规划区域的长远发展有一个清晰的总蓝图，明确区域发展的目标，将土地利用、交通运输、住房建设、环境质量、经济发展、社区设计和文物保护等通盘加以考虑，使得每一要素都成为分区规划的一个有机组成部分，只有如此，才能使各要素得到最佳配置。

三、土地利用功能分区的依据和途径

土地利用功能分区的依据有许多，概括起来主要有以下几个方面：①国民经济和社会发展战略，它决定着经济的发展方向与目标，这是划分的总的背景前提；②土地利用总体规划，可以从宏观上掌握到2010年土地利用中各种类型的规模大小，以及今后的发展趋势；③土地利用空间分异的影响因素，综合考虑各因素在不同区域的影响强弱以及对该区域发展的限制，这是土地功能区划分的先决条件；④土地利用状况，包括各用地类型的结构和空间分异，它是土地功能区划分的基础；⑤土地资源经济评价的结果，参照这一结果，功能区的划分中某一功能区应是经济评价等级相近的区域。

此外，还要考虑与土地利用相关的法律法规，如林地、湿地作为重点保护生态区，其开发利用受到很大限制，应作为功能区中的生态区。

土地利用分区的途径包括两个方面：①自上而下的逐级划分。根据土地利用系统的结构特点，运用不同尺度的分区依据及指标。先划出高层次的土地利用区，随之划分次甲级的土地利用区。②自下而上的类型组合。主要从土地利用类到的划分入手，依照其特征，结构及其空间组合归并；先形成基层土地利用区，再依次组合为更高层次的土地利用区。

四、土地开发利用功能区划分的主要指标体系

土地利用地域差异是复杂的自然和社会现象，其内涵十分丰富。地域分区必须把各种因素有机联系又有重点，特别是把有关因素之间的相互关联作用的现象加以考虑，分区才有合理性和科学意义。因此，为了充分具体实现上述原则，必须要有科学的依据。土地利用现状分析、土地评价和自然、经济、社会资料是分区的基本依据。区域已有的区划和规划是分区的参考依据。各部门发展战略及各类用地需求量是分区的重要依据。这些依据的尺度，即是土地利用分区的指标体系。根据前述土地资源利用分区的原则和依据，我国土地资源利用分区的指标体系主要包括反映区域土地资源利用结构、土地利用的自然环境条件和土地利用的社会经济属性等特征的指标。

具体说来，地域分区包括以下指标体系：①农业地貌结构；②气候条件；③土地利用结构；④主要灾害；⑤环境质量；⑥土地利用开发强度；⑦交通信息状况；⑧生产及经济结构；⑨生产经营及经济发展水平；⑩城镇化特征。

土地利用功能分区的指标体系主要依照其主导用途确定。指标体系的选择和确定，要能够反映各样点的土地利用特点，要易于收集齐全、统一口径、易于量化、通用性强；此外，还应在众多指标中，选取最重要和最有代表性者，避免指标体系过于庞杂。土地利用分区指标体系的确立，不仅可以为定性地划分土地利用区边界提供特征，而且还是用数量方法进行土地利用分区的前提与基础。

五、土地利用功能分区类型及其土地利用变化特征

(一)土地利用功能分区的类型

我国土地利用功能区根据标准的不同可以划分为不同的类型。

1.全国土地利用综合功能划分

可分为都市发展区、人口—产业集聚区、能源—矿产资源重点开发区、土地开发整理复垦重点区、基本农田保护重点区、土地生态环境保护重点区 6 类区域。

2.按照国家“十一五”规划中的功能区划分

可分为优化开发地区、重点开发地区、限制开发地区、禁止开发地区4类功能区。

3.依照土地的主导用途划分

即以土地本身所能提供利用的性质为基础，结合国民经济和社会发展以及保护环境的需要，为规定土地基本用途所做的分区。

通常可分为以下几种主要类型的用地区：

(1)建设用地区。包括现有和规划准备用于建设的用地区。

(2)农业用地区。主要是满足发展种植业需要的用地区(包括基本农田保护区等)。

(3)林业用地区。包括现有和规划准备用于林业生产的用地区。

(4)牧业用地区。包括现有和规划准备用于畜牧业生产的用地区。

(5)特殊用地区。为满足军事、遗迹及遗产保护等特殊需要的用地区。

(6)园地用地区。包括发展果树、桑树等多年生作物需要划分的用地区。

4.特定典型地区的类型划分

如某地区参照其他市的做法，并结合本地土地利用现状特点、环境敏感度与区域用地布局特点，按照土地的主导用途，划分为：中心城区、城镇重点发展区、一般农田重点分布区、自然生态协调区、基本农田重点分布区、自然保护区、江河湖泊保护区7个分区；在此基础上再划分土地用途管制区、可建设区(包括中心城区、城市重点发展区)、引导建设区(包括一般农田重点分布区、自然生态协调区)、限制建设区(包括风景旅游区)和禁止建设区(包括基本农田重点分布区、自然保护区、江河湖泊保护区)等4个管制分区。这些土地利用功能分区的类型只是提供借鉴，在具体的土地利用功能分区中应依据土地自然条件与社会经济条件的空间差异性，划分出具有地貌特征、土地利用状况和土地生态经济功能相对一致的区域分区。

(二)土地利用的区域变化特征

我国幅员辽阔，不同地区的自然及经济地理、生态与环境条件以及社会经济发展的基础差异很大，因此，应根据不同的地域组合特征，对不同的区域功能制定不同的发展战略，以解决当前我国区域发展功能定位不清，区域发展极不均衡的问题。

为此，受国家发展与改革委员会的委托，中国科学院开展了《全国功能区域的划分以及其发展的支持条件》的研究工作，划分了三类综合功能区：即综合经济区、重点发展功能区、生态重点建设类型区。第一类综合经济区将全国划分出若干个省区市组成的9个大区域单元；第二类重点发展区是未来20年我国重点发展和开发的区域，包括4个功能区：都市经济区、人口—产业集聚区、能源—资源重点开发区、农业综合开发区；第三类是需要进行重点保护和综合治理的生态类型区。通常的说法是将二三类综合功能区相结合，综合为都市经济区、人口产业集聚区、能源资源重点开发区、农业综合开发区和生态保护与建设区这5个功能区。

1.各功能区土地利用变化的总体特征

1996—2002年，都市经济区和人口集聚区耕地、未利用土地以及牧草地大量减少，同时建设用地大量增加；人口产业集聚区的建设用地增加的绝对量和增长速率比都市经济区要快；能源资源重点开发区耕地、牧草地和未使用土地也大量减少，但园地和林地则显著增长，特别是园地的增长很快，耕地与园地，林地之间的转换，体现了农业结构调整和生态退耕的主导过程；在农业综合开发区，耕地和牧草地大量减少，林地、未使用土地及建设用地增加较多，耕地和牧草地的减少部分转化为林地和园地，同时还有不少耕地和园地因土地退化转变为未利用土地。

不同的地理环境及其土地利用方式，导致了不同功能的土地构成差异性很大，各主要功能区主要土地利用类型的构成是：都市经济区是耕地、林地、水域，比例为 35∶25∶14；人口产业集聚区是耕地、林地、牧草地，比例为 31∶20∶14；能源资源开发区和生态建设重点区是未利用土地、牧草地、林地，比例为 31∶20∶14；能源资源开发区和生态建设重点区和生态建设重点区未利用土地、牧草地、林地，其比例分别为 53∶24∶10 和 34∶28∶27；农业综合开发区是牧草地、耕地、林地，其比例为 43∶23∶13。

表 11-1　1996—2002 年各功能区土地利用类型变化情况　　%

项目	(1)	(2)	(3)	(4)	(5)
耕地	−4.77	−1.33	−6.73	−2.16	−4.92
园地	+3.27	+2.49	+55.33	+6.35	+20.20
林地	+1.02	+0.23	+7.87	+2.21	+1.18
牧草地	−6.87	−1.27	−1.23	−0.70	−0.49
居民点及工矿用地	+11.25	+10.16	+8.57	+5.74	+5.3
交通运输用地	+14.19	+8.57	+10.16	+5.74	+5.30
水利设施用地	+1.51	+1.72	+0.66	+1.24	+0.47
未利用土地	−3.44	−2.97	−0.31	+2.43	0

注：表中，(1)为都市经济区、(2)为人口产业集聚区、(3)为能源资源重点开发区、(4)为农业综合开发区、(5)为生态保护与建设区；“−”表示减少，“+”表示增加。

资料来源：根据国土资源部信息中心报告(国土资源部信息中心：《中国国土资源可持续发展研究报告(2005)》，北京：地质出版社，2006 年)整理。

从表 11-1 可以看出：耕地面积在各功能区均有减少，其中能源重点开发区减幅最大；园地面积在各大功能区均有增加，其中生态建设重点区增幅最大；林地面积在各大功能区均有增加，其中能源资源重点开发区增幅最大；牧草地面积在各大功能区普遍减少，其中都市经济区减幅最大；居民点及工矿用地面积在各大功能区均有增加，其中都市经济区增幅最大；交通运输用地在各大功能区均有增加，其中都市经济区增幅最大；水利设施用地面积在各大功能区均有增加，其中人口产业集聚区增幅最大；未利用土地面积除在农业综合开发区增加外，在其他功能区普遍减少，都市经济区减幅最大。

2. 各功能分区的土地区位特征(土地分布密度/区位指数)

各类土地在不同功能区的分布情况，可以用土地利用类型的分布密度来表示。所谓土地利用类型分布密度，是指某一地区的各类土地相对于全国的该类土地的相对聚集程度，也称区位指数。以公式表达，即：

Q=某类土地在某地区的各类土地在某地区所占比重/该类土地在全国所占的比重

式中:Q表示区位指数。若$Q>1$,则说明该类土地的分布密度高于全国同类土地的密度,区位指数高;若$Q<1$,则区位指数低。

1996—2002年的6年间,不同功能分区中各类用地的分布密度存在较大差异:耕地和园地的分布密度以都市经济区最高,其下依次是人口产业集聚区、农业综合开发区、综合经济区、能源资源重点开发区,生态建设重点区最低,这表明在我国农业综合开发区,并不具有耕地的区位优势;林地的分布密度生态建设重点区最高,然后依次是都市经济区、人口产业集聚区、农业综合开发区,能源资源重点开发区最低;牧草地以农业综合开发区最高,其后依次是生态建设重点区、能源资源重点开发区、人口产业集聚区,而都市经济区最低;居民点与工矿用地、交通用地和水域以都市经济区最高,之后依次是人口产业集聚区、农业综合开发区、能源资源重点开发区和生态建设重点区;未利用土地的分布密度以能源资源重点开发区最高,而后依次是生态建设重点区、人口产业集聚区、农业综合开发区,都市经济区则最低。

由此可以得出以下主要结论:①耕地和园地的分布密度均有所下降,而居民点及工矿用地和交通用地的分布密度则有所上升,其他土地类型的分布在则基本没有发生变化,说明随着我国社会经济发展,居民对住房、交通等基础设施和社会设施的需求日趋增强,导致土地利用结构发生了较大的变化,使部分其他类型转换为建设用地和交通用地;②农业综合开发区耕地分布密度较低且呈下降趋势,表明农业综合开发区并不具有耕地区位优势,并且形势不容乐观,这将严重影响未来我国的粮食安全;③都市经济区未利用土地的分布密度低,意味着都市经济区建设用地还有一定的未利用土地开发空间。

3.各类功能区的变化特征

1996—2002年6年间各功能区土地利用变化体现以下特征:

(1)都市经济区。耕地和未利用土地减少(耕地减少特别明显),其他土地利用类型的面积均有所增加,牧草地总量小且减少速率快。长江三角洲地区减少绝对量最大,珠江三角洲地区耕地减少速率最快,京津地区未利用土地减少量最大且下降速率最快。

(2)人口产业聚集区。耕地、未使用土地和牧草地大量减少,其他地类面积均增加。较之于都市经济区,本区未利用土地和牧草地的减少量大,建设用地(居民点及工矿用地和交通用地)增长量大但增长率相对较慢些。海峡两岸地区耕地减少量最大且下降速率最快;“哈大齐”地区牧草地减少量最大,“长株潭”地区则牧草地则减少最快。

(3)能源资源重点开发区。由于农业结构调整、生态退耕、土地退化以及经济建设等原因,耕地、牧草地和未利用土地均明显减少(其中耕地减少现象尤其突出),其他地类均有不同程度的增长,园地增长率最大,陕、蒙、甘地区耕地转换为园地和林地现象最为突出。

(4)农业综合开发区。耕地和牧草地面积均有减少,其他地类的利用面积均增加。其中,黄土高原农业果业基地和西部畜牧奶业基地耕地的减少量和变化率最大,黄淮海商品粮棉畜基地的牧草地减少速率最快。

(5)生态功能区。耕地和牧草地面积在减少,同时林地和园地增加则十分明显。黄土高原丘陵沟壑水土流失防治区耕地减少量最大,主要转化为园地和林地;苏北沿海湿地生态系统保育区园地和林地增长较快;牧草地在呼伦贝尔草原、浑善达克沙漠区、东北三江湿地、川滇森林保育区、大别山和秦巴地区有所增长。

六、不同功能区土地开发利用战略重点

(一)都市经济区和人口产业集聚区要妥善处理好耕地保护与经济发展及城市发展的关系,努力提高集约节约用地水平

耕地、未利用土地和牧草地大量转化为建设用地,但未利用土地分布密度低,有进一步的开发空间;工业化及城市化进程的加快继续保持对建设用地的旺盛需求,都市经济区和人口产业集聚区的主要构成是建设用地,同时耕地和林地也占很大的比重(55%以上);在1996—2002年,都市经济区和人口产业集聚区因城市扩张致使耕地(还包括林地、牧草地以及未利用土地)大量减少,而同时建设用地则大幅度增加,这些变化在珠江三角洲、长江三角洲以及京、津、冀地区最显著,如珠江三角洲都市区变幅最大,建设用地增长约25%,耕地下降约14%。

在用地构成上都市经济区与人口产业集聚区也有差异。在都市经济区,林地所占比重较大(25%)、牧草地比重很小(0.3%);而在人口产业集聚区牧草地和未利用土地比重较大,分别约为14%和12%。

我国以固定资产投资拉动的工业化及城市化的快速增长将继续保持对建设用地的旺盛需求;当前我国正处在世界公认的城市化水平30%～70%的高速发展阶段,建设用地规模会出现加速趋势。1996—2002年城镇用地扩展主要来源于耕地,占到1/2以上。未来十几年中我国城镇人口将净增约3亿人,大量人口向城镇聚集必将使建设用地需求保持在高位水平上。因此,城市扩张应向集约和节约用地要地,通过盘活现有城市用地,提高土地综合利用效益。

(二)农业综合开发区投入力度,确保我国未来的粮食安全

耕地大量转换为林地、未利用土地和建设用地,耕地保护任重道远;生态退耕、农业结构调整、建设用地和土地退化是近年来该区土地利用变化的主导原因。这种现象要引起高度重视。未来中国的粮食安全主要靠农业综合开发区农用地的保障。必须大力改造中低产田,提高农产品产量,遏制土地退化的趋势。

农业综合开发区的土地利用的构成是牧草地、耕地和林地(43∶23∶13)。在农业综合开发区,由于农业结构调整、生态退耕、经济建设及土地退化等原因,耕地和牧草地因大量减少(分别减少了847和506.8 khm^2)。与此同时,林地、未利用土地、建设用地面积大幅增加(分别增加了460.3、338.2和273.3 khm^2)。园地和交通用地增长最快,分别为6.35%和5.74%。

我国人口总量庞大,目前耕地保有量(2004年为1.30×10^8 hm^2)已接近未来20年用于粮食生产的基线水平(2020年为1.18×10^8 hm^2);农业综合开发区耕地分布密度低且呈下降趋势,表明农业综合开发区并不具有耕地区位优势,这对未来我国的粮食安全不利,形势不容乐观。另外,西部畜牧奶业基地未利用土地面积大幅增加应引起特别注意,因为我国耕地后备资源主要在西部地区,要防止西部畜牧业基地草场和耕地的进一步退化确保我国未来农产品的安全供应。

我国耕地保护面临着人口、建设用地占用、灾害毁损、生态退耕和农业结构调整而带来的愈益增大的压力。因此，防止农业综合开发区的土地退化，遏制撂荒局势的进一卡发展，确保基本农田，加大未利用土地的开垦，加大农业综合开发区的投入力度，是保证我国粮食安全的紧迫任务。

（三）能源资源重点开发区和生态建设重点地区，重点实施生态退耕政策，加大农业结构调整的力度，发展旅游及第三产业，在开发中保护生态环境

耕地和牧草地大量减少而林地和园地大幅增加；生态退耕和农业结构调整以及土地退化是土地变化的主要过程。

在能源资源重点开发区，耕地和牧草地因农业结构调整、生态退耕、土地退化以及经济建设等原因而大量减少，1996—2002 年 6 年期间分别减少了 406.7 和 234.7 khm^2，而与此同时，林地和园地面积大幅增加，分别增加了 580.8 和 133.32 khm^2。林地增长较快，由 1996 年的 9.58％增长到 2002 年的 10.33％。林地和园地的增加主要来自于耕地的生态退耕、农业结构调整以及未利用土地的开发。在晋陕蒙甘地区耕地转换为园地和林地最为明显，表现为耕地下降了 13.21％，相应地园地和林地增长了 98.3％和 13.74％。在能源资源重点开发区，尽管未利用土地得到一定程度的开发，但未利用土地所占比例仍最大（为 53％），而生态建设重点区未利用土地占 34％。

在生态建设重点区近年来总体上也体现了耕地和牧草地大幅减少的趋势，与此同时林地和园地面积大幅增加，园地面积增长速度最快，平均达到 20％，这主要是国家实施生态退耕的政策和农业结构调整的结果。

总之，能源资源重点开发区和生态建设重点区在 1996—2002 年，耕地和牧草地大量减少，林地和园地面积大幅增加，生态退耕、农业结构调整以及土地退化是能源资源重点开发区和生态建设重点区土地利用变化的主导过程。

生态退耕政策对我国的耕地产生了重大影响。1997 年以来，耕地减少的主导因素是生态退耕，其次才是农业结构调整和建设用地占用。生态退耕表现出其不意明显的地区差异性，中、西部地区数量较大，东部地区数量较少。国家退耕还林政策的实施在减少耕地的同时，使我国的森林覆盖量得到提高，从 1996 年的 23.94％增长到 2002 年的 24.25％。生态退耕政策重点应继续放在能源资源重点开发区和生态建设重点区，调整农业结构，发展旅游及第三产业，在资源开发中注重生态环境的保护。

复习思考题

1. 城市空间结构有哪些典型模式，其空间布局主要受到哪些因素影响？
2. 为什么要进行土地开发利用功能分区？
3. 土地开发利用功能分区的基本原则和依据是什么？

参考文献

[1] 国土资源部信息中心. 中国国土资源可持续发展研究报告(2005)[M]. 北京：地质

出版社,2006.

[2] 毕宝德.土地经济学.6版.[M].北京:中国人民大学出版社,2010.

[3] 王万茂,王群主编.土地利用规划学[M].北京:北京师范大学出版社,2010.

[4] 何芳.城市土地经济与利用[M].上海:同济大学出版社,2004.

[5] 梁湖清.生态城市土地可持续利用[M].广州:广东经济出版社,2003.

[6] 陈秀山,张可云.区域经济理论[M].北京:商务印书馆,2004.

[7] 杨子生.土地利用区划几个问题的探讨[J].云南大学学报(自然科学版),1995(4).

[8] 李盛湖.对土地利用区划的研讨[J].干旱区研究,1994(4).

[9] 徐宁.关于土地利用功能分区研究[J].安徽农业科学,2007(2).

[10] 徐邓耀.论土地利用分区[J].四川师范学院学报,1996(2).

第十二章 土地保护与可持续利用

随着人地矛盾的日益突出，特别是随着社会经济可持续发展战略的实施，对土地资源的保护不断得到人们的重视。土地可持续性利用已被推向全球可持续发展的战略高度，也得到公众的广泛认同。通过加强土地资源保护，保证土地资源的永续利用，来持续满足社会经济发展对土地资源的需求，已成为人类生存和发展的重大课题。

第一节 土地保护的经济含义

一、土地保护的发展演变

起初，土地保护基本上是围绕着土地的生产能力而开展的，例如保护土壤肥力。人类在发现“万物土中生”的同时，也发现了连作会使作物的产量越来越低，从而认识到了“地力”。于是，人们采取了各种各样保护“地力”的耕作和栽培措施。在我国，它表现为施粪、耕、锄、耙、耱等一整套耕作技术措施；而西方表现为休闲、轮作等技术。直到德国化学家李比希提出植物营养元素归还学说，开创了化肥工业，促进了休闲耕作制的终结。由于施用化肥，不但提高了产量，而且提高了养分水平。然而，由于大量施用肥料，导致土壤“富营养”，以致污染了地下水。于是人们提出了平衡施肥或改进施肥方法，防止施肥污染地下水。

20 世纪美国在其两次西部开发中发生的土地急剧退化问题，水土保持成为土地质量保护中比土壤肥力维持更为重要的内容。因为发育一定厚度的疏松土层需要的时间不是以人类的生命周期可以计量的，而是地质历史时间概念。土层的变薄和沙化不但损失植物养分，而且随之而来的是储藏土壤水分的容量降低，容易造成地表径流和干旱发生。水土流失不但造成局部土地质量的降低，而且引发异域相关效应，即对其下游的土地造成水冲沙埋危害。

20 世纪 50 年代日本发现了因食用受镉污染的土壤生产出的稻米后出现的骨痛病—世界有名的公害事件之一，从而将土壤污染防治或土壤健康保护提到科学研究和生产实践日程，包括土壤背景值调查和环境容量研究，颁布土壤环境质量标准等。随着生态学思想的萌芽，土壤健康保护不再是仅仅研究土壤污染与农产品质量的关系，而且研究土壤污染对土壤生态系统的影响。土地保护不再限于保护土地本身，而把土地作为生态系统的载体，把土地保护作为维持土地生态平衡的手段。

20 世纪 60—70 年代以后，世界经济取得了显著增长，同时人口、资源、环境等危机又困扰着人类社会的发展，因而可持续发展的思想得以迅速发展。国际上一些土壤学家、土地保护和评价专家将可持续发展的概念引入到土地利用管理领域，提出了持续土地利用的概念。从而土地保护不再单纯地针对土地退化采取保护措施，而是从可持续发展的角度，从土地利用是否符合生产性、稳定性、可行性和可接受性的原则出发，综合评判土地利用是否可持续，是土地保护由被动保护到积极保护寓于持续利用之中的飞跃。[①]

二、土地保护的经济含义

"保护"一词可以从几个不同的角度来定义，按词典解释，它有保持、保卫、保护或保证某物安全或完整的含义。将该定义用于土地保护，则为"保护地球上的资源效率不降低，或是保持近似于自然状态下的条件，或只容许明智地耗用资源"[②]。雷利·巴洛维认为，这种定义是一种严格却狭窄的定义，是为了未来的利用而不触动土地资源的保护，主要从保护的具体内容和手段来描述的[③]。例如，朱德举认为，土地保护是人类为了满足自身的生存和发展对土地资源的需求，保存土地资源、恢复和改善土地资源的物质生产能力、防治和预防土地资源的环境污染，所采取的措施和行动。[④]

土地保护的具体内容包括：土地数量保护、土地质量保护和土地生态环境保护。土地数量是指土地在水平面上的面积。对于一个特定的地区而言，土地数量的内容包括土地种类的数量和各类土地的面积。土地数量保护是指对土地资源的保存，主要是针对农业用地的保护，防止非农业用地的盲目扩张。土地质量通过土地评价确定。土地评价是指土地作为某种用途时对土地好坏的评定，土地好坏可解释为土地对某种用途的适宜程度高低、生产潜力或生产力的大小以及价值的多少等。土地质量的优劣包括："适宜程度高低"、"生产潜力或生产力的大小"、"土地污染程度"、"土地价值的多少"等几种情形。土地质量保护，尤其对于耕地而言，通常指土地的地力保护，指维护土地的生产潜力和提高土地生产力水平。土地生态环境是土地利用的基础，因此土地生态环境的平衡是土地资源保护的主要内容，也是衡量土地资源保护效益的主要标志。土地资源保护要以生态平衡为依据，维持和建立土地生态平衡，使土地生态环境保持一个良好的状态，保证土地的可持续利用。土地生态环境的保护包括防治土地污染，维护草原植被，防止土地沙漠化、土地盐碱化及水土流失等土地退化现象，加强水资源的保护等。

土地保护的手段包括主动的保护和被动的保护，其中主动的保护是预防性的，即在土地退化、破坏、污染之间就未雨绸缪，防患于未然；被动的保护就是当土地资源已遭到破坏、污染、退化，在进行整治之前，为防止情况继续恶化下去而不得不进行的保护。一般来说，在可持续发展思想引入土地保护领域之前所进行的土地保护是被动的保护。

从经济学的角度来定义土地保护着重从保护的目的和意义来阐述，土地保护的目的是为了高效合理利用土地资源，消除经济浪费和社会浪费，以获得社会净效益长期最大化。例

① 张凤荣：《土地保护学》，北京：科学出版社，2006
② 雷利·巴洛维：《土地资源经济学——不动产经济学》，北京：北京农业大学出版社，1989
③ 雷利·巴洛维：《土地资源经济学——不动产经济学》，北京：北京农业大学出版社，1989
④ 朱德举："我国耕地保护的目标"，《中国土地科学》，1997(S1)

如，雷利·巴洛维认为，资源保护意味着秩序井然地、有效率地利用资源，除去经济的及社会的浪费，来最大限度地提高社会效益①。另有一些学者在强调高效合理的利用土地资源的同时，更关注土地资源保护在实现代际公平上的意义，赋予土地保护鲜明的时间性，强调代际公平。“代际”是常用而又难以准确定义的词汇，在《中国大百科全书》中，代际等同于代际关系，认为代际关系就是两代人之间的人际关系，通常一代指20年，代际关系的两代，泛指老年人与年轻人，如家庭中的父母辈或祖父辈与儿女、子孙辈的关系。本书所指代际与上述定义不同，它不是指人类个体，而是就社会整个人类而言②。例如，阿兰·兰德尔对资源保护下的定义为：资源保护就是使自然资源在时间配置上对社会最优③。雷利·巴洛维认为土地保护关系到土地资源在目前和未来之间分配决策的问题，即为提高土地资源未来可用量而采用的政策和行动，是人类对土地资源的“长期明智利用”，强调土地作为可更新资源在对人类有意义的时间尺度上具有长期可用性④。强调长远观点，关心遥远未来的子孙后代的利益，保护资源的决策就是把消费从当期时期转移到未来时期，要给未来人类留下一个达到最小安全标准的量，即资源要在代际间公平分配。保护自然资源的中心是保护、增值和合理利用自然资源。其目的是为了给当代和后代人建立最舒适的生活、工作和生产条件，以保证经济的持续发展和社会的繁荣进步。近年来，也有学者从土地保护的经济原因出发将土地保护尤其是耕地保护定义为“一种具有外部性的经济活动”。⑤

综上所述，土地保护的经济含义是：为了实现土地资源利用的公平和保证社会经济可持续发展，高效、合理地利用土地和维持、恢复、提高土地生产能力的一种具有外部性特征的经济活动。

第二节　土地可持续利用的内涵

一、土地可持续利用思想的形成

土地可持续利用思想的形成源于可持续发展理论的形成。“可持续发展”是当今世界普遍关注的热点问题，影响着政治、经济、文化、环境等各个方面。20世纪50—60年代，工业发展对环境所产生的不良影响，迫使人们开始反思单纯追求经济增长的消极作用。1962年，美国女生物学家卡逊出版的科普著作《寂静的春天》，描述了由于农药的无节制使用而带来的环境污染景象，引起了西方社会的强烈反响，为环境问题率先敲响了警钟，从而产生了以保护环境为基本内容的可持续发展理想的萌芽。随着环境问题的出现，工业高速发展使得资源日益耗竭。1970年美国麦多斯(D. L. Meadows)受罗马俱乐部的委托，与他人合作，于1971年出版了《增长的极限》一书，该书从影响经济增长的五个主要因素即人口增长、粮食供应、资本投入、环境污染和资源耗竭等出发，根据指数增长原理，认为由于人口增长引起

① 雷利·巴洛维：《土地资源经济学——不动产经济学》，北京：北京农业大学出版社，1989

② 高明：《耕地可持续利用动力与政府激励》，北京：经济管理出版社，2006

③ 阿兰·兰德尔：《资源经济学——从经济角度对自然资源和环境政策的探讨》，北京：商务印书馆，1989

④ 雷利·巴洛维：《土地资源经济学——不动产经济学》，北京：北京农业大学出版社，1989

⑤ 邵彦敏、杨印生：“耕地保护外部性内在化的路径选择”，《农业技术经济》，2008(2)

粮食需求的增长，经济增长引起不可再生自然资源耗竭速度的加快和环境污染程度的加深，在公元2100年到来之前，人类社会即将崩溃。该书出版以后，在全世界引起了强烈反响，各国的政治家、经济学家都纷纷关注起经济增长、经济发展的方式问题。于是，有关可持续发展的研究蓬勃兴起，可持续发展也提到了一些国际组织和各国政府的议事日程。1972年6月联合国在斯德哥尔摩召开了人类环境会议，来自113个国家的1 300名代表首次对地球的环境问题进行了世界范围的讨论，并通过了具有历史意义的《人类环境宣言》，形成了可持续发展理论的雏形。1980年由世界自然保护同盟等组织和有关国家的专家参与制订的《世界自然保护大纲》，终于明确提出了可持续发展的思想。1983年成立的世界环境与发展委员会对可持续发展理论的成型和发展起了关键性的作用。该组织在挪威首相布兰特兰夫人的领导下，组织由21个国家的环境与发展问题的著名专家，经过900多天的工作，于1987年向联合国提出了一份著名报告《我们共同的未来》(Our Common Future)，该报告对可持续发展的内涵作了界定和详尽的理论阐述。将"可持续发展"定义为："既满足当代人的需求，又不对后代人满足其自身需求的能力构成危害的发展"。至此，可持续发展已经形成了完整的理论体系，也产生了许多代表性著作，如《世界保护战略》、《建设一个可持续发展的社会》和《我们共同的未来》等等[①]。

20世纪90年代，可持续发展理论为全世界普遍接受，并由理论探讨转变为社会实践。土地可持续利用是可持续发展思想应用于土地科学而产生的新名词。1990年2月印度农业研究会、美国农业部、和美国Rodale研究所在新德里举行的国际土地可持续利用系统研讨会上，首次正式提出土地可持续利用思想，从而确立了土地资源的利用目标和方向。1992年，联合国世界环境与发展大会在巴西里约热内卢召开，大会颁布了具有划时代意义的《21世纪议程》，可持续发展成为世界各国共同的议题。在生态与环境质量日益恶化的今天，资源的可持续利用受到国际社会的普遍重视，其中尤其突出的是土地资源的持续开发利用问题。1993年，联合国粮农组织(FAO)颁布了《持续土地管理评价纲要》，提出的土地可持续利用的概念、基本原则、评价标准和评价程序成为指导全球研究的纲领性文件，在土地可持续利用研究上具有里程碑的意义。1999年联合国粮农组织(FAO)与联合国环境规划署(UNEP)合作出版《可持续土地资源管理综合规划指南》，提出综合土地管理发展的本质以及一种建立在政府和公民相互合作关系基础上的土地资源可持续管理综合规划方法，将可持续发展的思想贯穿于整个规划过程，保证土地资源的可持续利用。[②]

作为《21世纪议程》的签约国，1994年3月中国编制了《中国21世纪议程》即中国"21世纪人口、环境与发展白皮书"，涉及与可持续发展相关的经济、社会问题，诸如人口、资源、环境及相应的政策、行动框架等，将土地资源的管理与可持续利用列为第14章"自然资源保护与可持续利用"的八大重要领域之一，1996年全国人民代表大会批准的《中华人民共和国国民经济和社会发展"九五"计划和2010年远景目标纲要》及相关文件，都明确规定要"实施可持续发展战略"，促使土地资源可持续利用成为政府管理层及学术界普遍重视的战略主题。研究和制定土地资源可持续发展战略、协调解决发展中的土地利用矛盾与问题，对于新时期落实科学发展观与构建社会主义和谐社会，具有十分重要的意义和价值。

---

① 毕宝德：《土地经济学(第六版)》，北京：中国人民大学出版社，2010

② 刘彦随、郑伟元：《中国土地可持续利用论》，北京：科学出版社，2008

二、土地可持续利用的内涵

（一）土地可持续利用的概念

土地可持续利用（sustainable land use），也称土地持续利用、土地资源可持续利用，或称（可）持续土地利用，与持续土地管理（sustainable land management）的内涵基本一致①。总体上看，目前国内外关于土地持续利用的完整定义尚不多见。由于学者们的学科背景、研究领域与重点不同，对土地持续利用的内涵界定也各有侧重，迄今为止国内外还没有一个统一的定义来说明“土地持续利用”的内涵。

1990年，美国学者Young将土地可持续利用定义为“获得最高收获产量，并保护土地赖以生产的资源，从而维持其永久生产力的土地利用”；Hart和Sands从系统科学角度出发，将土地持续利用定义为“利用自然和社会经济资源，生产当前社会经济环境价值超过商品投入的产品的同时，维持将来的土地生产力及自然资源环境”②。目前，国际上普遍接受的“土地可持续利用”概念是联合国粮农组织《持续土地管理评价大纲》中对持续土地管理所下的定义——“持续土地管理是将技术、政策和能够使社会经济原则与环境考虑融为一体的行为结合起来，以便同时实现保持或提高生产性（productivity）、安全性（security）、保护性（protection）、可行性（viability）和可接受性（acceptability）”③。

20世纪90年代以来，随着土地可持续利用概念的出现和国际上研究的蓬勃展开，土地可持续利用也成为中国土地科学研究的热点领域之一。许多学者从生态、经济、社会、空间、技术、人地协调与时代伦理等诸多方面对土地可持续利用的内涵进行了深化和拓展。谢经荣和林培认为土地持续利用是“能够满足当前和未来人们粮食需求和社会协调、平衡发展的土地利用结构和利用措施”④。周诚认为土地持续利用的含义是“使有限的土地持续地满足人们增长的需求”⑤。傅伯杰等认为土地可持续利用就是实现土地生产力的持续增长和稳定性，保证土地资源潜力和防止土地退化，并具有良好的经济效益和社会效益，即达到生态合理性、经济有效性和社会可接受性⑥。陈百明和张凤荣认为土地可持续利用可以理解为“在生态（自然）方面具有适宜性，经济方面具有获利能力，环境方面能实现良性循环，社会方面应具有公平性和公正性的土地利用方式”⑦。刘彦随等将土地持续利用定义为“能够满足当前和未来人口的持续增长及其对粮食的基本需求，并促使社会经济的协调发展和生态环境质量不断改善的土地利用战略和措施”⑧。尹君指出：可持续性土地利用就是在土地利用过程中，保证土地资源永续利用情况下，使土地资本（包括人力资本、人造资本、自然环境资

① 彭建等：“我国土地持续利用研究进展”，《中国土地科学》，2002(5)

② 刘彦随、郑伟元：《中国土地可持续利用论》，北京：科学出版社，2008

③ FAO：《持续土地管理评价纲要》，1993

④ 谢经荣、林培：“论土地持续利用”，《中国人口·资源与环境》，1996(4)

⑤ 周诚：“中国大陆经济、社会的可持续发展战略与土地资源的可持续利用”，《中国土地科学》，1996(6)

⑥ 傅伯杰等：“土地可持续利用评价的指标体系与方法”，《自然资源学报》，1997(2)

⑦ 陈百明、张凤荣：“中国土地可持续利用指标体系得理论与方法”，《自然资源学报》，2001(3)

⑧ 刘彦随、郑伟元：《中国土地可持续利用论》，北京：科学出版社，2008

本)总量不断增长[①]。蔡运龙,李军将土地利用的可持续性定义为:"获得最高的产量、并保护土壤等生产赖以进行的资源,从而维护其永久的生产力"。[②]

从上述各类定义可见,与FAO于1993年公布的定义相比,我国学者更加注重探讨土地可持续利用的本质内涵,充分考虑了"持续性"的特征,但并没有定义出"土地利用"的特征。曲福田将土地可持续利用定义为"在特定的时期和地区条件下,对土地资源进行合理的开发、利用、治理、保护,并通过一系列的合理利用组织,协调人地关系及人与资源、环境的关系,以其满足当代人与后代人生存发展的需要"。既然土地可持续利用是20世纪90年代可持续发展思想应用于土地科学而产生的新概念,土地可持续利用就应当是用以指导土地利用的一种新思想、新理念[③]。

本文根据土地经济学的研究主题,结合前人的研究成果认为土地持续利用是在特定的时期和地区条件下,对土地资源进行合理的开发、利用、治理、保护,并通过一系列的合理利用组织,协调人地关系及人与资源、环境的关系,以其满足当代人与后代人生存发展需要的永续性土地利用战略与措施。

(二)土地可持续利用的内涵

上述定义充分表达了土地利用的可持续发展观。该定义强调在土地利用过程中任何土地资源开发利用方式和措施都必须贯彻可持续发展思想,主要表现为:

经济上的合理性。能够为土地利用或经营者带来收益,确保经济发展的可持续性。因而从经济学角度讲,土地可持续利用是指土地首先必须被各相关部门加以利用,发挥其生产、承载等功能,从总量一定的土地上生产出尽可能多的经济效益,增加人均福利,满足经济发展的要求。

社会上的公平性。主张人类在利用土地资源时要有公平的权利和机会。土地可持续利用的公平性表现在空间上就世界不同国家和地区的人们在满足基本需求和追求更好生活上都有平等享用土地资源的权利和机会;表现在时间上为土地资源利用不仅要满足当代人需要,而且要着眼于长远生存和发展,给后代人以公平的权利和机会,以满足后代人的生存和发展。这种时空上的公平性甚至能使其他生物种群具有他们该有的占用享用土地的权利。

生态上要保护资源与环境,避免资源退化、环境破坏和环境恶化,使土地生态系统永远保持较高的生产力。土地生态系统的维持取决于其物质和能量的良性循环。在一定限度内,人类活动可以改变这些流量,满足社会对资源环境的利用,以及对废弃物处理能力的需要。但土地生态系统有一定的承载能力极限,如果超出这些极限,就会造成环境破坏,降低系统生产能力。因此,土地资源的可持续利用要求在利用土地资源时要有一定的限制,以不破坏人类生存的物质基础为前提,维持良好的人地生态系统,实现土地生态最佳生产力的可持续。

(三)土地保护与土地可持续利用的关系

土地资源保护的终极目标是土地资源可持续利用,而土地资源保护是实现土地资源可

① 尹君:"可持续土地利用内涵及其评价指标体系研究",《河北农业大学学报》,2001(5)

② 蔡运龙、李军:"土地利用可持续性的度量——一种显示过程的综合方法",《地理学报》,2003(2)

③ 刘彦随、郑伟元:《中国土地可持续利用论》,北京:科学出版社,2008

持续利用的可靠保障。土地资源可持续利用是土地资源保护的指导思想，两者相辅相成，相互联系，相互影响，辩证统一于土地利用的全过程中。土地资源保护不是目的，不能为了保护土地而放弃对土地的利用。那种人为割裂土地资源保护与土地可持续利用关系、认为资源保护与利用不可能同时实现的观念已经逐步被时代摒弃。在可持续发展理念指引下的土地资源可持续利用把土地资源保护与利用紧密结合进来，两者协调一致。

从上述土地保护的经济含义上讲，土地保护是最能反映土地可持续利用的精神实质。土地保护要在土地利用过程的基础上得到实现。单纯的土地保护是被动的，只有把土地资源的利用与保护有机结合起来，寓保护与利用之中，才能真正实现土地资源可持续利用的目标。

第三节　土地可持续利用的制约因素

土地可持续利用是一个综合性概念，涉及“人”和“地”两个实体，因而持续性要求下的土地利用范围、利用方式与利用结构等，既受到自然条件与自然生态规律的制约，又受到社会经济技术与社会经济规律的支配[①]。厉伟从资源丰度、环境容量、人口因素、经济发展、技术进步以及制度变迁等方面分析了土地可持续利用的制约因素[②]。雷利·巴洛维提出的“影响土地利用的三重框架”之说很有概括性。他认为人们对土地和不动产资源的利用发生在一个三重框架之内，即包括自然生物因素、经济因素和政策因素一起制约着人们对土地的开发利用与保护[③]。结合前人的研究结果，这些制约因素可概括为以下几个方面：

一、自然因素

土地首先是一种自然的物质现象，因而利用土地必须先考虑和适应自然条件与自然生态规律。雷利·巴洛维认为，说到自然因素，我们应该将资源视为哪里有就在哪里利用的一种资源[④]。土地使用者可以开掘矿井、修筑堤坝、种植树木、修筑梯田和在水道上种草，以及采用其他方法来改善自然条件，克服资源明智利用的自然因素的障碍。否则，人们即使得到了目前利益，这种利益最后又会被自然力所“征服”，根本不可能持续地获得这种利益。这些自然因素包括气候条件、地形条件等以及部分由它们所决定的资源丰度：

（一）气候条件

制约农业生产的气候条件对人具有直接的影响，成为制约土地持续利用的自然因素之一。在气候条件中对农业生产和人类活动有直接重大影响的是温度、日光和降水。

在土地的农业利用中，发展种植业、林业和养殖业的每一种生物都具有其本身所需要的

---

① 刘书楷：《土地经济学》，北京：地质出版社，2000

② 厉伟：《城市化与土地持续利用》，南京农业大学博士学位论文，2002

③ 雷利·巴洛维：《土地资源经济学——不动产经济学》，北京：北京农业大学出版社，1989

④ 雷利·巴洛维：《土地资源经济学——不动产经济学》，北京：北京农业大学出版社，1989

温度，包括总的积温、平均温度、温度的时空差与最低温差，以及适宜的生长期、无霜期等。气候带(温度带)分布则直接制约着各类农作物的生长。纬度线—温度实际上划定了植物、农作物的分布区域，从而限制了土地持续利用的方向和农作制度。

植物的自然发育离不开日光。如光能加速植物的光合作用，太阳辐射时数，对农作物发育和早期成熟，具有制约作用。日光充足的地区，一般可使谷类、果蔬品质和产量较高，从而提高土地的生产率和农产品的价值。

对农地和林地而言，降水对保持土壤温度和湿度都极为重要。植物需水，不仅是输送营养物，还在于借水才能生长成熟。降水的多少，还涉及其蒸发程度。水的蒸发和流失，可使降水量消失，因而蒸发量的大小对保持土壤中的水分直接有关。

(二)地形条件

地形条件包括地貌类型、海拔高度、地势起伏、地面坡度和坡面、地面切割程度和水土流失等因素。由于地形的差异性，往往也影响气候与土壤的不同。一般海拔每升高 100 米，平均气温下降 0.5～0.6℃，大于 10℃积温减少 150～200℃，从而影响机耕、水利和农田基本建设，也影响农业的用地配置。例如，平原地区坡度小于 10℃的地面排水困难，小于 3°的平地无侵蚀的危险，大于 6°则易发生侵蚀而需采取相应的水土保持措施。按我国《全国土壤普查暂行技术规程》的规定，坡度分为四级：平缓坡小于 10°，有利于农业利用；缓坡 15°～25°，为不同地区的农业用地上限；坡度大于 25°，则林、牧业利用也受限制。坡度对农业机具的使用也有很大影响，一般大于 7°时大型拖拉机工作就困难，大于 15°要改用中型拖拉机，而手扶拖拉机最大使用界限不超过 17°。在超限界以上坡度，则需修筑梯田机耕。另外，土地条件也影响农业用地的非农转换。王磊等通过对京津冀都市圈 1985—2000 年农业用地的非农转换与海拔、坡度的关系发现，随着海拔、坡度的升高，耕地的非农转换下降[①]。

(三)资源丰度

资源丰度，即资源的丰富程度，是影响区域土地资源能否实现可持续利用的重要因素。资源丰度高有利于当地经济社会可持续发展的实现，尤其是对于发展中国家和地区来说更是如此，因为其资本和技术相对稀缺，从而使自然资源成为经济发展的主要物质基础，资源丰度的大小和组合状况在很大程度上也决定了当地经济发展的选择余地。

土地资源丰度的衡量由数量和质量两个层次构成。土地资源数量的多少最终取决于土地资源的自然供给。土地资源的自然供给是指以其自然固有的属性供给人类使用，以满足人类社会生产和生活的需要。土地自然供给的数量短期内是固定不变的，它规定了一个国家和地区实现其经济增长和社会进步所需土地资源基础的极限。土地的自然供给往往取决于气候条件、土地条件、土地开发的经济条件以及交通运输条件等。但是长期而言由于人们认识水平的限制、技术水平的不足以及经济能力的有限，很多在当前条件下不能投入使用的土地在将来的某个时候可能会因为一些限制因素的变化而进入人类的经济社会系统，从而使得土地自然供给的存量发生变化。但就某一特定阶段来说，我们仍然可以假定土地的自然供给是一个不变的量。

---

① 王磊等："耕地非农化格局的演变及其影响因子分析——以京津冀都市圈为例"，《中国土地科学》，2008(1)

土地质量的衡量则比较复杂,数量通常只有一种衡量标准(如面积),但质量则可以有多种衡量尺度,由于土地的多宜性特征,土地质量的评价并没有一个统一的标准,一般而言用土地对某种用途的适宜性大小来衡量土地质量①。

二、生态环境因素

生态环境因素主要包括环境容量、承载力和生态系统等。环境容量是指自然环境对污染物的承受量和负荷量,是针对环境系统承受外界的负荷而言的。一般而言,环境对外部影响有一定反馈调节能力,在环境容量内不会因为人为活动影响而遭到破坏。土地资源环境容量用来表示土地资源开发利用所允许的程度。因此。一个国家或地区的环境容量大小直接影响土地资源可持续利用的实现。

土地资源的环境容量与土地生态系统的阈值(threshold)相关。土地生态系统在一定的阈值内能够通过负反馈作用校正和调节人类和自然所引起的许多不平衡现象,超过这个阈值,这种调节功能就不起作用,土地生态系统因而遭到破坏。土地资源丰都比较高的国家或地区,如果土地环境容量较小,生态系统的阈值较低,那么依然对土地可持续利用的目标构成不利的影响。例如,我国历史上的黄土高原以及广大的北方地区,土地生态系统退化现象十分严重,究其原因,人类不合理的耕作制度与森林砍伐固然占据重要地位,但当地土地生态系统的阈值较低也是一个不可忽视的重要原因。因此,生态系统阈值高的土地生态系统比生态系统阈值低的土地生态系统更有利于实现土地资源的可持续利用。

三、社会因素

土地可持续利用除受自然因素制约外,还受到社会因素的制约。社会因素包括很多,主要有人口因素、劳动力因素、社会需求等,其中人口因素是根本因素。土地经济学家在讨论土地利用时始终将"人—地关系"作为研究土地问题的一个重要的出发点。人是土地利用的主体,人口的数量、质量、结构及其分布不仅决定了一定区域内的人地关系特征,而且对区域土地利用的变化方向具有重大的影响。

人口数量对土地利用的影响从总量层次上来研究人地关系与土地可持续利用问题。土地数量是有限的,在一定土地空间范围内,人口数量越多,人均土地面积就越少,对土地资源的需求越大,人地矛盾越激烈,客观上制约了土地的可持续利用。世界人口在工业革命后神话般的增长起来,从 1978 年间的 5 亿增加到 2000 年的近 60 亿,增长 12 倍。人口的大量增加对土地资源消耗量的增加十分可观,因此从根本上讲,人口数量的增加是造成资源消费量增加的主要原因。

人口质量及人口素质问题同土地资源利用密切相关,人口素质越高则越容易在意识上和行动上接受并施行土地资源的可持续利用。一个民族具有良好的科学文化素质,就等于拥有取之不竭的智力资源和财富。如果没有人口素质的提高,就不可能有持续发展。纵观世界各国,发达国家的人口素质往往较高,不发达国家往往以高文盲率、低识字率为特征。

---

① 厉伟:《城市化与土地持续利用》,南京农业大学博士学位论文,2002

对不发达区域来说，通过提高人口素质可提高人力资本，有效地将自然资源转化为经济资本，实现可持续发展。

另外，人口结构和人口分布也构成土地可持续利用的制约。人口分布通常用人口密度来反映，人口密度等于人口数量与土地面积的比值。我国人口分布区域差异很大，人口密度每平方公里由东部江苏省的700人，降低到西部西藏不足2人，这对土地资源开发利用具有重要影响。人口稠密区耕地开发利用程度高，垦殖系数、复种指数高，土地利用集约化程度高，土地产出率高，非农用地比重大，人地矛盾突出。人口稀少地区，自然条件差，交通困难，劳动力缺乏，土地开发程度和集约化程度以及土地产出率较低。

四、经济因素

经济因素中对土地可持续利用最有直接影响的因素是土地利用的经济目的。从土地开发者或厂商的角度看土地资源可持续利用的首要目标是追逐利润最大化。人类对土地资源的利用结构、利用方式和利用程度的最初动机源于利益的实现和利益的大小。同一种资源，在同样的技术水平，经济发展状况和投入水平为一定的前提下，人们总是要选择资源利用回报率较高的资源利用方式。城乡生态经济交错区土地资源适宜性较广，既可农耕、休闲，又可以被城市征收、占用或购买，修建工厂、基础设施、住宅、开发为商务及娱乐中心，还可被开发商、房地产投机商"圈地"待价而沽。一般说来，保护型农地的经济价值较小，非市场价值（如提供的环境舒适价值、生物多样化维护、公众健康等价值）较高；农业用地成本较高、经济报酬较低，风险较大；工业用地，商业用地及娱乐用地经济价值较高。就我国来讲，城乡生态经济交错区工业用地效益是农地效益的10倍以上，商业用地效益则为耕地效益的20倍，甚至是100倍。并且工业用地，商业用地的规模经济在人、财、物利用上能够实现更好的优化组合，产生更大的资源利用效益。比较利益的差距一方面诱导了农业劳动力向二、三产业转移，产生了人地资源利用结构的失衡，为农业用地、城市流转创造了条件；另一方面依据市场规律驱动了土地利用结构的演替。同时，由于城乡生态经济交错区农民非农收入提高，使农民变得越来越富裕，经济来源的途径较多，使他们传统珍惜土地观念越来越淡化，从而影响土地的可持续利用①。

经济增长必然带来社会经济的全面发展，其中产业结构变化和人民生活水平的提高是经济发展最显著的标志。产业结构的变化通过土地资源在不同产业上的重新分配，从而导致土地利用结构的变化。根据系统论的观点，只有用地结构合理，才能保持土地的可持续性。但在工业化过程的不同阶段，土地利用结构变化所表现出来的特征不一样：在第一产业占最大比重的前工业化阶段，土地利用以农业为主，城镇和工矿交通用地占地比重很小；随着工业化的速度加快，农业用地和农业劳动力不断向第二、三产业转移，原有农业用地逐渐减少，而城镇、工矿交通用地不断扩大。这个过程一直要持续到工业化阶段基本完成时才能缓和。我国目前正处在工业化的快速推进阶段，根统计，1979—2004年我国GDP增长率为9.6%。由于综合国力的增强和国内外政治经济形势趋于稳定，估计未来几十年我国经济仍将以较快的速度增长，产业结构将以前所未有的速度快速演变，其结果必然带来土地利用结

① 张安录：《城乡生态经济交错区土地资源可持续利用与管理研究》，华中农业大学博士学位论文，1999

构的相应变化，农业用地比重下降或者数量的减少不可避免，耕地面积将处于长期减少的压力。

人民生活水平的提高通过消费需求结构的变动对土地利用状况产生影响。在温饱型消费阶段，食物是主要的需求对象，耕地在土地利用结构占主导地位；在小康型消费阶段，耕地的种植结构向园艺、畜牧、水产等多种经营用地转化，同时为了满足较大的居所条件，更多的物质能源消费、更便利的交通，住宅、工矿交通和公共基础设施用地面积会大量增加。在富裕型消费阶段，人们更讲究生活舒适和良好的环境质量，停车场、度假别墅、旅游设施、自然保护区等用地需求便应运而生。我国目前年人均 GDP 超过 1 000 美元，已跨入小康生活水平，这预示着不同土地类型之间的矛盾将进一步加快，可能制约土地的可持续利用。

另外，土地产权制度决定着土地的利用方式并影响其社会经济效益，制约着土地使用中土地直接收获物和盈利的占有分配形式，因此，不同的土地产权制度，影响和制约着土地资源开发利用的方式和用途，进而影响土地的可持续利用。

五、技术因素

技术因素主要有现代科学技术发展和现代化管理水平、人才开发、技术培训与推广及物质技术装备条件等。一个国家或地区技术发展水平和应用程度直接影响土地资源开发利用的广度和深度。一般来讲，技术进步包括狭义和广义，其对资源利用的根本作用在于资源利用效率的提高。狭义的技术进步的特点是技术进步的结果对生产要素或经济资源的本身性状进行了改变。如无力开垦的黄菜地、盐碱地、沼泽地、滩涂等变成耕地或其他形式的用地；无土栽培或沙漠灌溉使不毛之地转化为农业用地等。广义的技术进步并不要求土地资源本身的改变，并不直接体现在生产要素上，它通过经济资源配置的优化，改变经济活动中各类土地资源形成生产过程的组织形态或相互结合的状态，从而提高整个经济的效率。

需要强调的是，科学技术往往是一把双刃剑。现代农业在给人们带来丰富农产品的同时，也给人类带来一系列难以解决的问题。物质投入的增加，氮、磷、钾以及农药、化肥比例的不断提高，为粮食增产而增加的农业投入，以及为农业服务的工业造成了大量的污染。此外，不合理的耕作方式导致了严重的土壤侵蚀，造成了严重的水土流失。而可持续发展农业的出现极大地改变了上述状况。可持续发展农业更多地体现自然循环和生物的交互作用。多熟种植制度、节水农业、免耕、垄耕和带耕等各种耕作制度、有机肥应用、无残留农药使用等其他生物技术的广泛采用极大地保证了农地资源的可持续利用。就城市土地利用来讲，随着人类土地利用技术的进步，地下空间的开发可以缓解地面空间利用的紧张程度，对城市用地的可持续发展具有重要的作用。同时，地下空间的开发有效地保护了城市地表的自然环境。

六、制度因素

舒尔茨将制度定义为一种行为规则，包括社会认可的非正式制度（如习俗、伦理、道德等）和国家或地方规定的正式约束（如宪法、法律、规则等）。任何一种自然资源的开发活动都是在一定的制度条件进行，制度的外在约束作用对人们的自然资源开发利用形式产生重要的影响。土地制度是人们利用土地的外在约束，与土地的可持续利用息息相关。一个保证土地可持续利用的制度安排应该具备以下功能：①提供持久的激励、保证土地生产提供充足和丰富的农产品；②将土地利用的外部利益内在化，保证土地利用所带来的收益和成本全部给予实施行动的行为者；③抑制土地利用过程中个人的机会主义动机及其行为，消除“搭便车”行为；④降低土地利用中的各种交易费用。

同时，土地可持续利用要求土地利用的制度必须处在一个不断变迁和协调的过程中，以适应土地利用情况的变化，因而土地可持续利用的制度建设是一个动态过程。

土地可持续利用的上述制约因素中自然因素只是一种客观存在，它主要提供了土地利用的可能性和适宜性条件，但土地的利用方向以及如何利用，则最终取决于人的能动作用和社会、经济、技术因素、制度条件。即使自然条件很优越，如果没有相应的社会、经济、技术和制度条件，资源优势仍然不能形成为现实生产力，也不能转化为经济优势。反过来，社会经济技术条件应用于土地利用，就会充分发掘出资源的生产潜力，并能改造土地的自然条件，化不利因素为有利因素。因此，这些制约因素之间相互影响，相互作用。同时，土地可持续利用的制约因素在不同的尺度上侧重点不同。例如，对于具体的农田，土地利用的目的是提高土地的生产力和生产效益，制约土地可持续利用的制药因素是微观经济因素。在景观流域水平，生态环境因素则成为制约土地可持续利用的主导因素，土地可持续利用要考虑流域或景观的环境容量和承载力、生态系统和生物多样性保护。对于区域或国家水平，发展的目标不仅包括国内食品供应、出口盈利和人口供养，而且还要考虑整个国家的总体规划、区域分配和在国际上的地位，土地可持续利用的制约因素主要为宏观的社会经济政策。而在全球尺度上，全球气候变化则成为制约土地可持续利用的主要因素①。

复习思考题

1. 分析土地保护的经济含义。
2. 阐述土地持续利用的内涵及其影响因素。

参 考 文 献

[1] [美]雷利・巴洛维. 土地资源经济学—不动产经济学[M]. 谷树忠，等译. 北京：北京农业大学出版社，1989.

[2] 曲福田. 土地经济学[M]. 北京：地质出版社，2011.

[3] 刘江. 中国资源利用战略研究[M]. 北京：中国农业出版社，2002.

[4] 任志远，等. 土地利用变化与生态安全评价[J]. 北京：科学出版社，2003.

[5] 刘彦随，郑伟元. 中国土地可持续利用论[M]. 北京：科学出版社，2008.

[6] 毕宝德. 土地经济学. 6 版[M]. 北京：中国人民大学出版社，2010.

[7] 张凤荣. 土地保护学[M]. 北京：科学出版社，2006.

[8] 甄峰. 城市规划经济学[M]. 南京：东南大学出版社，2011.

① 任志远等：《土地利用变化与生态安全评价》，北京：科学出版社，2003

第十三章

土地生态经济学

土地生态经济学是土地经济学与生态经济学的交叉领域，也可以说是土地经济学的分支或延伸。从不同的角度分析，它可能有不同的推论。例如，按照土地科学体系分类，它属于土地经济学中的分支学科之一[①]；按经济学的学科分类，它属于生态经济学的分支或资源环境经济学的分支学科[②]。按照更高层次的学科分类，它属于自然科学学科（资源学、生态学）与人文学科（经济学、管理学）领域交叉融合而成的分支学科。因此，土地生态经济学是新兴的交叉学科。它是随着人们对土地资源及其与社会经济发展关系认识的不断深化，不断总结的必然结果。本章内容按照学科发展历史、特点、内容与体系、评价与规划的思路编排。

第一节　土地生态经济学的发展与研究内容

一、发展过程

按照当前的研究成果，土地生态经济学的形成发展可以追溯到资源经济学与生态经济学的分化与融合。

国内外对土地及其生态环境的认识已有很长的历史。中国最早的记载有土地知识的地理书籍先秦的一篇地学著作《尚书·禹贡篇》中"别九州"、"任土作贡"，即根据九州不同的土壤质量，制定田赋和土贡[③]。欧美近代科学研究始于20世纪20—30年代，主要代表任务有美国的苏尔、英国的斯坦普[④]。

从经济学角度，土地问题研究至少可以上溯到古典经济学时期。17世纪末18世纪初古典经济学家已经认识到经济增长与资源承载力和环境容量间的关系。英国古典政治经济学的奠基人威廉·配第提出了"劳动是财富之父，土地是财富之母"，"土地与劳动"是所有物品评定价格的两种自然单位等论断[⑤][⑥]，马尔萨斯通过人口与土地粮食的关系研究，提出了"资源绝对稀缺论"。1817年，李嘉图提出了不同于马尔萨斯的"资源相对稀缺论"。1871年

① 国土资源学科分类代码课题组，刘伯恩："关于土地学科学科分类与代码研究的说明"，2005年6月23日，http://www.zgtdxh.org.cn/information/info/querying/gettingInfoRecord.asp? infoIdx=4150

② 国家技术监督局：《学科分类代码表(GB/T 13745—92)》，北京：中国标准出版社，1993

③ 李鄂荣："禹贡"，《中国地质》，1986(3)

④ 秦明周：《土地资源持续开发与利用》，西安：西安地图出版社，1998

⑤ 《古典经济学》，http://wiki.mbalib.com/wiki/

⑥ 胡岳岷："古典经济学的农业基础论"，《吉林省经济管理干部学院学报》，2005(6)

约翰·穆勒提出了"静态经济"的观点,认为自然环境、人口和财富均应保持在一个静止稳定的水平,并做出了"生产的限制是两重的,即资本不足和土地不足"的结论。1876年恩格斯在《自然辩证法》里警戒人类"不要过于得意我们对自然界的胜利"。[①]

进入20世纪,生态科学的兴起对生态经济学的发展有着十分重要的催生作用。20年代中期,美国科学家麦肯齐首先运用生态学概念对人类群落和社会予以研究。30年代美国西部和原苏联中亚地区因过度的土地开发产生的"黑风暴"、40年代二战后的粮食不足、环境污染、生态退化、资源短缺等公害发生,开始敲响工业文明的警钟,人们开始对经典经济增长式进行了全面而深刻的反思与批判。1962年美国生物学家莱切尔·卡逊所撰《寂静的春天》一书引起人们的广泛关注,它的问世客观上催化了公众环保意识的快速形成,被广泛地当作60年代"环境运动"的开山之作。1968年美国经济学家肯尼斯·鲍尔丁在其论文"一门新兴学科——生态经济学"中首次正式提出生态济学概念。此后,他还在"宇宙飞船经济观"中提了"循环经济"理念和"经济-社会-自然"同发展的初始模型或"宇宙飞船理论"[②③]。1974年美国J·塞尼卡等所著的世界首部《环境经济学》问世。1976年日本坂本藤良的世界第一部《生态经济学》出版[④]。生态经济学真正作为研究生态系统和经济系统关系的一门学科而走上国际舞台是在20世纪80年代,1988年国际生态经济学会(ISEE)的成立,以及《Ecological Economics》刊物的创办,成为生态经济学正式创立的标志[⑤],普鲁基(Prugh)将生态经济学的沿革归纳为图13-1。[⑥]

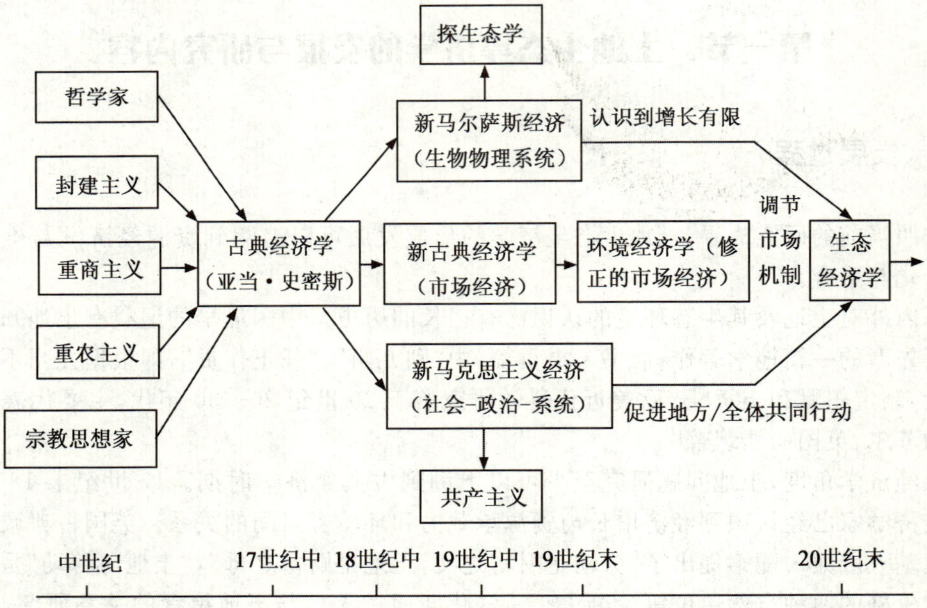

图13-1 生态经济学发展图示

① 祁亚辉:"新兴古典经济学的理论特色——兼论西方经济学的理论创新机制",《福建论坛(经济社会版)》,2003(6)
② 李怀政:"生态经济学变迁及其理论演进述评",《江汉论坛》,2007(2)
③ 周立华:"生态经济与生态经济学",《自然杂志》,2004(4)
④ 李晓慧、丁驿、张捷:"生态经济学的发展",《林业勘查设计》,2001(1)
⑤ 周立华:"生态经济与生态经济学",《自然杂志》,2004(4)
⑥ 李晓慧、丁驿、张捷:"生态经济学的发展",《林业勘查设计》,2001(1)

我国生态经济学是改革开放以后产生的，1985 年姜学民等编著的《生态经济学概论》（1985 年）和马传栋先生所著的《生态经济学》（1986 年）的出版，1987 年《生态经济》创刊，许涤新先生主编《生态经济学》出版为该学科在中国产生的标志①。1994 年王万茂等编著出版了《土地生态经济学》，被誉为该领域“拓荒之作”。

综上所述，可以将土地生态经济学概括为 3 方面理论来源：土地利用研究、经济学理论与现代生态学理论。

二、研究对象与内容

（一）研究对象

土地生态经济学是一门新兴的学科，既不同于一般的部门生态经济学，如农业生态学、工业生态学；也不同于区域生态经济学，如城市生态经济学、农村生态经济学。它是以土地利用为主体，研究人类土地开发利用保护等活动及其与其他自然生态、社会经济要素发生的所有关系过程的发生、发展、监测与调控等的生态与经济意义。

用构想的技术模式概括，土地生态经济学的研究对象就是由土地生态系统和土地经济系统在时空上耦合而成的土地生态经济系统②。也可以说是两类不同属性或组分构成的系统及其过程的总和。其中土地生态系统是指土地自然存在状态（土地自然生态系统），是土地经济系统的基础。土地经济系统则是指人类对土地生态系统的利用活动与发生存在各类经济关系的总体。按辩证唯物主义的思想理解，土地生态系统则不仅是系统存在的环境条件，而且是系统构成的核心物质组成，对整个生态经济系统具有第一性且起决定作用。但是，土地生态经济系统绝不是两类系统的叠加，二者之间存在复杂的物质、能量、价值和信息的交换，相互交叉作用的组织结构等。特别是，耦合系统通过人类劳动投入的物质、能量、信息，为经济社会发展提供了必需的物质产品、信息价值服务等；另一方面，也存在人为的输入干预对系统的内外自然生态经济过程或联系产生了扰动或破坏，诱发了土地自然生态质量退化、环境污染、市场混乱、地价异常等。所以，人类活动不断地向土地资源投入物质能量、收获土地产品与服务的过程，即土地的开发、利用、改良和保护活动或土地利用是土地生态与经济系统属性间的联系枢纽，是系统形成与演化的至关重要因素与过程。因此，人类土地利用，对土地永无止境的需求是土地生态系统与土地经济系统耦合演化的内在动力。

对社会发展而言，土地生态经济系统是不可或缺的资源，是持续发展的物质基础。长期以来，人们不断地寻求土地生态经济系统的合理结构、最佳功能及优化运行模式，以提高其利用率和生产率，保证土地生态环境的高质量和生态经济的高效益。

（二）研究内容

综合国内外有关生态经济学与土地经济学的研究成果，可以把土地生态经济学研究内

① 沈满洪：“生态经济学的发展与创新——纪念许涤新先生主编的《生态经济学》出版 20 周年”，《内蒙古财经学院学报》，2006(6)

② 王万茂、高波、夏太寿、黄贤金：“论土地生态经济学与土地生态经济系统（上）”，《地域研究与开发》，1993(3)

容分为以下几个方面：

1.土地生态经济系统现状调查与评价

土地生态经济系统现状是开展土地生态经济系统规划与运行管制的基础。按照一般的学科研究要求，区域土地生态经济系统现状调查与评价内容主要有：①系统的现状与形成过程调查，主要是土地资源与土地利用类型、分布数量质量特征与开发利用潜力的调查；各种资源条件与土地利用的关系以及主要土地利用类型的适宜性和限制性评价。②系统功能与影响调查，主要是生态经济关系及其影响的调查与评价。包括当前土地利用对生态环境、经济发展的影响调查，特别是对系统出现的问题原因、类型、演化过程与影响的调查。③土地利用的自然社会经济条件行调查。包括人口、劳力、资本、交通、政策、市场等调查。

2.土地生态经济系统结构和功能

主要是依据系统论的理论与方法，如组织结构原理、结构与功能的关系等基本原理，研究土地生态经济系统的组分及其子系统的划分与性质、空间布局、结构演化及其驱动力，探讨系统的总体特征及其与其他系统的关系，认识系统结构与功能之间的关系，揭示土地利用不同配置结构与功能的相互关系，深入研究不同部门、不同时期对土地资源的需求及其与社会经济发展变化之间的关系，探讨保障社会经济发展与土地生态经济系统相互协调的客观规律与调控措施技术等，从而为优化土地生态经济系统结构与功能提供依据。

3.土地生态经济系统的价值和效益

土地生态经济系统不仅为人类提供了食品、医药及其他生产生活原料，还创造与维持了地球生命支持系统，形成了人类生存所必需的环境条件.生态系统服务功能的内涵可以包括有机质的合成与生产、生物多样性的产生与维持、调节气候、营养物质贮存与循环、土壤肥力的更新与维持、环境净化与有害有毒物质的降解、植物花粉的传播与种子的扩散、有害生物的控制、减轻自然灾害等许多方面[①②]。这些系统的服务功能，按照其属性大致可分成社会、经济与生态功能3类。按照罗尔斯顿的生态伦理学观点，土地生态系统具有价值，它可以进一步分解为经济价值、生存价值、科学价值、美学价值、生命价值、哲学价值等。然而，从经济学角度分析，土地生态经济系统作为人类对自然资源之一的土地资源进行长期利用改造的成果，它肯定是有价值的。但是，它的价值形成机制有着截然不同于一般经济产品的特点：①人类劳动在土地再生产中的作用十分有限的，仅仅依靠人类劳动，任何一类自然资源几乎都不可能实现真正意义的再生产；②土地资源再生产的速度很慢，在对人类经济活动有意义的时间尺度上，资源的供给十分缺乏弹性且有限。因此，价格信号对土地资源再生产的指示作用十分有限，只能起到调节其中暂时的人类活动成分的作用。所以，土地资源的价值及其利用必须尊重自然，秉承审慎原则，小心维护自然资源的价值平衡。

按照生态经济学的理论，土地生态经济系统的价值通常可分为4类：①直接利用价值：主要是指系统产品所产生的价值，它包括粮肉及其他食品、医药及其他工农业生产原料、景观娱乐等带来的直接价值。直接使用价值可用产品的市场价格来估计。②间接利用价值：主要是指无法商品化的生态系统服务功能，如维持生命物质的生物地化循环与水文循环、维持生物物种与遗传多样性，保护土壤肥力、维持地球生命支持系统的功能等。间接利用价值

---

① 欧阳志云、王如松、赵景柱："生态系统服务功能及其生态经济价值评价"，《应用生态学报》，1999(5)

② Daily, G. C. Natures Services: Societal Dependence on Natural Ecosystems, Washington D C: Island Press, 1997

的评估常常需要根据生态系统功能的类型来确定，通常有防护费用法、恢复费用法、替代市场法等。③选择价值：选择价值是人们为了将来能直接利用与间接利用某种系统服务功能的支付意愿。如人们为将来能利用系统的涵养水源、净化大气等功能的支付意愿。选择价值又可分为3类：即自己将来利用、后代将来利用又称之为遗产价值、别人将来利用，也称之为替代消费。④存在价值：亦称内在价值，是人们为确保系统服务功能能继续存在的支付意愿。存在价值是生态系统本身具有的价值，是一种与人类利用无关的经济价值。换句话说，即使人类不存在，存在价值仍然有，如物种多样性与涵养水源能力等，它是介于经济价值与生态价值之间的过渡性价值，可为经济学家和生态学家提供共同的价值观[①]。

4.土地生态经济系统的持续利用与规划

土地生态系统是"自然演替"性质，具有相对稳定的特点。但是，作为人类社会有用的方面为核心形成的土地经济属性或系统则属"不断增长型"性质，具有相对变化较快的特点。二者耦合的土地生态经济系统必定满足长期存在的要求。所以，为维护系统的经济属性，必须维持系统的生态属性，必须使系统生态属性的开发利用具备为增长性持续提供基础，即持续利用。这是保障经济属性长期存在的必然要求。

按照生态系统科学理论分析，作为土地生态系统和土地经济系统的复合系统，土地生态经济系统在运行过程中必然存在着由两个子系统的内部自我调节能力所决定的整体自我调节机制，以保持系统的稳定性。每个子系统自我调节能力是有限的，当系统外的干扰程度在自我调节限度内时，系统的平衡仍能得到保持，系统得以维持存在，并发挥功能，产生预期的经济、社会和生态效益；当干扰超过这个界限时，自我调节能力将失去作用，土地生态经济系统的平衡受到破坏，系统内的物质、能量循环遇阻，甚至导致土地生态经济系统的崩溃瓦解。这种自我调节能力可以解释为土地生态经济系统内部承受力，其极限称之为该生态经济系统的阈值。它是土地生态经济系统内部一系列数量关系所表现出来的系统质变的临界点，也是实现土地生态经济系统持续利用不可逾越的界限。

土地生态经济系统的可持续利用实际上是在保持土地生态经济系统平衡(系统健康)的前提下，使系统的生态、经济和社会效益得到同步提高。具体表现：①系统功能优化与协调，系统的运行具有生态安全性、经济有效性与社会和谐性；②系统内外有较平衡的物流、能流、信息流和价值流循环交换水平；保持土地利用程度与其生态经济阈值相协调，不破坏系统运行的结构与强度；③系统具有较强的自我反馈调节能力，抗干扰自我修复能力，使系统波动保持在一定波动幅度，不破坏其运行机制，维持系统正常演化[②③]。总之，持续利用必须保障系统结构功能的良性循环，不破坏系统的结构与机制，保持系统具备一定的承载力，且具持续再生产的特性。

土地生态经济系统规划就是为实现持续利用目标，根据特定的社会经济发展要求，结合土地生态经济系统演化过程，而对未来一定时段内土地生态经济系统结构功能，进行的人为控制、设计与安排。实际工作中，按不同的地域划分类别，土地生态经济规划有行政区域、城

---

① 欧阳志云、王如松、赵景柱："生态系统服务功能及其生态经济价值评价"，《应用生态学报》，1999(5)

② 李杰："土地生态经济规划探讨"，《江苏农村经济》，2005(3)

③ 王海平："浅谈土地可持续利用的生态经济规划"，《科教文汇(下半月)》，2006(2)

市、县域、流域规划等多种形式[①②③]。

此外，还有土地生态经济系统循环和再生产理论等其他研究内容。

第二节　土地生态经济系统的结构、特性

生态经济学的发展说明，与以往经济学比较，其理论的重要突破在于引入了群落生态学和系统生态学内容。其中两个非常重要方面就是协同演化的分层系统的时空结构和可恢复性与生态系统演化的关系[④]。因此，本节主要依据系统论的基本原理，分析认识土地生态经济系统。

一、土地生态经济系统的结构

依据系统科学的基本原理，系统是由各要素（亚系统）组成的有机整体，分类或解构分析只是为了认识方便而进行的人为分设。因此，可以说土地生态经济系统是由若干组分、按照一定的结构组成的复杂系统。但是，按照不同的学科原理和分类标准，可以将土地生态经济系统的组分划分成不同的体系或认识分类方案（结果）。

1.按照亚系统划分标准

按照亚系统划分标准，土地生态经济系统可以被解构为 2 个亚系统：土地（资源）生态系统、土地（资源利用）经济系统。土地资源生态系统又可以划分为地质子系统、大气子系统、土壤子系统、水资源子系统、生物子系统 5 个子系统；土地经济系统可以解构为物质子系统、技术子系统、资本子系统、管理系统 4 个子系统。以下还可以按照要求进一步细分，但是一般研究分类为 3 个层次为宜。

2.按照要素组成分

按照要素组成分析，土地生态经济系统可以分为自然要素、经济要素、社会要素 3 类。

自然要素是指构成土地生态经济系统的自然物质基础，包括地质地貌、水文、气象气候、土壤、生物五大要素。从自然资源科学的认识出发，自然要素可按主题与条件相对区分为自然资源与自然环境两个方面的因素。例如，土地资源、水资源、气候资源、生物资源、矿产资源、土壤资源及地质条件、地貌条件、水文条件、气候条件、生物条件等。此时，选定的资源是人类利用的主体，其他因素成为资源利用的外部因素，即环境条件。例如，土地资源的开发利用形成了土地生态经济系统，在界定了土地资源边界后，其他周围相关的资源即成为环境条件。这往往是土地资源、环境因素区分容易混淆的关键所在。

经济要素是指人类投入到土地生态系统中人为的物质、价值形态要素，是土地生态系统演化为生态经济复合系统的先决要素，属于系统运转平衡的组分。主要包括技术、资本、收

---

① 卢远："县域土地生态经济系统区划研究——以广西横县为例"，《广西师范学院学报（自然科学版）》，2003(4)

② 苏力、郭建颖："浅谈我区土地生态经济实施的对策"，《内蒙古宣传》，2001(5)

③ 张忠学、郭亚芬、任玉东："小流域生态经济系统的评价研究"《水土保持通报》，2000(1)

④ 石田："评西方生态经济学研究"，《生态经济》，2002(1)

益、物质等土地利用相关内容，通常以价格、能源、肥料、机械等多种形态方式出现，其进一步分类服从于土地生态经济系统的研究目的。通常分类后，还需采用要素间关系指标表征要素间密切的经济关系。例如，评价系统功能效益时，采用物能投入产出率、成本收益指标等表现。研究系统运转态势时，采用单位土地面积的产值(收益)、投入等集约利用强度指标。

社会要素是系统演化运行的人群及其相互关系成分，它是系统运转维护的主动组分。主要是有人口、法律、政策、机构等要素组成。进一步细分可依据研究目的制定不同的体系。例如，研究人口问题，可以划分出劳动力、供养人口；也可以按性别、年龄、职业等分类系统划分。机构细分也如此，例如，按一般的性质分为管理部门、产业部门等。

3.按系统的部门组成分(土地利用分类)

首先，根据土地生态经济系统的部门组成分，借鉴我国现行的土地利用分类方案，可以划分为至少3个层次。

第一层：农业用地生态经济系统、非农业(建设)用地生态经济系统、未利用地生态经济系统

第二层系统：在第一层基础上的进一步细分。结合使用生产部门实际，将分类简化归并。例如农业用地系统为5类：耕地生态经济系统、林地生态经济系统、牧草地生态经济系统、园地生态经济系统、渔业(水域)生态经济系统等，不必将农业中水利工程建设等用地分出。非农业生态经济系统、未利用生态经济系统归并划分比照农业生态经济系统分类进行。

第三层次：在第二层次分类基础上，依据二次分类原理细分。此处不再赘述。

其次，也可以按照系统中土地的地域类型、产权状况等分类划分。如按照地域类型可以划分为农村土地生态经济系统、城市土地生态经济系统和城乡结合不部生态经济系统。随后，还可以再依据地域内不同的分类标准细分。再如按照产权状况，可以将系统划分为：集体土地生态经济系统、国有土地生态经济系统和其他土地生态经济系统等。

二、土地生态经济系统的特性

土地生态经济系统是地球陆地表面上由相互作用、相互依存的自然要素与人类活动经济要素之间相互作用而形成的有机整体。它不仅是土地各构成要素如植物、岩石、大气、陆地水、动物和人之间的物质迁移与能量转换、长期相互作用而形成的统一整体；而且是空间区域上各土地利用类型(子系统)之间的物质、能量与信息交流与转换，既包括陆地生态系统中自然现象的复杂性，也包括人类在利用土地资源过程中形成的各种社会经济系统的复杂性。按照复杂性理论分析，土地生态经济系统属于典型的复杂系统之一。按照复杂性学说分析，系统至少具备以下特性：

1.复杂性

土地生态经济系统的复杂性主要是指系统的组成要素及其结构关系的多类型、多层次、多过程等。首先，从发生学认识，土地生态经济系统是地表岩石圈、大气圈、水圈(3个无机圈层)与生物圈(1个有机圈层)的相互作用形成的自然生态系统为基础，经过人类长期复杂的各类活动利用改造的综合历史产物。它包含了地质、大气、水文、生物等自然要素及文化、意识、制度、政策、科技、信息、交通等多种社会经济因素，是自然界物理化学生物过程、物质能量的转化与交换过程与社会经济过程交互作用影响的最活跃场所，也是要素间关联密切、

复杂的综合体。

其次,系统结构解析也说明土地生态经济系统具有复杂的关系结构。它不仅表现在系统要素与子系统之间的多层次,而且也体现在要素或各子系统之间存在的相互影响、相互依赖的关系,存在的不同路径复杂的物质、能量、信息的相互交换。例如,土地生态系统是一个立体结构,可分为地上层、地表层和地下层3个层面,不同层面之间联系紧密,难以在空间尺度上明确划分,地上层包括气候、局部小气候因素,地表层包括土壤、河川径流、浅层地下水、植物和微生物等要素,地下层则含土壤层以下的岩石、矿产、深层地下水等。其他还有系统产品服务的多样性等。

再者,系统运行机制复杂多样。按照属性分,既有整体系统的自组织与自适应机制、物能循环、信息传导等机制,还有土地自然生态运行机制、市场价格机制、土地供需机制、政府干预等。同时,这些机制运行过程相互影响,机理动力复杂,后果也存在不确定性。

土地生态经济系统的复杂性为认识深化带来了一定困难。

2.地域性

土地生态经济系统的地域性主要是指因组成要素的区域差异及其组合,形成的系统特性、产品、功能的地区变化。主要表现在:①不同自然地带的差异:由于所处地区自然环境不同,形成不同地带性的土地生态经济系统。例如,我国东部由南到北农业土地生态经济系统表现为:海南热带水稻一年三熟、江西福建江苏亚热带水稻一年两熟、河南山东暖温带单季稻小麦两熟、东北只是单季稻。还有我国由东向西因降雨差异造成东南农业区、西北牧业区、中部农牧交错带3大明显分异。②不同自然地形的区域差异:此类分异主要是因地形地貌因素造成。如海岸带都市连绵区、大平原城市群、山区盆地城市群或农业的地域差异。③不同经济发展水平的地区差异。例如我国因不均衡发展产生的城乡差异,形成城市土地生态经济系统、农村土地生态经济系统;或因经济发展速度差异形成的快速发展区土地生态经济系统、中等程度土地生态经济系统、后发展地区土地生态经济系统。

3.开放性

土地生态经济系统的开放性主要是指系统与外界各类物质能量信息的交换和相互影响。主要表现在以下特征:①土地生态经济系统与外部系统之间的物质、能量、信息交换。就整个陆地土地生态经济系统而言,它与外界的其他社会经济、自然系统存在复杂的大气、地质、水和生物等物能循环与交换,维持地球生态平衡。如系统排放物质能量有温室气体、污染物、地价投机、废热、核辐射等,外界输入物质能源有肥料、农药、太阳能、地热、钢筋、水泥、资本、技术等。也正是存在的物能交换,才使得人类干预土地生态经济系统,实现土地持续利用成为可能。②土地生态经济系统变化与发展影响其他系统的相互影响。土地生态经济系统作为人类社会生存之本,其变化直接影响其他的社会经济自然系统,有时通过人类的物质能量信息价值管理还具有明显的放大作用。反之,其他系统的变化也将影响土地生态系统的功能结构等。例如,异常的物能交换不仅使系统内部产生土地退化、地价飞涨、城市用地扩展、森林减少、草场退化等变化。而且使外部功能表现出全球变暖、北极冰川融化、海平面上升、地价异常等变化。这些变化势必造成其他关联系统功能的变化,如城市化发展、社会系统动荡、经济系统失衡、股市波动等。如土地市场上供给房地产开发的土地减少,必将使土地价格上涨,商品房价格随之攀升,商品房开发公司股票升值,该行业获利增加,产生"泡沫",危及金融、保险等经济体系,社会稳定等。所以,为了社会经济稳定发展,必须合理调控土地生态经济系统的运行，确保其可持续发展。③土地生态经济系统与外部系统的开放交互作用关系是不断变化的开放过程。土地生态经济系统作为一个自然历史综合体，本身凝聚着人类社会实践的成分，在长期的演化过程中，随着人类对土地认识的深化，系统的开放过程也不断受到人类的干预，人类活动不断参与土地生态经济系统的物质、能量、信息、价值等交换，使土地生态经济系统的开放过程及变化也处于一个动态变化过程。

4.风险性

"风险"，通常用来表示可能产生不利影响的事件的可能性[①]。土地生态经济系统的风险性是指由自发的自然原因和人类活动（对自然或社会）引起的，通过土地生态环境介质、经济机制传播，对系统本身及人类社会、自然环境产生破坏、损害乃至毁灭性作用等不幸后果事件发生的概率及其后果。它具有不确定性、客观性、危害性等特征[②]。

风险性的形成既与土地生态经济系统内部的多种复杂因素、关系与过程有关，也与系统的开放性密切相关。引发风险的因素按成因性质可分为自然风险和人为风险；按发生的空间位置与规模可分为外部风险与内部风险。一般而言，外部风险是指来自系统外的事件，它又可以按属性分为外部自然风险和外部人为风险、内部自然风险和内部人为风险；外部自然风险是发生在系统外部、其他系统的不利事件，对土地生态经济系统产生危害。如地震、火山、海啸、大风、冰雹、暴雨（雪）、寒潮（低温）、大气污染、尘暴等。这些风险发生后波及范围大、影响程度重，往往摧毁广大区域的土地生态经济系统，造成严重人员伤亡和财产损失。如2008年5月12日的汶川地震。外部人为风险是由其他社会经济系统不合理的人类活动造成的，危害土地生态经济系统的事件。例如，工业废气、污水、金融危机、次贷危机、通货膨胀、管理混乱、制度缺陷等，它们的发生常常造成土地质量退化、地价投机、土地市场失常等。而内部的自然风险与人为风险由于发生在系统内部，影响规模与程度比外部风险小，通常直接危害当地的系统要素及其稳定性，影响系统的功能；也影响到当地其他社会经济系统的正常运行。例如崩塌、滑坡、泥石流等局部自然灾害，乱砍森林、过度放牧、乱占耕地等人为风险，主要影响发生地区的土地生态经济系统；当然由于系统的开放性特征，也必然波及影响其他系统。

随着人类经济活动对环境的影响程度日益加剧，土地生态经济风险也在增加，特别是人为风险，由于政策及规划缺陷、产业结构和布局不合理、技术落后及新技术应用、风险管理水平低、生态环境脆弱等诸多原因造成风险因子在一定时空格局内突发性释放，形成灾害事故和损害。但是，任何风险的发生均具有偶然性和必然性，人们可以通过风险源的识别、研究发生与危害过程，开发预测、控制技术，评估土地利用的风险危害，制定防范风险预案，来减缓、减低风险的危害，这也是近年来风险管理日益受到学者与决策者重视的原因。

此外，土地生态经济系统还有承载力规模、非连续性、生态系统的稳定性和可恢复性等特点。如人口承载规模问题，由于人口数量脱离经济规模所限，人类早期活动产生的生态影响是很小甚至可以忽略的。只要生态资源的消耗及废弃物的排放保持在生态系统的净化和承载能力之内，由此产生的影响将限制在局部范围内，并且生态系统的变化也是可以预测的。但目前的人口规模及经济增长状况使人类进入了一个与以往完全不同的生态经济系统

---

① 姜伟立、毕军、吴海锁等："区域环境风险研究进展探讨"，《江苏环境科技》，2006(6)

② 付在毅、许学工："区域生态风险评价"，《地球科学进展》，2001(2)

协同演化的时期。经济活动的规模和生态系统状况变化的相互关系可以看作是研究的热点之一。美国生态经济学家赫尔曼·大利(Herman Daly)曾指出:经济增长一旦超过生物圈的承载能力将导致环境的崩溃,而目前尚缺乏,一种反馈机制能保证不受制约的市场经济下超过环境的承载能力。

第三节　土地生态经济系统的评价内容与方法

土地生态经济系统的评价是以区域土地生态经济系统为研究对象,对系统具体过程、结构及功能进行专门分析、比较,或者对系统的总体价值、内部物质能量流动进行总体核算,从而判断系统、结构、功能、效益的优劣等级,直接为土地生态经济规划、持续发展提供决策参考。按照生态经济学的原理与土地利用管理实践需求,土地生态经济系统评价分为3个类型:功能与结构评价、效益评价、价值与能值评估。前两项属于传统的生态经济评价,即对系统功能结构与效益开展评价;后者是最近兴起的新理论,即对系统的功能进行价值数量估算。当然也可以按照具体工作对象,对系统中的某个类型开展相应的评价工作。

一、价值与能值评价

(一)价值评估

价值评估是对整个系统的生态经济服务功能进行的价格概算。其理论依据是自然价值论。它发端于经济学的核心经典悠久命题——价值论,但是关于自然价值的解释一直没有真正的统一过。传统的解释有劳动价值论、生产费用论,还有效用价值论、均衡价格论、功能价值论等,虽然它们在关于价值的本质、基础、来源、度量等根本问题上,都从某一个侧面回答了价值问题,但也都面临解释现实问题的局限性。例如晏智杰强调人类对自然的需求关系,提出了天人合一的价值论①。白玮、郝晋珉则提出劳动与边际效用的作用,认为马克思的劳动价值论和修正后的边际效用价值论都是自然资源价值的理论基础②。无论如何,自然资源具有价值的观念已经深入人心。自然资源价值理论对于指导、调节我们开发、利用、保护自然资源的行为,促进社会经济的可持续发展具有重要的科学和实践意义。承认自然资源的价值,实现从自然资源无价值论到有价值论的转变,对合理使用和有效保护自然资源,消除环境污染,营造有利于人类可持续发展的生态环境和社会环境,具有重大而深远的意义③④⑤。

土地生态经济系统的价值研究是生态经济学当前的热点之一。但是,围绕价值的认识有两类不同看法,一种是强调土地生态的经济价值,估算土地资源作为经济要素投入

① 晏智杰:“自然资源价值刍议”,《北京大学学报(哲学社会科学版)》,2004(6)

② 白玮、郝晋珉:“自然资源价值探讨”,《生态经济》,2005(10)

③ 晏智杰:“自然资源价值刍议”,《北京大学学报(哲学社会科学版)》,2004(6)

④ 白玮、郝晋珉:“自然资源价值探讨”,《生态经济》,2005(10)

⑤ 吴健:“环境和自然资源的价值评估与价值实现”,《中国人口·资源与环境》,2007(6)

经济发展中，人们为了维护自然和谐的土地生态环境所必须承担的代价，称为“绿色土地价格”[①]。另一种是从经济学角度，估算土地生态经济系统对经济发展的贡献量的价值，可称为“系统的生态服务价值”[②]。前者属于绿色国民经济核算体系研究内容，后者则是对系统总价值的估算。由此可以理解它们是从不同方向对土地生态经济系统进行的价值研究。

1.绿色土地价格

绿色土地价格是人们为了获得可使用的自然生态平衡的土地资源所必须承担的代价。我们可以将其称为土地环境成本或土地资源价格，其内涵可以从宏观与微观两个方面加以理解：宏观上，土地生态环境成本是指在一定时期内用于土地生态环境保护和土地环境损害治理的经济费用；微观上，土地生态环境成本是生产单位在其生产经营过程中所耗费土地生态环境因素的价值计量。虽然宏观、微观角度有着不同的表达，但其本质是一样的，都表示人类为了维护自然和谐的土地生态环境所必须承担的代价。这一代价的支付涉及土地环境保护、土地环境污染预防、土地环境治理和土地资源有效利用等多方面。

绿色土地价格的构成及其定价：绿色土地价格是绿色土地产品的价格，而绿色土地产品除了与传统土地产品一样具有对消费者有用、技术及质量合格、有市场竞争力且能赢利等基本性能外，还具有其标志性特征，即符合环境保是人类利用土地资源进行土地开发后而形成的土地资产。其价值包括土地生态经济价值与土地开发价值两部分。而传统土地产品价格一般只对土地开发价值进行了计量，基本没有反映土地生态价值。因此，绿色土地价格应包含土地资源价格和土地开发价值，大致上等于土地资源价格与传统土地产品价格的和。当然，对于目前被已经内部化了的部分土地环境成本，如耕地占用税、预防污染费用、污染治理费用以及环境污染罚款等，虽已计算在传统土地产品价格之中，但应归入土地生态经济价值，而不应归入土地开发价值。即

绿色土地价格＝土地开发价值＋土地生态经济价值
＝土地开发价值＋土地资源价格
＝土地开发价值＋使用单位土地资源而偿付的直接费用＋未来可使用这些土地资源的人们的单位净利益损失＋目前使用单位土地资源而对他人造成的损失
＝传统土地产品价格＋应剔除已内部化了的部分土地环境成本＋土地资源价格

显然，对于尚未被开发的原始土地的绿色价格自然应直接等于土地资源价格[③]。

2.土地生态经济系统价值

土地生态经济系统价值就是对整个系统的价值估算。在此借鉴价值理论概念与国内外对资源价值分类成果。将系统的价值构成归结为2类，第一类是将资源总经济价值分为使用价值和非使用价值。使用价值又分为直接使用价值和间接使用价值；非使用价值又分为存在价值和遗赠价值。还有一种选择价值可以归于使用价值，也可以归于非使用价值（表13-1）。

---

① 彭俊：“论土地生态经济价值与绿色土地价格及其应用”，《公共管理学报》，2004(4)
② 欧阳志云、王如松、赵景柱：“生态系统服务功能及其生态经济价值评价”，《应用生态学报》，1999(5)
③ 彭俊：“论土地生态经济价值与绿色土地价格及其应用”，《公共管理学报》，2004(4)

表 13-1　系统价值的构成

总价值	使用价值	直接使用价值	可直接消耗的实物与服务	·食物·生物量 ·旅游 ·科学文化价值
		间接使用价值	功能效益	·保持水土 ·营养循环
	非使用价值	选择价值	将来的直接或间接使用价值	·生物多样性 ·保护生存栖息地
		遗赠价值	为后代遗留下来的使用价值和非使用价值	·生存栖息地 ·不可逆改变
		存在价值	继续存在的知识价值	·生存栖息地 ·濒危物种

第二种分类是将系统价值分为两部分：一部分是比较实的有形的物质性的商品价值，一部分是比较虚的无形的舒适性的服务价值。

第一种分类比较精细、深刻，对理解资源价值所包括的内容、范围和深远意义大有启发。但是，在几种价值之间特别是在遗赠价值、存在价值和选择价值之间的区别比较模糊，而且难以定量计算。第二种分类虽比较简略，但它较为概括，且便于定量计算。

土地生态经济系统的价值也可以按新近提出的生态系统服务功能分类，然后，进行价值估算。

3.价值评估方法

由于资源生态的市场价格难以确定，因此，对它的数量和质量变动的估价只能采用虚拟方法。价值评估的方法可分为两类：①替代市场技术，它以“影子价格”和消费者剩余来表达资源的经济价值，其具体方法有费用支出法、市场价值法、机会成本法、旅行费用法和享乐价格法。②模拟市场技术（又称假设市场技术），它以支付意愿和净支付意愿来表达资源的经济价值，其方法只有一种，即条件价值法。

市场价值法：市场价值法也称生产率法，是以资源交易和转让过程中所形成的资源价格来推定评估资源的价值。该法先定量地评价某种资源价值的效果，再根据这些效果的市场价格来评估其经济价值。理论上，市场价值法是一种合理方法，也是目前应用最广泛的价值评价方法。但该法应该以资源市场已相当发育并有序规范化为前提。而现实中的资源利用远未市场化，这就为市场价值法的运用带来了困难。另外，资源效果的影响也很难定量，因此，实际评价时困难重重。

影子工程法：影子工程法也叫替代工程法。当资源的生态价值难以直接估算时，可以借助于能够提供类似功能的替代工程或所谓的影子工程的价值来替代该资源的生态价值。这一理论概括为数学语言：

$$V=G(X_1, X_2, \cdots\cdots\cdots\cdots, X_n)$$

式中：V 为被替代的生态功能价值；G 为替代工程的价值；X_i 为替代工程中 i 项目的建设费用。

实际上：
$$V = G = \sum X_i$$

影子工程法利用替代技术来衡量资源的价值适用于那些没有市场交换和市场价格的公共商品该方法预先假设补偿受损的资源服务是可行的。然而对复杂的生态系统或多样化的生物量损失进行足额补偿，或者对复杂的水文、大气影响进行弥补，并不是轻而易举的事情。此外，补偿项目可能具有其自身的环境效应，而这种效应可能并未为人们所了解。因此，在实际应用有一定的局限性。

机会成本法：机会成本法是通过分析资源的价格构成因素及其表现形式来推算求得资源价值的。所谓机会成本，就是做出某一决策而不做出另一种决策时所放弃的利益。在某种资源稀缺的条件下，该资源一旦用于某种商品的生产就不能同时用于另一种商品的生产，即选择了一种机会就意味着放弃了另一种机会。以其使用方案中获得的最大经济效益称为该资源选择方案的机会成本。机会成本法简单易懂，常被用于某些资源应用的社会净效益不能直接估算的场合，是一种非常用的技术。可利用机会成本法通过计算资源用于费时的机会成本，来评估资源的价值，从而为决策者提供科学的依据，更好的配置资源。机会成本特别适用于对自然保护区或具有唯一特征的自然源的开发项目的评估。

旅行费用法：旅行费用法是通过旅行费用资料确定某资源服务的消费者剩余，并以此来估算该资源的价值。旅行费用包括旅游者支付的门票价格、旅游者前往这些地方所需要的交通费用和旅游所用时间的机会成本。旅行费用法是一个比较成熟的方法，常常被用来评价那些没有市场价格的自然景点或者环境资源的价值。例如在评价森林公园的林木观赏价值时可用该法。在发达国家，特别是美国，开展了大量的旅行费用法研究。该法的局限性是其评价的游憩价值与区域的社会经济条件密切相关。因此计算出的价值并未反映用于游憩的森林资源的自身价值，而是区域社会经济结构的一种反映。为了准确反映资源的价值，可以在计算出的价值基础上乘以发展阶段系数，这样就可以避免了社会经济条件的影响。

条件价值法：条件价值法又称为意愿调查法。它以支付意愿和净支付意愿来表达资源的经济价值。是直接询问人们为了自己将来的健康和福利而利用和改善资源环境愿意承担的费用，然后以该费用来衡量资源数量和质量下降的损失价值。支付意愿可以表示一切商品价值，也是商品价值的唯一合理表达方法。商品的价值可表示为：商品的价值＝人们对该商品的支付意愿。因此，商品的价值可以根据其市场价格资料来计算。

条件价值法不是基于可以观察到的或预设的市场行为，而是基于调查对象的回答。因此该法的最大问题是调查是否准确模拟了现实世界，被调查者的回答是否反映了他们的真实想法和真实行为。由于该法受主观因素的影响，随意性较大，因此得出的结果与真实的结果会有不同程度的偏差。

工作中，方法选择应当按照价值类型、信息可获性、研究时间与经费等客观条件，选择评估方法。例如，在估算资源的价值时，应该尽可能采用市场价值法。如果采用市场价值法的条件不具备时，则采用其他的替代市场技术。只有上述两种方法都不可行时，才可能用模拟市场技术。事实上，由于各种条件的限制，往往多种方法结合起来使用。

（二）能值评估方法

以上介绍的价值评价方法只是对静态价值的评价，不能放映资源动态变化的价值，具有一定的局限性。20 世纪 80 年代后期 H. T Odum 提出了能值(energy)新概念与新理论。基本思想是以能值为基准，将自然生态系统与经济系统结合起来，把生态系统或生态经济系统中不同种类、不可比较的能量转换成同一标准的能值——太阳能值，单位为太阳能焦耳(solar enjoules，即 sej)来衡量和分析，从中评价其在系统中的作用和地位；综合分析系统中各种生态流(能物流、货币流、人口流和信息流)，得出一系列能值综合指标，定量分析系统的结构功能特征与生态经济效益。如用能值产出率衡量系统产出效率，用环境负载率衡量系统过程的环境影响，用能值交换率衡量系统的交换效益。同时，辅之以能值转换率、能值货币价值等指标，能值分析的基本概念见表 13-2①。实现了不同质能量的区别对待和统一评价，在生态经济系统评价中得到广泛应用，也为可持续发展理论提供了新的思路和有力工具，丰富发展了可持续发展的评价方法。但是，作为一种新兴的分析理论，在实践中也暴露出了其有待完善的地方。1997 年美国生态学家 Brwvn M. T. 和意大利生态学家 Ulgiati S. 提出了能值可持续指标 *ESI*，定义为系统能值产出率与环境负载率之比，即 *EYR*/*ELR*。初步填补了能值理论中系统可持续发展的评价指标的空缺，较好地推动了可持续发展的研究②③。

表 13-2　能值分析的基本概念

术语 glossary	定义 definitions
有效能 available energy	具有做功能力的潜能，其数量在做功过程中减少 (单位：joules，kilocalories，BTUs 等)
能值 energy	产品形成所需直接和间接投入应用的一种有效能总量 (单位：enjoules)
太阳能值 solar energy	产品形成所需直接和间接应用的太阳能总量 (单位：太阳能焦耳 sej)
太阳能值转换率 solar transformity	单位能量(物质)所含的太阳能值之量 (单位：sej/J 或 sej/g)
能值功率 enpower	单位时间内的能值流量(单位：sej/time)
能值/货币比率 energy/＄ ratio	单位货币相当的能值量。由一个国家年能值利用总量除以当年 GNP 而得(单位：sej/＄)
能值-货币价值 endollar value	能值相当的市场货币价值，即以能值来衡量财富的价值或称宏观经济价值

能值分析的基本步骤：

(1)资料收集。收集研究与对象相关的自然环境、地理和社会经济各种资料数据，整理分类及存机处理

(2)能量系统图的绘制。应用 HT Odum 的“能量系统语言”图例，绘制能量系统图，以组织收集的资料，形成包括系统主要组分及相互关系的系统图解。

(3)编制各种能值分析表。计算系统的主要能量流、物质流和经济流；根据各种资源的相应能值转换率，将不同度量单位(J、g 或＄)的生态流或经济流转换为能值单位(sej)；编制

① 蓝盛芳、钦佩：“生态系统的能值分分析”，《应用生态学报》，2001(1)
② 蓝盛芳、钦佩：“生态系统的能值分分析”，《应用生态学报》，2001(1)
③ 陆宏芳、蓝盛芳、彭少麟：“系统可持续发展的能值评价指标的新拓展”，《环境科学》，2003(3)

能值分析评价表，评价它们在系统中的地位和贡献。

(4)构建系统的能值综合结构图。构建体现系统资源能值基础的能值综合结构图，对总系统和各子系统生态流进行集结和综合。

(5)建立能值指标体系。由能值分析表及系统能值综合结构图，进一步建立和计算出一系列反映生态与经济效率的能值指标体系，诸如人均能值量、能值/货币比率、能值投入率、净能值产出率、能值交换率、环境承载率、能值密度等。

(6)系统模拟。可采用能量系统动态模拟进行模拟。

(7)系统的发展评价和策略分析。通过能值指标比较分析系统结构与功能的能值评价和模拟，为制定正确可行的系统管理措施和经济发展策略提供科学依据，指导生态经济系统良性循环和可持续发展。

能值分析的重点和难点就是对系统的能物流、货币流、信息流进行能值综合分析，建立可比较的能值指标体系。为此，要用能值转换率计算各种能物流乃至信息流的能值，首先要解决能值转换率的问题。尽管 Odum 和同仁已研究计算出自然界和人类社会主要能量类型和物质的能值转换率，可满足较大范围(如国家、地区、城市)生态系统的能值分析需要，但人类经济产品的能值转换率因生产水平和效益的差异而出现差别，仍需做深入研究①。

二、土地生态经济系统评价

土地生态经济系统评价是以一定的该系统为评价对象，从其整体对外功能方面，即土地利用的特征属性角度，对系统结构、功能、效益等进行分析比较，从而判定系统内部结构关系、本身功能作用及其效率、整体系统与其他系统关系等是否协调？持续存在？是否能够保障系统持续利用、持续发展？

1.评价内容

评价内容分为两个方面。

(1)结构评价。系统论认为系统的结构决定其功能，通过一定的反馈机制，可以对系统结构适当调整以满足系统功能改良要求。结构评价就是通过对系统内部组成要素、亚系统、物流、能流等分析，判定其配置、强度与水平是否平衡协调？是否保证系统功能良性发挥或持续发展？结构评价也可以针对系统的生态组分、经济组分、技术组分进行结构协调性与有序性分析，揭示系统内部结构与对外功能的关联性分析，为系统结构优化、调整明确方向。如土地生态适宜性评价、生态评价、经济评价等。常见的效率评价是指因素的有效利用水平，如水资源利用效率就是其有用部分与总体可用部分的比率。

(2)功能评价。功能是系统本身属性的外在表达，是系统的对外作用，也是人们追求的直接目标。系统功能按其作用及结果的性质可分为 3 种：生态功能、经济功能和社会功能。它们作用的结果和利益就是系统的效益，它是多方面的，有经济效益、社会效益和生态效益等；效益水平的高低、公平与否？反映了系统功能作用的机制、制度安排、经济技术等因素。因此，功能评价就是对系统外部作用的各种效果(实际)与人们持续发展的理想(期望值)进行比较评判，从而提出系统功能调整优化的建议。它包括系统的外部性评价-环境影响评

① 蓝盛芳、钦佩："生态系统的能值分析分析"，《应用生态学报》，2001(1)

价、系统功能效益(效率)评价两个方面。

(3)系统持续性评价。持续性评价是对系统动态发展态势的判断,主要是对系统生态健康的诊断,因为生态系统健康是人类社会可持续发展的根本保证。生态系统健康是指一个系统所具有的稳定性和可持续性,即在时间上具有维持其组织结构、自我调节和对胁迫的恢复能力。它可以通过系统的活力、组织结构和恢复力3个特征进行评价分析。其目的在于促进人类对人类活动、生态变化与人类健康之间的联系的理解,其中包括人类活动对生态系统影响程度评价,及在考虑社会价值和生物学本质的情况下提出新的对策来规范人类活动,促进生态系统健康的提高[①]。

鉴于此,土地生态经济系统持续性评价可解释为对土地生态经济系统的内部秩序和组织的整体状况分析,确定系统正常的能量流动和物质循环没有受到损伤、关键生态成分得以保留、系统对干扰的长期效应具有抵抗力和恢复力,系统能够维持自身的组织结构长期稳定,具有自我调控能力,并且能够提供合乎自然和人类需求的生态服务。影响土地生态系统健康的原因有很多,有自然因素,也有人为因素。但考虑自然因素是生态系统的内部变化,则健康问题多为人类活动所致。例如,土地利用中的超量施肥、过度砍伐、过度放牧、污水灌溉等[②③④⑤]。已经开展的生态承载力评价、生态风险评价、土地可持续利用评价等即属该类评价。

2.评价原则

评价原则是进行评价指标选择,构建指标体系、选择指标模型时应当遵循的指导思想与方针。

(1)地域性原则。这是系统本身的特点决定的。不同地域、不同规模的土地神态经济系统有不同的结构、内部秩序和物能循环规律、功能特点。开展评价工作,必须结合地方具体实际,选择评价指标、建立指标体系。例如中国江南地区气候湿润,水热丰沛,作物生长期长;珠江长江三角洲平原是我国经济发展速度最快地区。华北地区地区雨热相对集中,生长期短于江南地区;城市集中分布在山前平原上部,经济发展中等;西北内陆终年雨水偏少,气候干燥,城市较少且分布在局部绿洲地区。

(2)可操作性原则。评价指标与体系选择应当概念明确,易测易得。评价指标的选择要考虑我国的经济发展水平,无论从方法学和人力、物力上,均要符合我国现有生产力水平,同时还要考虑各个技术部门的技术能力。为保证评价指标的准确性和完整性,评价指标要可测量,数据便于统计和计算,有足够的数据量[⑥⑦]。

(3)规范化原则。土地生态经济系统评价具有长期、实用的特点。因此,评价工作中所获取的数据和资料、指标及其组合模型的科学含义或定义应该统一规范,实现时空的可比性。工作中制定的指标体系与评价方法应符合土地生态经济学的规范要求,不仅能对某一

① 卫伟、陈利顶:"生态系统评价:问题分析与研究展望",《资源开发与市场》,2007(7)
② 马克明、孔红梅、关文彬等:"生态系统健康评价:方法与方向",《生态学报》,2001(12)
③ 袁兴中、刘红、陆健健:"生态系统健康评价——概念构架与指标选择",《应用生态学报》,2001(4)
④ 肖风劲、欧阳华:"生态系统健康及其评价指标和方法",《自然资源学报》,2003(2)
⑤ 武兰芳、欧阳竹、程维新等:"农业生态系统健康及其管理研究进展",《中国生态农业学报》,2003(3)
⑥ 袁兴中、刘红、陆健健:"生态系统健康评价——概念构架与指标选择",《应用生态学报》,2001(4),
⑦ 肖风劲、欧阳华:"生态系统健康及其评价指标和方法",《自然资源学报》,2003(2),

类型或区域的土地生态经济系统进行评价，而且要适合于不同类型、不同地域生态系统间的比较，确保其一致的科学性，有利于成果的推广应用。

(4)整体性原则。土地生态经济系统是生态、经济、社会等要素组成的复合系统，整个系统中既有自然生态组分，也包括经济社会等非自然的组分，特别是人类及其利用土地活动；它们之间相互作用，紧密联系。其次，系统的各类评价是基于生态系统为人类提供的服务功能进行的价值或效用评估，离开社会经济实际、人类福利的生态评价是没有实际应用价值的。再者，系统的任何生态环境问题都不是孤立存在的，系统内部和系统间相互联系、相互作用、相互影响的复杂机制与过程也说明了系统作用的整体性，问题分析必须从生物物理、社会经济和人类健康等方面综合考虑。

3.评价方法

(1)系统持续性的评价方法。目前，针对系统所处的健康状态，最为常用的研究方法主要有以下几种。

①模型法：多线性加权法(多目标线性加权函数法)模型以及在此基础上产生的模糊多极综合评判模型、模糊多极综合评判-灰色关联优势分析复合模型、模糊综合评判-模糊聚类复合模型；另外还有综合指数法模型、系统动力学模型及欧式距离法模型等。

②景观空间格局分析法：认为对区域景观空间格局进行研究是揭示该区域生态状况的有效手段，通过定量分析反映景观空间格局的多个指数，从宏观角度给出区域生态的状况，这种方法主要是在“3S”技术的支持下，结合景观生态学的基本原理，往往可以取得良好的效果。

③生态系统健康指数法：1992 年 Costanza 提出了著名的生态系统健康指数 $HI=V\cdot O\cdot R$。式中 V 为系统功能指数，O 为系统组织指数，R 为恢复力指数。后来的研究者又在此基础上对该指数进行了改进，提出了 $HI_i=V_i\times O_i\times R_i(0\leqslant HI_i\leqslant 1)(i=1,\cdots,8)$。式中，$HI_i$ 是子系统 i 的健康指数；V_i 指的是子系统 i 的功能指数；Q_i 是子系统的组织指数；R_i 指子系统 i 的恢复力指数，而且 V_i、O_i、$R_i\in[0,1]$。

(2)系统结构与功能评价方法。根据土地生态经济系统的基本理论与评价原则，系统结构与功能评价方法可以分为 2 类。

①数值法：此为简单的定量评价方法。它根据评价目的，选取有关评价指标，并依据其在系统内部或系统间的重要性，按照一定的赋值规则，分别赋以数值；然后，按照系统间指标的分析关系，运用数学原理构建指标运算模型，计算结构、功能指数或总指数。最后，把计算出的各类指数进行分类比较，确定结构、功能的优劣。常用的数值评价方法有综合效益分值法、线性加权法、平方和加权法、功能系数法等。

②模型法：通过建立土地生态经济功能或结构指数与其相应的影响要素之间的函数模型，对系统进行评价分析。其特点是针对具体评价对象，强调系统的整体或综合分析。有利于提高评价的准确性和成果的应用性。常用的模型有主成分分析法、回归分析法、层次分析法、聚类分析法、相关系数检验法、灰色关联度分析法、模糊综合评价法及经济计量模型法等①。随着现代技术的发展，对土地生态经济系统认识不断深化，出现了人工神经网络模

① 王万茂、高波、夏太寿：《土地生态经济学》，北京：科学技术文献出版社，1992

型、遗传算法等新方法，3S(遥感、地理信息系统、全球定位系统)集成技术在评价中也有广泛应用①②。

复习思考题

1. 阐述土地生态经济系统结构及其特征。
2. 阐述土地生态经济系统能值评估方法。

参 考 文 献

[1] 王万茂，高波，夏太寿. 土地生态经济学，北京：科学技术文献出版社，1992.

[2] 秦明周. 土地资源持续开发与利用[M]. 西安：西安地图出版社，1998.

[3] [美]戴利(Daly H. E). 生态经济学：原理与应用. 徐中民译. 郑州：黄河水利出版社，2007.

[4] [美]赫尔曼·E·戴利，乔舒亚·法利. 生态经济学原理及应用. 金志农，陈美球，蔡海生译. 北京：中国人民大学出版社，2014.

[5] [挪威]乔根·当德斯. 2052：为了四十年的中国与世界. 秦雪征，谭静，叶硕译. 南京：译林出版社，2013.

① 倪绍祥："近10年来中国土地评价研究的进展"，《自然资源学报》，2003(6)

② 彭建、王仰麟、宋治清等："国内外土地持续利用评价研究进展"，《资源科学》，2003(2)

第十四章

土地用途转换的经济学分析

土地的选择价值决定了土地用途转换的经济意义。基于此，本章阐述了农地内部流转的概念，农地城市流转的机制与过程，城市内部流转的主要特征，从而较为全面地介绍了从农地到城市用地各类土地用途转换的经济意义。

第一节　农地内部流转

一、农地及农地内部流转的概念

(一)农地的概念、类型及功能

根据《土地分类》，农用地指直接用于农业生产的土地，包括耕地、园地、林地、牧草地及其他农用地。

毋庸置疑，农地的主要功能是为人们生产蔬菜、粮食、水果、木材、水产品等农产品，保证了国家的粮食安全、社会稳定和维持农民基本生活的经济来源。另外，农地是生态系统的基本组成部分，具有生态服务功能：有机质的合成与生产(吸收二氧化碳，释放氧气)、生物多样性的维持、调节气候(降温)、环境缓冲功能与有害有毒物质的降解功能。农地也是不可替代和不可引进的地区性文化休闲资源。环境幽静、空气清新、满眼绿色的乡村生活正在成为围在城里的人们的向往；农地为都市居民提供观光、休闲、农业采摘的场所是市民特别是广大青少年体验农民生活、农村风貌、农业生产和学习农业科技的基地。

(二)农地内部流转的概念

土地用途转换，归根结底是市场条件下的土地资源合理配置问题。土地用途转换即从一种用途改变为另一种用途，如从农业用地转换为城镇建设用地，工业用地转换为住宅或商业用地等。用途转换一般从低效益用途向高效益用途转换，由较不稀缺的用途向严重稀缺的用途转换；而利用方式一般由粗放型向集约型转变，由低度利用向提高土地利用率转变。

土地是社会一切生产、生活和建设所必需的物质条件，土地利用是人类的主要生产活动，土地利用变化是人类利用土地的自然属性和社会属性不断满足自身需求发展的动态过程。土地用途转换主要包括农地内部结构调整、农地转为非农建设用地、建设用地内部结构调整。随着城市化进程的加快，土地用途转换不可避免。土地的多样性用途和土地不同用途的级差收益是土地用途转换的基本条件，由于土地面积的有限性使得土地的自然供给无弹性，土地用途的转换就成了土地经济供给的源泉。在城市化快速发展的过程中，政府的调控、土地市场对土地用途的转换起着宏观调控的作用。土地用途转换是经济发展、城市扩展的必然结果，也是土地利用现代化过程的重要方面。

农地内部流转是指农民集体所有土地内部的土地权属和土地利用方式的转移。它不发生土地所有权的转移，只是土地利用方式从一种农业用途转换为另一种农业用途。

二、农地内部流转的经济分析

随着农村人口的不断增加，人地关系日趋紧张，土地保障功能的供给严重短缺，这诱发了农民制度创新的冲动。家庭联产承包责任制的创造与推行就是一次重大的制度变迁结果。当前，在家庭联产承包责任制的能量释放得差不多的今天，土地的传统功能已突破，呼唤着土地制度的再创新。土地流转是土地资本商品化经营的选择，是发展到一定阶段的产物，土地只有在不断流动中才能增值，土地一旦形成了合理流动，便可以实现土地资源利用高效化、利用关系协调化。

农地利用是人们以农地为对象或手段，为一定利用目的而从事的土地经营或经济活动。因此，农地利用是人与农地相互作用构成的动态系统，人类对农地的需求是对农地功能的需求，属于次生需求。从本质上讲，农地利用的变化基本上源于在社会经济发展的不同时期，人们对农地产出（或服务）的种类或数量的需求发生改变而导致的农地内部流转、自然或人为原因导致土地的属性发生变化或者社会群体目标发生变化，迫使人们不得不改变农地的利用方式。

然而，无论哪种原因导致的变化，都源于农地所有者或使用者对于用地类型之间边际效用的比较。人类开发利用农地的最终动力是希望获得一定的土地收益（用 b 表示）。一定类型的农地收益（第 i 类收益用 b_i 表示）满足人们生产生活需求的程度，称之为农地收益的效用（用 U 表示）。于是农地收益效用函数可表示为 $U=u(b_i)$，它具有与一般效用函数类似的性质，即：

$$U'=u'(b_i)>O \quad U''=u''(b_i)<O$$

即随着农地收益的增加，其总效用也在增加，但是效用的增加速度趋于减缓（边际效用递减）。农地收益包括经济收益、社会收益和生态收益等。农地利用的经济收益是指人们利用农地时所获得的有用经济成果；农地利用的社会收益是指人们利用农地在促进社会发展和社会进步方面所取得的有用成果；农地利用的生态收益则是指人类在开发利用农地时对生态环境产生的有利或不利作用。对于具有多宜性的某一地块来讲，用地类型的改变取决于对几种可能的农地利用类型边际收益的比较[$\max\{u'(b_i)\}, i=1,2,\cdots,n$]。

由边际收益不同所带来的农地内部流转的过程如图 14-1 所示：假设只有两种农地利用类型 1 和类型 2，最初有 O_1x_1 农地用于类型 1，有 O_2x_1 的农地用于类型 2。随着时间的推移、经济的发展或其他一系列因素的变化，使得农地利用类型 1 的边际收益超过土地利用类型 2 时，追求收益最大化的心理使人们调整农地利用结构，增加类型 1 的面积，而减少类型 2 的面积，也即有 x_1x_2 的农地转化为类型 1。

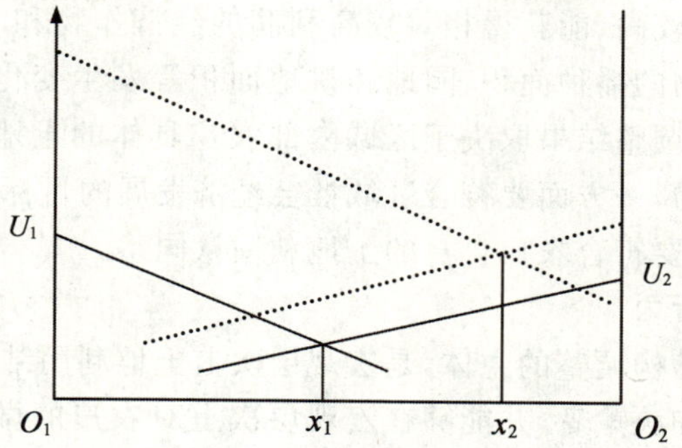

图 14-1　边际收益驱动下的农地内部流转

对于某一区域均衡的用地结构而言，各种用地类型的边际收益相等。当一种或多种用地类型的边际收益发生变化时，追求收益最大化的动力将促使人们调整用地结构，最终产生新的均衡结构。

三、影响农地内部流转的经济因素

(一)农业产业结构调整对农地内部流转的影响

根据经济学的原理，农业结构调整可以定义为；农业生产活动中劳动、资本、土地及其他自然资源等生产要素的供给与使用的重新配置。因此，农业结构调整范畴应包括与农业经济结构的各个方面所发生的变化，同时还应包括国民产出的增加以及其他一些相关因素的相互作用，它是当前农业、农业工作的中心任务，是提高农业效率、发展农村经济、增加农民的收入的战略措施。在诸多因素中，生产力是决定因素，因此，农业结构调整是随着农业、农村以及社会生产力的发展逐步进行的，是一个循序渐进、不断优化的动态过程。

区域农业产业结构调整与土地利用变化之间存在显著的对应关系[①②③]。农户和政府调控同为区域农业产业结构调整的主体。其中，区域土地利用结构的形成在微观层次上以农户的选择行为核心[④]，并成为区域农业产业结构调整的主体；宏观层次上以政府调控行为为核心[⑤]。

1.农户的自发选择行为

农户是农业产业结构调整的主体，是微观层次上土地利用结构调整的实施者，并能够从微观层次上对区域农业发展水平产生影响。对于农户的经济行为，以美国经济学家舒尔茨为代表的"理性小农说"视小农为追求利润最大化的经济人。农户在满足自身家庭生计需要后，其经营需要必然追求利润最大化。在种植业结构调整中，则表现为尽可能减少利润低的

① 黄贤金、彭补拙、张建新等："区域产业结构调整与土地可持续利用关系研究"，《经济地理》，2002(4)

② 欧阳进良、宋春梅、余振荣等："黄淮海平原农区不同类型农户的土地利用方式选择及其环境影响"，《自然资源学报》，2004(1)

③ 张红旗、李家永、牛栋："典型红壤丘陵区土地利用空间优化配置"，《地理学报》，2003(5)

④ 诸培新、曲福田："农户经济行为、土地投入类型及土地持续利用"《中国农业资源与区划》，1999(5)

⑤ 李锦生："当前我国农业产业结构调整的思路"，《现代经济探讨》，2004(3)

粮食作物，转向经济价值较高、能获得相对较高利润的经济作物和其他作物，从而导致粮食作物播种面积和经济作物的播种面积、园地和耕地面积等发生变化。从区域农业发展的微观层次看，农业产业结构调整结果取决于区域内部农户具体的土地利用方式和结构。即农户自发土地利用选择行为，一方面要符合区域社会经济发展的目标，与当地的社会经济发展水平相适应；另一方面也要符合农户自身的土地利用认同感。

2.政府的宏观调控行为

政府也是农业产业结构调整的主体，是宏观层次上土地利用结构调整的引导者，是区域宏观农业政策的制订者和决策者，并能够在宏观层次上对农户的微观选择行为产生一定的影响。在制订区域发展政策时，只有区域土地利用结构达到土地利用的经济效益、生态效益和社会效益三者之间的统一，才能够实现区域农业产业结构的合理调整和农业的持续发展；否则就要调整区域社会经济发展目标，重新调整农业产业政策。同时，需兼顾农户土地利用意向或者其经济最大化目标，以便能反映区域农业政策在经济上可行、生态上合理和为全社会所接受。

政府的宏观调控是农业结构调整顺利进行的重要保障。在市场经济条件下，政府宏观调控主要是通过政策手段，及时调整有关政策，创造有利于新兴产业发展的政策环境，收缩落后产业。通过出台一系列政策法规，对经济发展指明方向，解决经济发展中出现的各种矛盾，从全局出发安排生产经营。其次，经济手段是政府宏观调控的重要手段。政府通过直接或间接的经济手段进行扶持，以促进农业资本积累和创业，待发展起来以后，政府则撤出经济帮助。对于应该抑制的产业部门则不予经济扶持，甚至实行相反的政策。

(二)食物需求变化对农地内部流转的影响

人类社会发展的历史证明，膳食结构的变化与经济发展密切相关，是社会经济发展的重要特征。随着社会经济发展水平和人民生活水平的提高，社会对粮食等农产品的需求相对减少，对林牧渔业产品尤其是畜产品、水产品的消费需求相对增加。中国预防医学科学院对12个省(自治区、直辖市)的一项调查表明，1992年城乡人均谷类和薯类消费与1982年相比，分别下降了10.9和49.4%，而肉、蛋、奶和水产品的消费分别增加了81.1%、200%、323%和97.4%，这种对动物性食品需求的显著增长直接影响到粮食生产和食物消费结构的改变和发展。从食品消费的内部结构来看，目前我国居民生活正由“吃饱”向“吃好”阶段发展，正在向吃得精、吃得科学的方向发展。国民经济发展趋势预示，中长期内仍将保持持续增长势头，人民生活将会有更大的改善，营养结构亦将继续变化①。从营养学的角度来看，我国居民摄取的食物中，热量有余，但优质蛋白质和脂肪缺口仍然很大。这种现状将会带来农业经济结构的调整。首先，将会增种高蛋白、高脂肪的大豆、油料作物，积极引进、筛选和推广高产优质品种，发展特种专用品种；其次，将会积极增产动物性食物。

农产品需求结构之所以变化，除了人们的收入水平提高外，城镇化过程也会带来食品需求结构的变化。有关专家认为，在收入水平和价格水平同等的前提下，一个居民从农村转移到一个中小城市，其粮食年消费量将减少58.3 kg，在特大城市将减少64.2 kg，蔬菜减少23.25 kg。与之相反，畜产品的年消费量增加4.2(中小城市)～7.2 kg(特大城市)，水产品、

① 沈祖伦：“用现代食物观念指导我国食物生产发展”，《中国农村观察》，1996(3)

水果和其他食品的消费也将相应地提高[①]。另一方面,我国加入 WTO 后,有相当数量的农产品在国际市场上具有较强的竞争力。具体来说,我国具有比较优势的农产品主要有畜产品、水果、蔬菜类产品和水产品等。改革开放以来,我国的农产品出口正朝着本国具有比较优势的农产品转移,土地密集型的大宗产品(如粮、棉、油、糖等产品)的出口逐步下降,而那些高附加值的、劳动相对密集型产品(如蔬菜、水果、花卉、水产品、畜产品及农产品等)的净出口不断增加。

随着经济的不断发展,人民生活水平不断改善,人们对禽蛋鱼肉的需求增大,以致部分粮田、菜地被开挖成人工鱼塘、建成鸡场和奶牛场等。

第二节　农地城市流转

一、农地城市流转相关概念

农地城市流转(rural-urban land conversion)是指在城市发展过程中,城市土地需求者通过经济手段或行政手段,将城市附近农村土地转变为城市土地,以满足城市土地需求的过程[②]。农地城市流转有两层含义:其一是土地所有权变更,即指农民集体所有土地变更为城市国家全民所有;其二是土地利用性质变更,即指农业用地转变为城市住宅、工业、商业、休闲、娱乐用地[③]。这两个层次的流转是统一的,但在时间上可能错位,一般前者先于后者。

我国《土地管理法》第二条和第四十三条分别规定:国家为公共利益的需要,可以依法对集体所有的土地实行征用;任何单位和个人进行建设,需要使用土地的,必须依法申请使用国有土地,但是,兴办乡镇企业和村民建设住宅经依法批准使用本集体经济组织农民集体所有的土地的,或者乡(镇)村公共设施和公益事业建设经依法批准使用农民集体所有的土地的除外。2004 年新修订的宪法修正案将第十条第三款修改为:国家为了公共利益的需要,可以依照法律规定对土地实行征收或者征用并给予补偿。由此可见,农地征收是中国大陆实现农地城市流转的唯一合法途径。

城乡生态经济交错区是指随着人口的增长、经济的发展和城市化进程的加快,城市不断向四周农村扩张,农村也持续向城市辐合,逐渐形成的一个呈环状分布的似城非城、似乡非乡的独特区域[④]。城乡生态经济交错区是城乡矛盾表现、城乡土地利用竞争、土地投机行为表现最剧烈的地段,也是农地城市流转最集中的地域[⑤]。

二、农地城市流转的过程

过程是强调事件和现象发生、发展的程序和动态特征,它是"逐步地改变状况和发展阶

① 谭明方:"农业和农村经济结构调整的动力机制",《中南财经政法大学学报》,2003(3)
② 张安录、毛泓:"农地城市流转途径、方式及特征",《地理学与国土研究》,2000(2)
③ 张安录:"城乡生态经济交错区农地城市流转机制与制度创新",《中国农村经济》,1999(7)
④ 张安录:"城乡生态经济交错区农地城市流转机制与制度创新",《中国农村经济》,1999(7)
⑤ 张安录、杨钢桥:"美国城市化过程中农地城市流转与农地保护",《中国农村经济》,1998(11)

段”，它总是含有时间因素，含有客体状况（系统）在 t_0 和 t_n 时间之间的区别，即客体的时间结构[①]。

土地类型的演替(succession of land classification)指在一定时间段内，一种土地类型向另一种土地类型转化的过程。按演替性质可分为时间演替(temporal succession)和空间演替(spatial succession)。时间演替指发生在同一地段，不同性质的土地类型沿时间序列的有规律更替；空间演替指沿着一定的方向各种性质不同的土地类型呈现有规律的更替[②]。土地是一个动态系统，在其形成与发展过程中，受到各种地理过程和人类经济活动的影响，当各种自然因素与人为因素作用的强度达到一定程度或作用的时间到达某一时段时，土地系统就发生“涨落”，土地即由一种类型转变为另一种类型。因此，土地类型演替实质上就是土地发展的动态过程，从发展变化的观点来看，目前所见到的各种土地，都是土地动态发展过程中的“瞬间”表现，它既是过去演替的结果，又是未来演替的开始[③]。根据作用力的来源不同，土地类型演替可分为自然演替和人为演替两种过程。自然演替过程是一种自调节、自维持、自身发展的过程，一般表现为不可逆性和渐变性，演替速度较慢，时间序列较长。人为演替过程指人为经济活动参与了土地系统的物质和能量交换，对自然演替过程起到加速或延缓的作用，这种演替一般是可逆的和突变性的，而且演替速度较快，时间序列较短，它随着各个地区自然条件的差异，背景基础的不同，影响土地演替作用力的主、次也不一样，强度更互有差别。

农地城市流转作为土地类型演替的一种方式，是指农业用地向城市建设用地转化的过程，是以人为演替为主的一种土地利用变化过程。

(一)农地城市流转城乡作用力及其作用机理

城乡生态经济交错区的空间扩展和结构演变涉及众多因素，演变的动力可概括为经济、自然、技术、区位、土地市场、规划与政治力量、城乡关系、文化心理与行为模式等因素[④]。农地城市流转是交错区空间扩展的必然结果，因此，农地城市流转的城乡作用力可概括为生产力发展、科技进步、比较效益、交通发展、通信与信息传播、产业结构升级、观念转变、制度变革、投资增长。其中，生产力发展、科技进步和效益驱动是农地城市流转发生的动力机制；交通条件的改善、通信行业的发展和信息渠道的增加是农地城市流转发生的传导机制；产业结构升级、观念转变、制度变革和投资增长是农地城市流转的促进机制(图 14-2)。

城市作用力是城乡经济交错区土地利用的主导机制。城市内部社会、经济与科技的迅速发展，促进了城市能量的集聚，导致城市地域的膨胀和各种城市物质与非物质要素的空间扩散[⑤]。由于城市功能的转换、产业的退二进三、城市内部地价的上涨和交通拥挤、住房紧张、环境污染等城市病的出现，工业用地成为城市用地进军交错区的先锋队，随之而来的是人口郊区化、住宅郊区化和商业郊区化等，这些给城乡生态经济交错区土地利用的类型、结构、水平与效益带来巨大的影响。

---

① 曾菊新：《空间经济：系统与结构》，武汉：武汉出版社，1996

② 蒙吉军：《综合自然地理学》，北京：北京大学出版社，2005

③ 刘胤汉：“土地结构与土地演替研究”，《地球科学进展》，1992(2)

④ 武进、马清亮：“城市边缘区空间结构演化的机制分析”，《城市规划》，1990(2)

⑤ 陈佑启、周建明：“城市边缘区土地利用的演变过程与空间布局模式”，《国外城市规划》，1998(1)

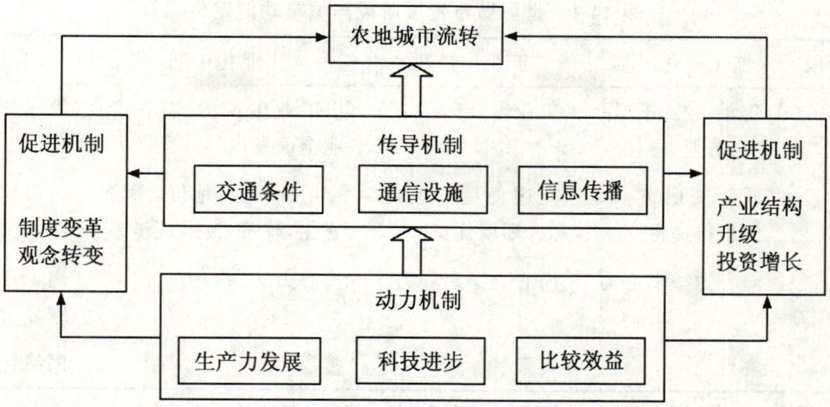

图 14-2 基于城乡作用力的农地城市流转机理

乡村作用力是城乡生态经济交错区土地利用的内动力①。乡村作用力可分为三类，第一类是，农业科技进步，农村生产力提高，劳动力出现剩余，农村家庭生活方式发生改变，带来乡村城镇化。第二类是乡村工业化、城镇化和农业现代化等乡村社会经济的发展对土地利用的影响，其中乡村工业化是这类作用力中的先导，它改变了乡村地区传统的土地利用结构。第三类是城乡生态经济交错区内部优越的地理区位和环境条件，例如，相对城市而言低廉的土地价格、开阔平坦的地形、便利的交通运输、优美的自然环境等。

(二)基于城乡作用和经济发展阶段理论的农地城市流转过程

农地城市流转动态过程是在城市和乡村自身经济发展及其相互作用的过程中，农地城市流转速度表现出来的阶段性变化。城乡生态交错区土地利用动态演变的总趋势是农地不断向城市流转，因而城乡生态交错区农地城市流转过程也必然体现类似的特点。根据经济发展阶段理论和城乡作用理论，从流转速度的快慢变化，农地城市流转可分为低速、加速、减速和动态平衡四个阶段，它主要取决于城市和农村经济的发展和各种土地利用的影响因素。

在经济发展初期，城市向心力大于离心力，城市作用力大于乡村作用力，此时，农地城市流转规模较小，速度较低；当城市化作用力占据主导地位，且城市离心力大于向心力时，农地城市流转规模大，速度快，人口向城市非农产业转移迅速，农地城市流转过程处于加速阶段；当城市作用力影响下降，乡村作用力增强，且城市离心力、向心力和摩擦力相互作用时，农地城市流转速度趋缓，人口进一步向非农产业转移，农地城市流转处于减速阶段；当城市作用力和乡村作用力进入均衡状态时，城乡生态交错区地域范围较为稳定，农地城市流转过程处于动态平衡阶段(表 14-1)。1988—2000 年间，将我国城镇扩展占用耕地速度分为高速、快速、中速、低速和缓慢，其中，北京和上海占用耕地最快；江苏、广东、浙江、天津、山东、河北、海南、河南、广西和福建为快速扩展；云南、重庆、山西、四川、湖北、江西和辽宁为中速扩展；安徽、宁夏、西藏、湖南、新疆、陕西、吉林、清海为低速扩展；贵州、黑龙江、甘肃、内蒙古等扩展速度最慢②。

---

① 陈佑启、周建明："城市边缘区土地利用的演变过程与空间布局模式"，《国外城市规划》，1998(1)

② 田光进、周全斌、赵晓丽等："中国城镇扩展占用耕地的遥感动态监测"，《自然资源学报》，2002(4)

表 14-1　世界城市发展阶段与城市功能定位

城市发展阶段	前工业化时期	工业化初期	工业化中期	工业化后期
主要功能	政治、经济、军事、防卫、居住	工业生产	以工业生产为主，各产业全面发展	第三产业为主
影响变化因素	低效交通方式，信息传递慢	交通便捷。地价低，环境优良	交通拥挤，高地价，环境恶化，政策，技术进步	城市规划，知识创新，政策制度
作用力关系	向心力＞离心力	向心力＞离心力	离心力＞向心力	离心力、向心力、摩擦力相互作用
产生效应	集聚	集聚	扩散	网络化

资料来源：刘传江："世界城市化发展进程及其机制"，《世界经济》1999(12)。

(三)基于经济发展周期性的农地城市流转过程

土地的供给通常分为自然供给和经济供给，自然供给指自然实际供给的各类土地数量[①]，包括已利用的土地资源和后备土地资源，土地的自然供给是固定不变和毫无弹性的。土地的经济供给是以土地的自然供给为基础，利用科学技术的进步，人类将未利用或利用粗放的土地投入利用，并提高利用的集约度。土地的经济供给是动态的、有弹性的供给。随着人口的增长和经济的发展，人类不断地扩大土地经济供给。土地经济供给的增加包括总量的增加和土地用途随着利用效益的提高在数量上的增长，以及一定面积土地上产出的增长。城市建设用地需求随着社会生产力水平的提高而增强，主要表现为建设用地面积的不断增加。

经济发展必须以一定的投入为基础，从资源经济角度分析，投入可分为土地资源和非土地资源(包括资金、物资、劳动、技术等)两种[②]。在一定的经济水平下，两种投入通过一定的组合形式生产出该经济水平下的相应产出。如果减少其中一种投入，必然要增加另一种投入，以保持产出不变。随着社会生产力的发展，资源组合形式也不断调整。由于土地资源的稀缺性，非土地资源投入的增长速度大于土地资源投入的增长速度，因此，出现了产业发展的劳动密集、资本密集和技术密度的趋向，也产生了土地利用的集约化趋势[③]。

经济发展是一个不稳定和涨落性的过程，经济增长速度在不同时期(年度)会起伏变化，出现经济运行中的复苏、扩张、收缩、萧条等现象，表现出明显的周期性特征。经济运行的总量特征决定农地城市流转的规模，产业发展的结构特征决定农地城市流转的内部结构，经济发展的周期性规律决定农地城市流转面积的波动性。

1.经济复苏阶段——用地开发和公共物品建设阶段

在每次经济周期波动之初，一般都会有货币扩张现象，货币的扩张，投资项目的增加，加剧了对扩大生产规模和土地的需求。为了适应大规模的经济扩张，以土地开发和以基础设施为主要内容的公共物品建设为先导的城市投资活动提前展开。由于城市土地供给存在滞

① 陆红生、王秀兰：《土地管理学》，北京：中国经济出版社，2000

② 薛东前、王传胜："城市群演化的空间过程及土地利用优化配置"，《地理科学进展》，2002(2)

③ 陈述彭等：《城市化与城市地理信息系统》，北京：科学出版社，1999

后的特点①，在经济复苏阶段，农地城市流转数量较少。

2.经济扩张阶段——农地城市流转数量大幅度增加阶段

随着城市土地的开发和对各种公共物品的投资，土地供给和公共物品增加，土地的稀缺性减弱，城市聚集效应增大。一方面，吸引了大量企业到城市投入生产，刺激了经济的扩张；另一方面，为了扩大生产规模，企业开始寻找合适的区位。由于城乡生态经济交错区新开发土地相对低廉的地价，吸引了大量新厂商和居民的聚集，以及被城市中心优势产业所“排挤”出的其他产业。城乡生态经济交错区大量产业和人口的聚集，带动城市建设用地需求量的迅速上升，导致农地城市流转数量大幅增加。

3.经济收缩与稳定阶段——农地城市流转数量减少阶段

随着厂商的不断加入，土地的稀缺性增加，土地价格上涨，在城市聚集规模增加的同时，与聚集规模相关的聚集不经济增加，导致了聚集效应的减弱，经济从扩张阶段走向收缩阶段。在这个阶段，城市需求减少，企业转入集约化经营，建设用地的规模不再显著扩大，以内部填充、改造为主，建筑密度加大，城市建设用地进入稳定和调整阶段，农地城市流转数量开始减少。

4.经济膨胀和失衡阶段——农地城市流转数量收缩阶段

当城市投资需求膨胀与城市总供给形成之间的时滞过大，就会使经济发展失衡，进入萧条时期。这时投资、支出急剧减少，经济增长速度下降，对资金投入的需求下降。需求的减少，加上前期经济持续的超高速增长，加剧了城市建设用地的供求矛盾，土地价格大幅度上涨。土地供给缺口的增大和投资、支出的急剧减少，导致经济增长出现“瓶颈”，城市扩张停滞，农地城市流转数量收缩。

三、农地城市流转的经济分析

假设城市土地市场中的土地总供给量由两部分组成：现有的城镇国有土地（存量土地 S_u）和农地城市流转量（S_c），它构成增量土地 S_f。存量土地（S_u）的供给无弹性，价格的涨落对它毫无影响，而增量土地（S_f）则是有弹性的。目前，我国农地城市流转主要是一种非市场性行为，农地的征收价格（成本）要比土地的市场价格低很多。但是，当农地征收后，成为城镇国有土地，并进入一级土地市场，其供给者（国家）愿意接受的价格显然不会低于一级土地市场的价格，更不会低于农地城市流转的成本，其运作方式只会从原先的非市场性运作转变为主要依靠市场法则来进行。然而，现实中的情况就是“低价征用”和“高价出让”。增量土地（S_f）的供给曲线为以纵轴上一点 P_u^* 为顶点，向右上方倾斜的曲线[$Q_c(P)$]。$Q_c(P)$ 的斜率的倒数就是农地城市流转的年递增率，即政府每年征收农地的增长率（这里假定政府征收农地是逐年增加的）。土地一级市场的供给函数为：

$$S=S_u \qquad \text{当 } P\leqslant P_u$$
$$S=Q_c(P)+S_u \qquad \text{当 } P>P_u$$

从上面的供给函数不难看出，土地一级市场的供给曲线由两部分组成，而且具有一个转

① 郭鸿懋、江曼琦、陆军等：《城市空间经济学》，北京：经济科学出版社，2002

折点,详见图 14-3 的图解。

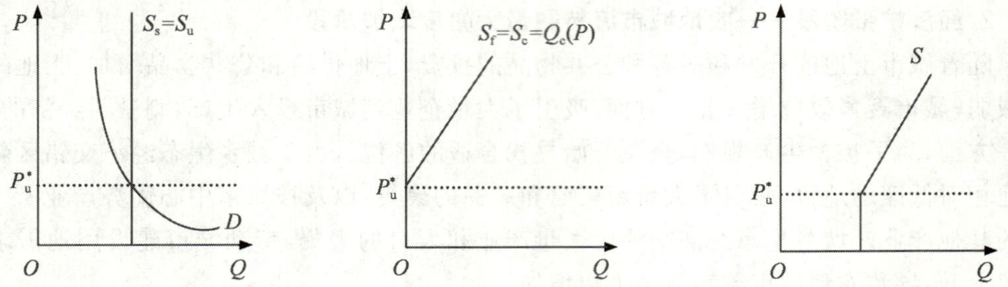

a.存量土地的供需均衡　　b.增量土地的供给　　c.土地市场的总供给

图 14-3　有农地城市流转的土地一级市场的供给曲线图解

从土地的需求面来看,政府的经济发展和城市化会引起市场上土地需求的扩张,需求曲线会从原来经济紧缩时的 D,变为 D',见图 14-4。目前,增加城市土地的唯一途径是通过农地城市流转,因为现阶段农地征收仍然是集体土地流转为城镇国有土地的主要途径。

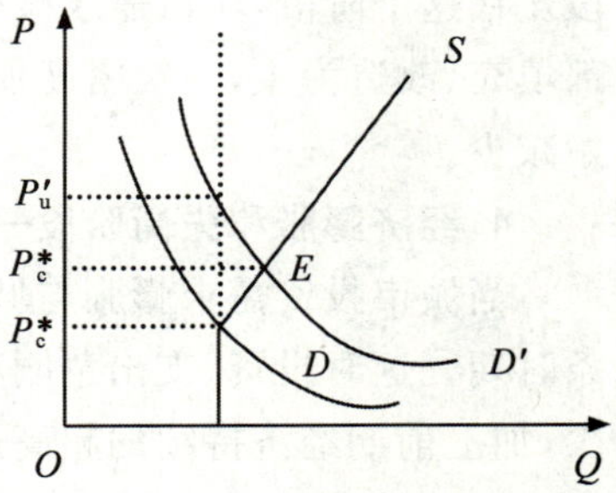

图 14-4　有农地城市流转的土地一级市场供求平衡

经济增长对城市化发展具有拉动作用,这种拉动作用有边际递减效应①,在城市化起飞阶段,经济增长对城市化的拉动作用很大;当经济发展到一定水平,经济增长的推动主要来自非农业部门内部分工的深化,科技和知识对经济发展的贡献率大大提高,经济增长对城市化的拉动作用逐渐减小。在目前的土地使用制度下,城市土地集约利用程度较低,城市化提高必然带来城市用地规模的扩展。由于我国社会保障制度不完善,农村土地具有生存和社会福利保障功能,农村居民的“两栖化”现象(农村人口城市化后,占了城镇住宅用地,又不退出农村宅基地)严重②。这样,农村人口向城市的迁移反而造成建设用地的重复占用,增加了建设用地需求。

经济增长对土地需求量的影响主要表现为经济总量的扩展刺激投资和消费,从而扩大社会总产品需求,导致作为生产生活的空间基础——土地需求量的增长。经济增长对改变土地需求结构的影响主要表现为:经济结构特别是产业结构的演变直接决定着各类用途的土地需求量,引起土地需求结构的变化。土地资源数量结构配置应顺应产业增长方式变化要求,也就是要适应产业结构由粗放型产业向集约型产业的升级变化,遵循产业结构的演变规律,合理进行土地资源的数量结构调整。随着产业结构的升级,农业对经济增长的贡献份额显著减少,一次产业比重下降,二、三产业产值比重上升。此时,土地利用数量结构方面的变化表现为:耕地面积被占用,呈减少趋势,非农业用地面积不断增加,特别是在工业化初期和迅速发展时期,城镇用地规模会不断扩大;随着工业化进入成熟时期,第三产业发展为主导产业并逐渐趋于稳定,建设用地的扩张将由外延扩张转向以内涵挖潜为主,非农业用地的

① 张颖、赵民:“论区域发展差异与总体城市化水平滞后的关联性”,《城市规划汇刊》,2004(4)

② 郭文华、郝晋珉、覃丽等:“中国城镇化过程中的建设用地评价指数探讨”,《资源科学》,2005(3)

需求量将慢慢下降。土地利用的空间结构方面的变化表现为：第一产业布局强调城乡融合，遵循农业区位论；工业用地和住宅用地外迁，中心城区工业用地减少，城区环境改善①。

土地利用是一个动态发展的过程，资本—土地的相对价格变化将导致资本—土地的替代效应。资本短缺是初级经济发展时期和工业化初期的重要特征，在这个时期，投资者在没有自然条件的限制或土地制度的约束下，通常倾向于以更多的土地替代资本，土地利用方式主要为粗放型。随着资本的形成和积累，当经济进入工业化中后期后，服务业在产业结构中的比重不断上升，土地的相对价格不断提高，投资者倾向于以更多的资本替代相对昂贵的土地，土地利用方式表现为集约经营。

四、农地城市流转的经济影响因素

（一）经济增长

农地的减少与区域经济增长具有密切关系。经济增长总是以一定的投入为基础，从资源经济角度可以把经济活动的要素投入分为两类：一类是土地要素，另一类是资金、技术、劳动等非土地要素。两类要素投入的一定组合就形成一定经济条件下的产出，当一类要素投入减少，就需要增加另一部分的投入，才能保持产出不变。

图 14-5 中横轴代表土地要素的投入量，纵轴代表非土地要素的投入量。在一定的生产力水平下，土地要素和非土地要素经过多种有机组合，可以拟合出一条产量曲线Ⅰ。图中 A 点和 B 点分别表示土地集约和粗放两种利用方式。例如在市中心，土地资源稀缺，获取成本高昂，需要依靠劳动、资本、技术等非土地要素的投入来提高产出；而在城市外围地带，土地取得成本低廉，依靠增加土地的投入就可以保证一定的经济产出。当经济发展时，社会总产出进入更高的水平，尽管经济效益提高了，但对总需求而言，仍需要土地要素和非土地要素的相应增加。等产量曲线由Ⅰ上升到Ⅱ时，若保持非土地要素投入不变，则需要增加较多的土地要素投入。

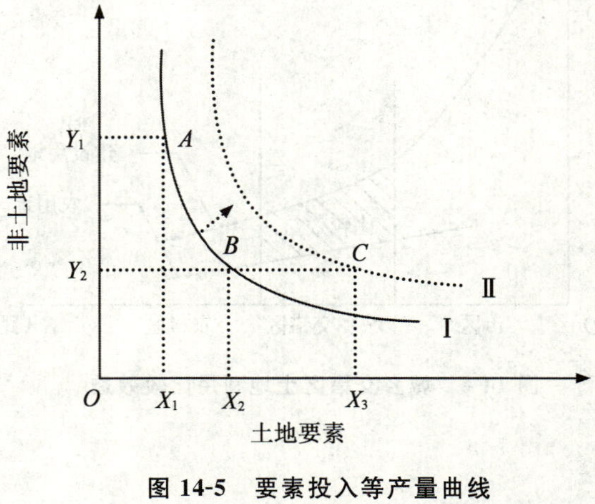

图 14-5　要素投入等产量曲线

① 何芳：《城市土地经济与利用》，上海：同济大学出版社，2004

(二)土地利用比较效益

农地利用比较效益低下,是指相同的土地资源投入农业所获得的经济收益低于投入非农业所获得的经济收益。我国农地大量转为非农建设用地的原因除了不可避免的自然变化和合理的工业化城市化进程等因素外,其深层次根源是农地利用比较效益低下[①②]。农地既是重要的资源又是不可替代的生产资料,作为人类生产生活的重要资源和资产,对其价值的认识和探索经历了从无价到有价,从单纯的经济产出价值到社会承载及生态服务价值的动态发展过程,在已有的文献中,很多将农地价值分为市场价值(经济价值)和非市场价值(社会及生态价值)。而现在的市场机制只关注农地的市场价值,而非市场价值作为"外部性"效益并未得到真正显现,土地利用决策很大一部分也是以耕地的市场价值为依据。笔者曾对湖北省及省域范围内 17 个市、州、区 1996—2003 年耕地经济产出影响因素进行分析,结果表明目前资源禀赋、耕作制度、农业科技进步是目前影响耕地经济产出的重要因素,而资源禀赋和耕作制度等都是长时期积累形成的,因此耕地经济产出的提高具有很大刚性。目前,我国工农业产品价格剪刀差明显,农业用地机会成本高,经济报酬低,风险大,而工矿、交通、商业用地经济效益较高。一般而言,城乡工矿用地效益分别是耕地、林地、牧草地效益的 37、447、668 倍[③]。特别是在具有区位、交通、信息等优势的城乡交错区,农地的边际收益远低于非农地的边际收益,在市场机制的竞争下,农地非农转用所获的土地级差收益更高,因而土地资源极易向富有竞争力的工商业用地类型转移。而且,土地生产率与劳动生产率的关系是互动的,在比较利益驱动下,农业劳动力向收益高的非农行业转移,为农地进一步非农流转创造条件[④]。

城乡交错区依托内城,充分运用城市的各项基础设施,具有理想的投资环境和良好的积聚效益,具备接纳人口和企业转移的总多优势,而同城区相比,交错区的地价和基础设施成本要低得多,适合布局大中型企业、一定规模的居住小区以及多种类型的开发区。从我国城市土地使用权和城郊土地使用权出让中可以看出,城市中心区地价往往高出城郊几倍,甚至十几倍以上(图 14-6)。

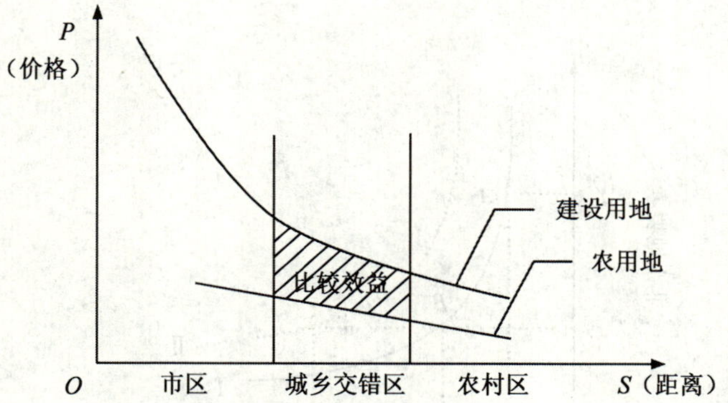

图 14-6 城乡交错区土地利用比较效益

① 张安录:《城乡生态经济交错区土地资源可持续利用与管理研究》,华中农业大学博士学位论文,1999
② 蔡运龙:"中国经济高速发展中的耕地问题",《资源科学》,2000(3)
③ 吴传钧、郭焕成:《中国土地利用》,北京:科学出版社,1994
④ 谢瑾岚:"城市边缘区耕地非农流转的驱动因素及保护对策",《农业现代化研究》,2005(5)

(三)产业结构调整

根据配弟-克拉克定理,随着经济的发展,第一产业的就业比重不断降低,第二、第三产业的就业比重将增加,亦即劳动力会由第一产业向第二产业转移[①]。配弟-克拉克定理同时适用于区域产业结构演变,即在经济发展水平越高的区域,其第一产业所占比重越小,第二产业与第三产业所占比重越大。第二产业对国民收入的增长有很大的贡献,但发展到一定水平后,不可能大量地雇佣劳动力,而第三产业随着经济的发展,其劳动力比重上升速度快于国民收入比重上升速度[②]。从土地利用与经济发展的关系来看,产业结构演变和就业结构演变影响到土地占有方式,收入水平高低影响到消费结构,而消费结构变化反过来对产业结构产生作用[③]。根据产业结构变动规律,不同经济发展阶段产业结构呈现一定的规律变化,带动农地城市流转呈现规律性变化。即在不同的经济发展阶段,土地利用的主要矛盾不同,农地城市流转的需求数量也不同。在传统经济发展阶段,农业是区域的主导产业,经济基本处于自给自足状态,科技水平较低,在人口增长的压力下,只有通过不断增加耕地面积来满足增长的产品需求,这个阶段土地利用的主要矛盾是耕地和生态用地之间的竞争,农地城市流转的需求数量很小;在工业化阶段,产业结构发生演变,从以第一产业比重占优势逐渐转向第二产业、第三产业比重占优势,这个阶段土地利用的目的是市场交换,影响土地利用变化的主导因素是土地产品或服务的市场供求状况和土地利用的比较效益,土地利用的主要矛盾是非农化建设用地、农业用地和生态用地之间的竞争,土地利用变化的主要特点表现为农地迅速减少,农用地向建设用地和生态用地的快速转移,农地城市流转的需求量很大。

第三节 城市土地用途转换

一、相关概念

(一)城市用地

城市用地是指按城市土地使用的主要性质划分的各类用地的总称。按照国家有关规定,城市用地一般包括居住用地、公共设施用地、工业用地、仓储用地、对外交通用地、道路广场用地、市政公用设施用地、绿化用地、水域、特殊用地和其他用地等。

(二)城市土地用途转换

城市土地用途转换是指城市国有土地内部结构的调整,也就是从一种利用方式转为另一种利用方式,如工业用地转换为住宅用地或对外交通用地等。市地转换中,土地权属和土

① 陈秀山、张可云:《区域经济理论》,北京:商务印书馆,2003

② 李仲生:“中国产业结构与就业结构的变化”,《人口与经济》,2003(2)

③ 闵捷、张安录、高魏:“江汉平原农地城市流转与经济发展阶段的耦合关系”,《地理与地理信息科学》,2007(1)

地利用方式仅在城市国有土地内部发生转移。

二、城市土地利用中存在的问题

(1)城市土地利用结构不合理,生产性用地比例偏高,各类用地比例失调。1998 年全国 668 个城市居住用地占 32.6%,工业用地占 22.43%,公共设施用地占 11.05%,绿地、道路广场用地、对外交通用地、仓储用地、特殊用地和市政公用设施用地分别占 8.3%、7.81%、6.11%、5.04%、3.42%和 3.25%。按照国际《城市用地分类与规划建设用地标准》,道路广场应占到城市用地比例 8%~15%,绿地国际规划标准为城市面积 8%~15%[①]。市区面积迅速扩大,促使城市用地结构不合理,造成老城区住宅紧缺,交通道路阻塞,中心城市缺乏发展空间,住宅生态环境污染恶化,城市土地利用率总体下降。

(2)城市布局不合理,城市用地功能分区不明显,工厂与民房混杂,严重影响市民健康和生活质量。交通和其他市政设施因为居住分散而投资成本极高,难以取得应有的聚集效应;相当多高耗能、低效益、重污染的工业用地和副业用地占据城市中心区,造成优地劣用现象,使城市土地价值被压抑。城市分区功能难以协调,造成城市运行过程中较高的负外部效应,交通道路拥堵,生态环境恶化,资源损耗严重,土地资源利用不充分[②]。

(3)土地利用集约程度低,城市"摊大饼"式外延扩张,人口高度密集与土地低效利用并存。据国土资源部统计,1986—1996 年,全国 37 个特大城市用地规模增长系数已达到 2.29,而适合标准为 1.12,两者之间相差一倍多;城市建筑容积率 1996 年为 0.45,而其他国家城市一般可以达到 1.3[③]。2004 年我国城市化水平达到 41.8%,较 1978 年增加了 26 个百分点。相应地,城市用地规模不断增长,1985—2000 年我国城市建成区用地年均扩展速度为 850 km^2。原国家土地管理局对部分城市用地情况的调查表明,中国城市土地 4%~5%处于闲置状态,40%左右被低效利用。如果按照低效利用相当于 1/4 闲置土地推算,空闲土地将占城市用地 15%[④]。

三、城市土地供需分析

(一)城市土地供给分析

土地供给分为自然供给和经济供给。自然供给是指土地以其自然存在状况,供给人类利用,以满足人们生产、生活所需要的各种土地总量。经济供给是指在自然供给基础上,通过投入资金和劳动加以改造,成为人类可以直接用于生产、生活的各种用途土地供给[⑤]。土

---

① 曹建海:"现代产权理论与我国城市土地产权制度研究",《首都经济贸易大学学报》,2001(6):21-26

② Wu Fulong:"China's recent urban development in the process of land and housing marketisation and economic globalization",《Habitat International》,2001(25):273-289

③ 李天方:"合理开发整理土地推进城市化进程",www.lgy.cn/tdzl/ltf.htm

④ Guangjin Tian et al:"Urban functional structure characteristics and transformation in China",《Cities》,2002(19):243-248

⑤ 毕宝德.土地经济学(第六版).北京:中国人民大学出版社,2010

地自然供给数量固定，不会因土地需求与价格变化而增减，自然供给变成经济供给后，才能为人类所利用。土地经济供给增加不仅包括数量增加，而且还包括利用效率提高。由于土地具有多宜性，可以配置于各个不同产业部门，因此，对于特定产业部门而言，土地供给具有弹性，并且不同用途土地供给弹性不同。当某一种用途土地需求增加，利用效益提高时，其他用途土地或未被利用土地，必然有一部分转化作该种用途的土地。

土地经济学理论认为城市土地供给属于经济供给，城市用地规模扩大表现为：一方面城市空间范围扩大，使得城乡边界向外扩展，将会使大量的农用地转为城市建设用地，从而直接增加土地经济供给量；另一方面是通过对存量土地深度开发和利用，提高土地利用效率，调整建设用地结构与利用方式，充分挖掘土地利用潜力，从而相对增加土地经济供给量①。因此，城市土地供给主要取决于：①自然供给，土地自然供给量越多，则经济供给量就相应增多；②技术进步，技术进步提高土地利用能力，可使原来不能利用或利用不经济土地投入使用，增加土地经济供给量；③社会需求，社会需求变化引起产品价格变化，导致用地价格支付能力变化，促使土地利用方向改变，影响各类土地经济供给数量；④土地规划，土地规划决定土地开发规模和利用方式，从而直接影响各类用地经济供给。

(二)城市土地需求分析

城市土地需求包括工业、仓储、商业、服务业、住宅、学校、交通、绿地、市政公用等建设所引致的土地需求。城市土地需求包括两方面：一是经济增长和人口聚集引起土地需求总量增加；二是社会经济发展以及产业结构调整引起土地需求结构变化②。在城市发展过程中，土地需求由当地社会经济条件和生态环境等因素决定，在这些因素中，人口变动、消费水平、经济发展、城市化水平等是主要因素。

(1)人口变动。人是土地产品直接和间接消费者，人口增加既减少人均耕地数量，又需要相应增加居住、交通等非农业建设用地面积，加剧人地矛盾。通常情况下，随着城市人口的增加和经济发展，人们衣食住行各方面都需要进一步改善与提高；尤其是改革开放，实行了市场经济之后，人们的生活得到了改善，对住房的要求越来越高，对土地的需求量自然就会增加；反之，就会减少。

(2)消费水平。根据“恩格尔”定律，消费水平提高会降低基本生活支出比例，但用于购买房产、投资教育、闲暇娱乐活动支出将明线增加，导致居住区休闲服务设施需求增加和全社会公共服务设施增加，最终导致相应用途土地需求增加。

(3)经济发展。经济发展包括经济规模扩大和产业结构调整。前者引起土地需求总量增加，后者导致土地需求结构变化。由于结构调整，优先发展产业需要更多空间扩大生产规模，而限制发展产业必须面临产业转移或者清算关闭，引起土地行业需求变化。

(4)非土地要素价格。建筑成本与土地利用强度正相关，当建筑成本提高时，依靠提高土地容积率降低成本不再可行，会导致经济降低。土地边界替代率提高，对土地需求肯定会增加，相应地降低房屋楼层数；反之，当房屋建筑造价相对低廉，土地变得相对昂贵，房屋就会向高层发展，以减少土地使用量。

---

① 卢新海：“城市化进程中的土地需求与供给”，《中国房地产》，2004(1)：30-32

② 张凤和：“城市土地需求的四大决定因素”，《中国房地产》，2003(4)：26-28

(5)城市化水平。在城市化发展初期，人口迅速聚集和产业急剧膨胀，导致土地需求以外延扩张为主。城市进入成熟期后，由于生活水平提高，人们对生活质量有更高要求，历史上形成传统物质环境已经不能满足经济和社会活动要求。对城市功能调整和更新，引起对存量土地需求增加。

四、市地转换的经济学分析

从新古典经济学角度看，土地用途转移是土地经营者追求效用最大化结果，即通过土地最优利用达到最大获利。其实质是不同用途对同一土地竞标活动结果。竞标胜负决定因素是收益或效用大小，遵循最优利用原则："土地资源趋向于向那些出价最高经营者手中转移，趋向于向那些收益最大用途转移"[①]。对于特定活动或土地使用种类来说，都存在着一种地域偏好选址模式，表现为活动从事者愿意为使用各种不同地点而支付不同租金。竞标胜负以各种用途在该土地上所能产生地租大小为准。在不同区位上，不同行业获得便利程度不同导致企业地租支付能力差异。

这里通过美国经济学家阿朗索的地租模型进行阐述和分析。阿朗索(William Alonso)的地租模型研究前提是均质地表，不同地点的土地质量彼此没有区别，土地可以自由买卖。平原上有一个单一核心的城市，各个方向的交通不受阻碍，空间距离和时间距离具有同一性，城中的土地都可直接用于开发，并在市场上自由交易，交易双方均为经济人，双方对土地市场均有充分的了解，都希望其愿望得到最大程度的满足(对开发商，利润最大；对消费者，效用即满意度最大)。

阿朗索吸收了区际均衡和区位边际收益等空间经济学理论，提出竞标地租观点，进而解释金融业和商业、住宅、工业和郊区农业等各类用地在城市空间内形成的模型，做出了城市租金梯度曲线和同心圆上土地利用模式图。城市中各种活动的区位取决于他们支付地租的能力。在市场竞争中，各种活动会通过土地供给和土地需求的市场价格变化，在与自身土地收益的比较中选择各自的最佳区位。

所谓地租梯度曲线是指一组土地使用者在不同的距离内都有能力支付的而又保证获得同等满意度的地租曲线。图14-7中的EP、FK、GS、HT就是用于描述地租生产能力与距城镇中心距离之间相互关系的地租梯度曲线。它的斜率反映某一用途土地生产效率对区位的敏感程度和地租支付能力大小。斜率越大表明该用途土地在城镇中心附近的支付能力越强。地租三角形是以地租梯度曲线、距城市中心的距离和地租额为三条边所构成的三角形。$\triangle EOP$、$\triangle FOK$、$\triangle GOS$、$\triangle HOT$就是用于描述不同城镇土地用途间竞争关系的地租三角形。

由于土地面积的有限性，对于特定地块的用途只能取决于地块用途的竞争结果。在供小于求的状态下，土地供给价格和地租水平呈上升态势，于是收益差的亦即支付能力弱的行业将退出竞争，到那些它有足够能力与其他利用方式竞争的位置，在这一区位收益好亦即支付能力强的行业将支配该土地用途。由于社会经济系统的动态变化，高地价高收益的产业配置将通过土地用途转换实现。土地用途空间确定的经济原因是土地的稀缺性和各种用途

① 巴洛维，谷树忠等译：《土地资源经济学——不动产经济学》，北京：北京农业大学出版社，1989

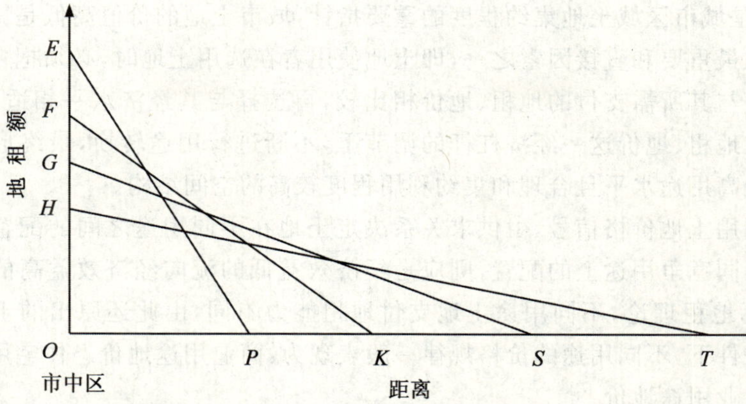

图 14-7 地租与城市土地在各竞争用途间的分配关系图示

支付地租能力的差异性所致。一般来说,支付地租能力对距离敏感程度由大到小依次为商业、办公、住宅、工业和农业。土地利用空间组织表现出如下特点:第一,城市土地以第二、三产业用地为主;城市土地利用由城市中心向郊区依次分布为商业用地、住宅用地、工业用地、农业用地,商业占据城市土地的最佳区位,呈现出同心圆状的土地利用模式,如图 14-8 所示。

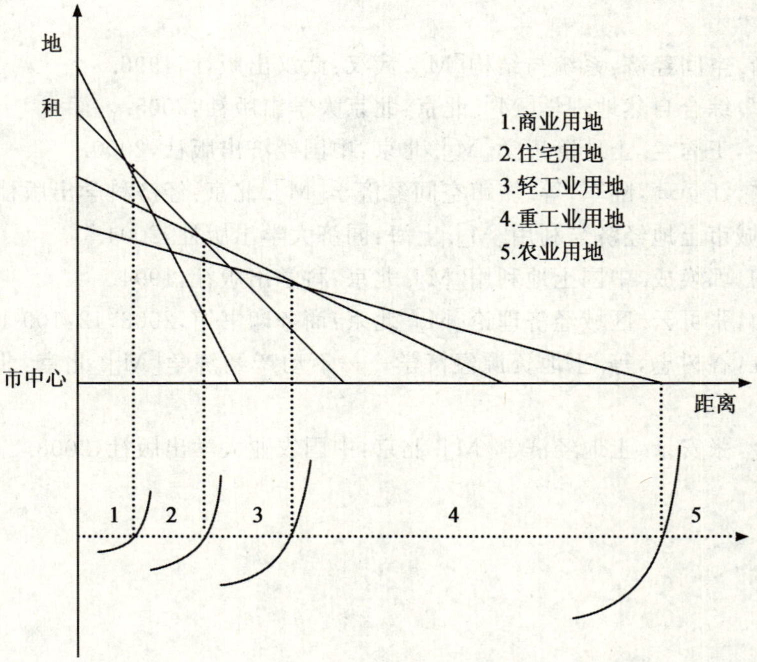

图 14-8 租金梯度曲线和土地利用同心圆模式图

从以上分析可知,由于各类行业对土地的区位要求不同,不同行业对土地区位变化的敏感性也不同,因此,同类行业在不同区位上获得的经济收益不同,不同行业在同一区位上获得的经济收益也不同。另外,城市土地的利用方式在很大程度上取决于土地区位条件。这样,区位差异就成为衡量地租、地价高低的标尺,而地租、地价则成为引导土地利用方式的指示器，同时地价是城市区域土地集约程度的重要指针，城市土地的价值高低是影响城市土地利用集约程度的最重要和直接因素之一，即土地使用者在选用土地时，必须把自己能在该区位上获取的收益与其所需支付的地租、地价相比较，再选择与其经济水平相适应的地段，从而使土地利用在地租、地价这一经济杠杆的调节下，不断进行用途转换，最终形成土地收益和租金都趋向最高用途水平且合理和集约利用程度较高的空间结构。

市场机制利用土地价格信号，由供求关系决定土地在不同用途之间的配置。如果由市场决定土地在不同竞争用途上的配置，则应是经济效益低的流向经济效益高的用途。而根据阿朗索的竞标地租理论，不同用途土地支付地租能力不同，由此还原出的土地价格也不同。同一区位条件下，不同用途的价格规律一般表现为：商业用途地价＞住宅用途地价＞工业用途地价＞农业用途地价。

复习思考题

1. 阐述影响农地内部流转的重要因素及机理。
2. 分析农地城市流转的经济机理。

参考文献

[1] 曾菊新. 空间经济：系统与结构[M]. 武汉：武汉出版社，1996.

[2] 蒙吉军. 综合自然地理学[M]. 北京：北京大学出版社，2005.

[3] 陆红生，王秀兰. 土地管理学[M]. 北京：中国经济出版社，2000.

[4] 郭鸿懋，江曼琦，陆军，等. 城市空间经济学[M]. 北京：经济科学出版社，2002.

[5] 何芳. 城市土地经济与利用[M]. 上海：同济大学出版社，2004.

[6] 吴传钧，郭焕成. 中国土地利用[M]. 北京：科学出版社，1994.

[7] 陈秀山，张可云. 区域经济理论[M]. 北京：商务印书馆，2003，12：109-110.

[8] 巴洛维，谷树忠，等. 土地资源经济学——不动产经济学[M]. 北京：北京农业大学出版社，1989.

[9] 黄贤金，张安录. 土地经济学[M]. 北京：中国农业大学出版社，2008.

第四篇
土地经济制度与政策

第十五章

土地产权及其制度变迁

土地资源既是一种物的体现，如可以用用途、面积、质量、图形、高程等方式来加以描述，同时也是一种产权的体现。在市场经济条件下，土地资源的物理形状都可以借助市场机制，通过价值化方式予以体现，而产权则是则是其土地价值利益分配关系实现的载体，同时它与土地的物理形状特征一样，也是土地资源优化配置的构成要素。本章阐述了土地产权、土地产权结构的含义，并探讨了我国土地产权制度改革的轨迹。

第一节　土地产权及其结构

一、产权与土地产权

1. 产权

“产权”是“科斯定理”中的两个核心概念之一，科斯本人却未对产权做出明晰的定义。然而科斯产权理论提出以后，逐渐引起人们对产权问题的广泛关注。西方经济学家和产权经济学家对产权的概念做出了种种界定。西方产权理论的代表人物之一德姆赛茨(Demsetz, H.)对“产权”的内涵界定为：产权就是指使自己和他人受益或受损的权利。并进一步分析说：产权是早在古代就有的一个经济观念，它是在人口膨胀，当共有资源不足以充分满足一切人的需要时产生的，劳动产品可用于交换并且从交换中得益，加速了产权的发展；产权与所有权有联系，但不完全等于所有权；产权是与物权有关的一组行为性权利[①]。《牛津法律大词典》把产权定义为：“财产权是指存在于任何客体之中或之上的完全权利，包括占有权、使用权、出借权、转让权、用尽权、消费权和其他与财产有关的权利。不要把财产权视作单一的权利，而应当把它视作若干独立权利的集合体。”《现代实用民法词典》把产权定义为：“具有物质财富内容，直接和经济利益相联系的民事权利。属于这一类的权利有所有权、其他物权、债权、继承权、版权和专利权、商标权等。”[②]人们对资产的权利(包括他们自己的和他人的)不是永久不变的，它们是他们自己直接努力加以保护、他人企图夺取和政府予以保护程度的函数。最后这点主要通过警察和法庭奏效。在公地上居住的人，对他们占据的土地的权利，不如合法土地所有者的权利有保障，这并不是因为他们没有合同，而是因为这样

① 德姆赛茨：“关于产权的理论”，《经济社会体制比较》，1990(6)：49-55

② 江平、巫昌祯主编：《现代实用民法词典》，北京：北京出版社，1988：31

的占有很难期望得到警察的保护。因此,产权不是绝对的,而是能够通过个人的行动改变的;这样的定义,在分析资源配置时很有用处①。

事实上,这是从法律的角度以及产权所包含的内容出发对产权所下的定义。对此,巴泽尔(Barzel,Y.)从法律和经济的角度进行了论述:财产权最少包含了两种截然不同的意义。第一种意义是指享用一项财产的能力;第二种意义是指国家赋予个人的权力。巴泽尔把第一种财产权称之为经济财产权,而第二种财产权则为法律的财产权。经济的财产权是目的,是人们所追求的,而法律的财产权则是达到目的的手段②。也就是说产权的基本内容包括行动团体对资源的使用权与转让权,以及收入的享用权③。完整的产权应该是对财产拥有排他的使用权、收入的独享权和自由的转让权,否则就是残缺的产权。

尽管如此,不少经济学家似乎更偏向于从产权功能的角度来理解产权的概念和内涵。舒尔茨(Schultz,T. W.)在为《新帕尔格雷夫经济学大词典》所撰写的“产权”词条中指出:产权是一种通过社会强制而实现的对某种经济物品的多种用途进行选择的权利④。从经济功能的角度看,产权并不是一般的物质实体,也不完全是法律意义上的权利界定,而是指人们对物的使用所引起的相互认可的行为关系。它用来界定人们在经济活动中如何受益,如何受损,以及他们之间如何进行补偿的规则⑤。因而,德姆赛茨(Demsetz,H.)也将产权界定为一种社会工具,其重要性就在于事实上它们能帮助一个人形成他与其他人进行交易时的合理预期⑥。

虽然关于产权的具体定义很多,但一个被罗马法、普通法、马克思和恩格斯以及现行的法律和经济研究基本上同意的产权定义为:产权不仅指人与物之间的关系,而着重是指由物的存在及关于它们的使用所引起的人们之间相互认可的行为关系,产权安排确定了每个人相对应于物时的行为规范,每个人都必须遵守他与其他人之间的关系,或承担不遵守这种关系的成本。因此,对共同体中通告的产权制度可以描述为,它是一系列用来确定每个人相对于稀缺资源使用时的地位的经济和社会关系⑦。在这一关系中所有权是核心,所有权、使用权则是其中的基本权能。

以上都是对产权的一个总体抽象的描述。应该说,产权的具体表现主要依赖于产权的主体、客体以及各项权利束的不同组合。首先,根据产权安排的主体差异可以分为私有产权、共有产权和国有产权等;其次,从产权客体的差异来看,产权又可以分为所有权、使用权和收益权等等;再次,不同的权利束组合也就构成了不同的产权结构形式。

2.产权、财产权的区别与联系

产权概念是由科斯等经济学家提出来的,因此产权的重要性在于对它的经济学分析,人们并不拘泥于这种权利的具体特性、形式以及法律基础。

---

① [美]Y・巴泽尔:《产权的经济分析》,上海:上海三联书店、上海人民出版社,1999

② Yoram Barzel:“Economic Analysis of Property Rights,2nd. ed”,Camdridge University Press,1997

③ Steven N. S. Cheung:“The Structure of a Contract and the Theory of a Non-Exclusive Resource”,Journal of Law and Economics,April 1969,Vol. 12

④ 约翰・伊特韦尔等编:《新帕尔格雷夫经济学大词典(第三卷)》,北京:经济科学出版社,1996

⑤ 科斯等:《财产权利与制度变迁——产权学派与新制度经济学派译文集》,上海:上海三联书店,上海人民出版社,1994

⑥ Demsetz,H.:“Towards a Theory of Property Rights”,《American Economic Review》,1967,57(5)

⑦ [美]R・科恩、A・阿尔钦等:《财产权与制度变迁》,上海三联书店,1991

产权与财产权既有联系，又有区别。现代意义上的产权，不仅包括物权，也包括准物权、债权、知识产权等财产权，而且还进一步包括与人自身不能分离的人力资本产权等等，即凡是在市场经济活动中体现为经济利益的权利都涵盖在产权范畴内。可以说，产权是财产权的拓展。但产权不能包括人身权，因为人身权不体现经济利益，它不是经济学家研究的对象。同时，产权也不能完全覆盖财产权，因为有些财产权不能"体现于生产流通领域"，不能进行市场交易，譬如抚养权、赡养权等财产权就不能归于产权范畴。

产权与财产权存在的历史条件不同。产权是伴随市场经济的存在而存在，并将随市场经济的退出历史舞台而消失。而财产权则不同，它既可以存在于自然经济中，也可以存在于商品经济（或称市场经济）中，还可以存在于产品经济中。可以断言，只要存在人与人之间利益的不完全一致性，存在资源的稀缺性，财产权就不会消失。另外，产权和财产权的区别还体现在它们的法律渊源和词源上[①]。

3.土地产权

土地产权即地权一词最早使用是1870年英国经济学家、土地改革学派倡导者之一，约翰·弥尔，他认为：地权私有没有正当的依据，土地不是人类劳动的产物，所以，所有权的根本原理，不能适用于土地，故他称地权为土地享有权。1898年德占青岛期间颁布的《青岛土地法》第一条规定："所有胶州湾全部土地，均由政府依照中国官方税册原价收购。在未收购以前，地权转移或变更用途，须经政府同意……"[②]

何为土地产权？土地产权是财产权的一种类型。按西方权威性法学辞书《牛津法律大辞典》的解释，土地财产权是源于罗马法支配权的一个概念，即"对土地获得的最广泛和最完全的财产权"，而这种财产权不是"单一的权利"，而是"若干独立权利的集合体"，其中一些独立权利"可以在不丧失所有权的情况下予以让与"。土地产权实质上是以土地作为客体的各种权利的总和[③]。它是一束权利，包括土地所有权、土地使用权、土地收益权和土地处分权等。当然，根据前面对产权内涵的理解，全面考察土地产权也应该从三个方面展开：一是土地产权的主体——土地产权的拥有者，包括个人、小组、集体、企业、社区、国家等；二是土地产权的客体——土地财产关系客体，即土地产权本身，包括所有权、使用权等等；三是土地产权束——土地产权的整体组成以及不同产权主体所拥有的产权客体的具体组成[④]。

首先，从产权的主体来看，中国的土地产权可以概括为国有和集体所有两个基本层次。《中华人民共和国宪法》第十条规定："城市的土地属于国家所有。农村和城市郊区的土地，除由法律规定属于国家所有的以外，属于集体所有；宅基地和自留地、自留山，也属于集体所有"。《中华人民共和国土地管理法》第二条规定："中华人民共和国实行土地的社会主义公有制，即全民所有制和劳动群众集体所有制。"第八条规定："城市市区的土地属于国家所有。农村和城市郊区的土地，除由法律规定属于国家所有的以外，属于集体所有；宅基地和自留地、自留山，属于农民集体所有。"可见，国家土地所有权和集体土地所有权是中国土地所有权的两种基本形态，但是两者在法律的地位不完全平等，当前政府为了公共利益乃至一些利

① 程承坪："所有权、财产权及产权概念辨析——兼论马克思所有制理论与现代产权理论的异同"，《社会科学辑刊》，2007(1)：90-94

② 沈守愚：《土地法学通论（上）》，北京：中国大地出版社，2002：370-371

③ 刘书楷，曲福田主编：《土地经济学（第二版）》，北京：中国农业出版社，2004：279

④ 周诚：《土地经济学原理》，北京：商务印书馆，2003：162

益集团的利益，可以征用集体土地，集体土地的经济用途更主要地体现在农业生产方面，有些地方也在探索集体土地直接进入建设用地市场机型交易的制度。

其次，从产权的客体来看，土地产权又包括所有权、使用权、收益权等等。其中所有权是基础，其他各种财产关系客体都是所有权衍生出来的。根据中国《民法通则》第 71 条规定："财产所有权是指所有人依法对自己的财产享有占有、使用、收益和处分的权利。"因此，完整的土地财产关系客体也就包括了土地所有权以及由所有权衍生出来的占有权、使用权、收益权和处分权等。

再次，从土地产权束的具体组成来看，中国的土地产权则包括了占有权、使用权、收益权以及处分权等。占有权，是指土地所有人对土地的实际占领、控制的权利，分为所有人占有和非所有人占有。前者是指他人对所有权人土地的占有。在非所有人占有中，又分为合法占有和非法占有。使用权，是指对土地的实际经营权和利用权，分为所有者的土地使用权和非所有者的土地使用权。收益权，是指在土地上获得经济利益的权利。土地收益权往往因使用土地而产生，与土地使用权联系在一起，但土地收益权是独立的权利。处分权，是指土地所有者在政策许可的范围内，根据自己的意志处置土地的权利。处分权是所有权的核心和基本权利，包括所有人对所有的土地实现出让、转让、出租、抵押等。

二、土地产权结构

1. 土地产权结构

目前人们对产权与产权结构的概念并未做出明确的界定与区分。相反，不少相关的研究都习惯于将产权结构与产权、产权的各种形式等同起来：或是将产权结构与产权相等同，或是将产权结构界定为私有产权、共有产权和国有产权的统称。

应该说，结构是一种事物内部各组成部分间系统组合的表现。也许正是认识到这一点，不少学者也将产权结构定义为产权中各项权利束之间的不同搭配和组合关系。因此，土地产权结构也成了土地使用权、转让权和收益权等权利的不同搭配和组合形式。但是，深入探究一下不难发现，这一定义仅是从产权内部权利束构成的角度给出的解释。作为产权内涵的具体表现，不同产权安排形式的组合关系也应成为产权结构含义所不可或缺的部分，特别是还要考虑到不同权利主体的产权对产权安排形式的影响。

鉴于此，这里对土地产权结构的理解主要从以下两个方面展开：一是土地产权的外部结构，是指土地产权在不同权利主体（包括国家、集体以及个人等）间安排的组合关系；二是土地产权的内部结构，是指土地产权内部各项权利束之间的不同搭配和组合关系。从这一角度来概括，显然土地产权结构应该是指土地产权在不同权利主体间的安排差异以及产权内部各权利束的不同组合（图 15-1）[①]。从这一定义不难看出，土地产权结构是对土地产权概念内涵的进一步扩充。一方面，前面所提到的私有产权、集体产权和国有产权不仅是土地产权在不同主体间安排的差异体现，也可以看作为一种特殊的产权结构形式；另一方面，土地产权的客体以及权利束的不同组合在某种程度上也是土地产权结构的不同表现形式。

---

① 陈志刚：《农地产权结构与农业绩效——对转型期中国的实证研究》，南京农业大学博士学位论文，2005

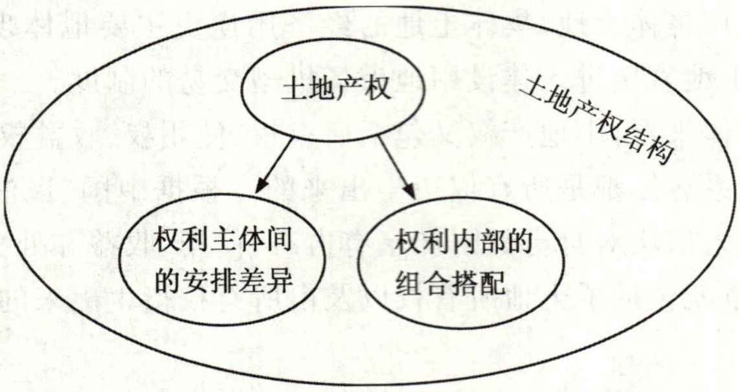

图 15-1　土地产权结构

有学者认为地权和产权是同时存在一块土地上的两种不同性质的权(见下段引述)。前者为公权,后者为私权,前者为权利-责任关系,后者为权利-权利关系,据此,土地权益体系见图 15-2[①]。

2.所有权与产权

关于这一问题主要有三种看法,一是认为产权就是所有权。1953 年《中央人民政府政务院关于国家建设征用土地办法》规定:"凡征用之土地产权属于国家,用地单位不需要时,应交还国家,不得转让。"实际生产中人们也往往把产权理解为所有权,这个观点显然不对,若产权即所有权,则产权的问题就是对所有权的问题研究。而事实并非如此。又有人认为其中包含对财产的终极所有权、经营权、使用权、直接使用权和使用财产的收益权,以及使用收益权的转让权。[②]。二是认为所有权与产权是两个并列的概念。如高尚全先生认为:土地制度包括两个基本制度,一是土地的所有制度,它主要解决土地的归属问题,明确土地所有权主体。二是土地产权制度,它所涉及的是土地如何利用和有效合作问题,主要包括土地使用以及土地流转和转让制度。土地所有制与土地产权制度,既相互联系又相互区别,它们从不同的角度、层面反映着一定土地制度的特点。前者所要解决的是土地由谁所有的问题,它决定了在生产过程中形成的人们之间的生产关系;后者所要解决的土地如何使用和利用问题,它决定了在土地使用过程中,各利益主体之间的权力、责任、利益关系[③]。三是认为所有权是产权的核心。如戚名琛、胡文政先生主张,将土地产权界定为以土地所有权为核心的多层次的系列土地财产权利组合。[④]

要正确理解所有权与产权的关系,必须从历史的角度来考察产权制度的产生与发展。在"第一次管理革命"[⑤]之前,产权与所有权的概念是一致的,"第一次管理革命"之时实现了"所有权与控制权"的分离。马克思对此是这样论述的,"在股份公司内,职能已经同资本所有权相分离",资本家"对社会资本面不是对自己资本的支配权使他取得了对社会劳动的支配权"。[⑥] 这时,传统的所有权理论已无法解释所有权与经营权分离问题。另外,传统所有权理论也难以解释"羊吃草"、"火车烟火使附近树木庄稼着火"、"牛吃谷物"等著名案例。于

---

① 沈守愚:《土地法学通论》,北京:中国大地出版社,2002

② 高海燕:"建立符合商品经济要求的公有制产权制度",《改革》,1990(5)

③ 高尚全:"土地制度改革的核心是建立新型的产权制度",《经济研究》,1991(3)

④ 戚名琛、胡文政:"土地产权制度建设若干问题思考(二)",《不动产纵横》,1993(3)

⑤ R. A. Buchholz:《Business Environment and Public Policy》,Prentice Hall,1982:148

⑥ 马克思:《资本论》第三卷

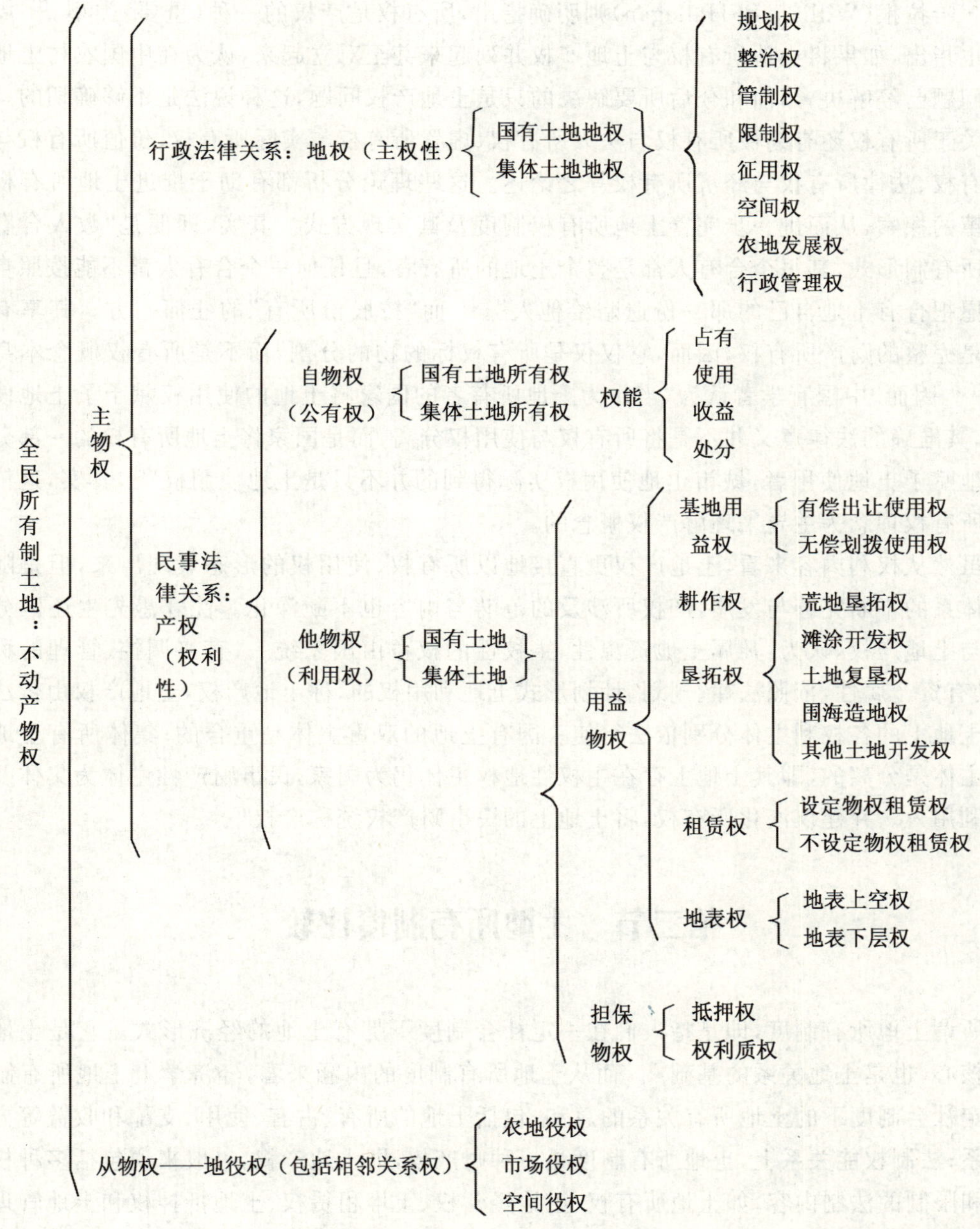

图 15-2　土地权益体系化图

是产权理论便得以产生，从而详尽地补充和发展了传统所有权概念所不能发挥作用的研究领域①。但是，即便是许多措辞严谨的西方经济学者，认为产权是一种建立在合同（契约）基础上，或者是和合同（契约）相关联的“界定允许行为与不允许行为之间的界限”，②他们往往也以“所有”为基础阐明所界定的权利大小。美国华盛顿州立大学经济系教授产权经济学家

① 张谷、李娴：“论产权理论与产权概念的特点与局限”，《求索》，1993(6)

② R. B. Mckenzie:《Bound to Be Free》，(Standford) Hoorer Institution Press，1982:99

比尔·哈拉根(Willian. B. Hallagan)则明确指出,所有权是产权的一种(重要)类型。① 周诚先生也指出,如果将土地所有权与土地产权并列起来甚至对立起来,认为在中国农村土地所有权问题已经解决,当前和今后所要解决的只是土地产权问题,这种说法是不够确切的。②

关于所有权还有终极所有权与法人所有权、虚置所有权与实际所有权、价值所有权与实物所有权、法律所有权与经济所有权等之论述。这些理论分析都有助于推进土地所有权制度改革的探索,从而进一步完善土地所有权制度及其实现方式。其实,即便是"数人合有的土地所有制形式,其每个合有人都是整个土地的所有者,且任何一个合有人都不能按照自己的意愿把合有土地自己的那一份遗赠给他人"。③ 而"按股份所有"的任何一方。其享有的仍然是完整的财产所有权,因而,它仅仅是所有权标的物的分割,而不是所有权概念本身的分割④。因而,中国有学者认为"当作为土地所有者的国家将土地的使用权赋予了土地使用有时,其准确的法律意义并不是将所有权与使用权分离,而是国家将土地所有权的一部分有条件地赋予土地使用者,城市土地使用权实际得到的并不只是土地使用权"⑤,其实,这依然是以所有权理念为主导来理解产权概念的。

虽然从权利内容来看,土地产权更直接地以所有权、使用权的形态表现出来,但是随着产权体系的不断完善与发展,产权所涉及的范畴与内容也不断深化。沈守愚先生还区分了地权与土地产权,认为:凡属土地资源性、主权性的权益由国家统一、直接调控、管理的称地权;具有资产属性,依照法律、规划、计划形式土地利用权的,称土地产权,土地产权由依法存在于土地上的各权利主体分别依法行使。国有土地的双重主体是重合的;集体所有土地的双重主体是分离的,即其土地上存在主权性地权主体仍为国家,民事财产性主体为集体及各土地利用人。并建议淡化所有权,将土地上的民事财产权统称产权⑥。

第二节　土地所有制度比较

所谓土地所有制度,即是指人们在一定社会制度下拥有土地的经济形式。它是土地制度的核心,也是土地关系的基础⑦。而从土地所有制度的内涵来看,经济学上土地所有制度是一定社会制度下的土地所有关系的总和,包括土地的所有、占有、使用、支配和收益等方面的关系;法制权能关系上,土地所有制度是一种财产权,即土地产权,一般来说包括多种权利运用和限制的法制内容,如土地所有权、土地经营权、土堆租赁权、土地抵押权和土地管理权

① 张谷、李娴:"论产权理论与产权概念的特点与局限",《求索》,1993(6)

② 周诚:"农村土地产权及其商品化的探讨",《农民日报》,1992年12月2日

③ 柴强:"国外土地制度研究",1992(3):6

④ 左令先生还认为所有权分割不合法、不必要。因为所有权是个法定定义,它必须符合全部实际,而任何一种分割,都不再保有所有权法定内容的完整性,另外,中国立法已有先例,设立过如土地使用权、经营承包权 、采矿权、渔业权、林业权等,若改为"土地使用的所有权"、"经营承包的所有权"、"采矿的所有权"、"捕鱼的所有权"等很不贴切。见左令:"财产所有权理论的误导",住宅与房地产,1994(4)

⑤ 中国城市土地使用与管理课题组:"中国城市的土地使用制度及其改革",《中国社会科学》,1992(2)

⑥ 沈守愚:《土地法学通论》,北京:中国大地出版社,2002:398

⑦ 毕宝德:《土地经济学(第六版)》,北京:中国人民大学出版社,2010:322-323

等权利，其中最重要的权利是土地所有、占有、使用、经营或控制财产所拥有的权利和利益[①]。作为社会生产关系组成部分的土地所有制度是由社会生产方式所决定的。迄今，人类社会已经经历了五种社会生产方式，也有学者相应地将土地所有制度分为五种类型，即：原始社会的氏族公社土地所有制、奴隶主土地所有制、封建土地所有制、资本主义土地所有制、社会主义土地所有制[②]。

一、各国或地区土地所有制度比较

人类社会自从产生了阶级和国家以后，任何一种土地所有制都必须有国家法律的确认和保护才能得以实施。土地作为一种生产资料或财产，有其特殊的存在方式。根据有关研究报告，当前世界上土地所有制形式主要有 14 种[③]，这里将它们列表比较（表 15-1）。

表 15-1　不同土地所有制形式比较

土地所有制形式	主要特征	代表性国家或地区
1. 全民与国家所有	一国全体人民共同拥有土地，但具体又由国家代表全民占有属于全民的土地，国家、全民、集体组织、私人企业及居民个人均可使用	社会主义国家，如中国、朝鲜、越南等
2. 国家与中央政府所有	国家所有即中央政府所有，归中央政府管理及使用，若地方政府使用国有土地，必须付费	日本、新西南等国
3. 国家与各级政府所有	国家所有制即中央、地方各级政府所有，无论其管理使用收益之权属于省、市、县等地方政府，抑或属于区坊乡镇等自由团体，而其所有权属于国家	中国台湾和有关国家
4. 各级政府分别所有	各级政府都有自己的土地，所有权是清晰、明确、具体的，上下级政府、同级政府之间不能任意平调土地	联邦制的资本主义国家，如美国等
5. 国王与国家所有	国王所有即国家所有	英国、加拿大等国家和地区，但日本天皇占有的土地系国有土地
6. 上级所有权归国家所有	个人没有绝对的所有权，国家则有土地的高级所有权，土地上绝大部分的管理、支配权及小部分的管理收益权由国家掌握，个人的土地所有权为下级所有权	中国台湾等地区和德国等国
7. 合作组织集体所有	一个合作组织内的全体成员共同拥有土地	主要存在于社会主义国家的农村地区
8. 公共事业部门或团体所有	带有某种公共服务、社会救济、福利事业、宗教慈善性质的学校、教会、福利院、幼儿园、慈善事业等机关、团体所拥有所有权的土地	普遍存在于资本主义国家，如美国、新加坡等

① 曲福田：《土地经济学》，北京：中国农业出版社，2010：238-239

② 毕宝德：《土地经济学（第六版）》，北京：中国人民大学出版社，2010：324-326

③ 参见柴强：《国家社会科学基金研究课题报告》，各国土地制度研究，1992：11-15

续表 15-1

土地所有制形式	主要特征	代表性国家或地区
9. 部落、氏族、村社、宗教等所有	系原始或封建土地所有制的残余，其特征是土地属于部落、氏族、村社、宗教等集体所有，分给本部落等成员家庭耕种或占有	主要存在于非洲撒哈拉以南的地区，散见于非洲各地及拉丁美洲部分地区，美国土著居民保留地亦属此类
10. 数人合有	共同所有者之间的生存取得权，即活着的合有人有权取得死去的合有人在合有土地中的权益。每个合有人都视为整个土地的所有者且都不能按照自的意愿把合有土地中自己的份额遗赠予他人	美国等诸多国家
11. 数人共有	每共有人都被认为只是一块地的各自所有部分的所有人，但每个人所有的部分，未经实地划分，只是一个比例数	美国等诸多国家
12. 股份公司式所有	是附属于股份公司这类企业而产生的，属于全体股东	美国等诸多国家
13. 公寓持份所有	二层以上的公寓楼房以致摩天大楼，虽然并不直接与土地相连，但每一层楼或每一单元的区分所有人对于基地全部享有相应比例的持份权	美国等诸多国家
14. 个人所有	个人单独所有	普遍存在

表 15-1 所论及的只是作为一个平面土地的所有权问题，但同时土地也是一个立体概念，尤其是随着科学技术的发展，人们开发土地的广度和深度日益拓展和延伸，确立土地产权立体分隔的观点是很有现实意义的。如日本的土地极其昂贵，政府兴办公共事业如若征用全部私人土地，代价将会很大，但日本政府有时不采用征用全部私人土地的办法，而只征用一定的上空权（如架设高架公路），或只征用一定的下空权（如埋设公用管道）。具体的例子如下：日本大阪至神户高速公路公营公司修建的一条高速公司必须穿过一栋大厦，该公司为了避免花费庞大资金将整栋大厦买下拆掉，仅洽购了其中三层，让高速公司从中穿过，这比把该处地皮整幅买下节省了约 1 200 万美元。该公司的官员表示，"公路将不会触及大楼，因此大楼里的人们不会感到震动。我们还将建一堵墙遮蔽公路，以隔绝噪音及那些有害的废气"①。

那么，作为立体土地的所有权应如何规定呢？目前主要有四种模式：

一是以美英等国为代表的土地所有权体系，在这种体系中，地下、地表所有权系统一所有，同归地表即土地所有者，只有土地所有者或从土地所有者那里得到许可的人才能拥有对地下资源的勘探及开发权利。对这一产权体系有两种截然相反的看法，持反对意见者认为这往往会造成由于土地所有者的特权阻碍了政府自然资源产业政策的实施。并认为这种土地所有权制度比较适合于在技术不发达时代进行小规模的自然资源勘查和开发利用，因为小范围的地产不会妨碍国家或企业进行大规模的自然资源勘查和开发利用②。持肯定态度

① 中国地产信息，1991(5)

② 钱阔、黄元："自然资源产权管理和运行的市场经济模式"，《林业经济》，1994(3)

的观点则认为，从地下资源的有效利用来看，这种土地所有权体系更为合理①：首先，因为每个拥有土地的人都会关心自己这块土地下可能有些什么宝藏，他会自己花钱请地质学家来考察，有了点眉目之后他会请勘探队来钻探。一旦有所发现，他的土地价格立即会成倍地上涨，否则他的投资成为损失，他只能自认倒霉。这就从经济上鼓励了资源的发现，不用政府去费心。其次，矿藏的采收率（采集到的矿石占储量的比例）成为土地所有者自己关心的事，他必定会在经济合理的范围内尽量将地下资源采集上来，不会发生掠夺性开采。掠夺性开采必定发生在开采利润所有者与资源所有者分家的情况下，特别是当前者为私人企业，具有很强的追逐利润的动机；后者为公家，处于无人真切关心的情况下。最后，私人拥有地下资源，他有全权选择资源的利用方式，包括：将土地及资源一起出售，与开采专营企业联营，出租开采权对资源开采所得分成并监督资源的合理利用，或者放置等待更高市场价格时再行开采等。他选择的方案对全社会而言同时一定也是代价最小而产生的价值最大的方案。但美国的制度容易引起贫富悬殊，诱使一些人陷入风险和破产。选择不同的制度各有自己的理由，区别在于有的更着重在效率，有的更着重在公平。但有一点则是共同的：要达到预定的目标，必须有政府的明确规定和有效管理，并且有有关各方的合作配合。而第二种观点更为科学、合理，这仅以中国前段时期小煤窑对国有煤窑资源不讲经济效益、生态效益的疯狂开发就可以从反面得到印证。

二是以英法等国为代表的欧洲大陆各国较为普遍采用的一种土地所有权体系，它的特点是自然资源（特别是矿产资源）所有权与土地所有权相分离②。如果没有申请特别权利，土地所有者不能进行自然资源的勘查和开发利用。自然资源产权由政府授予勘查或者开发利用者。该体系的自然资源法律中规定的自然资源产权不是单指对一定自然资源的所有权。这种所有权是在开发利用过程中将自然资源与土地分离时被确认的。所以，自然资源产权意味着对区域内未分离的自然资源的开发利用权和对被分离自然资源的所有权。德国和法国的自然资源法律对自然资源产权的规定大体是相同的。但是，谁对未分离自然资源（特别是矿产资源）拥有所有权还没有明确规定，由此形成既有原则上为土地所有者所有之说的无主物之说，又有国家所有之说。该体系自然资源的法律，只是明确规定自然资源的所有权与土地所有权分离，不受任何一方约束。

三是发展中国家的自然资源（含土地资源）国家所有体系，这种自然资源产权制度为多数发展中国家所采用③。它明确规定自然资源（特别是地下矿产）是国家或全民的财富，既不属于国家财产中的公产，又不属于私人财产的一种特殊财产，自然资源产权为国家或代表国家利益的国有自然资源企业所有。这种自然资源产权体系的特点是：明确国家与自然资源的关系；确立了国家对自然资源所有和支配权力；设立国有自然资源开发利用企业，将自然资源产权授予国有自然资源企业，全权进行实地勘查、开发利用和处理；明确决定使用事项、生产分配、申请人进行作业等必须由国家参与指导，国家征收各种税收（生产税、关税、所得税等）以获取更大的利益；同国外企业进行自然资源的勘查、开发利用时，以本国的自然资源法律为准；解决国际自然资源纠纷时，在国内进行裁决，并以本国法律为依据。

---

① 茅于轼："所有权漫议（二）"，《美国研究参考资料》，1991(10)

② 钱阔、黄元："自然资源产权管理和运行的市场经济模式"，《林业经济》，1994(3)

③ 钱阔、黄元："自然资源产权管理和运行的市场经济模式"，《林业经济》，1994(3)

四是中国模式①。《中华人民共和国宪法》中明确规定,中国的自然资源属于国家所有。农村土地属于集体所有,如果自然资源在耕地下面,就形成了土地所有权和自然资源(特别是矿产资源)所有权的分离状况。这种状况决定了中国在开发和利用自然资源时,必须正确处理国家和农民、国家和自然资源勘查与开发利用企业之间的关系。中国这种模式类似第二、第三种模式,又和它有所不同,由此也可以说.构成了第四种模式,即土地属于集体所有和国家所有两种,自然资源属于国家所有。

二、中国土地所有制度

中国土地所有制度主要有两种形态,即国有土地所有权制度和集体土地所有权制度。这里分别加以介绍。

(一)国有土地所有权制度

国有土地属于全民所有,由国务院代表国家依法行使土地所有权。国家是国有土地唯一的、统一的所有者。这一土地所有权制度主要通过五种途径得以实现的。一是承继,即1949年新中国对旧中国所有土地的承继.其中承继的国有土地主要是国家机关办公用地,也包括国有资本企业用地、大型交通设施用地等;二是没收,新中国成立后没收官僚、买办资产阶级的资本时,将其所有的土地一并收归国有;三是土地改革,1950年农村实行土地改革时,依据《土地改革法》将一部分农村土地划归国有;四是依宪法规定直接取得,主要是依据1982年宪法,将城市中原保留的私有土地规定为国有;五是征用,即为了国家建设和公共利益的需要,通过法律强制加经济补偿方式将其他土地所有制类型转化为国有土地所有权。

在中国,唯一性和统一性是一切国家财产所有权主体的基本法律特征。国有土地所有权主体的唯一性,决定了除了国家以外任何单位和个人,包括人民政府和其他国有单位以及社会团体等组织,在任何情况下部不能成为国有土地的所有者。国有土地可以依法确定给任何单位和个人使用,但无论是何种性质的使用,也无论有无使用期限,都不能改变国有土地的所有权性质。国有土地所有权主体的统一性,要求只有国家才能行使国有土地的所有权,其他任何单位非经国家授权或者批准,不能享受国家土地所有权中的任何权能。

国家土地所有权的权能是通过法律规定的形式将其中占有、使用、收益的权利固定给使用者,从而与土地的所有权分离,而国家仅保留最后的处分权。由于国家本身一般不直接使用土地,因此,除了未利用的土地以外,占有和使用国有土地的权利一般只能由具体的单位和个人所得。国有土地的收益权能,一部分由土地使用者实现,一部分由国家通过收取土地使用权有偿使用费来实现。国有土地的处分权主要由国家来行使。有偿取得的国有土地使用权,可以依法转让,则可以说国家土地所有权中的处分权能有一部分也可以由土地使用者来行使。

(二)集体土地所有权制度

1949年以来中国农地产权制度经历了四次显著的变革:一是1949—1952年的土地改

① 钱阔、黄元:“自然资源产权管理和运行的市场经济模式”,《林业经济》,1994(5)

革，消灭了封建土地制度建立起农民农地所有制，农民可以自主经营属于自己的农地；二是1953—1957年，经过一系列的农业合作化运动，虽然农民农地私有的所有制并没有改变，但农地已成为合作社成员共同经营的资源；三是1958—1962年，经过人民公社化运动，使农地的农民所有制转变为社会主义集体所有制，并由农民集体共同经营；四是70年代末80年代初改革开放以来，通过建立家庭联产承包责任制，实现了农地所有权与经营权的分离①，所有权依然归集体共有，农地由农户独立承包经营。

不难发现，从整体的角度来看，1949年以来的农地产权制度变革主要是围绕着所有权和经营权的交替变化而展开的②。因此，上述的四个变革过程也就可以用下图所示的四个阶段来反映（图15-3）：阶段Ⅰ是农地农民私有和私营的时期；随着农业合作化运动的开展，形成了阶段Ⅱ的农地农民私有、共营的产权结构；阶段Ⅲ是农地农民共有、共营的集体化运动时期；改革开放以来的农地农民共有、个体经营的承包制度则是中国农地产权制度变革的第Ⅳ阶段。此外，从图示的变革历程不难看出，新中国成立以来的农地经营权经历了一个“私营—共营—私营”的回归过程；而农地所有权也逐步由“共有产权”（集体产权）为中心过渡到有限制的“私有产权”（土地承包权）为中心③。

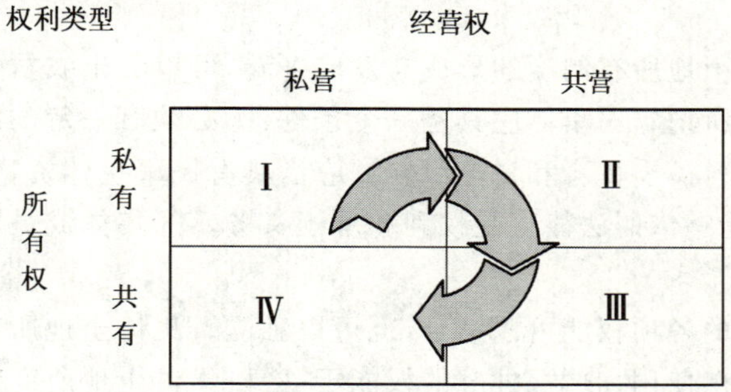

图15-3　中国农地产权制度变革历程

从农村土地制度发展的历史来看，中国集体土地所有权是在农民私人土地所有权的基础上形成的。中国于1950年颁布《土地改革法》和《城市郊区土地改革条例》，使广大农民取得了土地所有权。20世纪50年代初期，随着土地改革运动的基本完成，农村土地除依法属于国家所有的以外，均属农民私人所有。以后，随着农村集体化运动的兴起，经过初期农业合作社（1953年开始）、高级农业合作社（1956年开始）和人民公社（1958年开始）几个阶段，农村的土地私有制迅速转变为集体所有制。在人民公社化的初期，曾出现“一平二调”的“共产风”，即打破集体组织之间的所有权界限，在全社乃至全县范围内任意调用土地等生产资料，造成了土地所有权关系的极大混乱。直到1962年中共中央发布《农村人民公社工作条例修正草案》（又称《人民公社六十条》），才使“三级所有，队为基础”的土地权属关系确定下来。

1979年以后的农村经济体制改革，给中国农村的土地所有权制度带来了重大的变化。

---

① 曲福田：《中国农村土地制度的理论探索》，南京：江苏人民出版社，1991：9

② 当然，不可否认农地收益权和转让处置权等与经营权的变化也是同步的。

③ 叶剑平等：《中国农村土地产权制度研究》，北京：中国农业出版社，2000：53

首先，在绝大多数地区，废除了过去的“政社合一”的人民公社体制，代之以单纯政权组织的乡（镇）和单纯社区自治组织的村（村以下分组）。其次，由原来的集体所有、集体共同使用的体制转变为集体所有、农户承包经营的体制。1982年宪法原则地规定：“农村和城市郊区的土地，除由法律规定属于国家所有的以外，属于集体所有；宅基地和自留地、自留山，也属于集体所有”。这些规定，为农村集体土地所有权制度的进一步改革奠定了基础。

20世纪70年代末以来，通过推行农村土地承包经营制，集体土地使用权逐渐与所有权相分离，形成一种相对稳定的财产权。这是一个非常重要的制度性变革。1993年颁布的《农业法》明确承认了土地承包经营权的法律地位，其中第十三条规定了承包经营者的生产经营决策权、产品处分权和收益权、转包权、转让权、期满的优先承包权以及其继承人的继承承包权。从总的趋势看，在今后的一个时期中，农村集体土地的财产权制度将会沿着“土地承包经营权物权化”和“强化土地使用权”的方向发展。新《土地管理法》第十条规定：“农民集体所有的土地依法属于村农民集体所有的，由村集体经济组织或者村民委员会经营、管理；已经分别属于村内两个以上农村集体经济组织的农民集体所有的，由村内各该农村集体经济组织或者村民小组经营管理；已经属于乡（镇）农民集体所有的，由乡（镇）农村集体经济组织经营、管理。”

从中国农村集体土地所有制度的形成与发展来看，可以看出农村集体土地所有权的主体实质是农民集体。所谓农民集体应具备三个条件：①必须有一定的组织形式、组织机构。如集体经济组织或者村民委员会和村小组。②应当具有民事主体资格，就是说这个集体组织是经法律承认的，能够依照法律享受权利和承担义务。③集体成员应为定居于该集体内的农业户口村民。

集体土地所有权的各项权能可以结合，也可以独立。集体土地所有者有权依法使用自己拥有的土地，集占有、使用、收益、处分的权能于一身；集体土地所有者也可以依法把土地划拨给本集体内部成员使用，还可以用土地使用权为条件与全民所有制或城市集体所有制企业联营，使土地所有权与使用权分离。集体所有的土地在国家征用或其他农民集体依法使用时，集体土地的所有者有依法得到补偿的权利，从某种意义上说，这也是土地所有权中处分权能的实现。

农民集体所有的土地，依照法律分别属于村农民集体、乡（镇）农民集体和村内两个以上的农民集体所有。他们之间在土地所有权上是平等的、相互独立的，没有隶属关系，都是可以单独承担义务和享受权利的民事主体①。

1.村农民集体土地所有权

村农民集体土地所有权是集体土地所有权中的重要形式。《土地管理法》第十条规定：“农民集体所有的土地依法属于村农民集体所有的，由村集体经济组织或者村民委员会经营、管理。”村的概念在法律上是指自然村（俗称行政村），即设立村民委员会机构的农民集体，大致相当于过去的生产大队。行政村与自然村的关系，一是以自然村为单位设置行政村，即一个自然村为一个行政村；二是两个以上的自然村共为一个行政村；三是一个自然村分为几个行政村。

村农民集体土地所有权属于全村农民所有，集体经济组织或者村民委员会等只能作为

① 陈龙乾：土地产权政策，见黄贤金、陈龙乾、王洪卫等著《土地政策学》，徐州：中国矿业大学出版社，1998：59-65

集体土地的经营和管理者。农民集体经济组织的法人机构或者法定代表人，也就是集体土地所有者的法定代表。

2.乡(镇)农民集体土地所有权

乡(镇)农民集体所有的土地属于全乡(镇)农民集体所有，一般由乡(镇)办企事业单位使用，也可以由乡内农民集体或个人使用。改革开放以后，还可以土地使用权作价入股的方式成立中外合资企业和内联乡镇企业。乡(镇)农民集体经济组织指的应是全乡(镇)性的，包括乡(镇)全体农民在内的经济组织，而不是普通意义上的乡(镇)企业。

乡(镇)农民集体经济组织的法人机构，代表全乡(镇)农民的意志，对乡(镇)农民集体所有的土地行使所有权。这个法人机构应该具备两个条件：第一，生产和经营活动代表全乡(镇)农民的利益；第二，能够依法对乡(镇)农民集体所有的财产包括土地行使处分权。人民公社体制改革之后，乡(镇)集体经济组织形式没有一个统一的模式，许多地方没有建立相应的组织机构，乡(镇)农民集体所有的财产包括土地，一般是由乡(镇)人民政府代管。当前形势下，在没有相应的农民集体经济组织之前，一般由乡(镇)人民政府代行乡(镇)农民集体的土地所有权及其他财产权。

《土地管理法》第十条规定，集体所有的土地"已经属于乡(镇)农民集体所有的，由乡(镇)农民集体经济组织经营、管理"。所谓"已经属于乡(镇)农民集体所有的"土地，有几种不同的理解。一是认为是指过去已经公社所有或已经(土地管理法实施时)由乡(镇)企事业单位使用的土地，归乡(镇)农民集体所有。今后乡(镇)集体不能通过使用村或村内农民集体所有的土地来取得所有权。二是认为乡(镇)农民集体除了过去已经取得的土地所有权外，今后经依法批准使用的村或村内农民集体所有的土地，特别是依法对被用单位进行了补偿和安置的，所用土地应转为乡(镇)农民集体所有。另外，还有人认为乡(镇)企业使用村或村内农民集体所有的土地需要进行补偿和安置，除了"农转非"不同外，类似于国家建设征用土地，土地的所有权可转为国有。

3.村内两个以上农村集体经济组织的土地所有权

行政村内两个以上各自独立的农村集体经济组织，一般是对应于过去的生产队。农村体制改革实行包干以后，大部分生产队已经解体，一些地区相应建起了村民小组。这种村内的农村经济组织是否具有集体土地所有权的主体特征，可以从两个方面来考察：一是各个农村经济组织之间是否仍然明确保持着过去生产队时期的土地权属界线；二是这些农村经济组织对自己认定的界线内的土地有无法律规定的占有、使用、收益、处分的权利。具体表现形式如排斥他人的、独立的占有使用权，农、林、牧、渔业用地承包经营的发包权，以及国家建设征用土地时的独立受偿权等。《土地管理法》第十条对此作了明确规定："已经分别属于村内两个以上农村集体经济组织的农民集体所有的，由村内各该农村集体经济组织或者村民小组经营、管理。"

农民集体土地所有权是一种特定的权利，它的产生和行使都是根据法律法规进行的，受到法律法规的严格约束，集体土地所有者不能因为拥有土地所有权而超越土地法律的限制随意使用和处置土地。

第三节 德姆塞茨产权演进模型与中国土地产权制度改革轨迹

一、德姆塞茨产权演进模型[①]

产权是帮助人与人交往时形成预期的社会性工具，这些预期可以在法律、习惯和社会道德中找到答案。正是产权所有人的预期（包括潜在的所有人），产生了产权所有人的行为，这种行为有时是互利的，有时会产生单方向的有益或有害的影响，一般把行为人对他人产生的单向的有益或有害影响称为外部性。外部性包括外部性成本、外部性收益以及货币或非货币形态的外部性。产权和外部性之间有着密切的关系。产权的主要功能就是完成外部性内部化的引导激励，将收益和成本聚焦于行为一身[②]。

聚焦[③]不能完成，外部性之所以产生，原因在于旧的产权结构难以调整以适应情况，也在于权利双方交易的成本（内部化成本，聚焦成本）超过了内部化的所得。更深层次的原因有二：一是由于交易的自然属性引起交易成本大于交易所得；二是由于法律禁止交易使得交易成本无穷大，聚焦无法实现。第一个原因引起的聚焦不能完成，可能因为环境的变化比如新技术、新方法、新事物的出现而使成本、收益之比发生了变化，导致新的聚焦过程。第二个原因引起的聚焦不能，只要解除法律限制或增加新的法律内容就可以实现。

以上理论，可以从对美国东北部森林地区印第安人土地产权、美国西南部平原地区和西海岸地区土地产权状况的考察中，从历史和地理两个角度得到实证。下面主要从逻辑上[④]论证产权所有制相应于经济环境的演变，演变的出发点是共有制。

共同所有制意味着共同体否认国家或个人有权干涉任何个人行使共有产权。私有制意味着共同体承认所有人有权排斥他人干扰所有人的私有产权（H. Demsetz，1967）。

在共同所有制社会里，共同体内任何人有权做他想做的事。这种形式的所有制不能够将行为人行使公有产权时的收益和成本聚焦于一人，如果一个人谋求将他自己的共有产权价值最大化，那么他会对资源过度使用，因为他行为的有些成本由他人承担了，资源的存量和生产力会很快下降，此时，假如谈判和监察成本为零的话，共同体的任何一个成员会同意降低对资源的使用率，从而使资源的浪费得到解决。显然，达成这种协议的成本不为零，要使许多人达成一个互相满意的协议的谈判成本将非常巨大，退一步讲，即使这个协议可以达成，协议实施的监察成本也高得惊人。

共有制下的另一个问题就是当代人对后代的外部性成本问题，也就是通常讲的行为短

---

① 李望洲："论国有企业产权的产权制度"，《复旦大学硕士学位论文》，1995：17-22

② 李望洲："国有企业产权的历史反省"，《社会科学报》，1994：436，同时参见 H. Demsetz，1967，《Toward a Theory of Propery Rights》，American Economic Review，1967，No. 2，第 347-348 页

③ 聚焦就是行为人经济行为所造成的所有制成本（包括对自身、对社会其他人、对后代的成本）和所有利益（包括对自身、对社会其他人、对后代）聚焦于行为自身，由其自己承担

④ 当然也符合产权的实际演变历史，但这里表达的是更为精炼的产权制度演变模型

期化。由于共有制下要将当代人对后代的外部性成本聚焦于现时的使用者是不可能的，所以此类谈判成本非常高。但如果是私有制的话，所有人会将未来的收益和成本时间流的现值极大化，他会考虑到他死后的情况，因而会选择使其私有资产价值最大的使用方法。实际上，产权私有人的行为就像一个经纪人，其财富依赖于对现在和未来权利的完整考虑。但在共有制下没有这样的经纪人，因而在资源的使用权分割上当代人的权重太高。后代可能希望付费给当代人以使他们降低强度，但这是不可能的，因为他们没有活着的代理人(living Agent)为他们在市场上说话。因此共有产权意味着后代必须自己履行自己的权利，因而共有产权是不经济的。

行为人对邻居和后代的影响不能完全聚焦，所以共有产权导致极大的外部性成本。共有产权既排斥“付费使用财产”的制度①，高额谈判成本和监察成本也使“付费让他不要使用财产”的制度②没有效率。

这时，国家、法院或共同体领导人会企图改革共有制，解除由于法律禁止引起的交易成本过高而引起的外部性，从而完成共有产权产生的外部性内部化的聚焦过程，这时允许具有相似利益的小集体拥有私有产权束。具有相似利益的集体，从逻辑上讲自然就是家庭或个人。

资源的私有，即所有人具有排斥他人使用的权利，意味着所有人能够将共有制下的外部成本内部化，因而他会核算所得，从而对资源精心维护和使用，以提高生产量。收益和成本聚焦于所有人，导致了有效使用资源的激励。

但外部性还没有彻底解决，一束私有权利的所有人并不拥有另一束权利，因而如果他在行使自己的权利时对他人的权利也产生了影响，在缺乏谈判、产权不能转让的情况下，行为人缺乏应有的效率，这种特殊的私有制外部性与共有制下的外部性相同，但程度减轻了。共有制下，没有人对资源维持和培育感兴趣，但在私有制下，所有人开始注意维护和提高资源的生产率，只不过对他人的影响还没有聚焦于他本人激励机制，因而从社会来讲还是不经济的，如果在排他性的私有权上再加上过渡权，私有产权就完整了，这时如果行为人对他人产生了外部性，只需要当事人双方之间的谈判，就可以解决外部性。值得特别注意的是，在共有制下，如果出现了外部性，必须得到所有人员的同意才能谈判解决，由于人数之众使得谈判费用异常高，而在私有制下出现了外部性，只需当事人之间达成协议就行了，因而谈判费用相对来说低了许多，谈判解决外部性有两种市场选择，第一种是达成契约性协议，第二种是通过彻底买断实现，从而改变所有权的规模。究竟选择哪一种办法要看哪一种更便宜。这里就有一个最优规模问题。如果所有权规模报酬不变，那么彻底买断和契约协议无甚差别，如果契约协议易于监察的话，那么就会采用契约这种形式聚焦。但如果有许多外部性，因而需要许多次的谈判，或者契约的监察费用很高的话，那么彻底买断就是最好的选择。资源所有制越是没有规模经济，那么人们越是倾向于以契约协议来解决外部性，资源所有的规

① 关于这两种制度，请参看 H. Demsetz，1967，《Toward a Theory of Property Rights》，第 348 页，“buy-him-in”system，“let-him-buy-his-way-out”system

② 关于这两种制度，请参看 H. Demsetz，1967，《Toward a Theory of Property Rights》，第 348 页，“buy-him-in”system，“let-him-buy-his-way-out”system

模将按照使所有权的成本总额最低的方法调整。

在个人层面上将产权研究清楚之后，就需要将产权置于企业组织的范围进行探讨，由于队生产既是古典企业（所有人和管理者合二为一的企业）的核心，也是现代股份公司的“胚胎”。协作是一种对生产[①]。队生产要具有优势，其产出必须大于分产出之和加上组织约束的成本，或者说，队生产与单独生产的产出之差要大于组织约束队员的计量成本。

队生产是古典企业的抽象模型，古典企业既是个人产权的一次飞跃，同时又是现代公司制度的起点。在古典企业中，企业所有人和管理者是合二为一的，作为监督者，作为企业的一员，直接监督企业员工的表现，同时整个企业的利润或亏损由作为所有人的管理者承担，这种无限责任增加了极大的外部性成本。因而第二次法律修正就是有限责任代替无限责任，以降低外部性。为了进一步降低管理决策对于股东的外部性，第三次法律修正就是股东退出权或出售权的实行，从而降低了事实的控制者对于股东的外部性，使管理者和股东之间的和谐提高，同时有限责任也降低了交换股份时的成本，因为股份购买人不必详细检查公司债务和其他股东的资产，购买人的责任仅以股价为限。

二、德姆塞茨产权演进模型与中国土地产权制度改革

（一）农村土地产权制度改革轨迹

1949年前中国的农村土地产权制度是一种“封建式”的土地产权制度。占乡村人口10%的地主和富农，占有70%～80%的农村土地，而占乡村人口90%以上的贫农、中农、佃农却仅仅占20%～30%的农村土地[②]。新中国成立后，首先打破了旧的封建土地产权制度，通过土地改革赋予了农民对农地的所有权，实现了“耕者有其田”。应该说，这是一种集所有权、使用权、收益权和转让权于一体的完整的产权结构，它有利于土地资源、人力资源的合理流动和优化配置，并能大大促进当时农业生产的恢复和发展[③]。

中国农地产权制度经历的第二次重要变革是由合作化运动推动的。经历了互助组、初级农业合作社、高级农业合作社阶段。高级社是在初级社的基础上于1956年开始建设的，其将所有生产资料都集体化了，同时取消了土地分红，农民的报酬主要按劳动数量与质量分配。高级农业合作社开始了农地产权进一步集体化的过程。尽管，在高级农业合作社中，农地产权的公有化程度日益加强，传统的小农经济社会也逐渐被新型的集体社会取代，但是农民的农地私有权并没有发生根本性的变化。

农业合作化运动取得的暂时性成就大大鼓励了政府的改革步伐。为了有效巩固和进一步发展农业合作化，从1958年开始，人民公社运动在整个中国范围内轰轰烈烈地展开了。1958年3月20日，在《中共中央把小型的农业合作社适当地合并为大社的意见》批准下发

① A·阿香、H·德姆塞茨：“生产、信息费用与经济组织”，载于《财产权利与制度变迁》，上海三联书店，1991

② 叶剑平等：《中国农村土地产权制度研究》，北京：中国农业出版社，2000：16

③ 蒋励：“农村土地制度的四次重大改革与启迪”，《学术研究》，1994(4)

后，全国开始了小社并大社的工作。当年夏天，河南农村率先开始了从并大社到建立人民公社的转变[①]。这是中国农地所有权发生的一次本质性变革。在经历了高级农业合作社的农地使用权、收益权和处置权集中化后，原本属于农民所有的农地资源也逐步演变成了集体所有的财产。这一时期中国农地产权结构变化的基本特征表现为：农户完全失去了对农地的独立使用权，由于公社成员的资格是强制性的，因此农民从一个公社退出的权力被剥夺，这也就固化了农地产权的集体归属。农地资源的所有人不再是单个的农民(或农户)了，而是人民公社作为一个集体成了农地的共同所有者，与此同时农民也失去了转让等进一步处置农地的权利。不仅如此，人民公社还是农业的生产经营和分配单位，在这种情况下，土地由人民公社统一使用、统一分配。农民在生产中仅是劳动力，按出工的多少取得相应的报酬。不难看出，农户作为集体的一员虽然对农地资源有着一定的使用权和收益权，但是这种权利的标的是不确定的、虚化的。而且，退社权的丧失也使得农民希望通过收回土地重新获取对农地的独享收益权和自由转让权彻底破灭。

由于人民公社规模过于庞大，后来作为"三级所有"中的末端，生产队成了农地的主要所有者。不仅如此，生产队也是一个独立核算、自负盈亏的基本经济单位，它还同时掌握着牲畜和农具等生产资料的所有权。尽管农地的所有权名义上主要由生产队拥有，但是生产队对其所有的农地并无完全独立的使用权和处置权。而且《农村人民公社工作条例修正案》还规定：生产队所有的土地，包括社员的自留地、自留山、宅基地等等，一律不准出租和买卖。公社和生产大队都有对生产队的生产计划进行"建议"和"调整"的权利。此外，生产队的地产收益权也受到严重限制甚至侵害。生产队的土地产品必须首先完成国家的低价征购、派购计划任务之后，才能用于自身的收益分配。可见，尽管公社和生产大队一般不直接拥有对农地的所有权，但却具有直接左右农地使用、收益和转让处置等的权利[②]。

1979—1982 年，为了提高农户的农业生产积极性，以农户自发推动为契机，中国开始实行家庭联产制，到 1982 年 6 月底，全国有 99.2%的生产队实行了各种各样的生产责任制；到 1983 年 12 月底，这一数值更是高达 99.5%[③]。至此，人民公社时期的农地集体所有、互助合作，在经历了一系列制度和政策变革后，最终确立了农地集体所有、家庭承包经营的基本形态，即通常所说的农地家庭承包制。

(二)农村土地产权制度改革的典型模式

此后，随着农村社会经济的进一步发展以及农村土地产权制度的不断深化改革，农村集体土地所有制实现模式不断创新，代表性的土地产权制度创新模式有[④]：

1.规模经营：苏南模式

"规模经营"是旨在把集体所有的土地，采取农户经营、大户经营或集体经营的方式，形

---

① 王景新：《中国农村土地制度的世纪变革》，北京：中国经济出版社，2001

② 綦好东："新中国农地产权结构的历史变迁"，《经济学家》，1998

③ 农业部计划司：《农业经济资料》(1949～1983)，P.78-79；《中国农业年鉴(1984)》和《中国农业年鉴(1985)》

④ 以下各个案例模式主要对已有研究和调查成果的一个简要总结。(叶剑平等：《中国农村土地产权制度研究》，北京：中国农业出版社，2000；刘永湘：《中国农村土地产权制度创新论》，四川大学博士学位论文，2003)

成相对较大的土地经营规模。这一制度创新形式的主要代表就是苏南模式。苏南地区由于乡镇企业较为发达，大部分劳动力已从事非农产业，这不仅造成了严重的耕地撂荒和抛荒现象，也致使整个农村社会形成了明显的两极分化现象：一方面非农产业十分发达，另一方面农业日趋弱化，尤其是粮食生产趋于萎缩。为了稳定农业和粮食生产，苏南地区普遍实行了土地规模经营制度。

苏南实施土地规模经营的主体为家庭，包括家庭农场，“两田制”集中责任田基础上形成的规模经营以及村办农场（农业车间）三种主要形式。具体措施主要是在家庭经营的基础上，通过农户之间土地的转让形成“种粮大户”，采取“反承包”、“倒租赁”、“异地承包”形成规模经营，或通过“土地使用权入股”等形式，尽管规模不一，但比较注意社区内农户的意愿和可接受程度，保持了家庭承包制的制度激励和经营自主的优越性。这一模式也是德姆塞茨产权演进模型中队生产组织阶段。此外，还有一些农民合作社组织则更是这一模式的充分体现。

2.“四荒”使用权拍卖：吕梁模式

作为一种非耕地资源，“四荒”资源的利用与耕地利用之间存在一定差异的。改革初期，对“四荒”经营与耕地经营实施了相同的承包制度。但是，实践中取得显著绩效的家庭承包制在“四荒”资料利用上表现出的制度绩效却并不尽如人意。

山西省吕梁地区 1992 年在调查农民承包“四荒”，包而不治的现象产生原因时发现：由于承包经营权经常处于变动状态，30％的农民因此放弃治理；由于不能取得完全的经营自主权和直接收益权，45％的农户因此不愿治理。结果在十几年间，全地区农户参加“四荒”开发治理的仅占总农户数的 8％[①]。对此，吕梁地区在当年 8 月制定了《关于拍卖荒山、荒坡、荒沟、荒滩使用权加速小流域治理的意见》，决定将“四荒”使用权对外拍卖。在不影响农户赖以生存的承包田的前提下，通过“四荒”地拍卖这一所有制外部结构市场化调整的方式，也有效地提高了土地资源配置的效率。

3.土地股份制：南海模式

南海模式是“土地股份制”的典型之一。这一制度于 20 世纪 90 年代初由少数几个村开始尝试。到 1993 年初，南海区委、区人民政府制定了《关于推行农村股份合作制的意见》，使土地股份制在南海绝大部分农村地区得到了推广。

南海土地股份制的主要内容可以概括为两个方面：一是进行“三区”规划，把土地功能划分为农田保护区、经济发展区和商住区，有利于保护农田和实施城镇规划，是土地资源得到重新和有效利用；二是将集体财产、土地和农民承包权折价入股，在股权设置、股红分配和股权管理上制定出章程，一切经营活动按章办理，农民称之为“村宪法”[②]。

4.集体建设用地使用权流转：苏州模式

苏州模式是农村存量建设用地使用权流转模式的一种简略概括。其主要内容包括：①明确流转制度。《苏州市农村集体存量建设用地使用权流转管理暂行规定》第三条规定：

① 张红宇：《中国农村土地制度变迁的政治经济学分析》，西南农业大学博士学位论文，2001

② 蒋省三、刘守英：“土地资本化与农村工业化——广东省佛山市南海经济发展调查”，《经济学（季刊）》，2004(14)

对集体建设用地(不含农民建房宅基地)实行使用权有偿和有限期流转制度。转让的,最高不得超过50年;出租的,依企业经营年限而定。②明确集体建设用地流转内涵。集体建设用地使用权流转是指集体建设用地的使用权通过有偿、有限期转让(包括作价投入和交换等)、出租等方式造成土地使用权属转移或者实际使用人发生变更的行为。③明晰流转的主体。实行所有权与使用权相分离,集体土地所有权的代表为乡(镇)、村集体经济组织,集体建设用地使用权流转的主体是乡(镇)、村集体经济组织。④划定范围。苏州市城区、县级市人民政府所在地的镇以及国家、省级开发区范围外的集体建设用地,可以实行流转。⑤规定流转方式。除工业和特殊用途的项目用地外,使用集体建设用地的一律按招标拍卖方式供地。⑥实行最低保护价制度。规定集体土地流转价格低于最低保护价的,县级以上人民政府不予批准。最低保护价结合苏州市实际并区分非农建设用地和农业建设用地而确定。由政府部门组织对集体建设用地进行地价评估和核定,并由县级以上政府公布行政辖区内的基准地价。⑦合理分配收益。建设用地第一次流转时,流转方向政府缴纳土地流转收益,按最低保护价的30%;第二次流转按减去总增值20%后的余额向政府缴纳30%收益。市、县级市(郊区)和乡(镇)政府三级参与分配,其余70%归"集体土地资产公司"。⑧落实管理主体。县级以上人民政府土地管理部门是集体建设用地流转的管理主体,统一负责辖区内集体建设用地流转管理工作。

(三)城市土地使用制度的改革历程

中国的城市土地产权制度就一直是在国家所有的框架下运行和发展的。从最初的无偿使用→收取使用费→土地有偿出让,改革经历了一个逐步完善的过程。1979—1986年间,中国通过实行城市土地有偿使用收费制度,不断推进了城市土地制度改革。城市土地使用费的收取虽然为地方政府开辟了新的财源,加大了地方政府对城市建设的财政支出。但这始终没有改变城市土地划拨配置的性质。而且由于土地收费较低[①],在经济高速发展的城市地区,这项费用的收取并不能弥补城市建设资金的严重短缺。例如,深圳市政府为了改善投资环境,投入大量资金用于基础设施建设。截至1987年底,共投资13亿多元,而同期累计收取的土地使用费仅为5 250万元,平均每年约1 000万元,还不足以支付投资中6.7亿元贷款的利息[②]。

为了更好地实现城市土地使用权的真正价值,1987年下半年,深圳特区在全国率先进行土地使用权出让的试点,以替代了过去单纯划拨土地的计划配置模式。[③] 深圳城市土地使用权出让试点的成功不仅产生了显著的带动效应,也加快了相关政策法规修改的步伐。

1988年4月12日第七届人大第一次会议删去了《宪法》第十条第四款中不得出租土

① 抚顺市收取的土地使用费中,最高的市中心区商业用地年收费只有0.6元/m^2,最低的边缘地区个人居住地年收费只有0.2元/m^2,每年约可征得1 500万元。引自王育琨:"土地有偿使用:地租的收集和分享",《中国土地科学》,1992(6)

② 运迎霞、蒋峻涛:"综述改革开放中的中国房地产市场",《城市》,1998(4)

③ 艾建国:《中国城市土地制度经济问题研究》,武汉:华中师范大学出版社,2001

地的规定，修改为："土地使用权可以依照法律的规定转让。"从此，确认了城市土地有偿流转的法律依据。1989 年 9 月，国务院颁发了《中华人民共和国城镇土地使用税暂行条例》，以征收土地使用税为有偿使用的实现形式代替了土地使用费。1990 年 5 月 19 日，国务院颁发了《中华人民共和国城镇国有土地使用权出让和转让暂行条例》，对土地使用权出让、转让、出租、抵押、中止等问题做了明确规定，为土地市场的发育提供了法律条件。

这一阶段，各地在城市土地使用制度改革上的共同之处是：在国家保留土地所有权的前提下，通过拍卖、招标、协议等方式将土地使用权以一定价格、年限和用途出让给使用者。出让后的土地可以转让、出租、抵押。其特点是：运用了经济规律，引进了市场机制，改变了土地使用权单纯依靠行政划拨方式的做法，开始向行政划拨与有偿出让方式并重的方向转化[①]。至此，中国的城市土地不再是国家计划和福利政策支配的资源，而是作为一种资产逐步成为社会主义市场经济体制建设中的一项重要的生产要素和商品。

随着市场经济体制改革的不断深入，城市土地使用权的有偿出让并未仅仅停止于招标、协议和拍卖等基本形式。1994 年，部分城市开始尝试土地使用权出让的"年租制"，湖北襄樊、河南许昌以及山东青岛等率先试行年租制的地方都取得了一定的成效。截至 1997 年底，全国试行年租制的地区已达 860 个[②]。

1996 年，《股份有限公司土地使用权暂行规定》的出台允许将一定期限的国有土地使用权作价入股，由新设企业持有并用于转让、出租、抵押。此后的 1998 年，国家土地管理局又在《国有企业改革中划拨土地使用权管理暂行规定》中，进一步肯定和明确了在国有企业中逐步实行年租制。同年，国务院又颁布了《土地管理法实施条例》，首次从法规的角度明确规定国家可以以出租方式向用地者有偿提供土地。另外，根据国有企业改制的要求，政府改革了城市土地资产运营与管理体制，加强了土地利用的宏观管理、总体控制和总量调控，逐步理顺了政府与企业、企业与企业之间的土地利益关系，并允许原划拨性质的土地可以在补地价以后进行转让[③]。这样，中国的城市土地使用制度改革从有偿使用的单一出让方式开始转向多种方式。

与上述的改革进程相适应，政府逐步退出了对土地使用权的计划配置。在城市土地使用权配置日益市场化的过程中，政府已开始通过运用宏观调控手段或相关的经济政策来调节城市土地的合理配置和高效利用。这一阶段，各地城市土地收购储备制度的兴起以及国家对土地市场的几次整顿和调整都充分体现出政府作为宏观调控者的身份在城市土地使用权市场中的作用。

从上述中国农村及城市土地产权制度改革的进程可以看出，中国土地产权制度的改革进程符合德姆塞茨产权演进模型，不断提高了土地产权制度运行的效率。见图 15-4。

① 马克伟：《中国改革全书(1978—1991)土地制度改革卷》，大连：大连出版社，1992

② 艾建国：《中国城市土地制度经济问题研究》，武汉：华中师范大学出版社，2001

③ 赵贺：《中国城市土地利用机制研究》，北京：经济管理出版社，2004

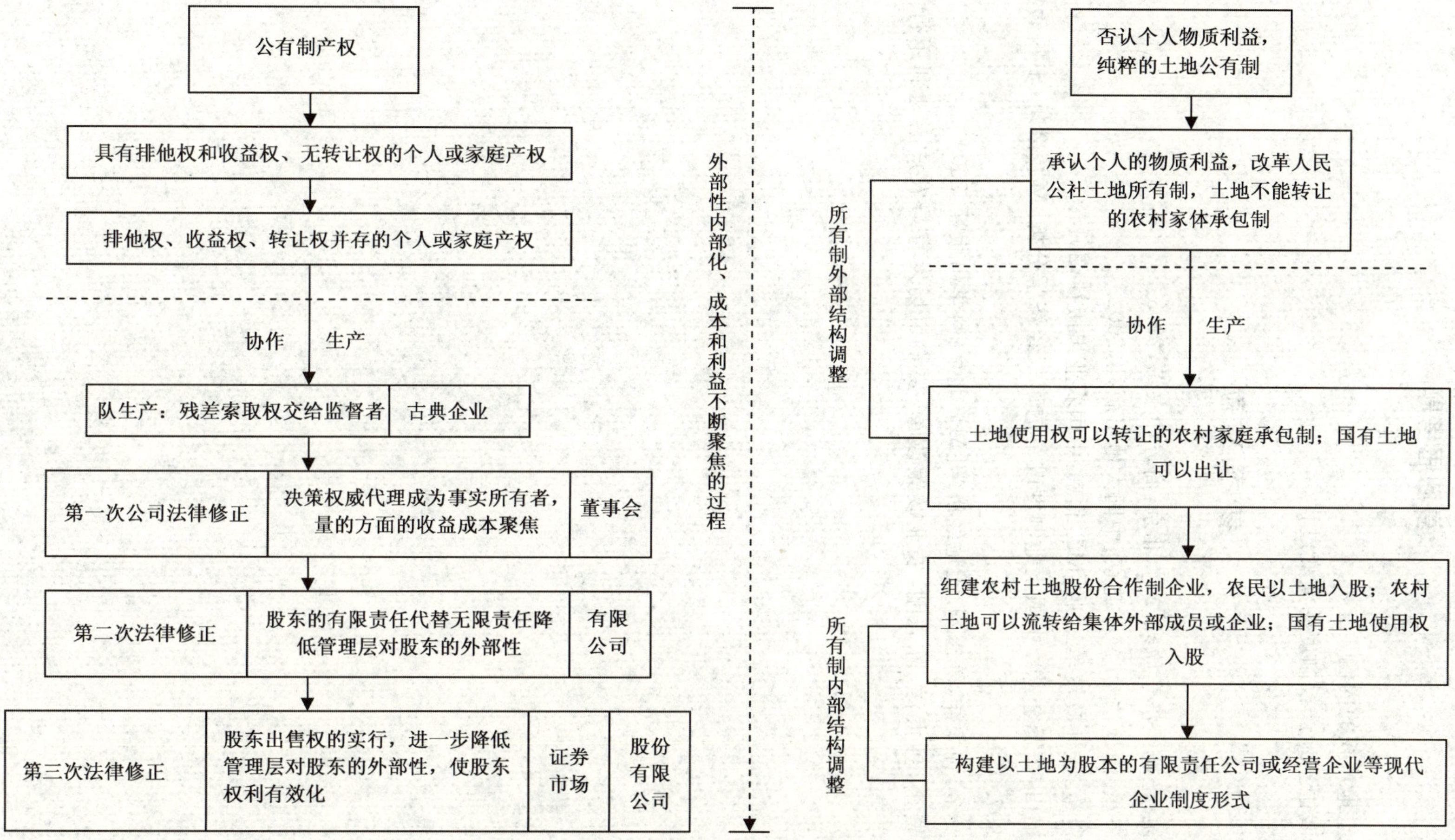

图15-4　德姆塞茨的产权演进模型与中国的土地产权改革进程

复习思考题

1. 阐述土地产权的内涵。

2. 分析我国土地产权制度的演变过程。

参 考 文 献

[1] 周诚. 土地经济学原理[M]. 北京：商务印书馆，2003.

[2] 沈守愚. 土地法学[M]. 北京：中国大地出版社，2002.

[3] 黄贤金. 土地政策学. 4 版[M]. 北京：中国农业出版社，2014.

[4] 曲福田，黄贤金，等. 中国土地制度改革的产权经济学分析[M]. 徐州：中国矿业大学出版社，1997.

[5] 黄贤金，钟太洋，陈志刚. 土地经济学[M]. 北京：科学出版社，2009.

[6] 黄贤金，钟太洋，陈志刚，农业政策改革、要素市场发育与农户土地利用行为研究，2013.

第十六章 土地征收及补偿

土地征收及补偿是我国工业化、城镇化发展中关注的重要土地问题。为此，本章着重介绍了土地征收的基本概念及特征，以及我国土地征收制度的形成和现状特征，并结合对国内外有关土地征收制度的介绍，阐述了我国土地征收制度的改革问题。

第一节 土地征收概述

随着我国工业化和城市化水平的提高，我国各项非农建设基本上都是靠征收农村集体土地来获得新增建设用地的。土地征收是土地所有权主体由农村集体组织强制转换为国家的行为，从实质上讲，土地征收是城市的外延开发，既改变了土地所有权的性质，也改变了土地的使用方向。国家对土地征收的基本概念、审批权限及各项补偿费的标准等均有严格的规定。

一、土地征收的基本概念

(一)土地征收的定义

我国《土地管理法》第二条规定，“国家为了公共利益的需要，可以依法对土地实行征收或者征用并给予补偿”。《物权法》第四十二条规定，“为了公共利益的需要，依照法律规定的权限和程序可以征收集体所有的土地和单位、个人的房屋及其他不动产。征收单位、个人的房屋及其他不动产，应当依法给予拆迁补偿，维护被征收人的合法权益”。可见，土地征收可概括为：国家为了公共利益的需要，依法将集体所有土地转为国家所有并给予补偿的行为。

2004 年国家通过修改《宪法》，将土地征收和土地征用区别开来。与土地征收不同，土地征用是指国家因公共利益的需要强制性地将集体或家庭的土地使用权转为国有并给予补偿，使用完毕后，仍将土地归还所有者或使用权人的行政行为。可见，土地征收与土地征用都是为了公共利益的需要、运用国家强制力对公民的土地权利进行限制，并依法给予补偿，这是两者的共同点。但两者也有明显的区别：①法律效果不同。土地征收涉及土地所有权的改变，而土地征用只涉及土地使用权的改变。这是二者最主要、也是最根本的区别。②补偿标准不同。土地征收伴随着土地所有权的转移或者国有土地使用权的转移，其补偿标准比土地征用高得多[①]。③适用的法律条件不同。土地征用一般是因临时性的紧急状态需暂时使用土地，适用的多是紧急状态的法律，而即使不存在紧急状态，为了共同利益的需要也可以进行土地征收，其主要适用《土地法》、《土地管理法》和《城市规划法》，并比土地征用有着更为严格的程序。

(二)土地征收的目的

国家有关土地征收的目的，不同时期有不同的规定。首先，不同时期的宪法对国家征收农村土地的目的有不同规定。1954 年《中华人民共和国宪法》首次提出国家征收土地的目的是为了公共利益；1975 年和 1978 年的《宪法》均不再强调国家征收土地的公共目的；1982 年以来的《宪法》再次恢复强调国家征收农村土地的公共利益目的。其次，不同时期的专业土地管理法规，对国家征收农村土地的目的有不同规定。1950—1986 年的土地管理法规均不强调国家征收农村土地的公共目的，从 1987 年开始强调国家征收农村土地的公共目的。可见，1954—1974 年与 1982—1986 年期间的《宪法》均强调征收土地的目的是公共目的，而期间的专业土地管理法规，均未提及征收农村土地的公共目的(表 16-1)。

表 16-1　1950 年以来，法律、法规有关征收农村土地目的的规定和表述

时期	法规名称	征收农村土地的目的与用途
1950—1953 年	《城市郊区土地改革条例》	市政建设及其他需要
1954—1981 年	《国家建设征用土地办法》	厂矿、铁路、交通、水利、国防等建设；文化、教育、卫生建设，市政建设和其他建设
1982—1986 年	《国家建设征用土地条例》	国家进行经济、文化、国防建设及兴办社会公共事业
1987—1998 年	《土地管理法》	国家进行经济、文化、国防建设以及兴办社会公共事业；国家为了公共利益的需要，可以依法对集体所有的土地实行征用
1999—2004 年	《土地管理法》	国家为了公共利益的需要，可以依法对集体所有的土地实行征用
2004 年至今	《土地管理法》	国家为了公共利益的需要，可以依法对土地实行征收或征用并给予补偿
1954 年	《宪法》	国家为了公共利益的需要，可以依照法律规定的条件，对城乡土地和其他生产资料实行征购、征用或收归国有
1975 年	《宪法》	国家可以依照法律规定的条件，对城乡土地和其他生产资料实行征购、征用或收归国有
1978 年	《宪法》	国家可以依照法律规定的条件，对土地实行征购、征用或收归国有
1982 年	《宪法》	国家为了公共利益的需要，可以依照法律规定对土地实行征用
2004 年	《宪法》	国家为了公共利益的需要，可以依照法律规定对土地实行征收或征用并给予补偿

资料来源：廖洪乐：《中国农村土地制度六十年——回顾与展望》，北京：中国财政经济出版社，2008。

① 廖洪乐：《中国农村土地制度六十年——回顾与展望》，北京：中国财政经济出版社，2008

(三)土地征收的特征

土地征收具有以下特征:①公益性。公共利益是政府行使征地权的前提,土地征收的唯一原因是政府为一定范围内不特定多数人的共同利益而强制性地限制部分人土地财产权益。②强制性。土地征收是一种行政行为,如政府依法履行征地权,被征收土地的集体和农户必须服从。③补偿性。对被征地的农民集体和享有集体土地使用权的农民依法予以补偿是土地征收的条件。④程序的合法性。尽管征地权的行使具有强制性和补偿性,但行政机关必须按照法定的权限和程序征收土地。⑤行政主体的唯一性。征收行为属于国家主权行为,征收的主体只能是国家,而不是任何单位或个人,国家通过征地行为把农民集体所有的土地变为国家所有。虽然直接需要土地的并不一定是国家,而可能是企业、事业单位或机关、团体,但这些单位作为土地使用者,只能依法定程序向国家土地管理部门申请,经人民政府批准后才能取得土地使用权。因此,人民政府对用地单位使用土地的申请与审批的法律后果只是用地单位取得土地使用权,并非所有权。

二、土地征收的原则与条件

(一)土地征收管理的原则

(1)严格维护土地的社会主义公有制原则。集体土地所有权受法律保护。我国《宪法(修正案)》第二条规定:“任何组织或者个人不得侵占、买卖或者以其他形式非法转让土地所有权。土地的使用权可以依照法律的规定转让。”

建设征收的集体所有土地,所有权属于国家,用地单位或个人只享有土地的使用权。国家建设征收土地的法律后果之一就是土地所有权的转让,用地单位或个人只是依法取得对国有土地的使用权。

(2)十分珍惜、合理利用土地和切实保护耕地的原则。我国人口多、耕地少,且在某些地区耕地浪费还十分严重。随着人口的逐年增长,人均耕地将继续减少。因此,新《土地管理法》第三条明确规定:“十分珍惜、合理利用土地和切实保护耕地是我国的基本国策。各级人民政府应当采取措施,全面规划,严格管理,保护、开发土地资源,制止非法占用土地的行为。”在国家建设征收土地要做到这一要求,必须坚持:要加强规划、严格管理、严格控制各项建设用地;要有限利用荒地、非农用地,尽量不利用耕地;要有限利用劣地,尽量不用良田,凡是有荒地可利用的不得占用良田,尤其不得占用菜地、园地、天然养鱼塘等经济效益高的土地;加大土地监察和土地违法行为的打击力度,切实制止乱占耕地和滥用土地的行为。

(3)兼顾国家、集体和个人利益的原则。征收土地补偿标准要兼顾国家、集体和个人利益,为此:一是根据现行宪法关于“国家为了公共利益的需要,可以依照法律规定对土地实行征收”的规定,征地是一种国家行为,也是农民集体对国家应尽的一种义务,不是农民集体向国家“卖地”。征地后再出让的增值收益即决定不同地价的级差地租是国家投资形成的,原则上这项收益应当属于国家。二是征地补偿应以使被征地单位的农民生活水平不降低为原则。国家根据社会、经济发展水平,在特殊情况下,可以提高征收耕地的土地补偿和安置补助费标准。

(4)征地要符合相关法律规定的原则。土地征收不仅应该符合《土地管理法》,还应符合包括有关环保、矿产、水土保持等方面的法律、法规的规定。征地实施要体现保护和改善生态环境、防止土地沙化的总原则,并严格依据土地管理法的审批权限和审批程序办理。

(二)土地征收的条件

(1)只有列入国家固定资产投资计划的或者其他经过批准的建设项目,才能申请用地。因此,用地单位必须持有县级以上人民政府计划部门按照国际基本建设程序批准的可行性方案或其他批准文件,才能向县级以上人民政府土地管理部门提出用地申请。

(2)国家建设项目的用地应符合国家下达的建设用地计划控制指标的要求,凡是未能列入当年计划用地指标的建设项目原则上不予受理征收土地的申请。

(3)建设项目在选址定点过程中,在确定建设用边界线(即绘制红线图)时,必须十分注意节约用地,确保用地控制指标不被突破。国家建设项目的用地,应遵循各项建设占用耕地的指令性控制指标的要求,占用非耕地的也应在指导性控制指标范围内使用土地。

(4)国家建设项目用地,必须符合城市规划的要求,在国家确定的文物保护区、自然保护区、风景区、名胜古迹、公园、城市绿地及其法定的保护地区,除其本身必要的建设之外,其他建设项目一律不得动工兴建。

(5)城市郊区规划确定的蔬菜地,国家和省市规划的基本农田、耕地保护区原则上不得征收。有特殊需要不得不占用时,必须按相应审批权限征得人民政府的同意,并且采用先补后用的措施,确保蔬菜地、耕地面积总数、质量上的大体平衡。

(6)大中城市的现有建成区内,原则上不再安排新的工业建设用地,城市旧城区的改建要同工业的调整和技术改造相结合,使工业布局和用地结构更趋合理。

(7)凡是建设资金尚未落实的或无力缴纳国家规定的各项征(拨)用地补偿和安置费用以及不能按规定期限缴纳各项征(拨)用地税费的建设单位,不予办理用地手续。

(8)凡是未批先用或采取其他手段非法占用土地的建设单位,必须先由土地管理部门的监察机构按照法律规定进行调查、处理、结案后,才能按正常程序申报建设用地。属于必须建设的项目,根据项目用地定额指标核定用地,并限期按正常程序向县以上土地管理部门申报建设用地。

第二节　土地征收制度的演变

一、土地征收制度框架初步确立阶段(1953—1957 年)

新中国成立初期,各项非农建设蓬勃发展,建设用地的需要较为迫切。根据这一需要,中央人民政府于 1953 年 12 月 5 日通过了《政务院关于国家建设用地征用土地的办法》(以下简称《办法》),这是新中国第一部比较具体的土地征用行政法规。该《办法》规定了国家征用土地的基本原则、审批权限、法定程序、补偿标准和安置办法。该办法十分明确提出征地目的是“适应国家建设的需要”。《办法》所称的国家建设是“指国家兴建厂矿、铁路、交通、水利、国防等工程,进行文化教育卫生建设、市政建设和其他建设”。《办法》规定土地征用的批准权限:"全国性的建设事业用地,经中央人民政府计划委员会核定,由中央人民政府政务院批准;地方性建设事业,用地在5 000亩以上或迁移居民300户以上者,由大行政区行政委员会批准;用地不足5 000亩而在1 000亩以上或者迁移居民不足300户而在50户以上者,由省(市)人民政府批准;用地不足1 000亩,或者迁移居民不足50户,由县人民政府批准"。征地程序比较民主,《办法》规定土地征用的一般程序:"征地单位提出申请—市政府建设管理部门初审并协同被征地政府及市房地产管理部门共同议定安置补偿计划—征地计划书报市建设管理部门审查转报市政府批准—组织实施,办理征地、补偿和权属变更等手续"。对于征地补偿标准,《办法》规定"一般土地以其最近3～5年产量的总值为标准,特殊土地应酌情变通处理。如另有工地调剂,也须发给被调剂土地的农民以迁移补助费,被征用土地、房屋、水井、树木等附着物及种植的农作物,要按公平合理的代价予以补偿。"

1954年9月20日,第一届全国人民代表大会第一次会议通过的《中华人民共和国宪法》对国家建设征用土地作了肯定。该法第十三条规定:"国家为了公共利益的需要,可以依照法律规定的条件,对城乡土地和其他生产资料实行征购、征用或者收归国有。"

这一时期是中国征地制度初步建立的阶段,该阶段征地制度的基本特点是:①征地的对象主要是农民的私有土地。因为当时农村还没有实现农业合作化,农村土地(包括部分城郊的仍由农民耕种的国有土地)经过土地改革后主要为农民私人所有;②在征地补偿过程中强调"公平合理"的原则,强调要"给群众以必要的准备时间,使群众在当前切身利益得到照顾的条件下,自觉地服从国家利益",重视和关注普通群众的利益,不突出征地的"强制性";③实行各级政府分级限额审批制度,征地的审批权限较为宽松。

二、土地征收制度建设调整阶段(1958—1964年)

由于土地征用中补偿与审批制度的相对宽松,随着社会主义建设和社会主义改造的突飞猛进,我国出现了严重的土地浪费现象。1956年3月17日全国人大常委会第33次会议通过的《农业生产合作社示范章程》正式实施,农业生产合作化运动遍及全国,农村土地迅速由农民私有转为集体所有,原定的征用土地办法已经不能适应新形势下的国家经济建设要求,因此,1958年1月6日经全国人大常委会第90次会议批准,国务院公布了修订的《国家建设征用土地办法》(以下简称新《办法》)。修订后的新《办法》,沿用了原有制度框架,强调节约用地,注意克服有的地区和某些单位存在的多征少用、早征迟用甚至征而不用等浪费土地的现象。同时在这一阶段,根据有关的规定,被征用的土地除了农民私有的土地以外,还有农业生产合作社的集体所有土地。对于征用土地的补偿标准,新《办法》将原定的"一般土地以其最近3～5年产量的总值为标准",改为"以它最近2～4年的年产量总值为标准"。土地补偿费的发放根据具体情况来定,属于征用农业合作社土地的发给合作社,属于征用私有土地的发给所有人,而属于征用农业合作社的土地,如果征用征得有关的同意也可以不发放土地补偿。对于被征地者的安置问题,新《办法》强调了被征地农民在农业上安置,不要过多地要求转业。

这一时期是我国土地制度建设的重要阶段之一,通过农村生产合作社运动,基本确立了我国社会主义土地公有制的2种形式——城市土地国家所有制和农村土地劳动群众集体所有制。这一时期也是新中国成立以来对征用土地的第一次“刹车”，对征地过程中出现的土地浪费现象进行了初步的调查处理①。

这一时期是中国征地制度初步形成阶段，其基本特点：①征地对象由农民的私有土地主要转变为农业生产合作社的集体所有土地；②首次提出以土地年产值标准来计算土地补偿费；③强调对被征地农民进行农业安置；④国家逐步上收征地审批权②。

三、土地征收制度相对稳定阶段(1965—1981 年)

20 世纪 60 年代后期开始的“文化大革命”，使我国的土地征用立法工作基本停顿了 10 年，征地制度基本保持不变。在 1973 年 6 月 18 日，国家计划革委会和国家基本建设革委会发布了《关于贯彻执行国务院有关基本建设中节约用地的指示的通知》，要求对基本建设征用土地，各地区、各部门必须加强管理，严格执行征地审批制度，认真办理征地手续。

四、土地征收制度逐步完善阶段(1982—2003 年)

十一届三中全会以后，随着“以经济建设为中心”的国家总体发展思路的确定和“健全社会主义发展”理论的提出，国民经济建设全面复苏，建设用地需求大幅度增长，国家建设征用土地出现了一些新情况和新问题。经全国人大常委会原则通过，国务院于 1982 年 5 月 4 日颁布了《国家建设征用土地条例》(以下简称《条例》)。与 1958 年修订的新《办法》相比，《条例》的内容更加丰富。如《条例》第三条规定“节约土地是我国的国策”，提出了节约用地是基本国策的概念；第四条规定“国家建设征用土地，凡符合本条例规定的，被征用社队的干部和群众应服从国家需要，不得阻挠和妨碍”，提出了征地的强制性概念；第五条规定“征用的土地，所有权属于国家，用地单位只有使用权”，明确了土地所有权和使用权两权分离的思想；第九条明确指出了征地补偿费包括了土地补偿费、青苗补偿费、附着物补偿费和农业人口安置补助费，规定“一、土地补偿费。征用耕地的补偿标准，为该耕地年产值的三至六倍，年产值按被征用前三年的平均年产量和国家规定的价格计算……征用无收益的土地，不予补偿”。第 10 条规定了安置补助费的支付标准：“征用耕地的，每一个农业人口的安置补助费标准，为该耕地每亩年产值的二至三倍，需要安置的农业人口数按被征地单位征地前农业人口和耕地面积的比例及征地数量计算。”这些原则一直沿用至今；此外，为了更好地安置被征地社队农民生产和生活，《条例》还较大幅度地提高了征地补偿标准，并第一次增加了安置补助费，“征用园林、鱼塘、藕塘、林地、牧场、草原等土地的，安置补助费标准由省、自治区、直辖市人民政府参照一般耕地的安置补助费标准制定”；“但土地补偿费和安置补助费的总和不得超过被土地年产值的二十倍”。《条例》较为完备地制定了计划经济条件下土地征用的法律程序、审批权限、批后补偿、批后安置、批后监管以及相应的各项配套规定等，该条例可以说是新中国成立以来我国土地征收制度建设史上的一个里程碑。

---

① 朱道林：《土地管理学》. 北京：中国农业大学出版社，2007

② 乔小雨：“中国征地制度变迁研究”，徐州：《中国矿业大学》，2010

1986年6月25日，全国人大常委会16次会议通过了《土地管理法》，该法在总结经验的基础上，基本采纳了《条例》中的大部分规定，并将其上升到法律地位。1998年8月29日，第九届全国人大常委会第四次会议审议通过了新修订的《土地管理法》，并与1999年1月1日起开始实施，正式建立了"土地用途管制"和"耕地占补平衡"等制度，更加突出了对耕地的保护。同时，在土地征用方面作了重大的调整，逐步形成了一套新的系统的土地征用制度体系。在征地审批制度方面，将过去的分级限额审批制度改为依据土地利用规划实行以用途管制为核心内容的农用地转用和土地征用审批制度，取消了市县级人民政府的征地审批权；在征地报批上，区分城市分批次建设征用土地和单独选址项目征用土地；在征地的批后实施上，明确要实行"两公告一登记"(系指征用土地方案公告、补偿安置公告和补偿登记)制度；在征地补偿标准上，规定"征用土地的，按照被征用土地的原用途给予补偿。……征用耕地的土地补偿费，为该耕地被征用前三年平均年产值的四至六倍。但是，每公顷被征用耕地的安置补助费，最高不得超过被征用前三年平均年产值的十五倍。"可见，新法对征地补偿标准做了较大幅度的调整①。

从总体上看，这一时期通过法律进一步强化了计划经济时期征地制度的基本特征。其基本特点：①以《土地管理法》为核心的土地管理的法制化框架初步形成，征地制度作为其重要组成部分也得以进一步完善；②土地作为重要的生产要素之一，其资产和资源的二重属性在市场经济中逐步得到体现；③征地补偿标准有所提高；④耕地面积迅速减少，粮食安全面临威胁，耕地保护日益成为各级政府关注的重点之一。

五、土地征收制度改进阶段(2004—)

2004年以来政府的征地政策发生了一些变化。2004年3月14日举行的第十一届全国人大二次会议通过了《宪法》修正案，该法第十条规定：国家为了公共利益的需要，可以依照法律规定对土地实行征收或者征用并给予补偿。这是我国首次在宪法层面上明确区分土地征收和土地征用，这对我国土地征收制度的完善具有重要意义。其中，第十条第三款将原来的"国家为了公共利益的需要，可以依照法律规定对土地实行征用"修改为"国家为了公共利益的需要，可以依照法律规定对土地实行征收或者征用并给予补偿"，明确提出了征收补偿要件。这从宪法层面为市场化的土地征收补偿制度的进一步建立和完善提供了依据和保障。同时，《宪法》第十三条新增第三款规定"国家为了公共利益的需要，可以依照法律规定对公民的私有财产实行征收或者征用并给予补偿"。这从保护私人财产权的高度对原有的征收制度进行了完善和补充。随即全国人大常务委员会根据《宪法》对1998年的《土地管理法》进行了修订，对补偿标准的规定又有突破。新修订的《土地管理法》规定："国务院根据社会、经济发展水平，在特殊情况下，可以提高征收耕地的土地补偿费和安置补助费的标准。"这为进一步的改革和完善征地补偿留下法律空间。针对经济社会发展对土地需求日益增长、18亿亩耕地保护红线面临威胁的严峻局面，国务院于2004年10月21日发布了《关于深化改革严格土地管理的决定》，提出了"最严格的土地管理政策"，该决定第十二条规定

① 赵金龙：《农村土地制度演进及地权流动》，北京：中国农业出版社，2013

"县、自治区、直辖市人民政府要制订并公布各市县征地的统一年产值标准或区片综合地价，征地补偿做到同地同价，国家重点建设项目必须将征地费用足额列入概算。"并指出产值的30倍这一补偿安置费的最高标准可以突破。"县级以上地方人民政府要采取切实措施，使被征地农民生活水平不因征地而降低。……土地补偿费和安置补助费的总和达到法定上限，尚不足以使被征地农民保持原有生活水平的，当地人民政府可以用国有土地使用收入予以补贴"。为进一步保障失地农民和集体的权益、维护社会稳定以及保证失地农长远生计，并使"最严格的土地管理制度"以及征地补偿的同地同价具有可操作性，国土资源部于2004年11月3日发布了《关于完善征地补偿安置制度的指导意见》，该意见对有关征地补偿标准、被征地农民安置途径、征地工作程序和征地实施监管等问题进行了明确规定。而2005年7月23日，国土资源部进一步发布了《关于开展制定征地统一年产值标准和征地区片综合地价工作的通知》，规定征地补偿标准的制定要由"前三年主要农产品的平均产值或产量"向"征地统一年产值标准和区片综合地价"发生转变。这是征地补偿市场化改革的重要标志。2006年12月17日，国务院办公厅下发了《关于规范国有土地使用权出让收支管理的通知》，规定了地方政府的土地出让收益要重点向新农村建设倾斜。这一时期土地征收制度改革的标志性成果之一是2007年10月1日《中华人民共和国物权法》正式实施，作为规范财产归属和利用的基本法律，《物权法》从较高的法律级次对征地征收补偿制度从法定条件、补偿范围做了规定，并明确提出征收集体土地要安排被征地农民的社会保障费用，保障被征地农民的生活，维护被征地农民的合法权益。与《土地管理法》相比，《物权法》至少从两个方面对征地补偿予以了进一步市场化完善：一是确认农地承包经营权确的用益物权地位，将用益物权纳入土地征收补偿范围；二是明确在进行土地征收补偿时应考虑社会保障因素，这对于维护被征地农民合法权益有着重要意义。2008年10月12日，中国共产党第十七届中央委员会第三次全体会议通过了《中共中央关于推进农村改革发展若干重大问题的决定》，指出了土地征收制度未来改革的方向。《决定》指出改革征地制度，严格界定公益性和经营性建设用地。依法征收农村集体土地，按同地同价的原则给予农村集体和农民合理补偿。逐步建立城乡统一的建设用地市场，抓紧完善相关法律法规和配套政策。这表明了我国土地征收制度的改革应该朝着市场化的方向加速前进。

这一时期是中国征地制度的改进阶段，其基本特点：①强调保护被征地农民的利益，规定补偿标准可以突破法定上限以保证征地不能使被征地农民生活水平下降；②制订和公布区域统一年产值标准或区片综合地价，要求征地补偿同地同价，推进征地补偿的市场化改革；③明确被征地农民社会保障资金的来源，完善和规范征地程序；④引入征地补偿标准的动态调整机制，进一步提高征地补偿标准。总之，这一时期的征地制度以《宪法》修正案和《物权法》的实施为标志，以市场化改革为导向，提出征地补偿标准要以"年产值"向"综合地价"转变，逐步实现同地同价。至此，我国土地征收制度形成了以《宪法》为基础，以《物权法》和《土地管理法》为指导，以各级地方政府和国土部门出台的一系列政策法规为配套措施的法律规范体系，土地征收制度逐步全方位形成市场化改革趋向。

第三节　现行土地征收与补偿制度

一、土地征收的程序

（一）预征告知

《国务院关于深化改革严格土地管理的决定》（国发【2004】28号）中规定："在征地依法报批前，要将拟征地的用途、位置、补偿标准、安置途径告知被征地农民。"《关于完善征地补偿安置制度的指导意见》中规定："在征地依法报批前，当地国土资源部门应将拟征地的用途、位置、补偿标准、安置途径等，以书面形式告知被征地农村集体经济组织和农户。在告知后，凡被征地农村集体经济组织和农户在拟征土地上抢栽、抢种、抢建的地上附着物和青苗，征地时一律不予补偿。"

根据以上规定，在征地报批前，市、县国土资源局应当制作《征地告知书》，将拟征土地的用途和位置告知被征地的农村集体经济组织和农户。《征地告知书》由国土资源所负责在被征地土地所在地的村内张贴。在有条件的地方，市、县国土资源局应当将《征地告知书》在互联网上发布、在当地电视台播出。张贴、发布或者播出《征地告知书》的过程，应当进行摄像和录像，取出的照片和视频资料要妥善保存备查。《征地告知书》不得泄露国家秘密。

（二）申请用地

建设单位持经批准的设计任务书或初步设计、年度基本建设计划以及地方政府规定需提交的相应材料、证明和图件，向土地所在地的县级以上地方人民政府土地管理部门申请建设用地，同时填写《建设用地申请表》，并附下列材料：

（1）建设单位依法设立的有关证明；

（2）项目可行性研究报告批复或其他有关批准文件；

（3）土地行政主管部门出具的建设项目用地预审报告；

（4）初步设计或者其他有关材料；

（5）建设项目总平面布置图；

（6）占有耕地的，提出补充耕地方案；

（7）建设项目位于地质灾害地区的，应提供地质灾害危险性评估报告；

（8）提供地价评估报告。

（三）征地调查确认

《关于完善征地补偿安置制度的指导意见》中规定："确认征地调查结果。当地国土资源部门应对拟征土地的权属、地类、面积以及地上附着物权属、种类、数量等现状进行调查，调查结果应与被征地农村集体经济组织、农户和地上附着物产权人共同确认。"

根据规定，在征地报批前，市、县国土资源局或者国土资源所会同被征收土地的所有权人、使用权人实地调查被征土地的四至边界、地类、土地用途、土地面积，以及地上附着物种类、数量、规格等,并由国土资源局现场填制《征地调查结果确认表》,并经被征地的农村集体经济组织、农户以及地上附着物所有人盖章和签字予以确认。

(四)组织征地听证

《国务院关于深化改革严格土地管理的决定》(国发【2004】28号)中规定:"对拟征土地现状的调查结果须经被征地农村集体经济组织和农户确认;确有必要的,国土资源部门应当依照有关规定组织听证。要将被征地农民知情、确认的有关材料作为征地报批的必备材料。"《关于完善征地补偿安置制度的指导意见》中规定:"在征地依法报批前,当地国土资源部门应告知被征地农村集体经济组织和农户,对拟征土地的补偿标准、安置途径有申请听证的权利。当事人申请听证的,应按照《国土资源听证规定》规定的程序和有关要求组织听证"。

市、县国土资源局应当制作《听证告知书》,将拟征土地的补偿标准、安置途径、当地劳动保障部门确定的被征地农民社保对象的条件、人数、养老保险费的筹资渠道、缴费比例等内容,告知被征地农村集体经济组织和农户,并告知被征地的农村集体经济组织和农户对补偿标准、安置途径和社保措施享有申请听证的权利。《听证告知书》由国土资源所负责在被征地土地所在地的村内张贴并告知被征地农民。举行听证的,应当制作《听证笔录》和《听证纪要》,全面准确地反映当事人的意思。确有必要的,应当对征地补偿标准和安置途径进行必要的修改和完善。被征地农村集体经济组织和农户自愿放弃听证的,应当填写《听证送达回执》。

在听证过程中,负责组织听证的机关应当将其补偿标准、安置途径的有关证据向听证的农民出示并做出说明。如果被征地的农民认为征地机关拟定的补偿标准和安置途径依据不足,可以提出自己的建议,如果被征地农民提出的建议合理合法,征地机关应考虑重新更改补偿标准、安置途径。被征地农民提出的异议和建议,听证机关应该形成笔录。

(五)拟订方案

市、县国土资源行政主管部门根据征地情况调查结果和市县人民政府拟订的征地补偿标准、安置方案,以及建设项目的相关材料,依法拟订农用地转用方案、补充耕地方案、征收土地方案和供地方案,编制建设用地呈报说明书(简称:一书四方案),经过县级人民政府初步审核同意后,由县级人民政府正式行文报批。县级人民政府同时应就征地补偿标准合法性、安置方案的可行性及妥善安置被征地农民生产生活保障措施出具说明材料;被征地农民提出的意见较多、情况较为复杂的,县级人民政府应当说明采纳意见的情况。

(六)征地审核、报批

有批准权的人民政府土地行政管理部门,收到上报土地审批文件,按规定征求有关部门意见后,实行土地管理部门内部会审制度审批土地。

市、县人民政府上报的征地材料,由省(自治区、直辖市)国土资源厅(局)受理,并进行审核。凡是征地材料齐全、征地程序合法、征地补偿标准符合法律规定、安置方案已经确认,市县人民政府已经出具说明材料的,报请省级人民政府审批。须报国务院批准的,由省(自治区、直辖市)人民政府审查后报请国务院批准。国土资源厅(局)将征地材料报送国土资源部审查。征地经国务院或省级人民政府批准后，省国土厅或国土资源部下发征地批准文件。

(七)征地公告

经依法批准征地项目后，市县人民政府和市县国土行政主管部门要及时进行征地的两公告，即征收土地公告和征地补偿安置方案的公告。根据《征收土地公告办法》的规定，征收土地公告由市县人民政府在收到征用土地方案批准文件之日起 10 个工作日内进行，内容包括：①征地批准机关、批准文号、批准时间和批准用途；②被征用土地的所有权人、位置、地类和面积；③征地补偿标准和农业人员安置途径；④办理征地补偿登记的期限、地点。

征收土地的补偿、安置方案公告由市县国土行政主管部门进行。内容包括：①本集体经济组织被征用土地的位置、地类、面积，地上附着物和青苗的种类、数量，需要安置的农业人口的数量；②土地补偿费的标准、数额、支付对象和支付方式；③安置补助费的标准、数额、支付对象和支付方式；④地上附着物和青苗的补偿标准和支付方式；⑤农业人员的具体安置途径；⑥其他有关征地补偿、安置的具体措施。

(八)征地补偿安置方案的批准和交付土地

市、县国土行政主管部门进行征地补偿安置方案的公告后，公告期满当事人无异议或者根据有关要求对征地补偿安置方案进行完善后，将征求意见后的征地补偿安置方案，连同被征地农村集体经济组织、农村村民或者其他权利人的意见及采纳情况报市县人民政府批准，并报省级国土行政主管部门备案。

征地补偿安置方案批准后，市县人民政府应及时依法组织落实征地补偿安置方案的事宜，将征地补偿安置方案确定的费用及时足额的支付给被征地的农民和村集体经济组织。征地补偿安置方案确定的有关补偿费用没有足额支付到位的，被征地的农村集体经济组织和农民有权拒绝交出土地。如果征地补偿安置方案确定的有关补偿费用已经足额支付到位而被征地的农民拒绝交出土地的，征地的市县人民政府有权责令限期交出土地。如果被征地的农民对市县人民政府确定的补偿标准和支付方式等有不同意见，也应该交出土地。对于补偿标准等有关纠纷，可以通过行政复议、行政诉讼，行政裁决的方式予以解决。

二、土地征收与农用地转用的审批权限

(一)土地征收审批权限

为有效控制征收土地的数量和防止侵害被征地的单位的利益，《国家建设征用土地条例》和《土地管理法》都规定了征收土地要依法审批，并规定了明确的批准权限，征收或征用土地审批实行国务院和省级人民政府两级审批制度。

1. 国务院的批准权限

其中应由国务院批准的包括：①基本农田。除国家能源、交通、水利、军事设施等重点建设项目选址确实无法避开基本农田保护区，需要占用基本农田外，其他建设都不得占用基本农田。因此规定征用基本农田需报国务院批准。②基本农田以外的耕地超过 35 hm^2。③其他土地超过 70 hm^2 的。其他土地指耕地以外的土地，包括林地、草地、养殖水面、城乡

住宅和公共设施用地、工矿、交通、水利设施用地、旅游用地和未利用土地等。其他用地由省、自治区、直辖市人民政府批准，报国务院备案。在征地的审批中，要征收农用地，应首先或同时办理农用地转用审批。

2. 省级人民政府的批准权限

其他的用地由省、自治区、直辖市人民政府批准，报国务院备案。

(二)农用地转用批准权限

《土地管理法》规定，建设占用土地，涉及农用地转为建设用地的，应当办理农用地转用审批手续。农用地转为建设用地实行国务院和省级人民政府两级审批的制度。

1. 国务院的批准权限

(1)省、自治区、直辖市人民政府批准的道路、管线工程和大型基础设施建设项目、国务院批准的建设项目占用土地，涉及农用地转为建设用地的，由国务院批准。

(2)在土地利用总体规划确定的城市和村庄、集镇建设用地规模范围内，为实施该规划而将农用地转为建设用地的，按土地利用年度计划分批次由原批准土地利用总体规划的机关批准。在已批准的农用地转用范围内，具体建设项目用地可以由市、县人民政府批准。

(3)涉及基本农田的。根据《土地管理法》和《基本农田保护条例》规定，农用地转用都必须报国务院批准。

(4)《报国务院批准的建设用地审查办法》规定的国务院批准权限。《报国务院批准的建设用地审查办法》规定，按照建立最严格的土地管理制度的要求和《土地管理法》第四十四条的规定，下列建设占用土地，涉及农用地转为建设用地的，需报国务院批准：①国务院批准的建设项目；②国务院有关部门和国家计划单列企业批准的道路、管线工程和大型基础建设项目；③省、自治区、直辖市人民政府批准的道路、管线工程和大型基础设施建设项目；④在土地利用总体规划确定的直辖市、计划单列市和省、自治区人民政府所在地的城市以及人口在50万以上的城市建设用地的规模范围内，为实施该规划按土地利用年度计划分批次用地。

2. 省级人民政府的批准权限

除上述报国务院审批之外的建设项目占用土地，涉及农用地转为建设用地的，由省、自治区、直辖市人民政府批准。

三、土地征收补偿与安置

(一)土地征收补偿的法律规定

《土地管理法》规定，征收集体所有的土地，应当依法足额支付土地补偿费、安置补助费、地上附着物和青苗的补偿费等费用，安排被征地农民的社会保障费用，保障被征地农民的生活，维护被征地农民的合法权益。国家征收集体的土地，按照有关法律规定，要向被征收土地的所有者支付补偿费，造成劳动力剩余的必须予以安置。但是在征地告知后，凡被征地农村集体经济组织和农户在拟征土地上抢栽、抢种、抢建的地上附着物和青苗，征地时一律不予补偿。

1.土地补偿费

土地补偿费是征地费的主要部分，是征收土地时，为补偿被征地和原土地使用单位的经济损失而向其支付的款项。其实质是对农民在被征收的土地上长期投工和投资的补偿。

依据《土地管理法》第四十七条规定，征收耕地的补偿费，为该耕地被征收前3年平均年产值的6～10倍。年产值的具体计算办法是：根据统计年报表算出征地前三年该耕地的平均年产量（可以采取由地方政府根据统计年产量，分区域定出平均年产量）乘以国家牌价（一般指征购价）或议价得出年产量。耕地当年产量包括各类作物的主、副产品的产量。征收其他土地的补偿费标准由省、自治区、直辖市参照征收耕地的补偿费标准规定。包括园地、鱼塘、藕塘、宅基地、林地、牧草地等。

征收城市郊区的菜地，用地单位应当按照国家有关规定缴纳菜地开发建设基金。《国家建设征用菜地缴纳新菜地开发建设基金暂行管理办法》第2条："城市郊区菜地，是指城市（不含县城、建制镇和工矿区，但本办法第4条第2项规定的除外）郊区，为供应城市居民吃菜，连续3年以上常年种菜或者养殖鱼、虾等的商品菜地和精养鱼塘。一年只种一茬或因调整茬口安排种植蔬菜的，均不作为本办法所称的菜地。"按照规定需要缴纳新菜地开发建设基金的，费用标准如下：①在城市人口（不含郊县人口。是指市区和郊区的非农业人口，下同）百万以上的市，每征用一亩菜地，缴纳7 000～10 000元。②在城市人口50万以上，不足百万的市，每征用1亩菜地，缴纳5 000～7 000元；在京、津、沪所辖县征用为供应直辖市居民吃菜的菜地，也按该标准缴纳。③在城市人口不足50万的市，每征用一亩菜地，缴纳3 000～5 000元。各省、自治区、直辖市应在上述额度内，根据本辖区城市的菜地建设基础和生产情况，区别近郊和远郊规定具体标准。超过规定标准的，建设单位和建设银行有权拒付。

如果按照以上规定支付土地补偿费，尚不能使需要安置的农民保持原有生活水平的，经省、自治区、直辖市人民政府批准，可以增加安置补助费。但是，土地补偿费和安置补偿费之和不得超过土地被征收前三年平均年产值的30倍。

2.安置补助费

国家建设征收土地，用地单位除支付补偿费外，还应当支付安置补助费。安置补助费是由用地单位为安置因征地造成的农村剩余劳动力的补助费。剩余劳力的安置途径和标准，应因地制宜。

征收耕地的安置补助费标准，是按照需要安置的农业人口数计算。需要安置的农业人口数按照被征的耕地数量除以征地前被征地单位平均每人占有耕地的数量计算。每一个需要安置的农业人口的安置补助费标准为该耕地征收前3年平均年产值的4～6倍，但每公顷耕地的安置补助费，最高不得超过其年产值的15倍。具体计算公式如下：安置补助费＝被征收耕地前3年平均年产值×补偿倍数。征收其他土地的安置补助费标准，由省、自治区、直辖市参照征收耕地的安置补助费标准规定。

$$\text{安置多余农业人口人数}(P)\text{计算公式：}P=\frac{\text{征用耕地面积}}{\frac{\text{耕地总面积}}{\text{农业人口总数}}}\times 0.7$$

多余农业人口在办理户口农转非后，主要有以下几种安置途径：①用地单位如有招工指标，经批准可以选招符合条件的多余农业人口当工人。②安排到当地企业中，用地单位按规定将安置费转拨给该企业，被安置的多余农业人口成为城镇户口的企业工人。③农业人口自行找单位托带，用地单位将费用转拨到该企业。④自谋职业。由本人提出书面申请，经有关部门审核，办理公证手续后，将规定的自谋职业费一次性发给个人。这一途径也成为货币安置，现成为安置多余农业人口的主要渠道。

3.青苗和地上附着物补偿费

被征土地在拟定征收之前，已种植的青苗和已有的地上附着物，应当给予补偿。所谓青苗是指正在生长尚未成熟的农作物。地上附着物是指依附于土地上的各类地上、地下建筑物和构筑物，如房屋、水井、地上(下)管线等。

青苗补偿费是对被征收土地上尚不能收获的农作物给予的补偿费。地上附着物补偿费主要指对农民房屋的拆迁安置和对被征用土地零星地上附着物所进行的补偿，包括被征收土地上的房屋及其他建筑物(含构筑物)、农田水利设施、树木、蔬菜大棚等的补偿费。

《土地管理法》规定：被征收土地的附着物和青苗的补偿费标准，由省、自治区、直辖市人民政府自行制定。

(二)征地补偿费的标准

1.统一年产值标准的制定

省级国土资源部门要会同有关部门制定省域内各县(市)耕地的最低统一年产值标准，报省级人民政府公布后执行。制定统一年产值标准可考虑被征收耕地的类型、质量、农民对土地的投入、农产品价格、农用地等级等因素。

征地统一年产值标准是在一定区域范围内(以市、县行政区域为主)，综合考虑被征收农用地类型、质量、等级、农民对土地的投入以及农产品价格等因素，以前3年主要农产品平均产量、价格为主要依据测算的综合收益值。统一年产值标准是计算征地补偿费用的主要依据。

(1)制定征地税统一年产值标准的基本原则。

A.主导性原则。选择主导的地类和耕作制度进行测算，用主导农用地受益反映测算范围的农用地客观收益。

B.适当从高原则。在依据现状农作物产值测算的同时，适当考虑改进生产方式、增加科技投入等提高土地收益。

C.协调平衡原则。考虑土地等级状况，与当地征地区域综合地价水平相协调，与原征地补偿标准相衔接。

D.公开听证原则。根据《国土资源听证规定》要求，依法组织听证，广泛听取各有关部门、农村集体经济组织、农民及社会各方面的意见和建议。

(2)制定征地统一年产值标准的基本要求。

A.统一年产值标准分两个层次制定：①市(县)统一年产值标准，以市(县)行政区域为基本单位制定；②市(县)内分区域年产值标准，把市(县)划分为不同区域，确定各区域年产值标准。

B.市(县)统一年产值标准为控制性标准，在省内进行综合平衡；市(县)分区域年产值标准在市(县)统一年产值标准的基础上形成。

C.分区域年产值标准不设地块修正体系。

D.统一年产值标值应设定基准时间点，一般3～5年调整一次。

(3)制定征地统一年产值标准的工作步骤。

①确定测算范围;②确定主导耕作制度和主要农作物年产量;③确定主要农作物价格和年产值;④确定市(县)统一年产值标准;⑤确定市(县)分区域的统一年产值标准。

2.统一年产值倍数的确定

按法定的统一年产值倍数计算的征地补偿安置费用,不能使被征地农民保持原有生活水平,不足以支付因征地而导致无地农民社会保障费用的,经省级人民政府批准应当提高倍数;土地补偿费和安置补助费合计按30倍计算,尚不足以使被征地农民保持原有生活水平的,由当地人民政府统筹安排,从国有土地有偿使用收益中划出一定比例给予补贴。经依法批准占用基本农田的,征地补偿按当地人民政府公布的最高补偿标准执行。

3.征地区片综合地价的制定

征地区片综合地价是指在城镇行政区土地利用总体规划确定的建设用地范围内,依据地类、产值、土地区位、农用地等级、人均耕地数量、土地供求关系、当地经济发展水平和城镇居民最低生活保障水平等因素,划分区片并测算的征地综合补偿标准,原则上不含地上附着物和青苗的补偿费。

征地区片综合地价的制定。有条件的地区省级国土资源部门可会同有关部门制定剩余内各县(市)征地区片综合地价,保省级人民政府批准后公布执行,实行征地补偿。制定区片综合地价应考虑地类、产值、土地区位、农用地等级、人均耕地数量、土地供求关系、当地经济发展水平和城镇居民最低生活保障水平等因素。

征地区片综合地价制定的基本原则主要有以下几点:

A.维护被征地农民合法权益原则。征地区片价要确保被征地农民原有生活水平不因征地而降低,并体现长远生计和未来发展的需要。

B.同地同价原则。在同一区片内,不同宗地的征地补偿标准相同,且不因征地目的及土地用途而有差异。

C.协调平衡原则。征地区片价不得低于当地原征地补偿标准,省级行政区域内各市县的征地片区价应相互衔接。

D.公开听证原则。根据《国土资源听证规定》,征地区片价要依法组织听证,广泛听取有关部门、农村集体经济组织、农民及社会各方面的意见和建议。

征地区片综合地价的制定要求征地区片价作为征地补偿实施过程中的执行标准。一般情况下不设定宗地补偿费修正体系;确需设定修正体系的,要严格限定修正因素并控制修改因素,修正体系应一并公布。一个市(县)的征地区片价原则上控制在4～6个级别。征地区片价应设定对应的基准时点,一般3～5年更新一次。主要步骤包括:①确定测算范围;②划定片区;③测算区片综合地价;④对区片综合地价进行验证和调整;⑤测算结果听证和修改;⑥确定征地区片价;⑦整理和编制。

区片的划定分为两种情况,一种是有农用地定级成果市(县)的区片划定。已经根据《农用地定级规程》完成农用地定级工作的市(县),在农用地级别的基础上,按照《关于完善征地补偿安置制度的指导意见》(国土资发[2004]238号)的精神,考虑人均耕地数量、土地区位、土地供求关系、当地经济发在水平和城镇居民最低生活保障水平等因素,对农用地级别进行修正和调整,划分区片。另一种是没有农用地定级成果市(县)的区片划定。没有开展农用地定级工作的市(县),可以进行行政村为基本单元,根据地类、人均耕地数量、土地区位等因素对基本单元进行综合评价和调整，划定区片。

征地区片综合地价的测算必须注意以下事项：①对基本单元综合评价应考虑地类、产值、土地区位、人均耕地数量、土地供需关系、当地经济发展水平和城镇居民最低生活保障水平等因素，并确定合理的权重；②区片边界线一般以村行政界限为依据划定，需打破行政界限的可以现状地物及地类分界线确定；③基本农田保护区、生态保护区和其他资源保护区等不得划入征地区片价测算范围。

征地区片价可采用农地价格因素修正、征地案例比较和年产值倍数等方法进行测算，也可以根据本地区实际情况采用其他合适的方法进行测算。征地区片价原则上应在两种或者三种方法测算结果的基础上综合平衡确定：

A. 农地价格因素修正测算法。征地区片价以农地价格为基础，同时考虑人均耕地数量和城镇居民最低生活保障水平等因素进行修正。

B. 征地案例比较测算法。根据本区片和其他可比区片征地案例的实际补偿标准，进行比较确定征地区片价。

C. 年产值倍数测算法。根据年产值倍数分别计算土地补偿费和安置补偿费确定征地区片价。

四、大中型水利水电工程建设征地补偿与移民安置

（一）大中型水利水电工程建设征地补偿和移民安置应遵循的原则

水利水电工程建设征地补偿、移民安置，除了遵循一般建设征地补偿、移民安置的基本原则外，还应当遵守其自身的要求。按照《大中型水利水电工程建设征地补偿和移民安置条例》有关规定，水利水电工程建设征地补偿和移民安置应当遵循以下原则：①以人为本，保障移民的合法权益，满足移民生存与发展的需求；②顾全大局，服从国家整体安排，兼顾国家、集体、个人利益；③节约利用土地，合理规划工程占地，控制移民规模；④可持续发展，与资源综合开发利用、生态环境保护相协调；⑤因地制宜，统筹规划。

（二）大中型水利水电工程建设征地补偿费的标准及使用

1. 大中型水利水电工程建设征地补偿费用标准

《大中型水利水电工程建设征地补偿和移民安置条例》第二十二条规定，大中型水利水电工程建设征收耕地的，土地补偿费和安置补助费之和为该耕地被征收前三年平均年产值的16倍。土地补偿费和安置补助费不能使需要安置的移民保持原有生活水平、需要提高标准的，由项目法人或者项目主管部门报项目审批或者核准部门批准。征收其他土地的土地补偿费和安置补助费标准，按照工程所在省、自治区、直辖市规定的标准执行。

被征收土地上的零星树木、青苗等补偿标准，按照工程所在省、自治区、直辖市规定的标准执行。

被征收土地上的附着建筑物按照其原规模、原标准或者恢复原功能的原则补偿；对补偿费用不足以修建基本用房的贫困移民，应当给予适当补助。

单位或者个人依法使用的国有耕地，参照征收耕地的补偿标准给予补偿；使用未确定给

单位或者个人使用的国有为利用地的，不予补偿。

移民远迁后，在水库周边淹没线以上属于移民个人所有的零星树木、房屋等应当分别依照上述规定的标准给予补偿。

《大中型水利水电工程建设征地补偿和移民安置条例》第二十五条规定，大中型水利水电工程建设占用 25°以上坡耕地的，不计入需要补充耕地的范围。

2.有关费用的使用

根据有关规定，土地补偿费和安置补助费，由被征地单位用于恢复和发展生产、安排因土地被征用而造成的多余劳动力的就业和不能就业人员的生活补助，也可以包干到县（市），由县（市）统一安排，用于土地开发和移民的生产、生活安置，但必须专款专用，不得私分，不得挪作他用。

移民经费列入工程预算，工程开工后，按批准的年度移民安置计划提前拨款。

（三）移民安置办法

1.制定规划

水利水电工程建设单位，应当在工程建设的前期工作阶段，会同当地人民政府根据安置地的自然、经济等条件，按照经济合理的原则统制移民安置规划，移民安置规划应当与设计任务书和初步设计文件同时报主管部门审批。按照《大中型水利水电工程建设征地补偿和移民安置条例》第六条规定，已经成立项目法人的大中型水利水电工程，由项目法人编制移民安置规划大纲，按照审批权限报省、自治区、直辖市人民政府或者国务院移民管理机构审批；省、自治区、直辖市人民政府或者国务院移民管理机构在审批前应当征求移民区和移民安置区县级以上地方人民政府的意见。没有成立项目法人的大中型水利水电工程，项目主管部门应当会同移民区和移民安置区县级以上地方人民政府编制移民安置规划大纲，按照审批权限报省、自治区、直辖市人民政府或者国务院移民管理机构审批。

没有移民安置规划的，不得审批工程设计文件和办理征地手续，不得施工。编制移民安置规划，应当遵守国家有关规定。

2.组织实施

经批准的移民安置规划，由县级以上地方人民政府负责实施，按工程进度要求组织实施，妥善安排移民生产和生活；工程竣工后，由该工程的主管部门会同移民安置区县级以上人民政府对移民安置工作进行检查和验收。由于大中型水利水电工程建设规模大，需要征用的土地多，移民也较多，建设工期较长，所以一般情况下，不可能也不需要对移民一次性全部安置完毕，而应当随着工程建设的进度按步骤分批搬迁、安置移民。建设工程竣工后，有关部门应当对移民的安置工作进行检查和验收，解决好遗留的安置问题。

3.安置地区的确定

对水利水电工程的移民安置，原则上或者在一般情况下，应当在水利水电工程所在的乡、县内安置；在本乡、县内安置不了的，应当在该水利水电工程的受益区内安置；在受益地区内安置不了的，按照经济合理原则外迁安置。安置移民时，必须按照上述规定确定安置区，不得随便外迁，移民也不能无理要求搬迁外地。

另外，移民自愿投靠亲友的，由迁出地和安置地人民政府与移民商议协议，办理有关手续，迁出地人民政府应当将相应的土地补偿费和安置补助费，交给安置地人民政府，统筹安排移民的生活。

4.多余劳动力的安置

因兴建水利水电工程征地造成的多余劳动力，由当地人民政府组织有关单位发展农副业生产和举办乡（镇）村企业等途径进行安置。确实安置不了的移民，经县级人民政府审查，报省、自治区、直辖市人民政府批准，原有的农业户口可以转为非农业户口，但必须从严审批；其土地补偿费、安置补助费交由安置地的县级以上人民政府，统筹安排移民的生产和生活。

5.服从安置

按照移民安置规划必须搬迁的移民，不得借故拖延搬迁和拒迁；经安置的移民不得擅自返迁。安置移民是国家实施的一种土地行政行为，移民应当服从、履行该种行为，对于拒不搬迁的人，人民政府及其土地管理部门有权依法强制执行。因安置而搬迁到外地的移民，按照规定需要返迁原居住地的，应当经过有关政府批准，未经批准，不得擅自返迁。

6.城镇的搬迁

兴修水利水电工程特别是大型工程，有时需要占用某一甚至某几个城镇所在的土地，因而要将该城镇地址搬迁。在搬迁城镇时，应当遵守下列要求：①因兴建水利水电工程被占有使用土地需要迁移的企事业单位，其新建用房和有关设施按原规模和标准新建城镇的投资，列入水利水电工程概算；②因扩大规模和提高标准的，其增加的投资由地方人民政府自行解决。

7.企事业单位的迁移

因兴建水利水电工程被占有使用土地需要迁移的企事业单位，其新建用房和有关设施按原规模和标准建设的投资，列入水利水电工程概算；因扩大规模和提高标准需要增加的投资，由有关单位自行解决。

8.对移民生产、生活的扶持和照顾

这些措施主要有：国家设立库区建设专项基金，用于大中型水利水电工程库区维护和扶持移民发展生产；用电保证；开发利用水面和消落区；国家安排支农、扶贫资金和交通、文教、卫生等经费时，对移民安置区适当照顾，以扶持移民安排生活和发展生产；国家在移民安置区和工程受益区兴办的生产建设项目，应当结合安置移民。国家对移民扶持的时间为5～10年，自移民安置规划实施完毕之日算起；按照移民安置规划分期分批安置的，自每批移民安置完毕之日算起。

另外，根据有关规定，特大型水利水电工程建设征地补偿和移民安置办法，由国务院有关部门另行制定，报国务院审批。

第四节 主要市场经济国家的土地征收制度比较与启示

主要市场经济国家征地制度建设的经验可以为中国的改革提供有益借鉴。本节对美国、英国、德国及日本等国家征地制度进行比较，从中发现有益启示。

一、主要市场经济国家土地征收制度比较

（一）土地征收目的

在美国，土地征收称为最高土地权的行使，受限于联邦宪法和各州宪法（除北卡罗来纳

州)的征收条款。在美国土地征收的历史上,“公共使用”的概念非常模糊且富于争议性,长期以来形成了狭义和广义两种观点。在殖民地时期和19世纪上半叶,狭义的“公共使用”观点占上风,是指被征收的财产为公众直接使用或有权实际使用。主要包含了两种情况:①政府机关行使职能使用,如被征收财产被用为政府大楼、市政厅、议会大厦、邮局等;②公众有权利使用或进入,如被征收财产用于公路、水电站、学校和医院等。到20世纪30年代的经济危机后,广义的“公共使用”成为主流观点,是指为合法的公共目的而征收财产,即在政府管制权范围内的目的就符合“公共使用”的构成要件①。尽管目前联邦政府还没有明确界定何为“公共使用”,但在司法实践中,法院会运用4个要件来判定征地是否具有公益性:①征收行为影响的是与个人相对应的共同体;②征收后的财产使用有法律明确规定;③征收后的财产所有权由公共组织拥有;④公共获取公共占有的利益,除了公共组织外没有人能够对该财产进行控制②。

在英国,土地征收称为“强制购买”(compulsory purchase)或“强制取得”(compulsory acquisition)。英国的征地目的也是为了公共利益,但与美国通过立法规定和司法判例来决定征地是否具有公益性不同,英国没有直接的公共使用的限制。英国土地征收权(强制购买权)并不仅限于公共部门,其法律也没有将私人用途排除在强制购买之外。如1992年通过的《交通与工程法》(The Transport and Works Act 1992)规定因公用事业需要,私有公司也可以通过强制购买取得土地进行铁路交通和其他公用事业建设;相关城乡规划法也规定,为城市开发建设的需要,地方当局可以通过强制购买取得土地。除公共利益外,私人用途如商业中心开发建设也可以通过强制购买土地来进行,而通过强制购买来的土地还可以再转让。于1990年修订的《城乡规划法》明确规定:强制购买不仅是为公共利益还可以是为了适应地区规划的要求或者确保土地最经济有效的利用,地方政府也可以通过强制购买来取得土地。于2004年颁布实施的《规划和强制购买法》对地方当局实施城市开发的强制购买土地行为的规定更加具有弹性,只要符合促进或者改善该地区的经济、社会或环境福利的要求,地方当局都可实施强制购买③。

德国是欧洲最早对土地征收进行规制的国家,土地征收在德国称为公益征收。德国土地征收都是用于公共目的,《基本法》第十四条第三款明确表明所有权可以被国家合法第侵犯,也就是可以被征收,其中最重要的征收条件即是符合公共利益的要求。国家只有在符合公共利益的条件下才可以征收土地,违反了这个条件,所以征收都是违反宪法的,而且就公共利益作为征收的构成要件而言,一项征收如果不是服务于公共利益,则该项征收作为一项行政行为根本不能成立④。《勃兰登堡州土地征收法》第二章第四条规定“土地征收职能在能够增进公共福利的前提下,才能予以准许”。在勃兰登堡州,土地征收的目标规定为基于国土整理规划中对土地资源的保护需要而进行土地征收;基于公共供暖而需要占用土地进行的征收;为了实现垃圾清理而需要的土地征收等。

日本属于农地资源稀缺的国家,与其他国家一样,《日本国宪法》规定了公共利益为征收

---

① 徐迎春:《中美土地征收制度比较研究》,杨凌:西北农林科技大学出版社,2011

② 宋雅芳:“试论财产征用的公共利益目的”,《河南社会科学》,2005,13(1):28-30

③ 宋国明:“英国土地征用制度[EB/OL],http://www.mlr.gov.cn/wskt/flfg/201003/t20100327-713013.htm,2010-03-12

④ 袁治杰:“德国土地征收中的公共利益”,《行政法学研究》,2010,(2):119-125

的前提条件，其中第二十九条规定“不得侵犯财产权。财产权的内容应适合于公共福利，由法律规定之。私有财产在正当补偿下得收归公用”。而公共目的，不仅指医院、学校、铁路、公园、水库等建设性的公共项目之目的，而且像战后以创设自耕农为目的而征购农地那样，即使在特定的个人成为受益者的情形下，只要征收的整体目的是为了公共利益，也可以将其纳入公共目的的范畴①。由于公共利益具有不确定性，为了有效防止国家以公共利益为名滥用土地征收权，日本对土地征收有关的法律详尽地规定了公共利益。如日本《土地收用法》第 3 条“穷尽”性列举了 49 种可以启动公用收用的公共目的，其中包括依据道路法进行公路建设；以治水或水利为目的在江河上设置防堤、护案、拦河坝、蓄水池及其他设施等。征地中公共利益的判定必须严格按其规定进行，政府没有任意行政权。

（二）土地征收程序

美国的征地程序为：第一，由具有资格的正式审核员在征得土地所有者同意后，实地调查、汇总，提交审核报告给负责征地的机构；第二，高级监督员进一步研究是否同意审核员提出的征地补偿价格；第三，征地机构向土地所有者或相关利害关系人报价。若产权方对政府征地报价存有异议，可以与政府进行谈判；若不能达成一致，政府及有关机关则实施强制征收。

英国征地程序主要包括四个阶段：申请、核准、补偿的议定或裁决，让合同的订立与补偿的给付。英国对于土地征收申请的核准尤为严格。首先，有关大臣主持召开一个公开的调查会，听取各方对动用强制征地权的意见；其次，制定一个独立督察员进行评估，这位督察员随后向国务大臣递交报告；最后，由国务大臣确认此项目是否适用《强制征购土地法》，只有被国务院大臣确认征地适用该法后，征地单位才能依法获得强制征用土地的权利。这就使英国征地需要花费较高的征地成本，从而在一定程度上约束了政府的征地行为。鉴于此，有权征用土地部门常常避免采取强制性手段，多采取与土地所有者合作的形式获得土地。

德国土地征收一般要经历两个阶段，第一阶段是自由协商购买阶段。德国法律规定，任何开发商或建筑商都不能直接进入征地拆迁程序，在这之前必须向土地所有者、地上权所有者协商购买建设所需要的土地。在这一阶段，开发商或建筑商要说明征地的目的、购买的价格。只有在自由协商购买失败之后，开发商或建筑商才可以向上一级行政管理部门申请进入征地程序。第二阶段是征地程序真正实施阶段。一般而言，这一阶段通常经历审查规划、土地征用、土地赔偿、征地生效四个步骤。

日本的土地征用是在正常土地交易发生困难时才发动的，与其他国家的土地征用制度很不相同。日本征地程序一般包括六大环节：申请征地、登记土地和建筑物、达成征购协议、申请征用委员会的裁定、让地裁定、征用终结。日本的公共事业营业者在需要征用土地时，首先需要向建设大臣或都府县知事提出申请；征地申请被批准后，起业者便可以登记被征用的土地及其以上的建造物，并经地权人签字确认。此后的权利关系内容即以此为依据；起业者与土地所有者以及其他权利所有者可以像签订合同那样达成购买协议。当事人双方达成协议后，则请征用委员会确认此协议；如果当事人之间不能通过协商达成土地征购协议，起业者可以申请征用委员会来裁定。最后根据裁定明确被征土地的范围、对土地等的损失赔

① 芦部信喜（日）：《宪法（第三部）》，林来梵等译，北京：北京大学出版社，2006

偿以及取得权利的期限等;在做出征地裁定后,权力者如果出让土地,征用即告终结。

(三)征地补偿内容

美国征地补偿以征用前的土地市场价格为计算标准,充分考虑土地所有者的利益。在计算土地征用补偿费时,不仅考虑土地现有价值,而且考虑土地未来价值,且考虑因征用而导致邻近土地所有者经营上的损失。

英国土地征用补偿费的内容:①土地及建筑物的补偿,以公开市场土地价格为标准;②残余地分割或损害补偿,以市场贬值价格为标准;③租赁权损失补偿,指契约未到期的价值及因征用而引起的损害;④迁移费、经营损失等干扰的补偿;⑤其他必要费用支出的补偿,如律师或专家的代理费用、权利维护费用等。

德国征地补偿费的内容:①土地或其他标的物损失补偿,以土地或其他标的物在征用机关裁定征用申请当日的转移价值或市场价值为标准;②营业损失补偿,即原财产人在职业、营业或履行其应负的任务所受的暂时或持续的损失,以在其他土地投资可获得的同等收益为标准;③征用标的物上的一切附带损失补偿。

日本征地补偿费的内容:①征用损失赔偿,并按征地批准时的市场价格计算;②通损赔偿,即对权利者因征地而可能受到的附带性损失进行补偿,此外,对被征用者在收益上所受的损失也进行补偿;③少数残存者赔偿,即对因征地使得人们脱离生活共同体造成的损失进行赔偿;④离职者赔偿,即对土地权利人的雇佣人员因土地被征用而失业时发生的损失进行赔偿;⑤事业损失赔偿,即对公共事业完成后产生的噪声、废气、水污染等造成当事人的损失进行赔偿。

(四)征地补偿标准

美国征地补偿主要是市场价值标准,采用可比销售法、总体收入法、复制成本法三种估价方法来决定市场价格。如果难以确定或使用将给被征收者或公众带来“明显不公”则可采用恢复原状或返还不当得利的方法取代市场价值标准。

英国法律规定:中英政府各部,地方政府,自来水供给公司,新城市开发公司等公共机关,为了执行各自的法定业务,享有征用土地的权限。为避免采取强制性手段,有权征用土地的部门多采取与土地所有者合作的形式获得土地。土地征用补偿标准以被征用土地所有者在公开土地市场能得到的出售价格为计算依据。计算补偿价格的时期确定在征用者进入土地的日期。但是,由于公共机关依修建计划进行土地征购所引起的地价变动,一律不予考虑。如果该土地已经按计划授予使用许可,或者是预见到将来的使用合理性,经过政府批准的,可以适当考虑因规划批准引起的地价上涨部分。

德国征地补偿价格以官方公布征用决定时的交易价格为准,补偿按市价评定、以被征收人重新获得同质等量的标的物为标准。各类补偿费由征收利益人直接支付给受补偿人,且各类补偿应在征收决议发出之日起一个月内给付,否则征收决议将被取消。

日本《土地收用法》第 71 条规定:补偿的标准为“考虑到近旁类似土地的交易价格等而计算的事业认定告示时的相当价格,乘以对应至权利取得裁决时为止的物价变动的修正率,所得的数额”。《伴随公共用地的取得的损失补偿基准纲要》进一步规定对土地以正常的交易额为补偿额,计算的时期为契约缔结时。

(五)征地补偿原则

一是公平补偿原则。公平补偿是指立法者在制定征收法律时,必须就公共及涉及参与人的利益作公平衡量后,规定征收的补偿。如美国,其征地补偿原则主要包括:①主体的公平,即补偿对象不仅包括财产所有人,还包括相关收益人;②客体的公平,即补偿范围除土地本身外,还包括土地的附属物及与其商誉有关的无形资产;③估价的公平,即补偿的数额以"公平市场价值"为依据,其评定由双方分别聘请独立资产评估师估价,如结果悬殊则由陪审团裁定。

二是适当补偿原则。主要市场国家代表是英国。适当补偿从"所有权的社会义务性"观念出发,认为产权因负有社会义务而不具有绝对性,由于公共利益的需要,可以依法加以限制。但土地的征收已经超越了对财产限制的范围,剥夺了公民的财产权,应当依法给予适当补偿。

三是全额补偿原则。目前,日本和德国的征收补偿主要是全额补偿,以被征收人完全恢复到与征收前同一的生活状态所需要的代价为补偿标准。全额补偿从"所有权神圣不可侵犯"的观念出发,认为损失补偿的目的在于实现平等,征地正是对所有权的侵犯,为矫正这一不公平的财产权侵害,应当给予全额补偿才符合公平正义的要求。

随着经济的发展和国家社会意识的转变,征地补偿原则也会随之改变。如德国在第一次世界大战以前强调对财产权人的充分保障,在征收土地时采取全额补偿原则。在二战后,则采取适当补偿原则。到了经济复兴期,又恢复采取全额补偿原则。

(六)征地补偿范围

虽然各国土地征收补偿原则不尽相同,即使是同一国家,随着社会的发展、治国理念的变化,其补偿原则也有所调整。但就主要市场国家立法整个发展趋势看,对于征收所造成的补偿范围呈日渐放宽之势,以充分保障失地者的合法权益。土地权利人受补偿的范围一般包括两部分:土地征收费和土地赔偿费。土地征收费相当于被征土地的价值,是土地所有权的经济实现,如美国;赔偿费是对土地权利人因征收而造成的经济及其他损失的补偿,例如,日本的征地补偿费主要是赔偿费。

(七)征地补偿方式

主要市场经济国家土地征收补偿的方式一般是货币补偿,如美国、英国。但是,考虑到货币补偿一旦在土地评估技术不足和地价狂跌的情况下,被征收者所领的补偿金根本无法维持其原有的生活水平,所以,许多国家都相应地规定了一些例外的实物补偿,与货币补偿同时兼用。例如德国,除现金补偿外,也有代偿地的补偿、代偿权利的补偿。又如,日本的土地征收补偿除现金补偿外,还有替代土地的补偿、拆迁代办和工程代办补偿。

二、主要市场经济国家土地征收制度的有益启示

不难看出，上述市场经济国家的征地补偿建立在土地私有制基础上，产权关系明确，权利主体平等，征地按照市场价格合理补偿，能充分保证被征地人利益，并有严格规范的征地程序规定和司法监督体系保护被征地人的权益，在征地中充分尊重被征收人的意志，努力实现征收补偿的公正公平。尽管中国与之在国情、制度方面有诸多差异，且在征地补偿的具体操作范围上也不尽相同，但是至少可以从以下几方面为我国土地征收制度的完善提供有益启示和借鉴。具体体现在：①明晰土地产权制度。健全的产权制度是维系国家或社会经济秩序的基石。首先，从对权利的边界及深度的规定来看，上述国家对土地产权的界定是明晰的。一方面这些国家以土地私有制为主，土地产权及其所属的土地由法律清晰界定。另一方面，这些国家对土地产权的界定不仅局限于所有权、使用权、收益权、处分权等，而且还包括了租赁权、抵押权、相邻权及地役权等。因此，在征地补偿过程中不仅需要对直接相对人给予公平补偿，而且对间接相对人因征地而引起的损失也给予公平补偿。其次，从对产权的保护来看，这些国家不仅建立了以公平、正义为价值取向的宪法、经济法、行政法及民法来保护个人财产权，而且在实践中一方面通过土地登记、土地调查等技术手段来物化这些抽象的权利结构，另一方面还通过建立独立的第三方机构如土地评估所、土地法庭等来协调利益冲突以保障权利的实施。而我国目前的土地产权制度存在土地所有权主体不明、土地产权缺乏保护等弊端。对此，我国土地征收制度的改革必须完善集体土地所有权和土地使用权，明确集体土地所有者代表及土地承包权的性质，确保农民的合法权益。②征地权利合法化。大多数国家都规定征地权是政府特有的行政权力，政府行使征地权的具体表现通常是控制征地审批权，但是，问题的关键不在于审批权在哪一级政府，而在于是否能够严格控制征地审批权。借鉴国外的经验，可行的做法是建立征地审批责任制，从政府首脑到职能部门负责人再到具体经办人员，责任层层落实；如违反法律规定，则追究相关人的行政、刑事责任。③明确界定“公共利益”的内容和范围。在市场经济条件下，为了不破坏土地市场的竞争规制，同时保证足够的公共利益用地，外国政府都将“非公共目的”用地和“公共目的”用地严格区分对待：对前者的流动不过多地干预；对后者，政府则依法充分行使土地征收权，保证在需要时能获得土地。因此，我国必须加快征地立法，明确征地“公共利益”的内容与范围。④严格规定征地程序。上述国家地征收法律中显著的特点之一就是对征地程序的完整规定，它明确了征收土地的各个环节，最大限度地减少了政府征收的自由裁量权，防止行政权力的滥用，保障失地者的权益，同时，赋予被征地者相应的司法救济权。因此，我国的土地征收法律应该不仅对征地程序有完整的规定，而且还要严格要求公告相关的征地信息，以保证征地程序的公开性和透明性。此外，在征地过程中必须满足农民的利益，通过完善行政复议和行政诉讼制度，扩大对农民的救济范围及加大司法审查力度，构建相对独立的裁判机构，为农民提供救济的法律援助等措施来完善土地征收救济体系。⑤遵循市场原则，提高征地补偿标准。从国外情况看，征地补偿标准与土地制度、经济发达程度密切相关。我国正处于社会主义初级阶段，实行土地公有制，法律在确定征地补偿时，应细化补偿项目、扩大补偿范围，采用多样化的补偿方式，并合理分配补偿费用，给予失地者公平、合理的补偿。

第五节　土地征收制度改革

一、现行土地征收及补偿制度存在的问题

(一)公共利益泛化

公共利益是土地征收的前提条件,也是土地征收的价值目的。虽然我国相关法律中都规定了土地征收必须以公共利益为目的,但对于公共利益的内容和范围却缺乏明确的规定,加之公共利益本身就存在较大的开放性和不确定性,使公共利益在土地征收中失去了判断的客观标准,导致对公共利益的解释成为有关职能部门和主要行政领导自由裁量的权力。而且土地征收中公共利益认定和审查机制的缺失,使得政府的征地行为缺乏有效监督和约束,被征地农民既没有参与权也没有否决权,难免出现政府征地权的滥用以及以公共利益为借口而侵犯农民土地权益行为的发生。

与此同时,现行法律规定的内在冲突使公共利益目的在土地征收中难以落实。根据法律规定,只有国有土地使用权才能在土地市场上进行流转,而土地征收是集体土地转为国有土地的唯一途径,当建设用地需求上升,非公益性经营项目建设需占用集体土地时,土地征收成为目前唯一可行的制度安排。法律规定的内在冲突,客观上将公共利益的需要从公共设施、公益事业等扩大到了包括非公共利益性质建设在内的所有用地项目。这就导致除公共利益之外的商业目的或其他用地需求,都必须通过征地的方式来实现,公共利益的前提在土地征收中经常被无视,征地范围远远超出公共利益的需求。就目前各种用途征地的比例构成来看,国防建设等纯公共利益需要所占用地的比例极低;除去政府部门、卫生、教育和重点交通项目用地外,其他的用地需求几乎都以营利建设为目的。

(二)征地补偿不公

首先,征地补偿范围较窄。现行的征地补偿范围仅限于土地补偿费、安置补助费以及地上附着物和青苗补偿费。这表明补偿范围仅包含与被征收土地直接相关的经济损失,而对与被征收土地间接相关以及由此延伸的其他附带损失则不予补偿,如残余地的分割或损害补偿、经营损失补偿、重新安置的困难补偿等。不仅没有体现被征土地的非生产性收益或其他潜在收益,也没有体现土地对农民所承载的就业保障、养老保障等多元化价值。

其次,征地补偿标准偏低。现行征地补偿制度下,征地补偿费用是以土地原用途的产值倍数作为测算依据的。这种测算方法忽略了被征土地的区位、土地供求状况、土地用途变化以及经济社会发展水平等影响地价的因素,只是对农民原来在土地上从事农业生产收益的补偿,既不符合市场经济规律,也不能反映被征土地的实际价值。而且土地的利用方式、种植作物种类、农产品市场价格等因素的不确定性,又使作为补偿基数的年产值存在较大弹性,政府往往在法定范围内压低征地补偿费用。不仅如此,对失地农民的补偿费用也与土地非农化后所产生的增值收益没有关联,土地增值部分的分配并没有考虑到被征地农民的利益,实质上剥夺了农民分享土地增值收益的权利,显然是有失公平的。

最后，失地农民安置措施不到位。计划经济时期国家通过农转非、招工等方式较好地解决了失地农民的就业、养老等问题，但市场经济条件下，企业所有制结构与劳动就业制度等的变化使传统安置方式不再可行，地方政府大多采取货币补偿的方式来安置失地农民。而这种单一的安置方式存在较大局限性，如农民一次性持有大量货币后容易导致非理性行为；农业劳动技能参与非农就业的困难性，使部分失地农民难以再就业或就业质量过低，无法获得新的可持续收入来源；尤其是农村社会保障制度尚不够健全，许多农民的医疗、养老等问题无着落，长远生计得不到保障。

（三）征地程序失范

现行征地程序透明度较低，还缺乏必要的公众参与和适当的征地争议救济程序，无法体现正当程序的要求。

一是公告程序不健全，征地过程透明度不高。现行的征地公告程序仅作为附属程序置于征地方案批准之后，此时土地征收行为已经具有法律效力，这种“事后公告”仅具有形式上的意义而不能对土地征收起到有效的监督。在公告的内容上，有关征地的合理性和法律依据、征地补偿和安置、征地的监督和救济措施等各个阶段的信息也不够充分。而在告知责任的落实上，目前对告知义务主体采取哪些措施、通过哪些具体步骤确保被征地方了解征地信息的规定不够明确，特别是对没有履行告知义务的法律责任没有具体规定，对告知义务主体缺乏约束力。实际征地过程中，许多地方政府甚至没有严格执行“两公告一登记”（征地方案公告、补偿安置方案公告、补偿登记）的法定程序，致使集体组织和农民的知情权得不到保障。

二是公众参与程度十分有限。被征地方只有在征地行为确定之后才有参与的机会，且只能对征地补偿和安置方案提出意见或要求组织听证，而在根本性的征地合法性的认定等方面没有任何发言权，更没有提出异议的权利。对于听证程序，被征地方获取听证的机会甚少，法律仅规定农民对征地补偿安置方案有异议可以提出听证申请，既没有将公众参与作为一项征地法必须履行的法定义务提出，也没有明确具体的执行程序；且听证往往由政府机关来主持，难以保证听证的公正性。在确定征地补偿安置方案时，也往往由政府单方面制定而把广大农民排除在外，剥夺了农民应有的参与权。参与权的缺失不仅导致农民与政府之间缺乏必要信息的沟通，也使整个征地过程缺乏必要的监督，很难保障农民土地权益的合理实现。

三是征地救济程序处于事实上的缺位状态。从征地争议来看，不仅行政救济与司法救济相互矛盾，而且行政救济制度内部也存在配套制度不到位、裁决覆盖面较窄、机构设置不尽完善等问题。《土地管理法实施细则》设置了行政裁决这一救济方式，但政府在征地中集审核职能和仲裁职能于一身，在处理有争议性的征地问题上难免有失公平；且法律规定的裁决范围过窄，只有征地补偿标准争议可以申请裁决，还缺乏可操作的程序性规范，导致裁决机关在工作中无章可循。同时，在发生征地纠纷时，司法救济程序缺失。司法机关在处理案件时不仅缺乏法律依据，还容易受到各级地方政府的强力干预。实践中能够进入司法救济程序并得到救济的情况很少，大多数的征地争议甚至都无法立案。

二、完善征地补偿制度的主要观点

(一)制度本身缺陷的完善

该观点认为,现行征地补偿制度之所以引发大量的纠纷、矛盾甚至激烈的社会冲突,其直接原因在于制度本身所存在的诸多缺陷:征地补偿费用偏低,工业化和城市化快速发展的成果没有惠及广大农民,地方政府通过低价征地、高价出让攫取了巨额土地增值收益,造成大量失地农民陷入"无地、无业、无保障"的困境;而征地权的行使超过公共利益的需要,引发征地规模过大和失地农民数量的增加,导致涉及征地的群体性事件逐年增多,社会风险加剧;征地程序的不完善则进一步加剧了征地过程中的各种利益冲突。因此,着眼于解决失地农民的长远生计、缓解征地冲突等一系列问题,应在现行征地补偿制度基础上,通过界定公共利益、提高征地补偿安置水平和完善征地程序来对制度本身予以完善。

(二)农地产权制度的改革

该观点认为,现行征地补偿制度的症结在于残缺的集体土地产权难以有效维护集体组织和农民的土地财产权益。中国征地实践中所显现出来的利益矛盾和社会冲突,其体制性、系统性根源即在于现行土地征收制度的基本架构仍然还竖立在模糊的集体土地所有权之上,造成征地过程中农民、集体、开发商与政府之间模糊的利益边界和过度的博弈空间,从而产生了多层面的复杂问题和矛盾。只要征地补偿制度仍建立在模糊的集体土地所有权之上,不消除征地利益主体之间模糊的利益空间,征地过程中的利益矛盾和社会冲突就难以根治。因此,中国的征地补偿制度改革只有从土地公有制的特殊国情出发,以尊重农民土地财产权利为指导思想,赋予集体组织和农民完整的土地所有权,才能使集体组织和农民在征地过程中取得一种基于产权让渡的谈判地位,从而在根本上对现行征地补偿制度进行改革。

三、完善征地补偿制度的主要途径

(一)明确界定公共利益

公共利益界定包括立法上的界定与程序上的界定。由于单纯立法上的规定难以涵盖所有公共利益的范围,因此还必须建立程序性制度使公共利益的界定更加客观公正。

1. 公共利益的立法界定

借鉴市场经济国家的先进立法经验,土地征收中公共利益的立法界定主要存在概括式和列举式两种:概括式即仅在立法中概括规定土地征收必须出于公共利益,如《法国民法典》规定,"为了公共利益的需要,包括直接的公共工程建设和间接满足公共利益的建设,以及政府进行宏观调控的需要",可以由政府对私有土地进行征收。概括式具有不确定性,且采用此类立法模式的国家一般都有议会决议或法院判例对公共利益做出界定,司法实践中也有比较完善和成熟的公共利益评定程序,更有健全的私人财产保护体系。列举式即详细列举公共利益的范围,如日本《土地征收法》规定,"为了兴办各种社会公共事业,如道路、公园、堤防以及港湾建设等”，可以征收私有土地，并列举了所有35种可以发动土地征收权的公共事业。列举式试图将公共利益固化，从而对行政机关的自由裁量权做出限制，但公共利益的内涵是随着社会进步而在不断丰富和发展的，由于立法的滞后性，列举式难以适应时代发展的需要。总之，上述立法界定模式都有其固有的缺陷，重要的是所采用的立法界定模式如何适应本国的行政及司法体制。

基于我国现有的行政及司法体制安排，中国土地征收中的公共利益界定，宜采用概括、列举加排除立法模式。列举项可使抽象的公益内容具有明确的现实可操作性，将那些容易识别的公共利益在法律中明确列举出来，无疑为土地征收提供了比较明确的法律依据，避免了因公共利益模糊而导致的征地权滥用；概括项适用于立法时无法列举或难以列举的其他属于公共利益范畴的事项，需要根据实际情况来加以判别，从而可以使公共利益的内容具有适时的灵活性，以适应公共利益不断发展变化的需要；而排除项则将非公共利益项目禁止在土地征收之外，通过反向排除使公共利益的边界进一步清晰，如一般的商业利益或某一特定利益集体的利益，其用地需求则不能通过动用征地权来实现。

2.公共利益的程序界定

土地征收中公共利益的程序界定主要包括公共利益的认定、审查和救济三个方面。

从土地征收公益性质的认定程序来看，行政机关在动用征地权时除严格按照立法机关规定的公共利益范围外，还需要在实际征地时通过包括听证、调查以及咨询等方式来对公共利益予以确认。具体而言，应就用地性质的公益性广泛征求公众和土地财产权利各利益相关人的意见，为此有必要设定征地目的是否符合公共利益的听证程序；征地者还应通过对征地建设项目潜在的影响者予以实地走访调查并收集他们的意见以对公共利益的形成予以参考；也可向具有一定独立性和专业性的机构进行咨询来确认征地项目是否符合公共利益。

从土地征收公益性质的审查程序来看，可通过同级代议机构、各级人大及其常委会和由上级行政机关审查来进行。由人民代表选举产生的地方代议机构通过民主程序来对土地征收是否符合公共利益进行审查既是合法的也是必要的。同级代议机构在审查行政机关征地行为是否符合公共利益时，除依据既定法律对公共利益的相关规定外，应综合考虑地方政府、征地潜在的影响者尤其是土地使用人和所有人的意见。而上级行政机关的审查可结合报批程序进行，在征地方案中就项目是否符合公共利益予以说明并附同级代议机构审查意见；如果上级行政机构与下一级代议机构的审查意见不一致，可由该行政机构的同级代议机构予以裁定。

从救济程序来看，在行政机关对土地征收的决定以及公共利益的认定进行公告后，如果被征收人或者社会公众对公共利益有异议时，即可以向行政机构提出行政复议或者申诉，也可向司法机关提起诉讼；而申请人对行政复议或者行政申诉结果不服的，可以就复议或者申诉结果向有管辖权的司法机关提起司法诉讼，司法机关通过判定行政机关征地行为是否符合公共利益，并做出相应的决定。

（二）提高征地补偿安置水平

1.扩大征地补偿范围

征地补偿范围过于狭窄且不合理是造成征地补偿额过低的重要原因，因此应充分考虑征地所造成的直接损失和间接损失，扩大对被征地农民的补偿范围。目前主要市场经济国家对征地造成的损害进行赔偿，从范围上看至少有三项内容是不可或缺的：土地及其地上建筑物、附着物和构筑物的补偿；因征收造成的困难补偿；因征地活动引起的其他补偿，如残余地补偿、相邻土地损害补偿等。具体到中国的征地补偿，除了应考虑对被征土地本身进行赔偿以及对失地者的生活进行安置以外，还应该考虑残留地和相邻土地损失的赔偿，农民在土地承包期内的潜在收益损失，以及因失去土地而造成的各项间接损失，如迁移费补偿、经营损失补偿、租金损失等具有客观价值而又能举证的具体财产损失。

2.提高征地补偿标准

针对征地补偿过低的问题，提高征地补偿标准已在理论和实践层面达成共识，但对于具体的改革途径尚存在不同主张。

一种主张是通过完善现行的产值倍数法来提高征地补偿标准。主要是对征地补偿标准的测算方法进行改良，如将土地的投入产出比、年产值增长率等指标引入到产值倍数法的测算中来。在实践层面，国家也采取了制订征地统一年产值标准和区片综合地价等方法，将影响地价的主要因素如土地区位、土地供求关系、土地利用类型等融入了其中，考虑了被征土地的自然、经济和社会属性，并且根据社会经济条件的变化进行定期的动态调整，为确定征地补偿费用提供了更加科学、合理的依据。

另一种主张是基于土地市场价值进行补偿，认为耕地的“平均年产值”既不是地价也不是地租，而是以生产资料的使用价值代替了生产资料的价值，由此计算出的补偿价格并不能反映被征土地的真实价值；更何况这种政府行政指令下的补偿标准，与市场经济体制下的价格形成机制也相违背。因此，征地补偿标准应与土地的市场价格挂钩，即按土地被征收后的市场价格进行补偿，把土地的增值收益还给农民。考虑整个社会进行基础建设、区位和环境改良而增加的外部性土地增值，在按市场价格进行补偿的同时，还可以通过合理设置税收等方式来调节土地增值收益的分配，将社会公共投资的增值收归国家。

3.探索多种方式安置失地农民

在货币补偿的主要安置方式之外，采取社会保险安置、留地安置、土地入股和债券补偿等灵活多样的方式安置失地农民。由于农村土地承载着社会保障的重要功能，因此征地补偿安置应探索建立失地农民的社会保障体系。当前主要做法有将被征地农民纳入城镇社会保障体系、建立被征地农民社会保险制度或基本生活保障制度、为失地农民购买商业保险等，社会保险安置的方式在很大程度上解决了失地农民的长期生活保障问题。除了社会保险安置，在经济较发达地区或土地市场化程度较高地区，可实行国有土地留地安置，即政府在征收土地时，根据征收规模将部分土地直接安排给被征地的农村集体经济组织或农民经营、使用，通过鼓励和扶持其兴办产业来为失地农民带来长期稳定的收益。在可获得长期回报的征地项目中，可探索将土地使用权入股或征地补偿费入股的方式，赋予被征地集体或农民个人优先开发权，为失地农民保留和提供长期收益。此外，还可以通过向被征地农民提供免费的劳动技能培训，由用地单位优先吸纳被征地农民进行就业安置。总之，各级政府应根据区域经济发展水平及征地项目的实际情况，选择合理方式来安置失地农民，以保障其长远生计。

(三)完善土地征收程序

1.健全征地公告程序

首先,公告方式应多样化,确保每一个利害关系人的有效参与。除依现行的公告方式外,还应增加书面通知程序的规定,即除应当在法定地点进行书面公告外,还必须同时以留置送达或邮寄送达等较为直接的方式通知到所有涉及征地的集体组织和农民。其次,公告内容详细化。除对现有法律规定的内容进行公告外,还应当增加对征收符合公共利益、征用范围的说明、补偿安置标准确定的理由和依据、被征收财产的详细情况、财产评估方法、被征收人的异议和听证权利及其行使期限和方式等相关内容的公告。最后,延长公告时限,给予被征收人充分时间以考虑是否提出异议。

2.构建公众参与程序

听证程序是征地中实现公众参与的重要途径。听证程序应在保证相对人能充分获取信息并充分、民主表达意见的基础上,在相关重大决策前进行。而对于涉及公共利益、补偿标准等重大利益问题,征地机关应主动举行听证,广泛听取各利益相关人的意见和诉求。对于听证结果,如果双方当事人意见接近的,应予以公告;如果双方当事人意见相差较大,不能协商一致,应进入相应的行政裁决程序或者司法诉讼程序,由相应的救济程序来保障土地财产权利人的利益。

征地机关还应建立征地协商制度,积极创造进入机制,将被征地农民纳入征地谈判中来,使其有平等的机会参与同其他征地利益主体的协商。征地协商制度应充分集合征地相关利益主体对自身利益的表达和诉求,如协商一致,则各方实现各自的利益目标;否则,可通过独立的第三方或者行政裁决或者司法诉讼来平衡各自的利益需求,实现个人利益和社会利益的结合。在具体操作上,需就协商程序的实施方式与实施步骤等做出规定,以增强其可操作性,防止其流于形式。

3.建立征地救济程序

完备的救济制度是解决征地争议的最终保障,在征地程序中应明确规定被征地农民或其他利益相关者对土地征收决定有异议时,可以主张救济。征地救济制度主要包括行政救济和司法救济两种方式。行政救济在解决土地征收纠纷时具有程序简便灵活、处理时间迅速、费用低廉等优势,上下级的行政领导关系也可以确保错误行政行为的及时纠正和解决。但行政救济违背了程序正义的"不能做自己的法官"的原则而具有天然缺陷,也很难在处理征地及其补偿纠纷时保持中立,这显然影响了争议裁决的公正性。为此,在行政救济程序之外,应构建土地征地的司法诉讼救济程序。鉴于实践中征收救济权的模式有法院主导型和议会主导型之别,具体行使方式也有诉讼、请求全部征购以及买回权等方式。结合现实国情,中国应在选择议会主导型救济模式制度框架的基础上,选用民事诉讼和行政诉讼两种具体方式构建征地救济程序,允许被征收人不仅可通过民事诉讼的方式对自身被侵害的、有恢复必要的合法利益进行救济,而且在特定情形下,被征收人还可就征收是否符合公共利益和是否遵循法定程序等向法院提起行政诉讼,争取国家赔偿,实现对自身权益的救济。总之,司法救济应存在于自启动征地程序起每一个可能影响相对利益人权益的行政行为环节。

(四)重构农地产权制度

1.明晰集体土地所有权主体

现行法律规定农村集体土地所有权属于农民集体所有,但却未对农民集体的内涵做出明确规定。所有权主体不明导致了征地利益主体不明,因此应进一步明确界定农地产权主体关系,使农民和集体经济组织等不同利益主体的权利都能得到分割和明细。在坚持集体土地所有制的框架下,农村集体土地所有权主体的明确界定,关键是要在厘清农民集体权利边界的前提下合理界定其委托人或者产权代表。具体而言,应积极培育农村集体经济组织,并在法律上明确其作为农民集体所有土地产权主体代表的资格。各地应根据自身情况和社会经济发展现状,培育农村资产公司、股份合作社、土地合作社等各种适应当地社会生产力发展状况的、以土地为纽带的农村集体经济组织。不同的农村集体经济组织作为农民集体土地所有权的代表,应当是具有独立完整财产权利、受权力制约和平衡的法人实体,其法人代表和管理者受一定范围内农民集体委托在法律规定的范围内享有对农地的占有、使用、收益和处分权,负责经营管理集体土地资产。

2.赋予农民集体完整的土地所有权

农村集体土地所有权与国有土地所有权地位不对等,集体土地产权不明晰、权能不完整、实现方式单一等问题已经成为影响征地补偿制度改革的制度性障碍。赋予农民集体完整的土地所有权,是保护被征地农民土地权益的根本措施。考虑到制度变迁的路径依赖及成本收益,近期,应通过集体建设用地权能的回归和扩充来保护和实现农民集体及农民土地财产权益,一方面,通过集体建设用地入市,打破目前政府征地垄断,使农民集体和农民直接获取和工业化、城市化带来的土地增值收益;另一方面,通过授予抵押权、租赁权等在内的他项权利,保证农村集体土地所有者以及使用者处分权和收益权等土地财产权利的实现,且征地中如果涉及这些权利的应给予相应的补偿以保证和维护相关权利人的利益。远期,则应扩大农地产权制度改革的深度和广度,逐步完善农村集体土地权能,赋予集体土地与国有土地同等的出让、转让、抵押和出租等权益,逐步实现城乡土地市场的一体化。

复习思考题

1.阐述土地征收的基本概念。
2.简述我国土地征收制度演变的历程。
3.阐述现行土地征收及补偿制度存在的问题。

参考文献

[1] 周其仁.农地产权和征地制度[J].经济学(季刊),2004,4(1):193-210.
[2] 黄小虎.征地制度改革的历史回顾与思考[J].上海国土资源,2011,32(2):7-13.
[3] 高汉.集体产权下的中国农地征收问题研究[M].上海:上海人民出版社,2009.
[4] 郭晓鸣.中国农村土地制度改革:需求、困境与发展态势[J].中国农村经济,2011(4):4-8.

[5] 梁亚荣,刘燕.构建正当的土地征收程序[J].中国土地科学,2008,22(11):20-25.

[6] 北京大学国家发展研究院综合课题组.还权赋能——成都土地制度改革探索的调查研究[J].国际经济评论,2010(2):54-92.

[7] 靳相木.解析征地制度改革的主流思路[J].中国农村经济,2008(2):11-17,28.

[8] 冀县卿,钱忠好.论我国征地制度改革与农地产权制度重构[J].农业经济问题,2007(12):79-83.

[9] 丁文.论中国土地征收救济机制之构建——以比较法为视角[J].中国农村观察,2007(4):53-60.

[10] 姜大明.建立城乡统一的建设用地市场[N].中国国土资源报,2013-11-12.

[11] 杨继瑞,汪锐.征地制度的来龙去脉及其变革路径找寻[J].改革,2013(4):66-72.

[12] 曲福田,等.中国工业化、城镇化进程中的农村土地问题研究[M].北京:经济科学出版社,2010.

第十七章 土地政策实施的福利经济学分析

土地政策是土地权益保障和分化的基础。为此,本章介绍了政策及土地政策的内涵与特征,阐述了土地政策实施福利经济学分析的理论与方法,并探讨了基于福利经济学的土地政策改革问题。

第一节 政策与土地政策

一、政策

"政策"一词在生活中颇为常见,计划生育政策、高考录取政策、税收优惠政策、住房信贷政策、产业政策等等,这些政策涉及社会的方方面面,在社会政治经济生活中扮演着重要角色。但是对政策科学的研究历史其实并不久远,公共政策学作为一门学科大致兴起于二战后的美国,由于当时百废待兴,社会公共事务日益复杂化、多样化,政府需要制定一系列的政策予以规范,保障各项社会事业顺利进行。因此,政策学是一门综合性、实用性较强的学科领域,它涵盖了社会学、政治学、心理学、经济学、法学等众多学科。

(一)政策的概念

什么是政策?以下是学术界一些较为经典的概念。詹姆斯·安德森(James E. Anderson)认为,"公共政策是由政府机关或政府官员制定的政策",而"政策是一个有目的的活动过程,这些活动过程是由一个或一批行为者,为处理某一问题或有关事务而采取的"。哈罗德·拉斯韦尔(Harold D. Lasswell)和卡普兰(A. Kaplan)认为,公共政策是"具有目标、价值与策略的大型计划"。戴维·伊斯顿(David Easton):"公共政策是对全社会价值作权威性的分配"。伍德罗·威尔逊(Woodrew Wilson):公共政策是由政治家制定的,并由行政人员执行的法律和法规。我国的辞海将政策定义为:"政策是指国家、政党为实现一定历史时期的路线和任务而规定的行动准则,具有鲜明的阶级性",国内较为典型的概念还包括林德金所提的:"政策有广、狭义之分,前者是指管理部门为了使社会或社会中的一个区域向正确的方向发展而提出的法令、措施、条例、计划、方案、规划或项目;后者是指政策方法"[①];陈振明提出的:"国家(政府)执政党及其他政治团体在特定时期为实现一定的社会政治、经济、社

① 林德金:《政策研究方法论》,延吉:延边大学出版社,1989

会和文化目标所采取的政治行动或所规定的行为准则，它是一系列谋略、法令、措施、办法、方法、条例等的总称”[①]；从上述的概念可以看出，政策具有阶级性，它是统治阶级为实现特定的目标而调节利益关系的工具和手段。

(二)政策的构成要素

政策通常由政策主体、政策客体、政策目标、政策环境、政策手段等要素构成。

政策主体是指直接或间接地参与政策制定过程的个人、团体或组织。通常将政策主体分为官方决策者和非官方决策者两类[②]。官方决策者是指那些具有合法权威去制定公共决策的人们，包括立法者、行政官员、司法人员等；非官方决策者是指不具有合法权利制定强制性公共决策的人们，包括政治党派、利益集团以及普通公民等。

政策客体就是制定政策所要解决的社会问题和目标群体。之所以要制定政策就是要解决社会问题，而这一问题的解决又需要指导或规范一部分人的行为，调节或分配这部分人的利益。政策所要解决的问题涉及各个领域，因此需要激励或制约其行为的社会群体范围各不相同。

政策目标是指政策被执行后希望达到的效果。政策目标的准确制定对于政策的成功至关重要，一方面该目标必须符合社会伦理道德的标准，另一方面所制定的目标应具备可操作性和可实现性。政策目标是选择政策实施方案的依据。

政策的目标制定、执行和发展变化都离不开其所处的环境，脱离了环境的政策毫无意义。一般而言，可能对政策产生重要影响的环境因素包括自然地理环境、社会经济环境、政治文化环境、国际环境等。科学的政策目标、政策措施、实施对象等的确定和选择必须在客观分析上述环境状况的基础上进行。

政策手段是在一定的政策环境中，政策主体为了实现特定的政策目标所采取的措施、方法，是实现目标的保证。政策手段通常包括财政政策、货币政策、行政手段、法律手段等，而政策手段又由一系列政策工具构成，政策工具具有可操作性和技术性，政策手段通过各项政策工具的使用而实现其任务目标。例如属于财政政策的税收、政府采购、政府补贴等工具；货币政策范畴的汇率、准备金率、贴现率等工具；行政范畴的外汇政策、物资分配、价格管制等以及法律范畴的预算法、税法、证券法等法律工具。不同的政策手段执行效率不同，为实现一个政策目标可采用多种政策手段综合作用。

(三)政策的分类

对于政策的分类，一般将其分为元政策、基本政策和具体政策三大类。元政策是关于如何制定政策的准则和指南，是政策的政策。基本政策是在社会生活的各个领域、部门或方面起主导作用的政策。具体政策是在基本政策的指导下制定的规定部门、团体或个人行动的准则，它具有一定的变动性，可根据实际情况的变化而调整。若按照政策涉及的不同领域，可分为经济政策、社会政策、政治政策、文教政策、卫生政策、资源政策、交外政策等。

---

① 陈振明:《公共政策分析》,北京:中国人民大学出版社,2002

② 詹姆斯·E·安德森:《公共决策》,北京:华夏出版社,1990

二、土地政策

(一)土地政策的概念

公共政策覆盖了社会生活的各个领域,国家为规范土地资源合理利用同样会制定相应的土地政策。对于土地政策的概念界定,目前学界有多种诠释,包括计划说、准则说、基本国策说、政策说、制度说和对策说、方法说与方针说、需要说等等①。上述概念从不同角度、不同的侧重点对土地政策进行了界定。从表象来看,土地政策是指国家或政府通过制定一系列法律、规章、条例、计划等,调节人与人之间、人与地之间的关系,以实现在一定历史时期的土地利用和土地管理目标,但从实质来看,土地政策是国家、政党、政府、社会团体乃至个人等为了协调一定阶段或领域的土地关系,实现土地权益目标的行动过程②。

(二)土地政策的系统构成

同"政策"一样,"土地政策"也是多种要素构成,这些要素相互作用、相互依赖构成了具有特定功能的土地政策系统。关于土地政策系统的构成要素,学者们提出了各自不同的观点,周超纲和黄贤金认为土地政策应该包括土地政策目标、土地政策手段(工具)、土地政策主体、土地政策对象、土地政策方案、土地政策界定等③。姜爱林提出土地政策的构成要素应包括:①土地政策主体即决策者;②土地政策目标;③土地政策范围;④土地政策对象;⑤土地政策措施;⑥土地政策时效;⑦土地政策形式④。林卿将土地政策的构成要素归纳为土地政策目标、土地政策主体、土地政策客体和土地政策手段四项⑤。将以上观点加以综合,笔者提出以下观点,即认为土地政策系统由土地政策主体、土地政策客体、土地政策目标、土地政策环境、土地政策手段等多种要素构成。

1.土地政策主体

土地政策主体是指制定、执行、评估、监控土地政策的国家、政府、政党、相关行政部门、团体等等。由于土地是社会经济发展所必需的、扮演着极为重要角色的生产生活资源,也是国家进行国民经济宏观调控的主要工具之一,其政策的制定必须站在纵览全局的高度,并兼顾土地资源的可持续利用,这样土地政策的制定者必须具有权威性,才能保证政策的顺利实施,因此土地政策通常由执掌国家政权的政党、政府制定,即由官方主导,并不可避免地受大的利益集团的影响,由政党、政府内外的政策咨询人员、政策分析人员、公民个人、社会媒体等提供政策参考或建议。而具体的土地政策决策和执行活动落实到"人"的行为上,因此决策者、执行者的思想政治素养、发现问题解决问题能力、宏观决策能力、科学文化知识等对土地政策有着直接的影响。

在我国,土地政策主体主要是国家、政党、各级政府以及土地管理部门。当前我国的社

① 姜爱林:《土地政策基本理论研究》,北京:中国大地出版社,2001

② 黄贤金主编:《土地政策学(第四版)》,北京:中国农业出版社,2014:2-3

③ 周超纲、黄贤金:"土地政策构成要素及其环境因素分析",《中国土地科学》,1995(5)

④ 姜爱林:《土地政策基本理论研究》,北京:中国大地出版社,2001

⑤ 林卿、何训坤:《土地政策学》,北京:中国农业出版社,2002

会经济正处于转型并实现跨越式发展阶段，各项政策制度正在不断完善，在土地资源利用、保护、开发过程中也难免会出现这样那样的问题，不仅政府、集体、农民、市民等权益主体之间的利益关系需要不断调节，人与土地之间的关系也需随着社会发展、时间推移逐渐调整，因此土地政策也需随之变化。

2.土地政策客体

土地政策客体是土地政策需要解决的现实中存在的土地开发利用、保护等问题、预防可能发生的社会矛盾以及解决问题需要落实到的目标群体和作用对象。从“事”的角度来讲，一方面，土地政策或者是需要解决已经客观存在的土地问题，或者是需要预防可能出现的矛盾；另一方面，这些已经或可能出现的问题是由人感知、察觉的，是实际状态与期望状态之间的差距，问题的判断、认识与“人”的主观判断密不可分；从人的角度来讲，政策作用的对象是人，是社会成员。

土地政策的类型不同、目标不同，所需要影响、激励、制约的目标群体不同。例如我国农村的家庭联产承包责任制的目标群体主要是农村集体经济组织和农民，对他们使用农地的行为加以规范；土地征收征用政策主要的作用对象是原集体经济组织所有的土地以及集体、农民、用地单位、相关行政部门，对他们的征地行为进行规范。同时，土地政策的作用范围还受时间、地域的影响，如民国时期“二五减租”的土地政策只在当时发挥作用；某个地方的土地政策只能在该地发生效力。另外，土地政策可能直接作用于需要调节的利益集团，也可能是通过其他群体的活动来影响需要调整的利益关系。

3.土地政策目标

土地政策目标是通过土地政策的实行，土地政策主体希望得到的预期效果或状态，它指出了人们行动的方向，是土地政策有效与否的衡量标准。一般而言，土地政策目标可归纳为三个方面的统一，即经济可持续性、社会可持续性和生态可持续性的统一，虽然各项土地政策有其各自的目标，但它们相互依赖、相互作用，所有的土地政策都为这一最终目标服务。

经济可持续性是指在保证当前和以后人口的生存和发展的基础上，满足各项经济活动对土地资源的需求。具体体现为人们开发利用土地资源的物耗、能耗、废弃物逐渐降低，满足人类经济需求的能力不断提高，实现经营的可获利性。社会的可持续发展需要不断协调人与自然的关系、协调人与人之间的关系，资源、人力、资本、技术等得到合理配置，在时间尺度上保持或不断改善和强化，使得社会福利实现最大化①。生态环境的可持续性就是要将人类对区域的开发、资源的利用控制在环境允许容量内，人类利用土地资源应关注生态系统的生物—自然过程，将利用与保护相结合，实现土地生态系统目标与经济、社会发展目标的和谐统一。

4.土地政策环境

土地政策环境是指影响和作用于土地政策的外部条件的总和。所谓环境包括了人、物、社会、自然、历史等诸多要素。土地政策产生于社会发展环境的需要，环境决定和制约着政策，并且随着政策环境的发展变化，土地政策也要适应这种变化的需要。新中国成立以来的土地政策经历了一系列不断改进、健全、完善的过程，而且随着社会环境的发展，我国的土地政策也将逐渐调整。以土地征收征用政策为例，对被征地者的补偿随着社会的发展逐渐调

① 张安录：《城乡生态经济交错区土地资源可持续利用与管理研究》，华中农业大学博士学位论文，1999

整。1953年《政务院关于国家建设征用土地办法》中规定土地补偿费以最近3～5年产量的总值为标准，如有公有地可以调剂，调剂土地补给农民迁移补助费；到了1958年，根据《国家建设征用土地办法》，补偿标准调整为土地2～4年的年产量的总值；可用国有、公有土地进行调剂，无法调剂或调剂后被征用土地者的生产和生活有影响的，应发给补偿或补助费。农民安置有农业安置、其他方面的安置或组织移民；随着经济的发展，这些标准已无法补偿被征地者的福利损失，随后1982年和1986年又分别进行了调整，到1998年随着《中华人民共和国土地管理法》第一次修正，明确规定征地补偿按照被征用土地的原用途给予补偿，其标准是土地补偿费为该耕地被征用前三年平均年产值的6～10倍，安置补助费为4～6倍，每公顷被征用耕地的安置补助费，最高不得超过被征用前三年平均年产值的15倍。土地补偿费和安置补助费的总和不得超过土地被征用前三年平均年产值的30倍；虽然补偿标准一再提高，但被征地农民上访事件屡屡发生，对补偿安置意见依然很大，在这样的背景下，政府又对补偿进行了相对灵活的规定，2004年依据《国务院关于深化改革严格土地管理的决定》，土地补偿费和安置补助费的总和达到法定上限，尚不足以使被征地农民保持原有生活水平的，当地人民政府可以用国有土地有偿使用收入予以补贴。

5.土地政策手段

土地政策手段是实现土地政策目标所采用的方法和措施，是土地政策目标能否顺利实现的关键因素。土地政策手段包括经济手段、行政手段、法律手段、技术手段等等。

经济手段是指依据客观经济发展规律，使用各类经济工具调节人与人之间的物质利益关系。例如政府征收、征用土地需给予被征地方适当的补偿；开发商使用国有土地需缴纳土地出让金、土地使用税等；央行通过控制个人住房贷款利率调控房地产市场；除此之外，经济手段还包括发行土地债券、股票，筹集土地资金进行基本建设等。由于经济手段不直接干预人们的行为，因此该方法难以解决那些需要及时产生效果的问题。

行政手段是指国家土地行政管理部门凭借政权的权威，通过采用命令、指示、规定、通知、条例、章程、指令性计划等措施干预土地利用活动的政策手段，具有强制性、见效快、时滞小等特点。我国的行政手段包括土地利用规划制度、土地权证登记发放制度、新增建设用地审批制度等等；如在2004年4月国务院下发紧急通知，要求全国半年之内暂停农用地转为建设用地审批，深入开展土地市场治理整顿。行政调控方法的局限性在于信息流通不畅，管理层次烦琐，影响工作效率。

法律手段包括土地管理法、农村土地承包法、城市房地产管理法、土地调查条例等等。尽管法律管控具有强制性、严肃性和权威性的特点，但法律只能在合法和非法之间调整人们的活动，具有一定的局限性，在现实中如果有超越法律之外的活动，或由于现行法律不完善而产生的投机活动，法律手段的调控力量难以发挥。这时就应配合其他手段一起进行管控。

随着科学技术水平的不断发展进步，土地政策中越来越多地运用了先进的技术手段，例如航测遥感技术的使用可以更清楚地反映土地利用的状况，计算机技术更方便地协助进行土地管理、更快捷地处理各项技术问题。科学技术的采用大大提高了土地政策效率，降低了政策的组织成本和执行成本，对科学调控人地关系是一个有力工具。

各类政策手段形成土地政策手段体系，为政策制定者提供了更大的政策选择和运用空间。通常一种手段可被用于多项土地政策，一项土地政策也会用到多种手段。

(三)土地政策的分类

一个国家的土地政策系统往往由多个不同类别、不同层次的土地政策构成,各个政策的目标不同、作用对象不同,在全国土地政策大系统中所履行的功能也各不相同。这些土地政策共同构成全国土地政策大系统,并服务于全国土地政策大系统的纲领性目标。各个土地政策只解决社会中存在的一个方面的土地问题,只调节一部分群体、个体的利益,所有的土地政策共同作用、相互影响完成国家土地政策大系统所制定的目标。合理的土地政策结构有助于极大化地发挥各个土地政策的作用,使其相互促进,以最小的成本付出获得最大最理想的效益,甚至可能超出本来的预期;而不合理的土地政策结构不仅浪费政策资源,使政策执行效率低下或无效率,甚至会导致土地政策的执行偏离原先设定的目标,产生逆反的效果。

从涵盖范围来看,土地政策分全国土地政策和地方土地政策。全国土地政策是从全局的角度审视土地利用问题、调节人地关系。全国土地政策既有对土地利用总体定性的宏观规定,以便给地方土地政策的制定留有余地,使其可以根据本地特点制定适宜的土地政策;同时,又有定量的限定目标和制度规定,例如我国提出 18 亿亩耕地保有量的约束性指标,这一目标就需要各部门、各地方制定相应的政策共同努力来实现。地方土地政策包括省(自治区、直辖市)土地政策、市(县)土地政策。地方土地政策需要依据中央的土地方针和政策,结合当地具体情况和环境灵活制定。除了从涵盖范围角度划分土地政策外,还有从地域角度将土地政策分为城市土地政策和农村土地政策;从政策内容来看,包括土地税赋政策、土地使用政策、土地管理政策等;从时间上分长期性土地政策和短期性土地政策等等。

第二节　土地政策的福利经济学分析:理论与方法

福利分析是西方经济学的重要内容,特别地,福利经济学被用来作为西方伦理价值判断的手段和标准,它的研究和发展为政策制定者提供了分析手段和理论依据。1920 年英国剑桥大学著名经济学家 Pigou 的《福利经济学》一书的出版,标志着福利经济学的诞生。澳大利亚籍华裔经济学家黄有光(1991)说:“福利经济学是这样一门学科,它力图有系统地阐述一些命题,根据这些命题,我们可以判断某一经济状况下的社会福利高于还是低于另一经济状况下的社会福利。”诺贝尔经济学奖获得者 Amartya Sen 认为福利经济学是有关政策建议的科学。如果将 1920 年英国经济学家 A. C. Pigou 的著作《福利经济学》的发表作为福利经济学理论体系发展开端的话,其历史并不久远,但期间的争论却始终不断。不论是福利内涵的界定、福利的度量还是福利改进的判断标准,学者们各持己见,争论不休。但到了 20 世纪五六十年代,由于阿罗不可能性定理的提出使得作为福利经济学理论基础的帕累托标准受到质疑,并认为阿罗社会福利函数根本不存在。至此,对福利经济学的研究几乎处于停滞状态。直到 Sen 对阿罗不可能性定理成立的假设提出质疑后,福利经济学才又看到一线曙光,对其的研究和讨论才逐步恢复。

资源环境问题与人类生活息息相关,因而经济与环境协调理论的探讨就不可避免地涉及将环境指标转化为个人福利、再将个人福利汇总为社会福利的过程。这个过程就涉及了个人福利和社会福利的测度，通常的做法是将福利变化作货币化量度研究。福利分析方法为政策分析提供了较多货币计量方法，从而有助于制定科学、合理和较为准确的资源环境政策。

一、福利经济理论

(一)福利的概念界定

福利(welfare)？偏好(preference)？效用(utility)？功能(functionings)？

微观经济理论中，通常假定经济体的行为目标是实现其福利最大化。福利通常被认为是个人或集体偏好的反映，是由于消费一定的商品或服务而得到的效用，或者说人们获得的满足程度。

在 Mill、Edgeworth 为代表的古典或新古典理论里，效用被看作是一个人的福利的指数，效用表达的是一种主观的东西。效用观点的核心在于认为人们行为的最终目的是快乐，因此判断一项决策正确与否的标准是快乐或痛苦。

但是福利、效用、偏好的概念又有区别。黄有光[①]认为由于以下三种原因福利会偏离效用或偏好：①对别人福利的考虑。例如某人为了大多数人的福利偏好于牺牲自己的效用；②由于无知或预见不完全。例如某人认为自己在 x 比在 y 福利好，所以偏好 x，但实际上在 y 时的福利更好；③由于非理性。某些人可能由于习惯、传统、诱惑等原因做出与其福利改进方向相反的偏好选择。但黄有光同时认为，在没有这种偏离存在的具体证据的情况下，或这种偏离没有什么重要意义时，可以假定福利和效用是吻合的。他认为快乐可以更好地表示个体的福利水平，他对福利内涵的理解偏重于个人的感觉。诺贝尔经济学奖得主 Harsanyi 的观点是社会福利评价的终极尺度应当是人们的知情偏好(informed preferences)，而不是实际偏好(actual preference)、快乐(happiness)或福利(welfare)[②]。即应根据“在他掌握并充分利用了所有相关信息的情况下他本应持有的假象偏好”来判断。而黄有光则对这一观点提出了质疑，他认为按照 Harsanyi 的逻辑推导，发现快乐才是最根本的(他认为快乐等同于福利)[③]。

除了“福利”(welfare)这个词，还有“满足度”(satisfaction)、“幸福度”(well-being)等可用来描述个人或集体的状况。经济学家用“满足度”描述家庭的目标。“幸福度”常被社会学家和家庭经济学家使用，目前较为热门的一个研究方向“幸福学”(hedonomics)主要侧重于主观感受方面，正如这一领域的领军人物芝加哥大学的奚恺元教授所指出的“真正的幸福并非来自物质，而是来自于精神”，这与“满足度”的含义相近。

Kuhn 在研究贫困问题时提出，贫穷与否不是由个人主观判断自己状况的结果，即并不是由个人偏好决定、通过可观察到的生活标准来衡量的，而是由一个人所拥有的可能性或资

---

① 黄有光：《福利经济学》，北京：中国友谊出版公司，1991

② Harsanyi J. C："Utilities, Preferences, and Substantive Goods", Soc. Choice Welfare, 1997(14):129-145

③ 黄有光：《社会福祉与经济政策》，北京：北京大学出版社，2005

源决定的①。因此，衡量贫困的个人福利函数必须由社会定义，它与一般的个人福利函数不同。他的研究理念与诺贝尔经济学奖获得者 Amartya Sen 的观点具有相似性。Sen 于 20 世纪 80—90 年代提出了他的可行能力方法框架。该方法实际上重新定义了福利的概念，他根据一个人实际能做什么和能成为什么来描述个人福利。Sen 认为，创造福利的并不是商品本身，而是它所带来的那些机会和活动(opportunities and activities)，而这些机会和活动建立在个人能力(capabilities)的基础上，因而福利的实现又取决于其他一些因素，比如拥有房屋、食品、健康等，因而他认为所有这些因素都应当在衡量福利时加以考虑。Sen 将其对福利的这一多维定义界定为“可行能力方法”。

一般地，一个人的效用可以通过增加其所消费的商品数量而增加，但是除了实物性的商品外，个人的健康、休闲娱乐的时间、社会关系、就业状况等非物质性事态都会影响他的福利水平。由于这些非物质性事态的存在，同时由于度量“满足程度”在技术上的困难，福利的分析通常都建立在序数效用论的基础上，即只能得出效用是更高一些还是更低一些的结论，而不能回答高多少或低多少的问题。而基数效用论的倡导者则认为，每个人是他自身福利的最好判断者，尽管用基数测量主观效用有实际的困难，但“否定基数效用的作用可以说是犯了‘抽象失当’的错误②”。坚守“基数效用论”立场的还包括 Harsanyi 和 Sen 等经济学家。随着技术手段的不断改进，许多学者进行了福利水平的实证研究，Kuhn、Bishop 和 Thomas、Stymne 和 Jackson、Daniel 等在福利的实证计量方面做了许多尝试，并在福利衡量的准则、福利函数等方面做了研究③。

(二)福利改进标准

自庇古(Pigou)创立“福利经济学”以来，如何判断一项政策是否改进了社会福利、改进了多少的问题一直是理论界争论的热点，而福利改进标准在政策的福利判断中显得尤为关键。以庇古为代表的“基数效用论”的倡导者，认为人际间的效用是可测、可比较的。而且认为一元钱给穷人带来的效用要大于富人，因此庇古提出应该建立向社会低收入阶层倾斜的经济政策以使社会福利水平得到提高。罗尔斯认为，社会福利是由社会中处境最差的人的福利决定的，只有使处境最差人的福利得到改善，社会福利才能改进。罗尔斯标准也被称为最大最小原则。

帕累托法则是被人们普遍接受的一种价值判断。它认为如果一种变化使某些人的福利

① Kuhn W. S. Theoretical Definition and Empirical Measurement of Welfare and Poverty: a Microeconomic Approach [EB/OL]. Paper Prepared for the 26th General Conference of the International Association for Research in Income and Wealth. Cracow, Poland, 27 August to 2 September 2000. www. stat. gov. pl

② 黄有光:《福利经济学》,北京:中国友谊出版公司,1991

③ Kuhn W. S. Theoretical Definition and Empirical Measurement of Welfare and Poverty: a Microeconomic Approach [EB/OL]. Paper Prepared for the 26th General Conference of the International Association for Research in Income and Wealth. Cracow, Poland, 27 August to 2 September 2000. www. stat. gov. pl

Bishop R. C., Thomas A. H. “Measuring Values of Extra-Market Goods: Are Indirect Measures Biased?” American Journal of Agricultural Economics, 1979(61):926-930

Susanna Stymne, Tim Jackson. “Intra-generational equity and sustainable welfare: a time series analysis for the UK and Sweden”. Ecological Economics, 2000(33): 219-236

Daniel J. P, Catherine L. K, Joseph A. H. “Estimation and welfare calculations in a generalized corner solution model with an application to recreation demand”, The Review of Economics and Statistics, 2000, 82(1):83-92

状况变得更好，而没有使其他人的状况变差，那么整个社会的福利改进了，这种变化是可取的。帕累托法则是一种充分合理的判断标准。但实际中的大多数政策都难以达到帕累托法则的要求，而是在改进一部分人的福利水平的同时，使另一部分人的福利状况恶化了。卡尔多等在此基础上研究了补偿问题，提出了如下标准：在受益者充分补偿受损者后，其福利状况仍能得到改进时，那么社会福利是改善的。希克斯也提出了类似的标准：如果受损者不能从受益者以反对社会状况变化中获利，则这就是一种社会福利的改进①。李特尔认为，要分析现实的福利改进问题，必须将分配效应考虑进去，即：要实现社会福利的最大化，不仅要满足卡尔多-希克斯标准，使资源利用效率最高，而且应使收入分配最为合理。

从实质上来看，以上福利标准都是用于比较和判断不同主体所处不同境况下的福利或效用。庇古和罗尔斯的福利判断标准都向境况较差者倾斜，社会福利的改进以"穷人"的福利改进为前提。帕累托标准是容易接受的价值判断，但它无法判断当一部分主体的福利改善而另一部分恶化的情形。卡尔多-希克斯标准考虑了不同个体的福利增减情况，使测度总体福利变化成为可能，同时也是帕累托标准的一般化，因为只要满足福利的帕累托改进，则一定满足福利卡尔多-希克斯改进。但卡尔多-希克斯标准没考虑收入分配的影响，因而当社会"穷人更穷富人更富"，按照该标准社会也许是福利改进。李特尔的社会福利改进判断标准建立在福利最大化和分配合理的基础上，实际上为卡尔多-希克斯改进添加了收入分配约束。Amartya Sen 对传统的福利经济学进行了批判性重建，创造性地提出了"功能—能力理论"与"部分序数理论"。这些理论的创立，对于重建福利标准并在此基础上客观合理地评价环境经济问题提供了全新的思路。

二、土地政策的福利经济分析

土地政策的制定是为了优化配置土地资源在国民经济各部门的使用，调节相关权利主体的福利水平，进而实现社会、经济、生态环境可持续发展，提高全社会的总体福利。每一项土地政策都有着特定的政策目标，对相关权利主体福利的调节幅度可能不同，变化方向也可能不一样。为了实现社会福利整体最优有时可能需牺牲局部利益；有的土地政策需要首先满足当前的利益，而有的土地政策则旨在实现长远利益目标；可以改进社会经济福利的土地政策可能会对生态环境产生破坏性影响。因此，必须对土地政策进行详尽的福利分析，以使土地政策最大化地发挥其调节资源配置、增进社会福利的功效。由于每一项土地政策的作用对象、执行环境、作用目标等各不相同，无法对其一一分析，因此，下面除了介绍福利衡量方法外，将以农地城市流转为例，对其导致的福利变化进行分析。

(一)福利衡量方法

1.消费者剩余

消费者剩余(consumer surplus)是衡量个人福利变化的最基本方法，由于它的计算所需数据较少，计算过程简单易行，所以被广泛采用。但自从消费者剩余的概念被提出以来，对于它是否可准确度量福利变化的争论就从未停止。Chipman 和 Moore 指出，只有在很严格

① 黄有光：《福利经济学》，北京：中国友谊出版公司，1991

的限制条件下，消费者剩余的改变量才是福利变化的准确量度①：

$$\Delta CS_k = -\int_{p^0}^{p^1} x_i(p_i, y_k, a_k)\,\mathrm{d}p_i$$

其中：ΔCS_k 表示第 i 种商品的价格从 p^0 变化到 p^1 对第 k 个家庭福利的影响，x_i、p_i 分别表示第 i 种商品的消费量和价格，y_k、a_k 则分别表示第 k 个家庭的收入水平和其他家庭特征（如家庭成员数量、年龄等）。使用罗伊恒等式：

$$x_i(p, y_k, a_k) = -\frac{\dfrac{\partial V(p, y_k, a_k)}{\partial p^1}}{\dfrac{\partial V(p, y_k, a_k)}{\partial p_k}}$$

其中，$V(p, y_k, a_k)$ 是第 k 个家庭在收入 y_k、价格 p 时的间接效用函数，可得到：

$$\Delta CS_k = \frac{V(p^1, y_k, a_k) - V(p^0, y_k, a_k)}{\dfrac{\partial V}{\partial y_k}}$$

当多种商品的价格变化时，由于商品价格变化的次序不同可能导致消费者剩余的值不同，这就产生了所谓的“路径依赖”问题。简单的情况下，设只有两种商品 a、b 的价格发生变化，要使消费者剩余的衡量独立于路径的一个条件是，这两种商品的收入弹性相等：$\frac{\partial x_a}{\partial y} \cdot \frac{y}{x_a} = \frac{\partial x_b}{\partial y} \cdot \frac{y}{x_b}$，此时，$\frac{\partial x_a}{\partial p_b} = \frac{\partial x_b}{\partial p_a}$，表示任一商品价格变化对另一种商品需求量的影响是相等的，即消除了路径依赖。用消费者剩余度量的福利可表示为：

$$\Delta CS_k = -\int_{p^0}^{p^1} \sum x_i(p, y_k, a_k)\,\mathrm{d}p_i$$

如果扩展为更一般的情况，即价格和收入都发生变化，这就要求只有当价格和收入的变化都是路径独立的时候，ΔCS 才能准确度量福利的变化：

$$\Delta CS_k = -\int_A \sum x_i(p, y_k, a_k)\,\mathrm{d}p_i + (y^1 - y^0)$$

上式 A 是 (p^0, y^0) 和 (p^1, y^1) 之间的路径。在这种情况下，只有当偏好是拟线性的，才可用消费者剩余来计算。上述讨论意味着所有商品的需求都是独立于收入的，显然这在现实生活中不可能满足，因此，用该方法来测度个人福利的变化存在一定的局限性。

2. 希克斯剩余(Hicks surplus)、等价变差和补偿变差

由于补偿的价格效应是对称的，所以我们用希克斯需求，即补偿需求代替马歇尔需求，就可克服前文讨论的路径依赖问题。同时，根据希克斯剩余可推导出两种计算“支付意愿”的方法，以实现福利变化的货币化度量。

等价变差(equivalent variation)。等价变差(EV)被定义为在原来的价格和收入水平下

① Chipman, John s., James Moore. “The Scope of Consumer's Surplus Arguments,” in Evolution, Welfare and Time in Economics: Essays in Honor of Nicholas Georgescu-Roegen. Lexington: Heath-Lexington Books, 1976: 69-123

应给予个人的货币量，以使他达到假定价格和收入变化会获得的效用水平。假设(p^0、y^0)、(p^1、y^1)分别为变动前后的价格和收入向量，间接效用函数 $v(y,p)$表示在收入水平 y、价格为 p 时可获得的效用，在价格 p 时为获得效用 V 所必需的支出 $e(v,p,a_k)$。则：

$$EV=e[v(y^1,p^1),p^0,a_k]-e[v(y^0,p^0),p^0,a_k]=e[v(y^1,p^1),p^0,a_k]-y^0 \tag{16-1}$$

当消费者状况变差时，$EV<0$，应给予消费者一个正的补偿额。如果只有价格变化，收入不变时，$EV=e[v(y,p^1),p^0,a_k]-e[v(y,p^1),p^1,a_k]$

补偿变差(compensating variation)。补偿变差(CV)是指价格和收入变化后为使消费者回到变化前的效用水平，必须补给消费者的货币量。

$$CV=e[v(y^1,p^1),p^1,a_k]-e[v(y^0,p^0),p^1,a_k]=y^1-e[v(y^0,p^0),p^1,a_k]$$

当价格和收入的改变使消费者状况变差时，$CV<0$，应给予消费者一个正的补偿额。如果收入没有改变，只有价格变化时，$CV=e[v(y,p^0),p^0,a_k]-e[v(y,p^0),p^1,a_k]$。

由于在实际观察中无法直接获得补偿需求和希克斯剩余的数据，所以式(16-1)基本上无法使用。但 Willig(1976)认为在一个商品的价格变化的情况下，可观察的消费者剩余可以代替 CV、EV，而 CS 与 CV、EV 近似的程度取决于该商品收入效应的大小。Hausman 研究了劳动力供给的问题，他发现 Willig 的方法并不准确①。McKenzie 则认为，在价格和收入都变动的情况下，无法唯一地确定 CS，而且它也不是希克斯剩余很好的近似②。

3.可行能力方法

消费者剩余是消费者从购买中得到的剩余的满足，等于消费者所愿意支付的价格和实际支付的价格之差，又被称为普通消费者剩余(ordinary consumers surplus)。希克斯剩余、等价变差和补偿变差只是在不同的情况下对消费者剩余的改进，没有实质性的差异。在资源环境经济学中，通常依据以上评价方法讨论价格变化对福利的影响。

Sen 对福利的界定则换了一种思路，他认为福利不仅包括物质内容，还应该包括"非物质"的信息，如个人自由的程度、社会公平状态等。为了进一步说明，他提出了"功能(functioning)"、"能力(capability)"的概念，认为商品消费，享受服务等只是为了提供一些特征，这些特征可以产生"能力"或"功能"，从而产生福利，即福利是很多"功能"或"能力"的集合。在这一背景下，消费只是通往终点的一条路而不是终点。"健康、幸福乃至衣食丰足均可以是"功能"的组成部分"③。能力方法超越了基本物品需求、贫困和剥夺，而形成了一个独立的哲学框架④。Sen 通过引入自由和能力等概念，成功地把对物质方面和个人取得的结果方面的考察，与对权利和自由方面的考察结合在一起⑤。Sen 的思想与亚当·斯密对"必需品"

---

① Hausman, J. A. "Exact Consumer's Surplus and Deadweight Loss". The Review of Economic Studies, 1941, 8 (2): 117-121

② McKenzie G. W. "Consumer's Surplus without Apology: Comment". American Economic Review, 1979, 69(3): 465-468

③ 胡涵钧、俞萌："环境经济研究的福利标准"，《复旦学报(社会科学版)》，2001(2)

④ Streeten, P.. Basic Needs: Some Unsettled Questions., World Development, 1984, 12(9), 973.8

Alkire, S. Valuing Freedoms: Sen. s Capability Approach and Poverty Reduction, Oxford: Oxford University Press, 2002

⑤ 方福前、吕文慧："从社会福利函数的演进看我国公平问题"，《天津社会科学》，2007(3)

和生活条件的分析以及与马克思所号召的人类自由和解放有着很直接的联系。

Sen 凭借他在福利经济学上独创性的见解和贡献获得了诺贝尔经济学奖，但他提出的这一方法很难被应用到社会福利的评估中去，多数的应用只是分别估计每种能力的大小①，也有的学者认为从能力的角度对一个人的福利进行评价时要考虑一些假设的情形，这就使得评价能力比评价功能更为困难。因此，Basu 建议在评价功能的基础上来评价福利，而跳过对能力的评估②。

Sen 的思想可用以下公式表示：

假设 x_i 为第 i 个人拥有的商品向量，$f_i(x_i)$是将商品向量转为功能向量 b_i 的函数，转换过程依赖于个人的特征。其中，$f_i(x_i) \in F_i$，F_i 表示各种转换方式。由于功能组成了福利，那么功能向量 b_i 就可以完全描述一个人的生活，“对福利的衡量就可以看作是对 b_i 的评估”③。对于既定的商品向量 x_i'，第 i 个人可行的功能集 A_i 如下式④：

$$A_i = \{b_i \mid b_i = f_i(x_i'), f_i(x_i) \in F_i\}$$

而对于第 i 个人所有的预算集 X_i，他的可行功能集将是：

$$B_i = \{b_i \mid b_i = f_i(x_i), f_i(x_i) \in F_i, x_i \in X_i\}$$

B_i 反映了第 i 个人的能力，即一个人选择功能的自由⑤。

在国家的层面上，Sen 还提出了福利水平指数(Welfare Index)用来综合衡量各国社会和经济的总体发展水平：

$$S=Y\cdot(1-G)$$

其中，S 表示福利水平指数，Y 代表真实的人均收入，G 为 Gini 系数。该指数即考虑了经济收入水平，也考虑了收入分配状况。

在 Amartya Sen 于 1980 年撰写的论文“什么的公平？(Equality of What?)”中第一次提出了能力的概念，并且批评了仅根据人们对幸福或实现愿望的感觉或者对初级商品的要求来评价福利的观点，他着重于研究生活的本质。就 Sen 看来，发展就是一种拓展人类能力的过程，人们应该有更多的选择去过丰富多彩、具有创造性的生活。Sen 的可行能力方法的核心在于人们追求所珍视的生活的自由，即可根据个人的能力去采取有价值的行动和达到生命中有价值的状态⑥。在这一观点下，生活被看作相互关联的功能性活动(functionings)的集合，对福利的评估可通过评估这些组成成分来实现。功能性活动反映一个人认为值得

---

① Marco Grasso. “A Dynamic Operationalization of Sen's Capability Approach” [EB/OL], 2002, http://dipeco.economia.unimib.it/pdf/pubblicazioni/Wp59_02.pdf

② Basu, K. 1987. “Achievements, capabilities and the concept of well-being”, Social Choice and Welfare, 4, pp. 69-76

③ Sen, A. K. Commodities and Capabilities. Amsterdam: North Holland, 1985: 12,13

④ Andrea Brandolini and Giovanni D'Alessio, ”Measuring Well-Being in the Functioning Space”[EB/OL], 1998, http://www.uia.mx/humanismocristiano/seminario_capability/pdf/3.pdf

⑤ Sen, A. K. Commodities and Capabilities. Amsterdam: North Holland, 1985

⑥ Sen, A. Capability and Well-being, in The Quality of Life, Eited by Nussbaum, M. and Sen, A., K.), Oxford: Clarendon Press, 1993

去做或达到的多种多样的事情和状态①。如果获得的功能性活动组成了一个人的福利，能力(capability)则反映了一个人可以获得福利的真正机会和选择的自由，是各种可能的功能性活动向量的集合。“Sen 实际上强调，影响个人福利水平或者生活水平的不是物品本身，而是物品能够为人们带来什么，以及人们能够利用这些物品做些什么②。”因此，可获得的功能性活动和可行能力与人们的个体特征和社会经济条件紧密相关，相同的资源被不同的人在不同的环境下可转换成不同的功能性活动。实际上，能力集是不能被直接观察的，因此，在实证中一般分析福利与可获得的功能性活动之间的关系，Sen 自己也指出“某些可行能力比其他一些可行能力更难测度，在试图对它们进行‘度量’时，由此所隐藏的东西有时可能比揭示的还多③。”图 17-1 是可行能力方法基本原理图解。

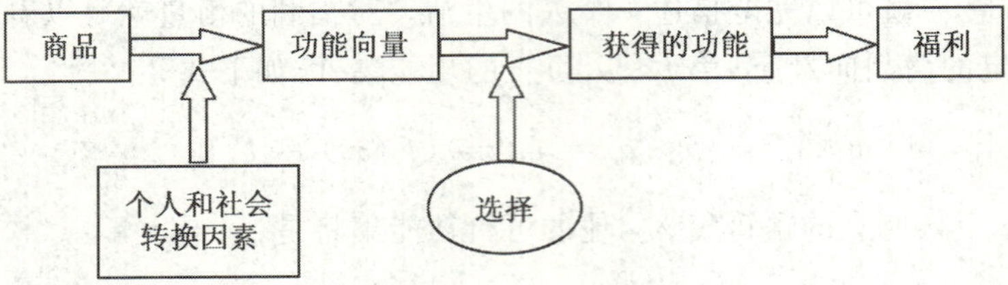

图 17-1　Sen 的可行能力方法

Sen 的可行能力方法作为福利分析的更为完整的理论框架得到了广泛认同。该方法考虑了除效用之外组成福利的更多内容，并研究了它们之间的关系，强调追求的目标应该是社会福利的最大化，这其中不仅包括个人效用的提高，而且包括自由、平等、个人权利等伦理方面的保证和提高。Sen 的能力概念避免了功利主义者的效用所引起的歧义，即能力不是一种愉悦，而是关于一个人选择集的度量，因此避免了效用比较的问题④。通过该方法，贫困、剥夺和不平等等问题都呈现出了一种新的、更清晰的含义⑤。可行能力方法对政策进行的评价是建立在政策对人们能力影响的评价基础上进行的。

要将 Sen 的这一理论运用于实践存在较大的困难，因为其与传统的福利衡量方法相比需要更多的信息，对方法论的要求也更高。在一定程度上，Sen 本人也承认在实证应用中完全体现可行能力的思想还存在很多困难。但是，仍有许多学者进行了尝试性研究⑥，而根据 Sen 的可行能力方法建立起来的联合国发展计划署(UNDP)的“人类发展指数”(human development index)则是对该理论的最好实践，该方法在联合国人权报告和世界银行的年度发展报告中的广泛应用使其在全球范围具有较高的知名度和认可度⑦。

---

① 阿玛蒂亚·森：《以自由看待发展》，北京：中国人民大学出版社，2002

② 姚明霞：《福利经济学》，北京：经济日报出版社，2005

③ 阿玛蒂亚·森：《以自由看待发展》，北京：中国人民大学出版社，2002

④ 姚洋：《自由、公正和制度变迁》，郑州：河南人民出版社，2002

⑤ Enrica Chappero Martinetti, “A Multidimensional Assessment of Well-being Based on Sen's Functioning Approach” [EB/OL], 2000, http://www.st-edmunds.cam.ac.uk/vhi/sen/papers/martinet.pdf

⑥ Tommaso M. L. (2006), “Measuring the Well Being of Children Using a Capability Approach an Application to Indian Data” [EB/OL], http://www.child-centre.it/papers/child05_2006.pdf

⑦ 胡道玖：《可行能力：阿玛蒂亚·森经济伦理方法研究》，苏州大学博士学位论文，2006

(二)案例分析:农地城市流转福利变化的经济学分析框架[①]

土地作为一种稀缺资源,是各产业发展不可缺少的生产要素。在现阶段,农地城市流转是我国经济建设的必然要求,如何配置土地,既满足经济发展的要求,又能体现社会公平原则、实现可持续发展是我们始终要关注的课题。

农地城市流转有两层含义:其一是土地所有权变更,即指农民集体所有土地变更为城市国家全民所有;其二是土地利用性质变更,即指农业用地转变为城市住宅、工业、商业、休闲、娱乐用地[②]。在我国,农地城市流转主要的方式是政府征收土地。土地征收是指国家根据公共利益的需要,将农村集体所有的土地转为全民所有,并给予集体和被征地农户一定的经济补偿。征收土地后,政府可以将其储备或直接出让给土地开发商进行开发。农地城市流转的过程同时也是涉及的各方权利主体福利变化的过程。一般地,农地城市流转涉及的权利主体包括:农民、农村集体经济组织、土地开发商、地方政府和中央政府。

农地能够为农民带来经济收入、提供生活保障以及生态景观等功能,而由于农地城市流转过程几乎是个不可逆的过程,农地一旦流转,农民和集体原先因土地而享有的生活保障福利、享受优美的田园风光等福利也就随之消失,而且这些福利几乎无法重新获得,因此,在做出农地城市流转决策的时候,必须考虑涉及的各方权利主体的福利变化,特别是通常福利受损的农民和集体经济组织。下文将通过分析农地城市流转导致各权利主体福利的变化,建立农地流转的社会福利函数,得到实现社会福利最大化的充分必要条件。

1.农地城市流转引起各权利主体福利变化的分析

(1)农地城市流转导致农民福利变化。第一,农地城市流转使农民失去了农地承包经营权,对于农户家庭来说,这一重大变故首先意味着原来拥有的家庭资源禀赋发生变化,承包地从有到无,农民失去了获得持续性农业收益的机会,即使对于那些原本就有非农收入的家庭来说,也必须重新考虑经济收入的来源问题,更不用说那些以农业产出为唯一收入来源的农户了。对于农户来说,自家农地一旦发生流转,手中掌握的生产资料发生变化,一般地,相应的其他资源禀赋如就业机会等也会改变。在农地数量减少的情况下,如果农户找到了非农就业岗位,且非农收入较之从前的农业收入有所提高或基本相等,则认为农户的经济福利由于农地城市流转而得到改善或没有改变;如若由于就业机会少、农民身体状况差或年龄大等自身素质等问题使得非农就业困难,经济收入减少,则认为经济福利降低。而对于原本就从事了非农生产活动的农民来说,农地城市流转可能改善投资环境,增加投资机遇,提升他们的经济福利。第二,世世代代的农民都将土地作为安身立命之本,一旦失地,原本对土地的依附感顿失,加之农民文化程度低,普遍没有其他非农生产技能,考虑未来经济收益的不确定性,农民失去土地后的恐慌感就更为强烈。如若政府给予农民的经济补偿完全可以保证农户在一定的年限内继续维持农地流转前的福利水平,则农民就有足够的时间寻找非农就业岗位,培训非农服务技能,使他们有机会从事更高工资率的行业获得较高的收入,从而完成社会身份以及生产、生活方式的转变。在社会文化生活方面,失去了土地,同时意味着农民失去了与土地密切相关、较为落后的教育和文化生活,取而代之的可能是现代交通、通

① 高进云、乔荣锋、张安录:“农地城市流转福利变化的经济学分析框架”,《中国房地产研究》,2007(1)

② 张安录:《城乡生态经济交错区土地资源可持续利用与管理研究》,华中农业大学博士学位论文,1999

信、教育、医疗以及文化娱乐，使农民进一步接触现代城市生活，提高农民生活质量。第三，农地城市流转使得农民的生活环境发生了巨大变化。农地流转是一种明显的美学损坏，特别是对某些相当脆弱的客体，如环境或生态系统有较大的冲击①。农地流转前，农民的农田可能就在其房前屋后不远的地方，环境状况相对良好；农地城市流转后，农田变成了公路、学校甚至工厂，当地自然景观遭到破坏，空气质量的下降在所难免，噪声污染、社会治安状况变差等问题都可能出现，给当地农民带来负的外部效用。

(2)农村集体经济组织福利的变化。土地征收是国家的强制性行为，农村集体经济组织没有农地是否流转的决策权，只能被动接收流转的事实。农地城市流转一方面使得集体的资源禀赋发生变化，影响集体的农业生产活动和农业收入；另一方面集体丧失了将土地用于非农用途时的选择权和将来改变用途带来的增殖收益的索取权，增大了农地城市流转的机会成本。

农地城市流转后昔日的农田变成了学校、道路、开发区等，农村社区的投资环境发生了巨大变化。投资的增加，交通、通信等基础设施条件的改善，有助于集体发展自己的非农产业，壮大集体经济。与此同时，当地的生态环境也遭到了破坏，农田、林地或者水塘的消失，往往使得当地的生态小气候随之发生变化，水源的涵养、生物多样性的保持等都会相继出现问题。

(3)土地收入是地方政府财政收入的重要来源。随着农地城市流转，生态环境质量下降，人们更关心粮食安全、生物多样性、水资源保护、公众健康、土壤健康等方面的社会、生态效益，就土地资源的利用效率来看，不可简单地以非农利用预期收益的贴现值是否超过预期的农地利用的贴现值作为确定流转与否的标准②。合法的农地城市流转，即土地征收、征用是在地方政府的主导下完成的，地方政府是中国土地征收、征用制度的执行者或代理方，它与委托方中央政府的行为目标有所不同，中央政府追求的是整体利益与长远利益的最大化，而地方政府由于财政分权制度、政绩考核办法等原因，往往看重于地方的局部利益和短期利益，以经济净收益最大为基础配置土地资源，没有考虑那些无法在市场中体现的外部效益。地方政府为追求GDP的增长，“招商引资”，“以商招商”，不惜低价出让土地，甚至违法默许一些项目“先上车后买票”，规避依法审批、规避新增建设用地有偿使用费、征地补偿费和安置补助费的缴纳。2006年6月14日，国土资源部披露，最新的分片执法检查发现，一些城市的违法用地宗数和面积分别占新增建设用地宗数和面积的60%左右和50%，有的高达90%以上。最新统计显示，2006年头5个月，国土资源系统共立案土地违法案件25 153起，与去年同期基本持平，但涉及的土地面积达到12 241.7 hm^2，同比上升了近20%，平均每一宗违法案件涉及的土地面积呈上升势头③。而地方政府也正是靠出让土地获得巨额的财政收入。根据一项专业调研，在很多地方，土地收入已占到地方财政收入的一半以上。其中土地直接税收及由此带来的间接税收，占地方预算内收入的40%，而出让金净收入，又占政府

① Hart J. F.，“Urban Encroachment on Rural Areas”，Geography Review，1976，66(1)：1-7

② Hodge Ian. Uncertainty，Irreversibility and the Loss of Agricultural Land. Journal of Agricultural Economics，1984，35(2)：191-202

③ 资料来源：http://www.china.com.cn/market/news/442825.htm

预算外收入的60%以上[①]。西部某省收取土地有偿使用费由2000年的3 626万元增加到2004年的4.58亿元，这期间总共收取了13.6亿元，全省土地有偿出让收入由1998年的2 869.5万元增加到2004年的8.71亿元[②]。

政府的土地征用、征收有其经济上的合理性，因为政府作为某些公共物品的提供者，不仅具有规模经济的优势，而且能够节约交易费用[③]。但现实中"节约交易费用"的具体表现是农民、集体的权益被侵害，地方政府做出农地城市流转决策时很少将粮食安全和生态效益考虑在内。中央政府是社会公共利益的维护者，是农地城市流转政策的委托方，其决策必须兼顾经济效益、社会效益和生态效益。面对地方政府所做的决策与自己的初衷相违背，中央政府须从社会最优出发，运用各项措施与手段来解决农地城市流转地方政府与中央政府之间行为目标不相一致的矛盾。

(4)土地开发商成本高昂，但利润率巨大。由于政府垄断了土地二级市场的供给，土地出让价格往往偏高，提升了土地开发商的经营成本。在中国商品房销售价格中，土地成本所占比重为8%～13%。据蒋省三等(2003)的调查，在广东南海区，按国家征地办法来测算的企业用地价格分别为，工业用地每亩15万元，高的达到40万元；商业用地每亩40万元，高的达到150万元。

土地获得成本高昂，同时由于土地资源的稀缺性，开发商通常利用所获得的土地获取暴利。《北京青年报》发表的题为《房地产暴利在哪儿》的文章说，"统计结果显示，房地产是中国收入最高的行业，甚至超过了金融、IT业"。"我们可以作一个简单的计算，按照开发商的理论，他们投入15亿元的一个项目，利润率10%，即1.5亿元，可是他们自有资金的投入或许只有5 000万元，利润率是300%。"如此之高的暴利，房价必然过高，损害的是老百姓的利益。

2.福利优化目标的建立

(1)模型的假设。在本研究中，认同Sen与姚洋的观点，认为不同个体之间的效用可以比较且社会福利函数存在，并设定社会福利函数为社会成员福利的简单加总。假定中央政府的决策目标是实现社会福利最大化，所以认为中央政府的福利即为社会福利W。假设其他所有主体的福利之和等于社会福利，那么社会福利$W=U_{农}+U_{集}+U_{开}+U_{政}$，其中$U_{农}$、$U_{集}$、$U_{开}$、$U_{政}$分别表示农民、农村集体经济组织、土地开发商、地方政府的效用水平。由于土地给权利主体带来的福利因土地质量和区位因素等不同而差异很大，为分析问题方便，这里假设土地为均质。同时为简化模型分析，假设地方政府将所有流转农地交于开发商开发，没有储备，则$x_{t流}=x_{政}=\sum_{n=1}^{N}x_{开}$，其中$x_{t流}$为一定区域内$t$时刻流转为市地的农地数量，$x_{政}$表示区域内地方政府获得的即将开发为建设用地的农地，N为区域内参与土地开发的开发商个数。进一步假设个体农户拥有的农地总量等于本集体经济组织的农地数量，即$\sum_{k=1}^{K}X_{农}=$

---

① 资料来源：http://news.ungou.com/ungou-news-122849.html

② 蒋省三、刘守英、李青："土地制度改革与国民经济成长"[EB/OL].2007，http://www.hubeidrc.gov.cn/2007/11-12/09514660237.html

③ 陈利根、陈会广："土地征用制度改革与创新：一个经济学分析框架"，《中国农村观察》，2003(6)

$\sum_{m=1}^{M} X_{集} = X_t$，其中 K 表示区域内农户总数，M 表示区域内集体经济组织的数量，x_t 为 t 时刻农地数量。

(2)模型的建立。根据一般微观经济理论，一个人的福利大小由其所消费的商品束决定，即 $w_i = u(c_i)$，这里的商品即包括一般意义上的物质性商品，也包括非物质的服务和娱乐。根据 Sen 建立在功能——能力理论上的福利内涵，认为直接决定福利的商品束 c_i 又依赖于可用资源 r_i 的数量，因此福利函数进一步写为 $w_i = u\{c_i * (r_i)\}$，由于可用资源不一定被充分利用，所以 c_i 与 c_i^* 可能不一致。我们将资源 r_i 细分为农地资源 x_i 和其他资源 q_i，则 $w_i = u(x_i; q_i)$，这里的 q_i 即包括实物性资源，也包括就业机会等非物质性资源。同类主体由于具有不同的自身特征，同样的土地资源可能产生不同的效用，例如，如果两个农户家庭的人口数或家庭成员健康状况不一样，即便两户拥有同样的农地，他们的福利仍可能不同，因此，主体自身特征也应是福利函数的重要自变量，福利函数进一步演化为 $w_i = u(x_i; q_i; a_i)$。

3. 农地城市流转社会福利优化目标的实现

农地城市流转使得涉及的各权利主体的福利发生了不同方向的变化，但其最终目的是使社会福利实现最大化。设农地城市流转决策的目标函数为：

$$\max w = u_{农}(x_t, q_{农}, a_{农}) + u_{集}(x_t, q_{集}, a_{集}) + u_{开}(x_{t流}, q_{开}, a_{开}) + u_{政}(x_{t流}, q_{政}, a_{政})$$

$$\text{s.t.} \quad x_{t-1} = x_t + x_{t流}$$

式中：w 表示社会总福利；$q_{农}$、$q_{集}$、$q_{开}$、$q_{政}$ 分别表示各主体拥有的其他资源禀赋的数量；$a_{农}$、$a_{集}$、$a_{开}$、$a_{政}$ 分别表示各主体的特征。约束条件为一定区域内 t 时刻农地数量 x_t 与 t 时刻流转为市地的农地数量 $x_{t流}$ 之和等于 $t-1$ 时刻的农地数量 x_{t-1}。

为求解该函数，建立拉格朗日方程：

$$\begin{aligned} L &= w + \lambda(x_{t-1} - x_t - x_{t流}) \\ &= u_{农}(x_t, q_{农}, a_{农}) + u_{集}(x_t, q_{集}, a_{集}) + u_{开}(x_{t流}, q_{开}, a_{开}) + u_{政}(x_{t流}, q_{政}, a_{政}) + \\ &\quad \lambda(x_{t-1} - x_t - x_{t流}) \end{aligned}$$

求解该方程可得：

$$\frac{\partial u_{开}}{\partial x_{t流}} + \frac{\partial u_{政}}{\partial x_{t流}} = \frac{\partial u_{农}}{\partial x_t} + \frac{\partial u_{集}}{\partial x_t} = \lambda \qquad (17\text{-}1)$$

4. 农地城市流转社会福利优化模型分析

从式(17-1)可以看出，当地方政府与开发商获得单位面积流转的农地用于建设开发时所导致的效用改变量等于农民与农村集体经济组织转出单位面积农地效用的改变之时，社会福利达到最大。换言之，在该时刻单位农地给予开发商和地方政府开发与交由农民和集体耕作无差异。或者，如果农地流转后，开发商与地方政府给予农民和集体的补偿额可以弥补他们由于失去了农地资源而导致的效用损失(这里的效用损失包括农地可产生的经济收入、社会保障效用以及农地生态环境效用的丧失)，此时，农地流失的发生可实现社会福利的最大化目标。

我们用埃奇沃斯盒状图表示以上关系。埃奇沃斯盒状图是将地方政府、开发商集团(用 J 代表)的无差异曲线图倒置于农民、集体集团(用 K 代表)的无差异曲线图的上方，使得 J

的原点 O_J 位于 O_K 的东北方向，并使两轴相互平行，J^0、J^1…表示 J 的无差异曲线族，K^0、K^1…表示 K 的无差异曲线族(图 17-2)。

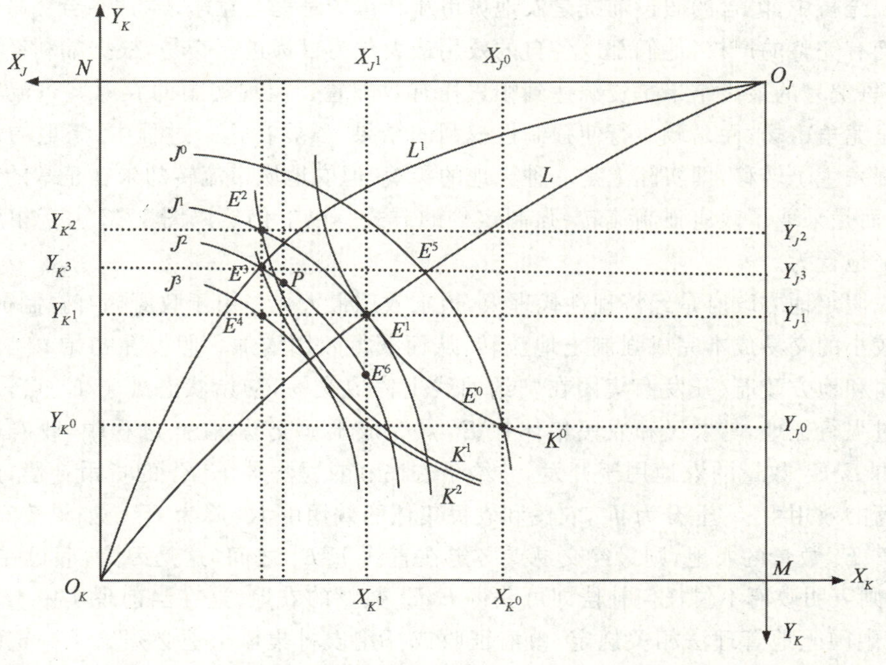

图 17-2　农地城市流转的埃奇沃斯盒状图

图 17-2 中 $O_KM(=O_JN)$表示土地资源总量，$O_KN(=O_JM)$表示其他资源的数量，为分析问题的简便，此处认为表示权利主体所拥有的货币总量。OX_J、OX_K 分别表示地方政府、开发商集团 J 以及农民、农村集体经济组织集团 K 拥有的农地数量(其中地方政府、开发商集团所获得的农地已被或将被开发成建设用地)。根据现代微观经济理论，实现帕累托最优的交换条件是任意一对物品的边际替代率(MRS)对于消费那对物品的所有个人来说必须相等。在图中表示，J、K 双方无差异曲线的切点即为帕累托最优点，将所有 J、K 无差异曲线的切点相连，就形成一条契约曲线 L，它表示交易双方自由签订契约就可达到该曲线上的一点。假设在初始 t 时刻，农民、集体集团和地方政府、开发商集团拥有的农地资源分别为 $O_KX_{K^0}$、$O_JX_{J^0}$，双方拥有的货币量分别为 $O_KY_{K^0}$、$O_JY_{J^0}$。若地方政府、开发商集团以 $Y_{J^0}Y_{J^1}$ 数量的货币补偿获得农民、集体集团 $X_{K^0}X_{K^1}$ 数量的农地。此时，均衡点 E^0 沿着农民、集体集团的无差异曲线 K^0 移动到 E_1 点，农民、集体集团的效用不变，仍保持在农地流转前的水平上，而开发商、地方政府集团的无差异曲线由 J^0 移动到 J^1，开发商、地方政府的效用增加，从而使得土地流转达到帕累托改进。实际上，当交易点位于无差异曲线 K^0、J^0 之间的任何一点，交易双方的状况都好于初始资源禀赋时的分配，各权利主体福利配置状况将优化。

若初始状态点需往右移以向契约曲线 L 靠近，就意味着农民、集体集团必须支付足够的补偿给地方政府、开发商，以获得农用地，即建设用地流转为农用地，这在现实中几乎不可能出现，即契约曲线上侧 E^0 点无法通过市场交换自发移动到契约曲线上。Henry 指出，如果一项决策大大地降低了未来相当时期内可能的选择，那么这项决策就是不可逆的。因为建设用地复垦为农地的成本非常高昂，而且复垦后农地的质量也无法恢复到从前的水平，所以，理性的决策者都不会选择城市用地流转为农地。

以上分析中，隐含的假设前提是农地城市流转市场是完全竞争市场，参与交易的各权利主体都拥有完整的产权，他们都以各自的效用最大化为目标进行交易，根据福利经济学第一定理，竞争贸易的最终结果是资源达到帕累托有效配置。但现实中的农地城市流转过程并不是完全竞争市场，而是政府行使强制性权利的结果，虽然在这一过程中，土地的使用权和所有权都发生了转移，即实际上是一种土地的买卖，但农地城市流转却未在正常的交易市场中进行，而是采取了政府强制流转、强制定价的方式。以下仍然以图17-2进行相应分析政府强制征地行为。

首先假定地方政府是经济理性代理人，追求效用最大化。由于政府握有强制征地权，可以付出较小的交易成本完成强制土地流转，从而获得效用增加。假设在初始 t 时刻，农民、集体集团和地方政府、开发商集团在契约曲线上完成交易，初始状态处于 E^1 点。随之，政府又通过强行征地，与农民和农民集体在 E^3 点完成土地交易，在此过程中，政府通过强制征地获得 E^4E^1 数量的农地用于开发，并给予农民和农民集体 E^3E^4 的货币补偿，此时政府和开发商的效用由 J^1 上升为 J^2，农民和农民集体的效用由 K^0 降为 K^2。如果政府在 E^1 点为获得 E^4E^1 数量的农地，则最终交易点必定在直线 E^2E^4 之间，这是因为，假设在 E^4 点完成交易，则表明政府不付任何补偿即可获得 E^4E^1 数量的农地，这在当前现实中不太可能出现，按照中国土地管理法相关规定，政府征收或征用农村集体土地必须给予一定的经济补偿；假设在 E^2 点完成交易，则政府和开发商的效用没有任何改变，而农民和农民集体效用水平下降，显然作为一个经济理性的代理人，政府不会在这点决策，合理的交易点必然在 E^2E^4 之间。将初始状态在契约曲线 L 上的实际强制交易点（如 E^3）连接起来，形成一条新的交易曲线 L^1，当征地数量大且给予农民和农民集体征地货币补偿低的时候，交易曲线将向坐标轴 O_KY_K 靠近，交易曲线远离契约曲线，资源配置偏离帕累托改进方向。线段 O_KN 则表示，在任何初始状态下，政府强行获得区域农民和农民集体余下所有农地而不给任何补偿，这是一种极限情况。

当初始状态点不在契约曲线 L 上的时候，例如图17-2中的 E^0 点，怎么确定政府强行征地时的交易曲线？如果任意初始状态下作强制征地交易，将交易结束状态点如 E^6 点连接起来，则此交易曲线位置和形状将难以分析，本文采用等效用线来进行替代分析。任意选取交易初始点，例如 E^0 点，交易结束点为 E^6 点，该点位于无差异曲线 J^2 上。政府及开发商在图中 E^5 点和 E^0 点的效用相等，过 E^5 点向左作长度为 $X_{K^1}X_{K^0}$ 的线段，在该线段的左端点作垂线，令垂线和无差异曲线 J^2 交点为 P。相对于政府和开发商来说，从 E^0 点到 E^6 点的变动等价于 E^5 点到 P 点的农地资源数量变动以及效用变动，因此，该征地过程则可用从位于契约曲线上的 E^5 点到 P 点的变动过程来替代表示，将此类 P 点连接则可得到政府强制征地下的交易曲线。同样，当征地数量大且给予农民和农民集体征地货币补偿低的时候，交易曲线将向坐标轴 O_KY_K 靠近，交易曲线远离契约曲线，资源配置偏离帕累托改进方向。

根据上述分析，当征地数量巨大而给予农民和农民集体的货币补偿量较少的时候，交易曲线远离契约曲线，资源配置将偏离帕累托改进方向，因此，在实际中出现低价补偿、高价出让、大量征地的时候，往往是土地市场效率下降，资源配置偏离良性发展的信号。南京市政府2002年向农民征用土地的最低价为每亩8万元人民币（包含土地补偿费、安置补助费和地上附属物及青苗补偿费)，最高价每亩 20 万元人民币，而政府转手拍卖最高价每亩达 980 万元人民币，最低价每亩 120 万元人民币①，土地资源配置是否有效存在疑问。

5.简要结论

首先，农地城市流转是一项影响颇大的系统工程，该项工程的执行是为了实现农地资源在不同权利主体之间的优化配置，与此同时，也必须考虑各主体由此而发生的福利变化，促进社会福利最大化的实现。研究表明，农地流转过程中，有的主体福利得到了提高，而有的主体福利却下降了；有的福利主体在某些方面福利状况改善了，但在另外一些方面福利却降低了。因此，必须全面评估各主体福利状况，特别是受损主体福利的变化，促进权利主体福利状况优化。例如，要全面评估农地之于农民和集体的经济效用、社会效用和生态效用，保证农地城市流转不使他们的福利下降。应研究量化农地对于农民和集体经济组织社会保障效用和环境生态效用的方法，给予农民和集体完全意义上的补偿，维护农民、集体的土地权利。从文中分析可看出，当地方政府与开发商获得单位面积流转的农地用于建设开发时所导致的效用改变量等于农民与农村集体经济组织转出单位面积农地效用的改变之时，社会福利达到最大。因此，如果农地流转后，开发商与地方政府给予农民和集体的补偿额可以弥补他们由于失去了农地资源而导致的效用损失(这里的效用损失包括农地可产生的经济收入、社会保障效用以及农地生态环境效用的丧失)，此时，农地流失的发生可实现社会福利的最大化目标。

其次，在产权方面，要使农民对土地的权利在流转过程中得到充分体现，保障他们的权益，就必须赋予农民土地的所有权、经营权、继承权、转让权、收益权、处置权等多项权利，增加农民和农民集体讨价还价的权利，从而促进福利优化配置。从图 17-2 中看出，通过强化农民和农民集体的讨价还价能力，减少强制征地，加大市场化行为，可促使土地资源配置向契约曲线靠近，达到帕累托改进，促进福利主体福利状况的改善。

再次，严格规范政府征地行为，提倡生态、经济和社会三效益统筹发展，促进土地资源可持续利用。首先要严格控制政府征地规模，合理增加征地补偿额度，促进福利主体整体福利状况的改善。从图 17-2 可看出，减少征地规模，可促使交易曲线 L^1 向契约曲线 L 靠近，从而减少福利损失；提高征地补偿额度，可减少政府征地行为，促进土地的市场配置。在图中，如果在政府征用 E^1E^4 数量农地的时候，征地补偿由 E^4E^3 增加到 E^4E^2，则政府不会强制征地，而选择保持在 E^1 状态，从而优化土地资源配置，福利状况得到改善。另外，改变政府偏好，从而通过改变政府的效用函数来达到资源优化配置。例如，将政府考核体系由经济效益考核转向经济、生态和社会效益综合考核。征地过程可能促进了区域经济发展，但很可能同时减少了区域的生态效益和社会效益，政府应改变以往那种“唯 GDP”的发展模式，而应追求生态、经济和社会三效益统筹发展，使得农地流转决策更加合理，从而使土地资源更有效配置。

① 钱忠好:“中国土地征用制度:反思与改革”,《中国土地科学》,2004(5)

第三节 基于福利经济学的土地政策改革

土地政策改革的目标是调整社会各利益主体的福利关系，并使社会总体福利逐渐优化。但是目前国内对福利经济的研究较少，使用福利经济学理论分析土地资源领域问题的研究就更少了。当前对福利经济学的研究主要集中于福利内涵方面，提出了经济福利、政治福利、文化福利以及社会福利等概念，在福利衡量选取的指标上，目前，以国内生产总值(GDP)的大小来衡量一个国家和地区的经济福利水平几乎成了通行的惯例。随着对福利认识的加深，人们逐渐认识到用GDP衡量经济福利水平存在很多缺陷，如GDP只衡量了直接的经济活动，对非经济性的福利改进无法反映，即使是产品和劳务也无法全部包括在内，同时GDP还包含了一些根本不能增进社会福利的内容。国外一些学者尝试采用社会剩余(social surplus)来衡量社会经济福利水平，在概念上显得更为全面和科学。随着社会的发展，人们认识到政治民主、社会稳定、保护人权以及司法公正等内容也是增进社会总体福利的途径，这些非经济活动带来的社会福利也成为福利内容的重要组成部分。因此，中国在制定土地政策的时候，不能仅仅将增加GDP作为福利改进的标准，还应该综合考虑生态环境、社会安定等非经济福利。

环境问题与人类生活息息相关，因而经济与环境协调理论的探讨就不可避免地涉及将环境指标转化为个人福利、再将个人福利汇总为社会福利的过程。这个过程就涉及了个人福利和社会福利的测度，为了比较不同主体的福利，通常的做法是将福利变化作货币化量度研究。福利分析方法为政策分析提供了较多货币计量方法，从而有助于制定科学、合理和较为准确的资源环境政策。

彻底解决资源配置问题的关键在于社会福利函数。而阿罗在1951年提出了著名的不可能定理，即不能从不同的个人偏好中形成所谓的合适的社会偏好，既社会福利函数不存在①，这个结论使得彻底解决资源配置问题变得十分艰难。姚洋则在其文章中指出，当效用可以在个人之间进行比较时，才能进行社会判断②。在他的文章中引用了Sen的论断："如果允许个人之间的效用比较，则阿罗不可能性定理不再成立；如果不允许个人间的效用比较，则阿罗不可能性定理将空洞无物。"Sen对传统的福利经济学进行了批判性重建，创造性地提出了"功能—能力理论"与"部分序数理论"，从而形成了新的福利判断标准。他引用"功能"的概念作为衡量福利的标准，由于"功能"广泛涉及物质与精神多方面领域，为更好地研究土地经济学中效率与公平的关系找到一个新的突破口。根据以上福利判断标准，中国在制定土地政策的时候，不仅要考虑政策效率，同样要兼顾政策公平，不能仅仅考虑经济指标，还要考虑收入分配效应，以促进政策更好地实现福利改进。

---

① 高鸿业：《西方经济学(第2版)》，北京：中国人民大学出版社，1999

② 姚洋："关注社会最底层的经济学家"，《读书》，1999(3)

复习思考题

1.阐述土地政策的内涵及类型。

2.阐述福利的内涵及其衡量方法。

参考文献

[1] 阿玛蒂亚·森.以自由看待发展[M].任赜,于真译.北京:中国人民大学出版社,2002.

[2] 陈振明.公共政策分析[M].北京:中国人民大学出版社,2002.

[3] 高鸿业.西方经济学.2版[M].北京:中国人民大学出版社,1999:404-406.

[4] 黄有光.社会福祉与经济政策[M].唐翔译.北京:北京大学出版社,2005.

[5] 黄有光.福利经济学[M].周建明,等译.北京:中国友谊出版公司,1991.

[6] 姜爱林.土地政策基本理论研究[M].北京:中国大地出版社,2001.

[7] 林德金.政策研究方法论[M].延吉:延边大学出版社,1989.

[8] 林卿,何训坤.土地政策学[M].北京:中国农业出版社,2002:18.

[9] 姚明霞.福利经济学[M].北京:经济日报出版社,2005:55.

[10] 姚洋.自由、公正和制度变迁[M].郑州:河南人民出版社,2002.

[11] 詹姆斯·E·安德森.公共决策[M].唐亮译.北京:华夏出版社,1990.

[12] 黄贤金.土地政策学.4版[M].北京:中国农业出版社,2014.

第十八章 土地政策参与宏观调控

宏观调控也称国家干预，是政府对国民经济的总体管理，是一个国家的政府特别是中央政府的经济职能。它是国家在经济运行中，为了促进市场发育、规范市场运行，对社会经济总体的调节与控制。土地政策是我国宏观调控的重要工具。为此，本章介绍了宏观调控及其政策工具，阐述了土地政策参与宏观调控的主要特点、前提以及有关实践问题。

第一节 宏观调控与宏观调控政策工具

一、宏观调控及其主要内容

宏观调控的过程是国家依据市场经济的一系列规律，运用调节手段和调节机制，实现资源的优化配置，为微观经济运行提供良性的宏观环境，使市场经济得到正常运行和均衡发展的过程[①]。宏观调控可以分为直接调控和间接调控。前者能够直接作用于社会总供给和总需求，并通过总供给和总需求的均衡，实现政府的经济控制规模、充分就业、物价水平和国际收支平衡。后者虽然不能直接作用于总供给和总需求，但是可以间接地影响总供给和总需求，从而也能实现一定的总体经济调控目的。宏观调控的主要内容包括：

(1)国家合理地制定各项经济政策和措施，如制定经济和社会发展战略、方针、制定产业政策，以控制总量平衡，规划和调整产业布局；制定财政政策和货币政策，调节积累和消费之间的比例关系，实现社会总供给和社会总需求的平衡，控制货币发行，制止通货膨胀；建立和完善适应市场经济发展的制度、收入分配制度和税收征管制度等。

(2)国家正确运用价格、税收、信贷等经济杠杆，调节国民收入的分配和再分配，从经济利益上诱导、协调和控制社会再生产各个环节等。

(3)科学地编制各项经济计划，使经济计划建立在有充分科学根据的基础上，使其在中长期的资源配置中发挥应有的作用，弥补完全依靠市场配置资源的不足。

二、国际通行的宏观调控政策工具

宏观调控并非计划经济国家政府独有的干预宏观经济平稳运行的措施。市场经济国家

---

① 张婉丽、杨重光：《土地政策参与宏观调控探索》，北京：地质出版社，2007

政府主要通过货币政策和财政政策来实现宏观经济健康发展。

(一)货币政策

货币政策是政府货币当局即中央银行通过银行体系变动货币供给量来调节总需求的政策①。货币政策参与宏观调控主要是通过货币量的控制和货币价格的管制,即利率的调整来影响宏观经济运行状况。一般来说,当经济低迷时,政府主要是通过增加货币供给,降低利率,刺激私人投资,进而刺激消费,使经济总量和就业增加;当经济出现过热时,政府一般采取控制货币发行,提高利率的办法,以达到抑制投资和消费,从而降低经济的热度。前一种货币政策被称之为扩张性货币政策,后一种做法则为紧缩性货币政策。

(二)财政政策

财政政策是政府变动税收和支出以便影响总需求进而影响就业和国民收入的政策②。财政政策主要通过税率的变化、税收结构的改变和政府购买和转移支付等方式调控经济运行。通常的做法是,当宏观经济状况萧条时,政府主要是通过减税、差别税率征收(即对高收入阶层课征高额税赋,低收入者减少税收负担)、增加政府公共品支出等方式以增加消费,刺激总需求,以度过经济难关。这就是所谓的扩张性财政政策。相反,如果经济增长太快,固定资产投资过猛,消耗太多的自然资源和能源,政府为了缓解经济增长对自然资源和环境的压力,可以采取与上述完全相反的措施,即提高税收,减少政府公共支出等,对经济增长起急刹车的作用。这种方式就是紧缩性的财政政策。

三、货币政策和财政政策等宏观调控政策工具的局限性

(一)货币政策在宏观调控中的局限性

市场经济国家政府在运用货币政策调控宏观经济运行中,由于对货币市场量的需求、需求结构、价格变化的不确定性的预判,货币需求的主体对货币政策的预期等问题,而使货币政策大打折扣。具体表现如下:

在通货膨胀时期紧缩的货币政策可能效果比较显著,但是在经济衰退时,扩张的货币政策效果不明显。

从货币市场均衡情况看,增加或减少货币供给要影响利率的话,必须以货币流通速度不变为前提。如果此前提不存在,货币波动对经济的影响就要打折扣。

货币政策的外部时滞也影响政策效果。中央银行变动货币供给量,要通过影响利率,再影响投资,然后再影响就业和国民收入,因而,货币政策作用要经过相当长一段时间才能发挥。

在开放经济下,货币政策的效果会受资金在国际上的流动而受影响③。

---

① 高鸿业:《西方经济学(宏观部分)(第四版)》,北京:中国人民大学出版社,2007

② 高鸿业:《西方经济学(宏观部分)(第四版)》,北京:中国人民大学出版社,2007

③ 高鸿业:《西方经济学(宏观部分)(第四版)》,北京:中国人民大学出版社,2007

(二)财政政策在宏观调控中的局限性

财政政策对宏观经济调控的政策效果的发挥与收入水平有关。当经济低迷,收入和利率水平较低时,政府增加财政支出或者减税,不会使利率上升很多,利率上升抑制私人投资不多,也就是说财政政策的“挤出效应”不明显,财政政策效果较好;当收入水平很高时,政府运用财政政策调控宏观经济运行的政策效果就不明显,因为这时货币需求对利率的反应不灵敏,也就是说货币需求增加将使利率上升很多,从而对私人投资产生明显的“挤出效应”,财政政策的效果就不佳。

极端的情形是,从理论上说,政府何时使用财政政策,何时使用货币政策,即货币政策和财政政策是否有效取决于产品市场与货币市场的均衡情况。当货币市场的供需不随利率变动而变动时,即货币的供需均衡曲线为水平线时,政府使用财政政策进行宏观调控最有效,即既能使国民收入增加,而又不会使利率上升,财政政策“挤出效应”为零。这就是所谓的“凯恩斯极端”。当货币市场的供需随利率变动而变动很大,即货币供需曲线为垂直时,政府使用财政政策只会拉动利率,而不会使收入和就业形势有任何改变,即财政政策失灵。这就是所谓的“古典主义极端”。当产品市场的供需均衡与利率变动没有关系时,即利率无论怎么变动,投资需求不会作任何改变,即投资—储蓄曲线为垂直时,货币政策的调控效果为零。

第二节 土地政策参与宏观调控的背景、特点和理论依据

一、土地政策参与宏观调控的背景

20 世纪 90 年代初,针对土地开发过快问题,尤其是房地产的快速发展,中央政府积极实施土地调控政策,通过有效的宏观调控,实现房地产、土地开发的有序推进,及经济社会的全面协调可持续发展。其主要背景如下:

(1)中国已进入快速的城市化和工业化轨道,土地需求旺盛,土地供需矛盾突出,必须控制土地供给。

1994 年我国城市化水平已经达到 32%,按国际经验,当一个国家和地区城市化水平达到 30%~70%时,则表明已经进入快速发展阶段。经过近 10 年的时间,2004 年我国城市化水平已经达到 42%,此期间城市化按每年一个百分点增长速度发展。城市化快速发展的显著标志是农村人口向城镇转移、农地城市流转失控、农业资本、劳动力非农转移、非农产业发展迅猛。由于户籍制度的原因,我国的城市化滞后于工业化。随着城市化和工业化的快速发展,城镇非农产业用地需求加剧,城市周围大量优质农地向城市流转,这不仅危及国家粮食安全,而且影响到生态环境和社会的稳定与和谐。因此,必须根据土地资源的数量、质量和区位,以及城镇非农产业发展的需求,制定土地供应控制政策,保护耕地,抑制无序的城市化和工业化。

(2)中国土地市场化程度低,缺乏城乡统一土地市场,仅仅依靠市场机制难以实现土地资源在不同区域、不同部门和不同产业的优化配置,也难以调控国民经济。

自 1987 年深圳市创新城市土地制度,1990 年国务院出台《城镇国有土地使用权出让转

让暂行规定》等土地市场建设的制度安排开始，我国城镇国有土地使用权市场机制逐步完善，但是土地的市场化程度仍然较低。据有关部门统计，我国城镇国有土地使用权出让中招标、拍卖、挂牌交易的仅占40%～60%，部分地区土地市场化率尚不足30%。城镇土地交易中双轨制的存在，其后果之一是造成企业之间的不公平竞争；之二是土地需求失控、土地寻租行为普遍。与城镇国有土地使用权市场化建设相比，我国农村集体土地使用权市场建设尚处于探索阶段。作为经济发展的重要因素——土地市场发育严重滞后于经济建设和城市化、工业化的步伐，寄望于土地的市场的力量调控宏观经济运行显然是事与愿违的。

(3)中国中央与地方分权的财政制度，使得地方与中央成为博弈目标相异的主体，地方政府的行动往往与中央的政策目标难以统一，土地收益成为地方重要的财政收入来源。

所谓财政分权是指给予地方政府一定的税收权力和支出责任范围，并允许其自主决定预算支出规模与结构，使处于基层的地方政府能自由选择其所需要的政策类型，并积极参与社会管理，其结果便是使地方政府能够提供更多更好的服务。我国1994年的税制改革并不是真正意义上的分权体制，由于当前各级政府间职能尚未理顺，财政“缺位”、“越位”和“错位”的现象普遍存在的情况下，中央政府还是具有制定政策的主动权，甚至还可以随意修改游戏规则；政府间财政关系缺乏明确的法律基础，使得中央政府在财政体制的改革中，掌握较大的倾斜主动权。此外，我国目前民主决策机制尚不完善，几乎所有的财政竞争措施的实施，主要表现为地区政府行为，而非真正意义的民主意志和利益的体现，加之现行的户籍管理制度也使居民难以进行“用脚投票”轻易离开居住的辖区，致使各级政府公共支出结构和支出水平趋于合理的机制在我国尚难正常实行。各级政府事权、财权、课税权的边界模糊，财政“缺位”、“越位”和“错位”的现象普遍。分税制财政体制，中央政府向地方下放了支出决策权和部分税收管理权，但遗憾的是，这种决策权的下放没有真正到位，即没有落实到地方民众手中，而只停留在地方政府手中。这就加剧了权力的滥用。在土地问题上，特别是财政吃紧的地区，在不成功的分权制和地方政府本位主义、政绩观的驱动下，违法出让土地，土地财政极其普遍，冲击土地市场，危机到国家的粮食安全和生态安全。

(4)中国居民消费结构发生明显变化，宏观经济形势出现过热态势，依靠一般意义上的宏观调控工具——货币政策和财政政策难以达到调控的目标。

按国际经验，当一个国家或地区人均GDP达到1 000美元时，这个国家或地区居民的消费行为和结构会发生显著变化。2002年，我国大部分地区，特别是东南沿海地区城镇居民人均GDP超过2 000美元，已经进入消费结构转变的阶段，即消费由基本的温饱型消费模式向高档的汽车、住房等高消费模式转变。同时，城镇住房制度的改革，更拉动了房地产和基础设施的消费需求。随着城镇建设、汽车、房地产业等的超常发展，导致钢材、水泥、电解铝等基础产业的旺盛需求。据统计，2003年固定资产投资增长接近翻番，固定资产投资占GDP的比重达到42%，远远超过韩国、泰国在亚洲金融危机前的程度，这便成为中央政策首次提出土地宏观调控的原因所在。2006年上半年城镇固定资产投资同比增长高达30%以上，已成为各种经济矛盾和问题的焦点。如果仅仅依靠紧缩的货币政策和财政政策，而不能及时地把住土地这个“闸门”，势必会造成固定资产投资继续高速增长。这也是中央着手第二轮土地调控的原因所在。

二、土地政策参与宏观调控的特点

(一)依赖性

土地市场的均衡是一种短期、局部均衡,无法实现长期、完全均衡。土地政策参与宏观调控效果发挥有赖于与之配合的货币政策和财政政策。如果宏观经济调控采用的是扩张性的货币政策和财政政策,则必然会使固定资产投资规模增加,信贷规模失控,而即使采取了紧缩的土地宏观调控政策,则仍然会造成投资浪费,金融风险加剧,因此,紧缩地根政策要与紧缩银根政策结合才行。

(二)联动性

土地既是稀缺的自然资源,又是不可替代的生产要素。土地供给政策的扩张与紧缩必然触动与土地相关的产业,如房地产业及其上下游产业的发展,而这些产业的发展又会引起资本市场、劳动力市场和技术市场的波动。因此,土地供给政策参与调控,把握其调控力度和时效是其效果发挥的关键所在。

(三)滞后性

土地作为投入要素投入到生产部门,需要经过生产和建设周期才能发挥其要素的作用。因此,无论是采取扩张性的土地调控政策,还是采取紧缩性的土地调控政策,其宏观调控作用效果均需一段时间才能反映政策的效果。这样在土地调控时,应对宏观经济形势做出预断,超前调控,才能发挥应有的效果。

(四)直接性

如前所述,土地政策宏观调控之所以能进入国家宏观调控体系当中,就是因为它具有土地市场和财政政策、货币政策所不具备的优势,即它既可以在宏观上控制总量,又可以在微观上直接控制区域和项目。

(五)缩放性

土地政策参与宏观调控是以产业政策和货币政策、财政政策协调作用的。当土地政策与这些政策配合良好时,可以使其调控效应放大;当土地政策与这些配套政策不协调时,其作用效果则被缩小。

三、土地政策参与宏观调控的理论根据

(一)土地利用产生的外部性需要政府干预

所谓外部性是指经济行为人(生产者或消费者)的经济行为(生产或者消费)给周围其他人的经济行为(生产或消费)造成影响,并且这种影响又不会在经济上给经济行为人带来任

何影响。经济行为人给周围其他人的经济行为造成的负面影响就是负外部性;经济行为人给周围其他人的经济行为带来好的影响,就是正外部性。土地利用过程中会产生外部性。如农地保护除了给农民带来正常的经济收益以外,还能起到调节气候、降解污染、保护水源、保障国家或区域粮食安全的作用,即农地保护具有正外部性。但是对农民来说,农地农用与农地转变为非农利用的经济收益相比,则微不足道。如果政府对农民农地保护产生粮食安全、生态安全的正外部性熟视无睹,不给予补偿,农民保护农地的热情必然降低,农地转变为非农建设用地则成为将来的必然选择。与农民农地保护相反,农民和集体经济组织与房地产开发商串谋,达成联合开发、联合建房的协议,将优质农地通过隐形市场转变为住宅用地,其经济收益会成倍增长,但是却给周围群体带来噪声污染、空气污染、水污染,破坏生态环境,危及国家粮食安全,即产生负外部。倘若政府不采取有力的土地政策打击此类产生负外部性的土地利用行为,土地市场秩序必然受到冲击,国家粮食安全也难以保证。

(二)土地市场失灵需要政府调控

市场和政府在经济发展中的作用一直是经济学研究的重要课题。自由经济学派认为市场机制无所不能;政府经济学家则认为市场的机能有限,政府的宏观调控必不可少。一般来说,市场机制要充分发挥作用是有一定前提的:其一是市场完全竞争;其二是市场交易信息充分;其三是交易的标的完全均质;其四是不存在公共品;其五是无外部性。然而,就土地市场来说,土地由于位置的固定性,土地市场只能是区域性市场,并且我国由于社会制度和土地产权制度的安排,土地使用权出让,即土地一级市场是受政府垄断的;就交易信息来说,土地的信息和需求面临着多种不确定性,不可能达到信息充分;就交易标的的均质性来说,不同区域、不同类型的地块异质性强,完全均质的土地很难在市场上找到;就是否存在公共品来说,土地本身是准公共品;就是否存在外部性来说,没有外部性的土地利用是不存在的。由此看来,土地市场完全由市场力量调控土地供给和需要的前提不存在,市场失灵现象普遍,必须要借助政府的调控力量,才能均衡供求关系,并最终保证宏观经济运行良好。

第三节　土地政策参与宏观调控的可能性与基本前提

一、土地政策参与宏观调控的可能性

土地政策能否参与国家宏观经济的调控,并在调控中发挥作用与三个因素有关,其一是政府是否对土地有绝对的控制力;其二是土地政策本身是否合理、有效;其三是调控的对象——土地市场发育是否充分;其四是调控的主体是否合法,即是否赋予调控的职能。

(一)政府对土地有绝对的控制力

《中华人民共和国宪法》和《中华人民共和国土地管理法》明文规定,我国土地实行国家所有制和劳动群众集体所有制,城镇土地属于国有土地,广大农村土地和城市郊区除了规定属于国家所有的外属于集体所有。农村集体土地为集体经济组织所有,但是国家对农村土地利用和保护有最终的管理权;城镇土地由国务院代表国家行使土地所有权,国家对土地享

有使用、处分和收益权。随着城镇土地有偿、有限期使用制度改革，城镇土地市场发育，土地市场建立，国家对城镇土地一级市场实行垄断。政府对土地的利用、保护、市场交易又有绝对的控制力，为政府利用土地政策行使宏观调控作了权能上的保证。

(二)土地政策和相关的法律制度逐渐建立，并日臻完善

土地政策是其参与宏观调控的基础，宏观调控成功与否在相当程度上取决于政府根据不同的经济发展阶段、不同地区土地资源禀赋、不同产业发展需求，适时、适度的土地政策供给及其相关法规和制度安排。从土地的数量管控政策来看，我国已经建立了包括土地利用总体规划政策和制度，对不同级别的行政区域自上而下编制本区域的土地利用总体规划、专题规划、土地利用年度计划，国家重点控制新增建设用地、耕地保有量、基本农田保护等刚性指标；此外还有基本农田保护政策和制度、耕地总量动态平衡、占补平衡制度等等；从土地质量管控政策和制度看，我国建立了基本农田保护政策和制度、基本农田开发整理政策和制度等，从土地生态管护政策和制度看，我国基本上已经建立了诸如退耕还林、退田还湖政策、基本农田跨区域带包政策和制度、高标准基本农田整理制度、粮食直补等生态补偿政策和制度。从土地供给政策和制度看，我国基本上已经建立起土地储备政策制度、土地交易政策和制度、建设用地预审、用地审批政策和制度等；从土地价格政策和制度看，我国从 20 世纪 80 年代末开始实施了城镇土地分等定级估价制度、农用地分等定价估价制度、城镇土地级别地价更新制度、土地价格动态监测制度等，为政府监管土地交易，保障交易安全和国有土地资产作了制度上的保证。从土地税收政策来看，我们已经实践了新增建设用地有偿使用费、土地出让金、耕地占用税等政策和制度，土地税收杠杆在调节土地收益分配、促进土地资源优化配置上逐渐发挥着基础作用。这些土地政策和制度的建立和进一步完善，以及适时、适度、因地供给为土地政策参与国家的宏观调控奠定了坚实的基础。

(三)土地政策参与宏观调控的调控对象——土地市场逐渐建立起来

土地市场是土地政策参与宏观调控的对象，调控效果的好坏都要透过土地市场，及其市场的供需均衡发挥作用。自从 1990 年出台《城镇国有土地使用权出让转让暂行规定》以来，我国正式开始了土地有偿使用制度，除了公共用途外，土地使用实行有偿使用，土地使用权在国家与用地者之间、用地者与用地者之间进行交易，土地出让中的市场化运作方式(协议、招标、拍卖、挂牌)逐渐成为主要方式，而行政的运作方式，如划拨等逐渐减少。特别是 2006 年国务院出台《国务院关于加强土地调控的有关问题的通知》(国发)〔2006〕31 号)、国土资源部出台《关于发布实施〈全国工业用地出让最低价标准〉的通知》(国土资发〔2006〕307 号)政策，从 2007 年 1 月 1 日起，工业用地必须采取招标、拍卖和挂牌等市场运作的方式，并且其出让价格不能低于规定的最低标准，土地的市场不断发育和完善，为土地政策参与宏观调控发挥着基础作用。

(四)国土资源部和国家发改委、财政部、中国人民银行一样被国务院确认为国家宏观调控部门

在没有明确提出土地政策为国家宏观调控工具以前，宏观调控的主体是中央政府(国务院)及其相关部门，如国家发展和改革委员会、中国人民银行、财政部。国家发展和改革委员会负责制定国家发展的规划、中国人民银行负责出台货币政策，财政部负责出台财政政策。从 2003 年起针对固定资产投资增长过猛，经济过热，国务院开始明确提出将土地政策与财政政策和货币政策一样作为国民经济宏观调控的政策工具，国土资源部也就正式确立为国家宏观调控的部门。有了调控的主体，土地政策才能发挥其调控的能动性。

二、土地政策参与宏观调控的基本前提

(一)市场失灵

一般来说，市场运行的成本要比政府运行的成本低得多，市场运行效率也比政府的效率高得多。因此，从经济学的角度来说，能够让市场干的事情，要尽量让市场干，政府不能代替市场，越俎代庖。只有当市场运转不灵时，政府才能出面干预。

如前所述，当市场机制充分发挥作用的基本条件都不成立，市场失灵现象普遍存在时，依靠市场调控宏观经济运行难以达到要求，必须要借助政府的力量，以实现其目标。

(二)货币政策、财政政策宏观调控无效或效果不佳

一般的宏观调控都是在市场失灵的条件下，政府对国民经济的总体管理，是一个国家政府特别是中央政府的经济职能，它是国家在经济运行中，为了促进市场发育、规范市场运行，对社会经济总体的调节与控制，其过程是国家依据市场经济的一系列规律，运用调节手段和调节机制，实现资源的优化配置，为微观经济运行提供良好的宏观环境，使市场经济正常运行和均衡发展的过程。其具体运作是通过制定财政政策和货币政策，调节积累和消费之间的比例关系，实现社会总供给和社会总需求的平衡，控制货币发行，制止通货膨胀。

土地政策参与宏观调控在市场化程度高的国家和地区尚未有过。它是为了弥补市场机制的缺陷、发挥货币政策和财政政策所不能发挥的作用。一般的宏观调控工具货币政策和财政政策调节的宏观经济总量，很难落实到具体项目，并且调节的力度难以把握。如果调控力度过大，则容易造成大的经济波动；倘若调控的力度不够，又难以达到控制的目的。

土地政策参与宏观调控是因为它能够达到一般货币政策和财政政策调控所不能达到的效果，即可以在宏观上调节宏观经济总量，又有在微观上落实到具体的土地项目。紧缩地根，也就能把持住投资和经济建设的"闸门"。

(三)土地政策必须与产业政策、货币政策和财政政策配合，形成宏观调控体系，才能发挥政策调控的绩效

土地政策与产业政策结合可以调整土地供给规模、结构，调整产业发展政策，从而达到土地合理利用、产业规模合理、布局优化；土地政策与财政政策结合，从而调整土地供给规模、供给方式，调整财政支出规模，达到减少财政赤字、收入合理分配；土地政策与货币政策结合，从而调整土地供给规模、方式、用途，调整信贷规模，达到减少土地浪费和闲置，减少信贷坏账，最终达到经济增长、充分就业、物价稳定和国际收支平衡的调控目标①。

---

① 刘艳君、刘勇、韩桐魁："土地供给参与宏观的传导机制"，《中国房地产研究》，2007(1)

第四节　土地政策参与宏观调控的实践运作

一、中国土地政策被确立为宏观调控工具的过程

2003 年 8 月国土资源部副部长李元在新疆石河子召开的中国土地学会理事会暨学术年会上首次提到中央将把土地政策与货币政策和财政政策一样作为国家宏观调控的工具。2003 年下半年，中国政府针对当时基本建设投资规模过大，经济出现过热的局面，着手第一次土地宏观调控，并取得了显著成效。自此，土地政策作为国民经济宏观调控的理论和实践无论在学术界，还是在政府决策部门都引起了广泛的讨论。2006 年国务院针对第一轮土地宏观调控中出现的问题，于 2006 年 9 月 5 日发出《国务院关于加强土地调控有关问题的通知》(国发[2006]31 号)，准备实施第二轮土地宏观调控。2007 年第十届全国人民代表大会第五次会议温家宝总理所做的政府工作报告中指出："在土地问题上，我们绝不能犯不可改正的历史性错误，遗祸子孙后代，一定要守住全国耕地不少于 18 亿亩的这条红线。坚决实行最严格的土地管理制度，坚决控制建设占地规模，禁止擅自将农用地转为建设用地。认真落实新修订的禁止和限制类项目用地的规定，特别要禁止别墅类房地产开发、高尔夫球场、党政机关和国有企事业单位新建培训中心用地。"自十八届三中全会以来，土地宏观调控得到更积极的加强。2015 年习近平总书记就耕地保护工作曾提出，"要实行最严格的耕地保护制度，依法依规做好耕地占补平衡，规范有序推进农村土地流转，像保护大熊猫一样保护耕地。"即便是在推进农村土地征收、集体经营性建设用地入市、宅基地制度改革试点工作过程中，仍然要"坚持土地公有制性质不改变、耕地红线不突破、农民利益不受损"三条底线，由此可见，土地政策已经成为国家宏观调控体系中的重要组成部分。

虽然土地调控的目的，就是保障在经济快速增长时，能够有效抑制经济过热；经济不够景气时，能够通过有效的土地政策，增强经济发展活力，即通过土地调控的"异频消振"作用，保障经济发展的健康运行和可持续性。但自 20 世纪 80 年代以来，我国每隔 7～10 年就会出现较为严重的以产能过剩、地产闲置等为主要特征的重复建设，而无论是土地市场化改革，还是最严格的土地管理制度，似乎都对重复建设难以产生更有效的抑制作用①，从而使得本来应该表现为"异频消振"作用的土地调控，反而对重复建设起到了"同频共振"的作用②。因此，还需要积极探索土地调控的创新路径。

二、典型国家和地区政府干预土地市场的实践

(一)西方国家的实践

西方学者认为政府干预土地市场是基于土地市场的垄断性和外部性的存在。如果土地

① 黄贤金、章波、张丽君："低水平重复建设的土地制度诱因及对策建议"，中国自然资源学会 2004 年学术年会，2005

② 黄贤金："土地调控的制度掣肘与改革"，《人民论坛》，2014(9)

市场运作的信息不对称失灵，则政府有干预土地市场的必要性。政府对土地市场的干预主要有市场机制措施、激励措施和管制措施。

市场机制措施主要是通过管制的解除，商品的分配与价格的提供等方式，引导市场运作解决市场问题，以促进市场的自由与活跃，目的在于建立自由、完全竞争的市场。政府的角色是市场促进者。

激励措施是在利用人们利益驱使的特性以达到政策目的，主要是通过课税和补贴影响人们的经济行为，即通过征税提高商品的价格，以补贴降低商品的价格。政府同时兼有抑制和刺激的角色。政府的行为主要包括：供给层面的课税、高级层面的补贴、需求层面的课税和需求层面的补贴。

管制措施主要是建立价格管制、数量管制等管制规则，以规范市场中供给者和需求者行为。当市场出现不正常的波动时，如土地价格、房地产价格波动异常，政府通过管制措施予以平抑。

市场化程度较高的国家和地区，其国民经济宏观调控一般是将货币政策和财政政策作为其调控工具。到目前为止，国际上尚无将土地政策作为宏观调控的先例。通过土地供给控制来调节国民经济运行可能要算土地储备制度了。西方市场经济国家较早就建立了土地储备制度。土地储备制度的初衷在于调节土地市场，平抑土地价格的波动，以防止土地投机行为。当土地市场价格低迷时，政府通过土地储备制度，从市场上收购土地，增加土地储备库，即减少土地市场上的土地供给，通过土地的供求关系，使低迷的土地价格回升，土地市场回暖；当土地市场价格高涨时，政府利用土地储备制度，从储备的土地中增加市场上的土地供给，使土地价格回落，从而使土地价格不至于发生异常波动。然而土地储备制度实际运行的制度绩效常常与理论预期有较大的落差，如美国经济学家 Carr 和 Smith(1975)对美国 20 世纪 50—70 年代政府利用土地储备制度来平抑土地市场价格波动效果的分析来看，其制度效率较低。

(二)中国台湾地区的实践

我国台湾在 1970—1999 年间土地市场曾经出现了 4 次大的波动。1970—1975 年为第一次土地价格波动时期，1973 年上半年受全球性通货膨胀的影响，人们在外贸顺差、游资过多情况下，因为预期货币贬值，从而投资购买房地产，使土地市场价格上扬。“政府”对土地市场的干预的管制措施表现在 1973 年的暂缓公告城市土地现值、五楼以上限建、对建筑材料，如水泥等实行限价；市场机制措施主要包括 1974 年将限价改为议价、五楼以上限建措施予以适当开放、宣布解除高楼禁建等；激励措施表现在 1974 年的提高存贷款利率。1976—1984 年为第二次土地价格波动时期，1980 年由于能源危机石油价格大幅度上涨，人们预期物价会很快上涨，人们将资金投入土地市场中，引起土地市场价格大幅度上涨。“政府”干预土地市场的管制措施包括 1980 年的追查购房资金来源、提高土地公告现值为市价的 80%、空地限建等；激励措施主要有 1977 年的提高个人购置住房的贷款额度、1980 年的储蓄 1 年以上者，可以获取本息的 3 倍贷款，购置住房也可贷款、1981 年的办理建筑业专案作业要点、1984 年的土地银行提高办理自用住房贷款成数等；市场机制措施主要包括 1977 年恢复办理建筑业融资、1981 年建筑完工住房无法出售的，可以其房屋办理第一顺位抵押申请贷款、已完工住房面积在 40 m^2 以下的，可以申请优惠贷款等。1985—1990 年为台湾第三次土地市场波动期，1987 年国泰人寿公司以每坪 92 万元高价标得台北南京东路华航公司的空地，土地市场价格开始上涨，且大于第 2 阶段。“政府”干预土地市场的管制措施包括 1988 年短、中期解决房价方案、1989 年对购地等土地担保放款，最高贷放额度以 1988 年公告现值的 4 成为限，最长为 3 年、暂停办理无担保购地放款、无正当使用目的的城市快递担保放款、暂停办理 1987—1989 年内三次转手或三次以上的土地担保放款、冻结对投资公司授信总余额于 1989 年 2 月水平；“政府”的激励措施主要包括依“公告现值加 4 成”估价不动产放款额度、大幅度调高存款准备金率、“当前住宅问题因应措施方案”和制定“土地银行条例”；“政府”的市场机制措施主要包括：1985 年的停征新建房屋契税、1987 年的放款银行对单一客户的贷款限制、1989 年的通过“兴建合宜价位住宅方案”、1990 年的取消建造及购买住宅企业用建筑放款、取消土地担保放款等。1991—1999 年为台湾第四次土地市场波动期，1991 年“政府”宣布实施容积率管制措施，掀起了建筑商和地主大规模强建，一方面房价居高不下，另一方面民众购买力低下，土地市场低迷。“政府”干预土地市场的管制措施包括 1994 年的提高空地地税、对逾期未为建筑的空地加征地价税等；激励措施主要有 1994 年的 6 万元一坪价住宅政策、1995 年的“内政部”制订“预售屋买卖定型化契约”与“住宅金融条例”、提拨邮政储金五百亿协助民众购屋、提拨 300 亿元协助营建业取得资金、1998 年的银行提拨自有资金4 200 亿元协助住宅者购买住宅、首次购屋贷款优惠利率期限延长、央行提拨 1 500 亿元供银行办理 1999 年内民众购置新屋贷款、修改所得税法；市场机制措施主要有：1993 年的取消对投资公司的授信、1995 年的取消初贷利率 9%的规定、银行对住宅贷款的放款期限由 20 年放宽为 30 年、取消“只付利息，不还本金”最长不得超过 5 年的规定、1997 年的废止选择性信用管制、1997 年的 4 万多 hm^2 农地释出方案、1998 年的建筑执照到期得再延 2 年等。

虽然不同时期针对不同原因的土地市场波动，“政府”采取了不同的干预措施，但是对“政府”干预措施的有效性研究发现，无论是抑制市场发展的管制措施，还是为刺激市场发展的市场机制措施及激励措施均不显著，并对市场波动异常有推波助澜的作用①。

三、我国土地政策参与宏观调控的调控主体、调控对象、调控目标

(一)土地政策参与宏观调控的主体

土地政策参与国民经济宏观调控其主体一定是土地政策的制定者和执行者。我国国家土地政策的制定者是国务院及其所领导的职能部门——国土资源部；地方土地政策的制定者是地方政府及其所领导的职能部门——国土资源主管部门。土地政策的执行者是各级国土资源管理职能部门。因此，土地政策参与宏观调控的主体是国务院、国土资源行政主管部门。

(二)土地政策参与宏观调控的对象

土地政策要参与国家的宏观调控要通过政策运行影响土地的供给和需求，最终影响到总供给和总需求，从而实现宏观经济运行目标和状况。土地供给和需求的变化最终会反映

① 吴彩珠、蔡佳桓：“政府介入土地市场有效性之研究”，《台湾土地金融季刊》，2005(1)

于土地市场之上，因此，土地政策参与宏观调控的对象也就是土地市场。

（三）土地政策参与宏观调控的目标

国民经济宏观调控的财政政策、货币政策等调控工具的目标是宏观经济平稳运行，促进经济增长、充分就业、物价稳定和国际收支平衡。土地政策参与宏观调控是配合这些传统的政策工具，形成宏观调控的合力，达到共同的目标，宏观经济又快又好发展，人民群众福利改进。

四、我国土地政策参与宏观调控的成效

自 2003 年起我国将土地政策作为政府调控宏观经济的政策工具。不同时期其调控的重点是有所侧重的。2003 年的政策重点是治理整顿土地秩序；2004 年是“土地政策年”，颁布了“8·31 大限”、“三个暂停”，以及“国务院 28 号文”等，对土地市场、房地产市场乃至宏观经济都产生了重要影响；2005 年是“房价调控政策年”，以及“国八条”、“新国八条”和“七部委意见”为主的房地产政策，中心目的是抑制过快上涨的房价；2006 年是“房地产调控综合政策年”，上半年的“国六条”、“九部委意见”等房地产政策，下半年的“国务院 31 号文”等土地政策，成为第二轮宏观调控中除货币政策、财政政策外最主要的政策工具[①]。经过两轮的土地调控，我国宏观经济取得了如下成效：

（一）促进了宏观经济平稳发展

从 2003 年到现在的土地供应与 GDP 增长来看，土地供应面积增长率与 GDP 增长率的变化具有正向相关性，说明土地供应对宏观经济总量的影响是显著的，土地供求关系能从土地市场传递到产品市场，土地政策在宏观调控中的作用得以显现，2003 年实施的紧缩“地根”政策对 2004 年、2005 年 GDP 增长速度放慢发挥了效力；从土地价格与通货膨胀关系看，总体上二者关系显著，即要素市场与产品市场关联度高。

（二）抑制了固定资产投资过快增长

2003 年针对当时固定资产投资过热的局面，国家开始对固定资产投资过热的部门，如钢铁、电解铝等行业供地进行限制，固定资产投资增长过快的局面得以改观。

（三）约束了工业的粗放生产和经营

我国工业用地占城镇建设用地的份额一直偏高，城市用地结构不合理。通过两轮的土地政策调控，特别是对占地广、耗能高的工业企业限制供地，工业用地从 2007 年实行招标、拍卖和挂牌等市场运作方式，土地出让价格不得低于国家确定的最低价，工业用地等城镇用地效益显著提高，如 2004 年单位建设用地的 GDP 是 0.73 亿元/hm^2，2005 年为 1.01 亿元/hm^2，提高了 39%。

① 张婉丽、杨重光：《土地政策参与宏观调控探索》，北京：地质出版社，2007

(四)有力推进了房地产结构调整

土地政策对房地产结构变化的影响表现在三个方面,一是供地总量对房地产投资的影响。2004—2005 年对房地产供地的控制,使得此期间房地产开发投资额显著减少。二是供地类型控制水平差异影响到房地产商品的结构。对高档住宅,如别墅、豪华住宅供地禁止,对不同商品房、经济适用房供地放松或采取优惠政策,使该类房地产商品明显增加。三是土地价格的变化对房地产商品的价格有影响,要素市场和产品市场的相互作用。

尽管两轮土地政策参与宏观调控取得了一定的效果,但是政策效果的取得是土地政策的贡献,还是货币政策、财政政策发挥的作用?各项政策在宏观调控绩效发挥中的贡献到底多大,还很难区分、测度出来。

五、我国土地政策参与宏观调控存在的问题

土地政策参与我国宏观经济调控的实践历史还很短,尚有许多问题值得探讨。这些问题不能根本解决,在实践上表现为调控的目标并未达到,如着眼于土地市场整顿的调控政策实施,土地市场化程度并没有显著提高,土地的违法交易现象屡见不鲜;着眼于房地产价格和房地产商品结构调整的宏观调控,经济适用房、普通商品房的份额提高不快,房价不降反升,老百姓住房难的问题未根本解决;宏观调控的重要政策目标是物价稳定,就业充分,但是 PPI 仍居高不下、城镇下岗、就业问题依然严重。如此这些,均与土地政策参与宏观调控存在的问题,土地政策到底如何在诸多调控工具中发挥它该发挥的作用有关。

(一)土地政策参与宏观调控中,经济手段用得偏少,行政手段用得太多

如前所述,土地政策参与宏观调控一定是通过对土地市场的作用,即对土地的供给和需求施加影响,最终传递到总供给和总需求。市场的作用机理主要是运用价格、税收、补贴等经济手段而实现预期目标。而我们利用土地政策参与国家宏观调控中,从政策的出台、政策内容上,利用政府的力量多了些,而利用市场的机能偏少。因此政策运作成本高,而效率低。

(二)土地政策过分强调全国一盘棋,区域土地政策的差异性、针对性考虑不够

中国土地问题一放松就出问题,一统就死。国务院和国土资源部作为全国的宏观调控部门,负责出台全国的土地政策,并负责监管地方实施。但是从 2003 年到现在国家出台了一系列的土地调控政策,很少有针对区域的,也没有看到各省区、直辖市按照国家的土地调控政策制定适合本地实施的具体细则。政策的针对性不强,其实施效果必然达不到预期的目标。

(三)土地政策参与宏观调控眼前效应考虑过多,而长期效应考虑不够

土地政策是调控工具,其作用的发挥有赖于宏观经济运行的实体。宏观经济实体运行有着自身的规律性。遵循宏观经济运行的规律,土地政策的调控作用就明显,反之,欲速则不达。

(四)单一政策较重视,而对政策之间的协调、部门之间的分工协调不够

国务院是全国宏观调控的总指挥,其下属的部委,如发改委、中国人民银行、财政部、国土资源部是宏观调控的执行部门。宏观调控部门之间如何分工、如何协调是土地政策与货币政策、土地政策与财政政策、土地政策与产业发展政策、土地政策与区域发展政策配合的关键。如果部门之间难以协调,部门之间发生冲突,那么调控的效率就会抵消。虽然我们在探讨大部委制,也召集7部委、9部委协调,但是真正的实质性协调工作任重道远。

六、我国土地政策参与宏观调控未来需要注意的几个问题

(一)土地政策与区域产业发展政策之间的协调

中国区域差异显著、不同区域社会经济发展处在不同的发展阶段、区域产业变换规律也不一样,并且区域资源承载能力、发展潜力、开发密度、战略选择也不一样。根据这些差异,今后将实行区域主体功能区规划,即以县(市)为基本行政单元,确定优化开发区、重点开发区、限制开发区和禁止开发区。不同区域耕地保护重点和建设用地扩张是不一样的,并且耕地和基本农田保护的刚性和弹性也有差异。土地政策如何配合或者引导区域主体功能区的功能显化,促进区域经济和产业协调发展是今后土地政策参与宏观调控需要解决的现实问题。

(二)土地政策与货币政策、财政政策之间的协调

西方市场经济国家运用货币政策和财政政策调控宏观经济运行对货币的供给总量及其结构、利率的管制、税收及结构、政府公共支出、转移支付等运用已经积累了丰富的经验。我国运用货币政策和财政政策,特别是货币政策调控国家宏观经济运行的历史还不长,处于探索阶段。国家利用土地政策参与宏观调控一方面是宏观经济运行平稳性不够,需要进行宏观调控,另一方面,我们对货币政策和财政政策等西方市场经济国家通行的调控工具的运用经验不够,实际运作的效果不佳。今后随着我们对货币政策、财政政策等被西方国家证实是十分有效的调控工具运作经验的积累,适度、适时、因地运用土地政策,并与货币政策和财政政策配合需要不断探索和积累经验。

(三)避免过分地使用行政色彩浓厚的土地政策对土地市场过度干预引起的政府失灵

如上所述,西方和我国台湾等市场经济发展历史较长的国家和地区政府干预土地市场,利用土地调控宏观经济还没有成功的先例。如果违背经济发展的规律、违背市场运行的法则,人为地制定不合时宜、相互冲突的土地政策,不仅会增加政策的执行成本,而且会对原本波动的宏观经济形势起到推波助澜的作用。

(四)土地政策及其调控的作用周期与宏观经济波动的周期协调

宏观经济运行有自身的规律性,即它既有经济的衰退期,也有经济的繁荣期。特别是随着经济全球化进程的加快,国家与国家之间、地区与地区之间经济联系和相互影响越来越显

著，经济的依存性日益明显。在国际经济普遍进入衰退期，试图以扩张性的土地政策来刺激经济发展可能会事与愿违。在全球进入经济复苏、繁荣期，试图用紧缩“地根”的土地政策来调控本国的经济热度也可能难以成功。

七、土地政策参与宏观调控过程中政府的职能和行为规范

（一）积极培育土地市场，建立城乡统一的土地市场，监管土地交易行为，为市场机制发挥作用创造良好的宏观环境

土地市场是社会主义市场经济的重要组成部分。随着我国经济体制改革的深入，我们的劳动力市场、资本市场和技术市场已逐步发育，并已初步形成城乡统一的市场体系。然而改革开放近30年，作为重要的要素市场，土地市场仍是城乡分离，独立运行，并且市场化程度不高。随着社会经济的发展，城乡转型加快，城市与乡村之间资本、劳动力、技术和土地等要素的流转频繁，这种城乡相互分割的市场体系已越来越不适应于资源优化配置的要求，并且这种局面还会拉大城乡收入的差距，降低城市化质量，成为腐败滋生的温床。

针对目前土地市场的状况，要充分发挥土地政策参与宏观调控的效率，政府的主要职责应该放在以下几个方面：一是根据目前土地隐形市场交易活跃、农村集体非农建设用地流转旺盛的状况，出台有关法规，规范交易行为，探讨集体非农建设用地市场与城镇国有土地使用权出让一级市场对接的可能性及市场运作规则，为将来建立城乡统一的土地市场奠定基础；二是充分利用城镇已有的土地市场及交易资料，通过设定标准宗地和地价动态监制资料，发布土地市场信息，监管一级土地市场交易行为；三是利用地价政策，对城镇存量用地和增量用地采用差别定价，提高增量用地的取得成本，控制增量用地需求，提高城市化的质量。

（二）摸清地根家底，制定切实可行的土地供给控制政策，调控国民经济

地根家底是发挥土地政策宏观调控效果的基础。土地家底不清，情况不明是政府出台正确、有效的土地政策的重要制约因素。受技术水平、国家农业政策和生态保护政策变化影响，至今我国耕地、林地等家底仍不甚精准。根据我国土地资源总量数据不准、质量数据陈旧、结构数据欠缺等状况，政府的主要职责应包括以下几个方面：一是利用土地更新数据库和基础图件，借助全国土地调查的相关成果，查明地根家底；二是编制科学的土地利用总体规划、城市总体规划和土地利用年度计划，根据各地资源禀赋、质量状况、经济发展水平，制定公平而又有效率的耕地保有量、基本农田保护率和新增建设用地总量指标分解方案，以及相配套的政策，实现耕地保护和经济发展的目标；三是利用区域主体功能分区规划，科学地划定发展区、限制发展区、一般发展区和生态保护区，并制定合理的区域内和区际间的补偿标准，均衡区内各地域和区际间的发展权利和义务。

（三）深化改革，均衡土地收益分配

土地的租、税费是土地流转和交易中各利益主体在经济上的实现形式，也是利益分割的主要方式。在财政分权的框架下，土地流转中利益的获得成为地方政府预算外财政收入的主要源泉。据调查，在农用地政府征收过程中，农民获得土地增值的不到5%～10%，地方

政策获得的利益是50%～60%，国家获得的利益大约是30%。地方政府有滥用征地权，获得预算外财政收入，并补贴其基础设施建设的冲动。中央政府清晰界定征地的公共利益，改革土地收益分配关系，监管地方政府行为，并提高土地保有税税率是改革的核心。

（四）设置供地门槛，引导产业发展

以土地为基础的房地产业的发展，带动其上、下游关联产业的发展，如钢铁、建材、能源以及运输业的发展。而这些关联产业的发展，特别是占地广、耗能高、投资大产业的发展不仅使得国家固定资产投资过猛、土地供需矛盾加剧，而且带来了严重的环境问题。政府利用土地供给控制政策参与宏观调控，除了按照目前颁布的禁止用地，限制用地供给目录，严格控制土地供应外，还应就不同产业的地均投资强度、建筑密度、建筑容积率、地均污染物排放等设定最低门槛和安全标准，从而既保证土地集约利用，又不至于带来生态环境问题。

（五）健全土地储备制度，调控土地市场，防止土地投机，保障土地市场安全运行

土地储备制度设定的初衷是调控土地市场、防患市场风险，即在土地市场低迷时收购土地，控制土地供给，让土地价格上场，促进土地市场复苏；在土地市场兴旺、土地价格上场过快，增加土地供给，以便打击土地投机行为。然而，我国现行的土地储备制度，存在着许多与其制度目标相背离的问题；其一是在政府经营城市理念的主导下，土地储备成为政府以地生财的主要途径，并未起到平抑地价，促进土地市场安全运行的作用；其二是土地储备的资金大都是以土地为抵押担保物而获得的银行贷款，并且数额巨大，存在极大的金融风险。政府要规范政府行为，转变土地储备职能，强化其平抑市场风险的功能，淡化其赢利性，真正使其成为城市存量用地盘活，土地市场交易安全、金融风险规避的制度保障。

复习思考题

1. 阐述土地宏观调控的内涵及其特征。
2. 分析土地宏观调控的实现路径。

参考文献

[1] 张婉丽，杨重光. 土地政策参与宏观调控探索[M]. 北京：地质出版社，2007.

[2] 黄贤金. 土地政策学. 4版[M]. 北京：中国农业出版社，2014.

[3] 高鸿业. 西方经济学（宏观部分）. 4版[M]. 北京：中国人民大学出版社，2007.

[4] 高进田，张换兆. 土地宏观调控的传导机制[J]. 开放导报，2006(2)：26-28.

[5] 刘艳君，刘勇，韩桐魁. 土地供给参与宏观的传导机制[J]. 中国房地产研究，2007(1)：1-32.

[6] 张安录. 紧缩地根下政府的职能和行为规范——兼论土地政策在国民经济宏观调控中的运作[J]. 理论月刊，2007(4)：5-9.

[7] J Carr，L. B. Smith. 1975. Public land banking and the price of land[J]. Land Economics，51(4)：317-330.

第十九章 土地金融

土地金融是金融的重要组成部分。本章介绍了土地金融及其特征、功能,阐述了典型国家土地金融发展的经验,并讨论了我国土地金融发展的有关问题。

第一节 土地金融及其特征与功能

一、土地金融的定义

土地金融其实是土地与金融两个概念的融合。早期的著名土地经济学家张德粹先生就归纳指出:"所谓土地金融的简单意义,是利用土地为获取信用的保证,因而获得金融(资金)的通融,所谓土地金融通常是利用土地为长期信用的担保品,而作长久性金融流通的措施,称为土地抵押信用[①]。显然,这一定义主要是基于土地的信用担保功能阐述的,内涵相对较为单一。

随着社会经济的发展,特别是金融工具和政策手段的完善,土地金融的内涵和外延也有所扩展。概括地讲,目前的土地金融泛指与土地有关的金融活动,具体指利用各种可能的方法和工具为土地开发利用筹集、融通、清算资金,提供相应服务的所有金融活动,包括土地抵押贷款、土地信托、土地保险、土地证券等。土地金融可分解为市地金融、农地金融。市地金融是指围绕城市土地的开发、建设、经营所展开的资金融通活动,包括市地获得金融、市地改良金融、市地转让与经营金融。农地金融则是围绕农地的开发、生产、经营而展开的资金融通活动,在国外又称农业金融,主要包括农地获得金融、农地改良金融、农地经营金融[②]。鉴于对研究范围的界定,这里主要探讨市地金融与土地市场发展间的关系。

从目前的运作现状来看,土地金融的主要融资途径主要包括土地银行和土地基金两大类。前者又有广义和狭义之分,广义的土地银行是指以经营土地金融资产和负债为对象的综合性、多功能的金融企业,它是以利用土地作为信用的保证和媒介而获得资金融通为主要特色兼顾其他商业银行职能的新型的专业银行;狭义的土地银行是指代表城市政府集中进行土地征购、整理、储备、供应和开发的专门机构,它是城市政府参与和调控土地市场的基本工具。后者也有广义和狭义之分,广义的土地基金是一种与土地收购储备制度相适应的体

① 张德粹:《土地经济学》,国立编译馆,1969,转引自周诚:《土地经济学原理》,北京:商务印书馆,2004
② 周诚:《土地经济学原理》,北京:商务印书馆,2003

制，它是指构建从中央到地方的土地基金的运作体系和管理、监督机构；狭义的基金的一种形式，是指以土地资源为载体，服务于土地资源的合理开发和利用，以促进城市公共基础设施建设而设立的专门基金。它是受政府委托，根据城市建设总体规划，统一进行土地收购、整理、并根据社会发展状况，以土地供应来引导和调控房地产市场的一种资金集合。例如，我国香港、澳门建立的土地基金，就是为了促进当地土地产业的发展以及调控房地产市场而设立的，其为当地政府调控土地一级市场提供了稳定的资金来源①。

二、土地金融的特点

根据已有的文献资料，并结合实践运作经验，可以将土地金融的主要特点归纳为以下几个方面：

第一，土地金融本质是一种有担保的金融。土地金融一般要以土地进行抵押为融资提供担保。担保包括人的担保（即信誉担保，具有法律效力）和物的担保。人的担保，通常是由信誉卓著或资本雄厚的第三者（可以是个人或企业）为债权人的债务清偿提供担保，当债权人不能履行贷款合同时，该第三人具有代为履行偿还贷款的责任；物的担保，就是以特定的财物为借款人债务的履行作担保，当债务不能履行时，债权人有权行使该担保物权，无论债权人是否还负有其他债务或是将该担保物转让他人，都能从该担保物权的执行中获得债权的优先清偿。其中人的担保比较方便，物的担保比较安全。两种担保可选择其一，也可同时使用。一般来说，土地金融的债权必须以物，即是以土地及其定着物作担保，同时也考虑到债权人的偿还能力②；

第二，土地金融的前提是以土地作为抵押。土地能否担保，其关键在于土地抵押物权的设立与否。抵押权一般是指“债务人或第三人以自己的财产作为履行债务的担保，当债务人不履行债务时，债权人有权从抵押财产的价值中优先受偿。”③可见，抵押权的设立就是为了保障土地金融活动中债权人的权益。当然，从另一方面来看，土地抵押的允许也在某种程度上加强了债务人的信用，加快了以土地为基础的资金融通活动；

第三，土地金融的周期较长。这一方面是由于土地自身的高价值特性所决定的，众所周知，土地资产目前是我国最为庞大的一项资产，其经营与交易必然会涉及庞大的资金流动，这无疑会缩小土地金融的运作范围、放慢土地资金的流动期限；另一方面是由于土地的开发与经营一般都需要相当长的时间，因此也就需要相应长期的信贷支持；

第四，土地金融具有较强的政策性。这一点是由土地的极端重要性所决定的——它决定了土地金融是国家推行土地政策的一个重要的经济杠杆。土地金融的较强的政策性，具体表现在许多方面。国家土地信贷要在不同地区、不同项目之间进行分配，而投向不同地区、不同项目信贷的金额、期限、利率等，便成为强有力的政策工具④；

---

① 毛镇林：《土地基金研究报告》，国土资源部土地整理中心“土地收购储备与建立土地基金研究”子课题成果 2001-3

② 毛镇林：《土地基金研究报告》，国土资源部土地整理中心“土地收购储备与建立土地基金研究”子课题成果 2001-3

③ 江平等：《现代实用民法词典》，北京：北京出版社，1988：59

④ 周诚：《土地经济学原理》，北京：商务印书馆，2003：392

第五，土地金融的收益率较高。土地资源（或资产）由于其数量的有限性和位置的固定性等特点，使得其使用价值具有相对的恒久性。虽然受到市场不稳定等因素的影响，土地金融会存在一定的风险，但是从长期来看，土地的增值潜能是非常大的，相应的土地金融的收益也会得到较好的保障。不仅如此，由于土地金融的派生性较强，因此也将带动一大批中间业务的发展，从而产生了巨大的社会效益。

三、土地金融的基本功能

土地金融的基本功能是从资金融通方面保障和促进土地的取得与开发以及与之密切相联系的产业、经济活动的顺利开展[①②]。具体地，也可以归纳为以下几个方面：

一是有效地动员和筹集资金。产业资本和金融资本的有效结合，能够为从事土地开发与经营的部门提供大量投资。土地资金供给者在为闲置资金寻求出路时，要求兼顾其安全性、流动性和营利性，而土地资金需求者在筹集资金时，也要求在降低成本的同时，满足在数量和时间上的需要。土地金融为充分有效地动员社会游资转化为土地投资，创造了一个满意的途径；

二是合理地分配和引导资金。土地金融的发展能够引导资金流向最需要的地方，流向那些经营管理好、产品畅销、有发展前途的经营单位，从而有利于提高土地投资效益，实现资金在各地区、各环节、各单位的合理流动，实现社会资源的优化配置；

三是灵活地调度和转化资金。土地金融的不同发展模式其形式不受制于行业、部门、地区、国别限制，纵横交错的融资活动，便利于各土地开发经营单位充分利用和调度不同性质、不同期限、不同额度的资金，同时还能转化资金的性质和期限。例如，土地债券的发行能将储蓄资金转化为开发资金，将流动的短期资金转化为相对固定的长期资金；

四是科学地调控市场运行。土地金融是调控土地市场运行的有效手段。银行通过土地金融市场进行公开市场业务操作，吞吐土地证券以调节土地资金供应量；实现再贴现政策，调整再贴现率以影响信贷规模。两者的实现都是通过利率调节土地资金供求，而土地资金利率的变化也是土地宏观金融调控的重要依据。

第二节　典型国家或地区土地金融发展经验

“他山之石，可以攻玉”，在逐步完善我国土地金融的过程中适当吸收发达国家或地区的发展经验是十分必要的。考虑到土地金融是一个较宽的概念范畴，因此这里以不同的土地金融运作模式（包括抵押贷款、土地银行、土地基金等）为基础，主要介绍欧美和东南亚等部分代表性国家或地区的土地金融发展情况[③]。

---

① 黄贤金等：《不动产金融》，南京：河海大学出版社，1995：11

② 周诚：《土地经济学原理》，北京：商务印书馆，2003：392

③ 黄贤金等：《不动产金融》，南京：河海大学出版社，1995

一、早期的土地金融:德国的土地抵押合作社

德国是世界上最早建立土地金融制度和实现土地金融政策的国家,其从创建第一个土地抵押信用机构到现在已有200多年的历史。当时德国的农村由于战争受到严重的破坏,广大农民甚至包括富有的贵族大地主都负债累累。为了积累资金发展农业,当时的商人就制定了一个用合作组织以获取长期低利率借款的计划。这一计划于1769年8月获得当时的普鲁士国王批准,由此第一个土地抵押信用合作社即于1770年成立于普鲁士邦的西里西亚省。土地抵押信用合作社一开始是为了维护贵族大地主的利益由政府强制组成的,并受政府的监督与管理。当时规定:凡是在一省内的贵族地主所管的土地面积达到一定数额,不论是否需要借款,必须将其土地供政府作发行公债券的担保品,以销售公债券筹集资金。政府对抵押合作社不仅加以严格的监督和管理,而且在各方面给予支持和协助。从19世纪初期,德国开始了土地改革运动。随着大地主所有的土地逐渐分割转卖给农民,土地抵押信用合作及建立土地银行等土地金融组织也都有了进一步发展。

德国土地金融的主要组织机构是土地抵押合作社及其联合成立的联合合作银行。除此之外,德国各地还有许多公营的土地银行及土地改革银行。这些银行有的原为联邦政府所设立,有的为省政府所设立,也有的是地方政府所设,都发行土地抵押债券出售于市,集聚资金。

德国土地抵押信用合作政策的实施纲要是:凡农民或地主欲用他们各自所有的土地作抵押而获得长期借款时,可联合起来组织一种合作社,将他们各自所有的土地交到合作社为抵押品,合作社则用社员联合的土地为保证而发行土地债券,销售于市,换取资金,借给社员使用。要有这样联合的组织,方能获得发行债券的权力,又必须利用各地区联合起来的土地为担保品,才可能扩大债券买卖的流通范围。

二、土地抵押贷款

1.美国的地产抵押贷款

美国居民购置地产的资金大多来源于金融机构提供的贷款。金融机构发放贷款一般都是以地产抵押作为首要条件。因此,美国的地产抵押市场发展十分迅猛,且规模庞大,目前可以说是世界上最发达的。二战以后,美国的地产抵押市场更是空前膨胀。1945年,美国未偿还的地产抵押债务为270亿美元,1950年为425亿美元,1960年增加到1 630亿美元,1979年突破万亿美元。1991年未偿还地产抵押债务达3万多亿美元,相当于战后初期的百余倍。如此之快的发展速度也使得美国的地产抵押信贷日益成为全美金融系统的一个重要部门,对美国经济发展起到了特殊重要的作用①。

美国办理地产抵押贷款的机构可以划分为官方机构和私人机构两大类,具体包括:住宅储蓄贷款银行、储蓄贷款协会、互助储蓄银行、商业银行、储蓄贷款分社、美国住宅管理局以及包括人寿保险公司等在内的诸多机构。拥有大量的抵押贷款机构并不意味着在美国办理

① 丁健、胡乃红:《房地产金融》,上海:上海译文出版社,2003

地产抵押贷款就十分随意，其实上述金融机构对地产贷款的操作程序也有着各自的规定，从贷款申请和资质申请→估值→签约放款→还款，都有一套严格的规范。目前美国的地产抵押贷款类型很多，常见的有：固定利率住房抵押贷款、可调利率抵押贷款、累进偿还抵押贷款、固定偿还额抵押贷款、分享增值抵押、反抵押贷款、分级偿还抵押贷款、循环抵押贷款等。

2. 中国香港的“按揭”贷款

香港金融业对于地产业的支持，包括对地产商的开发性贷款，对地产购买者给予的经营性和消费性贷款。这些地产贷款通常占香港金融业本地放款总额的 1/4～1/3，远远超过对任何其他行业的贷款。金融业之所以如此热心，是因为对地产贷款的获利最为稳定、风险最小①。

“按揭”是香港地产抵押贷款的显著特点，它是买主以购买地产合同作抵押，交付首期定金后，从银行获得最高相当于地产价格九成的款项作为付款，并以分期付款方式向银行摊还本息。在按揭关系中，按揭人把按揭的地产的所有权转让给按揭受益人(银行)而得到贷款，贷款本息清偿后，由按揭人从银行赎回被按揭的地产所有权。这不同于普通的抵押关系，对于后者而言，抵押的地产所有权不转移抵押给受益人，抵押受益人只享有抵押地产按契约规定的权益，这些权益包括止赎、出售、指定接受人、为占有被抵押地产进行诉讼等。

按揭贷款需要经过一个严格的程序：①消费者在与地产商签订购买合同，交付首期款后，向银行提出申请，并附上稳定收入的证明文件，以便银行能确认其偿还能力；②银行对申请人的经济状况和还款能力进行审定合格后，交由律师楼办理；③律师楼负责审查申请人所提供的文件的真实性，然后通知申请人到律师楼签订抵押合同；④银行通过律师楼将贷出款项按合同规定付给售房者或卖方律师；⑤按揭贷款合同由律师到政府部门登记注册，并将地产作为抵押过户银行名下②。

三、土地基金

1. 美国的土地基金

美国于 1986 年创建了永久土地基金。当时，政府为支持教育将 72 块土地分列出来专门用于科罗拉多州立大学的建立。规定该大学不仅可以直接使用这些土地，还可以通过从事土地经营获取相应的收益归自己支配利用。土地由州土地部门代管，其收益则由州财政转交科罗拉多大学董事，用于建立永久土地基金。

该土地基金的资金来源主要是从州财政获得的土地租金收入、基金投资利润、不动产销售收入，其他不动产租赁收入，以及来自土地附带的水权、矿权或油气权的收入中获取。土地基金由科罗拉多大学董事负责管理。在大学中心行政部门的建议和学校董事的批准下，土地基金可用于不动产的取得、投资和管理等，资金在一定期限内可以在大学辅助企业投资基金与土地基金之间流动。同时，各校区产生的不动产交易收入都要并入土地基金，带来收入的校区具有优先使用基金的权利。

① 周诚：《土地经济学原理》，北京：商务印书馆，2003

② 丁健、胡乃红：《房地产金融》，上海：上海译文出版社，2003

2.荷兰和瑞典的土地基金[①]

荷兰和瑞典国土面积都不大，但政府利用土地基金制度控制土地基金的开发，并取得了世人瞩目的成绩。荷兰和瑞典开始实施土地基金制度基于不同的原因。在20世纪初，瑞典有1/3的人口移民美国，为了改变这种现状，抑制移民狂潮，瑞典政府决定给予民众合理价格的房屋和土地，于是建立了土地基金。而荷兰建立土地基金的原因是国土面积极其狭小，但民众滥用土地的现象明显。为充分高效的利用、开发土地，荷兰成立政府的土地基金，在很大程度上垄断土地的一级市场。荷兰超过80%的正在开发的土地都来自政府的土地基金。

尽管两国发展土地基金的前景不同，但其土地基金的运行过程都一样，都是由土地的征购集中、土地的储备和土地的出让三个环节连接而成。①第一环节：土地征购。市政当局先于开发商从分散的土地所有者手中购买土地，从而拥有大量的市政待开发土地；②第二环节：土地储备。政府从土地所有者手中购得土地后，并不立即出让而是储备一段时间。一方面，为了让储备的土地升值，另一方面以备未来之需；③第三环节：土地出让。根据城市建设用地的需要，政府将那些经过一段时间的储备，并已完成前期开发的熟地，分期分批的推向市场。

3.中国香港的土地基金[②]

在香港过渡时期，中国政府为了防止英国政府大量供应土地，把收益都用于行政开支，而把负担转嫁给日后的特区政府，专门成立了特区政府土地基金，将土地增值收入的一半纳入土地基金，供未来特区政府使用。港英政府的土地收入主要来源于公开拍卖土地及招标、私人协议批地、土地续期、改变用途及扩展补交地价、土地基金利息四大部分。中英联合声明附件三规定，从声明生效之日起至香港回归前一天，港英政府获自土地交易的地价收入中，扣除开发土地的平均成本，其余部分与未来的香港特区政府均分。1986年8月13日，中英土地委员会中方代表处正式成立香港特别行政区政府土地基金信托（简称“土地基金”），主要任务是为将来的香港特区政府管理土地，实现过渡期内香港土地的保值增值。

香港土地基金的投资目的，是在保存本金和不影响香港金融稳定前提下，通过分散投资，降低风险，争取较高回报率。1986年香港“土地基金”成立时，资产净值只有7.72亿港元，以后逐年增长，到1997年3月累计地价收入达1 094亿港元，投资盈利近400亿元，至1997年7月1日交给特区政府的款项超过1 700亿港元。

专栏1：

香港政府计划动用1 200亿元土地基金解决赤字

为应付财政赤字，香港政府计划修订土地基金有关条文，从2 590亿元的土地基金，拨出1 200亿元以应付中期的现金流转，政府希望立法会通过修订后，能在5月将基金转拨。

据香港文汇报报道，根据有关文件表示，截至上月底，土地基金的预算结余为2 590亿

① 毛镇林：《土地基金研究报告》，国土资源部土地整理中心“土地收购储备与建立土地基金研究”子课题成果2001-3

② 王子健、何亚东：“香港土地基金的发展演变”，《中国土地》，2002(4)

元，约占政府财政储备的八成半，但土地基金支用款项的条文规定，基金只支付与土地基金有关的行政及管理费用，所以要动用土地基金，就有需要修订有关条文。

文件称，除了土地基金外，财政储备内预计仍有结余的其他基金(如贷款基金)，至于撤销土地基金，全数转拨政府账下，则会令政府不能进一步研究基金的长远用途。

文件中透露，政府计划从土地基金转拨 1 200 亿元，以应付中期的现金流量需求，政府预计在随后数年不需再作重大转拨。

政府希望在本月 30 日的会议上提出修订，并在通过修订后，在 5 月将款项转拨。

香港政府月底提交决议案动用 1 200 亿元土地基金

香港特区政府定于 4 月 30 日向香港立法会提交决议案，允许政府运用土地基金 1 200 亿元，以支付本年度政府的日常运作开支。政府不赞成向外举债或由外汇基金转拨款项，因要避免引起市场不必要的揣测。

据香港大公报报道，香港政府 10 日向立法会提交的文件表示，由于持续财政赤字，根据最新的中期预测，财政储备的结余，预计会由上年度的 3 030 亿元，下跌至 2007—2008 年度的 2 020 亿元。同时，作为政府日常开支的政府一般收入账目的结余，上年度亦已由年初的 870 亿元，下跌至年终的 150 亿元。政府估计，若不从财政储备转拨款项填补，政府便会出现入不敷支的问题。

截至今年 3 月底，土地基金的预算结余为 2 590 亿元，约占政府财政储备的 85%。政府预计本年度转拨 1 200 亿元，以应付中期的现金流量需求。当局预计，在随后数年，财政赤字舒缓后就不须再作重大转拨，故不赞成撤销土地基金。

资料来源：http://www.sconline.com.cn(2003 年 4 月)

四、土地银行

1.美国的联邦土地银行

美国的土地银行创立于 20 世纪初，它主要是借鉴德国的土地抵押信用合作制度而创建的。1916 年，美国通过了“联邦农地抵押贷款法”，设立农业贷款局，主持全国农地抵押放款事宜，后来又把全国划分为 12 个农业信用区，每个区内设一个联邦土地银行，并在各农村推动农民组织土地抵押合作社。以后全国 12 个联邦土地银行均并入 1933 年成立的农业信用管理局，土地银行与联邦中期信用银行、合作银行及农业生产信用公司等，成为美国农业体系的四大部门。

土地银行上层采用银行体系，即设立联邦土地银行和联邦土地银行联合会，基层采用合作社体制，即按合作社原则组织起来的信贷合作社。联邦土地银行的正当合法股东为各区农民所组织的联邦土地银行合作社，其业务范围主要包括发行土地抵押债券、接收联邦土地银行合作社的抵押品或存款、买卖联邦政府的公债券等。

美国土地金融系统资本的来源有三种：即股金、公积金及发行公债券。土地银行创建时期，大部分股金由政府提供，后来随着土地银行合作社的壮大，政府股金越来越少，自有股金越来越大，直到最后全部还清政府股金。土地银行系统自有资本，一是借款人入股，一是盈余积累。按规定，借款人得到借款时必须购买相当于贷款额 5%～10%的合作社的股票。同时合作社又必须按借款人认股数购买等额的联邦土地银行的股票。这样，所有借款人都是合作社的股东。而合作社又是土地银行的股东。

2.英国的土地银行

英国的土地银行与传统意义上的“银行”有着不同的概念。确切地说，它是一种集土地储备，土地开发、整理、利用，土地转让和租赁等管理制度、管理方式和运行机制于一体的制度。土地银行的主体是政府、政府成立的公共公司、私人公司和土地的所有者及购买者；其客体既包括实物形态的土地，也包括货币形态的土地基金。英国的土地银行产生于第二次世界大战后，当时英国政府为了恢复经济征用了大量土地进行土地储备、开发和利用活动，后来随着土地私有化运动的进行，政府又将早期国有化的土地出售给了私人。

英国土地银行的资金来源主要包括政府财政资金、私人公司和公共公司自有资金、各类借贷资金以及基金投资等；其运作方式主要是政府、公共公司和私人公司向土地所有者征购土地（包括农业用地和建设用地）进行储备，并按政府制定的土地规划进行开发、转让或租赁。

3.日本的土地银行①

日本的土地金融业务主要是由金融机构发放土地抵押贷款。这些金融机构一般都是国营的、非专营的土地银行，且业务较为复杂。它们于 19 世纪末期开创，主要代表有日本劝业银行、农工银行和北海道拓殖银行。

日本劝业银行创立于 1896 年，其资金来源主要有三个方面：股金、出售劝业债券的收入和吸收普通存款，其中证券售出后的收入可高达股金总额的 10 倍。在资金运用方面，主要是放款给农民购买土地和开垦荒地，并以该土地为抵押，在 50 年内分期偿还。其中贷款最多的是地方政府（无抵押贷款）的水利工程、修筑道路、兴建农村仓库以及造林、渔业，一般在 5 年内偿还贷款。

日本政府在 1896 年颁布“农工银行法”，1900 年，除北海道外，全国 46 各个县都有农工银行。日本政府拨付 1 000 万日元认购银行股份，并允许发行数额相当于股金 5 倍的农工债券。1921 年，为调整劝业银行和农工银行的关系，开始将农工银行并入劝业银行，到 1944 年全部合并。

由于北海道的特殊情况，日本政府于 1899 年成立了拓殖银行，并认购 100 万日元股金。该行以北海道土地和其他不动产为抵押，发行了相当于 5 倍股金的拓殖债券，业务方面与上述类似。

4.中国台湾的土地银行

台湾省有规模相当大的土地银行，台湾土地银行的前身是日本劝业银行台湾支行，国民党进驻台湾后，于民国 35 年改为现在的名字。原来的台北、新竹、台中、台南、高雄 5 个劝业银行支行，经国民党政府接收后，改台北行为台湾土地银行总行，新竹、台中、嘉义、台南、高雄、屏东、花莲、台东、基隆等市区设土地银行分行，又在各市镇增设支行或办事处，构成了遍布全省的金融网。依据该行章程第一条规定，土地银行作用在于调剂土地金融、发展农、林、

① 陈翚：《土地银行学》，上海：上海三联书店，1996

牧、副、渔和协助政府推行土地政策。根据此条规定，该行发行土地债券并贷放长期低息贷款，贷款的抵押品是土地，贷款的主要目的在于协助农民购买土地及进行农田水利建设等，所谓协助政府推定土地政策，指的是投放巨额资金，推动土地改革。台湾土地银行成立伊始，由于旧台币贬值，以上政策无法实行。直至台币改制后，台湾经济状况趋于稳定，以上的扶持贷款项目逐渐恢复。该行未能大量发行土地债券，从而获取长期资金，所以所放之款多数依赖于政府指拨，或由台湾其他银行转借而来，这样的资金来源有限，所以该行的长期贷款偏少，主要贷款多为一些水利贷款和农业经营贷款，期限一般不超过1年。

专栏2：

“台湾土地银行”的发展沿革

民国34年(公元1945年)对日抗战胜利，台湾光复，政府为配合在台推行平均地权、耕者有其田等土地政策，将接收自日本劝业银行在台所设之台北、新竹、台中、台南、高雄等五支店于民国35年(公元1946年)9月1日改组成立“台湾土地银行”、2003年7月1日改制为“台湾土地银行股份有限公司”。

日本劝业银行在台支店于民国11年(公元1922年)创设，民国16年(公元1927年)兴建古蹟大楼，以发展不动产及农业金融长期融通资金业务为主，奠定台湾土地银行为国内不动产专业领导银行之稳固地位，迄今已80余年。

本行为“政府”指定唯一办理不动产兼农业信用之专业银行，除贯彻政府赋予推动住宅、农业及土地政策，发展国民经济建设等专业银行之使命外，更主动积极以前瞻性、开创性之策略，朝向多元化、效率化、大众化、国际化之金融领域迈进。

盱衡多变的金融环境，为求永续经营，本行秉持着“丰厚、和谐、热诚、创新”的经营理念及企业化、效率化的精神，积极调整营运策略，以“亲切热诚”的态度、“好还要更好的精神”，力求为社会大众提供存款、放款、汇兑、外汇、信托、代理、投资……等创新金融服务，并落实执行内部管理，以保障存款人的权益、善尽银行的社会责任，承蒙各界的支持，在董事会锐意革新及历任首长睿智领导、全体同仁共体时艰、互勉鞭策下，经营绩效良好，于1983—1988年连续6年度荣获评定为公营行库营运绩效最佳之银行。依据2005年银行家杂志(The Banker)报道，本行第一类资本排名为194名及总资产排名167名，已跻身进入世界200大银行之林。为因应社会大众生活及理财方式的改变，积极开办康铂卡、电话银行、无人银行、网路电子银行、终身理财规划咨询等新金融商品，借助电子科技的发展，提供多元化的服务，朝全方位的综合性银行迈进。

为着眼于长期发展，除致力于扩展业务、提升为民服务品质外，积极塑造优良企业形象，融合企业名称、经营理念及创新服务三大原则，设计新的标志，广泛运用于业务行销，借此向社会大众传达本行经营信息，多年来更以企业回馈社会的心，秉持“取之于社会、用之于社会”之理念，办理系列大型公益活动，诸如举办产业金融讲座、青少年羽球营、净山健行、本土艺术展览、爱心义卖园游会、慈济脊髓损伤捐助基金、响应中华联合劝募协会一日捐等活动，期抛砖引玉，带动企业各界及社会大众的支持与响应，使我们的社会更祥和、更健康。

历年来土银伴您渡过艰辛克难的重建岁月，起步成长的扎根时光，富裕丰收的繁荣时代，您的赞赏，土银的荣耀，您的珍贵意见，土银全力以赴！未来，本行全体员工将以“顾客的满意是我们的责任”为基本服务信念伴您共创幸福、美好的人生旅途！

资料来源：http://www.landbank.com.tw/bank/about/index.html

五、土地资产证券化

1.美国的地产证券化

美国是实行不动产证券化最早的国家，也是不动产证券化最发达的国家。20世纪60年代美国的不动产投资信托的兴起可谓是美国不动产项目融资证券化发展的标志。1970年美国不动产抵押债权流动出台后，一种新的证券商品——政府国民抵押协会债券开始在资本市场上形成，其后以“抵押担保债务证书”、“抵押支付债券”、“抵押担保债务证券”、“不动产投资信托”、“收益参加型抵押信贷”等为代表的不动产证券品种陆续出现，美国的不动产证券化由此得到了全面快速的发展。

目前，美国的不动产证券化模式主要有以下三种：一是不动产投资信托(REITS)，它是由不动产投资信托基金公司负责对外发行收益凭证，向投资者募集资金。筹资之后基金公司将资金委托一家不动产开发公司，负责投资标的开发、管理及未来的出售，所获利润在扣除一般不动产管理费用及买卖佣金后，由收益凭证持有人分享。二是不动产有限合伙(RELP)，它是由经理合伙人和有限合伙人组成。经理合伙人负责不动产的经营管理，并负无限责任，有限合伙人享有所有权，不参与经营，所承担的责任以其出资额为限。RELP把自己的收益权出售给有限合伙人，并从中筹得经营资金，筹资后，RELP要出资设立不动产营运公司而经理合伙人要为营运公司承担无限责任，不动产营运公司取得了经理合伙人的不动产后，负责经营管理[①]。三是地产抵押贷款证券化，它是资产支持型证券(ABS)的一种，一般由证券发起人把流动性较差的地产抵押贷款整理为资产组合，出售给特殊交易载体(SPV)，再由SPV认购下的抵押贷款为担保发行的证券，其定价取决于地产抵押贷款资产池产生的未来现金流的期望值。

2.日本的地产证券化

日本不动产证券化的发展得益于当时不动产市场的高速发展。20世纪60年代中期到70年代中期是日本不动产市场最为繁荣的时期之一，当时金融机构将大量资金投入居民的地产贷款以满足其高涨的地产购买热情。后来，为了更好地促进不动产业和金融业的发展，日本政府借鉴美国不动产证券化的成功经验，于1998年9月通过了SPC法，准许设立SPC(特定目的企业)，以促使SPC流通不动产资产，并使其可以通过发行股票、债券等有价证券吸收广大投资者投资不动产领域。

日本的地产证券化运作形式主要包括信托型证券化和组合型证券化两种。前者的代表

① 王洪卫等：《中国房地产证券化运行机制》，上海：上海财经大学出版社，2005

模式是土地信托，它是指土地所有人(委托人)把土地交付给信托银行(受托人)，而信托银行根据与土地所有人签订的信托契约的规定，负责进行土地的规划及开发利用工作，包括企划方案的拟订、调度开发及建造建筑物、完工后建筑物的有效运用和管理等，同时，信托银行将建筑物的运用收益扣除建筑物的建设和管理费用以及约定的信托报酬后，以信托受益的方式付给土地的所有人。后者是指不动产公司将占有的不动产以共有持股的方式售予投资者以取得价款，而投资者将其共有持股以现物出资的方式组成日本民法上的任意组合，并将其租赁给不动产公司，以收取租金用于分配该任意组合的各投资会员。若得到各会员的同意，也可将该不动产任意组合出售，并以其出售所得分配各投资会员①。

3.中国台湾的地产证券化

中国台湾地区的地产证券化发展相对较晚，它主要也是借鉴发达国家资产证券化经验的基础上发展起来的，其目的就在于降低银行的信贷风险和促进不动产市场的发展。目前，台湾理论界与政界基本取得共识，不动产证券化已走上立法程序，“不动产证券化条例草案”经“行政院”通过，提交“立法院”审议。条例明确，不动产证券化的基本架构是将投资人与其投资的不动产间的法律关系，由直接持有不动产所有权的物权关系，转变为持有有价证券而间接持有不动产的关系。将不动产由原先僵固性的资产形态转化为流动性的有价证券形态。也就是说，不动产证券化是将一个或数个庞大且不具流动性的不动产，通过细分为较小单位并发行有价证券给投资人的方式，达到促进不动产市场及资本市场相互发展的目标。受益凭证可以申请上市上柜，且规定受益证券交易可免征证券交易税，并授权地方政府可减免地价税及房屋税。不动产证券化条例的制定被台湾各界普遍看好，认为是地产市场的重大利好，尤其是对不动产业界的积极推动。2002 年 5 月台湾建筑经理协会举办的“不动产证券化条例与房地产市场影响”座谈会提出了四大优先适用不动产证券化的示范计划，分别是“都市更新地区(即旧城改造)”、“自偿性高的重大公共建设”、“高强度使用的公有地及高速铁路场站用地开发”等②。

专栏 3:

台湾“不动产证券化条例”草案(选摘)

第 1 条　为发展国民经济，借由证券化提高不动产之流动性，增加不动产筹资管道，以有效开发利用不动产，提升环境品质，活络不动产市场，并保障投资，特制定本条例。

第 2 条　有关不动产之证券化，依本条例之规定；本条例未规定者，依其他法律之规定。

第 3 条　本条例所称主管机关，为“财政部”。本条例规定事项，涉及目的事业主管机关职掌者，由主管机关会同目的事业主管机关办理。

第 4 条　本条例用词定义如下：

一、不动产：指土地、建筑改良物、道路、桥梁、隧道、轨道、码头、停车场及其他具经济价值之土地定着物。

---

① 王洪卫等:《中国房地产证券化运行机制》，上海:上海财经大学出版社，2005

② 莫晓辉:“土地资产证券化的国际借鉴”，《中国土地》，2003(7)

二、证券化：指受托机构依本条例之规定成立不动产投资信托或不动产资产信托，向不特定人募集发行或向特定人私募交付受益证券，以获取资金之行为。

三、不动产投资信托：依本条例之规定，向不特定人募集发行或向特定人私募交付不动产投资信托受益证券，以投资不动产、不动产相关权利、不动产相关有价证券及其他经主管机关核准投资标的而成立之信托。

四、不动产资产信托：依本条例之规定，委托人移转其不动产或不动产相关权利予受托机构，并由受托机构向不特定人募集发行或向特定人私募交付不动产资产信托受益证券，以表彰受益人对该信托之不动产、不动产相关权利或其所生利益、孳息及其他收益之权利而成立之信托。

五、受益证券：指下列不动产投资信托受益证券及不动产资产信托受益证券：

（一）不动产投资信托受益证券：指受托机构为不动产投资信托基金而发行或交付表彰受益人享有该信托财产及其所生利益、孳息及其他收益之受益权持分之权利凭证或证书。

（二）不动产资产信托受益证券：指受托机构为不动产资产信托而发行或交付表彰受益人享有该信托财产本金或其所生利益、孳息及其他收益之受益权持分之权利凭证或证书。

六、受托机构：指得受托管理及处分信托财产，并募集或私募受益证券之机构。

七、不动产投资信托基金：指不动产投资信托契约之信托财产，其范围包括因募集或私募不动产投资信托受益证券所取得之价款、所生利益、孳息与其他收益及以之购入之各项资产或权利。

八、信托监察人：指由受托机构依不动产投资信托契约或不动产资产信托契约之约定或经受益人会议决议所选任，为受益人之利益，行使本条例所定权限之人。

九、利害关系人：指信托业法第七条所称之利害关系人。

一〇、不动产开发或管理机构：指建筑开发业、营造业、建筑经理业、不动产租赁业或其他经“中央目的事业主管机关”核定公告之事业。

一一、封闭型基金：指于基金存续期间，投资人不得请求受托机构买回其持有之受益证券，受托机构亦不得追加发行、交付或卖出受益证券之基金。

一二、开放型基金：指投资人得请求受托机构买回其持有之受益证券，受托机构亦得追加发行、交付或卖出受益证券之基金。

一三、专业估价者：指不动产估价师或其他依法律得从事不动产估价业务者。

前项所称受托机构，以信托业法所称之信托业，并经主管机关认可之信用评等机构评等达一定等级以上者为限。

第9条　受托机构应依主管机关核准或向主管机关申报生效之不动产投资信托计划，经营不动产投资信托业务。

受托机构募集或私募不动产投资信托受益证券后，非经受益人会议决议及非经主管机关核准或向主管机关申报生效，不得变更不动产投资信托计划。但其变更对受益人之权益无重大影响者，经主管机关核准或向主管机关申报生效后，即得变更之。

第 20 条　为确保不动产投资信托基金之流动性，主管机关于必要时得规定不动产投资信托基金之流动性资产之范围及比率。受托机构未达该比率者，应于主管机关所定期限内调整之。

第 21 条　不动产投资信托受益证券之行销、订约、资讯揭露、风险管理与内部稽核及内部控制等应注意事项，由信托业商业同业工会会同有关工会拟订，报请主管机关核定。

第 32 条　受托机构应依主管机关核准或向主管机关申报生效之不动产资产信托计划，经营不动产资产信托业务。

受托机构募集或私募不动产资产信托受益证券后，非经受益人会议决议及非经主管机关核准或向主管机关申报生效，不得变更不动产资产信托计划。但其变更对受益人之权益无重大影响者，经主管机关核准或向主管机关申报生效后即得变更之。

资料来源：http://www.lawbank.com.tw/fnews/news.php? nid=16172.00

六、对我国土地金融发展的启示

从前面对发达国家或地区有代表性的土地金融运行模式的介绍不难看出，土地金融的发展都是与当地的社会经济，特别是不动产市场的发展密切相关的。土地金融制度的出现的持续创新都不无例外地是以不动产的快速发展作为基础的。目前，我国的不动产市场，尤其是土地市场的发展也正在经历一个迅猛的发展阶段，如何通过土地金融制度的构建和完善来促进土地市场的有序运行对我国也将有着十分重要的意义。对此，前面所介绍的部分发达国家或地区的土地金融发展经验无疑会为我们带来诸多启示和有益借鉴。

（一）创新土地金融运行模式

从发达国家或地区的土地金融发展经验来看，往往并不局限于一种或两种土地金融运行模式。许多国家或地区既有完备的土地抵押贷款制度，也建立了包括土地银行在内的专业机构、发展了土地资产证券化业务等。可以说，多元化的土地金融运作模式不仅大大弥补了这些国家或地区土地信贷市场的资金不足问题，而且也在很大程度上分散和降低当地土地投资的风险，调节和规范了土地市场的运行等。相比较而言，我国的土地金融主要还是以土地信贷为主。虽然近年来沿海部分地区（或城市）陆续开始建立土地基金制度而且包括土地在内的资产证券化业务也于去年开始解冻，但这些对于当前土地市场快速发展的我国来说仍是不够的。为了确保今后我国土地市场的高效运行和有序发展，土地金融的运作模式还需要不断创新。特别是可以借鉴美英和日本等国的经验，在完善土地抵押贷款制度的基础上，进一步拓宽土地基金的发展范围；在适当的时机创设土地银行，以专门从事土地（或不动产）领域的金融业务、调节土地市场的运行；加快发展土地资产证券化，防范土地金融风险，保障社会经济的持续稳定发展等。

(二)拓展土地金融运行范围

多数发达国家或地区的土地金融业务不仅资金来源广泛,而且服务范围也可谓包罗万象。例如在美国,土地基金的资金既包括从州财政获得的土地租金收入、基金投资利润、不动产销售收入,其他不动产租赁收入,也计入了来自土地附带的水权、矿权或油气权的部分收入;而土地银行的资金来源则包括股金、公积金及发行公债券等的收益。除此之外,上述各国或地区的土地金融服务领域也是涵盖了社会经济发展的方方面面,不仅包括土地开发和不动产建设,还涉及基础建设、农林发展甚至社会公共事务等领域。相对来说,我国目前的土地金融运行范围要显得狭窄的多。这一方面表现为土地金融的资金来源相对单一,一般的要么源自银行贷款,要么取自政府财政支持;另一方面我国土地金融的服务领域也主要集中于跟土地或不动产开发、经营密切相关的部门领域,忽视了土地金融在整个社会经济中的功能和作用。这些都要求我们在今后的发展过程中学习发达国家或地区的先进经验,不断补充完善。

(三)消除土地金融运行限制

从当前我国土地金融的运行现状来看,其限制性条件主要体现在两个方面:一是对土地金融参与主体的限制。大多数发达国家或地区参与土地金融活动的主体包括了政府、企业、个人以及非政府组织等各个方面,如参与土地抵押贷款的机构既可以是各种商业银行,也可以是具有企业或合作社性质的基金组织,有的甚至也允许个人财团等机构参与土地金融业务。而在我国有不少金融机构以及个人是不允许从事土地金融业务的,因此扩大我国土地金融业务的覆盖范围十分重要;二是对土地金融作用客体的限制。特别在国外,土地与房产以及不同区域(如城市与乡村)不动产的金融业务经常是合而为一的,适用于房产的金融业务一般也适用于土地,城市可以办理的土地金融业务在农村也可以办理。但是在我国,不仅土地金融活动与房产金融业务之间存在着一定的偏差,而且在城乡之间,土地金融的使用条件也有着显著的差异。对此,消除我国土地金融领域的诸多限制条件,统一城乡土地金融发展是今后发展的必然途径。

(四)规范土地金融运行制度

土地金融的有序发展及其对土地市场作用的正常发挥是离不开制度的规范的。在不少发达国家或地区的土地金融发展和运行过程中,完备的配套制度体系也是值得我国今后发展和完善土地金融制度学习的。从土地基金制度的建立健全、到土地银行的设立乃至土地资产证券化运作的诸多规定,我们有许多地方需要借鉴发达国家或地区的先进理念和具体做法。例如,许多国家或地区在推行新的土地金融模式时都不无例外地要经过一个相关法律法规的制定过程,这也是旨在从法律层面完善土地金融制度;另外,在办理具体的土地金融业务时,上述国家或地区往往要求有律师的具体参与,这一方面是为了规范相关制度运行程序,另一方面也是为了保障当事人的权益,降低土地金融的风险,促进社会经济的和谐、高效发展。显然,无论是对土地金融制度本身的制度规范还是对具体金融业务的操作要求,我们都需要在发达国家或地区的经验基础上,结合自身的特点和发展要求不断加以完善。

第三节　我国土地金融的完善思路与发展模式

随着中国金融市场在加入WTO体系后的全面开放，土地金融也必将随之发生深刻的变化。因此，今后必须树立中国土地金融的科学发展观，加大土地金融体制建设与改革的力度，建立健全多元化的土地融资体系，积极推进土地市场的发展。具体地，可以从完善土地抵押贷款、设立土地银行、发展土地基金以及实施土地资产证券化四个方面展开。

一、完善传统业务：抵押贷款

（一）拓展贷款业务种类

针对我国目前土地抵押贷款品种单一、形式陈旧等缺陷，今后应不断拓展土地抵押贷款的种类，以适应更多单位和个人对土地抵押贷款的需求。确切地，拓展土地抵押贷款的业务种类可以从以下两个方面展开：一方面，从借款方式的改进方面拓展。例如，可以按贷款期限具体增设中短期抵押贷款、长期抵押贷款；也可以按用途需求情况增设土地开发抵押贷款、土地租赁抵押贷款、土地改良抵押贷款等等。不仅如此，针对不同的贷款对象（如资金实力雄厚的企业与经济条件有限的单位、个人），也可以采用诸如地产抵押、有价证券抵押等不同的借款方式。另一方面，从还款方式的改进方面拓展。例如，对于中短期抵押贷款和长期抵押贷款可以分别采用以固定利率和浮动利率为主的还款方式；此外，也可以结合不同地区的社会经济条件，按具体借款对象确定还款方式。

（二）强化贷款审核管理

土地抵押贷款的规范程度直接影响到贷款的质量好坏和风险高低。如何优化土地抵押贷款、规避市场风险，完全有必要在审核贷款和管理贷款业务的过程中引起足够重视。首先，在办理土地抵押贷款之前要准确掌握贷款单位和个人的相关信息和资信状况，以确定其是否复合土地抵押贷款的基本条件；其次，在办理土地抵押贷款的过程中，金融机构应邀请不动产登记管理部门及相关单位同时到场，防止借款人以欺骗的手法将已抵押的土地再度申请抵押或是违反相关规定进行分割抵押；再次，信贷部门应加强土地抵押项目的信息管理，随时供有关结构查询，并及时更新相关信息，做好土地抵押贷款的动态化管理。

（三）完善贷款中介服务

土地抵押贷款如果由借贷双方直接协商办理势必会遇到高信息成本、高风险成本等诸多问题，因此除了完善贷款制度本身以及相关的配置管理措施外，土地抵押贷款的中介服务也显得十分重要。一是要完善土地评估体系，包括增加评估机构数量、拓宽土地评估领域、规范土地评估业务等，以为土地抵押贷款中抵押物的公平合理估价创造条件；二是要发展土地抵押保险机构，为了规避抵押贷款的风险，可以通过开展相关的抵押保险业务使借款人在抵押物遭受意外损失或贷款人出现道德危机时也能通过保险补偿机制免受贷款权益损失；

三是要公开地产交易市场，如通过开展咨询服务、代购销不动产、分布地价信息、办理交易、立契和鉴定手续等经营活动，将更有利于在借款人不能按期偿还抵押贷款时处理抵押地产，从而保证其债权的安全性[①]。

(四)加强法规制度建设

尽管随着社会经济的快速发展，土地抵押贷款业务也日益扩大，但相关的金融保障制度却始终滞后于贷款实践。特别是对于土地抵押贷款，仅在1997年出台的《个人住房担保贷款管理试行办法》和1998年出台的《个人住房贷款管理办法》中涉及部分内容。因此，为了更好地规范目前大批量、大额度的企事业单位土地抵押贷款业务，有必要尽快制定并出台《土地抵押贷款管理办法》，明确土地抵押贷款的基本原则、主要内容、运作模式以及风险管理和防范措施等；同时适时做好土地估价、交易、公证等方面的配套制度建设。

二、设立专业银行：土地银行

(一)土地银行建立的必要性

虽然目前我国的大部分银行都可以从事土地金融方面的业务，但是由于这些银行的经营领域广泛，加上资金实力有限，因此不可避免地会忽视土地金融业务的改善与拓展，不利于土地金融的市场的有序运行。鉴于此，从长远来看，随着我国金融体系的日益完善和竞争程度的日益加强，设立专业性的土地银行显得十分必要。

首先，随着土地产业在国民经济和社会发展中越来越重要，地产金融业务的比重也日益增大，因此有必要设立专业的土地银行来管理土地金融业务，调控土地资源的配置；其次，开展土地银行金融业务有利于更好地指导土地的开发、改良和合理利用行为，专业性的土地银行必然深知土地利用的各个方面，因此其通过高效资金投放业务将很好地引导土地的持续利用；再次，开展土地银行金融业务还有利于促进土地市场的发展和健全；最后，从我国金融业的发展实践来看，商业银行尚处于起步阶段，体系和经营手段都很落后，面临的发展任务还很重，不可能很好地兼顾重要的土地金融业务。借鉴国外的经验，建立专业性的土地金融机构，如美国的联邦土地银行、法国的土地信贷银行、韩国的土地金融公库等，对于土地金融业务的发展和完善意义重大。

(二)土地银行的性质

我国的土地银行其本质应该是一种政策性金融机构，但同时也应与其他金融机构一样经营土地金融业务。首先，土地银行主要是为了执行土地政策、筹集资金搞好城市建设、土地管理、房地产市场而设立的专门金融机构，它更多的是执行政府土地政策、不动产经济政策[②]；其次，土地银行也应具有一般企业的基本特征，以利润为目标，专门从事有关土地开发、土地经营的融资业务；再次，土地银行是以土地金融资产和金融负债为经营对象，经营的

---

① 董藩、王家庭、王锋：《房地产金融》，大连：东北财经大学出版社，2000

② 罗演广："深圳建立政策性土地金融机构初论"，《中外房地产导报》，1997(11)

是特殊商品——土地、货币和货币资本,经营内容包括土地货币的收付、借贷以及各种与货币流通有关的或者与之相联系的金融服务。从社会在生产过程来看,土地银行的经营,是工商企业生产经营条件[①]。

(三)土地银行的机构与资金来源

我国的土地银行考虑到兼顾政策性和经营性,可以由中国人民银行、国土资源部、建设部等部门出面筹建。土地银行在各省、自治区、直辖市成立分行,是办理土地金融业务的最高管理机构。在省以下各个地级市和县级市成立土地银行支行,作为办理土地金融业务的基层机构。

我国土地银行的资金来源主要可以包括以下几个方面:一是政府投入,如政府以土地出让金、土地税收、土地开发基金等投入土地银行;二是合作储蓄业务,如通过吸收单位和个人的各类存款,开办购房专项存款、地产基金等业务;三是发行土地股票或债券,如以通过其他渠道筹集的资金或土地使用权为抵押,向国内外发行土地股票和土地债券等。

(四)土地银行的基本职能

我国土地银行的基本职能应涵盖信用中介、支付中介、信用创造和金融服务等多个方面,具体地,其职能应主要包括以下几个方面:一是制定和组织实施国家土地金融政策方针,包括对土地信贷规模、利率等政策的调整等;二是为其他土地金融机构提供资金、指导和其他便利;三是监督管理其他金融机构,特别对其他金融机构的土地金融业务要实施严格的监管;四是审批土地使用权抵押申请,为土地经营者提供长期低息贷款;五是发行或委托有关机构发行土地债券并负责还本付息等[②]。

三、发展新型基金:土地基金

(一)土地基金建立的必要性

土地基金,顾名思义它是基金的一种形式。其特殊之处在于以土地资源为载体,服务于土地资源的合理开发和利用,并旨在促进公共基础设施的建设。我国建立土地基金最主要的意义在于利用基金的良好管理模式,归集不同时期的、零散的土地收益或其他资金,用于土地开发及基础设施建设等,使过去土地收益及投资开发的短期性、分散性及无目标性改变为可持续的、资金集中的和有明确长远目标的基金使用和投资模式,最终有利于土地资源的合理开发与利用[③]。确切地说,我国发展土地基金业务还具有如下重要意义:一是可以缓解土地开发经营的资金瓶颈,促进土地资源的高效、合理利用。土地尤其是城市土地的开发经营一般都需要巨大的资金支持,分散的政府资金不仅在规模上难以支撑政府调控土地市场所需达到的土地控制规模,而且在时间上也难以适应不断变化的土地市场的需要。通过土

---

① 陈曌:《土地银行学》,上海:上海三联书店,1996

② 孟丽萍:"我国土地金融制度的建设与基本设想",《农业经济》,2001(2)

③ 朱道林:"我国建立土地基金的有关问题探讨",《中国房地产金融》,2002(1)

地基金则可以有效地解决这一问题;二是保障土地收益的公平合理分配。我国的土地资产是国有的,因此土地的收益理应由公众分享,建立公益性的土地基金,让公众可以平等参与土地开发经营有助于遏制土地收益的流失,促进土地收益的公平合理分配;三是规范土地开发经营活动。建立土地基金一方面可以有效分离政府土地管理职能与政府必须调控或参与的土地经营活动;另一方面通过土地基金对私人、社区组织土地行为的经济扶持,可以最大限度地减少政府对经济主体土地资产经营的直接干预,更好地发挥土地市场的功能,实现土地资源的最优配置。

(二)土地基金的性质

从理论层面来看,土地基金包括公益性基金和经营性基金两大类。我国发展土地基金不能仅仅局限于其中的某一种。而是应该既包括为公共事务服务的公益性土地基金,也包括为获取资金盈利为目标的经营性土地基金。从这两种基金的本质特征来看,前者主要是通过政府拨款或公共集资获取资金,且基金的使用范围也有着严格的规定;后者主要是通过各类投资者的积累或投资获取资金,其使用方向和范围遵循利益最大化和风险最小化的基本原则。

(三)土地基金的基本构成

我国土地基金的设立至少应包括以下因素:一是基金投资人,也即受益人,如果是公益性土地基金,其投资人可以是国家或各级地方政府若是经营性土地基金,其投资人可以包括一般的企事业单位或个人等。二是基金投资公司,是基金投资人或受益人的集合,既可以由国家相关部门联合发起,也可以由特定投资公司承担。其目的都在于加强土地基金的管理和合法运作。三是基金管理人,是专业化的土地资产管理机构,由它进行投资、理财,可以增强基金运作的透明度,提高基金的运作效率。四是基金托管人,是基金资产的名义持有人与保管人,是基金的监督主体,也是土地基金投资公司以及基金管理人的联络中枢。在我国可以是商业银行、储蓄银行、专业银行及信托投资公司等。

(四)土地基金的运作模式

我国土地基金的具体运作模式可以参考图 19-1 所示的内容来反映:即基金投资人以授权管理或信托契约的方式将土地基金交由基金投资公司管理,或直接交给基金管理人运作,并由基金投资人或基金投资公司对基金管理人实施监督管理;基金管理人在获得土地基

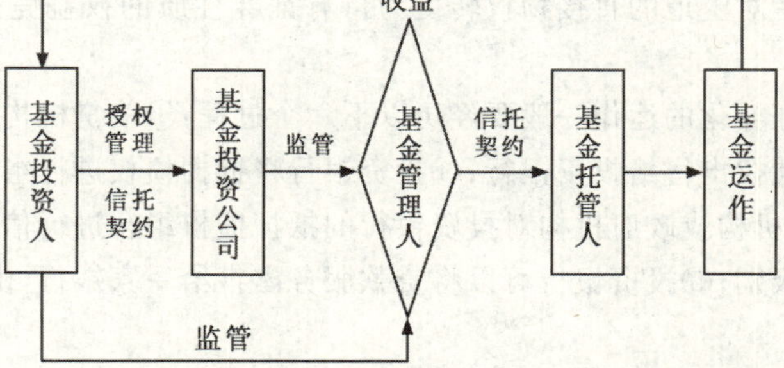

图 19-1　土地基金的运作模式

金的运作经营权后，可以将基金交付银行等基金托管人具体实施经营业务，基金管理人和托管人通过基金资产的托管建立信托契约关系。托管人运作经营基金所获得的收益在支付自己报酬之后应上缴基金投资人。

四、创新金融模式:土地证券化

(一)土地证券化的重要意义

随着经济的发展，资本市场筹资手段日益多样，证券筹资极为盛行，土地证券化已成为十分有效且前景广阔的筹资手段。我国实行土地证券化至少具有以下有利之处:一是有利于土地市场的持续稳定发展。众所周知，土地市场的有序运行和发展需要大量的资金支持，而目前的资金来源主要依赖于土地抵押贷款，尽管通过设立专业性的土地银行和发展土地基金也可以在一定程度上弥补土地市场运作资金的不足，但从长远来看还是不够的。利用证券化的融资机制不仅可以吸收众多的社会闲散资金，而且还能够将投资风险分散在众多投资者身上，对保障土地市场的运行作用显著。二是有利于金融机构转移风险。由于目前土地金融业务仍是以银行信贷为主，致使信贷机构会因地产市场的剧烈波动而承受巨大的金融风险。实行土地证券化可以使金融机构成为土地投资者与经营者之间重要的中介机构，整个金融系统就有了一种新的流动机制，信贷机构可以将风险转移给其他投资者或广大散户，较快地收回资金。三是有利于资本市场的发展。土地证券化作为一种新颖的融资手段，通过证券形式将土地市场与资本市场联系起来，对于积聚社会闲散资金，促进个人储蓄向地产投资的转化无疑具有深远的意义，同时土地证券化为一般投资者提供了共享土地开发经营收益的机会，增添了一种新的投资工具，有利于资本流动，实现资源的合理配置①。

(二)土地证券化的主要模式

根据国外的发展经验以及我国土地市场的运行实践，当前土地证券化的发展模式主要可以从以下两个方面试点并逐步展开:一是土地抵押债权证券化，二是土地投资权益证券化。前者是将土地市场中存在的固定债权、债务关系转换为可转让的债权、债务关系的过程，具体指对信贷机构的土地抵押贷款发行相关证券(MBS)，从而规避信贷机构的土地抵押贷款短存长贷的风险;后者则是通过发行基金权益单位，将小投资者的资金汇集后购买土地，或将土地按价值单元分割成小的产权单位，出售给投资者。租金收入扣除开支后分配给投资者。它把投资者对土地的直接物权转变为持有证券性质的权益凭证，即将直接土地投资转化为证券投资。

土地抵押债权证券化的运作一般要经历以下六个过程:①信贷机构向借款人提供贷款;②信贷机构将抵押债权出售给投资银行;③投资银行将抵押债权进行组合，并以此为担保来发行证券;④由金融机构或政府机构对投资银行的抵押债权组合进行信用担保，从而提高抵押债权组合的信用级别;⑤投资银行可以将贷款服务出售给一家银行，由该银行给借款人提

① 王洪卫等:《中国房地产证券化运行机制》，上海:上海财经大学出版社，2005

供贷款服务；⑥投资银行向投资者出售证券[1]。参见图 19-2。目前，最为典型的土地抵押债权证券化品种是土地抵押贷款证券化。

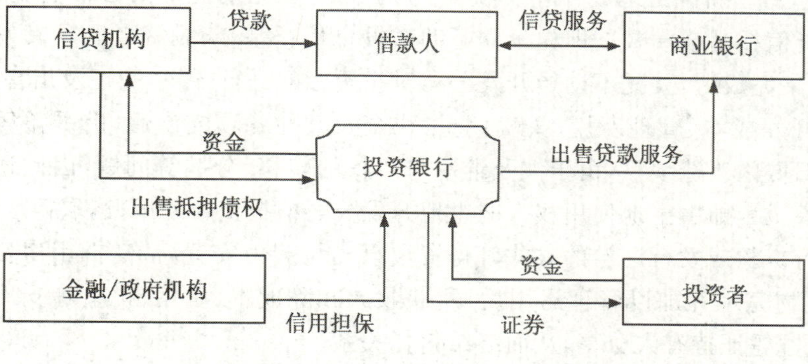

图 19-2　土地抵押债权证券化运作模式

土地投资权益证券化的运作过程如下：①原始权益人估算拟进行证券化的土地未来现金流；②设立特设信托机构 SPV，原始权益人与 SPV 签订协议，将其拟进行证券化的土地“真实出售”给 SPV；③SPV 对土地资 产进行信用增级，一般是在银行开设现金担保账户或由金融机构提供信用担保；④SPV以土地资产的收益为担保发行证券，并委托信用评级机构对证券进行评级；⑤SPV 可直接将证券出售给投资者，也可先将证券出售给投资银行，再由投资银行向投资者出售证券[2]。见图 19-3。目前，土地投资权益证券化的主要品种有不动产投资信托、不动产有限合伙、单项不动产证券化以及土地信托等。

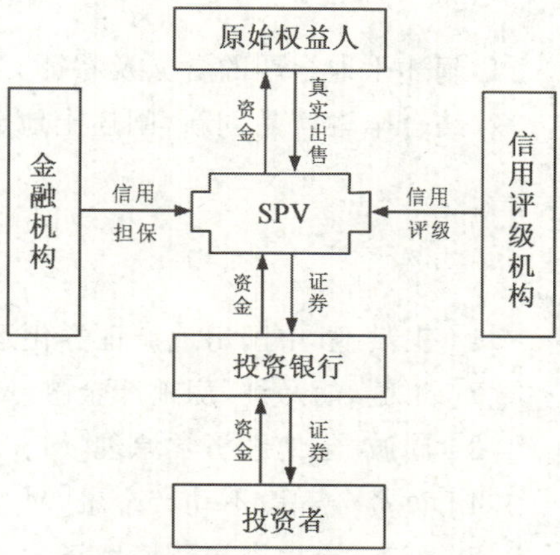

图 19-3　土地投资权益证券化运作模式

(三)我国的选择(构想)

不可否认，我国的土地市场还在不断成长和成熟，而且地区之间的发展差异也十分明显。因此，我国土地证券化模式和品种的选择有必要针对不同的经济发展地区和不同的投资主体区别对待。

一方面，对于土地抵押债权证券化模式的运用，根据我国目前的实际应重点发展不动产抵押二级市场，实现土地抵押贷款的证券化运作。这不仅可以提高银行资产的流动性，为信贷机构建立有效的风险分散和转移机制，而且也能够实现地产市场与资本市场的融合，为土地市场开辟新的筹资渠道。具体地，可由国家设立专门的投资银行，并由政府提供担保，在吸纳信贷机构抵押贷款债权的基础上通过发行土地债券等形式实现土地抵押贷款的市场化

① 张宏斌、贾生华：“试论城市土地证券化及其运作模式”，《杭州师范学院学报》，2000(5)

② 张宏斌、贾生华：“试论城市土地证券化及其运作模式”，《杭州师范学院学报》，2000(5)

流动，以融通资金、分散风险。

另一方面，对于土地投资权益 证券化模式的运用则可以区分不同的土地投资项目而定①。具体地，对于新区土地成片开发项目，由于需要在短期内筹集巨额资金，因此适合采用不动产投资信托基金模式。即先设立不动产投资信托基金，投资者购买其发行的受益凭证，待基金募集完成后，委托不动产开发公司对投资标的进行开发、管理及出售，所获收入在扣除不动产开发成本、管理费用、买卖佣金、税金及其他各项支出后，由受益凭证持有人分享。而对于旧城区改造项目，由于涉及继承与产权的转移、分散等问题，因此适合采用土地使用权信托模式。即由土地使用权人向土地开发公司信托土地使用权，取得信托收益凭证。后者通过银行贷款或发行证券的方式筹得资金以支付劳力安置费、动拆用房费及建筑安装费等，在建筑物完工并加以管理运用后，所获收入扣除成本、费用、税金等支出及信托报酬后，由信托受益凭证持有人分享，从而终结信托关系。

复习思考题

1. 阐述土地金融的含义及特征。
2. 结合金融产品创新，阐述土地金融产品创新方式。

参考文献

[1] 王洪卫. 中国房地产证券化运行机制[M]. 上海：上海财经大学出版社，2005.
[2] 丁健，胡乃红. 房地产金融[M]. 上海：上海译文出版社，2003.
[3] 周诚. 土地经济学原理[M]. 北京：商务印书馆，2003.
[4] 黄贤金，等. 不动产金融[M]. 南京：河海大学出版社，1995.
[5] 韩乾. 土地资源环境经济学[M]. 台湾：五南图书出版公司，2013.
[6] 李菁. 房地产金融[M]. 北京：首都经贸大学出版社，2014.
[7] 谢经荣. 房地产金融. 3 版[M]. 北京：中国人民大学出版社，2012.

① 丁健、胡乃红：《房地产金融》，上海：上海译文出版社，2003

第二十章 土地税收

土地税收是重要的土地经济杠杆。本章介绍了土地税收的概念及特点、功能，分析了土地税收对于土地利用的影响，阐述了我国土地税制及其改革思路。

第一节　土地税收的概念、特点与功能

一、税收的基本原理

(一)税收的内涵

1. 税收的概念和特性

(1)税收的概念。对于税收的概念，有人认为税收是国家为了实现其职能，凭借政治权力，依法无偿地取得实物或货币的一种特殊分配活动；有人认为税收是人民依法向征税机关缴纳一定的财产以形成国家财政收入，从而使国家得以具备满足人民对公共服务需要的能力的一种活动。列宁曾说过："所谓税收，就是国家向居民无偿地索取。①"美国最高法院也认为："征税权是整个国家机构赖于存在的一个巨大的权利。它对国家生存和繁荣之必要，如同人呼吸的空气对自然人之必要一样。它不仅是用以摧毁国家的权力，而且是使其保持活力的力量。②"

综合而言，税收是国家为了实现其职能，按照法定标准，无偿取得财政收入的一种手段，是国家凭借政治权力参与国民收入分配和再分配而形成的一种特定分配关系。所以，可以从下面三个方面来认识税收：①税收是与国家的存在直接联系的，是政府机器赖以存在并实现其功能的物质基础，也是政府保证社会公共需要的物质基础；②税收是一个分配范畴，是国家参与并调节国民收入分配的一种手段，是国家财政收入的主要形式；③国家同纳税人在征税过程中形成特殊的分配关系，这种关系因社会经济制度的不同而变化。

(2)税收的特性。税收的特性表现主要有"三性"——强制性、无偿性和固定性。

税收的强制性是指征税凭国家政治权力，通过颁布法令的方式实施的，任何单位或个人都不得违抗。在生产过程中，生产资料所有者凭其所有权可以取得收益，但在征税过程中形

① 《列宁全集》中文第2版，第41卷，北京：人民出版社，1986：140

② 雷利·巴洛维：《土地资源经济学——不动产经济学》，北京：北京农业大学出版社，1989

成生产资料所有者或其他行为人同国家的征纳关系，国家是为征纳主体，所有者或行为人则处在被动地位。国家运用税收参与这种分配，就意味着政治权利凌驾于所有权之上，这也是税收能顺利征收的原因。

税收的无偿性指的是国家征税以后，税款为国家所有，既不需要偿还，也不需要对纳税人付出任何代价。纳税人纳税后没有取得任何报酬，政府将这部分税款无偿地用于公共事业。纳税人在缴纳了一定的税款后，可以享受政府提供的某些无偿服务。

税收的固定性是指征税前以法律的形式规定了征税对象、税率，并严格按照这一标准征税。按照这一标准，纳税人纳税，政府征税，没有经过法律手段(如修改某一税收条例)，这一标准不得随意改动。

2.税收的功能

税收的产生是同国家的产生、存在密切相关的，它是国家存在和政府运作的经济基础。税收的出现和早期的运作都是国家参与社会分配的重要手段，为国家的运转筹集资金。随着商品经济的发展和国家职能的扩展，税收逐渐摆脱了单一的分配职能，越来越充分地显示出国家干预或调节经济活动的功能。特别是进入现代化的社会大生产之后，税收调节经济的功能日益增强，成为国家宏观调控体系中不可缺少的经济手段。

税收的功能主要表现为三种：

(1)筹集国家财政收入是税收的基本职能。国家凭借政权，运用税收从国民收入中提取一部分社会纯收入，以保障国民经济的再生产。

(2)经济的职能。税收在筹集国家收入的同时，可以调节社会资源在不同经济成分，不同地区，不同单位和个人之间的分配，以实现社会发展的经济目标。

(3)监督职能。税收分配涉及生产、流通、分配各个领域，通过收入增减，税源变化灵敏地反映国民经济的发展变化趋势，并以各种有效措施促进社会生产的正常进行。

3.税收的基本原则

税收的效率与公平兼顾是当代税收的基本原则。

税收的效率原则包括两方面的内容：一是税收经济效率，它是指尽可能保持税收中性，降低税收的额外负担，从而使税收有利于经济的有效运行；二是税收本身的效率，它是指政府在充分取得税收收入的基础上使得征税成本最小化，这是税制制定中的一个基本原则。

税收的公平原则是指国家征税要使各个纳税人的负担与其经济状况相适应，以保证各个纳税人之间的税负平衡。公平原则具体分为横向公平与纵向公平。所谓横向公平，是指经济能力或赋税能力相同的经济主体，应缴纳相同数额的税收；纵向公平，是指经济状况不同的人，应当相应地缴纳不同的税收。横向公平要求不能因缴纳税收而改变纳税人的经济能力，而纵向公平则要求经济状况相对优越者多缴纳，经济状况相对较差的少缴纳。

(二)税制的概念和构成

税收制度可以从税收结构和税收法律制度两个方面来理解。从税收结构分析，税收制度是指一国各种税收及其要素的构成体系。从法的角度来看，税收制度是一国税收法律、法规、规章的总称。税收制度是一国经济体制的重要组织部分，经济体制的变化决定着税收制度的发展。

一般来讲，税收体制(简称税制)主要包括征税对象、纳税人、税率、减免税、征收期限、征收方式和违章处理等要素。

(1)纳税人。纳税人又称为纳税主体,它是指税法规定的负有纳税义务的单位和个人。纳税人可以是自然人,也可以是法人。与纳税人相联系的一个概念是负税人。负税人是指最终负担税款的单位和个人,它与纳税人有时是一致的,有时是分离的,如在税负可以转嫁的条件下两者就是分离的。

(2)课税对象。课税对象又称税收对象,它是指税法规定的征税的目的物,是征税的根据。按课税对象可将税收分成所得税、商品税和财产税。与课税对象相关的是税源。税源是指税收的经济来源或最终出处。一些税种的课税对象与税源是一致的,如所得税;另一些税种的课税对象同税源是不同的,如财产税的课税对象是纳税人的财产,而税源则是纳税人的收入。

(3)课税标准。课税标准是指国家征税时的实际依据或课税依据。国家征税必须以统一的标准对课税对象进行计算。

(4)税率。税率是指国家征税的比率,它是税额同课税对象的比值。税率可划分为比例税率、定额税率和累进税率。比例税率是对同一课税的对象,不论其数额的大小,统一按一固定的比例征税。比例税率又可以分成行业比例税率、地区比例税率、产品比例税率等。定额税率也称固定税额,它是按课税对象的一定计量单位直接规定一个固定的税额,而不规定征收比例。累进税率是按课税对象数额的大小,划分若干等级,每一等级由低到高规定相应的税率,课税对象数额越大税率越高。累进税率又可以按照计算方法划分成全额累进和超额累进税率。

此外,为照顾纳税人或鼓励某项事业,以及其他原因,税法经常有一些减免税条款。同时,税法中还对征收方式、征收期限做出各种规定,对违章处理也有具体规定。

(三)税收的转嫁和效应

1.税收转嫁

税收转嫁是指商品交换过程中,纳税人通过提高销售价格或压低购进价的方法,将税收转嫁给购买者或者商品提供者的一种经济现象。税收转嫁是纳税人将税收转嫁给交易过程中的其他参与者,是税负在各经济主体之间的再分配。税收转嫁后,税负的最终落脚点,也就是最终承担税负的经济主体为税收归宿,是真正的负税人。如地方政府为了整顿房屋租赁市场的不规范现象,加重了房屋租赁所得税,而为了取得同开征这种税收前相同的收益,出租人会利用增加租金的方式,将税收转嫁给承租人,承租人就是税负的归宿。

税收转嫁主要有两种方式:顺转和逆转。顺转是指纳税人通过抬高售价,将税收转嫁给购买者的方式。在房屋买卖或租赁中,较容易出现顺转,如开发商通过抬高房价或租金,将政府征收的各种税费负担,转嫁给购房者或承租人。逆转又称后转,是指纳税人通过压低进货的价格,将税收转嫁给商品出售人。

2.税收效应

税收效应是指纳税人应国家课税而在经济选择或经济行为方面做出的反映,也可以说成是税收对人们行为的影响,是税收调节作用的具体体现。

税收效应可以分成收入效应和替代效应。收入效应是指纳税使纳税人的实际可支配收入降低,因而降低了纳税人的购买力和生活水平,从而使潜在纳税人降低商品的购买和消费能力。替代效应是指对纳税人在商品购买方面的影响，表现在当政府对不同的商品实行区别征税时，会影响商品的相对价格，使纳税人减少征税或重税商品的购买量，而增加无税和轻税商品的购买量；在这里无税或轻税商品替代了增税或重税商品。替代效应是行为税设立的目的所在，引导人们的消费的行为。

税收效应影响着人们的消费或行为，如果人们利用税收进行宏观调控时，税收对人们行为的影响正是向政府要求的方向发展时，这种效应是可以接受的，也是政府的目的所在。但一旦税收对人们行为的影响同政府的意图相反时，税收就会起不良作用，这种影响是应当避免的。所以，在征税时既要避免税收给人们带来额外负担，又要减少税收对人们消费商品类型和消费行为的影响。

二、土地税收的概念

土地税收是国家以土地为征税对象，凭借其政治权利，应用法律手段，从土地所有者或土地使用者手中无偿、强制、固定地取得部分土地收益的一种税收。具体地说，土地税收是以土地或土地改良物的财产价值或财产收益或自然增值为征收对象。

在理论和实践中，普遍存在着对土地税、租、费界定不清问题，往往是以税代租、以税代费、以费代租、以费代税等，这种税、租、费界定不清，致使土地收益权不明确，造成乱收费现象严重，从而使土地税收调控经济运行的机制衰弱，尤其降低了税收的严肃性、规范性。在奴隶制社会中，土地个人私有制尚未产生，全部土地归国王所有，国家及各级领主向管辖区的臣民征收一部分农产品，或称为地税，或称为地租。当时地租与地税是不分的。之后，封建土地私有制产生了，地主将私有土地租佃给农民耕种，农民交给地主的农产品称为地租，而政府向地主征收的财物称为地税。由此可见，地租和地税的分离实质上是土地私有制产生后土地所有权与土地使用权分离的结果。

认真考察这三者，可以发现地税、地租、地费在本质上特性，基本特点及适用范围上有着很大的差别（表 20-1）。

表 20-1　地租、地税、地费的差别①

项目	地租	地税	地费
涉及双方	土地所有者与使用者	国家与土地所有者或土地使用者	服务的提供者与享受者
依据	土地所有权	国家政权	服务协议
相互关系	经济关系	权利义务关系	经济关系
性质	垄断但非强制性 动态性 有偿性	强制性 固定性 无偿性	非垄断、非强制性 动态性 有偿性
层次	初级分配	再分配	再分配

① 谭术魁：《中国城市土地市场化经营研究》，北京：中国经济出版社，2001

(1)就本质而言,土地税收反映的是一种法律关系,是国家借政权力量,依据立法强制、无偿、固定地取得一部分国民收入。只要国家存在,不论何种社会制度下,税收都会存在。地租是反映房地产所有者与使用者之间的租赁关系。地租作为土地所有权在经济上的实现。地费是对行政服务的一种补偿,是政府提供各种服务,包括安全保护的服务,产权保护的服务,社会管理与协调的服务及一切社会公共事业的服务而收取的费用。

(2)就特点而言,土地税收的征收是由国家以政权身份用法律形式颁布税收制度和法令,纳税人必须依法纳税,是一种法律行为;而地租的产生是由于土地所有权的垄断,不是一种强制行为,所反映的应是一种等价的经济关系;地费则是对于政府行政服务行为的补偿,是以一种自愿,松散的形式出现的,所反映的是一种等价的服务关系。

(3)从存在的范畴来看,土地税收存在于法律关系之中,来源于土地资产的总价值;地租是一种经济关系的反映,是产权明晰化的结果,来源于土地收益;地费则来自于行政服务所带来的直接收益或间接收益。

(4)分配层次不同。土地税收、地费属于国民收入的再分配,而地租属于国民收入的初次分配。

三、土地税收的特点

(1)土地税收是国家税收中最悠久的税种。在古代,利用土地最主要的生产事业就是耕种。当时由于工商业还没发展起来,有收入而能成为税收对象的几乎只有农业,于是赋税就首先在农地上产生,农地征税是人类税制史上最古老的税种。

(2)土地税收以土地制度为基础。在不同的社会制度下,因土地制度不同,土地税收的性质、征收方式和办法也不一样。一般来说,土地税的本质是财产税、收益税或所得税。所谓财产税,是指公民所有的财产价值达到某一数额以上,政府就要依法征收其中的一部分作为公用,不论所有权人是否从利用这些财产中获得利益。以此,即使荒芜而未被利用的农地以及城市内未建筑的土地,只要法律规定,都要缴纳土地税。因此,土地税的征收往往以宗地价格为依据,或者以能反映土地价值大小的其他指标为依据。

(3)土地税税源稳定。由于土地局拥有位置固定性和永续利用的特性,因此,土地作为征税客体,税源比较偏稳定。

(4)土地税收在特定情况下可以转嫁。就自己利用的宅基地和娱乐用来说,如果征收土地税,是没有转嫁的可能的。但是对于许多生产用地,如矿业用地、农业用地、工商业用地以及用于出租房屋的基地等等,它们所负担的土地税可能转嫁。土地税可以前转,如土地使用者在转让土地时,将未来要负担的赋税全部在地价中扣除,这样,出让者就把土地税一次性地转嫁给受让者。土地税也可以后转,如在出卖土地时通过提高卖价,把已支付的税收转嫁给购买土地者。土地税转嫁是一个客观存在的事实,国家在制定和执行土地税制时,应当认识到这一点并尽量加以避免,以便保证税收的中性原则。

四、土地税收的分类

(一)财产税(property tax)式的土地税

所谓财产税,是指凡公民所有的财产,其价值达到某一数额以上,政府就要依法征收其中的一部分作为公用,不论所有人是否从利用这些财产中获得收益。财产税式的土地税是将土地看作财产而课征的一种税,是以反映土地拥有量的数值作为课税依据的。由于课税方式不同,可以分为从量和从价土地财产税两类。

1.从量土地财产税

从量征税的土地财产税,以从量征收的方法,对土地课税。在历史发展过程中出现过两种形式:依面积征收和依等级征收。早期土地税是按照土地的面积征收的,不管土地的质量好坏,相同面积的土地缴纳相同的税款。随着人们认识水平的提高,开始按土地的肥力、产量水平课税。

(1)按土地面积征收。不分土地肥沃程度的差异及产量或地租的高低,而仅以土地面积为征税标准的最原始的农地征税方法,通常采用单一税率,各地区的税率不一。优点是简便,但缺点是不公平。只有在土地广阔,土地自然条件相似的情况下才适用。目前,实行按土地面积征税的国家很少,只有在印度的塔凡柯城及巴拉圭、突尼斯等国家还可以看到,但也不是纯粹按土地面积征税,而是与其他税种配合征收。

(2)按土地等级征收。由于土地肥瘠不一,耕作经营和管理方法经常变动,而且各地的生产力亦有差异,如果纯粹按土地面积征税,将有失公平,因此,在土地税征收中除土地面积外,又根据土质的肥瘠、水利灌溉的条件、收获量的多寡、距离市场的远近等,规定了土地分级的标准。对优等土地课以重税,劣等土地课以轻税,这样就避免了不公平的出现。现在,在西约旦、埃塞俄比亚、巴西的巴拉省等地还可看到这种征税方法。

2.从价土地财产税

从价征收的土地财产税是以土地价值为课税标准的土地财产税。按其征收依据又可分成土地价值税和土地增值税。土地价值税是按其拥有的土地的价值来征税,是真正的财产税。土地增值税是对土地价值随社会进步而产生的增加额的课税,也可以看作是一种流转税。前者如中国台湾地区的地价税,以及澳大利亚、荷兰、加拿大的土地原价税等;后者如中国大陆现行的土地增值税。

在现代税收中,都以土地的价格作为衡量土地财产的依据和课征土地财产税的依据。依据土地的具体存在状态,现代征收土地财产税分为三类:一是土地取得税,包括土地遗产税、土地赠予税、土地登记税(契税)等;二是土地保有税,包括地价税、房产税,房地产税和土地增值税等;三是土地流转税,针对土地流转的所得而课税,其实质是对土地财产价值的实现而课税。

(二)所得税(income tax)式的土地税

所得税式土地税,是把从土地上获得的纯收益作为一种所得而征收税。这是根据纳税人所得的多少来判断纳税能力的差异。这种征收不仅包括来自土地本身的收益，还包括其他生产要素创造的所得。根据土地收益征收的土地税，可分为以下四种方式：

(1)按总收益征税。即以土地总收益量的一定比例为征收标准。

(2)按纯收益征收。这是按土地总收益减去土地的负担及利用土地的一切支出的剩余征收。以纯收益为税基的例子较少。法国曾于1789—1917年施行此法。现在阿尔及利亚及印度的马德拉斯省还有一些地方施行此种税法。

(3)按估定收益征税。即按政府在一定时间内以估定的收益征税，实质上是按估定的土地生产能力征税，而不是按实际产量征税。日本曾施行此法。

(4)按地租征税。按地租征税是以出租人与承租人约定的地租为税基，由政府按受益人本身并未付出任何努力或牺牲而得来的收益征收。一方面，从整体社会福利来讲，这样做是公平的；另一方面，把契约租额作为征税税基，征税税基比较容易确定。英国地方政府所征收的不动产税属于此类。

财产税式土地税与所得税式土地税优劣互见。从公平原则来讲，所得税式土地税要优于财产税式土地税。以征收难易来讲，所得税式土地税较财产式土地税的征收更困难。以征收标准的经久性而言，以土地面积为征税标准较有经久性，土地价值次之，收益或所得又次之。然而，就实际征收而言，土地税如采用所得税方式征收，最符合现代经济发展的要求，但由于手续烦琐，征税成本高，所以多主张征收地价税。

第二节　土地税收对土地利用的影响

一、土地税收的功能

为促进土地政策和产业政策的推行，征收土地税，是一项有利的手段。具体说土地税具有抑制地价上涨、促进土地利用、调节土地收益分配、筹集公共设施建设资金等功效。

1.抑制土地投机，确保公平

随着社会经济发展和人口不断增加，人类对土地的需求也日益增长。土地数量有限且又不可移动，以有限的土地供应去满足无限的需求，土地价格自然日趋高涨。由于土地的稀缺性，使土地市场一般呈现为卖方市场，这就为土地投机行为创造了契机。这些投机者对其拥有的土地待价而沽却不予使用。通过土地税可以抑制这种投机行为，促进土地资源的合理流动。不过，土地税收政策应当以抑制需求、增加供给为目标，对不同的用地需求应当区别对待。例如，对公共设施用地的需求、普通住宅用地的需求一般不应抑制；而对工业用地的需求，特别是商业用地、娱乐用地需求，则要根据产业政策的需要，适当加以控制，特别是要抑制投机性用地需求。

2.引导土地利用方向，促进土地资源合理利用

合理的土地税收能够引导土地利用方向，促进土地资源的合理利用。土地税收作为一种经济杠杆，通过土地税收政策的变化，实现引导土地利用方向的目的。例如，对不同土地利用方向确定不同的税率；对不希望的土地利用方向课以重税，对希望的土地利用方向轻税或免税。征税的压力会促使土地经营者调整土地利用方向。而征收荒地税和空地税，会驱使土地占有者充分利用和节约土地。

3.调节土地收益分配，促进企业间公平竞争

自以土地私有制为基础的封建社会以来，土地兼并形成垄断的现象层出不穷。贫富悬殊愈演愈烈造成严重社会问题。由于土地是万物之本，无法自然增加，长期又是社会主要财富，所以人们拥有土地就是拥有财富的标志。土地分配是否合理，也就标志着社会分配制度是否公平合理。土地税的征收尤其是地价税、土地增值税，确实是实行土地制度改革，公平土地分配的途径之一。在征收土地税中实行差别税率，可以将一些地区或部门较高的级差地租收归国家，然后再以各种形式（扶贫、贷款、投资等）分配给需要特别支持的地区或部门以促进国民经济各地区或各部门间的平衡协调发展。

4.组织财政收入，筹集公共设施建设资金

土地税收是国家财政收入的重要保障，这是土地税收最古老、最基本的功能。土地为不动产，具有固定性和非移动性，难以隐秘，税源确实可靠。土地的无法自然增加扩大使土地价值日益上涨，对土地价值课征的地价税自然也随之每年增加。随着人类社会经济的飞速发展，所得税、流转税等税种在筹集财政收入方面的作用逐渐增强，并取代了土地税，土地税由国家的主要税收变成为地方政府税种，但其组织财政收入的作用仍然存在，这也是各国依然长期征收土地税的主要原因之一。它筹集的资金可以用来进行地方的公共事业建设。世界各国都十分重视土地税收的征管，甚至不惜为此进行大量的基础性工作。中国历来所进行的大规模的地籍调查，基本上都是为土地税征收服务的。

5.稳定经济运行，提供就业机会

农村人口就业的基础是土地，土地兼并垄断，必然迫使大批农业人口成为剩余劳动力，既造成贫富悬殊又给城市就业带来新的压力，形成一些新的社会问题。课土地税可迫使土地投机者或其他土地使用者退出部分土地，增加农业人口就业机会，对稳定社会发展经济起到一定的积极作用，同时也促使土地使用者提高土地利用率和加强土地改良，达到促进生产发展的目的。

二、土地税收对土地利用的影响

由土地税收的含义、分类、计税依据和特点可知，土地税与土地使用者手中土地数量和质量等密切相关。中国实行社会主义土地公有制，推行土地有偿制度和土地所有权和土地使用权“两权分离”制度，土地使用者所使用土地的面积和土地的质量直接决定其收入的多少，进而影响个人缴纳土地税的多少。土地税的多少影响到土地使用者对土地的利用、管理，关系到土地使用者从土地中获得收益的多少，从而影响土地使用者利用土地的方式和态度。土地税征收少，土地使用者从土地中获得的收入多，其积极性就高，便会节约集约利用土地，加强对土地的保护和利用，反之则可能掠夺式经营土地。从市场经济角度来看，由于我国的土地资源是国家公有的，要有效地进行土地的开发、利用，发挥其经济资源的优势，关键是利用税收机制对土地资源收益进行有效管理，在各种税收政策中，最直接、有效的就是土地税收。

1.有利于耕地保护

土地占用税是国家运用法律和经济手段,控制乱占滥用土地而采取的一项重要措施。我国土地占有环节的税种是耕地占用税,耕地占用税是以调节为主要目的的税种,年收入基本稳定,从1990年开始,我国的耕地占用税收入每年都保持在35亿元左右,2000年以后增长迅速,2003年该税收入接近90亿元[①]。完善的土地占有环节税收能从源头上支持国家的土地政策,减少对耕地的占有。按照现行财政预算管理规定,耕地占用税收入主要用于农业综合开发,归中央所有的耕地占用税收入用于设立国家土地专项资金,由农业综合开发办公室进行管理;而归各级地方政府所有的耕地占用税收入,则成为组织本地区人员进行农业综合开发最重要的资金来源,所筹集的资金主要用于开垦新的耕地、改造现有中低产田和改善农业生产条件,保证耕地数量的动态平衡,为农业发展保持较好势头提供重要保障。

2.有利于规范土地流转交易

要保护有限的土地资源,就要充分发挥现有已用土地的利用率。我国现行税制中土地保有环节主体税种过少,阻碍了土地有偿使用市场的建立与健全,大多数由使用者无偿取得的土地仍然近似无偿地被持有着,抑制了土地的正常交易,阻碍了划拨存量土地步入市场的进程,使得土地作为资产的要素作用无法得到发挥,土地闲置与浪费现象日趋严重。对土地保有者征税,一方面能够提高土地保有成本,防止囤积土地;另一方面能够自觉调节土地开发行为和持有土地的所有权和使用权行为,从而保证土地资源的长期收益。

土地转让环节关系到现有土地资源的流动,土地转让环节的税收可以规范土地交易,引导土地资源的流向。比如说,我国城市中商品楼的空置率相当高,但新的房产仍在不断开工上马,国家可以对二手房的交易减免税,从而促进二手房市场发展,最终达到保护土地资源的目的。

3.促进土地的节约集约利用

首先,土地价值日益上涨,对土地价值课征的地价税自然也随之每年增加,筹集的资金也随着增加。筹集的资金可以用来进行地方的公共事业建设,从而改善土地状态,土地价值就会上升,从而带来更多的税收收入,继续投入到地方公共事业的建设中,形成良性循环。

其次,土地作为生产要素,它的合理利用,对农业生产乃至整个国民经济都会起到积极推动作用。如果有少数地主垄断土地并弃置不用,使之荒废或闲置,坐等机会待价而沽,不仅会加重土地兼并和社会分配不公,更会影响生产发展。课土地税包括地价税、空地税、荒地税等,从重对空地、荒地等课税,可促使其所有者提高土地利用率和加强土地改良,达到促进生产发展的目的。

最后,土地是天然资源,又具有不可移动性,由于社会发展和经济发达,人口不断增加,对土地的需求日益增长。以有限的土地供应去满足无限的需求,土地价格自然日趋高涨。土地价格上涨的主要原因是土地供求关系不平衡。由于土地的稀缺性,使土地市场一般呈现为卖方市场,这就为投机行为创造了契机。土地税制可以被用来鼓励或者抑制某些类型的土地开发利用投资决策,提高土地的有效供给,从而使得土地利用符合社会利益。

---

① 路春城、张莉:"论土地税在土地资源管理中的作用及其完善",《国土资源情报》,2006(2)

第三节　我国现行的土地税制

一、我国土地税收的历史沿革

我国的税收最早是以土地和人口为征收对象的。从夏朝算起来，中国土地税收的历史有四千多年。中国最早的土地税赋为“贡、助、切”实际上是同农业用地相关联的农业税。夏朝的贡实际上是一种土地税，可以视为后来土地税的起源。春秋时，国君向臣属征收的军役、力役及军需品称“赋”，从田亩征收的农产品称“税”。如《春秋》记载宣公十五年（公元前594年）的“初亩税”为古代按私人占有田亩实数征收田税之始，鲁昭公国年（公元前538年）“作丘赋”，鲁哀公十二年（公元前483年）“用田赋”。田税知名人士田租，田租之外，另有按人口征收的田赋、算赋、更赋等。三国时，魏始行租调制，租为田租，调为按户征收的绢、绵等手工品。唐行租（田租）、庸（役庸）、调（户调）制，但是在田亩制基础上仍多少为课征标准。宋将唐户、地两税统一始知称田赋。

地产税、房产税、契税和遗产税随着1950年新中国税制的建立而建立，同年6月，中央政府决定遗产税暂不开征，而房产税和地产税合并为房地产税①。1958年公布了《中华人民共和国农业税条例》，从而在全国建立了统一的农业税制度。1973年，我国将对国有企业课征的城市房地产税并入工商统一税中征收。从1984年开始，在国家经济体制改革的宏观背景下，我国开始了城镇土地有偿使用制度的改革和住房分配市场化的制度改革，“利改税”时把地产税从城市房地产税中划出，并更名为土地使用税。1986年9月15日，国务院颁布了《中华人民共和国房产税暂行条例》，决定从当年10月1日起施行。1987年4月，为保护耕地、抑制滥占耕地行为，我国开征耕地占用税。1988年，为调整城镇土地级差收益，同时也为了促进城镇土地有效利用，国务院颁布《城镇土地使用税暂行条例》，并于当年11月开征了城镇土地使用税。1992—1993年首先在我国沿海，后来发展到全国的房地产投机现象，造成全国的土地投机和过分频繁的房地产交易行为，给国民经济带来不良影响。为了克服这种现象的进一步蔓延，1993年12月，国务院颁布了《中华人民共和国土地增值税暂行条例》。另外，房地产开发企业的开发行为要缴纳城市建设基金、固定资产投资调节税，其经营活动要缴纳营业税和企业所得税；居民的房地产购买、转让行为要缴纳契税。1997年10月1日，新的契税条例开始实施。2003年，农村税费改革在全国范围内展开。2004年起在5年之内逐步取消农业税。2005年取消农业特产税。

二、我国目前土地税制

目前，我国直接将房产和地产作为征税对象的税种，包括土地增值税、城镇土地使用税、耕地占用税、房产税、契税等，共有10余种税收。以下按4个税类分别加以简介。

---

① 贾康、阎坤：《转轨中的财政制度变革》，上海：上海远东出版社，1999

(一)所得税类

1.企业所得税中的土地税

这是企业所得税的组成部分。其课税对象为纳税人每一纳税年度内房地产租金所得和转让房地产所得，减去“准予扣除项目”的金额变为应纳税所得额。“准予扣除项目”包括成本、税金(含消费税、营业税、城市维护建设税、资源税、土地增值税等)损失等。企业所得税实行 33%的比例税率，对于年应纳税额较低的企业有所优惠。

2.个人所得税中的土地税

这是个人所得税的组成部分。其课税对象为纳税人每一纳税年度内房地产租金所得和转让房地产所得。适用比例税率为 20%。房地产租赁中的应纳税所得额，为每次取得的收入(以一个月为一次)扣除规定费用后的余额；房地产转让中的纳税所得额，为转让财产收入额扣除财产原值和合理费用(出卖房地产过程中按规定支付的相关费用)后的余额。对于个人所得税实行 20%的比例税率。

(二)财产税类

1.城镇土地使用税

城镇土地使用税是国家在城市、县镇、建制镇和工矿区范围内，对使用土地的单位和个人，以其实际占有的土地面积为计税依据，按照规定的税额计算征收的一种税。1988 年 9 月 27 日国务院发布了《中华人民共和国城镇土地使用税暂行条例》，规定从 1988 年 11 月 1 日起施行。开征土地使用税，有利于促进合理、节约使用土地，有利于调节土地级差收益，促进企业公平竞争，有利于理顺国家与土地使用者之间的分配关系，为建立地方水体系，实行以分税制为基础的财政体制创造了条件。

城镇土地使用税的征税范围，包括在城市、县城、建制镇和工矿区内的国家所有和集体所有的土地。城市的土地包括市区和郊区的土地，县城的土地是指县人民政府所在地的城镇的土地，建制镇的土地是指镇人民政府所在地的土地。建立在城市、县城、建制镇和工矿区以外的工矿企业则不需缴纳城镇土地使用税。对外商投资企业和外国企业在华机构的用地不征收城镇土地使用税。

根据《城镇土地使用税暂行条例》的规定，凡是在城市、县城、建制镇和工矿区范围内使用土地的单位和个人，都负有依法缴纳土地使用税的义务。除依照法律规定享受减、免税待遇者外，任何纳税人不履行纳税义务，都要承担法律责任。城镇土地使用税的纳税义务人，是指承担缴纳城镇土地使用税义务的所有单位和个人。城镇土地使用税的纳税人通常包括以下几类：拥有土地使用权的单位和个人；拥有土地使用权的单位和个人不在土地所在地的，其土地的实际使用人和代管人为纳税人；土地使用权未确定或权属纠纷未解决的，其实际使用人为纳税人；土地使用权共有的，共有各方都是纳税人，由共有各方分别纳税。

城镇土地使用税采用分类定级的幅度定额税率，或称为分等级幅度税额。具体地说，按城市大小分为四个档次，每平方米的年幅度税额分别为：大城市 0.5～10 元；中等城市 0.4～8 元；小城市 0.3～6 元；县城、建制镇、工矿 0.2～4 元。省、自治区、直辖市人民政府，在上述税额幅度内，根据市政建设状况，经济繁华程度等条件，确定所辖地区的使用税额幅度。市、县人民政府根据实际情况，将本地区土地划分为若干等级，在省、自治区、直辖市人民政府确定的税额幅度内，制定相应的适用税额标准，报省级人民政府批准执行。此外，考虑到一些地区经济落后，需要适当降低税额，以及一些经济发达地区需要提高税额，土地使用税暂行条例规定，经省、自治区、直辖市人民政府批准，可以适当降低税额，但降低税额不得超过最低税额的30%。经济发达地区适用税额标准可以适当提高，但须报财政部批准。

城镇土地使用税有政策性免税、地方确定的免税和困难性及临时性减免税的若干规定。城镇土地使用税由土地所在地的税务机关征收。纳税按年计算、分期缴纳。具体期限由省、自治区、直辖市人民政府确定。

2.土地增值税

土地增值税是对有偿转让国有土地使用权、地上建筑物及其他附着物产权并取得增值收益的单位和个人征收的一种税。1993年12月13日国务院颁布了《中华人民共和国土地增值税暂行条例》，从1994年1月1日起施行。随着房地产市场的发展，国家对房地产开发的税收调节力度进一步加大，伴随着新的房地产企业所得税政策的实施，财政部和国家税务总局2006年下发了《关于土地增值税若干问题的通知》(财税〔2006〕21号)，对土地增值税政策进一步补充完善。开征土地增值税，主要意义是：有利于抑制房地产投机，加强宏观调控，防止国有土地收益流失，有利于增加财政收入，有利于完善税制。

土地增值税的纳税人是有偿转让我国境内国有土地使用权、地上建筑物和其他附着物产权并取得收益的单位和个人。土地增值税的征税范围包括有偿转让国有土地使用权、地上建筑物和其他附着物产权的行为。不包括继承、赠予等没有取得收入的房地产转让行为。

土地增值税的计税依据是转让国有土地使用权、地上建筑物及附着物产权所取得的增值税，即转让房地产所取得的增值额。由于我国房地产市场不健全，增值额的计算只能采用简便易行的扣除法或余额法，即增值额为转让房地产收入减去取得土地使用权时所支付的金额、土地开发成本、地上建筑物成本及有关费用、与转让房地产有关的税金以及财政部规定的其他扣除项目后的余额。为了合理计算增值税，存量房地产的成本按房屋及建筑物的评估价格(即重置成本价乘以成新折旧率后的价格)计算。纳税人的收入包括转让房地产的全部价款及相关的经济效益，具体包括货币收入、实物收入和其他收入等。

计算增值额的扣除项目，具体为：

(1)取得土地使用权所支付的金额。取得土地使用权所支付的金额是指纳税人为取得土地使用权所支付的地价款和按国家统一规定交纳的有关费用。

(2)开发土地和新建房及配套设施的成本。开发土地和新建房及配套设施(简称房地产开发)的成本是指纳税人房地产开发项目实际发生的成本，包括土地征用及拆迁补偿费、前期工程费、建筑安装工程费、基础设施费、公共配套设施费、开发间接费用。土地征用及拆迁补偿费，包括土地征用费、耕地占用税、劳动力安置费及有关地上、地下附着物拆迁补偿的净支出、安置动迁用房支出等。前期工程费，包括规划、设计、项目可行性研究和水文、地质、勘察、测绘、“三通一平”等支出。建筑安装工程费，是指以出包方式支付给承包单位的建筑安装工程费，以自营方式发生的建筑安装工程费。基础设施费，包括开发小区内道路、供水、供电、供气、排污、排洪、通信、照明、环卫、绿化等工程发生的支出。公共配套设施费，包括不能有偿转让的开发小区内公共配套设施发生的支出。开发间接费用，是指直接组织、管理开发项目发生的费用，包括工资、职工福利费、折旧费、修理费、办公费、水电费、劳动保护费、周转房摊销等。

(3)开发土地和新建房及配套设施的费用(简称房地产开发费用)。房地产开发费用是指与房地产开发项目有关的销售费用、管理费用、财务费用。财务费用中的利息支出,凡能够按转让房地产项目计算分摊并提供金融机构证明的,允许据实扣除,但最高不能超过按商业银行同类同期贷款利率计算的金额。其他房地产开发费用,按土地使用权所支付的金额和开发土地和新建房及配套设施的成本两项规定计算的金额之和的5%以内计算扣除。凡不能按转让房地产项目计算分摊利息支出或不能提供金融机构证明的,房地产开发费用按土地使用权所支付的金额和开发土地和新建房及配套设施的成本两项规定计算的金额之和的10%以内计算扣除。

(4)旧房及建筑物的评估价格。旧房及建筑物的评估价格是指在转让已使用的房屋及建筑物时,由政府批准设立的房地产评估机构评定的重置成本价乘以成新度折扣率后的价格。评估价格须经当地税务机关确认。

(5)与转让房地产有关的税金。与转让房地产有关的税金是指在转让房地产时缴纳的营业税、城市维护建设税、印花税。因转让房地产交纳的教育费附加,也可视同税金予以扣除。

(6)财政部规定的其他扣除项目。财政部规定的其他扣除项目主要是指从事房地产开发的纳税人可按取得土地使用权所支付的金额和开发土地和新建房及配套设施的成本两项规定计算的金额之和,加计20%扣除。

土地增值税的税率实行四级超额累进税率:①增值额未超过扣除项目金额50%的部分,税率为30%;②增值额超过扣除项目金额的50%,为超过100%的部分,税率为40%;③增值额超过扣除项目金额100%,未超过200%的部分,税率为50%;④增值额超过扣除项目金额200%以上的部分,税率为60%。

计算土地增值税税额,可按增值额乘以适用的税率减去扣除项目金额乘以速算扣除系数的简便方法计算,具体公式如下:

①增值额未超过扣除项目金额50%:

土地增值税税额=增值额×30%

②增值额超过扣除项目金额50%,未超过100%:

土地增值税税额=增值额×40%-扣除项目金额×5%

③增值额超过扣除项目金额100%,未超过200%:

土地增值税税额=增值额×50%-扣除项目金额×15%

④增值额超过扣除项目金额200%:

土地增值税税额=增值额×60%-扣除项目金额×35%

公式中的5%、15%、35%为速算扣除系数。

土地增值税税收优惠主要包括:纳税人建造普通标准住宅出售,增值额未超过扣除项目金额20%的,免征土地增值税;因国家建设需要依法征用、收回的房地产,免征土地增值税;个人因工作调动或改善居住条件而转让原自用住房,经向税务机关申报核准,凡居住满5年或5年以上的,免予征收土地增值税;居住满3年未满5年的,减半征收土地增值税;居住未满3年的，按规定计征土地增值税。

3.房产税

房产税属于财产税，是以城市、县城、建制镇和工矿业产为税收对象，按照房屋计税价值或出租房屋的租金收入，向产权所有人征收的一种税。20世纪50年代初，分征土地税和房产税，于1951年8月改为“城市房地产税”，对当时的经济恢复和建设起过一定的作用。1973年简化税制时，把企业应纳的城市房地产税并入了工商税。1984年对国有企业实行第二步利改税和全面改革工商税制时，重新把城市房地产税改为房产税和土地使用税，但暂缓开征。国务院1986年9月15日发布了《房产税暂行条例》，从此恢复了企业交纳的房产税。征收房产税的主要作用是筹集财政收入，并均衡社会财富。

房产税在城市、县城、建制镇和工矿区征收。拥有房屋产权的单位和个人，都是房产税的纳税人。房屋产权属于国家所有的，则其经营管理的单位和个人为纳税人。城市房地产税由产权所有人缴纳，产权出典者由承典人缴纳。产权所有人、承典人不在当地或产权未确定及租典纠纷未解决的，均由代管人或使用人代为缴纳。对涉外企业和个人暂不征收城市房地产税中的地产税，改为征收土地使用费。土地使用费征收标准由省、自治区、直辖市人民政府根据本地区具体情况自行规定。

房产税有两种计税依据，一是房产余值，二是房产租金收入。从价计征的，按房产原值减出10%～20%后的余额计征，税率1.2%；按房产出租的租金计征，税率12%。由于房产的计税余值大体上相当于标准房租的10倍，因此，两种计税方法的税负基本持平。值得注意的是房产税的免税规定：国家机关、人民团体、军队等自用的房屋，由国家财政部门拨付事业经费的单位的自用房屋，寺庙、公园、名胜古迹的自用房屋，个人所得的非经营性房屋等，均可免税。

4.契税

契税是以所有权发生转移、变动的不动产为征税对象，向产权承受人征收的一种财产税。契税与其他税种相比，具有其特点：契税属于财产转移税；契税由财产承受人缴纳。新中国成立后颁布的第一部税法就是《契税暂行条例》。《契税暂行条例》实施40多年来，在加强土地、房屋权属转移的管理，包括出售、赠予和交换加财政收入，调节收入分配等方面发挥了积极作用。但是随着改革开放的深入，我国房地产市场得到了较快的发展，交易形式也发生了较大的变化，原有的《契税暂行条例》已经不能适应新形势的需要，本着公平税负、合理负担、规范税制、严格控制减税范围、增加财政收入的原则，国务院对《契税暂行条例》进行修订，于1997年7月7日重新颁布了《中华人民共和国契税暂行条例》，并于1997年10月1日起实施。

契税的征收对象是发生土地使用权和房屋所有权权属转移的土地和房屋。具体征税范围包括：①土地使用权出让；②土地使用权转让，包括出售、赠予和交换；③房屋买卖；④房屋赠予；⑤房屋交换。

考虑到对土地使用权转移征收契税和对公有制经济单位承受土地、房屋权属回复征收契税后税基在拓宽，修订后的《中华人民共和国契税暂行条例》将税率降低到1%～3%。同时，照顾到全国各地经济和房地产市场发展的不平衡状态，契税的税率也由实行全国统一税率改为由省级人民政府在规定的幅度内确定使用税率。

契税的计税依据为不动产的价格。由于土地、房屋权属转移方式不同，定价方法不同，因而具体计税依据视不同情况而决定:①国有土地使用权出让、土地使用权出售、房屋买卖,以成交价格为计税依据;②土地使用权赠予、房屋赠予,由征收机关参照土地使用权出售、房屋买卖的市场价格核定;③土地使用权交换、房屋交换,为所交换的土地使用权、房屋的价格差额;④以划拨方式取得土地使用权,经批准转让房地产时,由房地产转让者补交契税,计税依据为补交的土地使用权出让费用或者土地收益;⑤成交价格明显低于市场价格并且无正当理由的,或者所交换土地使用权、房屋的价格的差额明显不合理并且无正当理由的,征收机关可以参照市场价格核定计税依据。

契税可以依法适当减征或免征:①国家机关、事业单位、社会团体、军事单位承受土地、房屋用于办公、教学、医疗、科研和军事设施的,免征契税。②城镇职工按规定第一次过购买公有住房的,免征契税。③因不可抗力丧失住房而重新购买住房的,酌情准予减征或者免征契税。④财政部规定的其他减征、免征契税的项目。

(三)行为税类

1.耕地占用税

耕地占用税是国家对占用耕地建房或者从事其他非农业建设的单位和个人征收的一种税。我国人均耕地少、耕地后备资源严重不足。长期以来,我国城乡非农业建设乱占滥用耕地的情况相当严重。为了合理利用土地资源,加强土地管理,保护耕地,1987 年 4 月 1 日,国务院发布了《中华人民共和国耕地占用税暂行条例》,决定对建房或者从事其他非农业建设的单位和个人征收耕地占用税。2007 年国务院公布最新修订的《中华人民共和国耕地占用税暂行条例》于 2008 年 1 月 1 日正式施行。

占用耕地建房或者从事非农业建设的单位或者个人,为耕地占用税的纳税人,包括国有企业、集体企业、私营企业、股份制企业、外商投资企业、外国企业以及其他企业和事业单位、社会团体、国家机关、部队以及其他单位;所称个人,包括个体工商户以及其他个人。

耕地占用税的征税对象是占用耕地建房或者从事其他非农业建设的行为。这一行为必须同时具备以下两个条件,才构成耕地占用税征税对象,一是占用了耕地,二是建房或者从事非农业建设。耕地占用税征税范围,包括国家所有和集体所有的耕地。耕地是指用于种植农作物的土地,包括新开荒地、休闲地、轮歇地、草田轮作地;以种植农作物为主,间有零星果树、桑树或其他树木的土地。占用前 3 年内曾用于种植农作物的土地,视为耕地。占用鱼塘、园地、菜地及其他农业用地建房或从事其他非农业建设,也视同占用耕地,其中:园地包括苗圃、花圃、茶园、桑园和其他种植经济林木的土地。占用已开发从事种植、养殖的滩涂、草场、水面和林地等从事非农业建设是否征税,由省、自治区、直辖市本着有利保护农用土地资源和保护生态平衡的原则,结合具体情况确定。

耕地占用税实行定额税率。由于我国各地区之间经济发展水平不均衡,人口密度不同,各地区人均占有耕地数量悬殊,因此全国不能用一个固定税率征税,必须根据不同地区人均占有耕地数量和经济发展状况规定不同的税率,即实行地区差别税率。税法规定的税率分为四个档次:①以县为单位(下同),人均耕地不超过 1 亩的地区(以县级行政区域为单位,下同),每平方米为 10～50 元;②人均耕地超过 1 亩但不超过 2 亩的地区,每平方米为 8～40 元;③人均耕地超过 2 亩但不超过 3 亩的地区,每平方米为 6～30 元;④人均耕地超过 3 亩的地区,每平方米为 5～25 元。国务院财政、税务主管部门根据人均耕地面积和经济发展情况确定各省、自治区、直辖市的平均税额。各地适用税额，由省、自治区、直辖市人民政府在①款规定的税额幅度内，根据本地区情况核定。各省、自治区、直辖市人民政府核定的适用税额的平均水平，不得低于②款规定的平均税额。经济特区、经济技术开发区和经济发达且人均耕地特别少的地区，适用税额可以适当提高，但是提高的部分最高不得超过③款规定的当地适用税额的 50%。占用基本农田的，适用税额应当在当地适用税额的基础上提高 50%。

耕地占用税以纳税人实际占用的耕地面积为计税依据，按照规定的适用税额一次性征收。为了体现国家政策，耕地占用税规定一些减免税政策。农村居民占用耕地新建住宅，按照当地适用税额减半征收耕地占用税。农村烈士家属、残疾军人、鳏寡孤独以及革命老根据地、少数民族聚居区和边远贫困山区生活困难的农村居民，在规定用地标准以内新建住宅缴纳耕地占用税确有困难的，经所在地乡（镇）人民政府审核，报经县级人民政府批准后，可以免征或者减征耕地占用税。军事设施占用耕地和学校、幼儿园、养老院、医院占用耕地的，可以免征耕地占用税。铁路线路、公路线路、飞机场跑道、停机坪、港口、航道占用耕地，减按每平方米 2 元的税额征收耕地占用税。依照规定免征或者减征耕地占用税后，纳税人改变原占地用途，不再属于免征或者减征耕地占用税情形的，应当按照当地适用税额补缴耕地占用税。

2. 城市维护建设税

城市维护建设税是一种具有收益性质的行为税。城市维护建设税是国家对缴纳增值税、消费税、营业税（简称“三税”）的单位和个人就其实际缴纳的“三税”税额为计税依据而征收的一种税。它是国家为加强城市的维护建设，扩大和稳定城市维护建设资金的来源而采取的一项税收措施。1985 年 2 月 8 日，国务院颁布《中华人民共和国城市维护建设税暂行条例》，并从 1985 年度起实施。

城市维护建设税的纳税人是缴纳增值税、消费税、营业税的单位和个人，包括缴纳增值税、消费税、营业税的国有企业、集体企业、个体经营企业、机关团体等单位和个人。中外合资企业和外资企业不在此列。

城市维护建设税采用地区差别比例税率。城市维护建设税应税额等于产品税额、增值税额和营业税额之和同相应税率乘积。城市维护建设税的征收与增值税、消费税和营业税的同时进行。纳税人所在地为城市的，税率为 7%；纳税人所在地为县城、建制镇的，税率为 5%；纳税人所在地不在城市市区、县城、建制镇的，税率为 1%。

3. 固定资产投资方向调节税

1991 年 4 月 16 日，国务院发布了《中华人民共和国固定资产投资方向调节税暂行条例》，并规定从 1991 年度生效、实施。固定资产方向调节税是向固定资产投资的单位和个人征收的一种行为税，其目的是为了贯彻国家的产业政策，控制投资规模，引导投资方向，调整投资结构，加强重点建设，促进国民经济均衡发展而设置的新税种。

凡是在中国境内从事固定资产投资的单位和个人，即用各种资金进行固定资产投资的各级政府、机关团体、部队、国有企业事业单位、集体企事业单位、私营企业、个体工商户及其他单位和个人，都是纳税人。

固定资产方向调节税征收对象是以各种资金进行的固定资产投资，以固定资产投资项目实际完成的投资额作为计税依据。全社会的固定资产投资，包括基本建设投资、更新改造投资、商品房投资和其他固定资产投资。其中基本建设项目与更新改造项目、楼堂馆所与一般房屋建设的划分，均按照国家有关规定执行。

依据国家产业政策发展序列和项目经济规模要求，本着长线产品与短线产品有别、基本建设和更新改造有别等原则，共设置四档差别税率：5%、10%、15%、30%。例如，国家急需发展或更新改造的项目，使用零税率；商品住宅采用5%的低税率；一般更新改造的项目采用10%的税率；对于大多数项目投资采用15%的中等税率；对于楼堂馆所采用30%的高税率。

4.印花税

现行印花税的基本规范，是1988年8月6日国务院发布并于同年10月1日实施的《中华人民共和国印花税暂行条例》。印花税是对经济活动和经济交往中书立、使用、领受具有法律效力的凭证的单位和个人征收的一种税，凡发生书立、使用、领受应税凭证的行为，就必须依照印花税法的有关规定履行纳税义务，具体包括书立和领受房屋产权证、土地使用证、房地产租赁合同的等行为。

印花税的纳税义务人，是在中国境内书立、使用、领受印花税法所列举的凭证并应依法履行纳税义务的单位和个人。所称单位和个人，是指国内各类企业、事业、机关、团体、部队以及中外合资企业、合作企业、外资企业、外国公司和其他经济组织及其在华机构等单位和个人。

印花税实行比例税率或定额税率，比例税率分为五个档次：千分之一、万分之一、万分之三、万分之零点五、万分之零点三，定额税率使用于无法计算金额的凭证。

(四)流转税类

营业税是对我国境内从事交通运输、建筑、服务业等第三产业的单位和个人，就其经营业务征收的一种流转税。从性质上看，营业税是针对营业行为征收的，有营业行为就要交税，是一种行为税，实质上，它是一种流转税，它发生在生产、经营、消费和流通的过程中，是对所获得的商品经营收入、非商品服务收入所征收的一种税。

营业税在我国是一种古老而重要的税种。1928年，国民党政府第一次正式使用营业税。1949年以后，营业税是工商业税的一个组成税种。1958年推行工商统一税后，并入工商统一税。1984年，第二步"利改税"和工商税制改革时，营业税又被分离出来。1984年9月18日，国务院颁布《中华人民共和国营业税暂行条例》，从1994年1月1日起开始征收，共设9个税目，主要包括交通运输业、建筑业、金融保险业、邮电通信业、文化体育业、娱乐业、服务业、转让无形资产、销售不动产。其中涉及房地产行业的共有3个税目，即建筑业、土地使用权作为无形资产的转让、房地产买卖。

关于纳税人，《条例》第一条规定："中华人民共和国境内提供本条例规定的劳务(简称应税劳务)、转让无形资产或销售不动产的单位和个人为营业税的纳税义务人，应当依照本条例的规定缴纳营业税。"这里的单位为国有企业、集体企业、私营企业、股份制企业以及行政、事业单位等。

营业税按照行业、类别的不同分别采用了不同的比例税率，具体如下：交通运输业、建筑业、邮电通信业、文化体育业为3%；服务业、转让无形产业(包括土地使用权)、销售不动产税率5%；金融保险业税率为8%；娱乐业税率为5%～20%。纳税人兼营不同税率的应税行为，应分别核算；未分别核算的，从高适用税率。

纳税人转让土地使用权或者销售部动产，采用预收款项的方式，纳税人转让土地使用权，应当向土地所在地主管税务机关申报纳税；纳税人销售不动产，应当向不动产所在地主管机关申报纳税。

第四节　我国土地税收的改革思路

一、我国现行土地税收存在的问题

我国土地税收在筹集财政收入和调节社会经济等方面发挥了一定的作用，但是其缺陷仍然明显存在。主要表现在以下几方面：

(1)现行土地税收体系部分税种的课征违背了公平原则。比如，内资企业缴纳房产税和城镇土地使用税，外资企业缴纳城市房地产税，且仅就房产纳税，地产不需纳税，其税收负担低于内资企业。又如，我国的房产税和城镇土地使用税的课税范围均为城市、县城、建制镇和工矿区，而处在这些区域之外的房产和土地则不需纳税。目前，许多企业都坐落于房产税和城镇土地使用税课税范围之外的区域，其与坐落于城镇的企业在对公共品的享受方面并没有本质区别，却不需承担房产税和城镇土地使用税的纳税义务，尤其在城镇与非城镇的交界处，一些地方同一条街道两侧的企业，一侧要纳税，而几米之外的另一侧的企业则不需纳税，更加彰显了房产税和城镇土地使用税课税范围规定的失当。

(2)现行土地税收体系中部分税种的调节欠妥。例如，土地增值税的计税依据过窄、名义税率过高；房产税的课税范围过窄且免税范围过宽、自用房产的计税依据及税率失当等等。

(3)现行房地产税收体系中部分税种的配合失当。如房产税与城镇土地使用税存在重复课税；土地增值税与企业所得税存在重复课税等。

(4)土地税费租混杂。我国土地属国家和集体所有，基本上是租税费合一。但是，实践中存在许多不合理现象。其一，以税代租。以税代租极易形成土地部门、企业甚至个人所有制观念，大大增加了税务部门的工作量，甚至造成征管失控。其二，以费代税。例如，《中华人民共和国城市房地产管理法》第 25 条规定的“超过合同的约定动工开发日期满 1 年未动工者，将征收相当于土地使用权出让费 20％以下的土地闲置费”，显然这里的“土地闲置费”并非因提供相关服务而产生，也无须给予补偿，是一种典型的惩罚行为税，而不是费。其三，以费代租。我国向外企征收的土地使用费，是土地使用者为取得某块土地一定时期内的使用权而向土地所有者支付的货币，其实质是地租。其四，税低费高。据估算，我国土地税收约占房地产开发总成本的 10％左右，而各种收费却占总成本的 20％以上，而国外与土地开发有关的费用仅占房地产价值的 2％左右。可以说，目前我国的土地收费状况对开放和繁荣我国房地产市场产生了极大的阻碍。这些收费侵蚀了税法所能赋予的财政收入权力削弱了财政收入能力。

(5)其他。对比国外的地产、房产相关税收体系，可以看出我国的土地税收在税种、征管等方面还存在一定的不足之处。如没有将土地和房屋当作个人或企业财产，没有考虑房屋在遗产继承中的问题，没有考虑土地的充分、合理利用等。

二、我国土地税收改革的模式设想

中国土地税制的改革必须围绕“十分珍惜、合理利用土地和切实保护耕地”这一基本国策，按照“简税制、宽税基、低税率、严征管”原则，结合考虑我国土地管理制度和现行税费混杂的实际情况，改革我国的土地税收制度。“简税制”就是要设计一个简单的土地税收制度，便于纳税人理解和操作，同时简化征收手续；“宽税基”就是要对符合条件的纳税人普遍征收，尽量减少减免税政策，排除特殊纳税人，减少制度性的偷逃税机会；“低税率”就是要减轻纳税人负担，特别是要减轻生产经营过程的税收负担，降低交易成本；“严征管”就是加强税收管理，强化税务稽查，增强税收执法的刚性，防止少数纳税人偷逃税款，规范市场经济秩序，实现公平竞争。我国独特的土地管理制度是世界上其他国家所没有的，税费混乱、税轻费重、税少费多也是我国转轨时期所特有的现象。这些因素都是进行中国的土地税收制度改革必须考虑的现实问题。

具体的改革设想如下：

(1)“明租、正税、少费”。“明租、正税、少费”已经成为国际土地税费制度发展的必然趋势，必须理清不合理收费、加强税费改革、少费以正税，减少税收成本。同时，加大力度宣传土地税收制度，提高税收人员的素质，加强税收机构管理，充分认识到土地是巨大的财源并用好它，土地税收是潜力巨大的一个税种，土地税制改革应尽早列入税制改革的议事日程，这对地方财政关系重大。

(2)在税收体系中，按土地用途分为农业土地税收和城镇土地税收。根据这两种土地用途的经济效益、功能及在国民经济中的地位，在土地税收方面区别对待，特别是要利用土地税促进农业生产的发展，妥协解决“三农”问题。

(3)在农地税收中设立农地占用税，有利于保护农地，避免农地被盲目占用。这种税收相当于耕地占用税。但农地较耕地的概念更广，它应该包括凡是用于农业生产的土地，只要农地转变成城镇或工业用地，就应缴纳这种税。就农地而言，分为菜地、一般耕地、果园、林业用地、草地和养殖用地等，应根据改造这些用地的难易程度制定不同的税率。这种税收可作为地方税，主要用于农田基本建设或农业土地整理等。此外，随着我国的对外开放，部分农产品市场的萎靡必将带来大量农地撂荒现象，因此，在农用地税收中，可考虑增设荒地税，对抛荒农地 1 年以上的行为开征，旨在制约农地尤其是耕地的闲置浪费现象的发生，以促进农地资源的有效利用。

(4)随着经济社会的发展和城市化进程的加快，城镇在社会经济生活中越来越重要。城镇地价越来越高，土地收益越来越多。因此，城镇土地税收应逐步适当增加。

城镇土地税收应当从土地持有、土地转移及土地使用方面来设立税种。具体来讲，对土地持有应开征地价税。这种税应当成为今后城镇土地税收的重要税种，这将对土地占有起到较大的调节作用。随着城镇经济的发展和个人持有不动产的增加，这种税收提供的财政收入会越来越多。为了促进土地资源的合理利用，减少土地的浪费，我国应借鉴国外的经验，对城镇土地的使用，应考虑设空地税。这是对城镇内的空地或利用效益较差的土地使用者的一种惩罚税，以促进城镇土地利用效率的提高。

三、我国土地税收改革的配套措施

(1)土地税制改革必须与土地使用制度改革密切联系起来。土地税制改革只有与深化土地使用制度改革、加强土地法制建设、规范土地市场、健全地籍档案以及加强土地估价等密切联系起来,才能建立起土地利用的激烈约束机制,强化土地管理的经济手段,保证"十分珍惜、合理利用土地和切实保护耕地"的基本国策得以实现。

(2)土地税制改革要同其他税种及税法相适应。通过改革,确定新的土地税制,把土地税收作为加强土地管理的重要经济手段和政府的重要财政收入来源,将土地使用权的拥有作为一种资产,对私人占有财产的税收与其他税收一起进行适当的改革配套,以适应新的形势需要。

(3)土地税制改革要同国有企业改革相适应。作为生产资料之一的土地资产,如果列入企业生产经营成本,不仅有利于控制企业的建设征地面积,而且可使一些效益较差的企业和污染性企业尽快搬出城市繁华区,以优化土地资源配置,加强环境保护。

(4)土地税制改革必须与经济体制改革同步进行。实现现行土地税制向以土地收益分配为核心的土地税收体系的转轨,必然要触及国民经济管理体制的各个方面。建立新的土地税收体系,必须以现行经济体制改革为基础,只有这样,才能保证新的土地税制体系的建立,有助于促进整个经济全面、协调、健康发展。

复习思考题

1. 阐述土地税的概念及特征。
2. 阐述土地税类型。

参考文献

[1] 刘佐. 中国房地产税收[M]. 北京:中国财经经济出版社,2006.
[2] 王克强,王洪卫,刘红梅. 土地经济学[M]. 上海:上海财经大学,2005.
[3] 王霞,尤建新. 城市土地经济学[M]. 上海:复旦大学出版社,2004.
[4] 毕宝德. 土地经济学. 6 版 [M]. 北京:中国人民大学出版社,2010.
[5] 周诚. 土地经济学原理[M]. 北京:商务印书馆,2003.
[6] 曲福田,等. 经济发展与土地可持续利用[M]. 北京:人民出版社,2001.
[7] 曲福田. 土地经济学[M]. 北京:中国农业出版社,2011.
[8] 谢文惠,等. 城市经济学[M]. 北京:清华大学出版社,1996.
[9] 林英彦. 土地经济学通论. 5 版[M]. 台北:文笙书局,1999.
[10] 雷利 · 巴洛维. 土地资源经济学[M]. 北京:北京农业大学出版社,1989.
[11] 谢经荣. 房地产金融. 3 版[M]. 北京:中国人民大学出版社,2012.
[12] 刘维新,谢经荣. 中国土地租税费体系研究[M]. 北京:中国大地出版社,1994.
[13] 许明. 房地产税收政策深度解析[M]. 北京:中国市场出版社,2013.

第二十一章

土地督察

2006年7月，国务院办公厅发布《国务院办公厅关于建立国家土地督察制度有关问题的通知》(〔2006〕50号文件)，标志我国土地督察制度正式诞生。本章介绍了土地督察制度产生的背景，阐述了土地督察及其特征及实施效果，并建立博弈模型分析和讨论土地督察制度，并提出其改进方向。

第一节 土地督察及其经济学内涵

改革开放以来，随着经济高速发展和城市化进程加快，土地问题愈加突出，政府主导的土地违法严重。为加强对地方政府的土地利用和管理的控制，遏制当前严重的政府主导的土地违法，我国实施了土地督察制度。

一、土地督察制度产生的背景

1. 伴随经济高速发展，耕地保护压力不断增加，人地矛盾加剧

改革开放以来，随着经济高速发展和城市化进程加快，城市用地不断向外扩张，耕地丧失和城市加剧扩张已经成为关注的焦点。统计资料显示，1996年末我国耕地面积为1 300 392 km^2，2000年末耕地面积为128 2431 km^2，至2004年末耕地面积减少为1 224 443 km^2，八年共减少耕地75 949 km^2，平均每年减少94 936 km^2。究其原因，1996—2004年，生态退耕导致耕地减少63 084 km^2，建设用地占用耕地13 103 $km^2$①。2004年以后，生态退耕规模已大幅减小，建设用地占用耕地逐步成为耕地减少的主因。陈锡文指出，中国农业发展最大的挑战来源于土地和水资源短缺的问题，尤其是耕地流失现象应该引起高度重视②。

耕地快速减少的同时，我国人口不断增长，人地矛盾日益突出。1996年，我国人口为12.23亿，2000年人口为12.67亿，2004年达到13.00亿，人均耕地呈现持续减少态势。1996年，我国人均耕地为1.59亩，2000年减少为1.51亩，2004年减少为1.41亩，2005年度全国土地利用变更调查结果显示，截至2005年10月31日，全国耕地面积18.31亿亩，人均耕地面积由2004年的1.41亩降到1.40亩，其减少呈加速趋势。按照规划目标，“十一

---

① 数据来源：《中国农业发展报告2005》。

② 参见《第一财经日报》，2006年7月3日。

五”期间全国要保证18亿亩耕地保有量，未来5年全国只有3 100万亩可减耕地，而过去5年间，这个数字却是9 240万亩[①]。随着工业化和城市化进程推进和人口持续增加，我国人地矛盾将更加尖锐。

2.当前土地问题突出，土地违法严重

温家宝总理在十届全国人大四次会议上做政府工作报告强调，要坚持最严格的土地管理制度，但土地问题突出，土地违法严重。首先，建设用地增加过快，兴建开发区盲目圈地。改革开放20多年来，我国已经出现了三次较大规模的“圈地热”，尽管在治理整顿期间，全国撤销了7成开发区、面积核减了6成多，但截止到2004年6月，全国仍有各类开发区6 866个，规划用地面积3.86万km^2，而同期全国城市、建制镇现状用地总和仅有3.15万km^2。[②] 其次，土地征收问题突出，农村土地纠纷层出不穷。据农业部信访处粗略统计，近两年农民来访主要涉及征地问题。再次，土地违法严重。

我国土地违法有以下特点：一是土地违法案件数量减少，涉案耕地面积快速增加，土地违法朝大宗土地非法流转趋势发展（表21-1）。二是土地违法方式呈现多样化，并多与地方政府相关，违法的主要类型是主要是未经批准非法占地进行非农建设。目前，土地违法方式多样，有先用后批、边用边批、批少用多、“以租代征”等方式。国土资源部相关负责人指出，严重的土地违法问题几乎都与地方政府有关，中央政令在一些地方难以贯彻落实，有令不行、有禁不止在土地问题上比较明显[③]。三是土地违法东、中、西部并举，西部地区土地违法的发案数量和涉案土地面积逐渐几乎将与中部地区持平[④]，正在向东部经济发达地区“看齐”（表21-2），这表明，随着我国产业结构调整和产业转移，违法土地流转也随之转移。

表21-1　2000—2005年本年发生的土地违法案件统计[⑤]

项目	年份						
	1999年	2000年	2001年	2002年	2003年	2004年	2005年
违法案件总数	90 501	104 320	104 320	94 498	103 856	77 908	81 784
涉案面积/hm^2	17 809.44	22 647.5	22 647.5	19 898.33	35 761.85	36 468.18	32 355.46
涉案耕地面积/hm^2	5 481.78	5 843.22	5 843.22	9 587.06	17 770.6	19 262.59	13 805.37

表21-2　2000—2005年东部、中部和西部本年发生的土地违法统计[⑥]

项目	地区	1999年	2000年	2001年	2002年	2003年	2004年	2005年
违法案件数	东部	28 313	40 369	21 756	24 772	43 984	28 313	20 332
	中部	38 843	15 303	8 541	10 684	11 814	38 843	4 256
	西部	23 345	28 080	14 346	6 186	19 000	23 345	5 351

① 参见《中国国土资源报》，2006年6月18日

② 董黎明：“城市土地问题与土地集约利用”，《中国土地》，2005(8)

③ 资料来自2006年6月7日《经济参考报》

④ 对文中东、中、西部作如下划分：东部沿海地带，包括北京、天津、河北、辽宁、山东、上海、江苏、浙江、福建、广东、广西等11省市区（香港、澳门、台湾暂未包括在内）；中部地带，包括安徽、江西、吉林、黑龙江、河南、湖南、湖北、山西、内蒙古等9省区；西部地带，包括四川、重庆、贵州、云南、西藏、陕西、甘肃、青海、宁夏、新疆等10省市

⑤ 数据来自中国资讯行数据库（http://www.bjinfobank.com/）中《中国国土资源统计年鉴》

⑥ 数据来源于《中国国土资源年鉴》

续表 21-2

项目	地区	1999 年	2000 年	2001 年	2002 年	2003 年	2004 年	2005 年
涉案土地面积/hm^2	东部	4 588.06	4 561.99	4 964.92	9 067.83	21 146.78	4 588.06	14 499.67
	中部	5 836.44	1 876.31	1 705.96	1 266.08	5 805.81	5 836.44	2 806.31
	西部	7 384.94	2 601.43	865.67	1 222.66	5 659.49	7 384.94	2 531.38
涉案耕地面积/hm^2	东部	2 116.77	1 629.74	2 137.78	4 363.16	11 295.69	2 116.77	9 694.84
	中部	2 009.29	544.23	584.75	448.36	2 056.51	2 009.29	1 463.63
	西部	1 355.72	1 089.16	509.12	215.53	2 152.4	1 355.72	929.94

3.土地垂直管理体制需要配套的权利监督

2004 年之前，我国土地管理实行属地制，2004 年，国土资源管理体制进行改革，实行省级以下土地“垂直管理”，主要是指省级以下基层土地部门的用地审批权和领导干部的人事权由地方党委管理为主，改为由上级国土部门管理为主；省到中央并不垂直管理[①]。土地垂直管理的实施，使得省级土地管理权缺乏制约。孟德斯鸠在《论法的精神》中说：“一切有权力的人都容易滥用权力，这是万古不易的一条经验。……要防止滥用权力，就必须以权力制约权力。”因此，通过土地督察权来制约省级土地管理权极为必要，并成为深化土地垂直管理体制改革的配套制度设置。

综上所述，我国当前城市化工业化快速发展时期，土地违法表现发案数量多，涉案规模大，地方政府“主导”的违规农地城市流转突出，加大了耕地资源保护压力，并造成人地关系、人与环境、人与社会关系紧张，影响了社会安定团结和可持续发展。土地是国家可调控的最重要资源，不仅要依靠其解决我国居民的吃饭问题，还作为“地根”参与国家宏观调控。土地作为宏观调控手段之一，必须首先解决好自身存在的问题，才能更好发挥调控作用。因此，针对经济高速发展过程中的土地问题，必须加强管理和控制。

二、土地督察制度的形成、内容及意义

为全面落实科学发展观，适应构建社会主义和谐社会和全面建设小康社会的要求，切实加强土地管理工作，完善土地执法监察体系，根据《国务院关于深化改革严格土地管理的决定》(国发〔2004〕28 号)[②]，我国于 2006 年建立国家土地督察制度。建立国家土地督察制度有利于加强土地监管，落实最严格的土地管理制度。

(一)土地督察制度的形成过程

回顾国家土地督察制度从酝酿、提出到形成的历程，经历了 10 余年的时间，大体可以分

① 喻峰：“土地调控亟待土地垂直管理体制进一步完善”，国土资源部网站(http://www.mlr.gov.cn/pub/gtzyb/tuditiaokong/zjgd/t20061016_76820.htm.)

② 参见国土资源部网站，网址为 http://www.mlr.gov.cn/zt/tudiducha/flfg/200706/t20070629_81487.html

为两个阶段①。

1.第一阶段:酝酿提出阶段(1994—1998年)

早在1994年,原国家土地管理局为适应机构改革,加强土地监察工作的需要,专门召开了土地监察体制改革会议,确定了土地监察体制改革的基本思路:一是监察机构实行垂直管理;二是监察机构提高规格;三是设立监察队伍作为辅助力量。但是在执法实践中发现,土地违法主体除了公民、法人之外,地方政府也成为违法主体之一。因此,必须建立一个能够解决地方政府违法问题的监督检查机制。按照1986年《土地管理法》的规定,原国家土地管理局作为国务院的一个部门,并没有执法监察权。为此,经研究并借鉴了国外国家设立土地监察长制度的经验,提出了建立国家土地总监制度的设想。1995年,原国家土地管理局正式向中央编办提出了建立国家土地总监制度的报告。从此,开始了对建立国家土地督察制度的酝酿研究工作。1996年,针对当时耕地保护的严峻形势,在全国组织开展了耕地保护工作的调查研究,在此过程中,中央统战部和原国家土地管理局组织民主党派领导人开展了土地管理视察和调研活动,也提出了需要建立一个有效解决地方政府土地违法机制的设想,形成了较一致的社会共识。但是,1998年修订的《土地管理法》明确了国务院土地行政主管部门具有土地执法监察权。1998年国土资源部组建时,再次提出了设立国家土地总监的问题,但当时考虑到新组建的部有一个转变职能、重新定位的问题,因此暂缓了设立土地督察制度。

2.第二阶段:设计与实施阶段(2003年至现在)

2003年,在全国开展了以清理开发区为重点的土地市场治理整顿,发现主要是地方政府大量圈占土地兴办开发区,以低地价甚至零地价招商引资,成为重要的违法主体。为此,我国政府调整省以下国土资源领导干部管理体制,实行垂直管理体制。与此同时,国土资源部开展了建立国家土地督察制度的研究和设计。2004年8月,曾培炎副总理在听取国土资源部关于土地市场治理整顿阶段性检查验收和土地管理制度建设情况的汇报时,明确提出:"要加强中央对省级和省以下土地管理和利用情况的监督。进一步健全国土资源执法监察体制问题,是加强土地管理制度建设的一个重要方面,请中编办进一步研究。国土资源部要向中编办进一步汇报,争取在完善土地管理制度的时候有个结果。"2004年10月下发的国务院28号文件明确提出了"完善土地执法监察体制,建立国家土地督察制度,设立国家土地总督察,向地方派驻土地督察专员,监督土地执法行为"的要求,并将其作为加强土地调控、管住土地闸门的重要手段,这标志国家土地督察制度已经确立,具体的方案设计工作开始起步。

2005年12月9日,按照国务院领导的批示要求,中央编办和国土资源部联合召开征求意见会议,专门征求了14个省、直辖市和计划单列市人民政府的意见。各地表示一致赞成,并提出了个别具体修改意见。2006年4月12日国务院第131次常务会议和4月26日国务院第134次常务会议两次对《国务院办公厅关于建立国家土地督察制度有关问题的通知(代拟稿)》进行了审议并通过。2006年5月25日,中央政治局常委会原则通过代拟稿。2006年7月17日,《国务院办公厅关于建立国家土地督察制度有关问题通知》(国办发〔2006〕50

① 关于土地督察制度的形成,主要参考甘藏春副总督察在国家土地督察机构负责人培训研讨班上的讲话,题为《在实践中不断堆进国家土地督察料度的实施和完善》

号)印发。2006 年 9 月 13 日,中央编办印发《关于国家土地督察机构行政编制的批复》(中央编办复字〔2006〕121 号),批准国家土地总督察办公室及 9 个国家土地督察局的具体编制方案,国家土地督察制度正式建立。

国家土地督察制度的建立,从酝酿、提出,到形成、实施,经历了一个较长的过程。它是我国在市场经济条件下探索解决中央与地方关系的改革实验,是行政管理体制改革的一部分,也是建立世界上最严格土地管理制度的重要内容。建立国家土地督察制度,是党中央、国务院为了加强土地管理,实行世界上最严格土地管理制度,慎重做出的一个重大决策。

(二)土地督察制度的内容

1.设立国家土地总督察及其办公室

国务院授权国土资源部代表国务院对各省、自治区、直辖市,以及计划单列市人民政府土地利用和管理情况进行监督检查。

设立国家土地总督察 1 名,由国土资源部部长兼任;兼职副总督察 1 名,由国土资源部 1 名副部长兼任;专职副总督察(副部长级)1 名。国家土地总督察、副总督察负责组织实施国家土地督察制度。

在国土资源部设立国家土地总督察办公室(正局级)。主要职责是:拟定并组织实施国家土地督察工作的具体办法和管理制度;协调国家土地督察局工作人员的派驻工作;指导和监督检查国家土地督察局的工作;协助国土资源部人事部门考核和管理国家土地督察局工作人员;负责与国家土地督察局的日常联系、情况沟通和信息反馈工作。

2.向地方派驻国家土地督察局

由国土资源部向地方派驻 9 个国家土地督察局,分别是:国家土地督察北京局,督察范围为:北京市、天津市、河北省、山西省、内蒙古自治区;国家土地督察沈阳局,督察范围为:辽宁省、吉林省、黑龙江省及大连市;国家土地督察上海局,督察范围为:上海市、浙江省、福建省及宁波市、厦门市;国家土地督察南京局,督察范围为:江苏省、安徽省、江西省;国家土地督察济南局,督察范围为:山东省、河南省及青岛市;国家土地督察广州局,督察范围为:广东省、广西壮族自治区、海南省及深圳市;国家土地督察武汉局,督察范围为:湖北省、湖南省、贵州省;国家土地督察成都局,督察范围为:重庆市、四川省、云南省、西藏自治区;国家土地督察西安局,督察范围为:陕西省、甘肃省、青海省、宁夏回族自治区、新疆维吾尔自治区、新疆生产建设兵团。

派驻地方的国家土地督察局为正局级,每个国家土地督察局设局长 1 名、副局长 2 名和国家土地督察专员(司局级)若干名。根据工作需要,国家土地督察局可以适时向其督察范围内的有关省、自治区、直辖市及计划单列市派出国家土地督察专员和工作人员进行巡视与督察。

派驻地方的国家土地督察局,代表国家土地总督察履行监督检查职责。主要职责是:监督检查省级以及计划单列市人民政府耕地保护责任目标的落实情况;监督省级以及计划单列市人民政府土地执法情况,核查土地利用和管理中的合法性和真实性,监督检查土地管理审批事项和土地管理法定职责履行情况;监督检查省级以及计划单列市人民政府贯彻中央关于运用土地政策参与宏观调控要求情况;开展土地管理的调查研究,提出加强土地管理的政策建议;承办国土资源部及国家土地总督察交办的其他事项。

依照法律规定由国务院审批的农用地转用和土地征收事项，省级人民政府在报国务院时，应将上报文件同时抄送派驻地区的国家土地督察局。派驻地区的国家土地督察局发现有违法违规问题的，应及时向国家土地总督察报告。依照法律规定由省级和计划单列市人民政府审批的农用地转用和土地征收事项，应及时将批准文件抄送派驻地区的国家土地督察局。派驻地区的国家土地督察局发现有违法违规问题的，应在30个工作日内提出纠正意见。

对监督检查中发现的问题，派驻地区的国家土地督察局应及时向其督察范围内的相关省级和计划单列市人民政府提出整改意见。对整改不力的，由国家土地总督察依照有关规定责令限期整改。整改期间，暂停被责令限期整改地区的农用地转用和土地征收的受理和审批。整改工作由省级和计划单列市人民政府组织实施。结束对该地区整改，由派驻地区的国家土地督察局审核后，报国家土地总督察批准。

3. 人员编制

国家土地督察行政编制360名，其中，副部长级（国家土地专职副总督察）领导职数1名，司局级领导职数67名。国家土地督察行政编制在国土资源部机关行政编制总额外单列。

4. 其他事项规定

(1)要严格国家土地督察局及其工作人员的管理，建立健全各项规章制度，防止失职、渎职和其他违纪行为。国家土地督察局的人员实行异地任职，定期交流。国家土地督察局不认真履行职责、监督检查不力的，应承担相应责任。

(2)派驻地区的国家土地督察局负责对其督察范围内地方人民政府土地利用和管理情况进行监督检查，不改变、不取代地方人民政府及其土地主管部门的行政许可、行政处罚等管理职权。

(3)派驻地区的国家土地督察局履行监督检查职责，不直接查处案件。对发现的土地利用和管理中的违法违规问题，由国家土地总督察按照有关规定通报监察部等部门依法处理。

(4)国家土地督察局所需经费列入中央财政预算，按照国家有关规定进行管理。

三、土地督察制度实施的经济学内涵

从制度经济学理论相关理论来看，土地督察制度是一种政府主导型的强制性制度变迁。由于我国土地供给为政府垄断，因此这种制度安排在一定程度上缓解了土地资源配置的委托—代理问题。

《中华人民共和国宪法》第九条第一款规定："矿藏、水流、森林、山岭、草原、荒地、滩涂等自然资源，都属于国家所有，即全民所有；由法律规定属于集体所有的森林和山岭、草原、荒地、滩涂除外。"第十条第一款规定："城市的土地属于国家所有。"第二款规定："农村和城市郊区的土地，除由法律规定属于国家所有的以外，属于集体所有；宅基地和自留地、自留山，也属于集体所有。"显然我国土地实行公有制。

从法权形式的表层看，土地公有产权是由合法成员同等享有占有、使用、收益和处分权。我国土地产权公有制可以进一步分解为三重含义：①土地产权主体不是一个人，而是由多人组成；②土地公有产权是多位合法成员对一定范围土地的拥有，而不是他们对土地不同部分的分享；③合法成员间土地财产权利的等同和无差异。

公产主体需要有一个能够表示其公共意志的现实机构。全体公产成员参加的民主合议制度符合劳动主权与决策平等的要求，但这种决策机制的运行成本相当高。为将决策成本降低到经济上可行的水平，人们不得不缩小集体决策的范围，寻找公产主体的代理人来承担其财产管理等职能①。于是就产生了委托代理制度。

对于城市土地，一般而言其所有者为代表全体中国公民的国家所有，农村土地由农村集体经济组织所有，国家和集体经济组织成为我国土地经营、使用和管理的委托者，而城市土地所在的政府，以及集体经济组织所在的政府和村委会往往成为我国土地实际的管理和经营者，成为国家和农村集体经济组织委托的土地管理经营代理人。由于委托者和代理者之间利益不一致、信息不对称、责任不对等以及契约不完备等原因，委托—代理问题难以避免，即地方政府或者村集体等代理者，并未按照委托者即国家(实际上是国务院)的委托合约来经营和管理土地，甚至违法使用土地，以求得自身利益最大化；而土地委托合约，则是指有关土地使用的相关法律、规章和制度。

在行政发展过程中，委托—代理问题不仅存在着，而且在一定意义上还会形成如罗伯特·米歇尔斯分析的代理人控制委托人的“寡头铁律”②；组织权威为领导人控制组织的大部分资源提供了合法机遇，并促成了“寡头铁律”的形成(江美塘，2004)。消解行政组织中存在的委托—代理问题也同组织手段、制度方法等存有密切关联，所以从制度及其变迁角度着手考虑行政监督的具体实施，就非常关键。建立土地督察制度，正是为了督促委托—代理合约顺利实现，以达到委托者之管理控制目的，从而消解部分的土地管理利用的委托—代理问题。

进一步探讨土地管理的委托—代理问题与土地督察的关系。

首先，关于土地管理的委托者和代理者土地利用目标偏差。对于土地管理的委托者比如中央政府而言，希望其管辖的土地资源能得到合理利用，达到效益优化；代理者如地方政府，同样希望其辖区内土地资源利用能达到效益优化；尽管两者都期望土地利用的效益优化，但其效益优化的内涵并不相同。中央政府居于全国土地利用的大局考虑，期望全国土地利用在整体上经济效益、生态效益和社会效益能达到优化；而地方政府则在自身发展的目标的指引下来配置土地资源，以达到区域土地利用的效益优化，特别是在当前，地方政府多热衷于发展地方经济，增加土地财政，因此土地需求强烈。在合法的用地指标有限的情况下，必然导致违规违法用地。

其次，关于委托者对于代理者的激励与约束。由于委托者和代理者土地利用目标存在偏差，因此必须激励与约束代理者。对于地方政府，如其严格按照中央政府制定的各种法律、规章、政策和制度实施土地管理和利用行为，则给予一定的奖励以产生正向激励，反之则给予一定的惩罚；委托者给予代理者的约束，主要体现在中央政府制定的各种土地利用与管理的各种规章制度，这些规章制度体现了委托者的效益目标，并形成事实上的带有强制性的委托—代理合同。

---

① 段文斌：《产权、制度变迁与经济发展——新制度经济学前沿专题》，天津：南开大学出版社，2003

② “寡头铁律”认为：“正是组织使当选者获得了对于选民、被委托者对于委托者、代表对于被代表者的统治地位。组织处处意味着寡头统治。”寡头统治是任何试图实现集体行动的组织的必然结果，是任何有着良好愿望的人们无法改变的“铁律”。(罗伯特·米歇尔斯：《寡头统治铁律：现代民主制度中的政党社会学》，天津：天津人民出版社，2003)

再次，关于土地督察制度与土地管理的委托—代理。目前在中央政府土地管理的各种严格的规章制度约束下，地方政府的违规违法用地行为并没有大幅减少，中央政府的土地利用管控形势严峻，其主要原因不在于制度供给不足，而在于制度执行不足。设立土地督察制度，实际上是加强了委托—代理合约的实施监督，以保障中央政府土地利用与管理目标的实现。在这种制度安排下，中央政府通过土地督察，强化对地方政府的约束行为，以达到自身管理目标，地方政府则通过执行土地管理的委托—代理合约，获得中央政府的利益激励。

总而言之，土地督察制度是一种政府主导型的强制性制度变迁，这种制度安排在一定程度上强化了中央和地方土地管理与利用的委托—代理合约的实施，从而缓解了土地管理利用的委托—代理问题，以促使中央政府管理目标的实现。

第二节　土地督察特征及其效果

监督是一个综合的动态过程，是一种特殊的管理活动，是在社会分工和共同劳动条件下产生的一种管理职能，是人们为达到某种目标而对社会运行过程——体现为各种具体活动——实行的检查审核，监察督导和防范促进活动[①]。一般认为，行政监督是指具有法定监督权的主体依照法律规定，对国家行政机关及国家公务员是否合法、合理地行使行政职权所实施的督察、纠偏等活动。土地督察是一种行政监督行为，是指土地督察部门依照有关法律法规，代表国务院对各省、自治区、直辖市，以及计划单列市人民政府土地利用和管理情况进行监督检查的行为。

一、土地督察制度的特征

土地督察制度不同于其他行政监督制度，具有以下特征。

1.土地督察是由国务院直接授权的专门性的特殊行政监督

从我国各类行政监督来看，土地督察是以国务院直接授权的专门性行政监督。按照宪法及有关法律规定，国务院各部、各委员会可以根据法律和国务院颁发的行政法规以及决定、命令，在本部门的职权范围内，发布命令、指示和规章。国家土地督察局隶属国土资源部，并接受国务院授权，对省、自治区、直辖市和计划单列市的人民政府的土地利用和土地管理行使行政监督的责任和权力，因此土地督察是一种专门针对土地利用和管理的行政监督。另外，不同于国家环保总局的环保督查和建设部的规划督察，土地督察并非代表国土资源部而是代表国务院行使监督权，具有特殊性[②]。按照《通知》规定，其特殊体现在两方面：一是土地督察由中央直属，地方土地督察局由中央派驻，土地督察所需经费列入中央财政预算，从组织和经费上减少地方政府约束和干预，确保土地督察的独立性；二是土地督察独立于中央各部委，直接对国务院负责。国家土地督察局虽然隶属国土资源部，但却只对国务院负责。

---

① 马怀平、项俊波、赵耿等：《监督学概论》，北京：中国财政经济出版社，1990

② 编辑部："督察 以国家的名义"，《中国土地》，2007(7)：1

2.土地督察对象是省、自治区、直辖市和计划单列市人民政府

按照《通知》规定，土地督察对象是省、自治区、直辖市和计划单列市人民政府。

2004年国土资源垂直管理改革就是要加强上级土地管理部门对下级土地管理部门的业务领导，并加强省一级人民政府对县、市级政府土地利用、管理行为的制约，2006年土地督察制度的建立则是要加强对省级政府的制约①。土地督察敦促省、自治区、直辖市和计划单列市人民政府贯彻执行土地管理的相关法律法规、政策，控制地方政府的土地管理行为。目前，土地管理中存在的主要问题是地方政府的政策制度执行问题，政府“主导”的土地违法屡禁不止。2005年国土资源部开展执法检查发现，2003年10月到2004年9月，全国15个城市70多个区县违法用地宗数和面积数分别占新增建设用地宗数和面积数的63.8%和52.8%，有些地方高达80%和70%，有的甚至在90%以上②。因此，要扭转当前土地违法数多量大的局面，控制政府行为是实现有效土地管理的最关键措施。通过加强对地方政府管理和监督，督促地方政府执行土地管理法规，以促进我国土地管理状况的根本好转。

3.土地督察的主要内容是监督检查地方政府的土地利用和管理情况

从内容上看，土地督察主要是对省、自治区、直辖市和计划单列市人民政府以下土地利用和管理行为进行监督：一是耕地保护责任目标落实；二是土地执法；三是贯彻落实参与宏观调控的土地政策。另外，土地督察还应开展土地管理的调查研究。从权力配置看，土地督察仅享有监督权，不享有执法权，不分享地方政府法定土地管理权。派驻地区的国家土地督察局履行监督检查职责，不直接查处案件。

土地督察制度的确立是我国土地管理制度的重大变革，调整了中央与地方的土地管理权力分配，改变了地方独掌土地管理、利用大权的情况。这对加强耕地保护，打击土地违法，严格我国土地管理和增强土地参与宏观调控效果具有重大意义。

二、土地督察的效果

从2006年到2007年，国家土地督察制度进展顺利，开局良好。一是对耕地保护目标责任制的落实情况进行了重点督察，针对责任目标不完善、责任主体不明确、责任制度不健全、考核措施不落实等问题提出了督察建议。二是针对“以租代征”、擅自调整规划、违法占用基本农田、未批先用等土地违法违规突出问题开展了专项督察。三是开展了调查研究③。2007年下半年开展了全国土地执法百日行动，共查出“以租代征”、擅自设区扩区、未批先用三类违规违法案件3.1万多件，涉及土地330多万亩；查处纠正了违规违法用地行为；遴选出山西省晋城市等107个土地执法先进典型；圈定了重点整改地区和典型案件；开展了土地执法长效机制的探索。本次百日执法行动以国家土地督察总局负责人牵头领导，地方土地督察局对专项行动、专项清理、专项治理和百日行动的全过程督察，取得了较好效果。总的来看，土地督察制度实施以来，对严格耕地保护、遏制土地违法等起到了积极作用，成效显著。

① 胡平仁、鞠成伟：“论土地督察制度与土地管理模式改革”，《行政法学研究》，2007(2)

② 见新华网消息，网址 http://news.xinhuanet.com/house/2006-06/07/content_4656055.htm

③ 引自“国家土地总督察徐绍史的讲话”，载：张传玖：“土地督察一年间”，《中国土地》，2007(7)

从理论上看，土地督察制度的建立其控制土地违法的效果到底如何？孤立地看，监督会降低决策效率；但是，决策的价值不在效率，而在正确。在决策上不应单纯追求效率，只有通过有效监督下的稳妥决策，才能产生执行的顺利和高效率，从而产生社会的高效率①。

根据相关法律，从土地管理机构设置来看，在设立土地督查制度以前，地方土地管理部门受上级土地管理部门和地方政府的共同领导；而设立土地督察制度以后，土地管理部门业务上主要受上级国土部门领导，省、自治区、直辖市和计划单列市土地管理和利用情况直接受土地督察部门监督。前后组织结构变化可用图 21-1 表示。

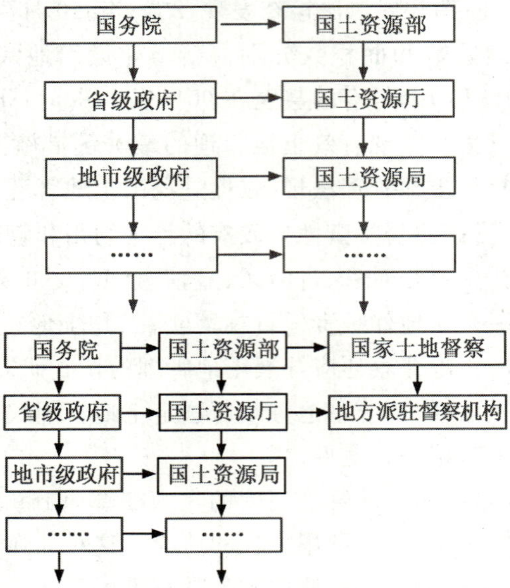

图 21-1　设立督察制度前后我国土地管理组织结构简图

土地违法控制是中央和地方国土资源管理部门的一项重要管理内容，而管理的效果受管理权力组织框架的直接影响。以往，地方国土资源部门既是制定土地利用的计划部门，也是负责执行土地利用和监督的公共权力机构。作为“运动员”和“裁判员”双重身份的国土资源管理部门，很难对土地违法有效控制。新近运行的土地督察制度，包含了对土地违法的管理控制。从控制理论来看，土地督察制度是将土地违法控制由开环控制转向闭环控制的一个反馈控制环节。

从控制论相关理论来看，具有反馈控制的闭环控制组织稳定性要优于开环控制；其次，闭环控制对扰动控制要优于开环控制；从输出效率来看，开环控制要优于闭环控制，但从输出效果来看，闭环控制要优于开环控制。土地督察制度是土地利用监督权力的分化，对农地城市流转的管控系统是有力的制度保障，并形成了农地城市流转管控方式的差异：开环控制方式与闭环控制方式。根据土地管理组织结构和控制理论，可得到以下启示。

第一，对于缺少督察的开环控制来说，系统本身不能对扰动进行控制，并缺乏对扰动行为的有效监督，仅仅依靠上级部门的指令约束和本地国土资源管理部门，不能形成土地对违法有效管控。运行土地督察制度对控制地方政府的“违法批地、以租代征、随意调规”等政策

① 李小沧：《中国的行政监督》，天津：天津人民出版社，1999

扰动行为的管控更加有效，因此，理论上设立土地制度有利于遏制土地违法。

第二，从效率来看，设立土地督察制度并不一定能够能使得土地违法控制效率提高。在设立土地督察制度后，从获得土地违法信息到最终查处，增加了一个土地督察的检查监督反馈控制环节，从理论上看不一定能够提高效率。

第三，应保证土地督察工作的独立性和制约性。其一，土地督察应加强自身建设，保证其工作的独立性。目前，土地督察是一项新的权力配置，容易遭受寻租活动干扰，弱化反馈控制作用，其结果是除了导致行政成本增加外，对土地流转调控影响甚微。其二，应保证土地督察部门受到权力制约。直接由国务院授权的土地督察应有针对性强的监察机构对其进行权力监督，以免土地督察权扩张造成督察效能低下，并滋生贪污腐败等设租行为。

第三节　土地督察的博弈分析及制度改进

土地督察制度的建立形成了“政府自我克制”的土地管理模式，是我国土地管理制度的重大完善[①]。土地督察目标能否实现，主要的是取决于主要利益相关者的社会博弈。对于土地督察制度而言，主要博弈方为地方政府和土地督察机构。因此，为进一步分析和研究土地督察制度，运用博弈分析方法对督察机构与地方政府之间的博弈过程进行考察，为理解中央与地方土地利用和管理关系提供观察视角和理论框架，并提出完善土地督察制度的政策措施。

一、土地督察机构与地方政府的博弈模型

(一)基本假设与前提

(1)参与人。本模型假定主要参与人为土地督察机构(用 1 表示)与地方政府(用 2 表示)。土地督察机构主要为国家土地督察总局和地方派出机构；地方政府主要是指省、自治区、直辖市和计划单列市地方政府。在土地督察总局和其派出机构之间也存在委托——代理关系，本模型不予考虑。

(2)策略空间。土地督察机构的策略空间为督察(用 a 表示)与不督察(用 b 表示)，地方政府的策略空间为违法(用 x 表示)与不违法(用 y 表示)。

(3)结果。共有四种结果，即(督察，不违法)，(督察，违法)，(不督察，不违法)，(不督察，违法)。用字母表示为(a,y)，(a,x)，(b,y)，(b,x)。

(4)收益函数。土地督察部门若发现地方政府违法，可及时向其督察范围内的相关省级和计划单列市人民政府提出整改意见或责令限期整改，并获得中央政府土地管控目标纠偏收益，若不督察则其收益函数为 0。地方政府的目标函数可能包括区域内的经济发展速度、财政增收速度、政府在当地民众中的威信和官员个人晋升机会等。相比合法使用土地而言，假定地方政府采取“违法”行为且不受查处的情况下，可以获得更多的当期地方财政收入和

① 胡平仁、鞠成伟：“论土地督察制度与土地管理模式改革”，《行政法学研究》，2007(2)

更高的经济发展速度，提高地方政府在当地民众中的威信，增加官员个人的政治晋升资本；而一旦被督察机构查处，则有更大的收益损失。

(二)收益函数与收益矩阵

对于督察部门来说，假定不论地方政府是否违法，其督察成本都是一定的，但若其督察地方政府存在违法行为，则督察单位将获得上级奖励。在此假设下，督察机构的收益函数为

$\pi_1(a,y)=-C$

$\pi_1(a,x)=P-C$

$\pi_1(b,y)=0$

$\pi_1(b,x)=0$

其中，C 为督察成本，P 为查处土地违法的督察奖励收益。

对于地方政府来说，假定无论督察与否，只要其不违法，其收益函数相等；而在违法状态下，被督察的收益要小于未被督察的收益。其收益函数为

$\pi_2(a,y)=B$

$\pi_2(a,x)=A+B-F$

$\pi_2(b,y)=B$

$\pi_2(b,x)=A+B$

其中，B 表示地方政府的土地正常收益，F 表示违法用地的督察损失收益，A 表示违法用地的额外收益。

根据收益函数，列出两者的收益矩阵，见表 21-3。

表 21-3 土地督察机构与地方政府博弈的收益矩阵

收益		督察机构	
		督察	不督察
地方政府	违法	$(A+B-F,P-C)$	$(A+B,0)$
	不违法	$(B,-C)$	$(B,0)$

(三)博弈模型分析

土地督察部分如果总是选择督察策略其效益总是负的，即 $P<C$，且督察成本由自身承担，则督察部门若从“经济人”角度考虑，将缺少督察的收益激励。如果地方政府观察到土管督察部门对非法用地督察缺乏“动力”，将大大激励地方政府违法用地。

如若违法用地的收益总是大于合法用地，即违法用地处罚小于违法用地的额外收益$(A>F)$，则无论督察部门怎么进行检查监督，土地使用者选择违法都是有利可图的，土地督察将无法起到控制违法用地的作用。

实际上，土地督察机构必须做到“违法必究”，因此假定土地督察机构的查处行为是随机行为，其查处概率为 α；另设地方政府违法用地的概率为 β。根据上述假定，求取混合策略的纳什均衡解。

对土地督察机构而言，其督察和不督察的期望收益函数分别为

$$E[\pi_1(a)]=\beta(P-C)+(1-\beta)(-C)$$
$$E[\pi_1(b)]=0$$

由 $E[\pi_1(a)]=E[\pi_1(b)]$,解得

$$\beta^* = C/P \tag{21-1}$$

同前文,C 为土地督察成本,P 为查处土地违法的督察奖励收益。

根据式(21-1),如果地方政府违法用地的概率小于 C/P,则在收益理性的前提下土地督察部门的最优策略是不予督察;如果违法用地的概率大于 C/P,土地督察部门的最优策略是给予督察。如果违法用地的概率等于 C/P,则土地督察部门可随机选择督察策略。

对地方政府而言,其违法和不违法用地的期望收益函数分别为

$$E[\pi_2(x)]=\alpha(A+B-F)+(1-\alpha)(A+B)$$
$$E[\pi_2(y)]=B$$

由 $E[\pi_2(x)]=E[\pi_2(y)]$,解得

$$\alpha^* = A/F \tag{21-2}$$

同前文,A 表示违法用地的额外收益,F 表示违法用地的督察损失收益。

根据式(21-2),如果土地督察部门的督察概率小于 A/F,地方政府的最优选择是违法用地,如果土地督察部门的查处概率大于 A/F,地方政府的最优选择是合法用地;督察概率等于 A/F,则地方政府可选择违法或不违法用地都将获得最优收益 B。

根据上述分析,地方政府与土地督察机构博弈的混合策略纳什均衡解为$(\alpha,\beta)=(A/F, C/P)$。这个解的含义可解释为,在均衡策略情况下,土地督察部门以 A/F 的概率查处土地违法,地方政府以 C/P 的概率违法用地。

(四)博弈模型结论

根据上述博弈模型,可得到以下结论。

首先,为减小地方政府违法用地概率 β,应加大对土地督察机构查处土地违法的奖励效益激励。根据式(21-1),加大查处土地违法的督察奖励收益即增加 P 值,将减小 β 值。特别地,为使 $\beta<1$,则必有督察成本要小于其督察收益。另外,减小土地督察成本,也可促进地方政府合法使用土地。

为增加土地督察机构查处力度 α,应加大地方政府违法使用土地的处罚 F,或者是降低地方政府违法用地的额外收益 A。特别地,为使 $\alpha<1$,则必有违法用地处罚要大于违法用地收益。

其次,当土地督察者以 A/F 的概率查处地方政府违法用地,地方政府以 C/P 的概率违法用地时,土地督察部门的督察收益为 0 而地方政府用地收益为 B。因此,当土地督察部门把握好自身的查处概率,通过动态博弈就可以降低地方政府的违法用地概率,并达到督察无收益,地方政府无论合法还是违法用地其收益均为 B 的一个均衡状态——与土地督察部门不督察地方政府合法用地的策略组合收益相同。

二、土地督察制度的改进

土地督察制度是一种强制性制度变迁，诞生时间不长，从理论上和实践上还有值得完善的地方。

首先，应完善土地督察机制。尽管土地督察的直接博弈者是代表中央政府的土地督察机构和相关地方政府，但实际上土地使用者、部分农民和农民集体都参与其中，因此可考虑让公民也参与土地督察博弈机制，即形成“中央—地方—公民”土地督察新模式。当前的土地督察制度实际上是中央政府监督地方政府，是行政体系内的自我监督；引入“公民”这一主体参与土地督察，有助于增强土地管理的效果，打击土地违法，是行政体系外的监督。具体而言，应充分发挥公众监督作用，不仅要监督地方政府的土地利用和管理行为，也要监督土地督察的管理行为，从而以民权制约行政权，促使土地督察制度更好运行。

其次，应加强土地督察机构的自身建设。第一，在当前督察范围大人员编制有限的情况下，应加强自身的组织、制度和技术建设，加大查处力度，以达到打击违法用地的目的。第二，土地督察机构本身并无直接约束，即土地督察权约束较软，易成寻租对象，从而可能导致贪污腐败行为，从而削弱土地督察功能。为加强土地督察制度建设，应对其自身督察行为主动进行信息披露，并接受公众甚至是人民代表大会监督，以形成对行政监督权的监督。

最后，要做好配套措施改革。土地督察机构只具备监督权，并不具备执法权，而打击违法用地落脚点在于土地执法。因此，要协调好土地督察与土地执法监察部门之间的关系，能够做到查处一起就能够处理一起，做到“执法必严、违法必究”，如果在现实中即使土地督察发现地方政府的违法行为，但最终处置的效率低下，则土地督察机构的督察效能将大为降低，对打击土地违法促进土地利用管理的好转作用将十分有限。

复习思考题

1. 阐述土地督察制度的经济学内涵。
2. 运用博弈方法分析我国土地督察的“政府自我克制”效果。

参 考 文 献

[1] 杜力夫. 权力监督与制约研究[M]. 长春：吉林人民出版社，2004.

[2] 段文斌. 产权、制度变迁与经济发展——新制度经济学前沿专题[M]. 天津：南开大学出版社，2003.

[3] 江美塘. 制度变迁与行政发展——公共行政之制度理论的比较研究[M]. 天津：天津人民出版社，2004.

[4] 李军鹏. 公共行政学[M]. 北京：首都经济贸易大学出版社，2004.

[5] 李小沧. 中国的行政监督[M]. 天津：天津人民出版社，1999.

[6] 罗伯特·米歇尔斯. 寡头统治铁律：现代民主制度中的政党社会学[M]. 天津：天津人民出版社，2003.

[7] 马怀平，项俊波，赵耿，等. 监督学概论[M]. 北京：中国财政经济出版社，1990.
[8] 孟德斯鸠. 论法的精神[M]. 北京：商务印书馆，1982.
[9] 宋丽蓉. 自动控制原理[M]. 北京：机械工业出版社，2004.
[10] 王翼. 现代控制理论[M]. 北京：机械工业出版社，2004.
[11] 王勇飞. 中国行政监督机制[M]. 北京：中国方正出版社，1998.
[12] 姚国庆. 博弈论[M]. 天津：南开大学出版社，2003.
[13] 章剑生. 行政监督研究[M]. 北京：人民出版社，2001.
[14] 黄贤金. 土地政策学. 4 版[M]. 北京：中国农业出版社，2014.

第二十二章 土地伦理及其经济问题

土地伦理是自然伦理的重要内容，是认知和践行人地关系的基石。本章介绍了土地伦理及其内涵，阐述了土地伦理的基本原则和实践路径，探讨了土地伦理的经济问题，为更为深刻地认知土地伦理提供了理论和方法。

第一节 土地伦理及其内涵

一、土地伦理的起源与发展

(一)土地伦理的起源

我国土地伦理思想的萌芽，可追溯到古代的“天人合一”思想。这一思想在孔子、孟子、老子以及儒家经典《周易》中都有相当明确的表述。例如老子认为，道是贯通自然界与人类社会的根本法则，换句话说，人与自然虽可分而言之，然其根本原则是一体的。《周易》中提出的“与天地合其德，与日月合其明，与四时合其序”的境界，即认为人与自然的和谐为最高目标的道德规范。中国古代在对土地资源的利用中，就非常提倡因时利用资源，禁止在野生动植物幼年期、繁殖期和生长旺盛期狩猎或采伐，使资源可持续利用，保持经济和社会的可持续性。如齐国大臣宾媚人就提出不能因为军事的需要和短期的效益而违反了土地资源的内在规律，这种看法反映了春秋时期人们对土地自然生态的重视。而齐国的卿管仲则指出：“陆、阜、陵、井、田、畴均，则民不憾。”[①]提出了对土地合理使用，从这里可以看到春秋时期执政者重视土地合理利用的肯定态度。

战国时期的《易》书中以天地的生生不息为准则，“生生之谓易”使万物生生不息，这是人类最伟大的德行。“天地之大德曰生。”《周易》还有“载成天地之道，辅相天地之宜”，“范围天地之化而不过，曲成万物而不遗”的说法，意思是说，人们要遵循天地运行的规律，与自然协调发展。这些都是早期的人和自然关系上的朴素的生态伦理观点。孔子则把“仁”的概念从“爱人”扩展到“爱物”，这里的“物”是指人之外的一切事物，当然包括土地。孔子还说过：“伐一生，杀一兽，不以其时，非孝也。”他谴责不按季节乱伐林木，随意捕猎的行为，把对待生物的态度当成是一个道德问题。孟子主张天人相通，人性即天性。强调人类要爱护自然之物，

① 《国语・齐语》

即生物。因为物可以养育人，所以，爱物是为了爱“人”，为了爱“人”，也应该把爱物和爱“人”有机地结合起来。他指出：“诸侯之宝三：土地、人民、政事。”强调土地、人民、政事等三宝为治国之要务，他还把土地的重要性置于民众、政事之上，并把土地制度作为国家治理的前提，认为土地是社会各阶层的根本利益所在。

荀子，他的有关土地等自然资源的生态保护观点十分新颖，他认为：想使自然界为人类贡献更多的财富，必须将管理社会的原则推广到管理自然中去，对自然万物施以仁的精神，在人与物、物与物之间建立起相互制约、又相互协调的良好秩序。他反对无限制地向自然索取，要求人们在不破坏自然环境的前提下改造和利用自然。他还把保护自然作为王乾之制。孟子认为“不违农时，谷不可胜食也；数罟不入夸池，鱼鳖不可胜食也；斧斤以时入山林，林木不可胜用也”①。荀子进一步指出：“圣王之制也；草木荣华滋硕之时、则斧斤不入山林，不夭其生，不绝其长也；鼋鼍鱼鳖鳅鳝孕别之时，罔罟毒不入泽，不夭其生，不绝其生也；春耕夏耘秋收冬藏四者不失时，故五谷不绝，而百姓有余食也；池渊沼川泽，谨其时禁，故鱼鳖优多而百姓有余用也；斩伐养长不失其时，故山林不童而百姓有余材也”②。孟子和荀子都将资源可持续利用（“不夭其生”、“不绝其长”）看作是经济和社会可持续性（“不可胜食”、“不可胜用”、“有余食”、“有余用”、“有余材”）的基础和前提①。

西方土地伦理思想的萌芽，可用三篇名著来代表：利奥波德的《沙乡的沉思》、福格特的《生存之路》和卡逊的《寂静的春天》。

1.利奥波德与《沙乡的沉思》：“土地应该被尊重是道德的延伸”

美国学者A·利奥波德是西方土地伦理思想最早的倡导者，被现代美国人称为是“环境伦理学之父”。利奥波德从20世纪初就开始从生态学的角度研究自然与人类的关系问题。在他死后即1949年，美国出版了他的著作《沙乡年鉴》，其中关于“土地伦理”部分的论述是利奥波德环境伦理思想的结晶。

利奥波德提出，人的道德观念是按照三个步骤来发展的。最初的道德观念是处理人与人之间的关系的，“摩西十诫”就是一例。以后，道德观念中又增加了处理个人和社会关系的内容，例如，《圣经》中的许多内容都是力图使个人和社会保持一致。人们所向往的民主，则试图使社会组织和个人协调起来，但是，迄今还没有一种处理人与土地，以及人与土地上生长的动物和植物之间的道德。土地只是一种财富，人和土地之间的关系仿佛仅仅是以经济为基础的，人们只需要对土地的特权，而从不考虑对土地尽义务。然而，随着社会的发展，道德向人类环境这种第三因素延伸，已经成为一种进化中的可能性和生态上的必然性。按顺序来说，这是第三个步骤，尽管某些思想家曾经从个人角度指出，对土他的掠夺是不明智的，是错误的，社会却一直没有确立土地道德的信念。不过，利奥波德并不悲观，他把当时正在兴起的环境保护运动视为确立土地道德信念的萌芽。

利奥波德认为：“一种伦理，从生态学角度来看，是对生存竞争中行动自由的限制；从哲学观点来看，则是对社会的相反社会的行为的鉴别。这是一个事物的两种定义。事物在各种相互依存的个体和群体中向相互合作的模式发展，这是有其根源的。生态学家把它们称作“共生现象”。政治学和经济学则是提高了的共生现象。在这种共生现象中，原有的自由

① 《孟子·梁惠王章句上》

② 《荀子·王制》

竞争有一部分被带有伦理意义的各种协调方式所取代了”。他认为，土地伦理是要把人类由共同体中以征服者的面目出现的角色变成这个共同体中的平等的一员和公民。它暗含着对每个成员的尊敬，也包括对这个共同体本身的尊敬。利奥波德给我们描绘了一个作为土地象征的金字塔：植物从太阳那里吸收能量，这一能量透过一个被称作生物区系的路线流动着。它的底层是土壤，植物层位于土壤之上，动物层又在植物之上。最初，生命的金字塔是低又矮的，各种食物链也是短而简单的。进化使它一层又一层、一种联系又一种联系不断地增加着。人类是这座金字塔的高度复杂的成千上万的物种中的一种。由于人类的居住，土地金字塔发生了巨大变化，而且人为的变化与生态学上的变化相比，是一种不同序列的变化，它具有的影响比意愿中的或意料中的要更为广阔。

2.福格特与《生存之路》："我们面临的难题也是个伦理问题"

1949年，就在利奥波德的《沙乡的沉思》问世之际，美国学者威廉·福格特向世人推出了他的《生存之路》，这本被不公正地认为是新马尔萨斯主义的代表作的中心思想是：现代世界人口增长已经超过土地和自然资源的负载力，人类面临覆灭的危险；生存之路，在于控制人口增长，恢复并保持人口数量和土地、自然资源之间的平衡，而防止人口过剩的基本途径，则是降低人口出生率。

福格特开列出如下的方程式：　　　　$C=B:E$

这里，C代表的是任何土地面积的负载能力，指的是土地向动物提供饮食和住所的能力，如果专指人类，则表示土地为复杂的文明生活服务的能力。B指的是生物潜力，即土地上的植物为人类提供住所、衣着，尤其是粮食的能力。只有植物才能从大地和空气的原料中合成可供动物吸收的食物，这是动物食用的唯一存在形式。E代表的是环境阻力，即任何环境，其中包括被人类破坏的环境，对生物潜力或生产能力所加的限制。负载能力是其他两个因素相比的结果。这个方程式也许过于简单了，但它表示出了某些几乎被整个世界所忽视的关系，而这些关系每时每刻都影响着地球上每一个人的生活。在全世界的人们真正理解这些关系之前，人类的命运是不可能有很大改变的。他在《生存之路》中反复指出：没有哪种资源是无限的。我们必须认识到，不但每一块土地的负载能力是有限的，而且这种负载能力正在下降，需求却在增加。如果我们不深刻地认识到这一点，不在制定国内外政策时充分考虑到这一点，那么我们就不可能掌握自己的命运。遗憾的是，除少数地区外，人类所实行的是一种榨取经济。人们取得大地的博施，但却很少或根本不给予回赠。在目前还没有失去土壤和水分的地方，人们放牧和耕作过度、把动植物一扫而空，从而带走了土壤中的大量矿物质，破坏了十分重要的土壤结构，最后使人类的生存环境遭到普遍破坏。

在《生存之路》最后一页发出的警告：人们不要再自己欺骗自己，不要再寻求江湖秘方而自找倒霉，不要再钻死胡同了。必须使人类都认识到目前整个世界所陷入的困境。具体说来，目前人类的困境就如同一个人穿着一双小了两号的鞋子。我们必须了解这一点，而不要再抱怨经济制度运转不灵、气候不佳、运气不好或者老天爷无情。这是智慧的开端，是漫长的回头道路上的第一步。第二步分两个方面，一是控制人口，二是恢复资源，如果我们不采取这些步骤，不立即坚决果断地加以贯彻执行，不根据有限的资源来重新调整生活方式，那我们就应该放弃过文明生活的一切希望，准备以不可遏制的速度陷入战争的深渊，回复到野蛮时代。

3.卡逊与《寂静的春天》:“我们必须与其他生物共同分享地球”

地球上生命的历史一直是生物及其周围环境相互作用的历史。可以说在很大程度上，地球上植物和动物的自然状态和习性都是环境塑造成的。就地球时间的整个阶段而言,生命改造环境的反作用实际上一直是相对微小的。仅仅在出现了生命新种——人类之后,生命才具有了改造其周围大自然的异常能力。在人类对地球环境的所有袭击中最令人震惊的是空气、土地、河流以及大海都受到了危险的、甚至致命物质的污染。这种污染在很大程度上是难以恢复的,它不仅进入了生命赖以生存的世界,而且也进入了生物组织内,这一罪恶的环链在很大程度上是无法改变的。

卡逊强调:我们已经允许许多化学药品使用,然而却很少或完全没有对它们在土壤、水、野生生物和人类自己身上的效果进行调查,我们的后代未必乐意宽恕我们在精心保护负担着全部生命的自然界的完美方面所表现的过失。

水、土壤和植物构成的大地的绿色斗篷组成了支持地球上动物生存的世界。遗憾的是，现代人很少记住这个事实。长期以来,人类对植物的态度是非常狭隘的。如果我们看到一种植物具有某种直接的用途,我们就种植它;如果我们认为某种植物的存在不合心意,我们就立刻判它死刑。除了一些对人及牲畜有毒的和排挤农作物的植物外,许多植物之所以注定要毁灭,仅仅是由于人类的无知。动植物是生命之网的一个重要部分,在这个网中,动植物和大地之间、植物和植物之间、动物和动物之间、植物和动物之间存在着密切的联系。尽管有时候我们只得去破坏其中的某些关系而别无他法,但是必须谨慎从事,并要充分考虑这样做将在时间和空间上产生的远期后果。

“大自然在反抗。”卡逊指出,我们冒着极大的危险竭力把大自然改造得适合我们的心愿,但却未能达到目的,这确实是一个令人痛心的讽刺。虽然很少有人提及,但人人都可以看到的真实情况是:“大自然不是这样容易被塑造的,而且昆虫也能找到窍门巧妙地避开我们用化学药物对它们的攻击。”

“昆虫世界是大自然中最惊人的现象。对昆虫世界来说,没有什么事情是不可能,通常看来最不可能的事情也可在昆虫世界里出现。”这种不可能的事情正在两个广阔的领域里发生。一是通过遗传选择,昆虫发生应变以抵抗化学药物。另一个更为广泛的问题是,我们使用化学物质的大举进攻,正在削弱环境本身所固有的阻止昆虫发展的天然防线。从各地传来的有关报告反复揭示着同一个事实:我们正处在一个严重的困境之中。由于昆虫的天赋本领,人类实施的化学控制已搬起石头砸了自己的脚。

卡逊做出了这样的结论:“我们必须与其他生物共同分享我们的地球。为了解决这个问题,我们发明了许多新的、富于想象力和创造性的方法。随着这一形势的发展,一个要反复提及的话题是:我们是在与生命——活的群体、它们经受的所有压力和反压力、它们的兴盛与衰败——打交道。只有认真地对待生命的这种力量,并小心翼翼地设法将这种力量引导到对人类有益的轨道上来,我们才能希望在昆虫群落与我们本身之间形成一种合理的协调。”

(二)土地伦理的发展与兴起

进入20世纪中叶以后,面对日益严重的全球性资源环境问题,人们逐渐明白不能过于乐观地期望科技能解决一切土地退化问题。一味依赖于科学技术,而不考虑伦理观,很多问题是无法从根本上得到解决的。在卡逊的《寂静的春天》中，就提出把土地退化问题只简单地当作是技术问题，而寄希望于用某种具体的学科去解决的思想是冒很大风险的。一方面，土地问题有相当的广度，很少局限于某一个具体学科；另一方面，科技侧重于解决问题，而不是防止，"科技源于问题"。人类开始重新认识土地利用伦理的重要性，长期对技术的狂热崇拜和对自然的极端藐视，掠夺式开发利用土地资源，是导致生存环境日益恶化的主要原因。以正确的土地伦理思想来指导人类的土地利用行为，是首要的也是最根本的任务之一。为此，有关土地伦理的研究在广泛兴起，已成为了当今世纪土地科学研究中的一个热点。澳大利亚在推行土地伦理并付之于实践方面，是世界上较成功的一个国家。Birch 认为澳大利亚的国家目标之所以从 1945 年的"高生活标准、充分就业、经济与人口共同增长"转变为 1974 年的"机会平等、和睦的邻国关系、保护环境"，其中一个非常重要的原因就是土地伦理观对澳大利亚人的影响。土地养护运动(land care movement)是澳大利亚根据土地伦理思想，在全国各州推行的一项实际行为，已形成了 1 000 个土地保护组织，其内容包括：①社团土地关怀委员会；②研究组织；③主要支持项目；④公众意识教育和培训，并提出土地养护应立足于各地具体的自然条件和社会经济条件，且要充分考虑满足后代需求。土壤保护是土地保护的重点，但土地养护不只是土壤的维护，还包括水分管理、物种保持等诸多方面。土地养护不是土地使用者或政府部门单方面能够承担的责任，需要社会各界的共同参与和通力合作。

1972 年召开的联合国人类环境会议上通过的非正式报告《只有一个地球》和《人类环境宣言》，可以看成是人类发展上推进土地伦理的一座里程碑。

《只有一个地球——对一个小小行星的关怀和维护》这份报告，是国际合作中一种独特尝试的结果。巴巴拉·沃德和雷内·杜博斯在"前言"中概括了《只有一个地球》所要表达的基本思想："毫无疑义，当前大多数的环境问题，都是来自人类对生态的错误行动。我们通常认为人类不是地球上的寄居者，而是地球的主人。我们把征服客观世界看作人类的进步，这就意味着常因我们的错误认识而破坏了自然界。尽管作为物种之一的人类，在破坏和污染了自然界之后仍能生存下去，但是在这样污秽的环境里，人类还能长期保持它的尊严吗?。"

《人类环境宣言》提出了七条"保护和改善人类环境"的共同的看法与原则：一是人类既是环境的创造者，又是环境的塑造者；环境给予人以维持生存的东西，并给人类提供了在智力、道德、社会和精神等方面获得发展的机会。二是保护和改善人类环境是关系到全世界各国人民的幸福和经济发展的重要问题，也是全世界各国人民的迫切希望和各国政府的责任。三是人类应该不断地总结经验，有所发现，有所发明，有所创造，有所前进，人类改造环境的能力，明智地加以利用，就可以给各国人民带来开发的利益和提高生活质量的机会；如果使用不当，或轻率使用，这种能力就会给人类和环境造成无法估量的损失。四是在发展中国家，环境问题大半是由于发展不足造成的。五是人口自然增长不断地给保护环境带来一些问题，如果采取适当的政策和措施，这些问题是可以解决的。六是现在已经达到了历史上这样一个时刻：我们在决定世界各地的行动时，必须更加审慎地考虑它们对环境产生的后果。七是为了实现环境保护目标，要求公民和团体以及企业和各级机关承担责任，大家平等地做出共同的努力。

在推进人类土地伦理进程中，许多学者做出了无私和卓越的贡献，其中罗马俱乐部的学者就是一个典范。

罗马俱乐部是一个非正式的国际协会，其宗旨是从全球的立场出发，对“世界性的问题”，特别是“人类困境问题”提出忠告。《增长的极限》是1972年罗马俱乐部公开发表的第一个研究报告，报告针对当时贫富差距、环境退化、失业等“世界性问题”，认为出现这些人类的困境的原因在于：人类不能从整体上来考虑问题，忽视一个因素会导致其他因素的变化。并提出了三个基本观点：第一，如果在世界人口、工业化、污染、粮食生产和资源消耗方面的恶化趋势继续下去，地球上增长的极限在今后100年中发生，最可能发生的结果将是人口和工业生产力双方有相当突然和不可控制和衰退。第二，改变这种增长趋势，建立稳定的生态和经济条件，使人类和地球平稳地向前发展是可能的。全球均衡状态可以这样来设计：使每个人的基本物质需求既得到满足，又有实现个人潜能的平等机会。第三，如果世界人民决心追求第二种结果，而不是第一种结果，他们为达到这种结果而更快地开始工作，他们成功的可能性就越大。

任何研究的兴起，都有其社会实践的客观需求，同样，土地伦理研究的广泛开展，也有其社会需求，这些社会需求集中表现在以下几个方面。

1. 人类社会发展到现阶段人地关系的必然定位

(1)人地关系的简要回顾。人地关系的内涵随着人类社会的发展而发生变化，狭义的人地关系是指人对土地的依赖性和人的能动地位，广义的人地关系是指人与土地之间相互依存、相互影响的关系。人地关系的内涵随着人类对大自然的认识、社会经济的发展而不断变化。人类社会发展的初期阶段，人对自然的依赖性强，受自然环境和自然资源的制约明显，因而曾有片面夸大地理环境作用和影响的倾向，天命论思想占统治地位。农业时代人类生产活动直接作用于自然客体，它的规模小、强度低，其负面影响较小，人类与大自然保持相对的非对立关系。在工业化阶段，随着科技的进步和生产力提高，人类对自然界的作用增强，又存在着过分强调人类能动作用的思想，“人定胜天”的思潮占主导地位。由于片面地按照人类的主观意志或需求去改造自然，往往违背了客观规律，酿成环境恶化、资源枯竭的苦果。人类对自然界的掠夺和贪婪的索取必然得到回应和报复，如苏联齐小亚的大规模开荒，美国对中部大草原的开发，中国在农牧交错带的不合理垦殖等，无不受到了自然界的报复。在工业化后期，人类社会开始反思，认识到人类要做自然的朋友，人与自然应和谐协调发展，才能达到可持续发展的目标。

(2)协调共生——人地关系的现代定位。如何解决日益严重的生态环境问题，已是我们全人类面临的任务，很多错误的判断和荒唐的行为都是在混乱的思想旋涡中产生的。因此，解决环境问题，首要的也是最根本的应是以正确的环境伦理思想来指导人类行为。人与土地应该是一种共生的关系，人只不过是整个生态系统中的一员。如有不同，也只是人是自然万物中的一个思考者、发现者、参与者、协调者、创造者。只有人与自然协调共生，才能创造出一个幸福、文明、快乐和谐的生存系统。那么在人类的各种各样的活动中应以保护自然资源和环境为基础，同资源与环境的承载力相协调。人们应放弃传统的高消耗、高增长、高污染的粗放型生产方式和高消费高浪费的生活方式，提高生产效率，改变生活模式，并遵循公平性、持续性、和谐性、需求性原则，建立一个由人口、资源、环境、经济和社会发展相互联系相互作用协调发展而成的多层次复杂的空间系统。只有人与自然的协调共生，人类的文明大树才能常青不衰。

2.人类可持续发展战略的必然需求

1987 年 4 月,联合国世界环境与发展委员会在《我们共同的未来》报告中,首次提出"可持续发展"概念,强调人类的发展应"在不危及后代人需求的前提下,寻求满足当代人需求的发展途径"。1992 年 6 月巴西里约热内卢"环境与发展"大会通过的《21 世纪议程》,使可持续发展在全世界范围内广泛传播和应用,并成为人类社会发展的一个战略,其实质是协调人口、资源、环境与发展的关系,为后代建立一个能够持续发展的基础。

土地资源的利用是社会经济发展的立足之本,无论人们对可持续发展战略如何理解,土地资源的可持续利用总是其中最基本的核心内容之一,甚至可以说是整个社会经济可持续发展的基础。

土地资源可持续利用的实质,就是在保证土地资源永续利用的基础上,随着人类社会的向前发展,土地资源的生产能力和景观环境能够满足人口日益增长和生活水平不断提高的需求。这种需求不仅仅体现在当代人们对土地资源的利用需求,更重要的是未来人们对土地资源的利用需求的满足。

从土地永续利用的内容看,其永续利用包括社会、经济、生态三方面的协调统一。生态是社会发展的环境和基础,它为人类的经济、社会活动提供最初的对象、资源;经济是人类发展的物质动力,社会是人类发展的保障。从经济、社会与生态的关系来看,经济与自然生态的关系最直接、最密切,是人把自然对象按人的需要进行改造、利用。自然生态环境的优化与破坏都和人类日益扩大的经济活动密切相关。社会对自然生态的作用表现为,通过土地政策、制度及土地价值观等影响经济活动,再通过经济活动影响自然。因此,土地资源可持续利用的实现是建立在人类生产实践的土地利用基础之上的土地资源保护。单纯追求土地生态平衡的土地保护,没有抓住土地永续利用的实质内容。而土地伦理提倡的就是在保证土地生态系统恢复能力的基础上进行土地利用。

二、土地伦理的内涵

任何一种伦理都有它特定的内涵。土地伦理的形成与发展,是对人类经济发展史进行深刻的反思,并在反思中看到了过去人类片面发展经济、忽略生态环境保护的严重危害性。具体说来,土地伦理具有下列主要内涵:

(一)土地伦理是传统"人类中心伦理"与"生物中心论"的有机融合

在传统的"人类中心伦理"中,强调人的主宰地位,认为自然界天生就是为人类服务,这在西方传统哲学中尤其突出,基本上否认人与自然之间有任何直接的道德关系,只有人类才有道德身份(moral standing),其他事物只有在服务于人类利益时才有伦理价值。如 15 世纪亚里士多德:"植物活着是为了动物,所有其他动物活着是为了人类,驯化动物是为了能役使它们,当然也可作为食物";16 世纪阿奎那:"我们要批驳那种认为杀死野兽的行为是错误的这种错误观点,由于动物天生要被人所用,这是一种自然的过程"。这种传统的"人类中心论",为人们征服自然的种种行为提供了理论依据。为此,不少学者认为,"人类中心论"应当部分地对当前的生态环境危机负责。

"生物中心论"(biocentric ethics)认为,所有生命均有其内在价值,都必须得到敬畏、尊重和保护。提倡“敬畏生命”的阿尔伯特·施韦泽(Albert Schweitzer)是公认的“生物中心论”先行者,他认为生命本身就是善,会尽可能地不杀死蚊子而只是将它们赶出房间。保罗·泰勒(Paul Taylor)是“生物中心伦理”的代表人物,他在1986年出版的《尊重自然》(Respect for Nature),对生物中心伦理在哲学上进行了较为全面论述,他认为所有生物都有目的:生长、发展、持续和繁衍,这是事物自身之善,即生物固有的价值所在。泰勒得出了“生物中心展望”的四个信条:一是人类与其他生命一样,在同样意义同样条件下被认为是地球生命团体中的成员;二是包括人类在内的所有物种都是互相依赖的系统的一部分;三是所有生物以其自己的方式追寻自身的善;四是人类被理解为并非天生地超越其他生命。为此,泰勒从尊重自然的角度提出了四个一般性责任:无毒害原则,不干涉原则,忠诚原则,重构公平原则。

对于传统的“人类中心伦理”,由于片面地按照人类的主观意志或需求去改造自然,违背客观规律地利用土地,酿成的环境恶化、资源枯竭的苦果,已充分反映出其极大的危害,而简单地维持自然界的原状,过分强调对土地原始生态系统保护的“生物中心论”,也是不可取的。

当今的世界毕竟是人类社会,而不是生物社会。离开人类活动与心理,任何伦理都只能是空谈。土地作为人类生存与发展的自然资源,其资源价值要通过人类的实践行为得以体现,如果抛开人类利益,单纯追求符合土地自然客观规律的生态平衡,那么就失去了人们保护土地资源的真实价值。人类利用土地资源,是为了人类自身的生存和发展,而不是为了实现土地的自身自然规律。土地伦理正是很好地处理了“人类中心论”与“生物中心论”的关系,既尊重土地生态系统的自然规律,也不否认人类对自然界的能动作用,提倡保护性地利用土地,促进土地健康的不断提高。所以,土地伦理不仅仅体现在对大地自然生态的保护上,还应体现在人类社会发展的可操作性上,即不能简单地保护土地的自然生态状态,而要正确处理好经济建设与生态保护的关系,应用科学技术,通过对自然规律的探索,合理变革、维护自然界的有序结构、平衡状态和再生能力,追求人地共荣。

作为自然资源保持运动(conservation movement)的代表人物吉佛德·平肖(Gifford Pinchot)就认为自然环境就像服务于人类的工具一样具有价值:“我们的林业政策的目的不是为了它们美丽而保护……也不是因为它们是野生动物的庇护所……而是为了繁荣的家园”,“森林管理员的目标是:使森林最大限度地最好地服务于最多数的人,最长期地服务于人……,将这种观点应用于其他自然资源是自然和合理的”,即使强调保护自然环境不受人类损害,力求维持自然野生状态的是自然资源保护主义者(preservationist),在论证野生资源在精神上和美学上以及相关生命价值时,也没有完全离开人类这个主体,如提出作为宗教灵感之源的工具价值,为现代生活的避难所、体验自然之美的地方,“保留荒野不开发也就服务了人类的利益”。

(二)土地伦理是人类对土地永久价值观的体现

价值问题是一切道德伦理的核心问题,任何形式的伦理原则和道德规范都是建立在一定的价值判断、价值评价和价值选择的基础之上。在传统的以经济实用为核心的价值观中,土地价值的体现往往局限于短期的利益,特别是在市场经济社会中,人们看重的是具有普遍市场经济价值的土地资源。但土地群落的大多数成员没有普通意义的市场经济价值,真正在市场上具有经济用途的生物种类,可能还不到生物总数的5%,然而这些所谓没有经济价值的土地生物群落成员,却在维持土地生态系统的稳定性方面发挥着不可替代的作用。一些粗略的估计表明，土地的生态价值是巨大的，是经济价值的9倍以上。利奥波德把只追求眼前经济效益的土地利用行为，形象地描述为"人类在耗尽土地最后一点地力来获取经济产出，就如劈掉家具来取暖一样，是一个让人绝望的短期行为"。

传统的伦理观，一般局限于人与人之间的关系，而土地伦理观则要求把伦理延伸到土地上的其他生物成员，进而拓宽人类的社会价值。土地伦理观提倡以人类可持续发展为中心的价值观，一切有利于人类永久发展的东西，都是有价值的。人与其他生命体一样，是地球生命群体的成员。从这一意义上，所有生命体都是等同的。人类在土地开发利用过程中，经常对生态系统、物种和环境造成破坏，这对某些生命体而言，其结果可能是致命的，价值的损失难以估量。但由于这种损失的价值难以判断，而使人类陷入伦理上进退两难的窘境。

针对 Scott Paradise 1969 年归纳的美国人对自然态度：①人类是所有价值的源泉；②自然界的存在就是供人类利用；③人类最根本的目的是生产和消费，追求丰富的物质财富；④生产和消费要无休止地增加，以满足人类不断提高的物质生活需求；⑤物质资源是无限的；⑥人类不必调整自己来适应自然环境，因为人类可以通过科技手段来改变自然，使自然环境适应人类需求；⑦国家的一项主要职能是使人们能更加容易地开发利用自然环境，要最大限度地开发利用自然资源，来增加物质财富和实力；⑧完美的人生是不损害别人利益的利己主义者。Tyler Miller 引入土地伦理的理念，提出人类对自然的态度应调整为：①人类不是所有价值的源泉；②为了当代和子孙后代，人类应成为地球理性的爱护者和管理者；③人类最根本的目的不是生产和消费，而是保护、改善环境，不是破坏地球；④人类的目标是提高生活质量，而不是无休止地生产和消费；⑤地球资源是有限的，必须尊重和再利用，反对浪费；⑥人与自然的关系必须是基于生态原理的和睦共处的伙伴关系，人类要通过保护和提高物理、生物和文化的多样性来保持人们生活的稳定性和生活质量的提高；⑦国家的一项主要职能是制定长期计划，防止人们对资源的滥用和环境的破坏；⑧因为没有一个人能够完全孤立地生活，因此，完美的人应懂得分享和关心，而不是利己主义者；⑨每个人都有权利分享生态资源；⑩没有任何人、公司或国家有权来无休止地享受有限的地球资源。

(三)土地伦理是人类社会文明发展到一定阶段的必然结果

土地伦理是人类社会文明不断发展、完善的产物。文明是人类特有的存在方式，是人类社会摆脱野蛮而不断进步的象征，包括物质文明和精神文明。农业经济和工业经济时代的人类往往片面追求物质文明，加剧了人对自然的掠夺，引发了多种生态环境危机。土地伦理学则呼吁人类在不断追求物质生活享受的同时，要不断提高自然道德水平，自觉维护自然生态系统的整体性、稳定性和平衡性。

伦理本身的内涵也是随着社会的发展进步而不断扩充的，不同阶段伦理的内涵与经济发展水平是密切相关的。就如利奥波德引用的奥德修斯在特洛伊之战结束回家后发生的故事：奥德修斯绞死了他的12个行为不端的女奴，却没有被看成是不道德的或不妥当的，因为奴隶在当时被认为是私有财产。同样，人们为了解决温饱问题而大面积地围湖造田、垦山开荒，谁也不会指责这些行为是不伦理的或不道德的。Nash 曾对人类社会不同发展阶段对伦理学内涵的影响进行归纳总结[7]，他认为：随着社会的进步和经济的发展，伦理的内涵规范是逐渐由个人扩展到家庭、部落、区域、国家、种族、人类、动物、植物、所有生命、岩石、生态系统整体，最后要扩展到行星，乃至整个宇宙。

(四)土地伦理坚持以生态学为基础,强调的是土地生物群落的整体性

多少年来,人们对自然界生物的保护对象一直在争论不休:是保护每一个生物体,还是保护每一个物种?对什么生物应采取主动保护措施?对哪些生物又可以有控制地猎杀?野生动物不能杀,但是否允许捕杀饲养动物?同样,在推行土地伦理中,土地伦理的主体是构成土地的每一个生物体,对土地上的一草一木都要提倡伦理?还是立足于主要生物体?在土地系统中,又如何来界定主要生物体?

自然界的生物存在、生物与生物之间、生物与环境之间,都存在着复杂的客观规律,土地伦理就是强调人们在利用土地资源时,要尊重这些客观规律。而生态学研究的正是生物之间及生物与非生物环境之间的关系与作用,通过分析系统物质转换和能量循环,研究生态系统中各组成要素之间的相互作用、相互依赖的关系。与传统的生物学不同,生态学更关注的是相互间的联系而不是个体生物。

对于人类发展而言,土地与其他自然物一样,有"工具性价值"(是指土地直接对人的实践具有的意义,如生产对象、生产场所)和"生态性价值"(是指土地直接对自然生态系统的稳定所具有的意义)。就工具性价值而言,在生产实践中,这两种价值存在着对立和统一的两种可能,如人们把土地作为林业和种植业利用时,其"生态性价值"和"工具性价值"同时得到实现,但是如果消耗性地占用,使土地资源丧失原有的小气候条件,那么在实现"工具性价值"的同时,却失去了"生态价值"。从人类长远的生存发展分析,土地的生态功能最终要同人类的生存利益相联系才具有价值意义,只是由于生态系统的稳定平衡是人类自下而上的必要前提,因而对生态系统的稳定平衡具有功能性作用的土地才具有价值性,即土地的生态价值最终仍是人类生存的价值。土地生态性价值的保持,也是依赖于生态学的原理。

土地伦理的创始人利奥波德,曾对一棵大橡树的死发表感慨:一棵大橡树被雷电劈死,已无法用作木材,只"留给我们三捆柴火",利奥波德一开始为失去老树而悲哀,但看到其后代在附近林中的勃勃生机而感到欣慰。柴火给农庄提供了温暖,灰烬最终又回归大地,为其他树木带来了生机,"一棵橡树死了,但橡树们仍然活着。"资源被利用了,但永远却在循环之中。

也许一般人们都会认为,森林火灾是毁灭性的,有百害而无一利。然而美国国家公园管理者通过多次可控燃烧实验,却发现火害对生态系统的作用:火害对生物多样性及天然植物的繁衍有益,有些物种的种子,如巨红杉(giant sequoia)和短叶松(jack pine)的种子,只有在经高温之后才会发芽;而一些动物物种如苔莺,则依赖于这类"火害"物种树作为栖息之所;火害还有助于森林枯枝的分解,使其纳入土壤养分的循环。

在西方传统的哲学中,认为只有人才有道德身份,因为人类有知识,可以思虑和选择,而动物及其他生物缺乏这个能力,它们不能与道德相联系。亚里士多德曾说过:"植物活着是为了动物,所有其他动物活着是为了人类,驯化动物是为了役使它们,当然也可作食物;至于野生动物,虽不是全都可食用,但有些还是可吃的,它们还有其他用途;衣服和工具可由它们而来。若我们相信世界不会没有任何目的地造物,那么自然就是为了人而造的万物。"在传统的观念中,伦理学也只是作为调节社会人际关系行为准则的一门科学,其主体也局限于人与人之间。

伦理学是作为调节社会人际关系行为准则的一门科学。它的发展不仅受到了有关社会科学的制约,而且也受到自然科学,特别是受到了以人的生物学属性为重要研究对象的生物学、医学的制约。在分子生物学迅猛发展的今天，生物学、医学的某些方面与社会科学之间的界线变得日益模糊。哲学家范伦塞勒·波特(Van Rensselaer Potter)在《进化伦理学概念》(Evolving Ethical Concepts)一书中写道："现在我们必须面对这样的事实，人类伦理学不能与最广义的生态学的实际知识相分离，伦理学的价值不能与生物学事实相分离。"当你放眼人类社会时，就不难发现人类历来在家庭、婚姻、两性关系、生与死等问题上，都受到了不断发展的生物学、医学新观念的影响和制约。当然，无论是伦理学观念还是生物学观念，在其演变过程中都有一个承前启后的问题，因此在上述的问题中也明显地表现出双重性：社会"遗传"性和自然遗传性(生物性)。尽管起决定性作用的是前者，它是伦理道德的本质所在；但是后者也决非无关紧要.它既要服从前者，又会积极或消极地影响前者。

随着现代生物学新旧观念的更替，便发生了新的伦理观念同受到旧的生物学概念制约的伦理观念的碰撞，乃至冲突。面对着这些矛盾和冲突，人类必须对其做出选择和取舍。由于人具有自然属性和社会属性的两重性，因此其选择和取舍决不仅仅是由人的生物学结构所决定，而且必定还要受到社会因素的制约，包括社会经济发展水平、科学技术发展水平、社会制度以及传统的伦理价值观念等制约。这也体现了社会和社会意识形态对生物科学发展的一种"限制"，其中包括导向性的"限制"。总之，生物科学和伦理学之间的影响是相互的。如果从伦理道德观念更新的基础来考察，我们就不难发现它既依赖于社会的需要，也依赖于生物科学发展所提供的新观念。社会需要和生物科学发展之间的关系，应该是后者服从前者，并服务于前者；但是前者最终是不能违背后者发展规律的，它只能利用与"限制"(或者积极导向)后者。

从生态学来看，土地是一个有机整体，有健康与不健康之分，它会受到伤害，也会死。利奥波德写到，"这样的土地不仅仅是土壤，它是能量经土壤圈、植物圈和动物圈的基础"。生态意识告诉我们，人类只是生物群落中的一个成员，是"生物公民"而不是自然的"统治者"。生态学将道德考虑的重心从个体转向了生物总体。

土地伦理是强调"土地生物群落"拥有道德身份，"当某事物倾向于保护整体性、稳定性及生物群体时，它就是善，是正确的，否则就是错误的。"杀死生物个体在伦理上是可以接受的，但作为一种生物群体人类必须保护，实事上许多情况下数量过度本身就威胁到该群体的稳定性或生态系统的整体性，在某种程度下，人类有责任选择性地杀死一些生物个体，如澳大利亚的袋鼠，是国家动物保护的主要对象，但当袋鼠大批繁殖，肆意破坏农作物时，政府就开始了有计划地猎杀袋鼠，让袋鼠的数量降低下来。

第二节　土地伦理的基本原则与实践途径

一、土地伦理的基本原则

(一)公众利益最大化原则

从伦理学的观点看，土地利用必须寻求提高公众利益或社会福利的最大份额，任何不顾公众利益和福利的土地利用行为都是不合乎道义的。土地利用上的功利主义行为必须受到道德责任的约束。明智和合理的土地利用要求超越狭隘的经济范畴，并走向追求公众利益的最大化。

（二）分配公正原则

这一原则包括两层含义。其一，当人与生物利益在资源配置中发生冲突时，冲突各方应尽可能等同分配并共享自然资源，例如划分永久性环境和公有保护区，实施环境整合规划、轮作、轮猎等，以保证人与生物之间的分配公正。其二，由于土地利用决策强烈影响到社会资源和住房、工作、教育、公园、娱乐、健康和医疗服务方面在人类自身内部的分配和享有程度，因而土地资源分配要求确保每个人至少达到最低基本社会消费水平。否则，土地利用决策是明显不合乎道义的。

（三）环境损害最小原则

这一原则要求人类在进行土地利用决策时，有责任为了自身和其他生命形式的延续而保护自然环境。土地利用的伦理责任表明土地利用政策应该倾向维持土地生态系统平衡，促进可持续发展。必须十分明确，没有土地生态系统提供的基本功能，人类无法生存。在土地利用过程中，必须采用对环境产生最小不利影响的方案。

（四）代内公正原则

土地伦理学认为，要协调好人与土地的关系首先就要在利益分配上求得“代内公正”。所谓代内公正，具体是指当代人在利用土地资源满足自己的利益的过程中要体现出机会平等，责任共担，合理补偿，即强调公正地享有地球，平等地享有权利，公正地履行义务。

（五）代际公正原则

如果说代内公正体现了土地伦理学道德原则的空间维度的话，那么代际公正原则则体现了土地伦理学道德原则的时间维度。所谓代际公正原则是指人类在世代延续的过程中既要确保当代满足或实现自己的利益需要，又要保证后代人也能够有机会满足他们的利益需要，即要求当代人要对后代人负责，决不能只为一时之利而断送了后代人的生存发展机会。

（六）权利对等原则

土地伦理学认为在利用土地时，应不损及土地自身的权利。土地虽没有权利意识，但其本身所拥有的权利，人类应该尊重，应该平等对待。土地所有者不存在基本权利去任意改变土地的自然结构和特性，而应最大限度地维护土地的权利。因此土地所有者利用土地的权利和土地自身的权利是平等的关系，而不是从属关系。

（七）重塑公平原则

在土地开发利用过程中，完全避免对生物及环境造成某种伤害几乎是不可能的。如果人们的行为是与关爱土地、尊重自然的观念相一致的，则必须设法通过土地生态重建、环境复原等方式给生态环境以补偿。例如通过土地复垦、土地整理等方式恢复土地生态环境。

二、土地伦理的实践途径

思想观念是人们行动的指南，面对我国日益严重的水土流失、荒漠化等土地退化现象，仅仅依靠经济和法律手段是难以解决问题的，必须在思想观念上得到更新。土地伦理观的推行，将会在政治和经济的决策中对土地资源的保护产生比任何其他单因素更加深远的作用。它不仅仅是人类对土地的一个态度问题，而是人类生存发展思想观的一个必不可少的重要组成部分。Caldwell 在分析经济、政治、生态、环境、技术、道德伦理六个因素对人类社会发展的作用时，就明确指出道德伦理位于中心地位。利奥波德也指出："在人类仍然扮演着征服者的角色、他的土地仍处于奴隶或仆人地位的时候，保护主义便只是一种痴心妄想。只有当人们在一个土地、水、植物和动物构成的共同体中，承担起一个公民角色的时候，保护主义才会成为可能，在这个共同体中，每个成员都相互依赖，每个成员都有资格占据阳光下的一个位置。"

我国是一个历史悠久的文明古国，人们对土地重要性的认识根深蒂固，已有了朴素的土地伦理观。如"天地合一"思想就是以人与自然和谐为最高目标的道德规范，也是我国推行土地伦理的良好基础。

土地伦理要从少数有识之士口头上的"高调"演变成每个社会公民的潜在意识，需要一段相对漫长的时间。当 20 世纪初利奥波德提出土地伦理时，人们对他的思想几乎没有任何兴趣，其著作《沙县年鉴》被许多印刷商拒绝。70 年代随着各种生态环境问题的出现和人地矛盾的日益突出，被人们遗忘了几十年的利奥波德土地伦理逐渐引起人们的关注，特别是进入 80 年代中期，土地伦理才成为社会广泛讨论的一个热点。面对人类社会可持续发展的迫切需求，推行土地伦理思想，构建新的人地关系，已是必然趋势，迫切需要采取一系列的对策措施，多途径地推动土地伦理在实践中的应用。

(一)改变"经济人"的思维模式

正如利奥波德所说："我们滥用土地，是因为我们把土地单纯地视为商品，只有当我们视土地为我们的伙伴，我们才会充满爱和尊重地利用它。"长期以来人们都在以"经济人"的身份对土地进行利用，"经济人"被规定为经济生活中的一般人的抽象，其本性被假设为是利己的。"经济人"在一切经济生活中的行为都是合乎所谓的理性，即都是以利己为动机，力图以最小的经济代价去追求和获得自身最大的经济利益。不可否认，"经济人"的思维模式给人类带来了巨大的物质财富，但同时又产生了资源过度消耗、环境污染、生态被破坏和人口激增等一系列的严重后果。要摆脱当今的生态危机，推行土地伦理，必须放弃传统的经济模式，走生态经济发展道路。

(二)加强土地伦理的理论研究

理论是实践的指南，土地伦理作为一门学科，还刚刚起步，很多概念、术语以及行为规则都处于不断完善之中，因此，加强土地伦理的理论研究已成为推行土地伦理的客观要求。特别是要加强土地利用的伦理标准研究。土地伦理观与其他伦理观的运行机制一样，要求在一个社会里，赞许正确的行为，阻止错误的行为。如果没有形成土地利用的伦理标准，则当土地利用发生冲突时,人们无法进行伦理的判断,因而也就难以成为一种自觉的行为。其中土地健康研究又是土地利用伦理的核心内容,这是因为土地伦理是建立在维持土地健康基础之上,只有当人们充分了解了土地生态系统健康的内在变化机理、外在表现特征、自我缓冲能力调节以及变化规律,并制定出一套客观有效的健康诊断标准,才能为土地利用的伦理标准提供依据。

(三)强化土地伦理教育

土地伦理是一种哲学思考和道德规范,实现伦理的思想到伦理的自觉行动是一个复杂的过程,从最初响亮的概念到成为改变政策基础的转变,然后导致管理实践中行为的改变,需要一系列鼓励和相应压力并存的教育来普及。要把土地伦理整合到个人修养和国家社会价值中去,明确人类对待土地的基准,增强伦理职责,端正人们对土地利用的态度,处理好经济行为与生态保护的关系。目前的教育过分强调人类对大自然的征服作用,人们习惯于思考地球对人类的作用,却很少考虑人类对地球的责任与义务。当小学生接受益虫和害虫的教育时,在幼小的心灵中,就形成了"保护益虫、消灭害虫"的概念,而对于生物学多样性、生态系统稳定性的思考却很少。生物多样性是土地生态系统稳定的基石,善待土地就是善待人类自身,牺牲生态环境的土地利用行为,不仅仅是目光短浅的行为,更是对人类历史文明的践踏。

(四)推行土地养护运动

面对已经退化的土地生态系统环境,仅仅形成一个"土地生态良心"是不够的。需要我们去投入,并采取相关的技术去养护。土地养护应立足于各地具体的自然条件和社会经济条件,且要充分考虑满足后代需求。当前广泛开展土地整理活动,过分地追求有效耕地面积的增加,一律采取沟渠道路水泥硬化,从长远看是不利用于生态小气候稳定的,是值得我们深思的问题。土地养护不是土地使用者或政府部门单方面能够承担的责任,需要社会各界的共同参与和通力合作。目前,土地养护的关键不在于技术,而在于社会和经济因素。如何呼吁全社会积极参与到土地健康的维护行动中来,澳大利亚取得了较好的经验,提出由土地所有者、社区、政府共同参与的土地健康维护组织,开展土地关怀运动(land care movement)。

(五)加快扶贫步伐,促进地区经济的均衡发展

土地伦理的推行,应建立在一定的经济基础之上。当人们为生存而活时,生存是一切社会活动的第一优先权,人们最基本的出发点是如何获取食物而维持生命,考虑的是短期效益。相反,随着人们生活水平不断提高,对生存环境也不断提出新的要求,要求舒适的生态环境。如果没有一个相对保障的经济背景,土地伦理只能是停留在人们的愿望之中。就像20世纪70年代倡导的"经济零增长",虽然具有很多优点,但对于人们日益增长的物质需求,特别是广大的第三世界国家,这些优点只能是一种幻想。在西方,有人曾推出所谓"救生艇伦理",他们认为穷人的出生就是意味着对自然资源的消耗和破坏,只有富人才是真正地为子孙后代作打算,这种"救生艇伦理"虽然存在很大的偏见,但也在一定程度上说明了,只有解决了生存的基本保障,没有近患,才会有远虑,才会从长远考虑可持续发展问题。也就是说，土地伦理的推行，有一个“经济门槛”，当社会经济水平跨过这一“门槛”时，土地伦理观才有滋生的土壤。我国的整体生活水平已达到了小康，但个别地区还处于温饱水平，甚至于在为基本生存而努力，国家应加大对这些贫困地区的扶持，经济发达地区也有义务给予支持。土地利用具有很强的外部性，要在经济水平过于悬殊的情况下，推行土地伦理思想，显然是行不通的。

第三节　土地伦理中的经济问题

一、伦理与经济

(一)历史上的道德与利益的关系讨论回顾

经济是以利益为核心的，任何经济活动都是以追求经济利益的最大化为目标，而伦理行为则离不开道义或道德。人类在社会实践中，伦理与经济有时是相互协调的，有时却表现出相互冲突的关系。我们应提倡的是伦理与经济的协调，避免伦理与经济的矛盾与冲突。

要保证人类活动中伦理与经济的协调，核心就是处理好道德与利益的关系。道德与利益的关系表现为两个层面：一是理论的层面，即经济利益与道德的关系，是经济关系决定道德，还是道德决定经济关系，以及道德对经济关系有无反作用的问题。这个层次决定着如何解决道德的根源、本质、社会作用、发展规律等问题。二是规范的层面，即个人利益和社会整体利益的关系，是个人利益服从社会整体利益，还是社会整体利益服从于个人利益。对这个层面的问题的回答决定着道德规范体系的原则、规范，及各种道德活动的标准。

道德与利益关系贯穿于一切经济活动之中，是经济伦理领域诸种矛盾的一个集中体现。经济行为是围绕利益展开的，经济活动中科技创新、生产、分配、交换、消费各个环节，无不与物质利益相关。从某种程度上可以说，经济的含义就是如何更有效率、更公平合理地获取物质利益。任何一个经济行为都直接或间接地与物质利益的获取、分配有关，同时，人们在经济活动中形成利益关系；而每一个经济行为都不是纯粹的经济行为，都有道德关系与之相伴。经济行为的这种特点把道德与利益的关系凸显出来，那么以经济利益为中心的经济行为与道德原则是一种怎样的关系，它是否应当受到后者的约束？道德原则与经济利益是否相互矛盾？这些问题是协调道德与利益关系的先决问题。正如德国学者彼得·科斯洛夫斯基所著的《伦理经济学原理》一书中所论述的，“伦理学和经济学之中，道德行为取向和经济行为取向之间的副作用和相互作用，对于经济伦理学理论来说是特别重要的”。这个问题之所以重要，是因为它是一个具有普遍性和方向性的问题，即它贯穿于整个经济活动之中，决定着经济行为的方向和价值取向。

我国古人就对道德与利益问题极为重视，该问题历来是儒学的首要问题，朱熹指出：“义利之说，乃儒者第一义”①，心学家陆九渊也说：“凡欲为学，当先识义利公私之辨”②，这里的

① 《朱文公文集》卷二十四，《与延平李先生书》
② 《陆九渊集·语录下》

"义"和"利",就是指道德和利益。如在春秋战国时期,以孔子为代表的儒家坚持以义为上,认为"君子义以为上"①,"君子喻于义,小人喻于利",提出在经济行为中,义是第一位的,是划分君子与小人的重要标准,要取利而不违义。而孟子认为无论是在经济行为中还是在其他社会行为中,道德原则都是最重要的,甚至比生命还要重要:"生,亦我所欲;义,亦我所欲也,二者不可得兼,舍生而取义者也"②。荀子也是坚持重义轻利、先义后利的义利观,认为为了利益而放弃道德原则,为了利而放弃义者辱:"保利弃义谓之至贼"③。我国古代道德与利益关系的讨论,表现为在社会经济处于变动时期,社会矛盾越激烈,既有统治阶级内部争权夺利,又有各个阶级、阶层为了自己的利益而斗争的时期,道德与利益的关系越成为百家关注的焦点。

在中国漫长的封建社会中居于主导地位的义利观是儒家的义利观,它的基本点一是明辨义利,肯定义利之辨的重要性;二是义以为上,以义制利,把义放在首位,强调用义来约束追求利益的行为;三是义为利本,义以生利。认为利在义中,遵循义在原则自然能够使自己的利益得以实现。在儒家义利观居于社会主导地位的同时,中国也一直不乏功利主义思想,但中国重功利的思想家往往同时也强调公利,从先秦的墨家、法家到宋时的功利主义无不如此,直到明末清初资本主义开始萌芽,强调私利的义利观才有了较大的影响。

西方伦理思想史上的道德与利益之辨主要表现为道义论与功利论之争。但在西方资本主义开始发展起来以后,在西方义利之辨中占主导地位的则是功利主义思想。马克思曾经指出,功利主义是资产阶级古典政治经济学"心照不宣的前提"④。在近代西方较早地表现出功利主义倾向的是在哲学上坚持唯物主义经验论的思想家,如培根、霍布斯、孟德威尔、爱尔维修、霍尔巴赫,他们的共同特点就是将感觉经验作为人性的标准,认为趋乐避苦是人的本性,把感觉上的苦乐视为道德的标准。他们的观点是与资本主义的发展联系在一起的,是为了解决社会中的利益冲突而提出来的,他们力图将道德与资产阶级的功利要求结合起来,如培根提出全体福利说,要求自我利益服从人类的整体利益,服从国家和社会的公共利益;爱尔维修认为公共利益是道德的基础,是人类一切美德的原则。但是他们把对公共利益的追求建立在人的本性自私的基础上,个人利益与公共利益的结合最终仍然是为了实现个人利益,从个人的需要和欲望出发,把个人利益视为道德原则的最终目的。

由于功利主义的基本原则与经济学追求的目的基本上是一致的,导致功利主义对古典经济学的产生了很大影响。亚当·斯密是英国古典经济学的一个开创者,他对道德与利益给予了双重肯定。首先,他认为人应当追求公共利益,"我们自己只是一个人,所以,无论什么地方我们自己的幸福与整体的或者整体中的某一重大部分的幸福相一致时,应当——甚至由我们自己来做选择的话也是这样——使个人的幸福服从于如此广泛地为人所看重的整体幸福。正是由于我们自己的根本利益被看成是整体利益的一部分,整体的不仅应当作为一个原则,而且应当是我们所追求的唯一目标"。但他同样认为人应当追求自利,"每一个人在他不违反正义的法律时,都应听其完全自由,让他采用自己的方法追求自己的利益。"

---

① 《论语·阳货》

② 《孟子·告子上》

③ 《荀子·修身》

④ 马克思、恩格斯:《马克思恩格斯全集》第3卷,北京:人民出版社,1960:479

(二)道德与利益的冲突

道德与利益的冲突在经济活动中主要表现为经济价值与道德价值的冲突。经济价值与道德价值有时是可以统一起来的,但二者并不一致。人们在经济活动中着力追求的东西未必符合道德价值,未必得到人们道德上的赞许。有人认为经济活动能够进行下去,就必然要满足经济主体双方的需要,因此,自利是经济行为的基础,互利是其结果。其实并非都是如此,经济行为的互利与道德行为的互利是不同的,其中有重合的方面,也有不一致的方面,而恰恰是这些不一致的方面常常会表现为道德与利益的冲突。经济行为中的利他是结果的利他,而动机仍然是利己的,从利己的动机出发并不能保证结果永远是利他的,同样存在损人的可能;但是道德价值对于动机是有要求的,道德行为中的利他不仅要求结果利他,也要求动机是利他的,至少不能是害他的。

在经济活动中,人们把实现利益最大化作为最重要的目标,但这个目标的实现并不一定都符合伦理要求。实现利益最大化的经济学的理想典型是“经济人”,所谓“经济人”,就是试图用尽可能少的努力或成本获得尽可能多的收益。经济人利己主义的模型虽然遭到德国历史学派以及制度学派的强烈反对,并且在现实生活中始终一贯地完全恪守经济人原则的人也是罕见的,但是“经济人”确实是为了追求经济利益不顾道德原则的典型。

道德与利益的冲突可以概括出两种比较典型的表现形式:一种是为了道义,而丝毫不顾个人利益和个人需要,我国古代的所谓“存天理,灭人欲”就是这种形式的一个代表;另一种是为了实现利益而丝毫不顾道德的,现代市场经济中的拜金主义就是一个典型。

(三)道德与利益的协调

道德并不是和一切利益对立的,它与正当利益是和谐一致的,并且为人们实现正当利益创造了空间,并为利益的实现提供价值导向。符合道德要求的利益不仅具有经济价值,而且具有道德价值。

在谈到利益与道德时,人们常引用西方博弈理论中的一个案例,即囚徒困境。这个案例清楚地表明:两个人都只顾自己,为了追求自己利益甚至不惜坑害别人,结果恰恰会适得其反;而人们寻求彼此合作,往往能够更好地实现自己的利益。当然,如果只有自己是利己的,而别人遵守承诺,那么自己会实现最大的利益,但是这仍然意味着利己者的个人利益是通过别人遵守承诺来实现的,也就是说,这仍然不能否定道德的价值。但自己利己而要求别人遵守道德,是靠不住的,如果人人都这样想,就会回到最终损害每个人的利益的老路上去。

道德与利益的协调主要表现为通过道德来调整人们的利益关系。在现实生活中,人们的利益关系是极其复杂的。个人利益与集团利益、眼前利益与长远利益、局部利益与全局利益,都会发生各种各样的矛盾冲突,甚至个人利益与个人利益之间,集体利益与集体利益之间,都可能存在着不同程度的矛盾冲突,这些矛盾冲突会造成人们之间的内耗,使效率大大降低,甚至使某一方的利益受到相当大的损害,得不偿失。只有进行充分的利益协调,使各方的利益能够统筹兼顾,互相配合,充分调动各方的积极性,才能更好地实现人们的利益。

道德准则在调整人们的利益关系中的重要作用主要体现在两个方面:一是为经济活动提供价值导向。在处理个人利益与集团利益、眼前利益与长远利益、局部利益与全局利益等各种利益关系时,为人们提供一个基本原则,谁重谁轻,是个人利益服从于集体利益,还是集体利益服从于个人利益。二是为经济活动提供道德支撑。在经济活动中,需要用各种规则来规范或约束经济主体的行为,而这些规则是建立在相应的道德基础之上。德国学者彼得·科斯洛夫斯基就非常强调道德对经济行为的约束进而对经济发展的促进作用,他指出,信任、可信性、忠诚和相信都是以经营者的道德态度为前提的,这已超出了单纯追求利益最大化的思维模式,因为这些道德行为降低了交易支出费用,所以提高了市场的能力,减少了市场失灵的概率,也减少了国家的管理成本,因为它降低了制裁和监督的费用。

二、土地伦理与土地经济

土地伦理与土地经济的关系,是伦理与经济关系在人类土地资源利用实践中的具体落实和扩展,是人们在土地利用经济行为中的基本道德准则问题,主要体现在两个方面:一是土地利用中人与人之间的土地利用经济行为的基本道德准则约束;二是土地利用中人类与土地两个主体之间的协调,是道德主体由人向土地的扩展。前者集中在公平与效率的讨论上,而后者集中在人地共荣关系的讨论上。

(一)公平与效率

土地作为不动产资源,与其他社会生产资源不一样,不仅具有位置固定性、面积有限性等自然特征,而且在利用过程中,具有很强的经济外部性,某一地块或地段的利用对周围环境会产生影响,也会对四周土地资源的利用前景产生影响。人们在土地资源的经济利用中,折射出的人与人之间的协调关系会更加复杂,不仅要考虑所利用对象对他人的影响,还应考虑对周围环境和土地利用的影响。因此,土地利用中的公平,是一个广泛意义上的公平,包括经济、政治,甚至法律上的公平。关于土地伦理的"社会公平论"源于"公正论",它由英国学者罗尔斯于20世纪70年代提出。罗尔斯从哲理的角度,考察一个理性的人在不知道其社会位置的情况或在"无知面纱"下,所选择的"生活方案"。土地伦理学上的社会公平包括两层含义:

1.土地资源分配上的公平

作为一个理性的社会选择或伦理规范,每一个社会成员应该而且有责任,使同代人都有同等权力和机会开发、利用土地资源,即保持代内均等同时,当代人有义务保护土地资源,使得我们的子孙后代能够与我们均等地享受他们应该得到源自这些土地资源的收益,即保持代际均等。

2.土地利用决策上的公平

土地利用政策制定或决策过程不可避免地带有政治色彩。它们包括不同的看法和利益之间的冲突,由此会导致产生胜利者和失败者。合乎伦理的土地利用决策必须承认和遵守政治平等的最基本准则;社会上的每个人对土地利用决策具有道德上和政治上的平等。它要求在制定土地利用政策时,政府必须公正、完整、均衡地考虑所有可取的土地利用观点。

效率是一个生产力范畴,一般来讲,如果一个社会的生产力水平高,相应地,经济效率也会较高。生产力水平是效率实现的基础。从效率的概念来看,效率一方面是指投入与有益产出之比,另一方面是指资源的有效配置。生产力水平能够决定投入的状况、数量,也能够决定实现效率的物质技术基础,这是实现效率的前提条件。此外,资源的有效利用,是通过资源配置机制来实现的，一方面要保证有限的资源不被浪费，另一方面要保证它的利用指向有益的方向。而机制所要解决的问题，实质是人的问题，即通过分配和激励机制调动人的积极性，调整社会资源流向，保证社会资源利用的有益性。正是在这个意义上，有些学者论述了效率实现的双重基础，即效率的物质基础和道德基础。效率的道德基础，既包括了人的积极性、创造性的发挥，也包括了人际关系的协调与适应。在物质技术基础一定的条件下，道德基础具有决定作用。效率增长是有潜力的。效率增长潜力的发挥，主要依靠效率的道德基础的存在，依靠道德力量的作用。“效率的任何增长总是离不开物质技术条件的。……但要知道，假定没有道德力量、信念、信仰等等在这些场合发生巨大的作用，依靠物质技术条件，人们仍然只能产生常规的效率，而不可能产生超常规的效率”。

公平与效率的关系是辩证统一的。两者统一并不是直接的统一，并不是用效率来规定公平，符合效率就是公平；或用公平来规定效率，符合公平就是效率。公平的内涵本质上是由生产力发展水平以及由此而决定的社会关系所决定的，而效率正体现了生产力的水平。因此，两者体现为一种正相关的关系，也就是说，效率的发展与公平的进步是在发展方向上一致的。但并不是说在每一个具体的社会现象和经济事实中，两者都亦步亦趋，完全一致，两者关系在每一个具体的环节中具有丰富而具体的内容。片面强调其中的任何一方，都会使两者的关系表现出对立的特性。

公平与效率的一致性表现为以下两个方面：第一，效率的提高决定公平的产生和发展。只有当效率提高到剩余物品产生以后，社会才会出现公平与否的问题。效率的提高也会促进公平不断向前发展，两者在发展趋势上是一致的。人类社会发展的历史既是效率不断提高的过程，也是公平不断发展的过程。效率是实现社会发展的基础，发展的内在要求就是力图使现有社会人、财、物得到充分合理的利用，以建立起高效的生产效率机制，使每个人的积极性和创造性得到更大限度地调动。社会主义效率的提高，是实现公平的基础和条件。效率的提高意味着经济的发展和进步，从而为公平的实现提供坚实的物质基础和良好的社会条件。第二，公平对于效率的促进。效率的获得取决于一系列因素的有机组合，但最根本、最重要的因素还是人，人的积极性、创造性是一切效率的源泉。公平保证效率的全面性、持久性。任何不公平都会严重地损害一部分人的利益，从而对这部分人的积极性、创造性造成伤害，导致社会总体效率的下降；而且不公平的机制所造成的效率也不可能是持久的，因为不公平发展到一定的程度必定会导致社会的动荡，而社会公平能够提供一个安定团结的环境，提供一个无限的潜在资源，以确保效率可持续发展的后劲。从这个意义上说，公平是效率的唯一源泉。公平的就是有效率的，公平的程度决定了效率的程度。公平与效率越相适应、相一致，便越有利于提高效率。社会主义的公平是提高社会主义效率的前提。收入分配合理与否，对于效率的提高有重大的影响。社会主义的公平要求在收入分配上既克服平均主义，又防止两极分化，并为每个劳动者提供平等竞争的机会和条件。

当效率与公平的相关性受到破坏，片面地强调效率，或是片面地强调公平，二者的一致性就会消失，从而表现出二者的对立。如果片面地强调效率而忽视公平，或许能够得到暂时的经济效率，但最终必将会造成严重的社会问题，从而无法实现效率。如果片面强调公平，实行平均主义，虽然能够消除贫富差距，但是无法实现效率，最终也会失去实现公平的物质基础，当人们陷入普遍的贫困时，公平问题又会重新提出来。因此，片面强调其中任何一方，会引发二者的取舍问题，使二者表现出对立的性质。

(二)人地关系的共生共荣

正如前文所述,人地关系的共生共荣定位就是土地伦理发展的一个基础,也是正确处理土地伦理与土地经济关系的一个客观要求。人类的繁荣,意味着人类的文明进步与经济发展,为公众所熟悉,而土地的繁荣则是建立在维持土地健康的基础之上,人们对土地健康这一概念较为陌生,以下重点介绍土地健康。

土地健康的提出,在很大程度上就是拟人化地引用了人体健康的概念,它视土地为一个有机的生命体,尊重土地生态系统的新陈代谢功能,把维持土地生态系统存在的各种能量循环和物质转换等同于人体的血液循环和营养转换。当土地生态系统处于良性平衡,具有较强的抵御外界干扰能力,则土地处于健康状态;相反,当土地生态系统变得脆弱,对外界干扰敏感,则为不健康。

土地生态系统的自我缓冲能力(或抗外界干扰能力),是土地健康的一个核心问题,也是与土地质量的最大的区别所在。土地质量是相对于人们而言的土地资源利用价值的大小,是在某一特定时期下土地资源的气候、水文、土壤、岩石、植被、地形及所处区位环境的综合表现,其价值高低主要取决于人们的需求,随着人们需求的不同或对土地利用能力的不同,而发生变化。土地健康则是立足于土地生态系统的新陈代谢,主要表现在抵御外界干扰能力的大小,其健康好坏取决于土地系统的生物多样性、能量循环和物质转换的途径及效率等诸多因素,其中生物多样性是最基本的条件之一,因为土地生态系统的新陈代谢是建立在系统生物种群之上的,其自我恢复能力也主要依赖于系统内生物种群之间物质与能量转换途径及频度的调整,如果系统的生物多样性遭受破坏,其自我恢复能力也就失去了基础。

土地健康是把人类的土地利用行为与土地生态系统变化密切联系在一起的。人地关系历来是人类发展的基础,也是人们认识土地的根本所在。人地关系除了表现在人对土地区域空间占有外,还表现在人与土地之间物质、能量及信息的交流量、交流比例以及交流速率等方面。人们合理的土地利用方式在促进人与土地之间物质、能量、信息的交换量及转换速率的同时,也可促进土地资源自身内部及其与外部环境之间的物质、能量、信息的交换量及转换速率;当土地自身的物质、能量、信息的交换量及转换速率可以满足人与土地之间物质、能量、信息的交换量及转换速率的要求时,即保证了土地自我恢复能力,维护了土地的健康。也正是因为人地关系的存在,使土地功能的持续保持成了衡量土地健康的一个重要指标。土地资源对于人类而言,具有生产、生物环境、气候调节、水文过滤、污染净化、历史研究等多种功能,不论从人地共荣,还是土地资源的可持续利用出发,这些土地功能的保持都是维持土地健康最基本的要求。

由于土地健康的表现包括系统活力、恢复力、组织结构、功能维持、对外界投入的依赖性、对人类管理的要求、对相邻系统的危害和对人类健康的影响等多个方面,对土地健康的评价不像人类健康那样可以简单地通过脉搏、体温等指标来进行诊断,但从理论上分析,应存在土地不健康的表现。因此,有的学者提出通过土地不健康的诊断来间接评价土地健康状况,即不存在土地不健康现象的土地就表明土地处于健康状态,并罗列出土地不健康的现象:一方面是引起土地生产力的下降:水蚀、风蚀、土壤盐碱化、土壤结构破坏、土壤酸化、肥力下降、不可分解化合物的形成等;另一方面是引起生态景观稳定性的下降:疾病增加、树木枯萎、生物多样性减少、洪涝等自然灾害更加频繁。

三、土地资源利用实践中的伦理问题

(一)外部性及其内部化问题

外部性是由英国福利经济学家庇古首先提出,并由美国新制度经济学家科斯加以丰富和完善的一个重要经济学概念。在经济世界里,外部性的广泛存在使其成为经济学研究的一个重要范畴,经济学家们也对外部性的含义进行了不同的界定。道格拉斯·诺斯认为,"个人收益或成本与社会收益或成本之间的差异,意味着有第三方或者更多方在没有他们许可的情况下获得或者承担一些收益或者成本,这就是外部性。"而美国经济学家布坎南(Buchanan)和斯塔布尔宾(Stubblebine)给外部性效应是这样定义的:只要某一个人的效用函数所包含的变量是在另一个人的控制之下,即存在外部效应。用数学公式表示:

$$U^A = U^A(X_1, X_2, X_3, \cdots X_n, Y_1)$$

就是说,如果某一个人 A 的效用,不仅受其所控制的活动 $X_1, X_2, X_3, \cdots, X_n$ 的影响,而且受到其他活动 Y_1 的影响,而 Y_1 又在另外一个人 B 的控制之下,这就产生了外部效应。

从外部性的概念可以看出,外部性是指一个经济主体的行为对另一个经济主体的福利所产生的影响并没有通过市场价格反映出来,也没存在于行为主体的决策函数之中,或者说外部性是指某个经济主体生产和消费的物品以及服务的行为不以市场为媒介,但对其他经济主体产生附加效应的现象。它可以理解为,一种未能适当地反应在生产和消费中的经济活动主体之间的相互影响,或者是没有在正常价格体系运行中得到反映的一个经济活动者对其他活动者福利的影响。因此,外部性的存在意味着私人边际净收益与社会边际净收益存在差异,都会影响到资源的优化配置,不利于市场产生最优的结果。

外部性有正负之分。正外部性是指一个生产者或消费者的生产或活动使其他社会成员无须付出代价而得到好处;负外部性则指一个生产者或消费者的生产或活动使其他社会成员蒙受损失而未给补偿。

土地使用的外部性是指土地使用者使用土地所耗费的成本中的一部分或全部由他人承担,或者土地使用者使用土地所应获得的部分收益被他人获得。如果土地使用者的成本被他人承担,那么,这种外部性是负外部性。例如,某土地使用者使用土地进行某种生产时,对相邻土地造成污染,但清除污染的费用并不由造成污染的土地使用者承担,而是由受污染的土地使用者承担,这样,本应由造成污染的土地使用者承担的土地使用成本,反而由被污染者(即未获得土地使用收益者)承担,这就是负外部性;如果土地使用者的收益被他人获得,那么这种外部性是正外部性。耕地使用是典型的正外部性现象。这是因为耕地不仅具有经济产出功能,而且还有重要的社会承载和生态服务功能,耕地不仅在食物安全方面为社会公众的稳定心态提供了保障,而且在农田耕作传统文化、开放空间、农村独特景观、生物栖息、空气与地下水的净化等方面为社会提供了丰富的公共自然福利,且人们对这种自然福利的需求随社会经济的发展和人们生活水平的提高而迅速增强。

解决外部性问题的基本原则是外部性内部化。就负外部性而言,要通过提高土地使用者的费用,来支付必要的外部成本,就正外部性而言,则应通过社会扶持,来使土地使用者得到合理的补偿。

外部性内部化的具体手段包括市场手段和政府管制手段两类，市场手段是通过完善市场要素，如产权界定、土地产权交易、损害赔偿制度等，来进一步明确经济主体的权利与义务；政府管制手段是通过对土地利用主体的经济行为进行限制、惩罚、奖励和诱导，如税费制度、环境管制等，从而影响他们的土地利用决策行为。但是，不论哪种手段，都应有一个土地伦理的前提。这是因为土地伦理准则是人类土地利用行为的指南，当人们树立了正确的土地伦理观，他们就会自觉地避免土地利用的负外部性，在工业生产中，废水、废气、废渣的排放方面，首要的考虑就是健全对“三废”处理，做到无污染排放，在农业生产中，农药、化肥的施用，首要的考虑就是如何避免对生态环境的影响，选择低残留、少污染的农药、化肥品种。

(二)宏观调控与市场调节

土地资源具有多用途性，既可用于农业生产，又可用地城镇、工矿等非农建设，而不同的土地利用方式，其经济效益相差很大。非农建设用地的经济效益要比农业用地高得多，即使在建设用地中，不同的利用性质，经济效益也相差很大，如商业服务业用地经济效益要高于商品房住宅用地，而商品房住宅用地经济效益又要比一般工业用地高。如果人们都是以追求经济效益为安排土地利用的基本出发点，那么，统筹兼顾的用地原则就会打破，人们都会往高经济效益的用途发展，结果必然是农地非农化速度加快，耕地面积急剧减少，粮食生产能力快速降低，粮食安全日趋严峻，最终导致社会的动荡。因此，如何在区域内避免人们唯经济效益的土地利用观，实现土地利用方式的统筹兼顾，同样需要土地伦理思想的指导，来引导人们从长远出发，从大局出发，从整体出发，做出科学理智的用地选择。

现实生活中，对于区域内人们土地利用行为方式的约束，采取的是市场调节与宏观调控相结合的手段。市场调节，可运用市场的杠杆作用，来推动土地资源与资金、劳动力等其他社会生产要素的优化组合，实现社会生产效益最大；而政府对土地这种特殊商品的宏观调控，可从全社会的福利最大化来配置土地资源，土地利用规划就是政府宏观调控的一个主要的措施。

不可否认，市场调节是资源配置的一种非常有效的机制，但对于具备准公共财产特征的土地资源而言，显然并不具备完全市场竞争的条件，易发生市场失灵现象，不可能完全依赖于市场这一“无形的手”来配置。完全市场竞争的条件，一是供求双方所受限制条件少，特别是供应方，可以根据市场价格和需求，在几乎不受限制的范围内无限地调整生产规模，以实现供需平衡和价格的平稳；二是供应方能生产出均质的产品或可进行价格比较的不同质量产品；三是供应方(生产者)以追求经济利益为唯一目的；四是供需双方在完全公开、公平、公正的市场环境中进行交易。对于这四个条件，土地均不具备：第一，土地的面积是有限的，不可能完全根据市场需求而无限制地扩大供应量；第二，土地具有个体异质性的基本特征，也不能像一般商品那样按生产成本来计算价格，正所谓“一地一价”；第三，土地在利用过程中，经济效益不是唯一目的，而是追求经济效益、生态效益、社会效益的统一；第四，由于土地是国家安定的重要因素，国家不可能完全任其自由流转。也正因为如此，土地利用规划的战略地位才得以日益凸显。

土地利用规划的实质是政府通过制定各种土地利用规则，对人们利用土地的行为做出相关的约束，指导人们合理利用各类土地，从而在区域整体上实现土地资源的可持续利用。

市场机制则完全按经济规律运行，主要是依经济利润的最大化来配置土地资源，而市场是不断变化的，具有很大随意性。因此，政府制定土地利用规划方案来对土地资源利用进行管制与市场经济条件下完全以价格杠杆自由配置土地资源在一定程度上是一对相互对立的关系。那么，在土地利用规划中，政府和市场，到底是哪个的分量重？这将决定着土地利用规划的编制方向。从理论分析，土地利用规划中市场机制的地位高低取决于规划区域市场经济的发育程度和政府的宏观调控能力。

1.规划区域市场经济的发展程度

一般认为，区域市场经济越发达，其自我调节能力越强，在土地资源的配置中的协调潜在能力也就越大，在土地利用规划中要考虑市场机制的影响就越多。

市场经济对土地资源优化配置的功能，首先，通过市场的信号机制，引导土地资源的所有者或使用者去寻求资源的最佳利用方向，以实现最大化资源的利用效益。其次，市场利益机制将引导土地资源的利用者力求以最小的资源耗费量换取最大的经济报酬，从而使得单位资源耗费的社会收益最大化，即市场机制将带来资源配置效率的提高。再次，由于土地资源总量的有限性，市场竞争机制将使各土地资源使用者相互之间展开有限的优质资源的争夺，从而促进优质资源的最佳利用，达到最大化资源利用效率的目的。

一个区域的市场经济发育程度，主要表现在对经济活动的自我调节和自身组织功能的实现能力，而这种能力又取决于市场的组成和结构的完善程度。市场组成与结构的完善程度表现为各个市场参与主体市场行为的自由度，市场交易物品产权界定的清晰度，以及市场上的交易物品和参与主体组成上的完备度。一个完备的市场结构包括价格机制、竞争机制、供求机制、工资机制、利率机制、风险机制等一系列完整的内容，其中任何一种机制的不健全，都表明市场经济不完备。因此，衡量区域市场经济的发育程度，可通过其各种机制的表现能力来体现。土地资源作为一种特别的商品，其市场发育程度将受到产权是否完整和能否自由流转两个主要因素的制约。

2.政府的宏观调控能力

政府对土地利用规划的调控能力可以从几方面来衡量：政府具有的制定规划能力、长期决策能力和实现规划的财政能力。Hans L 针对西方国家的特点，进一步把政府在土地利用规划中的宏观调控能力的影响因素具体分解为以下几方面：

(1)政府对城镇未来发展的决定能力。由于城镇居民点在土地利用格局中占据着非常重要的地位，城镇居民点的选址、规模大小、产业结构对交通、能源等基础设施以及四周土地利用布局发挥着决定性的作用，因此，政府对城镇未来发展的决定能力越大，就意味着对区域土地配置宏观调控的能力越大。

(2)政府对于特别地段的发展结构的计划。和城镇布点一样，骨干交通、能源、水利等特别地段也对区域土地利用格局起着至关重要的控制性作用，政府对这些特别地段发展结构的决策能力同样决定了政府的土地资源配置能力。

(3)政府的法律能力，特别是土地征用权，是指政府运用法律手段对国民经济的宏观调控能力，而对于土地资源的配置，国家是否拥有对私有土地强有力的征用权至关重要。

(4)政府拥有土地的分量。政府手中所拥有的土地多少，在很大程度上决定了政府对土地资源的宏观调控能力，不论国家的土地征用权如何，只要政府所有的土地越多，其宏观能力就越强。

(5)政府对金融、劳动力等其他市场的调控能力。由于土地的利用必须和资金、技术、劳动力等其他社会生产要素结合在一起,政府可通过对这些要素的调控,来间接地起到调控土地资源配置的作用。

一般认为,在政府调控占主导的土地利用规划中,私有不动产开发商,仅仅是作为规划的执行者,他们要生存就必须按政府制定的规划来做。虽然在市场经济条件下,私有企业可以自己选择不同的城市进行投资,但土地开发商、不动产投资商和基础设施建造商,和制造商不一样,他们和土地密不可分。

复习思考题

1. 阐述土地伦理的内涵。
2. 分析土地利用的负外部性及其伦理问题。

参考文献

[1] (美)奥尔多·利奥波德. 沙乡年鉴[M]. 长春:吉林人民出版社,1997.

[2] (德)彼得·科斯洛夫斯基. 伦理经济学原理[M]. 孙瑜译. 北京:中国社会科学出版社,1997.

[3] (美)戴斯·贾丁斯. 环境伦理学[M]. 林官明,杨爱民译. 北京:北京大学出版社,2002.

[4] 黄贤金. 土地政策学. 4版[M]. 北京:中国农业出版社,2014.

[5] 潘家华. 持续发展途径的经济学分析[M]. 北京:中国人民大学出版社,1997.

[6] 乔法容,朱金瑞. 经济伦理学[M]. 北京:人民出版社,2004.

[7] 乔治·恩德勒. 国际经济伦理[M]. 锐博慧网译. 北京:北京大学出版社,2003.

[8] 亚当·斯密. 同民财富的性质和原因的研究(下卷)[M]. 郭大力,等译. 北京:商务印书馆,1994.

[9] 亚当·斯密. 道德情操论[M]. 蒋自强,等译. 北京:商务印书馆,1997.

[10] 向玉乔. 生态伦理经济研究[M]. 长沙:湖南师范大学出版社,2008.

[11] (美)彼得·温茨(PeterS. Wenz). 现代环境伦理[M]. 上海:上海人民出版社,2007.

后记

（第1版）

土地经济学是土地资源管理专业的基础课程，也是相关专业了解土地经济学知识的主要来源。随着土地经济问题日益引起社会各界的关注，土地经济学学科的社会价值也在不断凸显。

本书依据土地经济学科实践的相关内容，从土地经济学基础、土地资产分析、土地资源分析、土地经济制度与政策四个方面进行了内容设计，为了增强土地经济学内容的现实性，本书专门介绍了土地政策参与宏观调控、土地督察两章内容。

由于土地资源管理专业业已在各类学校得到了发展，为了更为全面地体现不同学科基础院校对于土地经济学相关内容的要求，本书组织了综合类、农业类、经贸类、工业类、师范类等高校有关教师共同组成编写组。具体涉及南京大学、河南大学、华中农业大学、江西农业大学、四川农业大学、首都经济贸易大学、南京邮电大学、天津工业大学、山西师范大学等。

全书由黄贤金、张安录、陈美球、王德起、陈志刚拟订编写大纲，黄贤金、张安录、陈志刚负责统稿。各章节具体编写分工如下：

第一、三章 黄贤金；第二章 罗浩；第四、五章 杨钢桥；第六章 陈志刚、陕永杰；第七章 王青、陈志刚；第八、十、十二章 王德起；第九章 蔡银莺、张安录；第十章 王德起；第十一章 郭熙、陈美球；第十三章；胡伟艳、张安录；第十四章 秦明周；第十五章 闵捷、张安录；第十六章 黄贤金、陈志刚；第十七章 高进云、张安录；第十八章 张安录；第十九章 陈志刚；第二十章 周丙娟、陈美球；第二十一章 乔荣峰、张安录；第二十二章 陈美球。

感谢中国农业大学土地资源系主任朱道林教授的支持与帮助，感谢中国农业大学出版社孙勇编辑的督促与辛勤付出。

教材成果是土地经济研究成果的结晶，广大土地经济学研究工作者在土地经济研究方面取得成果，为本书编写提供了重要支撑，在此一并表示衷心感谢。

好的教材是在不断发展的教学实践中形成的，真诚希望各位师生对教材提出批评与建议，以便共同推进我国高等教育土地经济学学科建设与教学发展。

编者

2008年8月

后　记

（第 2 版）

7 年前，我国正处于快速的工业化、城镇化发展时期，土地权益冲突问题十分突出；7 年后，我国土地权益制度得到不断完善。“三块地”改革（农村集体建设用地市场制度改革、宅基地制度改革、土地征收制度改革）确定了农村土地权益制度发展的方向；一带一路、长江经济带以及新型城镇化等重大战略的提出，都为土地利用格局的优化提供了新的契机；尤其是进入经济发展新常态，土地经济关系调整更是为重新认识土地经济学提供了新的契机。

基于此，《土地经济学》（第 2 版）一是适当深化了对于有关改革问题的认知，尤其是更加突出了土地市场这一决定性作用的特征，充实了当前及未来发展对于土地市场的框架认知；二是适当补充或完善了相关内容，如农村土地所有权、承包权、经营权“三权”分离以及“多规融合”或“多规合一”等内容。

各章节具体编写分工如下：

第一、三章 黄贤金；第二章 罗浩；第四、五章 杨钢桥；第六章 陈志刚、王青、陕永杰；第七、九、十一章 王德起；第八章 蔡银莺、张安录；第十章 郭熙、陈美球；第十二章；胡伟艳、张安录；第十三章 秦明周；第十四章 闵捷、张安录；第十五章 黄贤金、陈志刚；第十六章 何格；第十七章 高进云、张安录；第十八章 张安录；第十九章 陈志刚；第二十章 周丙娟、陈美球；第二十一章 乔荣峰、张安录；第二十二章 陈美球。

感谢中国农业大学出版社孙勇编辑的辛勤付出。

编者

2015 年 8 月